Steffen Hölldobler
Sebastian Bader, Bertram Fronhöfer, Ursula Hans,
Pascal Hitzler, Markus Krötzsch, Tobias Pietzsch
Logik und Logikprogrammierung
Band 2: Aufgaben und Lösungen

KOLLEG SYNCHRON

Steffen Hölldobler
Sebastian Bader, Bertram Fronhöfer, Ursula Hans
Pascal Hitzler, Markus Krötzsch, Tobias Pietzsch

Logik und Logikprogrammierung

Band 2: Aufgaben und Lösungen

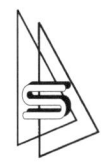

SYNCHRON
Wissenschaftsverlag der Autoren
Synchron Publishers
Heidelberg 2011

Bibliografische Information der Deutschen Bibliothek

Die Deutsche Bibliothek verzeichnet diese Publikation in der Deutschen Nationalbibliografie; detaillierte bibliografische Daten sind im Internet über http://dnb.d-nb.de abrufbar.

© 2011 Synchron Wissenschaftsverlag der Autoren
Synchron Publishers GmbH, Heidelberg
www.synchron-publishers.com

Umschlaggestaltung: Reinhard Baumann, München
unter Verwendung des Logos des
European Master Program in Computational Logic

Druck und Weiterverarbeitung: Strauss GmbH, Mörlenbach
Printed in Germany

ISBN 978-3-935025-85-0

Inhaltsübersicht

Die Autoren	vi
Vorbemerkung	vii
Generelles zur vorliegenden Aufgabensammlung	ix
Verzeichnis der Aufgaben und Lösungen	**xi**
Übersicht der im Lehrbuch erwähnten Aufgaben	xxv
Teil I: Aufgaben	**1**
Teil II: Lösungen	**121**

Die Autoren

Dr. Sebastian Bader ist PostDoc im Graduiertenkolleg 1424 MuSAMA am Institut für Informatik der Universität Rostock.

Dr. Bertram Fronhöfer ist wissenschaftlicher Mitarbeiter an der Fakultät Informatik der TU Dresden.

Dr. Ursula Hans war wissenschaftliche Mitarbeiterin an der Fakultät Informatik der TU Dresden und ist nun im Ruhestand.

Prof. Dr. Pascal Hitzler ist Assistant Professor am Ohio Center of Excellence in Knowledge-enabled Computing (Kno.e.sis) der Wright State University in Dayton, Ohio, U.S.A.

Prof. Dr. Steffen Hölldobler ist Professor für Wissensverarbeitung an der Fakultät Informatik der TU Dresden.

Dr. Markus Krötzsch ist wissenschaftlicher Mitarbeiter am Department of Computer Science der University of Oxford.

Tobias Pietzsch ist wissenschaftlicher Mitarbeiter am Max-Planck-Institut für Molekulare Zellbiologie und Genetik in Dresden.

Vorbemerkung

Das vorliegende Aufgabenbuch entstand aus dem Übungsbetrieb zu meinen Vorlesungen, die sich auf mein Lehrbuch 'Logik und Logikprogrammierung' stützen und seit dem Jahr 2000 in dieser Form an der Technischen Universität Dresden von mir und meinen Mitarbeitern durchgeführt bzw. begleitet wurden. Studierende erhalten dadurch eine ausführliche Sammlung von Aufgaben zum selbständigen Üben. Sie erhalten außerdem sorgfältig ausformulierte Lösungen, an denen sie sich orientieren können. Lehrende erhalten Anregungen für die Entwicklung weiterer Aufgaben.

Da sich meine Vorlesungen einerseits an Studenten im ersten Studienabschnitt richten, sind teilweise sehr elementare Übungsaufgaben entstanden, und elementare Thematiken wie zum Beispiel Induktionsbeweise oder rekursive Funktionen werden relativ ausgiebig behandelt. Da Studenten im ersten Studienabschnitt typischerweise Schwierigkeiten mit dem üblichen mathematischen Formulieren und Arbeiten haben, wurden die Lösungen meist sehr detailliert ausgearbeitet, und auf formale Genauigkeit wurde mehr Wert gelegt als dies in Logikbüchern oft der Fall ist. Andererseits wurden zu einem Brückenkurs für Masterstudenten, der sich ebenfalls auf mein Lehrbuch stützt, auch schwierigere und weiterführende Aufgaben konzipiert.

Ein Buch wie das vorliegende kann und soll den Übungsbetrieb einer Lehrveranstaltung natürlich nicht ersetzen. Das Erlernen der richtigen Art des sich Herandenkens an die Aufgabenstellungen, der intuitive Umgang mit dem Material und die formale Umsetzung der eigenen Gedanken lassen sich nur im interaktiven Umgang mit Dozenten und Tutoren erreichen.

Am Zustandekommen dieses Buches haben viele ihren Anteil. Neben meinen Ko-Autoren geht mein Dank an unzählige studentische Hilfskräfte, die als Tutoren im Einsatz waren und unzählige Fehler entdeckt und Verbesserungsvorschläge gemacht haben. Auch allen Studenten meiner Vorlesungen, die sich in dieser Hinsicht betätigt und immer wieder auf kleinere und größere Fehler hingewiesen haben, sei hiermit herzlichst gedankt. Besonders erwähnen möchte ich die folgenden Tutoren und Mitarbeiter: Axel Großmann, Stefan Borgwardt, Ozan Kahramanoğulları, Matthias Knorr, Andreas Maletti, Maja Miličić, Joachim Protze, Oxana Sergueeva, Benjamin Range, Michael Roitzsch, Hendrik Skubch, Maria Spitchkova, Denis Stein, Erik Ulbricht, Manuel Zabelt, und ganz besonders Matthias Wendt, der große Teile des Buches Korrektur gelesen hat.

Dresden, im März 2011   Steffen Hölldobler

Generelles zur vorliegenden Aufgabensammlung

Die vorliegende Aufgabensammlung bezieht sich auf das Lehrbuch
>'Logik und Logikprogrammierung, Band 1: Grundlagen'
>von Steffen Hölldobler
>(SYNCHRON, Wissenschaftsverlag der Autoren, Heidelberg 2009)

und ist damit notationell abgestimmt. Auf dieses Buch wird die gesamte Aufgabensammlung hindurch kurz mit der Bezeichnung *Lehrbuch* verwiesen.

Aufbau der Aufgabensammlung

Die Aufgabensammlung besteht aus zwei Teilen: einem Aufgabenteil und einem Lösungsteil.

Aufgaben und Lösungen sind jeweils gemäß den Kapiteln und Abschnitten des Lehrbuchs gruppiert. Jede Aufgabe hat einen Titel und eine laufende, auf das jeweilige Kapitel bezogene Nummer.

Bei jeder Aufgabe und bei jeder Lösung ist in eckigen Klammern die Seite der zugehörigen Lösung bzw. der zugehörigen Aufgabe angegeben; so ist beispielsweise [▷207] ein Verweis auf Seite 207.

Da sich die Aufgabensammlung an der Kapiteleinteilung des Lehrbuchs orientiert, und es zu Kapitel 1 des Lehrbuchs keine Aufgaben gibt, beginnt sowohl der Aufgabenteil als auch der Lösungsteil mit Kapitel 2. Es fehlen auch manche Abschnitte, so beispielsweise der Abschnitt 2.2, da zu diesem Abschnitt des Lehrbuchs keine Übungsaufgaben existieren.

Ein *Verzeichnis der Aufgaben und Lösungen* beginnt auf Seite xi.

Querverweise auf die Aufgabensammlung

Um das Lehrbuch und die vorliegende Aufgabensammlung nicht zu eng miteinander zu verzahnen, was der Entwicklung zukünftiger Auflagen beider Bücher die große Hypothek der weiteren engen Koordination auferlegt hätte, wurde im Lehrbuch nicht direkt auf die Nummern der Aufgaben der vorliegenden Aufgabensammlung verwiesen, sondern es wurde eine Tabelle der *im Lehrbuch erwähnten Übungsaufgaben* zwischengeschaltet – siehe Seite xxv –, in der auf die den Verweisen im Lehrbuch jeweils korrespondierenden Aufgaben der vorliegenden Aufgabensammlung verwiesen wird.

Darüber hinaus befinden sich sowohl in der Aufgabenübersicht (Seiten xi–xxiv) – siehe dazu die Erläuterungen auf Seite xi – als auch bei den Aufgaben und Lösungen selbst jeweils Verweise auf eine Erwähnung der betreffenden Aufgaben im Lehrbuch; es ist in einem solchen Fall am Rand das im Lehrbuch verwendete Kürzel sowie die Seite des Lehrbuchs vermerkt, auf der sich der betreffende Verweis befindet.

Schwierigkeitsgrad der Aufgaben

Wir haben zudem versucht die Aufgaben nach ihrem Schwierigkeitsgrad zu klassifizieren.

Es entstehen dabei natürlich immer, oder zumindest oft, Streitfälle, wenn es darum geht, einzelne Aufgaben einzuordnen. Man möge unsere Klassifizierung deshalb nur als groben Anhaltspunkt für den Schwierigkeitsgrad einer Aufgabe betrachten.

Unsere Schwierigkeitsangaben haben in etwa die folgende Bedeutung:

- ○ Aufgaben, welche meist nur eine ziemlich direkte Umsetzung bzw. Anwendung von Definitionen und Sätzen des Lehrbuchs verlangen.
  Typischerweise sind dies Anwendungen von Kalkülen und Algorithmen, sowie die meisten Programmieraufgaben.
- ◐ Vornehmlich leichte Beweisaufgaben oder etwas schwierigere Beweisaufgaben mit ausführlichen Hinweisen zur Vorgehensweise. Darüberhinaus auch anspruchsvollere Programmieraufgaben.
- ● Aufgaben, bei denen man auf den richtigen Dreh kommen muss, oder auch etwas umfangreichere Beweisaufgaben
- ★ Sehr komplizierte Beweisaufgaben oder auch Aufgaben, die über den Rahmen eines einführenden Lehrbuchs hinausgehen.

Notation und Konventionen

Notation aus dem Lehrbuch wird meist ohne besonderen Hinweis verwendet.

Mit dem Symbol $\mathbb{N}$ bezeichnen wir die natürlichen Zahlen einschließlich der 0, und mit $\mathbb{N}^+$ die positiven natürlichen Zahlen.

Wir verwenden bisweilen die Abkürzungen NNF für Negationsnormalform, KF für Klauselform und DKF für duale Klauselform.

In Beweisen mit vollständiger oder struktureller Induktion verwenden wir die folgenden Abkürzungen: I.A. (Induktionsanfang), I.H. (Induktionshypothese), I.B. (Induktionsbehauptung), I.S. (Induktionsschluss oder Induktionsschritt)

Für Induktionsbeweise von Eigenschaften natürlicher Zahlen verwenden wir neben den Begriff der *vollständigen Induktion* – mit Induktionsschritt von n nach $n+1$ noch den Begriff der *verallgemeinerten Induktion*, wo wir die zu zeigende Eigenschaft für alle natürlichen Zahlen $\leq n$ annehmen und unter dieser Induktionshypothese auf $n+1$ schließen. Für Eigenschaften, die nicht für alle natürlichen Zahlen gelten, sondern nur für Teilmengen $\{n \in \mathbb{N} \mid n \geq k\}$, wird im Induktionsanfang die zu zeigende Eigenschaft für k gezeigt, wobei $k = 1$ der häufigste Fall ist.

Prolog-Programme

Die Prolog-Programme wurden mit SWI-PROLOG geschrieben, das frei verfügbar ist.

> SWI-Prolog Home Page: http://www.swi-prolog.org/
> Download Page: http://www.swi-prolog.org/download.html
> Reference Manual:
> http://hcs.science.uva.nl/projects/SWI-Prolog/Manual/

Verzeichnis der Aufgaben und Lösungen

Eine Zeile für eine Aufgabe in diesem Verzeichnis ist von der folgenden Form.

$$\underbrace{\text{4-18}}_{a} \; \underbrace{\text{195}}_{b} \; \underbrace{\text{78}}_{c} \; \underbrace{\bigcirc}_{d} \; \underbrace{\text{Pränexnormalform-Transformation: Korrektheit}}_{e} \; \underbrace{\text{117}}_{f} \underbrace{\text{415}}_{g}$$

Die Angaben a und b sind fakultativ. Falls vorhanden, bedeutet es, dass die Aufgabe unter denjenigen ist, welche im Lehrbuch erwähnt werden.

- a im Lehrbuch verwendetes Kürzel für die Aufgabe
- b die Seite, auf der die Aufgabe im Lehrbuch erwähnt ist
- c die laufende Nummer der Aufgabe im vorliegenden Aufgabenbuch (mit jedem Kapitel beginnt diese Nummerierung von vorn)
- d Angabe zum Schwierigkeitsgrad der Aufgabe
- e der Titel der Aufgabe
- f die Seite, auf der die Aufgabe zu finden ist
- g die Seite, auf der die zugehörige Lösung zu finden ist

2   Logikprogrammierung am Beispiel Prolog   3   123

2.1   Logikprogrammierung mit einfachen Daten   3   123

	1	○ Fakten und einfache Anfragen in Prolog	3	123
2-1 27	2	○ Anfragen mit Variablen	3	124
	3	○ Konjunktive Anfragen	3	124
2-2 27	4	○ Regeln in Prolog	4	124
2-3 27	5	○ Komplexe Regeln	4	124
2-4 27	6	○ Verwandtschaftsbeziehungen	4	124
	7	○ Vollständiger Ableitungsbaum	4	125
	8	○ Tracing im Vierportmodell	5	127
2-5 28	9	○ Rekursive Vorfahren I	5	127
2-7 29	10	○ Rekursive Vorfahren II	5	128
2-6 29	11	○ Rekursive Vorfahren III	5	128
	12	○ Gerichteter Graph	5	130
	13	○ Konjunktive Ziele	6	130

2.3   Syntax   6   135

	14	○ Tiere und Pflanzen	6	135
	15	○ Weitere Tiere und Pflanzen	6	136

2.4 Komplexe Daten   7   137

2-8 34	16 ○	Von Listen zu Punktnotation	7	137
	17 ○	Listenanfragen I	7	137
	18 ○	Listenanfragen II	7	138
4-44 273	19 ○	`palindrome`	8	139
	20 ○	Elemente aus Listen entfernen	8	140
	21 ○	Lösen von Kreuzworträtseln	8	140
	22 ◐	Operatoren: Von Präfix nach Infix	8	142
	23 ◐	Wer mag was ?	8	142
	24 ◐	Beispieloperatoren `mm` und `pre`	9	142
	25 ○	Arithmetik: `pot` und `average`	9	142
	26 ○	Arithmetik: `gn` und `gnull`	9	143
	27 ○	Implementierung des Strukturprädikats =..	10	143
	28 ○	`subterm` Implementierung	10	146
	29 ○	Spezielle Listenerweiterung: `addto`	10	146
	30 ○	Variablenersetzung in Termen	10	147
	31 ◐	Input/Output	10	148
	32 ○	Programmmanipulation	11	149
	33 ○	Das Mengenprädikatszeichen `bagof`	11	150

2.5 Der Cut   12   150

	34 ○	Wirkungsweise des Cut	12	150
	35 ○	Der Cut im Vierportmodell	12	152
2-10 59	36 ○	Beispiel für roten Cut	13	156
	37 ○	Eliminieren unerwünschter Ausgaben	14	156

2.6 Negation als Fehlschlag   14   157

	38 ○	Negation als Fehlschlag im Vierportmodell	14	157

Zusätzliche Aufgaben zu Kapitel 2   14   158

	39 ○	Vergleich von Ableitungsbäumen	14	158
	40 ○	Ackermann-Funktion mit Cut	15	158
	41 ○	Liste zu Liste von Einerlisten	15	158
2-9 37	42 ●	`reverse` mit Differenzlisten	15	158
	43 ●	`append` mit Differenzlisten	15	158
	44 ○	Grammatik in Prolog	16	159
	45 ○	Operationen auf Polynomen	17	165
	46 ○	Nachfolgerdarstellung: Multiplikation	17	167
	47 ○	Nachfolgerdarstellung: Fakultät	17	167
	48 ○	Nachfolgerdarstellung: Maximum	18	167

VERZEICHNIS DER AUFGABEN UND LÖSUNGEN xiii

		49	○	Nachfolgerdarstellung: Fibonacci-Zahlen	18	168
		50	○	Einbahnstraßen	18	169
		51	○	Klausel- und Literalvertauschungen	19	169
		52	○	Wege durch ein Labyrinth	20	169
		53	○	Vierportmodell für Prolog-Aufruf	21	172
		54	○	Größter gemeinsamer Teiler	21	172

3 Aussagenlogik   23 175

3.1 Syntax   23 175

3.1.1 Formeln   23 175

3-1 66		1	○	Syntaktisch korrekt?	23	175
		2	○	Formeln mit 3 Zeichen	23	176
3-2 66		3	◐	Existenz von $\mathcal{L}(\mathcal{R})$	24	176
		4	○	Konstruktion von $\mathcal{L}(\mathcal{R})$	24	177
		5	●	Beweis von $\mathcal{L}(\mathcal{R}) = \mathcal{K}(\mathcal{R})$	25	178
		6	◐	Existieren immer kleinste Mengen?	25	179
		7	◐	Struktur von Formeln	25	180
3-21 102		8	○	Junktoren und Syntaxcheck in Prolog	25	180
		9	○	Unendliche Formeln?	25	181

3.1.2 Induktion und Rekursion   26 182

		10	○	Induktion: Klammern, Variablen und Junktoren	26	182
3-3 68		11	○	Induktionsbeweis: [ ] ist in jeder Liste	26	184
3-4 68		12	○	Induktionsbeweis: $n \leq n^2$ und ähnliches	26	184
3-5 69		13	○	Induktionsbeweis: 3 ist nicht in $w \in \{1,2\}^*$	26	185
		14	○	Anzahl von Teilern	26	185
		15	○	Verallgemeinerte Induktion	27	186
		16	○	Zu Funktionen aus dem Lehrbuch	27	186
		17	○	Die Funktion +2	27	188
		18	○	Funktionen über Formelmengen	27	188
		19	○	Die Beispielfunktion goo	28	190
		20	○	Induktion: Zweistellige Junktoren und Variable . . .	28	190
		21	○	Induktion: Zur Negationsnormalform	28	191
		22	◐	Fehlerhafte Funktionsdefinitionen	28	191
		23	◐	Zum Rekursionsschema von Satz 3.7	29	191
		24	◐	Falsche 'Induktionsbeweise'	29	192
3-6 72		25	○	'laenge/1' und 'length/2' von Listen	33	194
		26	○	Zählen von Variablenvorkommen	34	195
		27	○	Länge und Tiefe von Formeln	34	196

3.1.3 Teilformeln — 34, 197

	28	○	Elementares zu Teilformelmengen	34	197
	29	◐	Überprüfung einer Teilformelmenge	35	197
3-7 73	30	◐	Existenz von Teilformelmengen	35	198
	31	○	Pseudo-Teilformelmengen	36	199
	32	○	Konstruktion von Teilformeln	36	199
	33	●	Konstruierbarkeit von Teilformelmengen	36	199
	34	◐	Längenabnahme in Teilformel-Konstruktionen ...	36	200
	35	◐	Partielle Ordnung auf Teilformeln	37	201
	36	◐	Rekursive Teilformelberechnung	37	201
	37	●	Pseudo-Teilformelmengen vs. Teilformelmengen ...	37	204
	38	○	Teilformeln mit dem Junktor $\wedge$	38	206
3-8 73	39	○	Teilformelberechnung in Prolog	38	207

3.2 Semantik — 38, 207

3.2.1 Die Struktur der Wahrheitswerte — 38, 207

	40	○	Ein- und zweistellige Wahrheitsfunktionen	38	207
	41	○	Beispiel mit den Junktoren $\swarrow$ und $\nleftrightarrow$	38	209
	42	◐	Der 3-stellige Junktor `if-then-else`	38	209

3.2.2 Interpretationen — 39, 210

3-9 79	43	◐	Proposition 3.11: F^I ist durch I auf $\mathcal{R}_F$ bestimmt ..	39	210
	44	◐	Proposition 3.11 verallgemeinert auf Formelmengen .	39	211
	45	○	Geschachtelte Konjunktionen und Disjunktionen ...	39	211
	46	○	Konjunktionen und Formelmengen	40	212
	47	○	Wahrheitswertberechnung von Formeln in Prolog ...	40	212
	48	●	Implikationsfragment	40	213
	49	★	Fortsetzbarkeit von Funktionen	40	214

3.2.3 Wahrheitswertetabellen — 41, 215

	50	○	Beispiele für Wahrheitswertetabellen	41	215
3-10 83	51	◐	Vollständigkeit und Korrektheit	41	215

3.2.4 Modelle — 42, 217

	52	○	Tautologie, erfüllbar, widerlegbar?	42	217
	53	○	Erfüllbare Formelmengen	42	218
	54	○	Unerfüllbarkeit einer Formelmenge	42	218
	55	○	Minimal unerfüllbare Formelmengen	42	219
	56	○	Ist $\mathcal{L}(\mathcal{R})$ erfüllbar oder widerlegbar?	43	219

3.2.5 Logische Konsequenz — 43, 220

	57	○	Kurze Fragen zu $I \models F$ und $\mathcal{F} \models G$	43	220

VERZEICHNIS DER AUFGABEN UND LÖSUNGEN

	58	○	Beispiele zu $\mathcal{F} \models G$	43	220
	59	◐	Iteration von logischen Folgerungen	44	220
	60	◐	Fragen zu $\mathcal{F} \models G$	44	220
	61	◐	Fragen zu $\{F\} \models G$	44	223
	62	◐	Zu $\{F\} \models \neg G$ und $\{\neg H\} \models F$	45	223
	63	◐	Logische Folgerung und $\mathcal{F} \subseteq \mathcal{G}$	45	224
	64	◐	Disjunkte Variablenmengen in $\mathcal{F} \models G$	45	224
	65	◐	Erfüllbarkeit von Formelmengen	45	225
3-11 85	66	◐	Deduktionstheorem	45	226
	67	◐	Logische Folgerung und Unerfüllbarkeit	46	226
	68	◐	Ex falso quodlibet seguitur	46	227
	69	◐	Monotonie der klassischen Aussagenlogik	46	227
	70	◐	Formelmengen und Modellmengen	46	227
	71	○	Wissenswertes über Nessie	46	227
	72	◐	Beispiel zu $\rightarrow$ und $\models$	46	228
	73	◐	$\mathcal{F}_1 \cap/\cup \mathcal{F}_2 \models (G_1 \vee/\wedge G_2)$?	46	228

3.3 Äquivalenz und Normalformen — 47 229

3.3.1 Semantische Äquivalenz — 47 229

3-13 87	74	○	Logische Äquivalenzen	47	229
	75	○	Das vollständige Junktorensystem $\{\neg, \vee\}$	47	231
	76	◐	$\{\leftarrow\}$ ist unvollständiges Junktorensystem	47	231
	77	◐	Der NOR-Junktor	47	232
	78	○	Logische Äquivalenz und $\leftrightarrow$	47	232
3-12 86	79	◐	Semantische Äquivalenz als Äquivalenzrelation	47	233
	80	◐	Die $\{F\} \models G$ Relation auf $\mathcal{L}(\mathcal{R})$	48	233
3-32 150	81	◐	Formeln mit p_1 und p_2	48	234
3-31 150	82	●	Formeln mit $p_1, \ldots, p_n$	49	236
	83	◐	Beziehungen zwischen Modellklassen	50	238
	84	○	Positionen und Ersetzungen in Formeln	50	238
	85	○	Ersetzung in Formel ergibt Formel	50	239
	86	◐	Formelersetzungen	50	239
3-14 89	87	◐	Ersetzungstheorem (Beweisvervollständigung)	50	240
	88	○	Umkehrbarkeit des Ersetzungstheorems?	50	241
	89	◐	Relatives Ersetzungstheorem	50	241
	90	●	Variablenersetzung in einer Tautologie	51	242
	91	◐	Ersetzung aller Vorkommen einer Variable	51	243
3-35 154	92	★	o.B.d.A. p_1 bis p_n	51	244
3-15 90	93	●	Längenexplosion bei $\leftrightarrow$ Beseitigung	51	245

3-16 90	94	◐	Definitorische Transformation: Erfüllbarkeit	51	245
3-17 90	95	◐	Definitorische Transformation: Lineares Wachstum . .	51	246

3.3.2 Negationsnormalform — 52 246

96	○	Beispiele zur NNF Transformation	52	246
97	○	NNF Transformation als Ersetzungsfolge	52	246
98	○	NNF Transformation erweitert für →	52	246
99	○	NNF Transformation erweitert für NOR-Junktor . . .	52	247
100	○	Prolog-Programm für NNF Transformation	52	247

3.3.3 Klauselformen — 53 248

	101	◐	(Un-)erfüllbarkeit von Klausel(-mengen)	53	248
	102	◐	'Disjunkte' Klauseln	53	249
	103	◐	Verschiedene Formeln mit [ ] oder ⟨ ⟩	53	249
	104	◐	Widerlegbarkeitsbeispiel bei dualer Klauselform . . .	53	250
	105	○	KF Transformationsbeispiel	54	251
	106	○	Erweiterung der KF Transformation	54	251
3-19 99	107	○	Beweis von Lemma 3.29	54	252
	108	○	Multimengen von KF Formeln	54	252
	109	◐	Multimengen bei der KF Transformation	54	253
	110	◐	Terminierung der NNF Transformation	55	255
3-20 101	111	◐	Terminierung der KF Transformation	55	257
	112	○	KF Transformation: Regeln streichen/hinzutun	56	258
	113	○	KF Transformation und Absorptionsregel	56	259
3-18 96	114	◐	Duale Klauselform (DKF)	56	259
	115	○	KF und DKF Transformation	57	262
	116	○	Transformationen in NNF, KF und DKF	57	264
	117	◐	Dualismus zwischen KF und DKF	57	264
	118	○	Modelle einer Formel in DKF	58	265
	119	★	Verallgemeinertes Rekursionsschema	58	265
	120	○	Rangfunktion und Anzahl binärer Junktoren	58	268
	121	○	Rangberechnung einer Formel in Prolog	59	269
	122	★	Über die Multiset-Ordnung	59	269
	123	○	Implikationsnegationsform	60	271
	124	○	Implikationsnegationsnormalform	60	271

3.3.4 Eine Prolog Implementierung — 60 272

3-23 104	125	○	DKF Transformation in Prolog	60	272
3-22 104	126	○	KF Erweiterung um → und ↔	60	273
	127	○	Absorptionsregel in Prolog	60	275
3-24 105	128	○	Prolog-Test auf leere Klausel	61	275

VERZEICHNIS DER AUFGABEN UND LÖSUNGEN   xvii

	129	○	KF/ DKF Dualismus in Prolog	**61**	275
3.4			**Beweisverfahren**	**61**	276
	3.4.1		**Resolution**	**61**	276
	130	○	Resolutionsableitungen	**61**	276
	131	○	Anwendungen des Resolutionsverfahrens	**62**	276
3-27 132	132	○	Charakterisierung des Resolutionsverfahrens	**62**	278
	133	○	Nessie und Resolution	**62**	278
	134	◐	Erfüllbarkeit von Vollklauselmengen	**62**	279
	135	◐	Resolution mit Kontraktionsregel	**63**	280
	136	◐	Verschlimmbesserungen der Resolution ?	**63**	281
	137	◐	Tautologieelimination	**64**	282
	138	◐	Positive/negative Klauseln und Erfüllbarkeit	**64**	282
	139	◐	Subsumtion	**64**	282
	140	◐	'Pure literals'	**64**	283
3-37 158	141	◐	(Un)erfüllbare Klauselmengen	**64**	283
	142	◐	Mit sich selbst resolvierbare Klauseln	**66**	284
	143	◐	Aussagenlogische Selbstresolution unnötig	**66**	284
	144	◐	Beispiel: Resolvente aus 3 Klauseln?	**66**	284
	145	○	Tautologische Resolventen	**66**	285
3-25 112	146	○	Prolog-Programm: Beweisausgabe	**66**	285
3-26 114	147	○	Prolog-Programm: Entscheidungsverfahren	**67**	289
	3.4.2		**Semantische Tableaux**	**67**	290
	148	○	Beispiele für das Tableaux-Verfahren	**67**	290
	149	○	Tableaux-Beweis: Assoziativität von ∧	**67**	290
	3.4.3		**Der Kalkül des natürlichen Schließens**	**67**	294
	150	◐	Ableitungen mit natürlichem Schließen	**67**	294
	151	○	Ableitung von Kon-/Dis-junktionen	**69**	312
	152	◐	Eine zusätzliche ∧-Einführungsregel	**69**	313
	153	◐	Lemmata und Theoreme	**69**	313
	154	○	Von einer Ableitung zum Theorem	**70**	314
	155	○	Consequentia mirabilis	**70**	314
	3.4.4		**Weitere Beweisverfahren und Kalküle**	**70**	315
	156	○	Beweisen im Sequenzenkalkül	**70**	315
	157	○	Beweisen mit dem DPLL-Verfahren	**70**	315
3-28 139	158	◐	Unerfüllbarkeit beim DPLL-Verfahren	**70**	317
	159	○	Beweise mit der Konnektionsmethode	**70**	318
	160	◐	Subsumtion in Matrizen	**70**	319

	161	◐	Kontradiktorische Spalten	71	319
	162	○	'Pure Literals' und Konnektionsmethode	71	319
	163	◐	Freddy ist anormal	71	320
	164	◐	Beispiel mit Bezug zum Hilbert-Kalkül	71	320
	165	○	Spracherweiterung um Notwendigkeitsoperator	71	322

3.5 Testen auf Erfüllbarkeit 72 322

	166	○	Beispiel zur stochastischen, lokalen Suche	72	322
	167	○	Beispiel für Nicht-Terminierung	72	325
3-29 144	168	○	Lokales Minimum bei stochastischer Suche	72	325
3-30 145	169	◐	If-then-else Normalform	72	326

3.6 Eigenschaften 73 326

3.6.1 Endlichkeitssatz 73 326

	170	○	Vom Endlichen zum Unendlichen	73	326
	171	◐	Äquivalenzklassen von Formeln	73	328
3-33 151	172	◐	Lemma aus Beweis des Endlichkeitssatzes	73	328
	173	◐	Beispiel: von den Modellen I_n zum Modell I	73	329
	174	◐	Endlichkeitssatz: Beispiel I	74	330
	175	◐	Endlichkeitssatz: Beispiel II	74	330
	176	○	Endlichkeitssatz: Beispiel III	74	331
	177	●	Endlichkeitssatz: Beispiel IV	74	331
	178	○	Erfüllbare endliche Teilmengen	75	332
	179	○	Doch ein Fehler im Endlichkeitssatz?	75	332
	180	◐	Folgerungen und endlich vielen Prämissen	75	332
	181	★	Endlichkeitssatz: Beweis mit Lemma von Zorn	75	332
	182	★	Kompaktheitssatz: Namensmotivation	76	334

3.6.2 Korrektheits- und Vollständigkeitssätze 76 335

3-36 155	183	◐	Streichen von Klauseln bzw. Literalen	76	335
3-34 153	184	○	Beweis von Korollar 3.48	77	336
	185	◐	Resolventen als Folgerungen	77	336
	186	○	Resolution mit tautologischen Klauseln	77	336
	187	◐	Resolution mit Formeln statt Literalen	77	336
	188	◐	Natürliches Schließen und Resolution: I	77	337
	189	◐	Natürliches Schließen und Resolution: II	78	337

4 Prädikatenlogik 79 341

4.1 Syntax 79 341

| | 1 | ○ | Korrekte Terme und Formeln? . . . . | 79 | 341 |

VERZEICHNIS DER AUFGABEN UND LÖSUNGEN

	2	○	Ärzte und Quacksalber	80	341
	3	○	Wer sieht wen?	80	342
	4	○	Verwandte und Nachbarn	80	342
4-1 167	5	○	Induktion und Rekursion für Formeln	81	343
	6	○	Zählen von Variablen in Termen	81	343
	7	○	Zählen von Klammerpaaren in Formeln	81	343
	8	○	Präzisierung der strukturellen Rekursion	81	344
	9	◐	Teilterme	81	344
	10	○	Teilformeln	82	346
	11	○	Teilformeln und Symbolvorkommen	82	346
	12	○	Teilformelersetzung in Prolog	82	347

4.2 Substitutionen   82   348

	13	○	Beispiele zur Substitutionskomposition	82	348
	14	○	Freie Variable und Substitutionsanwendung	83	348
4-2 170	15	◐	$t\widehat{\sigma}$ ist wieder ein Term	83	349
	16	◐	Substitutionskomposition ist eine Substitution	83	349
	17	○	Substitutionskomposition ist nicht kommutativ	83	350
	18	○	Beispiele zu Substitutionen	83	351
4-5 171	19	◐	$t(\widehat{\sigma\theta}) = (t\widehat{\sigma})\widehat{\theta}$	84	351
	20	◐	Existenz von θ mit $\widehat{\theta} = \widehat{\sigma} \circ \widehat{\tau}$	84	352
4-3 170	21	◐	Substitutionswert hängt nur von Variablen in Term ab	84	352
	22	◐	Über Domänen von Substitutionen	84	353
4-4 170	23	◐	$\{X \mapsto r\}$ und X nicht in t	85	354
4-6 173	24	◐	$\sigma_X = \sigma|_{\text{dom}(\sigma)\setminus\{X\}}$	85	354
4-7 173	25	◐	X nicht in t und σ_X	85	355
4-8 174	26	◐	Substitutionswert hängt nur von freien Variablen ab	85	355
4-9 175	27	◐	Beweis von Satz 4.18: Vervollständigung I	85	356
4-10 176	28	◐	Beweis von Satz 4.18: Vervollständigung II	85	356
	29	◐	Idempotente Substitutionen	85	357
	30	○	Die leere Substitution als Einselement	85	357
	31	○	Die leere Substitution ist frei	85	358
	32	○	$\{Y \mapsto t\}$ frei für $(QY)F$	85	358
	33	○	Substitutionen und Variablenmengen	85	358
	34	○	Substitution und 'ungebundene' Variablen	85	359
	35	○	Abarten der Substitutionskomposition	86	359
	36	★	Substitutionsmonoide	86	359

4.3 Semantik　　　　　　　　　　　　　　　　　　　　87　361

4.3.2 Interpretationen　　　　　　　　　　　　　　87　361

 37 ○ Beispiele zur Interpretationsanwendung 87 361
 38 ○ Verschiedene Interpretationen einer Formel: I 88 362
 39 ○ Verschiedene Interpretationen einer Formel: II 88 363
 40 ○ Beispiel: Erfüllbare und widerlegbare Formel 88 365
 41 ○ Beispiel: Modelle und Relationen 88 365
 42 ○ Mathematiker und Philosophen 89 366
 43 ○ Beispiel mit Drachen 89 367
 44 ◐ Beispiel zur Semantik von All-Aussagen 89 368
 45 ● Knifflige Existenz 90 368
 46 ◐ Interpretationsvergleich: I 90 368
 47 ○ Beispiel: Variablenzuordnungen und Substitutionen . . 90 369

4-11 181 48 ○ Variablenzuordnungen und freie Variable 90 370
 49 ● Kommutativität bei Variablenzuordnungen 90 371
4-12 184 50 ◐ Variablenzuordnung vs. Substitution (Lemma 4.25) . . 91 373
 51 ○ Axiomatisierung einer Äquivalenzrelation 91 377

4.3.3 Herbrand-Interpretationen　　　　　　　　　　92　377

 52 ○ Modell und Herbrand-Modell 92 377
 53 ○ Existenz von Herbrand-Interpretationen 92 378
 54 ○ Existenz von Nicht-Herbrand-Interpretationen 92 378
 55 ○ Über die Anzahl von Herbrand-Modellen 92 378
 56 ○ Minimale und maximale Herbrand-Modelle 92 379
 57 ○ Erfüllende/widerlegende Herbrand-Interpretationen . . 92 379
 58 ○ Substitutionen vs. Variablenzuordnungen 92 379
 59 ○ Grundinstanzen bei Herbrand-Interpretationen 93 379
4-34 258 60 ◐ Beweis von Proposition 4.61 . . . . 93 380
 61 ○ Substitutionen und Herbrand-Interpretationen 93 381
 62 ○ Und noch einmal Drachen 93 381
 63 ○ Nochmals Modelle und Herbrand-Modelle 93 382
 64 ○ Über die Blaue Mauritius 94 383
 65 ◐ Interpretationsvergleich: II 94 384

4.3.4 Modelle für abgeschlossene Formeln　　　　　　94　385

 66 ◐ Beispiel: $\forall\forall$ impliziert $\forall\exists$ 94 385
 67 ○ Teilmengen von Domänen 95 385
 68 ○ Falscher Satz für einelementige Domänen 95 385
4-42 272 69 ○ Formeln ohne endliche Modelle 95 385

4.3.5 Modelle für nicht abgeschlossene Formeln   95   386

	70	◐	∀-Quantor und Variablenzuordnung	95	386
4-13 189	71	○	Menge der Variablen in Formeln	95	387
	72	○	Zum existentiellen Abschluss	95	387

4.4 Äquivalenz und Normalform   96   387

4.4.1 Semantische Äquivalenz   96   387

4-14 192	73	○	Prädikatenlogische Äquivalenzen	96	387
4-16 192	74	○	Gegenbeispiele zu prädikatenlogischen Äquivalenzen .	96	389
	75	○	Äquivalenzen mit leerem Quantor	96	390
	76	○	Prädikatenlogische Positionen	96	390
4-15 192	77	◐	Prädikatenlogisches Ersetzungstheorem	96	391
	78	○	Austauschen freier Variablen	97	391
4-17 193	79	○	Umbenennung gebundener Variablen	97	392
	80	◐	Variablenumbenennung und Substitution	97	392
	81	○	Variablen auseinanderdividieren in Prolog	97	394

4.4.2 Pränexnormalform   97   396

	82	○	Beispiele für Pränexnormalform	97	396
4-18 195	83	○	Pränex-Transformation: Zur Korrektheit	97	397
4-20 195	84	○	Pränex-Transformation: Auseinanderdividiertheit . . .	97	398
4-19 195	85	○	Pränexnormalform-Transformation: Terminierung . . .	97	398
4-22 199	86	○	Pränex und auseinanderdividiert	97	400
	87	○	Substitution und Pränexnormalform	98	400

4.4.3 Skolem-Normalform   98   400

	88	○	Formeltransformation in Skolem-Normalform	98	400
	89	○	Modellverlust bei Skolemisierung	98	402
4-21 199	90	○	Terminierung der Skolemisierung	98	403
	91	○	Terminierung der verallgemeinerten Skolemisierung .	98	404
	92	○	Interpretationen für Skolem-Funktionen	99	404
	93	○	Duale Skolem-Transformation	99	405
	94	○	Duale Skolem-Normalform und Modelle	99	405
4-23 202	95	○	Duale Skolemisierung und Allgemeingültigkeit	99	406

4.4.4 Klauselform   99   408

	96	○	Beispiel für KF Transformation	99	408
4-35 259	97	○	Grundinstanzen und Aussagenlogik	100	409
	98	○	Implikationsnormalform	100	410

4.5 Unifikation   101   411

4-25 211	99	○	Anwendung des Unifikationsalgorithmus	101	411

		100 ○ Allgemeinste und nicht allgemeinste Unifikatoren ...	101	412
4-30	217	101 ◐ Die Relationen ≥ und ~ auf Substitutionen	101	413
		102 ◐ Substitutionskomposition und Vergleichbarkeit	102	413
		103 ○ Ordnen von Substitutionen	102	413
		104 ○ Ordnen von Unifikatoren	102	413
4-26	212	105 ◐ Beweisergänzung: Unifikationsalgorithmus	102	414
4-27	213	106 ○ Anzahl der Variablen in einem Term	103	414
4-28	214	107 ◐ Zur Terminierung des Unifikationsalgorithmus	103	414
		108 ◐ Variante der ≻-Relation	103	415
		109 ● Unifikation liefert idempotente Unifikatoren	103	415
4-29	217	110 ○ Unifikation in Prolog	104	418

4.6 Beweisverfahren   104 421

4.6.1 Resolution   104 421

		111 ○ Alle Resolventen ermitteln	104	421
		112 ○ Resolutionsanwendung im Detail	104	421
		113 ○ Schrittweiser Resolutionsbeweis	105	423
		114 ○ Allgemeingültigkeit mit Resolution	105	424
		115 ○ Allgemeingültig oder unerfüllbar?	105	426
		116 ○ 'Existenzielle Disjunktion' I	105	428
		117 ○ 'Existenzielle Disjunktion' II	105	429
		118 ○ Alle Wege führen nach Rom	105	431
4-24	206	119 ○ Gruppenbeispiel	106	432
		120 ○ Beispiel: Gerade Summen	107	433
		121 ○ Beispiel: Blaue Augen	107	434
		122 ○ Beispiele zur prädikatenlogischen Subsumtion	107	435
		123 ◐ Anwendbarkeit von prädikatenlogischer Subsumtion .	107	435
		124 ○ Notwendigkeit der Faktorisierung	108	436
4-31	225	125 ◐ ⊢$_r$ Vergleich: Aussagenlogisch vs. prädikatenlogisch .	108	436

4.6.2 Semantische Tableaux   108 437

		126 ○ Beispiel: Prädikatenlogischer Tableaux-Beweis	108	437

4.6.3 Der Kalkül des natürlichen Schließens   109 437

		127 ◐ Natürliches Schließen: Prädikatenlogische Beispiele .	109	437
4-32	232	128 ◐ Bedingungen an (∃E) Regel	109	442
		129 ◐ Freiheitsbedingungen für die Substitution $\{X \mapsto t\}$ ..	110	443
		130 ○ Faktorisierung und natürliches Schließen	110	444
		131 ● Komplexes natürliches Schließen	110	444

4.6.4 Weitere Verfahren — 111 450

- 132 ○ Prädikatenlogische Konnektionsmethode 111 450
- 133 ○ Beispiel mit (un)geraden Zahlen 111 451
- 134 ○ Prädikatenlogische Subsumtion in Matrizen 111 451
- 135 ○ Beweisen im prädikatenlogischen Sequenzenkalkül . . 111 452
- 136 ○ Nach Rom mit dem Sequenzenkalkül 111 452

4.8 Eigenschaften — 111 453

4.8.1 Herbrand-Interpretationen — 111 453

- 137 ○ Beispiel für korrespondierendes Herbrand-Modell . . . 111 453
- 4-33 256 138 ◐ Existenz korrespondierender Herbrand-Modelle 112 453

4.8.2 Korrektheits- und Vollständigkeitssätze — 112 456

- 4-36 261 139 ◐ Beweisergänzung: Resolutionslemma 4.63 . . . . 112 456
- 4-37 262 140 ◐ Beweisergänzung: Lifting-Lemma 4.65 . . . . 112 456
- 4-38 263 141 ◐ Beweisergänzung: Lemma 4.66 . . . . 112 457

4.8.3 Der Endlichkeitssatz — 112 457

- 4-43 273 142 ◐ Es gibt mindestens n Dinge 112 457
- 143 ● Nochmal Formeln ohne endliche Modelle 112 457
- 4-40 272 144 ◐ Beweis Endlichkeitssatz: Grundinstanzen 112 458
- 4-41 272 145 ◐ Beweis Endlichkeitssatz: Aussagenlogische Abbildung . 113 458
- 4-39 271 146 ◐ Beweis Endlichkeitssatz: Auseinanderdividieren 113 459
- 147 ● Non-Standard Modell der natürlichen Zahlen 113 459

4.8.4 Der Unentscheidbarkeitssatz — 114 461

- 4-45 277 148 ◐ Korrespondenzproblem und Resolution 114 461

5 Grundlagen der Logikprogrammierung — 115 463

5.1 Definite Programme — 115 463

5.1.1 Grundbegriffe — 115 463

- 1 ○ Von Funktionen zu Prolog 115 463

5.1.2 Semantik — 115 465

- 2 ○ Herbrand-Modelle eines definiten Programms 115 465
- 3 ○ Existenz kleinster Herbrand-Modelle 115 465
- 5-4 292 4 ○ Grundinstanzen von definiten Programmen 116 465
- 5 ○ Antwortsubstitution gesucht 116 466
- 6 ○ Nachweis einer Antwortsubstitution 116 466
- 7 ○ ε als Antwortsubstitution 116 467
- 8 ○ Beispiel Antwortsubstitutionen 116 467
- 9 ○ SLD-Widerlegung und Antwortsubstitutionen 116 467

	10 ○	SLD-Ableitung und Antwortsubstitution	**117**	468
	11 ○	Fragen zu Antwortsubstitutionen	**117**	468
5-1 288	12 ○	Negierte Konjunktion von Literalen	**117**	468

5.1.3 Fixpunktsemantik 117 468

	13 ○	Beispiel für $T_\mathcal{P}^n$ Berechnung: I	**117**	468
	14 ○	Beispiel für $T_\mathcal{P}^n$ Berechnung: II	**117**	469
	15 ○	Beispiel für $T_\mathcal{P} \uparrow n$ Berechnung	**118**	469
5-2 291	16 ○	Monotonie von $T_\mathcal{P}$	**118**	469
5-3 291	17 ○	Beweisergänzung zu Proposition 5.22	**118**	471

5.1.5 Eigenschaften 118 471

5-5 308	18 ○	Unabhängigkeit der Selektionsfunktion	**118**	471

5.2 Normale Programme 118 473

5-6 313	19 ○	Abfahrt Leipzig, Berlin, ...	**118**	473
5-7 316	20 ○	Beispiele zur Gleichheitsrelation	**119**	473
5-8 320	21 ○	Herbrand-Basis als Modell	**119**	474
5-9 321	22 ○	Unwiderlegbares Ziel	**119**	474

Übersicht der im Lehrbuch erwähnten Aufgaben

In den folgenden Tabellen enthält die *erste* Spalte die Nummern der Übungsaufgaben aus dem Lehrbuch, die *zweite* Spalte (in Fettdruck) die Nummer der jeweils entsprechenden Aufgabe im vorliegenden Aufgabenbuch, und hierzu die *dritte* und *vierte* Spalte die Seitenzahl der Aufgabestellung bzw. die Seitenzahl der zugehörigen Lösung. Die *fünfte* Spalte enthält (in kursiv) die Nummer der Seite im Lehrbuch, wo auf diese Aufgabe verwiesen wurde.

2–1	**2.2**	3	124	*27*	3–25	**3.146**	66	285	*112*	4–22	**4.86**	97	400	*199*
2–2	**2.4**	3	124	*27*	3–26	**3.147**	67	289	*114*	4–23	**4.95**	99	406	*202*
2–3	**2.5**	4	124	*27*	3–27	**3.132**	62	278	*132*	4–24	**4.119**	106	432	*206*
2–4	**2.6**	4	124	*27*	3–28	**3.158**	70	317	*139*	4–25	**4.99**	101	411	*211*
2–5	**2.9**	5	127	*28*	3–29	**3.168**	72	325	*144*	4–26	**4.105**	102	414	*212*
2–6	**2.11**	5	128	*29*	3–30	**3.169**	72	326	*145*	4–27	**4.106**	103	414	*213*
2–7	**2.10**	5	128	*29*	3–31	**3.82**	49	236	*150*	4–28	**4.107**	103	414	*214*
2–8	**2.16**	7	137	*34*	3–32	**3.81**	48	234	*150*	4–29	**4.110**	104	418	*217*
2–9	**2.42**	15	158	*37*	3–33	**3.172**	73	328	*151*	4–30	**4.101**	101	412	*217*
2–10	**2.36**	13	156	*59*	3–34	**3.184**	77	336	*153*	4–31	**4.125**	108	436	*225*
3–1	**3.1**	23	175	*66*	3–35	**3.92**	51	244	*154*	4–32	**4.128**	109	442	*232*
3–2	**3.3**	23	176	*66*	3–36	**3.183**	76	335	*155*	4–33	**4.138**	112	453	*256*
3–3	**3.11**	26	183	*68*	3–37	**3.141**	64	283	*158*	4–34	**4.60**	93	380	*258*
3–4	**3.12**	26	184	*68*	4–1	**4.5**	81	342	*167*	4–35	**4.97**	100	409	*259*
3–5	**3.13**	26	185	*69*	4–2	**4.15**	83	349	*170*	4–36	**4.139**	112	456	*261*
3–6	**3.25**	33	194	*72*	4–3	**4.21**	84	352	*170*	4–37	**4.140**	112	456	*262*
3–7	**3.30**	35	197	*73*	4–4	**4.23**	84	354	*170*	4–38	**4.141**	112	457	*263*
3–8	**3.39**	38	207	*73*	4–5	**4.19**	84	351	*171*	4–39	**4.146**	113	459	*271*
3–9	**3.43**	39	210	*79*	4–6	**4.24**	85	354	*173*	4–40	**4.144**	112	458	*272*
3–10	**3.51**	41	215	*83*	4–7	**4.25**	85	355	*173*	4–41	**4.145**	113	458	*272*
3–11	**3.66**	45	226	*85*	4–8	**4.26**	85	355	*174*	4–42	**4.69**	95	385	*272*
3–12	**3.79**	47	233	*86*	4–9	**4.27**	85	356	*175*	4–43	**4.142**	112	457	*273*
3–13	**3.74**	47	229	*87*	4–10	**4.28**	85	356	*176*	4–44	**2.19**	7	139	*273*
3–14	**3.87**	50	240	*89*	4–11	**4.48**	90	370	*181*	4–45	**4.148**	114	461	*277*
3–15	**3.93**	51	245	*90*	4–12	**4.50**	91	373	*184*	5–1	**5.12**	117	468	*288*
3–16	**3.94**	51	245	*90*	4–13	**4.71**	95	387	*189*	5–2	**5.16**	118	469	*291*
3–17	**3.95**	51	245	*90*	4–14	**4.73**	96	387	*192*	5–3	**5.17**	118	471	*291*
3–18	**3.114**	56	259	*96*	4–15	**4.77**	96	391	*192*	5–4	**5.4**	116	465	*292*
3–19	**3.107**	54	252	*99*	4–16	**4.74**	96	388	*192*	5–5	**5.18**	118	471	*308*
3–20	**3.111**	55	257	*101*	4–17	**4.79**	97	392	*193*	5–6	**5.19**	118	473	*313*
3–21	**3.8**	25	180	*102*	4–18	**4.83**	97	397	*195*	5–7	**5.20**	118	473	*316*
3–22	**3.126**	60	273	*104*	4–19	**4.85**	97	398	*195*	5–8	**5.21**	119	474	*320*
3–23	**3.125**	60	272	*104*	4–20	**4.84**	97	398	*195*	5–9	**5.22**	119	474	*321*
3–24	**3.128**	61	275	*105*	4–21	**4.90**	98	403	*199*					

Teil I

Aufgaben

Aufgaben zu **Kapitel 2** des Lehrbuchs

Logikprogrammierung am Beispiel Prolog

2.1 Logikprogrammierung mit einfachen Daten

Aufgabe 2.1 Fakten und einfache Anfragen in Prolog [▷123] ○

Schreiben Sie ein Prolog-Programm, das die folgenden natürlichsprachlichen Sätze als Fakten repräsentiert:

> LUNAR ist ein Programm.
> SAM ist ein Programm.
> SHRDLU ist ein Programm.
> Die Begriffsschrift ist ein Buch.
> Die Principia Mathematica sind ein Buch.
> Terry hat SHRDLU geschrieben.
> Bill hat LUNAR geschrieben.
> Roger hat SAM geschrieben.
> Gottlob hat die Begriffsschrift geschrieben.
> Bertrand hat die Principia Mathematica geschrieben.
> Alfred hat die Principia Mathematica geschrieben.

Stellen Sie Anfragen an Ihr Programm. Fragen Sie z.B., ob Bill ein Programm ist, ob Roger LUNAR geschrieben hat, und ob LUNAR von Bill geschrieben wurde.

Aufgabe 2.2 Anfragen mit Variablen [▷124] ○ 2-1 27

Stellen Sie folgende Anfragen an Ihr unter Aufgabe 2.1 aufgestelltes Programm:

> Was für Programme sind in der Datenbasis enthalten?
> Welche Autoren haben die Principia Mathematica geschrieben?

Aufgabe 2.3 Konjunktive Anfragen [▷124] ○

Ermitteln Sie alle Bücher mit Autor und Titel, die in Ihrem unter Aufgabe 2.1 aufgestellten Programm enthalten sind. Formulieren Sie hierfür eine geeignete Anfrage.

Aufgabe 2.4 Regeln in Prolog [▷124]

Erweitern Sie das in Aufgabe 2.1 erhaltene Prolog-Programm durch zwei Regeln, welche die folgenden Sätze repräsentieren.

Eine Person ist ein Autor, wenn es ein Buch gibt, das von dieser Person geschrieben wurde.

Eine Person ist ein Programmierer, wenn es ein Programm gibt, das von dieser Person geschrieben wurde.

Aufgabe 2.5 Komplexe Regeln [▷124]

(a) Erweitern Sie das in Aufgabe 2.1 erhaltene Prolog-Programm durch die folgenden Aussagen:

Terry ist Professor.
Roger ist Professor.
Bertrand ist Professor.
Gottlob ist Professor.
SHRDLU betrifft Blöcke.
LUNAR betrifft Steine.
SAM betrifft Geschichten.
Die Principia Mathematica betreffen Logik.
Die Principia Mathematica betreffen Mathematik.
Die Begriffsschrift betrifft Logik.

(b) Erweitern Sie das so erhaltene Prolog-Programm durch eine Regel, die den folgenden Satz repräsentiert:

Ein Logiker ist ein Professor, der ein Buch geschrieben hat, das die Logik betrifft.

Aufgabe 2.6 Verwandtschaftsbeziehungen [▷124]

Gegeben sei das folgende Prolog-Programm:

```
elternteil(E,Kind):- vater(E,Kind).
elternteil(E,Kind):- mutter(E,Kind).

vater(steffen,paul).
vater(fritz,karin).      maennlich(paul).      weiblich(karin).
vater(steffen,lisa).     maennlich(fritz).     weiblich(lisa).
vater(paul,maria).       maennlich(steffen).   weiblich(maria).
mutter(karin,maria).     maennlich(robert).    weiblich(sina).
mutter(sina,paul).
```

Geben Sie Regeln für Tochter, Großvater und Cousine an. Erweitern Sie gegebenenfalls die Datenbasis, falls die angegebenen Daten nicht auf die Existenz eines Großvaters bzw. einer Cousine schließen lassen.

Aufgabe 2.7 Vollständiger Ableitungsbaum [▷125]

Erzeugen Sie den vollständigen Ableitungsbaum zum Prolog-Programm aus Aufgabe 2.4 für die Anfrage, welche Autoren es gibt.

I.2.1. LOGIKPROGRAMMIERUNG MIT EINFACHEN DATEN

Aufgabe 2.8 Tracing im Vierportmodell [▷127] ○
Stellen Sie das Prädikat p/1, welches durch die folgenden Programmklauseln definiert ist, im Box-Modell (Vierportmodell) dar
 (1) p(X) :– a(X).
 (2) p(X) :– b(X), c(X), d(X).
 (3) p(X) :– e(X), f(X).
und vergleichen Sie den Ableitungsbaum des Aufrufs von ?– p(X). mit dessen Trace-Protokoll, wenn noch zusätzlich die folgenden Prädikate definiert sind:
 a(n).   b(m).   c(m).   d(m).   e(o).   f(o).

Aufgabe 2.9 Rekursive Vorfahren I [▷127] ○ 2-5 28
Erweitern Sie das in Aufgabe 2.6 gegebene Programm durch folgende Regeln.
 vorfahre(Alt, Jung) :– elternteil(Alt, Jung).
 vorfahre(Alt, Jung) :– elternteil(Alt, X), vorfahre(X, Jung).
Testen Sie das so erhaltene Programm durch verschiedene Anfragen.

Aufgabe 2.10 Rekursive Vorfahren II [▷128] ○ 2-7 29
Stellen Sie folgende Anfragen an das Programm aus Aufgabe 2.9:
 (1) ?– vorfahre(steffen, maria).
 (2) ?– vorfahre(maria, X).
Geben Sie die Ableitungsbäume der beiden Anfragen an, um die Lösungsfindung nachzuvollziehen.

Aufgabe 2.11 Rekursive Vorfahren III [▷128] ○ 2-6 29
Erweitern Sie das in Aufgabe 2.6 gegebene Programm durch folgende Regeln.
 vorfahre(Alt, Jung). :– elternteil(Alt, Jung).
 vorfahre(Alt, Jung). :– vorfahre(X, Jung), elternteil(Alt, X).
Das Programm unterscheidet sich nur durch die vertauschte Reihenfolge der Teilziele im Rumpf der zweiten Klausel vom Programm aus Aufgabe 2.9. Welche Antwort liefert nun die Anfrage ?– vorfahre(maria, X). ? Verdeutlichen Sie sich die Reaktion anhand des Ableitungsbaums.

Aufgabe 2.12 Gerichteter Graph [▷130] ○
Ein endlicher *gerichteter Graph* besteht aus einer endlichen Menge von *Knoten* $V = \{v_1, v_2, \ldots, v_n\}$ und einer endlichen Menge $E \subseteq V \times V$ von *gerichteten Kanten* zwischen diesen Knoten. Wir wollen von einem *Pfad* zwischen zwei Knoten $v_i, v_j \in V$ in einem Graph $G = (V, E)$ sprechen, wenn es entweder eine gerichtete Kante $(v_i, v_j) \in E$ gibt, oder wenn es eine gerichtete Kante $(v_i, v_k) \in E$ und einen Pfad zwischen v_k und v_j gibt.
 (a) Geben Sie die Fakten und Regeln an, mit denen Sie beliebige (endliche) gerichtete Graphen – z.B. mit Knoten a, ..., f – mittels eines Prolog-Programms repräsentieren können.
 (b) Definieren Sie die Relation *Pfad* in Prolog.

Aufgabe 2.13 Konjunktive Ziele [▷130] ○
Gegeben seien die beiden folgenden, sich nur durch die Reihenfolge der Teilziele in Regel (1) unterscheidenden Prolog-Programme, wobei die Regel (1) und (2) zudem mit den gleichen Variablen beschrieben wurden.

Programm A
(1) p(X, Z) :− q(X, Y), p(Y, Z).
(2) p(X, X).
(3) q(a, b).

Programm B
(1) p(X, Z) :− p(Y, Z), q(X, Y).
(2) p(X, X).
(3) q(a, b).

Was für ein Ergebnis liefert die Anfrage ?− p(T, b).
 (1) bei Verwendung von Programm A?
 (2) bei Verwendung von Programm B?
Verwenden Sie zur Erklärung einen Beweisbaum.

2.3 Syntax

Aufgabe 2.14 Tiere und Pflanzen [▷135] ○
Mit den folgenden Prolog-Klauseln soll eine Datenbasis mit Pflanzen und Tieren und eine Regel für Lebewesen definiert werden:

```
tier(baer, saeugetier).            pflanze[efeu].
Tier(tiger, saeugetier).           pflanze(Rose) .
tier (kobra, kriechtier)           pflanZe('Palme').
tier(Vogel, pirol).
− tier(karpfen).
tier(_affe, saeugetier)).
tier(Schlei . fisch);              hat federn(pirol).
lebewesen(Leb) = tier(Leb), pflanze(Leb).
```

(a) Welche der Fakten und Regeln sind syntaktisch falsch? Korrigieren Sie diese.

(b) Welche der Fakten bzw. Regeln repräsentieren nicht den wahrscheinlich gewünschten Sachverhalt? Ändern Sie diese so, dass der gewünschte Sachverhalt zum Ausdruck gebracht wird.

(c) Welche Antworten liefert Prolog auf folgende Fragen an die korrigierte Datenbasis?

?− tier(Tier, Y).   ?− tier(_, X).   ?− tier(Tiger, Art).
?− pflanze(efeu).   ?− tier.   ?− tier(baer, vogel).

Überlegen Sie Sich die Antworten zunächst theoretisch. Geben Sie dann die Datenbasis in den Rechner ein, und testen Sie praktisch mit Prolog die gegebenen Anfragen.

Aufgabe 2.15 Weitere Tiere und Pflanzen [▷136] ○
Erweitern Sie das Prolog-Programm, welches in Aufgabe 2.14 entstanden ist, durch Angaben zu zusätzlichen Tieren (z.B. Meise, Wal, Fledermaus und Strauss).

(a) Vervollständigen Sie das Prolog-Prädikat hat_federn/1, indem Sie damit alle

I.2.4. KOMPLEXE DATEN

schon enthaltenen Tiere mit Federn erfassen, und erweitern Sie die Datenbasis durch ein Prädikat kann_fliegen/1.

(b) Was liefern die folgenden Anfragen an Ihre Datenbasis?

?- tier(T, X), pflanze(X).
?- pflanze(rose), tier(X, X).
?- hat_federn(X), tier(X, A).

(c) Wie lautet die Prolog-Anfrage nach einem Tier, das Federn hat und fliegen kann, und wie lautet die Anfrage nach einem fliegenden Säugetier?

(d) In Teilaufgabe (a) wurde verlangt, dass für jedes Tier mit Federn ein entsprechender Fakt geschrieben wird. Wie kann man dies effektiver gestalten, wenn man berücksichtigt, dass alle Vögel Federn haben?

(e) Es entspricht zwar nicht der Realität, aber nehmen wir an, dass Säugetiere und Vögel Landtiere sind. Definieren Sie in Prolog ein Prädikat landtier/1, mit dem aus den vorhandenen Daten die Tiere ermittelt werden können, welche Landtiere sind.

2.4 Komplexe Daten

Aufgabe 2.16 Von Listen zu Punktnotation [▷137] ○ 2-8 34

Geben Sie die zu den folgenden Ausdrücken

[1]   [X, 2]   [1|X]   [Kopf|Rest]
[[a, b], c] [1, 2, [b|Y]] [1, 2, 3|Y]

in Listennotation die zugehörigen Ausdrücke in Punktnotation an.

Aufgabe 2.17 Listenanfragen I [▷137] ○

Gegeben sei das folgende nur aus einem einzigen Fakt bestehende Prolog-Programm p([a, b, c], a(b)). Ermitteln Sie, ohne Verwendung des Prolog-Interpreters, welche Antworten auf die folgenden Anfragen zu erwarten sind.

(a)   ?- p([X, Y], _).
(b)   ?- p([X|Y], Z).
(c)   ?- p(L, a(E)), member(E, L).
(d)   ?- p([X, Y|Z], X).
(e)   ?- p([X|Y], a(Y)).
(f)   ?- p([a, X, Y|Z], a(X)).

Aufgabe 2.18 Listenanfragen II [▷138] ○

Gegeben sei das folgende Prolog-Programm:

r(_, [ ], [ ]).
r(X, [X|T], NT)   :- r(X, T, NT).
r(X, [H|T], [H|NT]) :- r(X, T, NT).

Welche Ergebnisse liefern die folgenden Anfragen?

(a)   ?- r(a, [a, a], Erg).
(b)   ?- r(b, [a, a], Erg).
(c)   ?- r(b, [a, b], Erg).

Demonstrieren Sie anhand des Beweisbaums von Anfrage (c) die Lösungsfindung.

Aufgabe 2.19 palindrome [▷139] ○

Definieren Sie eine Prolog-Regel palindrome/1 mit deren Hilfe getestet werden kann, ob eine Liste ein Palindrom ist, d.h. ob die Umkehrung der Liste identisch mit der Liste selbst ist. Beispielsweise sollte der Aufruf ?– palindrome([a, b, c, b, a]). die Antwort yes liefern, während der Aufruf ?– palindrome([a, b, c, c, a]). mit no beantwortet werden soll.

Aufgabe 2.20 Elemente aus Listen entfernen [▷140] ○

Schreiben Sie Prolog-Programme, die folgendes leisten:

(a) Aus einer gegebenen Liste werden die ersten 3 Elemente entfernt.

(b) Aus einer gegebenen Liste wird das letzte Element entfernt.

(c) Aus einer gegebenen Liste werden alle Elemente entfernt, die mit einem vorgegebenem Wert übereinstimmen.

Aufgabe 2.21 Lösen von Kreuzworträtseln [▷140] ○

Die folgende Grafik zeigt den Rahmen eines Kreuzworträtsels.

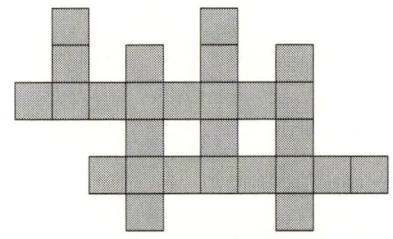

Bestimmen Sie mit Hilfe von Prolog alle Möglichkeiten, wie dies mit den Wörtern lot, aga, aster, mutti, liebe, kante, segel, tanne, tinte, laube, mandarin, uta, tansania, dezember, saechsin, radebeul gefüllt werden kann.

Aufgabe 2.22 Operatoren: Von Präfix nach Infix [▷142] ◐

Der Ausdruck f(g(1, 2), g(3, 4)) soll in Operatorschreibweise dem Ausdruck 1g2f3g4 entsprechen. Geben Sie eine Operatordefinition an, die dies ermöglicht.

Aufgabe 2.23 Wer mag was ? [▷142] ◐

Es seien die folgenden Operatordefinitionen gegeben:

:– op(100, fy, a).
:– op(100, xf, b).
:– op(100, xfy, mag).
:– op(80, yfx, und).

Sind die folgenden Fakten syntaktisch korrekt? Falls ja, so geben Sie die entsprechende Funktorschreibweise an. Falls nein, so begründen Sie Ihre Antwort.

(a) a a X.

(b) X a.

(c) und a und b.

(d) X und und und und.

(e) ich mag dies und jenes.

(f) dies und jenes mag ich.

I.2.4. KOMPLEXE DATEN

(g) Welche Antworten werden auf die Frage ?- Wer mag Was. gegeben, wenn wir das folgende Prolog-Programm betrachten?

    ich mag dies und jenes.
    dies und jenes mag ich.

Aufgabe 2.24 Beispieloperatoren mm und pre   [▷142] ◐

Gegeben sei das folgende Prolog-Programm:

    :- op(10, xfy, mm).
    p(1 mm 2 mm 3, a).
    p(3 mm 2 mm 1, b).
    p(2 mm 1 mm 3, c).

Welche Ergebnisse liefern die folgenden Anfragen? Falls es mehrere Antworten gibt, so reicht die Angabe der ersten Antwort aus.

(a) ?- p(1, X).
(b) ?- p(X mm Y, c).
(c) ?- p(mm(2, X), Y).
(d) ?- p(X, Y), p(Y, Z).
(e) Wie muss der Operator pre definiert werden, damit das Hinzufügen der Klausel p(4 mm 5 pre mm 6). syntaktisch korrekt verläuft, und welchem Term entspricht der Ausdruck 4 mm 5 pre mm 6 mit der von Ihnen gewählten Definition in Funktorschreibweise?

Aufgabe 2.25 Arithmetik: pot und average   [▷142] ○

Definieren Sie Prolog-Regeln, die folgendes leisten:

(a) pot(N, M, Res): Res ist die M-te Potenz der Zahl N, wobei M eine natürliche Zahl ist. Beispielsweise sollte der Aufruf ?- pot(2, 5, Res). den Wert 2^5, also die Antwort Res = 32 liefern.

(b) average(L, A): A ist der Durchschnitt der in der Liste L angegebenen Zahlenwerte. Beispielsweise sollte der Aufruf ?- average([3, 1, 4, 3], X). die Antwort X = 2.75 liefern.

Aufgabe 2.26 Arithmetik: gn und gnull   [▷143] ○

(a) Welches Ergebnis liefert das Prolog-Programm

    gn([ ], 0).
    gn([H|T], A) :- H > 0, gn(T, An), A = An+H
    gn([H|T], A) :- H =< 0, gn(T, A).

auf die Anfrage ?- gn([-2, 2, 1], Res). ?
Demonstrieren Sie die Lösungsfindung anhand des Ableitungsbaums.

(b) Definieren Sie ein Prolog-Programm gnull/2, so dass gnull(L, A) in A die Anzahl der Elemente in der Liste L, welche größer oder gleich 0 sind, liefert. So soll z.B. ?- gnull([3, 0, -2, -3, 1], Res). das Ergebnis Res = 3 liefern. Geben Sie für die Anfrage ?- gnull([-2, 2, 1], Res). den vollständigen Ableitungsbaum an.

Aufgabe 2.27 Implementierung des Strukturprädikats =.. [▷143] ○
Schreiben Sie ein Prolog-Programm trans/2, welches dasselbe leistet wie der Operator =.. , wobei Sie hierzu den Operator =.. selbst natürlich nicht verwenden dürfen, wohl aber die Prädikate functor/3 und arg/3.

Aufgabe 2.28 subterm Implementierung [▷146] ○
Schreiben Sie ein Prädikat subterm/2, wobei subterm(X, Y) bedeuten soll, dass X ein Teilterm von Y ist.

Aufgabe 2.29 Spezielle Listenerweiterung: addto [▷146] ○
Sei L eine Liste, deren Elemente Terme der Form Li -> Ri sind. Definieren Sie ein Prädikat addto(X -> R, L, Le), das als Ergebnisliste Le die um das Element X -> R erweiterte Liste L liefert, falls X mit keiner der linken Seiten von Li -> Ri übereinstimmt, und anderenfalls als Ergebnis die unveränderte Liste L liefert. Z.B. soll die Anfrage ?- addto(X -> f(Y), [Z -> g(X, Y), Y -> r(X)], Le). das Ergebnis Le = [Z -> g(X, Y), Y -> r(X), X -> f(Y)] liefern, während andererseits die Anfrage ?- addto(X -> f(Y), [Z -> g(X, Y), X -> Z], Le). das Ergebnis Le = [Z -> g(X, Y), X -> Z] liefern soll.
Definieren Sie geeignete Operatoren, damit sich ein syntaktisch korrektes Programm ergibt.

Aufgabe 2.30 Variablenersetzung in Termen [▷147] ○
In Folgendem bezeichne die Struktur X -> T eine Substitution. Durch diese wird ausgedrückt, dass alle Vorkommen der Variablen X in einem Prolog-Term durch den Term T ersetzt werden sollen.

(a) Definieren Sie ein Prolog-Prädikat ident_rm/2, das aus einer Liste von Substitutionen alle identischen Substitutionen, also Substitutionen bei denen der Term T mit der zu ersetzenden Variablen X übereinstimmt, entfernt. Z.B. sollte der Aufruf
?- ident_rm([X -> f(Y), Y -> Y, Z -> X, W -> W], L).
das Ergebnis L = [X -> f(Y), Z -> X] liefern.
Beachten Sie, dass ein geeigneter Operator zu definieren ist, damit Aufrufe dieser Form als syntaktisch korrekt angesehen werden.

(b) Definieren Sie unter Verwendung von Teilaufgabe (a) ein Prädikat substitution/3, das eine vorgegebene Substitution X -> T in einem Prolog-Term durchführt, d.h. der Aufruf ?- substitution(X -> T, Told, Tnew). soll bewirken, dass im Term Told alle Vorkommen der Variablen X durch T ersetzt werden, und dass Tnew das Ergebnis dieser Ersetzung ist. Z.B. soll der Aufruf
?- substitution(X -> f(Y), g(X, Z, g(a, X, b)), Tnew).
als Ergebnis Tnew = g(f(Y), Z, g(a, f(Y), b)) liefern.

Aufgabe 2.31 Input/Output [▷148] ◐
Wir wenden uns noch einmal dem in Aufgabe 2.6 gegebenem Programm zu. Unser Ziel ist es, in den Klauseln, welche die Funktoren weiblich und maennlich enthalten, diese Funktoren um ein Argument zu erweitern, welches das Geburtsjahr der entsprechenden Person angeben soll.
Das Ursprungsprogramm aus der Aufgabe 2.6 sei in einer Datei xxx.pl gespeichert. Die Klauseln des Programms sollen sequentiell eingelesen werden. Wird eine Klausel

I.2.4. KOMPLEXE DATEN

mit dem Funktor weiblich oder maennlich eingelesen, so soll der Nutzer über das Terminal aufgefordert werden, das Geburtsjahr der entsprechenden Person über die Tastatur einzugeben. Die betreffende Klausel soll nun um ein Argument, welches das Geburtsjahr enthält, ergänzt und in einer neuen Datei xxx_new.pl abgespeichert werden. Alle anderen Klauseln sollen unverändert in die neue Datei übernommen werden. Zum Lösen dieser Aufgabe brauchen wir noch folgende vordefinierte Prädikate, auf die im Lehrbuch nicht eingegangen werden konnte. Sie betreffen das Ermitteln und Ändern des aktuellen Ein- bzw. Ausgabemediums.

telling(X)	X wird mit dem aktuellen Ausgabestrom unifiziert
tell(X)	X wird aktueller Ausgabestrom
	Aber Vorsicht:
	Existiert schon eine Datei namens X, so wird diese gelöscht!
told	Der aktuelle Ausgabestrom wird geschlossen
seeing(X)	X wird mit dem aktuellen Eingabestrom unifiziert
see(X)	X wird aktueller Eingabestrom
seen	Der aktuelle Ausgabestrom wird geschlossen

Ist der aktuelle Ausgabestrom einer Datei zugewiesen und ist das Dateiende erreicht, so liefert der Aufruf von ?- read(X) das Ergebnis X = end_of_file. Die standardmäßig vorgegebenen Medien für die Aus- (Terminal) und Eingabe (Tastatur) haben den Namen user.

Aufgabe 2.32 Programmmanipulation [▷149] ○

Im Prinzip wurde bereits in Aufgabe 2.31 ein Programm manipuliert, indem es einfach als Datensammlung angesehen und entsprechend geändert wurde. Das gleiche Ergebnis kann man aber auch durch Manipulation des geladenen Programms und – falls gewünscht – anschließendem Abspeichern des geänderten Programms erreichen. Schreiben Sie ein Programm, welches das in Aufgabe 2.6 vorgegebene Programm lädt und mit dessen Hilfe im Dialog über Bildschirm und Tastatur zu sämtlichen darin enthaltenen Klauseln weiblich/1 das Geburtsjahr der entsprechenden Person abgefragt, die einstellige Klausel zu weiblich/1 gelöscht und dafür die entsprechende Klausel zu weiblich/2 zugefügt wird, die Name und Geburtsjahr als Argumente enthält. Die neuen Klauseln weiblich/2 sollen zum Schluss in eine Datei gespeichert werden.
Beachten Sie: Um Programme mit assert bzw. retract manipulieren zu können muss (in SWI-Prolog) den entsprechenden Prädikate mit dynamic/1 die Manipulierbarkeit zugewiesen werden.

Aufgabe 2.33 Das Mengenprädikatszeichen bagof [▷150] ○

Die nachfolgenden Fakten der Form stadt(Kontinent, Metropole, Einwohner). geben zu den Kontinenten Europa und Asien die Einwohnerzahlen (in Millionen) einiger Metropolen an.

```
stadt(europa, berlin, 3.4).
stadt(europa, madrid, 3.3).
stadt(europa, prag, 1.2).
stadt(europa, rom, 2.7).
stadt(europa, budapest, 1.7).
stadt(europa, paris, 2.1).
```

stadt(asien, moskau, 10.5).
stadt(asien, tokyo, 34.4).
stadt(asien, hanoi, 6.2).
stadt(asien, peking, 15.5).
stadt(asien, bangkok, 6.8).

(a) Bestimmen Sie die Menge – anzugeben in Form einer Liste – aller Metropolen in Europa, die mehr als 2,5 Millionen Einwohner haben. Die Elemente der Ergebnisliste sollen jeweils aus dem Namen einer dieser Metropolen sowie deren Einwohnerzahl, durch Doppelpunkt getrennt, bestehen.

(b) Bestimmen Sie nun in gleicher Form die Menge aller Metropolen – nun nicht beschränkt auf Europa – mit mehr als 3 Millionen Einwohnern. Es ist zu beachten, dass bagof(X, Y, Z), mehrere Lösungen findet, falls es Variablen im Ziel Y gibt, die im Term X nicht vorkommen, und zwar für jede dieser Variablenbindungen eine. Will man erreichen, dass alle Lösungen unabhängig von konkreten Bindungen dieser Variablen gefunden werden, so ist dies möglich durch Voranstellen dieser Variablen getrennt mit dem Zeichen ˆ vor das Ziel X.
Wie ist die Anfrage zu modifizieren, wenn wir nur die Liste der Städtenamen als Ergebnis haben wollen und nicht die Einwohnerzahl?

(c) Das Prädikat forall(Ziel1, Ziel2) wird nur erfolgreich beendet, wenn für alle Lösungen mit denen Ziel1 erfolgreich beendet wird, auch Ziel2 erfolgreich beendet wird. Bestimmen Sie nun mit den Mitteln von Prolog eine Liste, welche die bevölkerungsreichsten Metropolen aller Kontinente ermittelt.

2.5 Der Cut

Aufgabe 2.34 Wirkungsweise des Cut [▷150] ○
Betrachten Sie die folgenden Prolog-Programme.

    a(a1).   a(a2).   b(b1).   b(b2).

    ab1(X, Y) :− a(X), b(Y).

    ab2(X, Y) :− a(X), b(Y), !.

    ab3(X, Y) :− a(X), bs(Y).
    bs(Y)   :− b(Y), !.

    ab4(X, Y) :− a(X), !, b(Y).

Die Programme ab1/2, ab2/2, ab3/2 und ab4/2 unterscheiden sich nur durch die Position des Cut, wobei im Programm ab3/2 der Cut gar in ein neues Prädikat bs/1 ausgelagert wurde. Vergleichen Sie anhand der Ableitungsbäume für die Anfragen ?− ab1(X, Y). , ?− ab2(X, Y). , ?− ab3(X, Y). und ?− ab4(X, Y). die Auswirkungen der unterschiedlichen Cut-Stellungen.

Aufgabe 2.35 Der Cut im Vierportmodell [▷150] ○
Wie würden Sie den Cut-Operator (Built-in-Prädikat !) im Boxenmodell darstellen?

I.2.5. DER CUT

(a) Demonstrieren Sie Ihre Darstellung anhand des Prädikats v/0, welches folgendermaßen definiert ist:

   v :- a, !, b.
   v :- c.

(b) In Aufgabe 2.34 wurde nicht explizit der Fall behandelt, dass eines der Programme ab1–ab4 aus zwei Klauseln besteht. Dies ist im folgenden Prolog-Programm berücksichtigt.

   a(a1). a(a2). b(b1). b(b2).
   ab5(X, Y) :- a(X), b(Y), !.
   ab5(0, 0).
   ab6(X, Y) :- !, a(X), b(Y).
   ab6(0, 0).
   ab7(0, 0).
   ab7(X, Y) :- a(X), !, b(Y).

Erstellen Sie Ableitungsbäume für die Aufrufe ?- ab5(X, Y). , ?- ab6(X, Y). und ?- ab7(X, Y). Vergleichen Sie diese sodann mit den Ableitungsbäumen aus Aufgabe 2.34.

(c) Eine weitere Frage ist, wie der Cut in rekursiven Programmen wirkt. Das Prinzip dazu kann man schon aus dem Beispiel ab3 ablesen. Dort steckte der Cut nicht in der Klausel von ab3 sondern in einem Prädikat, das durch ab3 aufgerufen wird (in bs/1). In diesem Beispiel wurde gezeigt, dass der Cut nur Auswirkung auf die Backtrack-Punkte des Prädikats hat, in dem der Cut vorkommt.

Anhand der folgenden, ganz einfachen rekursiven Programme, die sich nur durch die Cut-Setzung unterscheiden, soll der Effekt noch deutlicher werden.

   a(a1). a(a2). b(b1). b(b2).
   (01) a0(N, X) :- N > 0, M is N−1, a0(M, X).
   (02) a0(N, 0).
   (11) a1(N, X) :- N > 0, M is N−1, a1(M, X), !.
   (12) a1(N, 0).
   (21) a2(N, X) :- N > 0, !, M is N−1, a2(M, X).
   (22) a2(N, 0).
   (31) a3(N, X) :- !, N > 0, M is N−1, a3(M, X).
   (32) a3(N, 0).

Erstellen Sie die Ableitungsbäume für die folgenden Aufrufe

   ?- a0(2, X). , ?- a1(2, X). , ?- a2(2, X). und ?- a3(2, X).

Aufgabe 2.36 Beispiel für roten Cut [▷156] ○ 2-10 59

Betrachten Sie das folgende Prolog-Programm für if_then_else/3.

   if_then_else(X, Y, Z) :- X, !, Y.
   if_then_else(X, Y, Z) :- Z.

(a) Warum ist der Cut in obigem Programm ein roter Cut?

Zeigen Sie welche Auswirkung obiger Cut hat indem Sie aus obigem Programm den Cut entfernen und die Lösungswege des so erhaltenen Programms mit denen des ursprünglichen Programms vergleichen.

(b) Zeigen Sie an einem Beispiel, dass der Cut das deklarative Programm verändert, und es Aufrufe gibt, die zu einem unerwünschten Effekt des oben definierten `if_then_else` führen.

Aufgabe 2.37 Eliminieren unerwünschter Ausgaben [▷156] ○

Das Prolog-Programm aus Aufgabe 2.18 kann dazu verwendet werden, alle Vorkommen eines Elements (erstes Argument von r/3) aus einer Liste (zweites Argument von r/3) zu entfernen. Wie von Ihnen vielleicht schon bemerkt wurde, liefert dieses Programm jedoch auch unerwünschte Ausgaben. Korrigieren Sie dies durch Setzen eines einzigen (roten) Cuts.

2.6 Negation als Fehlschlag

Aufgabe 2.38 Negation als Fehlschlag im Vierportmodell [▷157] ○

Gegeben sei das folgende Prolog-Programm:

```
nicht(Goal):- Goal, !, fail.
nicht(Goal).
```

Es entspricht der Definition der Negation, d.h. dem Prädikat \+ in Prolog.

(a) Stellen Sie das Prädikat `nicht/1` im Boxenmodell dar.

(b) Die Prädikate a/1 und b/1 seien nur durch die Fakten a(1). und b(2). definiert. Geben Sie eine Erläuterung der Ergebnisse der beiden Aufrufe
?- a(X), nicht(b(X)). und ?- nicht(b(X)), a(X).

Zusätzliche Aufgaben zu Kapitel 2

Aufgabe 2.39 Vergleich von Ableitungsbäumen [▷158] ○

Geben Sie zu den nachfolgend angegebenen Prolog-Programmen und Anfragen die Ableitungsbäume und (alle) Anfrageergebnisse an.

(a) (1) p(a) :- p(X).
    (2) p(a).
        ?- p(X).

(b) (1) p(a, X).
    (2) p(X, X) :- p(X).
    (3) p(a).
    (4) p(b).
        ?- p(X, X).

(c) (1) p(a, X) :- p(X).
    (2) p(Y).
    (3) p(a).
    (4) p(b).
        ?- p(X, a).
(d) (1) p(a, b).
    (2) p(X, Y) :- p(Y, X), !.
    (3) p(b, c).
        ?- p(b, X). und ?- p(X, c).
(e) (1) p(X, Y, X, Y).
    (2) p(Y, Y, X, X).
    (3) p(X, Y, Y, X).
        ?- p(a, X, X, b).

Aufgabe 2.40 Ackermann-Funktion mit Cut [▷158] ○

Eine Version der Ackermann-Funktion ist folgendermaßen über Paaren von natürlichen Zahlen $\mathbb{N} = \{0, 1, 2, \ldots\}$ definiert:

$$\begin{aligned} f(0, y) &= y + 1 & \text{für alle } y \in \mathbb{N} \\ f(x + 1, 0) &= f(x, 1) & \text{für alle } x \in \mathbb{N} \\ f(x + 1, y + 1) &= f(x, f(x + 1, y)) & \text{für alle } x, y \in \mathbb{N} \end{aligned}$$

Schreiben Sie ein Prolog-Programm, das den Wert der Ackermann-Funktion für ein gegebenes Paar natürlicher Zahlen berechnet.

Aufgabe 2.41 Liste zu Liste von Einerlisten [▷158] ○

Schreiben Sie ein Prolog-Programme `transl/2` das eine Liste von einfachen Termen in eine Liste transformiert, deren Elemente einelementige Listen von eben genau diesen Termen sind. So soll z.B. der Aufruf `?- transl([a, b, c, d], E).` das Ergebnis E = [[a], [b], [c], [d]] liefern.

Aufgabe 2.42 reverse mit Differenzlisten [▷158] ● 2-9 37

Sei −/2 ein zweistelliger Infixoperator. Betrachten Sie das folgende Programm zum Umkehren einer List.

```
reverse(X, Y) :- dl_reverse(X, Y − [ ]).
dl_reverse([ ], X − X).
dl_reverse([H|R], Y − R1) :- dl_reverse(R, Y − [H|R1]).
```

Worin unterscheidet sich dieses Programm von dem für `naive_reverse/2` aus der Lösung zu Aufgabe 2.19? Lassen Sie beide Programme ablaufen. Was fällt Ihnen auf?

Aufgabe 2.43 append mit Differenzlisten [▷158] ●

Schreiben Sie ein Prolog-Programm `dl_append`, das eine gegebene Liste um eine weitere Liste verlängert, ohne die Liste selbst zu durchlaufen. Verwenden Sie dazu die in Aufgabe 2.42 vorgestellten Differenzlisten.

Aufgabe 2.44 Grammatik in Prolog [▷159] ○
Jede Sprache, sowohl natürliche Sprachen, wie Deutsch oder Englisch, als auch künstliche Sprachen, z.B. Programmiersprachen, bestehen aus Wörtern (bzw. festgelegten Zeichenreihen) und aus einer Grammatik, die definiert, wie diese Wörter (bzw. Zeichenreihen) angeordnet sein müssen, damit sie gültige Sätze der entsprechenden Sprache bilden. Z.B. sind „LUNAR is a program." bzw. „programm(lunar)." grammatikalisch richtige Sätze der englischen Sprache bzw. von Prolog. Falsche Sätze dagegen sind z.B. „LUNAR program a is." bzw. „programm)lunar." Eine wichtige Voraussetzung zum Verstehen einer natürlichen Sprache oder für das Verstehen eines Programms durch einen Computer, ist die grammatikalische Richtigkeit des entsprechenden Textes. Für einfache englische Sätze kann man z.B. folgende Grammatik angeben:

```
sentence     -> noun_phrase, verb_phrase.
noun_phrase  -> determiner, noun.
verb_phrase  -> verb, noun_phrase.
verb_phrase  -> verb.
determiner   -> [the].
determiner   -> [a].
noun         -> [programmer].
noun         -> [book].
verb         -> [writes].
verb         -> [reads].
```

In der so definierten Grammatik sind sowohl *'the programmer writes the book'*, als auch *'the book writes a book'* grammatikalisch richtig. Um zu analysieren, ob ein gegebener Satz in der gegebenen Grammatik richtig ist, ist folgende, leicht verständliche, jedoch sehr ineffiziente Vorgehensweise in Prolog möglich.

```
sentence(X) :- append(Y, Z, X), noun_phrase(Y), verb_phrase(Z).
noun_phrase(X) :- append(Y, Z, X), determiner(Y), noun(Z).
verb_phrase(X) :- append(Y, Z, X), verb(Y), noun_phrase(Z).
verb_phrase(X) :- verb(X).
determiner( [the] ).
determiner( [a] ).
noun( [programmer] ).
noun( [book] ).
verb( [writes] ).
verb( [reads] ).
```

Die Erläuterung wollen wir exemplarisch auf die erste Klausel beschränken. Mit dem Aufruf ?- sentence([a, book, reads, a, programmer]). wird getestet, ob der als Argument in Form einer Liste angegebene Satz aus den Teilen Y und Z zusammengesetzt ist, wobei Y eine 'noun_phrase' ist und Z eine 'verb_phrase'.

(a) Der Operator -> ist in Prolog als Infixoperator vordefiniert. Damit kann eine Grammatik wie in obigem Beispiel definiert werden. So eingegebene Sätze werden von Prolog automatisch in Prolog-Regeln transformiert. Geben Sie die in der Aufgabenstellung mit -> definierte Grammatik ein, sehen Sie sich das

I.2.6. NEGATION ALS FEHLSCHLAG

nun vorliegende Prolog-Programm an (z.B. mit ?- listing.). Testen Sie das Programm und vergleichen Sie dieses mit der ineffizienten vorgegebenen Lösung.

(b) Vergleichen Sie das transformierte Programm mit dem Prinzip der Differenzlisten. Können Sie Ähnlichkeiten feststellen?

Aufgabe 2.45 Operationen auf Polynomen [▷ 165] ○

Wir betrachten Polynome mit ganzzahligen Koeffizienten und einer Variablen. Solche Polynome können wir in Prolog als Listen ihrer ganzzahligen Koeffizienten repräsentieren. So wird zum Beispiel das Polynom $x^3 - 2x^2 + 3$ als die Liste $[1, -2, 0, 3]$ dargestellt.

(a) Schreiben Sie ein Prolog-Programm evalp/3, das Polynome mit der Variablen x für ganzzahlige Werte von x auswertet. Zum Beispiel soll die Anfrage ?- evalp([1, -2, 0, 3], 2, E) – also für $x = 2$ – das Ergebnis E = 3 liefern. (Das leere Polynom soll dabei den Wert 0 ergeben.)

(b) Schreiben Sie ein Prolog-Programm diffp/2 das die erste Ableitung von Polynomen berechnet. Zum Beispiel soll die Anfrage ?- diffp([1, -2, 0, 3], E) das Ergebnis E = [3, -4, 0] liefern.

(c) Schreiben Sie ein Prolog-Programm addp/3 zur Addition von Polynomen. So soll zum Beispiel die Anfrage ?- addp([1, -2, 0, 3], [2, 1, -2], E) das Ergebnis E = [1, 0, 1, 1] liefern.

Aufgabe 2.46 Nachfolgerdarstellung: Multiplikation [▷ 167] ○

Natürliche Zahlen können als iterierte Nachfolger der Zahl 0 dargestellt werden, also $\mathbb{N} = \{0, s(0), s(s(0)), \ldots\}$ bzw. $1 = s(0)$, $2 = s(s(0))$, $3 = s(s(s(0)))$, usw.
Die Addition zweier natürlicher Zahlen mit dieser Darstellung der natürlichen Zahlen wird durch das folgende Prolog-Programm realisiert:

add(N, 0, N).
add(N, s(M), s(K)) :- add(N, M, K).

(a) Welcher Additionsaufgabe in Zahlendarstellung entspricht der Aufruf
?- add(s(0), s(s(s(0))), E).

(b) Geben Sie den vollständigen Ableitungsbaum für den Aufruf
?- add(s(s(0)), s(s(0)), E). an. Wie lautet das Ergebnis E?

(c) Schreiben Sie ein Prolog-Programm mult/3, das die Multiplikation zweier natürlicher Zahlen in iterierter Nachfolgerdarstellung repräsentiert.
Z.B. soll der Aufruf ?- mult(s(s(s(0))), s(s(0)), M).
das Ergebnis M = s(s(s(s(s(s(0)))))) liefern.
(Setzen Sie hierfür die Addition natürlicher Zahlen wie oben angegeben als bereits definiert voraus.)

Aufgabe 2.47 Nachfolgerdarstellung: Fakultät [▷ 167] ○

Die Fakultät ist eine Abbildung $! : \mathbb{N} \to \mathbb{N}$, die folgendermaßen definiert ist:

$$n! = \begin{cases} 1 & \text{falls } n = 0 \\ n * (n-1)! & \text{falls } n > 0 \end{cases}$$

- **(a)** Schreiben Sie ein Prolog-Programm mit dessen Hilfe die Fakultät natürlicher Zahlen berechnet werden kann. Benützen Sie hierzu die Arithmetik von Prolog. (Sie können davon ausgehen, dass das Programm nur mit korrektem Input aufgerufen wird.)
- **(b)** Werden natürliche Zahlen als iterierte Nachfolger der Zahl 0 dargestellt – siehe Aufgabe 2.46 – so ist die Fakultät eine Abbildung von $\{s^n(0) \mid n = 0, 1, \ldots\}$ in $\{s^n(0) \mid n = 0, 1, \ldots\}$.
  Schreiben Sie ein Prolog-Programm zur Berechnung der Fakultät natürlicher Zahlen in dem die natürlichen Zahlen als iterierte Nachfolger der Zahl 0 dargestellt werden.
  (Sie können davon ausgehen, dass das Programm nur mit korrektem Input aufgerufen wird.)

Aufgabe 2.48 Nachfolgerdarstellung: Maximum [▷167] ○

Schreiben Sie ein Prolog-Programm `max2/3`, welches das Maximum zweier gegebener natürlicher Zahlen ermittelt, wobei die iterierte Nachfolgerdarstellung (siehe Aufgabe 2.46) verwendet werden soll.

Beispiele: `max2(s(0), s(s(s(0))), X)` soll `X = s(s(s(0)))`, und
`max2(s(s(0)), s(0), X)` soll `X = s(s(0))` als Ergebnis liefern.

(Es kann vorausgesetzt werden, dass das zu erstellende Programm nur mit korrektem Input aufgerufen wird.)

Aufgabe 2.49 Nachfolgerdarstellung: Fibonacci-Zahlen [▷168] ○

Die folgende Funktion $f : \mathbb{N} \to \mathbb{N}$ berechnet die sogenannten Fibonacci-Zahlen:

$$
\begin{aligned}
f(0) &= 1 \\
f(1) &= 1 \\
f(n+2) &= f(n+1) + f(n) \quad \text{für alle } n \in \mathbb{N}
\end{aligned}
$$

- **(a)** Schreiben Sie ein Prolog-Programm, das die Fibonacci-Zahlen berechnet.
- **(b)** Ändern Sie das in Teilaufgabe (a) erstellte Programm dahingehend, dass Sie die iterierte Nachfolgerdarstellung (siehe Aufgabe 2.46) der natürliche Zahlen verwenden.

Aufgabe 2.50 Einbahnstraßen [▷169] ○

Ein Einbahnstraßennetz zwischen den Plätzen a, b, c, ... werde durch das Prädikat `strasse/2` beschrieben, wobei `strasse(P1, P2)` besagt, dass eine Einbahnstraße von P1 nach P2 existiert. Z.B. werde durch

```
strasse(a, b).    strasse(a, c).    strasse(b, d).
strasse(b, e).    strasse(b, f).    strasse(k, e).
strasse(c, g).    strasse(c, e).    strasse(e, h).
strasse(e, i).    strasse(h, j).    strasse(l, k).
```

das folgende Einbahnstraßennetz beschrieben. (Einbahnstraßen sind natürlich nur garantiert, wenn nicht `strasse(P1, P2)`. und `strasse(P2, P1)`. gleichzeitig angegeben werden.)

I.2.6. NEGATION ALS FEHLSCHLAG 19

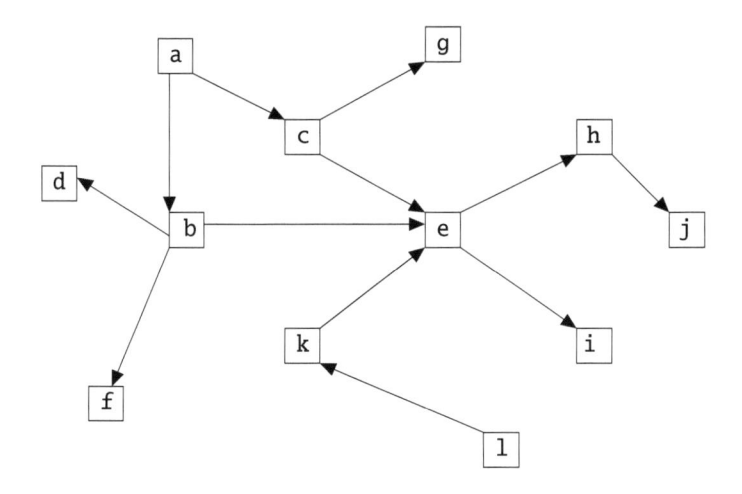

(a) Schreiben Sie ein auch auf andere Beispieldaten als die obigen anwendbares Prolog-Programm verbindung/2, mit dem ermittelt werden kann, zwischen welchen Plätzen es Verbindungen gibt. (Im oben angegebenen Beispiel sollte der Aufruf ?– verbindung(a, j). die Antwort Yes liefern, jedoch der Aufruf ?– verbindung(j, a). die Antwort No.)

(b) Erweitern Sie Ihr in Teilaufgabe (a) erstelltes Prolog-Programm dahingehend, dass es zusätzlich noch ermittelt, wieviele Plätze auf der gesuchten Verbindung liegen, wobei die Anzahl in iterierter Zahlendarstellung anzugeben ist (vgl. Aufgabe 2.46). Z.B. sollte der Aufruf ?– knoten(a, j, A). das Ergebnis A = s(s(s(s(0)))) liefern.

(c) Ändern Sie Ihr in Teilaufgabe (a) erstelltes Prolog-Programm dahingehend, dass es auch die einzelnen Stationen in der Nachfolgerdarstellung als Ergebnis ermittelt. Zum Beispiel sollte der Aufruf ?– linie(a, j, N). die Ergebnisse N = s(a, s(b, s(e, s(h, j)))) und N = s(a, s(c, s(e, s(h, j)))) liefern.

(d) Die Nachfolgerdarstellung ist normalerweise schlechter lesbar ist als die Listendarstellung. Schreiben Sie darum ein Programm, mit dessen Hilfe die Nachfolgerdarstellung der Streckenführung in eine Listdarstellung umgewandelt werden kann, und erweitern Sie das Programm aus Teilaufgabe (c) dahingehend, dass beispielsweise der Aufruf ?– list_linie(a, j, N). die Ergebnislisten N = [a, b, e, h, j] und N = [a, c, e, h, j] liefert.

Aufgabe 2.51 Klausel- und Literalvertauschungen   [▷169] ○

Gegeben sei das folgende Prolog-Programm:
(1)   p(a, a).
(2)   p(X, Y) :– q(Y), p(X, X).
(3)   q(a).
(4)   q(b).

(a) Geben Sie jeweils die erste Antwort an, welche auf die folgenden Anfragen geliefert wird:
    ?– p(a, X).   ?– p(Y, X).   ?– p(b, X).   ?– p(c, X).

(b) Wenn man bei einem Prolog-Programm die Reihenfolge der Klauseln und/oder der Teilziele in Klauselrümpfen ändert, so kann dies ja unter Umständen zu anderen Ergebnissen führen.
Falls dies bei obigem Programm der Fall ist, so geben Sie eine Permutation an, die auf die Anfrage ?- p(Y, X). nicht die gleiche Antwort liefert wie obiges Originalprogramm.

Aufgabe 2.52 Wege durch ein Labyrinth [▷169] ○

Ein Labyrinth sei durch das Prädikat weg/2 beschrieben, das angibt zwischen welchen Koordinaten des Labyrinths Verbindungen bestehen. Dabei bezeichne z.B. die Ziffer 28, die Koordinate (2,8). Das folgende Programm soll die Suche eines Weges zwischen zwei Punkten (z.B. zwischen start und ziel) protokollieren.

```
pfad(Ziel, Ziel, _).
pfad(Von, Nach, Weg) :- weg(Von, A), write([A|Weg]), nl,
            \+ member(A, Weg),
            pfad(A, Nach, [A|Weg]).
```

(a) Wie muss der Aufruf lauten, damit die Protokollierung wie gewünscht gemacht wird? Zum Testen sei das folgende Labyrinth gegeben:

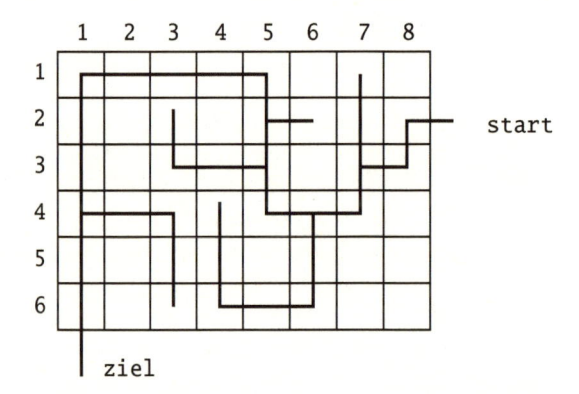

Dessen Beschreibung in Prolog ist ebenfalls vorgegeben:

gang(start, 28).   gang(28, 37).   gang(37, 17).   gang(37, 47).
gang(47, 46).   gang(46, 66).   gang(46, 45).   gang(45, 35).
gang(35, 25).   gang(35, 33).   gang(33, 23).   gang(66, 64).
gang(64, 44).   gang(25, 26).   gang(25, 15).   gang(15, 11).
gang(11, 41).   gang(41, 43).   gang(43, 63).   gang(41, ziel).

weg(A, B) :- gang(A, B).
weg(A, B) :- gang(B, A).

(b) Erweitern Sie das Programm dahingehend, dass der gefundene Weg in Form einer Liste als Ergebnis der Prozedur vorliegt.

I.2.6. NEGATION ALS FEHLSCHLAG 21

Aufgabe 2.53 Vierportmodell für Prolog-Aufruf   [▷172] ○

Gegeben sei das Prolog-Programm

    s(a).
    s(X) :- t(X).
    t(c).

(a) Stellen Sie die Abarbeitung des Aufrufs ?- s(X), t(X). im Boxenmodell dar.

(b) Rekonstruieren Sie ausgehend von Ihrer Darstellung in Teilaufgabe (a) wie ein Trace-Protokoll des Aufrufs ?- s(X), t(X). aussehen könnte.

Aufgabe 2.54 Größter gemeinsamer Teiler   [▷172] ○

Die Funktion ggt, welche zwei natürliche Zahlen auf ihren größten gemeinsamen Teiler abbildet, ist eine Funktion von $\mathbb{N} \times \mathbb{N}$ nach $\mathbb{N}$.
Sie wird von dem folgenden Prolog-Programm berechnet:

    ggt(N, N, N) :- !.
    ggt(M, N, T) :- N =< M, !, X is M-N, ggt(X, N, T).
    ggt(M, N, T) :- X is N-M, ggt(X, M, T).

Werden natürliche Zahlen als iterierte Nachfolger der Zahl 0 dargestellt, d.h. $\mathbb{N} = \{0, s(0), s(s(0)), \ldots\}$, so ist ggt eine Abbildung von $\{s^n(0) \mid n = 0, 1, \ldots\} \times \{s^n(0) \mid n = 0, 1, \ldots\}$ in $\{s^n(0) \mid n = 0, 1, \ldots\}$.

Schreiben Sie ein Prolog-Programm zur Berechnung des größten gemeinsamen Teilers zweier natürlicher Zahlen in dem natürliche Zahlen als iterierte Nachfolger der Zahl 0 dargestellt sind. (Sie können davon ausgehen, dass das Programm nur mit korrektem Input aufgerufen wird.)

Aufgaben zu Kapitel 3 des Lehrbuchs

Aussagenlogik

3.1 Syntax

3.1.1 Formeln

Aufgabe 3.1 Syntaktisch korrekt? [▷175] ○ 3-1 66

Seien p und q aussagenlogische Variable.

(a) Sind die folgenden Zeichenreihen arithmetische Ausdrücke laut deren Definition im Abschnitt 3.1.1 des Lehrbuchs?

    (1) $(3 - 2) + 1 - (3 \times 4)$

    (2) $(((-3) \times (-4)) + 8)$

    (3) $((-2 \times -2) = 8)$

    (4) $-((3 \times 1.8) + 1)$

    (5) $(p + (q - (2 \times q)))$

(b) Sind die folgenden Zeichenreihen aussagenlogische Formeln laut Definition 3.5 des Lehrbuchs?

    (1) $(1 + (2 \times (p \land q)))$

    (2) $(2p \land 3q)$

    (3) $((\neg p \lor q) \land (p \land \neg q))$

    (4) $(p \land p \land p \land p)$

    (5) $(((\neg p) \lor \neg q) \to \neg \land q)$

    (6) $\neg((\neg p \leftrightarrow \neg(p \land q)) \to (p \land \neg\neg\neg p))$

Aufgabe 3.2 Formeln mit 3 Zeichen [▷176] ○

Betrachten Sie aussagenlogische Formeln, in denen nur die Junktoren $\neg/1$, $\land/2$ und $\lor/2$, sowie nur die aussagenlogischen Variablen p, q und r vorkommen.
Wie viele verschiedene syntaktisch korrekte Formeln mit genau 3 dieser Zeichen gibt es, wenn man die Klammern nicht mitzählt? (Wenn man also die Klammern aus der Formel streicht, dann soll sich eine Zeichenreihe der Länge 3 ergeben.)

3-2 66 Aufgabe 3.3 Existenz von $\mathcal{L}(\mathcal{R})$ [▷176]

In Definition 3.5 des Lehrbuchs wurde die Menge $\mathcal{L}(\mathcal{R})$ aller aussagenlogischen Formeln über einem gegebenen aussagenlogischen Alphabet $\Sigma_{\mathcal{R}}$ (mit der Menge $\mathcal{R}$ von aussagenlogischen Variablen) definiert als die kleinste Menge von Zeichenreihen über $\Sigma_{\mathcal{R}}$, die gewisse Abschlusseigenschaften erfüllt, welche im Folgenden die Bedingungen 1–3 genannt werden.

Der Beweis der Existenz von $\mathcal{L}(\mathcal{R})$ wurde im Lehrbuch jedoch nur skizziert.

Beweisen Sie *ausführlich* die Existenz der Menge $\mathcal{L}(\mathcal{R})$.
Gehen Sie hierzu schrittweise wie folgt vor.

(a) Zeigen Sie zuerst, dass es zu jedem aussagenlogischen Alphabet $\Sigma_{\mathcal{R}}$ überhaupt eine Menge $\mathcal{Z}$ von Zeichenreihen gibt, welche die Bedingungen 1–3 erfüllt.

(b) Sei nun $\mathcal{F} := \{N \mid N \text{ ist eine Menge und erfüllt die Bedingungen } 1\text{--}3\}$.
Zeigen Sie, dass $\bigcap \mathcal{F}$ eine Menge von Zeichenreihen über $\Sigma_{\mathcal{R}}$ ist.

(c) Zeigen Sie als nächstes, dass auch $\bigcap \mathcal{F} := \{H \mid H \in N \text{ für alle } N \in \mathcal{F}\}$ den Bedingungen 1–3 genügt.

(d) Beweisen Sie das folgende allgemeine Lemma:
   Sei $\mathcal{N}$ eine Menge von Mengen. Dann gilt:
   Falls $\bigcap \mathcal{N} \in \mathcal{N}$, dann ist $\bigcap \mathcal{N}$ das kleinste Element von $\mathcal{N}$ bzgl. der $\subseteq$-Relation.

(e) Zeigen Sie mit Hilfe der obigen Aussagen (a)–(d), dass die Menge $\mathcal{L}(\mathcal{R})$ existiert.

Aufgabe 3.4 Konstruktion von $\mathcal{L}(\mathcal{R})$ [▷177]

Motiviert durch die Definition 3.5 der aussagenlogischen Formeln definieren wir wie folgt:

Eine Folge $[z_1, \ldots, z_n]$ von Zeichenreihen z_j über einem aussagenlogischen Alphabet $\Sigma_{\mathcal{R}}$ heißt *Konstruktion* der Länge n der Zeichenreihe $F \in \Sigma_{\mathcal{R}}^*$ gdw.

(1) $z_n = F$

(2) für alle z_j ($j \in \{1, \ldots, n\}$) gilt eine der folgenden Alternativen:

   (a) $z_j \in \mathcal{R}$

   (b) es existiert ein $k < j$, so dass $z_j = \neg z_k$

   (c) es existieren $k, l < j$, so dass $z_j = (z_k \circ z_l)$.

Lösen Sie folgende Aufgaben zum eben definierten Begriff der Konstruktion.

(a) Geben Sie Konstruktionen für die folgenden Formeln an.

   (1) $\neg \neg p$

   (2) $(p \to q)$

   (3) $\neg (p \wedge p)$

(b) Sind die folgenden Folgen von Zeichenreihen über dem aussagenlogischen Alphabet $\Sigma_{\mathcal{R}}$ – mit $\mathcal{R} = \{p_1, p_2, p_3, \ldots\}$ – korrekte Konstruktionen?

   (1) $[p_1]$

   (2) $[(p_4 \vee p_2)]$

   (3) $[p_4, p_2, (p_2 \vee p_4)]$

(4) $[p_2, (p_4 \lor p_2)]$

(5) $[\neg p_2, p_2]$

(6) $[p_2, p_5, \neg p_2]$

(7) $[p_2, \neg p_2, p_2]$

Aufgabe 3.5 Beweis von $\mathcal{L}(\mathcal{R}) = \mathcal{K}(\mathcal{R})$ [▷178] ●

Wir bezeichnen mit $\mathcal{K}_n(\mathcal{R})$ die Menge aller Zeichenreihen über $\Sigma_\mathcal{R}$, für welche es eine Konstruktion der Länge n gemäß Aufgabe 3.4 gibt. Des weiteren definieren wir
$$\mathcal{K}(\mathcal{R}) := \bigcup_{n=1}^{\infty} \mathcal{K}_n(\mathcal{R})$$
als die Menge aller Zeichenreihen über $\Sigma_\mathcal{R}$ für die es eine Konstruktion irgendeiner Länge gibt.
Zeigen Sie, dass die Gleichheit $\mathcal{L}(\mathcal{R}) = \mathcal{K}(\mathcal{R})$ gilt.

Aufgabe 3.6 Existieren immer kleinste Mengen? [▷179] ◐

Ein unachtsamer Logiker definiert seine Lieblingsmenge als die kleinste, nichtleere Menge von natürlichen Zahlen. Was halten Sie von dieser Definition?
Was passiert, wenn Sie ähnlich wie in Aufgabe 3.3 die Existenz der Lieblingsmenge beweisen wollen?

Aufgabe 3.7 Struktur von Formeln [▷180] ◐

Zeigen Sie, dass für jede Formel $F \in \mathcal{L}(\mathcal{R})$ eine der folgenden Alternativen gilt:

(1) $F \in \mathcal{R}$.

(2) Es existiert eine Formel $G \in \mathcal{L}(\mathcal{R})$ mit $F = \neg G$.

(3) Es existieren Formeln $G, H \in \mathcal{L}(\mathcal{R})$ mit $F = (G \circ H)$.

Aufgabe 3.8 Junktoren und Syntaxcheck in Prolog [▷180] ○ 3-21 102

(a) Definieren Sie für jeden der aussagenlogischen Junktoren $\neg$, $\land$, $\lor$, $\rightarrow$ und $\leftrightarrow$ einen geeigneten Operator in Prolog.

(b) Schreiben Sie ein Prolog-Programm, das von einer Zeichenreihe feststellt, ob sie eine aussagenlogische Formel ist.

Aufgabe 3.9 Unendliche Formeln? [▷181] ○

Beweisen Sie die folgenden Aussagen.

(a) Es gibt unendlich viele aussagenlogische Formeln beliebig großer endlicher Länge; oder anders ausgedrückt: Für jede natürliche Zahl $n > 0$ gibt es eine aussagenlogische Formel, die aus n Zeichen des Alphabets der Aussagenlogik besteht.

(b) Jede aussagenlogische Formel ist eine endliche Zeichenreihe, d.h. es gibt also keine unendlich langen aussagenlogischen Formeln.

Hinweis: Setzen Sie für den Beweis als bekannt voraus, dass endliche Zeichenreihen, miteinander verknüpft, wieder endlich lang sind.

3.1.2 Induktion und Rekursion

Aufgabe 3.10 Induktion: Klammern, Variablen und Junktoren [▷182] ○
Gelten die folgenden Aussagen? Beweisen Sie Ihre Antworten. Verwenden Sie dazu, falls möglich, das Prinzip der strukturellen Induktion.
  (a) In jeder aussagenlogischen Formel ist die Anzahl der öffnenden Klammern gleich die Anzahl der schließenden Klammern.
  (b) In jeder aussagenlogischen Formel sind doppelt so viele Klammern enthalten wie binäre Junktoren.
  (c) In jeder aussagenlogischen Formel ist die Anzahl der aussagenlogischen Variablen größer oder gleich der Anzahl der einstelligen Junktoren. (Mehrfach vorkommende Variablen oder Junktoren sollen hierbei mehrfach gezählt werden.)

Aufgabe 3.11 Induktionsbeweis: [ ] ist in jeder Liste [▷184] ○
Zeigen Sie mittels struktureller Induktion, dass jede Liste in Prolog die Zeichenreihe [ ] enthält.

Aufgabe 3.12 Induktionsbeweis: $n \leq n^2$ und ähnliches [▷184] ○
  (a) Zeigen Sie mittels vollständiger Induktion, dass jede natürliche Zahl kleiner oder gleich ihrem Quadrat ist.
  (b) Beweisen Sie mit vollständiger Induktion für alle $n \in \mathbb{N}$:
$$\sum_{i=0}^{n} i^2 = \frac{n(n+1)(2n+1)}{6}$$
  (c) Beweisen Sie mit vollständiger Induktion für alle $n \in \mathbb{N}$:
$$\sum_{i=0}^{n} 2^i = 2^{n+1} - 1$$

Aufgabe 3.13 Induktionsbeweis: 3 ist nicht in $w \in \{1,2\}^*$ [▷185] ○
Sei $\Sigma = \{1, 2\}$. Zeigen Sie, dass für alle $w \in \Sigma^*$ gilt:
In w kommt die Ziffer 3 nicht vor.

Aufgabe 3.14 Anzahl von Teilern [▷185] ○
Jede natürliche Zahl n lässt sich bekanntlich eindeutig in Primzahlpotenzen zerlegen, d.h. $n = p_1^{e_1} * \cdots * p_k^{e_k}$ mit voneinander verschiedenen Primzahlen $p_1, \ldots, p_k$ und $e_1, \ldots, e_k \in \mathbb{N}^+$. Beweisen Sie die folgende Aussage:

Die Zahl n hat genau $\prod_{i=1}^{k}(e_i + 1)$ Teiler, wobei n und 1 als Teiler mitzählen. (∗)

Gehen Sie hierzu wie folgt vor. (Ein Ausdruck der Form a/b bedeutet, dass a ein Teiler von b ist.)
  (a) Zeigen Sie: Wenn a'/a und b'/b, dann $a' * b'/a * b$.
  (b) Zeigen Sie: Wenn $t/(a*b)$, dann existieren $a', b' \in \mathbb{N}^+$ mit a'/a und b'/b, und es gilt: $t = a' * b'$.
    Es gilt also, dass ein Teiler von $a * b$ das Produkt von Teilern von a und b ist.
  (c) Zeigen Sie (∗) mit vollständiger Induktion über k.

I.3.1. SYNTAX 27

Aufgabe 3.15 Verallgemeinerte Induktion [▷186] ○
Beweisen Sie mit verallgemeinerter Induktion:
    Jede natürliche Zahl ≥ 2 ist Produkt von Primzahlen.
Vereinbarung: Die Ausdrucksweise 'n ist Produkt von Primzahlen' soll den Fall einschließen, dass n eine Primzahl ist.
Bemerkung: *Beim Prinzip der verallgemeinerten Induktion nimmt man – im Gegensatz zur vollständigen Induktion – als I.H. die zu beweisende Aussage nicht nur für eine Zahl n an, sondern für alle Zahlen $m \leq n$. Wie bei der vollständigen Induktion beweist man dann die zu zeigende Aussage für $n + 1$, jedoch eben nun mit stärkeren Annahmen. Des Weiteren gilt, dass statt der 0 eine andere natürliche Zahl k als Induktionsanfang gewählt werden kann, falls man Aussagen beweisen will, die erst ab einer natürlichen Zahl k gelten.*

Aufgabe 3.16 Zu Funktionen aus dem Lehrbuch [▷186] ○
Die folgenden Fragen beziehen sich auf die in Abschnitt 3.1.2 des Lehrbuchs vorgestellten Funktionen foo_1 bis foo_4.
  (a) Bestimmen Sie $foo_1(\neg((p \vee \neg q) \wedge q))$.
  (b) Geben Sie für die Funktion foo_2 die Funktionen $foo_{2\mathcal{R}}$, $foo_{2\neg}$, $foo_{2\circ}$ an. Geben Sie dabei explizit Definitions- und Wertebereich dieser Funktionen an. Bestimmen Sie $foo_2(\neg((p \vee \neg q) \wedge q))$.
  (c) Definieren Sie die Funktionen $foo_{3\mathcal{R}}$, $foo_{3\neg}$, $foo_{3\circ}$ und bestimmen Sie $foo_3(\neg((p \vee \neg q) \wedge q))$.
  (d) Bestimmen Sie $foo_4(\neg((p \vee \neg q) \wedge q))$.

Aufgabe 3.17 Die Funktion +2 [▷188] ○
Geben Sie für die Funktion +2, welche im Lehrbuch als Beispiel für strukturelle Rekursion bei natürlichen Zahlen angegeben wurde, die zugehörigen Funktionen $+2_0$ und $+2_s$ an, und bestimmen Sie $+2(s(s(0)))$.

Aufgabe 3.18 Funktionen über Formelmengen [▷188] ○
  (a) Definieren Sie für eine gegebene aussagenlogische Variable A durch strukturelle Rekursion eine einstellige Funktion h über der Menge der aussagenlogischen Formeln, die berechnet, wie oft A in einer Formel F vorkommt.
  (b) Definieren Sie durch strukturelle Rekursion eine Funktion laenge, welche die Anzahl der Zeichen bestimmt, aus denen eine Formel besteht (Leerzeichen nicht mitgezählt). Bestimmten Sie sodann $laenge\big((p \vee (q \wedge \neg p))\big)$.
  (c) Definieren Sie mit struktureller Rekursion eine Funktion du, die angewandt auf eine aussagenlogische Formel F, folgendes leistet:
      (i) Alle aussagenlogischen Variablen A in F werden durch $\neg A$ ersetzt.
      (ii) Alle $\wedge$ in F werden durch $\vee$ ersetzt.
      (iii) Alle $\vee$ in F werden durch $\wedge$ ersetzt.
      (iv) Strukturen der Form $(H \rightarrow G)$ in F werden durch $(H \wedge \neg G)$ ersetzt.
      (v) Strukturen der Form $(H \leftrightarrow G)$ in F werden durch $((H \wedge \neg G) \vee (G \wedge \neg H))$ ersetzt.
      Wenden Sie sodann die Funktion du auf die Formel $(p \rightarrow (p \wedge \neg q))$ an.

Aufgabe 3.19 Die Beispielfunktion goo [▷190] ○

Die Abbildung
$$\text{goo}(F) = \begin{cases} 7 & \text{wenn } F \in \mathcal{R} \\ \text{goo}(G)/3 & \text{wenn } F = \neg G \\ \text{goo}(H) + 4 & \text{wenn } F = (G \circ H) \end{cases}$$

der Formelmenge $\mathcal{L}(\mathcal{R})$ soll über das in Satz 3.7 des Lehrbuchs vorgegebene Rekursionsschema definiert werden. Geben Sie die Funktionen $\text{goo}_{\mathcal{R}}$, $\text{goo}_{\neg}$ und $\text{goo}_{\circ}$ (einschließlich ihrer Definitions- und Wertebereiche) an.

Aufgabe 3.20 Induktion: Zweistellige Junktoren und Variable [▷190] ○

Über der Menge der aussagenlogischen Formeln seien die Funktionen g: $\mathcal{L}(\mathcal{R}) \to \mathbb{N}$ und h: $\mathcal{L}(\mathcal{R}) \to \mathbb{N}$ folgendermaßen definiert:

$$\text{g}(F) = \begin{cases} 0 & \text{wenn } F \text{ atomar ist} \\ \text{g}(G) & \text{wenn } F \text{ von der Form } \neg G \text{ ist} \\ \text{g}(G) + \text{g}(H) + 1 & \text{wenn } F \text{ von der Form } (G \circ H) \text{ ist} \end{cases}$$

$$\text{h}(F) = \begin{cases} 1 & \text{wenn } F \text{ atomar ist} \\ \text{h}(G) & \text{wenn } F \text{ von der Form } \neg G \text{ ist} \\ \text{h}(G) + \text{h}(H) & \text{wenn } F \text{ von der Form } (G \circ H) \text{ ist} \end{cases}$$

(a) Bestimmen Sie $\text{h}(F)$ und $\text{g}(F)$ für $F = (\neg(p \wedge q) \vee (p \to q))$.

(b) Beweisen Sie mit struktureller Induktion, dass $\text{g}(F) < \text{h}(F)$ für beliebige aussagenlogische Formeln F gilt.

Aufgabe 3.21 Induktion: Zur Negationsnormalform [▷191] ○

Eine aussagenlogische Formel F ist in Negationsnormalform, wenn $\neg$-Junktoren in F höchstens direkt vor aussagenlogischen Variablen vorkommen (vgl. Definition 3.24 des Lehrbuchs).
Beweisen Sie die folgende Aussage mit struktureller Induktion.

> Für eine aussagenlogische Formel F in Negationsnormalform gilt:
> Die Anzahl der Vorkommen von aussagenlogischen Variablen in F
> ist größer oder gleich der Anzahl der Vorkommen von $\neg$-Junktoren in F.

Aufgabe 3.22 Fehlerhafte Funktionsdefinitionen [▷191] ◐

Beweisen oder widerlegen Sie die folgenden Behauptungen:

(a) Sei M eine beliebige Menge. Darüberhinaus seien die folgenden Funktionen gegeben:

$\text{foo}_{\mathcal{R}}: \mathcal{R} \longrightarrow M$,
$\text{foo}_{\neg}: M \longrightarrow M$ und
$\text{foo}_{\circ}: M \times M \longrightarrow M$ und
$\text{foo}_{\neg \circ}: M \times M \longrightarrow M$ für $\circ \in \{\wedge, \vee, \to, \leftrightarrow\}$

Dann gibt es genau eine Funktion foo: $\mathcal{L}(\mathcal{R}) \longrightarrow M$, welche die folgenden Bedingungen erfüllt:

1. Rekursionsanfang: $\text{foo}(A) = \text{foo}_{\mathcal{R}}(A)$ für alle $A \in \mathcal{R}$.

I.3.1. SYNTAX

2. Rekursionsschritte:
   foo($\neg G$) = foo$_\neg$(foo(G)) für alle $G \in \mathcal{L}(\mathcal{R})$.
   foo($\neg(G_1 \circ G_2)$) = foo$_{\neg\circ}$(foo(G_1), foo(G_2)) für alle $G_1, G_2 \in \mathcal{L}(\mathcal{R})$.
   foo(($G_1 \circ G_2$)) = foo$_\circ$(foo(G_1), foo(G_2)) für alle $G_1, G_2 \in \mathcal{L}(\mathcal{R})$.

(b) Sei M eine beliebige Menge. Darüberhinaus seien die folgenden Funktionen gegeben:
   foo$_\mathcal{R}: \mathcal{R} \longrightarrow M$,
   foo$_\neg: M \longrightarrow M$ und
   foo$_\circ: M \times M \longrightarrow M$ für $\circ \in \{\wedge, \vee, \rightarrow, \leftrightarrow\}$

Dann gibt es genau eine Funktion foo: $\mathcal{L}(\mathcal{R}) \longrightarrow M$, welche die folgenden Bedingungen erfüllt:
1. Rekursionsanfang: foo(A) = foo$_\mathcal{R}$(A) für alle $A \in \mathcal{R}$.
2. Rekursionsschritte:
   foo($\neg\neg G$) = foo$_\neg$(foo(G)) für alle $G \in \mathcal{L}(\mathcal{R})$.
   foo(($G_1 \circ G_2$)) = foo$_\circ$(foo(G_1), foo(G_2)) für alle $G_1, G_2 \in \mathcal{L}(\mathcal{R})$.

Aufgabe 3.23 Zum Rekursionsschema von Satz 3.7   [▷191] ◐

Bezeichne sub: $\mathcal{L}(\mathcal{R}) \to \mathbb{N}$ die Funktion, welche die Anzahl der (verschiedenen) Teilformeln einer aussagenlogischen Formel berechnet; also sub(F) = $|S_F|$ für alle $F \in \mathcal{L}(\mathcal{R})$.
Zeigen Sie, dass sich die Funktion sub nicht nach dem in Satz 3.7 des Lehrbuchs vorgegebenen Rekursionsschema definieren lässt.

Aufgabe 3.24 Falsche 'Induktionsbeweise'   [▷192] ◐

In die 'Beweise' der folgenden Behauptungen muss sich wohl der Fehlerteufel eingeschlichen haben.
Ermitteln Sie jeweils genau diejenigen Zeilen in den 'Beweisen' in welchen ein Fehlschluss erfolgt ist. Machen Sie Sich zusätzlich bei *allen anderen Zeilen* ganz deutlich klar, dass dort korrekt geschlossen wird und warum dies so ist.

(a) *Behauptung:* Alle natürlichen Zahlen sind gleich, d.h. $\forall m, n \in \mathbb{N}: m = n$.
   Beweis mit vollständiger Induktion:
   (1) I.A.: $m = 0$ und $n = 0$
   (2) Damit $m = 0 = n$, also $m = n$
   (3) I.H.: Für natürliche Zahlen m und n gilt $m = n$
   (4) I.B.: $m+1 = n+1$
   (5) I.S. von m und n auf $m+1$ und $n+1$
   (6) Aus $m = n$ (I.H.) folgt durch Addition von 1
       auf beiden Seiten der Gleichung sofort $m+1 = n+1$ (I.S.).
       QED ?

(b) *Behauptung:* Jede nicht leere, endliche Menge ist einelementig,
   d.h. für jede Menge $\{x_1, \ldots, x_n\}$ mit $n > 0$ gilt: $x_1 = \cdots = x_n$.
   Beweis mit vollständiger Induktion:
   (1) I.A.: $n = 1$

(2) Wir betrachten die Menge $\{x_1, \ldots, x_n\}$ für $n = 1$
(3) (d.h. die Menge $\{x_1\}$).
(4) Es ist zu zeigen: $x_1 = \cdots = x_n$ für $n = 1$
(5) d.h. $x_1 = \cdots = x_1$
(6) d.h. $x_1 = x_1$
(7) Dies folgt jedoch wegen der Reflexivität der Gleichheit.
(8) I.H.:
(9) Für alle $y_1, \ldots, y_n$ gilt:
(10) $\{y_1, \ldots, y_n\}$ mit $n > 0$ impliziert $y_1 = \cdots = y_n$
(11) I.S. von n auf $n+1$
(12) Für alle natürlichen Zahlen $n \geq 1$ folgt nun:
(13) Betrachten wir die $(n+1)$-elementige Menge $\{x_0, x_1, \ldots, x_{n-1}, x_n\}$
(14) Diese Menge besitzt die beiden folgenden n-elementigen Teilmengen:
(15) $\{x_0, x_1, \ldots, x_{n-1}\}$ und
(16) $\{x_1, \ldots, x_{n-1}, x_n\}$
(17) Für diese zwei n-elementigen Mengen gilt nun nach der Induktionshypothese:
(18) $x_0 = x_1 = \cdots = x_{n-1}$ und
(19) $x_1 = \cdots = x_{n-1} = x_n$
(20) Hieraus folgt nun $x_0 = x_1 = \cdots = x_{n-1} = x_n$ wegen der Transitivität der Gleichheit
QED ?

(c) *Behauptung:* Alle positiven Zahlen sind größer als 2.
Beweis mit vollständiger Induktion:
I.A. Zu zeigen: Die Behauptung gilt für $n = 0$.
Beweis: 0 ist keine positive Zahl,
d.h. die Prämisse der Behauptung gilt nicht.
Somit ist die Behauptung richtig für $n = 0$.
I.H. Für eine positive Zahl n gilt: $n > 2$
I.B. Für die positive Zahl $n + 1$ gilt: $n + 1 > 2$
I.S. Nach I.H. gilt $n > 2$.
Folglich ist $n + 1 > 2 + 1 = 3$. Wegen $3 > 2$ gilt also $n + 1 > 2$.
QED ?

(d) *Behauptung:* Für jede positive reelle Zahl a gilt:
$$a^{n-1} = 1 \text{ für alle positiven natürlichen Zahlen } n.$$
Beweis mit vollständiger Induktion:
I.A. Zu zeigen: Behauptung gilt für $n = 1$.
Beweis: $a^{n-1} = a^{1-1} = a^0 = 1$
I.H. $a^{k-1} = 1$ für $k \in \{1, \ldots, n\}$
I.B. $a^{(n+1)-1} = 1$

I.S. Wir berechnen: $a^{(n+1)-1} = a^n = \dfrac{a^{n-1} \cdot a^{n-1}}{a^{n-2}} \stackrel{\text{I.H.}}{=} \dfrac{1 \cdot 1}{1} = 1$

QED ?

(e) *Behauptung:* Für alle natürlichen Zahlen $n > 0$ gilt:
$$\frac{1}{1 \cdot 2} + \frac{1}{2 \cdot 3} + \cdots + \frac{1}{(n-1) \cdot n} = \frac{3}{2} - \frac{1}{n}$$

Beweis mit vollständiger Induktion:

I.A. Zu zeigen: Behauptung gilt für $n = 1$.
Beweis: $1/(1 \cdot 2) = 1/2 = 3/2 - 1/1 = 3/2 - 1/n$

I.H. $\frac{1}{1 \cdot 2} + \frac{1}{2 \cdot 3} + \cdots + \frac{1}{(n-1) \cdot n} = \frac{3}{2} - \frac{1}{n}$

I.B. $\frac{1}{1 \cdot 2} + \frac{1}{2 \cdot 3} + \cdots + \frac{1}{(n-1) \cdot n} + \frac{1}{((n+1)-1) \cdot (n+1)} = \frac{3}{2} - \frac{1}{n+1}$

I.S. Wir berechnen:

$\frac{1}{1 \cdot 2} + \frac{1}{2 \cdot 3} + \cdots + \frac{1}{(n-1) \cdot n} + \frac{1}{((n+1)-1) \cdot (n+1)} \stackrel{\text{I.H.}}{=} \frac{3}{2} - \frac{1}{n} + \frac{1}{((n+1)-1) \cdot (n+1)}$
$= \frac{3}{2} - \frac{1}{n} + (\frac{1}{n} - \frac{1}{(n+1)}) = \frac{3}{2} - \frac{1}{(n+1)}$

QED ?

Hier muss aber jetzt der Wurm drin sein, denn für $n = 6$ ergibt sich für die zu beweisende Gleichung $5/6 = 4/3$.

(f) *Behauptung:* Jede natürliche Zahl ist ein Vielfaches der 0.

Beweis mit vollständiger Induktion:

I.A. $n = 0$: Aussage gilt, da z.B. $0 = 0 \cdot 0$.

I.H. Für alle $k \leq n$ gilt: Es gibt ein x mit $k = x \cdot 0$

I.B. Es gibt ein x mit $n+1 = x \cdot 0$

I.S. Nach I.H. existieren x_1 und x_2 mit $1 = x_1 \cdot 0$ und $n = x_2 \cdot 0$, woraus folgt: $n+1 = x_1 \cdot 0 + x_2 \cdot 0 = (x_1+x_2) \cdot 0$

QED ?

(g) *Behauptung:* Alle positiven natürlichen Zahlen sind ungerade.
Der folgende Induktionsbeweis benützt das offensichtlich richtige Lemma, dass wenn eine natürliche Zahl m ungerade ist, dann auch $m + 2$ ungerade ist.

I.A. $n = 1$: Gilt, da die Zahl 1 ungerade ist.

I.H. Alle natürlichen Zahlen k mit $1 \leq k \leq n$ sind ungerade.

I.B. $n + 1$ ist ungerade.

I.S. Da nach I.H. alle Zahlen $1 \leq k \leq n$ ungerade sind, ist insbesondere $n - 1$ ungerade. Dann ist aber nach oben genanntem Lemma auch $(n - 1) + 2$ ungerade. Somit ist $n + 1$ ungerade.

QED ?

(h) *Behauptung:* Alle Pferde sind blau.
Wir zeigen mit vollständiger Induktion, dass jede endliche Menge von n Pferden nur blaue Pferde enthält.

(1) I.A.: $n = 0$

(2) Wir betrachten die leere Menge von Pferden.

(3) Für diese ist natürlich die Aussage richtig,
dass alle in ihr enthaltenen Pferde blau sind.

(4) I.H.: Für alle Pferde in einer n-elementigen Menge von Pferden gilt, dass sie blau sind.

(5) I.S.: Von n auf $n+1$

(6) Wir betrachten die $(n+1)$-elementige Menge von Pferden
$P = \{p_0, p_1, \ldots, p_{n-1}, p_n\}$.

(7) Diese Menge besitzt die beiden folgenden n-elementigen Teilmengen:

(8) $P_1 = \{p_0, p_1, \ldots, p_{n-1}\}$ und

(9) $P_2 = \{p_1, \ldots, p_{n-1}, p_n\}$.

(10) Für diese beiden n-elementigen Pferdemengen gelten nun nach der Induktionshypothese die beiden folgenden Aussagen:

(11) – Alle Pferde in P_1 sind blau.

(12) – Alle Pferde in P_2 sind blau.

(13) Da $P = P_1 \cup P_2$ muss auch für alle Pferde in P gelten, dass sie blau sind.
QED ?

(i) Ein endlicher *gerichteter Graph* besteht aus einer endlichen Menge von *Knoten* $V = \{v_1, v_2, \ldots, v_n\}$ und einer endlichen Menge $E \subseteq V \times V$ von *gerichteten Kanten* zwischen diesen Knoten. Eine Kante (v_i, v_j) mit $v_i = v_j$ heißt *Schleife*. Der *Grad* eines Knoten $v \in V$ ist die Anzahl der Kanten, welche v als Endknoten haben, also $|\{w \in V \mid (v, w) \in E\}| + |\{w \in V \mid (w, v) \in E\}|$. Zwei Knoten, die Endknoten derselben Kante sind heißen *Nachbarn*.

Ein Graph heißt *einfach*, wenn er *zum einen* keine Schleifen enthält und es *zudem* für alle Paare von verschiedenen Knoten $v_i, v_j \in V$ höchstens eine Kante mit v_i und v_j als Endknoten gibt; die beiden möglichen Kanten (v_i, v_j) und (v_j, v_i) schließen sich also gegenseitig aus. Ein *Zykel* der Länge k ist eine Menge von k verschiedenen Knoten $w_1, \ldots, w_k \in V$ derart, dass jeder dieser Knoten genau 2 Nachbarn aus $w_1, \ldots, w_k$ hat, und jeder dieser Knoten von jedem anderen über eine Folge von Kanten erreichbar ist. (Wir haben also eine 'Kette' von Kanten, wobei wir von der Richtung der Kanten abstrahieren.) Ein *Zykel* der Länge 1 ist eine Schleife.

Wir versuchen die Aussage

Wenn G ein endlicher einfacher Graph ist, in dem jeder Knoten von Grad 2 ist, dann ist G ein Zykel.

wie folgt durch eine Argumentation mit vollständiger Induktion über die Anzahl der Knoten in G zu beweisen:

I.A. $n = 1$: Es gilt ganz allgemein, dass in einem einfachen Graphen mit n Knoten der maximale Grad eines Knoten $n - 1$ ist. Somit kann in einem Graph mit nur einem Knoten dieser Knoten nicht vom Grad 2 sein, da ein Knoten maximal nur $n - 1$ (verschiedene) Nachbarn haben kann. Die zu zeigende Behauptung gilt damit trivialerweise.

I.H. Wenn G ein endlicher einfacher Graph *mit n Knoten* ist, in dem jeder Knoten von Grad 2 ist, dann ist G ein Zykel.

I.3.1. SYNTAX

I.B. Wenn G ein endlicher einfacher Graph *mit* $n+1$ *Knoten* ist, in dem jeder Knoten von Grad 2 ist, dann ist G ein Zykel.

I.S. Wir machen eine Fallunterscheidung:

(1) $n = 1$: für $n + 1 = 2$ gilt nach der beim I.A. getroffenen allgemeine Feststellung ebenfalls, dass kein Knoten in einem Graph mit 2 Knoten den Grad 2 haben kann, und somit die zu zeigende Behauptung trivialerweise gilt.

(2) $n = 2$: Sei G ein Graph gemäß der Bedingungen der I.B. mit $n+1 = 3$ Knoten, also $V = \{v_1, v_2, v_3\}$. Man kann sich leicht klar machen, dass es dann nur die eine Möglichkeit für die Kantenmenge gibt: Nämlich jeweils eine Kante zwischen 2 Knoten. Damit haben wir einen Zykel.

(3) $n \geq 3$: Sei also $G = (V, E)$ ein Graph mit $|V| = n + 1 \geq 4$. Sei u ein beliebiger Knoten in G. Da G ein einfacher Graph ist, ist der Grad eines Knotens gleich der Anzahl seiner Nachbarn. Somit muss es genau 2 verschiedene Knoten $v, w \in V$ geben, die mit u über jeweils eine Kante verbunden sind. Wir bezeichnen diese beiden Kanten mit κ_v und κ_w.
Wir bilden nun den Graphen $H = (V \setminus \{u\}, (E \setminus \{\kappa_v, \kappa_w\}) \cup \{(v,w)\})$. H ist ein einfacher Graph dessen Knoten alle den Grad 2 haben, denn

(i) H kann keine Schleifen haben, da G keine Schleifen hatte und die einzige neu hinzugekommene Kante zwischen 2 verschiedene Knoten besteht.

(ii) Zudem hat sich für alle Knoten außer v und w die Anzahl der sie enthaltenden Kanten nicht geändert, und v und w haben den Nachbarn u verloren, aber durch die neue Kante (v,w) jeweils einen Ersatznachbarn gefunden.

H ist aber jetzt ein Graph mit n Knoten. Somit ist H nach der I.H. ein Zykel. Wenn man jetzt den Schritt von G nach H wieder rückgängig macht, erweitert man den Zykel in H zu einem Zykel in G.

QED ?

In dieser Argumentation muss aber der Wurm drin sein, da man z.B. wie folgt (graphisch) einen Graphen mit 10 Knoten angeben kann

```
•───•  •     •───•
│      │  │  │
•───•──•     •───•
```

welcher die oben vorausgesetzten Bedingungen erfüllt, ohne ein Zykel zu sein.

Aufgabe 3.25 'laenge/1' und 'length/2' von Listen [▷194] ○ 3-6 72
Vergleichen Sie die Funktion laenge/1 und das Prolog-Programm length/2, welche beide im Lehrbuch (auf den Seiten 40 und 73) vorgestellt wurden. Worin unterscheiden sie sich?

Aufgabe 3.26 Zählen von Variablenvorkommen [▷195] ○
Diese Aufgabe beschäftigt sich mit der Anzahl der Variablen, welche in einer aussagenlogischen Formel vorkommen.
  (a) Spezifizieren Sie eine Funktion h, welche die Anzahl der in einer Formel F vorkommenden aussagenlogischen Variablen angibt, d.h. wenn eine Variable mehrfach vorkommt, dann soll sie auch mehrfach gezählt werden.
  (b) Beweisen Sie durch strukturelle Induktion, dass die in Teilaufgabe (a) von Ihnen definierte Funktion tatsächlich die Anzahl der aussagenlogischen Variablen in einer Formel berechnet.
  (c) Schreiben Sie ein Prolog-Programm, das die Anzahl der in einer Formel F vorkommenden aussagenlogischen Variablen ermittelt, also die Funktion h aus Teilaufgabe (a) implementiert.

Aufgabe 3.27 Länge und Tiefe von Formeln [▷196] ○
In dieser Aufgabe definieren wir Länge und Tiefe aussagenlogischer Formeln und beweisen eine Beziehung zwischen diesen beiden Funktionen.
  (a) Die Tiefe einer aussagenlogischen Formel F ist die maximale Länge eines Asts in der Baumdarstellung der Formel F (vgl. Die Lösung von Aufgabe 3.16 (d) und insbesondere Abbildung 3.22 auf Seite 188), oder etwas formaler ausgedrückt, die maximale Länge der Positionen in F. Diese Funktion depth lässt sich wie folgt definieren:

$$\mathsf{depth}(F) = \begin{cases} 0 & \text{falls } F \text{ atomar} \\ \mathsf{depth}(G) + 1 & \text{falls } F \text{ von der Form } \neg G \\ \max(\mathsf{depth}(G_1), \mathsf{depth}(G_2)) + 1 & \text{falls } F \text{ v. d. F. } (G_1 \circ G_2) \end{cases}$$

Berechnen Sie schrittweise $\mathsf{depth}((\neg p \rightarrow (\neg p \wedge q)))$ gemäß der obigen Definition, wobei p und q aussagenlogische Variablen sind.
  (b) Definieren Sie mit struktureller Rekursion die Funktion $\mathsf{length}(F)$, welche die Anzahl der Vorkommen von Zeichen des aussagenlogischen Alphabets in einer Formel F angibt ($\mathcal{R} = \{p_1, p_2, p_3, \ldots\}$). Zum Beispiel soll die Funktion length die folgenden Werte liefern:

$$\begin{aligned} \mathsf{length}(p_3) &= 1 \\ \mathsf{length}(\neg p_3) &= 2 \\ \mathsf{length}((\neg p_3 \wedge p_4)) &= 6 \end{aligned}$$

Atome (wie z.B. p_3 und p_4) sollen dabei als jeweils ein Symbol gelten, d.h. ihre Indizes zählen nicht als Symbole.
  (c) Beweisen Sie mit struktureller Induktion, dass für alle aussagenlogischen Formeln F gilt: $\mathsf{length}(F) > \mathsf{depth}(F)$

3.1.3 Teilformeln

Aufgabe 3.28 Elementares zu Teilformelmengen [▷197] ○
  (a) Geben Sie für die folgenden Formeln die Menge aller Teilformeln an.

(1) $(\neg p \wedge (q \to r))$

(2) p

(b) Geben Sie für die Formel $F = (p \wedge q)$ mit aussagenlogischen Variablen p und q
  (1) eine Formelmenge an, welche die Bedingungen (1) und (2) (der Definition von $\mathcal{S}_F$) erfüllt, aber nicht Bedingung (3).
  (2) eine Formelmenge an, welche die Bedingungen (1) und (3) erfüllt, aber nicht Bedingung (2).
  (3) eine Formelmenge an, welche die Bedingungen (2) und (3) erfüllt, aber nicht Bedingung (1).

Aufgabe 3.29 Überprüfung einer Teilformelmenge [▷197] ◐

Zeigen Sie unter direkter Verwendung der Definition 3.8 der Teilformelmenge, dass für die Formel $F = (p \wedge p)$ – wobei p eine aussagenlogische Variable ist – die Menge $\mathcal{S}_F$ gleich der Menge $\mathcal{M} = \{(p \wedge p), p\}$ ist.

Aufgabe 3.30 Existenz von Teilformelmengen [▷197] ◐ 3-7 73

Im Lehrbuch wurde in Definition 3.8 die Teilformelmenge einer (aussagenlogischen) Formel F definiert als die kleinste Formelmenge $\mathcal{S}_F$, die gewissen Abschlusseigenschaften genügt, welche durch drei Bedingungen gegeben waren.

Diese drei Bedingungen – gestellt an eine Formelmenge $\mathcal{G}$ und in Abhängigkeit von einer beliebigen gegebenen Formel G – lauteten:

S1(G) : $G \in \mathcal{G}$

S2(G) : Wenn $\neg H \in \mathcal{G}$, dann auch $H \in \mathcal{G}$

S3(G) : Wenn $(H_1 \circ H_2) \in \mathcal{G}$, dann auch $H_1, H_2 \in \mathcal{G}$

Offen gelassen wurde im Lehrbuch die Frage nach der Existenz solcher Formelmengen und insbesondere die Existenz einer kleinsten solchen Menge in Abhängigkeit von einer beliebigen Formel G; und damit blieb die Frage offen, ob Definition 3.8 überhaupt sinnvoll ist.

Dies soll nun in dieser Aufgabe nachgeholt werden.

Beweisen Sie *ausführlich* die Existenz der in Definition 3.8 definierten Menge $\mathcal{S}_F$ aller Teilformeln für eine beliebige Formel F.

Gehen Sie dazu schrittweise wie folgt vor.

(a) Zeigen Sie zuerst, dass es zu jeder Formel F überhaupt eine Formelmenge $\mathcal{A}$ gibt, welche die Bedingungen S1(F) – S3(F) erfüllt.

(b) Sei nun $\mathcal{F} := \{N \subseteq \mathcal{L}(\mathcal{R}) \mid N$ erfüllt die Bedingungen S1(F)–S3(F)$\}$.
Zeigen Sie, dass $\bigcap \mathcal{F}$ eine Formelmenge ist.

(c) Zeigen Sie als nächstes, dass auch $\bigcap \mathcal{F} := \{H \mid H \in N$ für alle $N \in \mathcal{F}\}$ den Bedingungen S1(F) – S3(F) genügt.

(d) Beweisen Sie das folgende allgemeine Lemma:
Sei $\mathcal{N}$ eine Menge von Mengen. Dann gilt:
Falls $\bigcap \mathcal{N} \in \mathcal{N}$,
dann ist $\bigcap \mathcal{N}$ das kleinste Element von $\mathcal{N}$ bzgl. der $\subseteq$-Relation.

(e) Zeigen Sie mit Hilfe der Aussagen (a–d), dass für jede Formel F die Menge $\mathcal{S}_F$ aller Teilformeln gemäß Definition 3.8 existiert.

Aufgabe 3.31 Pseudo-Teilformelmengen [▷198] ○

Sei H eine aussagenlogische Formel. Eine *Pseudo-Teilformelmenge* von H ist eine Formelmenge $\mathcal{P}$, welche

(i) einerseits die folgenden Bedingungen erfüllt:

P1(H) : $H \in \mathcal{P}$

P2(H) : Wenn $\neg F \in \mathcal{P}$ ist, dann ist auch $F \in \mathcal{P}$.

P3(H) : Wenn $(F \circ G) \in \mathcal{P}$ ist (für einen binären Junktor $\circ$), dann gilt auch $F \in \mathcal{P}$ oder $G \in \mathcal{P}$.

(ii) und zudem noch *minimal* ist, d.h. es gibt keine echte Teilmenge $M \subset \mathcal{P}$, welche die Bedingungen P1(H) – P3(H) erfüllt.

Eine Formel aus einer Pseudo-Teilformelmenge von H bezeichnen wir als *Pseudo-Teilformel* von H.

(a) Geben Sie für die Formel $H = (((p \rightarrow \neg\neg q) \wedge \neg\neg\neg p) \rightarrow q)$ eine Pseudo-Teilformelmenge an.

(b) Zeigen Sie, dass es zu gegebener Formel H nicht notwendigerweise eine kleinste Formelmenge gibt, welche die Bedingungen P1(H) – P3(H) obiger Definition der Pseudo-Teilformelmenge erfüllt.

Aufgabe 3.32 Konstruktion von Teilformeln [▷199] ○

Ausgehend von Definition 3.8 der Teilformelmenge $\mathcal{S}_F$ einer Formel $F \in \mathcal{L}(\mathcal{R})$ definieren wir wie folgt:

Eine Folge $[H_0, \ldots, H_n]$ von Formeln $H_i \in \mathcal{L}(\mathcal{R})$ ($0 \leq i \leq n$) heißt *Konstruktion* der Länge n der Formel G aus F gdw.

(1) $H_0 = F$ und $H_n = G$

(2) für alle H_j ($j \in \{1, \ldots, n\}$) gilt eine der folgenden Alternativen:

(a) $H_{j-1} = \neg H_j$

(b) $H_{j-1} = (H_j \circ H')$ mit $H' \in \mathcal{L}(\mathcal{R})$.

(c) $H_{j-1} = (H' \circ H_j)$ mit $H' \in \mathcal{L}(\mathcal{R})$.

Wir bezeichnen mit $\mathcal{K}_n(F)$ die Menge aller Formeln, für welche es eine Konstruktion der Länge n aus F gibt, und wir definieren $\mathcal{K}(F) := \bigcup_{n=0}^{\infty} \mathcal{K}_n(F)$.

Ermitteln Sie für $F = \neg(p \vee \neg q)$ die Mengen $\mathcal{K}_n(F)$ für alle $n \in \mathbb{N}$ und geben Sie jeweils für eine Formel $G \in \mathcal{K}_n(F)$ eine zugehörige Konstruktion aus F an.

Aufgabe 3.33 Konstruierbarkeit von Teilformelmengen [▷199] ●

Zeigen Sie, dass $\mathcal{S}_F = \mathcal{K}(F)$ für alle aussagenlogischen Formeln F gilt. (Siehe Aufgabe 3.32 bzgl. der Definition von $\mathcal{K}(F)$.)

Aufgabe 3.34 Längenabnahme in Teilformel-Konstruktionen [▷200] ◐

Sei $[H_0, \ldots, H_n]$ mit $n > 0$ eine beliebige Konstruktionen von Teilformeln und sei

I.3.1. SYNTAX

$$\text{laenge}(H) = \begin{cases} 1 & \text{falls } H \in \mathcal{R} \\ n+1 & \text{falls } H = \neg H' \text{ und laenge}(H') = n \\ m+n+3 & \text{falls } H = (H_1 \circ H_2) \text{ und} \\ & \text{laenge}(H_1) = m \text{ und laenge}(H_2) = n \end{cases}$$

(d.h. die Funktion laenge zählt die Anzahl der Zeichen in einer Formel.)
Beweisen Sie die folgenden Aussagen.
 (a) $\text{laenge}(H_{i+1}) < \text{laenge}(H_i)$ gilt für alle $i \in \{0, \ldots, n-1\}$.
 (b) Die Formeln $H_0, \ldots, H_n$ sind alle voneinander verschieden.

Aufgabe 3.35 Partielle Ordnung auf Teilformeln [▷201] ◐

Definition Eine Formel G ist Teilformel einer Formel H gdw. $G \in \mathcal{S}_H$.
Wir notieren diese Beziehung zwischen zwei Formeln G und H mit $G \lhd H$.
($\lhd$ ist somit eine 2-stellige Relation auf der Menge aller Formeln $\mathcal{L}(\mathcal{R})$,
d.h. $\lhd \subseteq \mathcal{L}(\mathcal{R}) \times \mathcal{L}(\mathcal{R})$.)
Beweisen Sie, dass $\lhd$ eine *partielle Ordnung* auf der Menge $\mathcal{L}(\mathcal{R})$ ist.

Aufgabe 3.36 Rekursive Teilformelberechnung [▷201] ◐

Um zu einer rekursiven Funktion zu gelangen, welche die Teilformelmenge einer Formel berechnet, müssen zunächst einige Aussagen über die Menge $\mathcal{S}_F$ der Teilformeln einer Formel F bewiesen werden.
Hinweis: *Verwenden Sie für den Beweis der folgenden Aussagen die Teilaufgaben (b) und (c) die Konstruierbarkeit der Teilformeln (Aufgabe 3.32) oder verwenden Sie, dass die Teilformelrelation eine Ordnungsrelation ist (Aufgabe 3.35).*
 (a) $\mathcal{S}_A = \{A\}$ für alle $A \in \mathcal{R}$
 (b) $\mathcal{S}_{\neg F} = \{\neg F\} \cup \mathcal{S}_F$
 (c) $\mathcal{S}_{(F \circ G)} = \{(F \circ G)\} \cup \mathcal{S}_F \cup \mathcal{S}_G$
 (d) Definieren Sie eine rekursive Funktion sub, welche die Menge der Teilformeln einer aussagenlogischen Formel F berechnet.

Aufgabe 3.37 Pseudo-Teilformelmengen vs. Teilformelmengen [▷204] ●

Es bezeichne $\mathbb{P}(F) := \bigcup \{\mathcal{P} \mid \mathcal{P} \text{ ist Pseudo-Teilformelmenge von } F\}$ die Menge aller Pseudo-Teilformeln einer aussagenlogischen Formel F (vgl. Aufgabe 3.31).
Beweisen Sie, dass für jede aussagenlogische Formel F gilt: $\mathbb{P}(F) \subseteq \mathcal{S}_F$.
Gehen Sie dazu wie folgt vor:
 (a) Sei die Formelfolge $[H_0, \ldots, H_n]$ mit $H_i \in \mathcal{L}(\mathcal{R})$ ($0 \leq i \leq n$), $H_0 = F$ und $H_n \in \mathcal{R}$ eine beliebige Teilformel-Konstruktion (vgl. Aufgabe 3.32).
  (1) Zeigen Sie, dass die Menge $\mathcal{H} = \{H_i \mid 0 \leq i \leq n\}$ eine Pseudo-Teilformelmenge von F enthält, d.h. es gibt eine Formelmenge $\mathcal{P} \subseteq \mathcal{H}$, welche Pseudo-Teilformelmenge von F ist.
  (2) Zeigen Sie, dass die Menge $\mathcal{H}$ nicht unbedingt eine Pseudo-Teilformelmenge von F sein muss.
 (b) Zeigen Sie für eine beliebige Pseudo-Teilformelmenge $\mathcal{P}$ einer Formel F, dass eine Konstruktion $[H_0, \ldots, H_n]$ einer Formel $H_n \in \mathcal{R}$ als Teilformel von F existiert, wobei $\mathcal{P} = \{H_i \mid 0 \leq i \leq n\}$ gilt.

(c) Zeigen Sie nun dass $\mathbb{P}(F) \subseteq \mathcal{S}_F$ gilt. Geben Sie zudem eine Formel F mit $\mathbb{P}(F) \neq \mathcal{S}_F$ an.

Aufgabe 3.38 Teilformeln mit dem Junktor $\wedge$ [▷206] ○

Bezeichne $\mathcal{S}^{\wedge}(H)$ die Menge aller Teilformeln der aussagenlogischen Formel H, die das $\wedge$-Symbol enthalten.

(a) Geben Sie $\mathcal{S}^{\wedge}(H)$ für die Formel $H = (((p \wedge \neg p) \to (\neg p \wedge q)) \to (p \vee \neg p))$ an.

(b) Geben Sie eine rekursive Definition für die folgendermaßen intuitiv beschriebene Funktion $\mathsf{f}\colon \mathcal{L}(\mathcal{R}) \longrightarrow \mathbb{N}$ an.

$$\mathsf{f}(F) = \begin{cases} 0 & \text{falls } F \text{ nicht das Zeichen } \wedge \text{ enthält} \\ 1 & \text{sonst} \end{cases}$$

Aufgabe 3.39 Teilformelberechnung in Prolog [▷207] ○

Schreiben Sie ein Prolog-Programm, das alle Teilformeln einer gegebenen Formel berechnet. Verwenden Sie dazu die in Aufgabe 3.8 definierten Operatoren.

3.2 Semantik

3.2.1 Die Struktur der Wahrheitswerte

Aufgabe 3.40 Ein- und zweistellige Wahrheitsfunktionen [▷207] ○

Definieren Sie alle möglichen ein- und zweistelligen Junktoren und charakterisieren Sie sie durch Wahrheitsfunktionen.

Aufgabe 3.41 Beispiel mit den Junktoren $\swarrow$ und $\nleftrightarrow$ [▷209] ○

$\swarrow$ und $\nleftrightarrow$ seien zweistellige Junktoren für welche die Wahrheitsfunktionen $\swarrow^*\colon \mathcal{W} \times \mathcal{W} \longrightarrow \mathcal{W}$ und $\nleftrightarrow^*\colon \mathcal{W} \times \mathcal{W} \longrightarrow \mathcal{W}$ wie folgt definiert sind:

$$\swarrow^* ((w_1, w_2)) = w_1 \quad \text{und} \quad \nleftrightarrow^* ((w_1, w_2)) = \begin{cases} \top & \text{falls } w_1 \neq w_2 \\ \bot & \text{sonst} \end{cases}$$

für alle $(w_1, w_2) \in \mathcal{W} \times \mathcal{W}$.

Beweisen bzw. widerlegen Sie die folgende Aussage: Für beliebige aussagenlogische Formeln F und G, und für alle Interpretationen I gilt die Gleichung:

$$((\neg F \leftrightarrow F) \swarrow G)^I = [\neg (G \nleftrightarrow \neg G)]^I$$

Aufgabe 3.42 Der 3-stellige Junktor if-then-else [▷209] ◐

Aus dem Lehrbuch sind uns bisher einstellige ($\neg^*$) und zweistellige ($\wedge^*$, $\vee^*$, ...) Wahrheitsfunktionen bekannt. (Es sei daran erinnert, dass die bei uns verwendete Infixschreibweise der binären Wahrheitsfunktionen nicht zwingend ist, und dass also z.B. die Abbildung $w_1 \wedge^* w_2$ auch in der (für Abbildungen) vertrauteren Form $\wedge^*(w_1, w_2)$ geschrieben werden kann.)

(a) Dass auch höherstellige Wahrheitsfunktionen denkbar sind, soll anhand des Prolog-Programms verdeutlicht werden.

I.3.2. SEMANTIK

```
if-then-else(X,Y,Z):- X,Y.
if-then-else(X,Y,Z):- \+ X,Z.
```
Definieren Sie eine 3-stellige Wahrheitsfunktion, also eine Abbildung $\mathcal{W} \times \mathcal{W} \times \mathcal{W} \longrightarrow \mathcal{W}$, welche der Logik des `if-then-else/3` entspricht.

(b) Aus den anweisungsorientierten Programmiersprachen ist Ihnen sicher das case-Konstrukt bekannt:

```
case    Bedingung1    then    Ergebnis1
        Bedingung2    then    Ergebnis2
        ...
        sonst                 ErgebnisN
```

Schreiben Sie ein Prolog-Programm, das dem case mit 4 möglichen Ergebnissen entspricht, also $n = 4$.

(c) Definieren Sie eine 5-stellige Wahrheitsfunktion $\mathcal{W}^5 \longrightarrow \mathcal{W}$, die dem case mit 3 möglichen Ergebnissen entspricht.

(d) Wir ergänzen nun das Alphabet der Aussagenlogik durch den Junktor $\triangleright/5$. Erweitern Sie die Definition 3.5 der aussagenlogischen Formeln dahingehend, dass auch Formeln mit dem 5-stelligen Junktor $\triangleright/5$ zugelassen sind. (Beachten Sie, dass nun eine Infixschreibweise nicht mehr ohne weiteres möglich ist.)

(e) Erweitern Sie die Definition 3.9 der aussagenlogischen Interpretation dahingehend, dass auch Formeln mit dem 5-stelligen Junktor $\triangleright/5$ interpretiert werden können, wobei $\triangleright^*$ der unter Teilaufgabe (c) definierten 5-stelligen Wahrheitsfunktion entsprechen soll.

3.2.2 Interpretationen

Aufgabe 3.43 Proposition 3.11: F^I ist durch I auf $\mathcal{R}_F$ bestimmt [▷210] ◐ 3-9 79
Beweisen Sie mittels struktureller Induktion über den Aufbau von aussagenlogischen Formeln, dass für jede Interpretation I gilt: der Wahrheitswert F^I einer Formel F unter der Interpretation I ist allein durch die Wahrheitswerte von I auf der Menge $\mathcal{R}_F$ (Definition 3.8) bestimmt.

Aufgabe 3.44 Proposition 3.11 verallgemeinert auf Formelmengen [▷210] ◐
Beweisen Sie die folgende Verallgemeinerung von Proposition 3.11 auf Formelmengen:

Ob eine Interpretation I eine Modell für eine Formelmenge $\mathcal{G} \subseteq \mathcal{L}(\mathcal{R})$ ist, ist ausschließlich durch die Werte derjenigen aussagenlogischen Variablen unter I bestimmt, welche in den Formeln in $\mathcal{G}$ vorkommen.

Aufgabe 3.45 Geschachtelte Konjunktionen und Disjunktionen [▷211] ○
Sei $\mathcal{F} = \{F_1, \ldots, F_n\}$ eine endliche, nicht leere Menge von aussagenlogischen Formeln. Sei $F_\wedge = (\ldots((F_1 \wedge F_2) \wedge F_3) \wedge \ldots \wedge F_n)$ und $F_\vee = (\ldots((F_1 \vee F_2) \vee F_3) \vee \ldots \vee F_n)$ für $n > 1$ und $F_\wedge = F_\vee = F_1$ für $n = 1$.
Beweisen Sie mit vollständiger Induktion über die Anzahl der Formeln in $\mathcal{F}$, dass für eine beliebige Interpretation I gilt:

(a) $F_\wedge^I = \top$ genau dann, wenn $F_1^I = F_2^I = F_3^I = \cdots = F_n^I = \top$.

(b) $F_\vee^I = \top$ genau dann, wenn $F_i^I = \top$ für mindestens eines der $i \in \{1, \ldots, n\}$ gilt.

Aufgabe 3.46 Konjunktionen und Formelmengen [▷212] ○

Sei $\mathcal{F} = \{F_1, \ldots, F_n\}$ eine endliche, nicht leere Menge von aussagenlogischen Formeln. Beweisen Sie, dass $\mathcal{F}$ erfüllbar, unerfüllbar, allgemeingültig bzw. widerlegbar ist gdw. dies für die Konjunktion $F = (\ldots((F_1 \wedge F_2) \wedge F_3) \wedge \ldots \wedge F_n)$ gilt.

Gilt obige Aussage auch für eine unendliche Formelmenge $\mathcal{F}$?

Aufgabe 3.47 Wahrheitswertberechnung von Formeln in Prolog [▷212] ○

Durch den Prolog-Term der Form av(X, W) sei der Wahrheitswert W einer aussagenlogischen Variablen X unter einer Interpretation I vorgegeben. Schreiben Sie ein Prolog-Programm int(F, R), das den Wahrheitswert R einer beliebigen aussagenlogischen Formel F unter einer Interpretation I ermittelt. Dabei sei vorausgesetzt, dass F nur Variablen enthält, deren Interpretation durch av/2 vorgegeben ist. Zum Beispiel soll sich für F = $\neg(\neg(p \wedge \neg q) \vee \neg r)$ mit $p^I = \top$, $q^I = \top$ und $r^I = \bot$ die Bestimmung von F^I folgendermaßen realisieren lassen (Wir kodieren hierbei die Wahrheitswerte $\top$ und $\bot$ als w bzw. f.):

av(p, w).   av(q, w).   av(r, f).
?- int(neg (neg (p and neg q) or neg r), R).
R = f

Für die Lösung soll es genügen, nur die Junktoren $\vee$, $\wedge$ und $\neg$ zu berücksichtigen, deren Prolog-Operatordefinitionen in Aufgabe 3.8 erarbeitet wurden.

Aufgabe 3.48 Implikationsfragment [▷213] ●

Sei $\mathcal{F}$ die Menge aller aussagenlogischen Formeln, welche sich aus den aussagenlogischen Variablen und dem Junktor $\rightarrow$ bilden lassen.

Beantworten Sie die folgenden Fragen und beweisen Sie ihre Antworten.

(a) Gibt es in $\mathcal{F}$ eine Tautologie, die mindestens 3 verschiedene aussagenlogische Variablen enthält?

(b) Gibt es in $\mathcal{F}$ eine nichtatomare Formel, die sowohl erfüllbar als auch widerlegbar ist?

(c) Gibt es in $\mathcal{F}$ eine Formel, die unerfüllbar ist?

Aufgabe 3.49 Fortsetzbarkeit von Funktionen [▷214] ★

Proposition 3.10 besagt, dass sich jede Abbildung der Menge der aussagenlogischen Variablen in die Wahrheitswerte eindeutig zu einer Interpretation (aller aussagenlogischen Formeln) fortsetzen lässt. Wir wollen an Hand des folgenden Beispiels verdeutlichen, dass Abbildungen zwar durch ihre Werte auf gewissen Teilmengen bereits eindeutig bestimmt sein können, sich jedoch von diesen Teilmengen aus u.U. gar nicht fortsetzen lassen.

Zunächst einige Definitionen:

(i) Wir bezeichnen das *abgeschlossene reelle Intervall* $\{x \mid x \in \mathbb{R}$ und $a \leq x \leq b\}$ mit $[a, b]$ und das *offene reelle Intervall* $\{x \mid x \in \mathbb{R}$ und $a < x < b\}$ mit $]a, b[$.

(ii) Eine Funktion $h: D \rightarrow \mathbb{R}$ ($D \subseteq \mathbb{R}$) ist *stetig* in einem Punkt $x_0 \in D$ genau

dann, wenn für alle $\varepsilon > 0$ ein $\delta > 0$ existiert, so dass für alle $x \in D$ mit $|x - x_0| < \delta$ gilt: $|h(x) - h(x_0)| < \varepsilon$.
Eine dazu äquivalente Definition ist, dass eine Funktion $h\colon D \to \mathbb{R}$ ($D \subseteq \mathbb{R}$) in einem Punkt $x \in D$ genau dann stetig ist, wenn für jede Folge $(x_i)_{i \in \mathbb{N}^+}$ mit $x_i \in D$ und $\lim_{i \to \infty} x_i = x$ gilt: $\lim_{i \to \infty} h(x_i) = h(x)$.

Zeigen Sie das Folgende:

(a) Eine stetige Funktion $f\colon [0, 1] \longrightarrow \mathbb{R}$ ist durch ihre Werte auf $]0, 1[$ bereits eindeutig bestimmt.

(b) Eine stetige Funktion $f\colon]0, 1[\longrightarrow \mathbb{R}$ lässt sich *nicht* immer zu einer stetigen Funktion $\hat{f}\colon [0, 1] \longrightarrow \mathbb{R}$ fortsetzen.

3.2.3 Wahrheitswertetabellen

Aufgabe 3.50 Beispiele für Wahrheitswertetabellen [▷215] ○
Sei $F \in \mathcal{L}(\mathcal{R})$ die Formel $(((p \vee q) \longrightarrow q) \longrightarrow q)$.

(a) Erstellen Sie eine vollständige Wahrheitswertetabelle (gemäß Lehrbuch) für F.

(b) Ist die obige Formel F allgemeingültig, erfüllbar, widerlegbar oder unerfüllbar?

(c) Erstellen Sie eine vollständige Wahrheitswertetabelle (gemäß Lehrbuch) für die Formel $p \in \mathcal{R}$.

Aufgabe 3.51 Vollständigkeit und Korrektheit [▷215] ◐ 3-10 83
Sei $\mathcal{L}(\mathcal{R})$ eine aussagenlogische Sprache, eine Formel $F \in \mathcal{L}(\mathcal{R})$, $\mathcal{S}_F$ die Menge der Teilformeln von F, $m = |\mathcal{S}_F|$, $\mathcal{R}_F = \{A \mid A \in \mathcal{R} \text{ und } A \in \mathcal{S}_F\}$ und $n = |\mathcal{R}_F|$.
$T(F)$ bezeichne eine Wahrheitswertetabelle für F, und für eine Zeile ζ in $T(F)$ bezeichne $\zeta(G)$ den Wahrheitswert in der Spalte, die mit der Formel $G \in \mathcal{S}_F$ markiert ist.
Beweisen Sie die folgenden Aussagen:

(a) Für jede Interpretation I der Sprache $\mathcal{L}(\mathcal{R})$ existiert genau eine Zeile ζ_I in $T(F)$ mit $G^I = \zeta_I(G)$ für alle $G \in \mathcal{S}_F$.

(b) Zu jeder Zeile ζ in $T(F)$ gibt es eine Interpretation I der Sprache $\mathcal{L}(\mathcal{R})$ mit $G^I = \zeta(G)$ für alle $G \in \mathcal{S}_F$.
Zeigen Sie außerdem, dass die Interpretation I nicht eindeutig bestimmt ist.

(c) F ist erfüllbar gdw. $T(F)$ enthält eine Zeile ζ mit $\top$ in der letzten Spalte.

(d) F ist allgemeingültig gdw. alle Zeilen in $T(F)$ haben $\top$ in der letzten Spalte.

(e) F ist widerlegbar gdw. $T(F)$ enthält eine Zeile ζ mit $\bot$ in der letzten Spalte.

(f) F ist unerfüllbar gdw. alle Zeilen in $T(F)$ haben $\bot$ in der letzten Spalte.

(g) Beweisen Sie unter Verwendung der vorhergehenden Teilaufgaben, dass für jede Interpretation I gilt: der Wahrheitswert F^I ist allein durch die Wahrheitswerte von I auf der Menge $\mathcal{R}_F$ bestimmt.
(Es ist also ein zur Aufgabe 3.43 alternativer Beweis verlangt.)

3.2.4 Modelle

Aufgabe 3.52 Tautologie, erfüllbar, widerlegbar? [▷217] ○
Seien p, q und r aussagenlogische Variablen. Welche der folgenden Formeln bzw. Formelmengen sind allgemeingültig, welche sind erfüllbar, welche unerfüllbar und welche sind widerlegbar?

(a) $(((p \to q) \to p) \to p)$

(b) $(((p \to q) \land (q \to r)) \lor ((r \to q) \land (q \to p)))$

(c) $\neg(((p \to q) \to p) \to p)$

(d) $\{F_1, F_2\}$, wobei F_1 die in Teilaufgabe (a) angegebene Formel und F_2 die in Teilaufgabe (b) angegebene Formel ist.

Aufgabe 3.53 Erfüllbare Formelmengen [▷218] ○
Seien $\mathcal{F}_1$ und $\mathcal{F}_2$ beliebige nichtleere Mengen aussagenlogischer Formeln.
Beweisen oder widerlegen Sie die folgenden Aussagen:

(a) Wenn $\mathcal{F}_1 \cup \mathcal{F}_2$ erfüllbar ist, dann sind $\mathcal{F}_1$ und $\mathcal{F}_2$ erfüllbar.

(b) Wenn $\mathcal{F}_1$ erfüllbar ist und $\mathcal{F}_2$ ein Modell hat, dann ist auch $\mathcal{F}_1 \cup \mathcal{F}_2$ erfüllbar.

(c) Alle endlichen Teilmengen von $\{p, \neg p\}$ ($p \in \mathcal{R}$) sind erfüllbar.

Aufgabe 3.54 Unerfüllbarkeit einer Formelmenge [▷218] ○
Gelten die folgenden Aussagen? Beweisen Sie Ihre Antworten mit Hilfe der Semantik, d.h. ausgehend von den Definitionen der Begriffe 'unerfüllbar', 'Modell' usw.

(a) Eine aussagenlogische Formel F ist genau dann unerfüllbar, wenn jede Interpretation I ein Modell für $\neg F$ ist.

(b) Eine Menge aussagenlogischer Formeln $\mathcal{F}$ ist genau dann nicht erfüllbar, wenn für jedes Element $F_i \in \mathcal{F}$ gilt, jede Interpretation I ist Modell für $\neg F_i$ ist.

Aufgabe 3.55 Minimal unerfüllbare Formelmengen [▷219] ○
Eine Formelmenge S heißt *minimal unerfüllbar*, falls S unerfüllbar und jede echte Teilmenge von S erfüllbar ist.

(a) Zeigen Sie, dass die folgende Formelmenge S minimal unerfüllbar ist.

$p \lor q \lor r,$
$p \lor \neg q \lor r,$
$p \lor \neg r,$
$\neg p \lor r,$
$\neg p \lor \neg r.$

(b) Geben Sie eine minimal unerfüllbare Teilmenge der folgenden Formelmenge S' an:

$p \lor q, \quad \neg p \lor r,$
$\neg p \lor s, \quad \neg p \lor \neg r,$
$\neg q, \quad \neg p \lor \neg s.$

Beweisen Sie, dass die von Ihnen bestimmte Teilmenge minimal unerfüllbar ist.

(c) Wieviele minimal unerfüllbare Teilmengen hat S'?

I.3.2. SEMANTIK

Aufgabe 3.56 Ist $\mathcal{L}(\mathcal{R})$ erfüllbar oder widerlegbar? [▷219]

Beweisen oder widerlegen Sie die folgenden Aussagen:
- (a) Die Formelmenge $\mathcal{L}(\mathcal{R})$ ist erfüllbar.
- (b) Die Formelmenge $\mathcal{L}(\mathcal{R})$ ist widerlegbar.

3.2.5 Logische Konsequenz

Aufgabe 3.57 Kurze Fragen zu $I \models F$ und $\mathcal{F} \models G$ [▷220]

(a) Es seien eine Interpretation I und eine aussagenlogische Formel $F \in \mathcal{L}(\mathcal{R})$ vorgegeben.
Welche der folgenden Aussagen sind zu $I \models F$ äquivalent?
- (1) F ist erfüllbar.
- (2) $F^I = \top$.
- (3) Für alle Interpretationen I gilt: $F^I = \top$.
- (4) Es existiert ein Modell für F.
- (5) $\{F\} \models F$.
- (6) F ist unter der Interpretation I wahr.

(b) Seien $\mathcal{F} \subseteq \mathcal{L}(\mathcal{R})$ und $G \in \mathcal{L}(\mathcal{R})$ gegeben.
Welche der folgenden Aussagen sind zu $\mathcal{F} \models G$ äquivalent?
- (1) Für jede Interpretation I mit $F^I = \top$ für alle $F \in \mathcal{F}$ gilt: $G^I = \top$.
- (2) $\mathcal{F}$ und G haben die gleichen Modelle.
- (3) Wenn $\mathcal{F}$ erfüllbar ist, dann ist auch G erfüllbar.
- (4) Alle Modelle von $\mathcal{F}$ sind Modelle von G.
- (5) Für alle Interpretationen I gilt:
  Wenn $G^I = \bot$, dann existiert ein $F \in \mathcal{F}$ mit $F^I = \bot$.
- (6) Für alle Modelle I von G gilt: Es existiert ein $F \in \mathcal{F}$ mit $F^I = \top$.

Aufgabe 3.58 Beispiele zu $\mathcal{F} \models G$ [▷220]

Wenn man in Definition 3.16 die Definition des Modellbegriffs einsetzt, erhält man folgende Formulierung:

$\mathcal{F} \models G$ gdw. für alle Interpretationen I gilt:
$$\bigl(\bigl(\text{ für alle } H \in \mathcal{L}(\mathcal{R}) \text{ gilt: } (H \in \mathcal{F} \implies H^I = \top)\bigr) \implies G^I = \top\bigr)$$

Beweisen bzw. widerlegen Sie die im Folgenden behaupteten logischen Folgerungen (mit $p, q \in \mathcal{R}$ und $G \in \mathcal{L}(\mathcal{R})$).
- (a) $\{p, (p \to q)\} \models q$
- (b) $\{p, \neg p\} \models G$
- (c) $\{\} \models G$

Aufgabe 3.59 Iteration von logischen Folgerungen [▷220]

Beweisen bzw. widerlegen Sie die folgende Aussage für beliebige aussagenlogische Formeln $F_1, \ldots, F_n, G_0, G_1, \ldots, G_m, H$:

Wenn $\{F_1, \ldots, F_n\} \models G_0$ und $\{G_0, G_1, \ldots, G_m\} \models H$,
dann $\{F_1, \ldots, F_n, G_1, \ldots, G_m\} \models H$.

Aufgabe 3.60 Fragen zu $\mathcal{F} \models G$ [▷220]

Sei G eine aussagenlogische Formel und $\mathcal{F}$ eine Menge aussagenlogischer Formeln. Beweisen bzw. widerlegen Sie die folgenden Aussagen.

(a) $\mathcal{F} \models G$ gilt gdw. $\mathcal{F}$ und G die gleichen Modelle haben.

(b) $\mathcal{F} \models G$ gilt, wenn es eine Interpretation I gibt, unter der sowohl G falsch ist, als auch alle Formeln $F \in \mathcal{F}$ falsch sind.

(c) Aus $\mathcal{F} \models G$ folgt, dass es mindestens ein Modell für $\mathcal{F}$ gibt und mindestens ein Modell für G gibt.

(d) $\mathcal{F} \models G$ gilt, wenn alle Formeln aus $\mathcal{F}$ widerlegbar sind und G nicht allgemeingültig ist.

(e) Aus $\mathcal{F} \models G$ folgt, dass G nicht unerfüllbar sein kann.

(f) Aus $\mathcal{F} \models G$ folgt, dass G allgemeingültig ist, wenn $\mathcal{F}$ mindestens eine allgemeingültige Formel enthält.

(g) $\mathcal{F} \models G$ gilt, wenn G Teilformel einer Formel $F \in \mathcal{F}$ ist.

(h) $\mathcal{F} \models G$ gilt, wenn eine Teilmenge von $\mathcal{F}$ unerfüllbar ist.

(i) $\mathcal{F} \models G$ gilt genau dann, wenn es eine Interpretation I gibt, unter der sowohl G falsch ist, als auch alle Formeln $F \in \mathcal{F}$ falsch sind.

(j) $\mathcal{F} \models G$ gilt genau dann, wenn jedes Modell von $\mathcal{F}$ auch ein Modell von G ist.

(k) Aus $\mathcal{F} \models G$ folgt, dass gilt:
Wenn $\mathcal{F}$ widerlegbar ist, dann ist auch G widerlegbar.

(l) Wenn $\mathcal{F} \models G$ gilt und jede Formel in $\mathcal{F}$ erfüllbar ist, dann muss auch G erfüllbar sein.

(m) Falls G eine verallgemeinerte Disjunktion von erfüllbaren Formeln $F_1, \ldots, F_n$ ($n > 0$) aus $\mathcal{F}$ ist, dann gilt $\mathcal{F} \models G$.

(n) Aus $\mathcal{F} \models G$ folgt, dass wenn es mindestens ein Modell für $\mathcal{F}$ gibt, dann gibt es auch mindestens ein Modell für G.

(o) Aus $\mathcal{F} \models G$ folgt, dass G nicht unerfüllbar sein kann.

Aufgabe 3.61 Fragen zu $\{F\} \models G$ [▷223]

Seien F, G und H aussagenlogische Formeln. Beurteilen Sie die folgenden Aussagen und beweisen Sie Ihre Meinung.

(a) Wenn $\{F\} \models H$ und $\{H\} \models \neg F$, dann ist F unerfüllbar.

(b) Wenn $\{F\} \models H$ und $\{H\} \models \neg F$, dann ist H unerfüllbar.

(c) Wenn $\{F, G\} \models H$ und $\{F\} \models H$, dann $\{G\} \models H$.

(d) Wenn $\{F\} \models H$, $\{\neg F\} \models G$ und $\{H\} \models G$, dann ist G allgemeingültig.

I.3.2. SEMANTIK   45

Aufgabe 3.62 Zu $\{F\} \models \neg G$ und $\{\neg H\} \models F$ [▷223] ◐
Seien F, G und H beliebige aussagenlogische Formeln für die gilt:
$\{F\} \models \neg G$ und $\{\neg H\} \models F$.
Beurteilen Sie die folgenden Aussagen und beweisen Sie Ihre Meinung.

(a) $\{F, G\} \models H$

(b) $\{\neg F, \neg G\} \models H$

(c) $\{F\} \models H$

(d) $\{G\} \models H$

Aufgabe 3.63 Logische Folgerung und $\mathcal{F} \subseteq \mathcal{G}$ [▷224] ◐
Seien $\mathcal{F}$ und $\mathcal{G}$ beliebige aussagenlogische Formelmengen und sei H eine beliebige aussagenlogische Formel. Beurteilen Sie die folgenden Aussagen und beweisen Sie Ihre Meinung.

(a) Wenn $\mathcal{F} \subseteq \mathcal{G}$ und $\mathcal{F} \models H$, dann $\mathcal{G} \models H$.

(b) Wenn $\mathcal{F} \subseteq \mathcal{G}$ und $\mathcal{G} \models H$, dann $\mathcal{F} \models H$.

(c) Wenn $\mathcal{F} \subseteq \mathcal{G}$ und $\mathcal{F} \models H$, dann ist $\mathcal{G} \cup \{\neg H\}$ unerfüllbar.

(d) Wenn $\mathcal{F} \subseteq \mathcal{G}$ und $\mathcal{G} \models H$, dann ist $\mathcal{F} \cup \{\neg H\}$ unerfüllbar.

(e) Wenn $\mathcal{F}$ und $\mathcal{G}$ beide unerfüllbar sind, dann ist auch $\mathcal{F} \cup \mathcal{G}$ unerfüllbar.

Aufgabe 3.64 Disjunkte Variablenmengen in $\mathcal{F} \models G$ [▷224] ◐
Seien $\mathcal{F} \subseteq \mathcal{L}(\mathcal{R})$ und $G \in \mathcal{L}(\mathcal{R})$ eine Formelmenge bzw. eine Formel.

(a) Kann $\mathcal{F} \models G$ gelten, wenn $\mathcal{F}$ erfüllbar und G widerlegbar ist?

(b) Kann $\mathcal{F} \models G$ gelten, wenn $\mathcal{F}$ erfüllbar und G widerlegbar ist, und wenn $\mathcal{R}_\mathcal{F} \cap \mathcal{R}_G = \emptyset$, mit $\mathcal{R}_\mathcal{F} := \bigcup \{\mathcal{R}_F \mid F \in \mathcal{F}\}$, gilt?

Aufgabe 3.65 Erfüllbarkeit von Formelmengen   [▷225] ◐
Seien F, G und H aussagenlogische Formeln.
Beantworten Sie die folgenden Fragen und beweisen Sie Ihre Antworten.

(a) Wenn die Formelmengen $\{F, G\}$ und $\{F, \neg G\}$ unerfüllbar sind, kann dann die Formelmenge $\{F\}$ erfüllbar sein?

(b) Kann die Formelmenge $\{F, G, \neg F, H\}$ erfüllbar sein?

(c) Wenn die Formelmengen $\{F, G\}$ und $\{\neg F, H\}$ erfüllbar sind, kann dann die Formelmenge $\{G, H\}$ unerfüllbar sein?

(d) Wenn die Formelmengen $\{F, G\}$ und $\{\neg F, H\}$ erfüllbar sind, kann dann die Formelmenge $\{F, G, H\}$ unerfüllbar sein?

(e) Wenn die Formelmenge $\{G, H\}$ erfüllbar ist, kann dann die Formelmenge $\{\neg G, \neg H\}$ auch erfüllbar sein?

Aufgabe 3.66 Deduktionstheorem   [▷226] ◐ 3-11 85
Beweisen Sie Satz 3.17 des Lehrbuchs:
Für aussagenlogische Formeln $F, F_1, \ldots, F_n$ gilt:
$\{F_1, \ldots, F_n\} \models F$ gdw. $\models (((\ldots(F_1 \wedge F_2)\ldots) \wedge F_n) \to F)$.

Aufgabe 3.67 Logische Folgerung und Unerfüllbarkeit [▷226]
Beweisen Sie: $\mathcal{F} \models G$ gilt genau dann, wenn $\mathcal{F} \cup \{\neg G\}$ unerfüllbar ist.

Aufgabe 3.68 Ex falso quodlibet seguitur [▷227]
Seien F und G aussagenlogische Formeln und sei $\mathcal{F}$ eine Menge aussagenlogischer Formeln. Beweisen Sie semantisch die folgende Aussage:

Wenn $F \in \mathcal{F}$ und $\neg F \in \mathcal{F}$, dann gilt $\mathcal{F} \models G$ für beliebige G.

Aufgabe 3.69 Monotonie der klassischen Aussagenlogik [▷227]
Seien F und G aussagenlogische Formeln und seien $\mathcal{F}$ und $\mathcal{F}'$ Mengen aussagenlogischer Formeln. Beweisen Sie semantisch die folgende Aussage:

Wenn $\mathcal{F} \models G$ und $\mathcal{F} \subseteq \mathcal{F}'$, dann gilt $\mathcal{F}' \models G$.

Aufgabe 3.70 Formelmengen und Modellmengen [▷227]
Für eine aussagenlogische Formelmenge $\mathcal{F}$ bezeichnen wir mit $\mathbb{M}_\mathcal{F}$ die Menge aller Modelle von $\mathcal{F}$.
Seien $\mathcal{S}$ und $\mathcal{T}$ Formelmengen. Beweisen bzw. widerlegen Sie die folgende Aussage:
Wenn $\mathcal{S} \subseteq \mathcal{T}$, dann gilt: $\mathbb{M}_\mathcal{T} \subseteq \mathbb{M}_\mathcal{S}$

Aufgabe 3.71 Wissenswertes über Nessie [▷227]
Von Nessie, dem Ungeheuer von Loch Ness, sei Folgendes bekannt:
Ist sie ein Märchenwesen, dann ist sie unsterblich. Ist sie kein Märchenwesen, dann ist sie sterblich und ein Tier. Wenn Nessie unsterblich oder ein Tier ist, dann ist sie ein Drache. Jeder Drache ist natürlich eine Touristenattraktion.

(a) Formulieren Sie diese Aussagen über Nessie mit Hilfe der Aussagenlogik. Verwenden Sie dazu die aussagenlogischen Variablen m (Nessie ist Märchenwesen), s (Nessie ist sterblich), t (Nessie ist ein Tier), d (Nessie ist ein Drache) und a (Nessie ist Touristenattraktion).

(b) Folgt aus diesen Aussagen, dass Nessie ein Märchenwesen ist? Oder kann daraus gefolgert werden, dass sie kein Märchenwesen ist? Beweisen Sie Ihr Urteil.

Aufgabe 3.72 Beispiel zu $\rightarrow$ und $\models$ [▷228]
Seien F, G und H beliebige aussagenlogische Formeln. Beweisen oder widerlegen Sie die folgende Aussage:
Wenn $(F \rightarrow G)$ allgemeingültig ist, dann gilt $\{\neg G\} \models \neg(F \wedge H)$.

Aufgabe 3.73 $\mathcal{F}_1 \cap/\cup \mathcal{F}_2 \models (G_1 \vee/\wedge G_2)$? [▷228]
Seien G_1 und G_2 aussagenlogische Formeln und $\mathcal{F}_1$ und $\mathcal{F}_2$ Mengen aussagenlogischer Formeln.
Beweisen bzw. widerlegen Sie die folgenden Aussagen:

(a) Wenn $\mathcal{F}_1 \models G_1$ und $\mathcal{F}_2 \models G_2$ gilt, dann gilt auch $\mathcal{F}_1 \cup \mathcal{F}_2 \models (G_1 \wedge G_2)$.

(b) Wenn $\mathcal{F}_1 \models G_1$ und $\mathcal{F}_2 \models G_2$ gilt, dann gilt auch $\mathcal{F}_1 \cap \mathcal{F}_2 \models (G_1 \vee G_2)$.

3.3 Äquivalenz und Normalformen

3.3.1 Semantische Äquivalenz

Aufgabe 3.74 Logische Äquivalenzen [▷229] ○ 3-13 87
Beweisen Sie die folgenden logischen Äquivalenzen (vgl. Satz 3.19):
 (a) $(F \vee F) \equiv F$
 (b) $\neg(F \wedge G) \equiv (\neg F \vee \neg G)$
 (c) $(F \to G) \equiv (\neg F \vee G)$
 (d) $((F \vee G) \vee H) \equiv (F \vee (G \vee H))$ (Assoziativität)
 (e) $((F \vee G) \wedge F) \equiv F$ (Absorption)
 (f) $(F \wedge G) \equiv G$, wenn F allgemeingültig (Tautologie).
 (g) $\neg\neg F \equiv (F \wedge F)$

Aufgabe 3.75 Das vollständige Junktorensystem $\{\neg, \vee\}$ [▷231] ○
Zeigen Sie: Es gibt zu jeder aussagenlogischen Formel (mit was auch immer für ein- und zweistelligen Junktoren aus dem Reservoir der 4 bzw. 16 möglichen Junktoren) eine semantisch äquivalente Formel, welche nur die Junktoren $\neg$ und $\vee$ enthält.

Aufgabe 3.76 $\{\leftarrow\}$ ist unvollständiges Junktorensystem [▷231] ◐
Zeigen Sie, dass nicht zu jeder aussagenlogischen Formel eine dazu logisch äquivalente Formel existiert, welche nur den Junktor $\leftarrow$ enthält.

Aufgabe 3.77 Der NOR-Junktor [▷232] ◐
Das Zeichen $\downarrow^*$ bezeichnet die Abbildung über der Menge der Wahrheitswerte, die sich als die Hintereinanderausführung von $\neg^*$ und $\vee^*$ ergibt; also $\downarrow^* := \neg^* \circ \vee^*$. Diese Abbildung ist die dem *NOR-Junktor* $\downarrow$ zugeordnete Wahrheitsfunktion.
 (a) Seien w_1, w_2 und w_3 Wahrheitswerte. Drücken Sie die folgenden Funktionsaufrufe unter alleiniger Anwendung der Abbildung $\downarrow^*$ aus.
   (1) $(w_1 \vee^* w_2)$
   (2) $(w_1 \to^* w_2)$
 (b) Gelten Assoziativität und Idempotenz für $\downarrow^*$?
   Beweisen Sie jeweils Ihre Antwort.

Aufgabe 3.78 Logische Äquivalenz und $\leftrightarrow$ [▷232] ○
Beweisen Sie folgende Aussagen für beliebige aussagenlogische Formeln F und G.
Hinweis: *Benützen Sie (a) um (b) zu zeigen.*
 (a) Für jede Interpretation I gilt: $(F \leftrightarrow G)^I = \top$ gdw. $F^I = G^I$.
 (b) $(F \leftrightarrow G)$ ist eine Tautologie gdw. $F \equiv G$.

Aufgabe 3.79 Semantische Äquivalenz als Äquivalenzrelation [▷233] ◐ 3-12 86
Beweisen Sie, dass $\equiv$ eine Äquivalenzrelation auf $\mathcal{L}(\mathcal{R})$ ist.

Aufgabe 3.80 Die $\{F\} \models G$ Relation auf $\mathcal{L}(\mathcal{R})$ [▷233]

Für die aussagenlogische Sprache $\mathcal{L}(\mathcal{R})$ bezeichnen wir mit $\mathcal{L}^{\equiv}(\mathcal{R})$ die Menge der Äquivalenzklassen der Relation $\equiv$ auf $\mathcal{L}(\mathcal{R})$. Wir definieren nun die Relation $\preccurlyeq$ auf $\mathcal{L}(\mathcal{R})$ und die Relation $\preccurlyeq_{\equiv}$ auf $\mathcal{L}^{\equiv}(\mathcal{R})$:

(1) Für alle $F, G \in \mathcal{L}(\mathcal{R})$ definieren wir: $F \preccurlyeq G$ gdw. $\{F\} \models G$.

(2) Für alle $M, N \in \mathcal{L}^{\equiv}(\mathcal{R})$ definieren wir:
$M \preccurlyeq_{\equiv} N$ gdw. $F \preccurlyeq G$ für alle $F \in M$ und alle $G \in N$.

(a) Beweisen oder widerlegen Sie, dass $\preccurlyeq$ eine partielle Ordnung auf $\mathcal{L}(\mathcal{R})$ ist.

(b) Beweisen Sie, dass für beliebige $M, N \in \mathcal{L}^{\equiv}(\mathcal{R})$ gilt: $M \preccurlyeq_{\equiv} N$ gdw. es gibt ein $F \in M$ und es gibt ein $G \in N$ für die gilt $F \preccurlyeq G$.

(c) Beweisen Sie, dass $\preccurlyeq_{\equiv}$ eine partielle Ordnung auf $\mathcal{L}^{\equiv}(\mathcal{R})$ ist.

(d) Beweisen Sie, dass $\preccurlyeq_{\equiv}$ keine vollständige Ordnung auf $\mathcal{L}^{\equiv}(\mathcal{R})$ ist.

Aufgabe 3.81 Formeln mit p_1 und p_2 [▷234]

Für eine Menge $\mathcal{R} = \{p_1, p_2, p_3, \ldots\}$ von aussagenlogischen Variablen betrachten wir die Formelmenge $\mathcal{L}(\mathcal{R}, 2) \subset \mathcal{L}(\mathcal{R})$, d.h. die Menge der aussagenlogischen Formeln, die höchstens die aussagenlogischen Variablen p_1 und p_2 enthalten.

(a) Sei I eine beliebige Interpretation von $\mathcal{L}(\mathcal{R})$.
Gibt es eine Formel $F \in \mathcal{L}(\mathcal{R}, 2)$ für welche I ein Modell ist?

(b) Kann es eine Interpretation I von $\mathcal{L}(\mathcal{R})$ sowie eine Formel $F \in \mathcal{L}(\mathcal{R}, 2)$ geben, so dass I das einzige Modell von F ist?
Wie sieht es aus, wenn man ein $F \in \mathcal{L}(\mathcal{R})$ nimmt?

(c) Wir nennen zwei Interpretationen I und I' von $\mathcal{L}(\mathcal{R})$ äquivalent bzgl. $\mathcal{L}(\mathcal{R}, 2)$, gdw. $F^I = F^{I'}$ für alle $F \in \mathcal{L}(\mathcal{R}, 2)$. Wir notieren diese Äquivalenzrelation auf der Menge der Interpretationen von $\mathcal{L}(\mathcal{R})$ mit $\approx_2$. (vgl. Aufgabe 3.82 für den Nachweis der Eigenschaften einer Äquivalenzrelation.)
Sei $\mathcal{J}$ eine Menge von Interpretationen von $\mathcal{L}(\mathcal{R})$, welche alle paarweise nicht zueinander äquivalent bzgl. $\mathcal{L}(\mathcal{R}, 2)$ sind; d.h. zu zwei beliebigen Interpretationen $I, I' \in \mathcal{J}$ gibt es eine Formel $F \in \mathcal{L}(\mathcal{R}, 2)$ mit $F^I \neq F^{I'}$.
Wie viele Elemente kann $\mathcal{J}$ maximal enthalten?
Geben sie mehrere Beispiele für maximale Mengen $\mathcal{J}$ an.
Wie kann man aus einer maximalen Menge $\mathcal{J}$ eine andere bekommen, bzw. wodurch unterscheiden sich zwei maximale Mengen?

(d) Sei R eine Äquivalenzrelation auf einer Menge $\mathcal{M}$ und sei $a \in \mathcal{M}$ ein Element aus dieser Menge, dann bezeichnet $[a]_R = \{x \in \mathcal{M} \mid xRa\} \subseteq \mathcal{M}$ die *Äquivalenzklasse* von a bezüglich der Relation R.
Ist aus dem Kontext klar ersichtlich um welche Relation R es sich handelt, wird auch kurz nur $[a]$ geschrieben. Jedes beliebige Elemente einer Äquivalenzklasse heißt *Repräsentant* dieser Klasse.
Geben Sie die Äquivalenzklassen aller Interpretationen von $\mathcal{L}(\mathcal{R})$ bzgl. der Relation $\approx_2$ an.

(e) Die semantische Äquivalenz $\equiv$ ist eine Äquivalenzrelation auf $\mathcal{L}(\mathcal{R})$ (vgl. Aufgabe 3.79), und damit eine Äquivalenzrelation auf jeder Teilmenge von $\mathcal{L}(\mathcal{R})$.
Geben Sie für folgende Formelmenge $\{F_1 \ldots, F_9\} \subset \mathcal{L}(\mathcal{R}, 2) \subset \mathcal{L}(\mathcal{R})$ mit

I.3.3. ÄQUIVALENZ UND NORMALFORMEN

$F_1 = ((p_1 \wedge p_2) \wedge p_1)$ $F_2 = ((p_2 \wedge p_2) \vee p_1)$ $F_3 = ((\neg p_1 \wedge p_2) \wedge p_1)$
$F_4 = \neg(p_1 \vee \neg p_1)$ $F_5 = ((\neg p_1 \wedge p_2) \vee p_1)$ $F_6 = ((p_1 \vee p_2) \wedge \neg p_1)$
$F_7 = \neg(p_1 \vee p_2)$ $F_8 = p_2$ $F_9 = (p_2 \vee p_1)$

die Äquivalenzklasseneinteilung bezüglich der Relation $\equiv$ an.

- (f) Beschreiben Sie alle Äquivalenzklassen der Formelmenge $\mathcal{L}(\mathcal{R}, 2)$ bezüglich der Relation $\equiv$ durch Angabe eines Repräsentanten jeder Äquivalenzklasse. Da Formeln derselben Äquivalenzklasse die gleichen Modelle haben, kann jede dieser Äquivalenzklassen auch durch ihre Modelle charakterisiert werden. Diese Modelle lassen sich nun bzgl. $\approx_2$ in Äquivalenzklassen einteilen. Geben Sie zu jeder (Formel-)Äquivalenzklasse $\mathcal{A}$ die Menge der Äquivalenzklassen der Interpretationen bzgl. $\approx_2$ mittels entsprechender Repräsentanten an, welche die Modelle der Formeln in $\mathcal{A}$ enthalten.

- (g) Zeigen Sie, dass zu jedem binären Junktor $\circ$ – siehe Aufgabe 3.40 bzw. 3.75 – genau eine Äquivalenzklasse $\mathcal{A}$ von $\mathcal{L}(\mathcal{R}, 2)$ bzgl. $\equiv$ existiert für die gilt:
  $p_1 \circ p_2 \equiv F$ für alle $F \in \mathcal{A}$

Aufgabe 3.82 Formeln mit $p_1, \ldots, p_n$ [▷236] ● 3-31 150

Für eine Menge $\mathcal{R} = \{p_1, p_2, p_3, \ldots\}$ von aussagenlogischen Variablen betrachten wir die Formelmenge $\mathcal{L}(\mathcal{R}, n) \subset \mathcal{L}(\mathcal{R})$, d.h. die Menge der aussagenlogischen Formeln, die höchstens die aussagenlogischen Variablen $p_1, \ldots, p_n$ enthalten.

(1) Mit $\approx_n$ – für $n \in \mathbb{N}$ und $n > 0$ – bezeichnen wir die Relation auf der Menge aller Interpretationen von $\mathcal{L}(\mathcal{R})$, welche wie folgt definiert ist:

   $I_1 \approx_n I_2$ gdw. $p_i^{I_1} = p_i^{I_2}$ für $1 \leq i \leq n$

   wobei I_1, I_2 Interpretationen von $\mathcal{L}(\mathcal{R})$ sind.

(2) Wir bezeichnen mit $\equiv_n$ die Einschränkung der logischen Äquivalenzrelation $\equiv$ von $\mathcal{L}(\mathcal{R})$ auf $\mathcal{L}(\mathcal{R}, n)$.

(3) Wir bezeichnen eine Formel der Form $(\ldots((L_1 \wedge L_2) \wedge L_3) \ldots \wedge L_n)$ mit $L_i = p_i$ oder $L_i = \neg p_i$ für $1 \leq i \leq n$ als *Vollkonjunktion (der Länge n)* und notieren sie als $\langle L_1, \ldots, L_n \rangle$.

- (a) Beweisen Sie, dass für beliebige Interpretationen I_1, I_2 von $\mathcal{L}(\mathcal{R})$ gilt:
  $I_1 \approx_n I_2$ gdw. $F^{I_1} = F^{I_2}$ für alle $F \in \mathcal{L}(\mathcal{R}, n)$.

- (b) Beweisen Sie, dass $\approx_n$ eine Äquivalenzrelation ist.

- (c) Beweisen Sie, dass $\approx_n$ genau 2^n Äquivalenzklassen hat.

- (d) Beweisen Sie, dass zu jeder Vollkonjunktion $K = \langle L_1, \ldots, L_n \rangle$ genau eine Äquivalenzklasse $\mathcal{I}$ von Interpretationen von $\mathcal{L}(\mathcal{R})$ bzgl. $\approx_n$ existiert für welche gilt: $I \models \langle L_1, \ldots, L_n \rangle$ für alle $I \in \mathcal{I}$.

- (e) Beweisen Sie, dass zu jeder Äquivalenzklasse $\mathcal{I}$ von Interpretationen von $\mathcal{L}(\mathcal{R})$ bzgl. $\approx_n$ genau eine Vollkonjunktion $K = \langle L_1, \ldots, L_n \rangle$ existiert für welche gilt: $I \models \langle L_1, \ldots, L_n \rangle$ für alle $I \in \mathcal{I}$.

- (f) Beweisen Sie, dass zu jeder Menge $\mathcal{M}$ von Äquivalenzklassen von Interpretationen von $\mathcal{L}(\mathcal{R})$ bzgl. $\approx_n$ eine Disjunktion D von Vollkonjunktionen existiert für welche gilt: $I \models D$ gdw. $I \in \mathcal{I} \in \mathcal{M}$.

(g) Beweisen Sie, dass die Äquivalenzrelation $\equiv_n$ die Formelmenge $\mathcal{L}(\mathcal{R}, n)$ in 2^{2^n} Äquivalenzklassen zerlegt.

Aufgabe 3.83 Beziehungen zwischen Modellklassen [▷238] ◐

Für eine Formel $H \in \mathcal{L}(\mathcal{R}, k)$ bezeichnen wir mit $\mathsf{m}_k(H)$ die Anzahl der Äquivalenzklassen (von Interpretationen von $\mathcal{L}(\mathcal{R})$) bzgl. $\approx_k$ deren Elemente Modelle von H sind (vgl. Aufgabe 3.82).
Beweisen Sie für beliebige Formeln $F, G \in \mathcal{L}(\mathcal{R}, k)$ die folgenden Beziehungen.
   (1) $\mathsf{m}_k(F \wedge G) \leq \min(\mathsf{m}_k(F), \mathsf{m}_k(G))$
   (2) $\mathsf{m}_k(F \vee G) \leq \max(\mathsf{m}_k(F), \mathsf{m}_k(G))$
   (3) $\mathsf{m}_k(G) \leq \mathsf{m}_k((F \to G))$

Gilt in obigen Beziehungen auch die Gleichheit anstatt $\leq$?
Beweisen Sie Ihre Antwort.

Aufgabe 3.84 Positionen und Ersetzungen in Formeln [▷238] ○

  (a) Bestimmen Sie die Menge der Positionen $\mathsf{pos}(F)$ für $F = \neg(p \wedge (q \vee \neg p))$.
  (b) Bestimmen Sie schrittweise die Teilformel von $G = \neg\neg((p \vee q) \wedge (q \vee \neg p))$ and der Position 1122Λ.
  (c) Bestimmen Sie für die Formel $H = \neg(\neg(p \vee q) \wedge \neg(q \vee \neg p))$ die Formel $H\lceil 121\Lambda \mapsto (\neg p \to q)\rceil$.
  Gilt $H \equiv H\lceil 121\Lambda \mapsto (\neg p \to q)\rceil$?

Aufgabe 3.85 Ersetzung in Formel ergibt Formel [▷239] ○

Seien $F, H \in \mathcal{L}(\mathcal{R})$ und $\pi \in \mathsf{pos}(F)$.
Beweisen Sie, dass $F\lceil \pi \mapsto H\rceil \in \mathcal{L}(\mathcal{R})$;
oder anders ausgedrückt, dass $F\lceil \pi \mapsto H\rceil$ wieder eine Formel ist.

Aufgabe 3.86 Formelersetzungen [▷239] ◐

Seien $F, G, H \in \mathcal{L}(\mathcal{R})$ und es existiert eine Position $\pi \in \mathsf{pos}(F)$ mit $F\lceil \pi \rceil = G$.
Gelten die folgenden Aussagen? Beweisen Sie jeweils Ihre Antwort.
  (a) Wenn F, G und H erfüllbar sind, dann ist auch $F\lceil \pi \mapsto H\rceil$ erfüllbar.
  (b) Seien F eine allgemeingültige, G eine unerfüllbare und H eine erfüllbare aussagenlogische Formel. Dann gilt $F \equiv F\lceil \pi \mapsto ((H \wedge G) \wedge (H \vee G))\rceil$.
  (c) Wenn $G \to H$ allgemeingültig ist, dann auch $F \to F\lceil \pi \mapsto H\rceil$.

Aufgabe 3.87 Ersetzungstheorem (Beweisvervollständigung) [▷240] ◐

Vervollständigen Sie den Beweis des Ersetzungstheorems (Satz 3.23).

Aufgabe 3.88 Umkehrbarkeit des Ersetzungstheorems? [▷241] ○

Gilt die Umkehrung des Ersetzungstheorems?
Genauer: Gilt für beliebige $F, H \in \mathcal{L}(\mathcal{R})$, $\pi \in \mathsf{pos}(F)$ mit $F\lceil \pi \rceil = G$:
   Wenn $F \equiv F\lceil \pi \mapsto H\rceil$, dann ist $G \equiv H$?

Aufgabe 3.89 Relatives Ersetzungstheorem [▷241] ◐

Beweisen Sie die folgende Variante des Ersetzungstheorems, bei der eine Teilformel nicht durch eine logisch äquivalente ersetzt wird, sondern durch eine Formel, die unter einer vorgegebenen Interpretation den selben Wahrheitswert hat.

I.3.3. ÄQUIVALENZ UND NORMALFORMEN

Seien $F, G, H \in \mathcal{L}(\mathcal{R})$, $\pi \in \mathsf{pos}(F)$ mit $F\lceil\pi\rceil = G$.
Sei I eine Interpretation und $G^I = H^I$. Dann gilt: $F\lceil\pi \mapsto H\rceil^I = F^I$

Aufgabe 3.90 Variablenersetzung in einer Tautologie [▷242] ●

Seien $F, G, H \in \mathcal{L}(\mathcal{R})$. Wir bezeichnen mit $F\lceil H \mapsto G\rceil$ die Ersetzung *aller* Vorkommen der Formel H in F durch G, was wir wie folgt definieren:

$$F\lceil H \mapsto G\rceil = \begin{cases} G & \text{falls } F = H \\ F & \text{falls } F \neq H \text{ und } F \in \mathcal{R} \\ \neg F'\lceil H \mapsto G\rceil & \text{falls } F \neq H \text{ und } F = \neg F' \\ (F_1\lceil H \mapsto G\rceil \circ F_2\lceil H \mapsto G\rceil) & \text{falls } F \neq H \text{ und } F = (F_1 \circ F_2) \end{cases}$$

Beweisen Sie für beliebiges $A \in \mathcal{R}$:
Wenn F allgemeingültig ist, dann ist auch $F\lceil A \mapsto G\rceil$ allgemeingültig.

Aufgabe 3.91 Ersetzung aller Vorkommen einer Variable [▷243] ◐

Seien $F, G \in \mathcal{L}(\mathcal{R})$ aussagenlogische Formeln und $A \in \mathcal{R}$ eine aussagenlogische Variable. Wie in Aufgabe 3.90 bezeichnen wir mit $F\lceil A \mapsto G\rceil$ die Ersetzung aller Vorkommen von A in F durch G.
Beweisen bzw. widerlegen Sie die folgende Aussage:
Für alle Interpretationen I gilt: Wenn $A^I = G^I$, dann ist auch $F^I = \left[F\lceil A \mapsto G\rceil\right]^I$.

Aufgabe 3.92 o.B.d.A. p_1 bis p_n [▷244] ★ 3-35 154

Sei $F \in \mathcal{L}(\mathcal{R})$ mit $\mathcal{R} = \{p_1, p_2, p_3, \ldots\}$.

(a) Seien $A, A' \in \mathcal{R}$ mit $A \in \mathcal{R}_F$ und $A' \notin \mathcal{R}_F$, und sei $F' := F\lceil A \mapsto A'\rceil$ (vgl. Aufgaben 3.90 und 3.91).
 Beweisen Sie die folgende Aussage: F' ist genau dann unerfüllbar, erfüllbar, widerlegbar bzw. tautologisch, wenn F die entsprechende Eigenschaft hat.

(b) Beweisen Sie die folgende Aussage: Falls in der Formel F genau n verschiedene aussagenlogische Variablen vorkommen, dann gibt es eine Formel F' in der nur die aussagenlogischen Variablen $p_1, \ldots, p_n$ vorkommen, und welche genau dann unerfüllbar, erfüllbar, widerlegbar bzw. tautologisch ist, wenn F die entsprechende Eigenschaft hat.

Aufgabe 3.93 Längenexplosion bei ↔ Beseitigung [▷245] ● 3-15 90

Beweisen Sie, dass bei einer Formeltransformation, bei der alle Teilformeln der Form $(F \leftrightarrow G)$ durch $((F \rightarrow G) \wedge (F \leftarrow G))$ ersetzt werden, die Länge der Gesamtformel exponentiell wachsen kann.

Aufgabe 3.94 Definitorische Transformation: Erfüllbarkeit [▷245] ◐ 3-16 90

Sei F eine Formel, $G \in \mathcal{S}_F$ eine Teilformel von F an der Position π, also $F\lceil\pi\rceil = G$, und sei $p \notin \mathcal{S}_F$ eine aussagenlogische Variable, die in F nicht vorkommt.
Beweisen Sie die folgende Aussage, welche besagt, dass die definitorische Transformation erfüllbarkeitserhaltend ist:

F ist genau dann erfüllbar, wenn $((F\lceil\pi \mapsto p\rceil \wedge (p \leftrightarrow G))$ erfüllbar ist.

Aufgabe 3.95 Definitorische Transformation: Lineares Wachstum [▷245] ◐ 3-17 90

Man betrachte für $n > 0$ die Formeln $F_n = ((\ldots((p_0 \leftrightarrow p_1) \leftrightarrow p_2) \ldots \leftrightarrow p_{n-1}) \leftrightarrow p_n)$ mit aussagenlogischen Variablen $p_0, \ldots, p_n$.

Zeigen Sie für diese Formeln wie unter Verwendung der definitorischen Transformation das exponentielle Anwachsen der Formellänge bei Ersetzung aller $\leftrightarrow$-Junktoren vermieden werden kann (vgl. Aufgabe 3.94).

3.3.2 Negationsnormalform

Aufgabe 3.96 Beispiele zur NNF Transformation [▷246] ○

Seien p, q und r aussagenlogische Variable. Transformieren Sie die folgenden Formeln *schrittweise* in Negationsnormalform (NNF). Verwenden Sie dazu ausschließlich die in Abschnitt 3.3.2 des Lehrbuchs aufgeführten Transformationsregeln.

(a) $(\neg((p \wedge q) \vee p) \vee p)$

(b) $\neg(((p \vee q) \wedge (q \wedge r)) \vee \neg((r \wedge q) \wedge (q \vee p)))$

Aufgabe 3.97 NNF Transformation als Ersetzungsfolge [▷246] ○

Stellen Sie für die Formel $F = \neg(\neg r \vee \neg\neg p)$ die Transformation in Negationsnormalform als Folge von Ersetzungen dar, d.h. bestimmen Sie eine Folge von Paaren (π_i, H_i) $(1 \leq i \leq n)$ von Positionen π_i und Formeln H_i, so dass die Formel $F\lceil\pi_1 \mapsto H_1\rceil\cdots\lceil\pi_n \mapsto H_n\rceil$ in Negationsnormalform ist.

Aufgabe 3.98 NNF Transformation erweitert für $\rightarrow$ [▷246] ○

(a) Im Lehrbuch wurden zur Transformation von Formeln in Negationsnormalform u.a. Regeln für die Junktoren $\wedge$ und $\vee$ vorgestellt.

Geben Sie analog zu diesen Regeln eine Regel für den Junktor $\rightarrow$ an, und begründen Sie diese.

(b) Gegeben seien die folgenden aussagenlogischen Formeln:

(1) $\neg(((\neg p \vee \neg q) \vee p) \wedge \neg(\neg p \vee q))$

(2) $\neg(((p \rightarrow q) \wedge (q \rightarrow r)) \rightarrow \neg(\neg r \wedge p))$

Bestimmen Sie für diese Formeln eine Negationsnormalform durch *schrittweise* Anwendung des im Lehrbuch angegebenen Algorithmus erweitert um die zusätzliche Regel aus der Lösung von Teilaufgabe (a).

Gibt es weitere Formeln in Negationsnormalform, welche zu den gegebenen Formeln 1 bzw. 2 äquivalent sind?

Aufgabe 3.99 NNF Transformation erweitert für NOR-Junktor [▷247] ○

Wir erweitern die bei uns im Alphabet der Aussagenlogik vorgesehene Menge der Junktoren um den *NOR-Junktor* $\downarrow$ und es soll gelten $(F \downarrow G)^I = (F^I \downarrow^* G^I)$ (vgl. Aufgabe 3.77).

Erweitern Sie die Regeln des Algorithmus zur Transformation in Negationsnormalform um eine oder mehrere Regeln, so dass Formeln, die den NOR-Junktor enthalten, mit dem erweiterten Algorithmus behandelt werden können.

Beweisen Sie die Korrektheit der von Ihnen angegebenen Regeln.

Aufgabe 3.100 Prolog-Programm für NNF Transformation [▷247] ○

Stellen Sie ein Prolog-Programm auf, das die Transformation einer aussagenlogischen Formel in Negationsnormalform realisiert.

I.3.3. ÄQUIVALENZ UND NORMALFORMEN

Für die Lösung soll es genügen, nur die Junktoren $\vee$, $\wedge$ und $\neg$ zu berücksichtigen, deren Prolog-Operatordefinitionen in Aufgabe 3.8 erarbeitet wurden.
Stellen Sie sicher, dass das von Ihnen erstellte Programm bei Anforderung alternativer Lösungen – Eingabe von ';' nach der ersten Lösung – keine falschen Ergebnisse liefert.

3.3.3 Klauselformen

Aufgabe 3.101 (Un-)erfüllbarkeit von Klausel(-mengen) [▷248] ◐
Sei $F = \langle C_1, \ldots, C_n \rangle$ ($n \geq 1$) eine aussagenlogische Formel in Klauselform und sei $C = [L_1, \ldots, L_m]$ ($m \geq 0$) eine Klausel. Beweisen Sie die folgenden Aussagen:
  (a) F ist unerfüllbar, wenn eine in F vorkommende Klausel unerfüllbar ist.
  (b) F kann unerfüllbar sein obwohl jede in F vorkommende Klausel erfüllbar ist.
  (c) C ist erfüllbar gdw. es ein Literal in C gibt.

Aufgabe 3.102 'Disjunkte' Klauseln [▷249] ◐
Sei $\{C_i \mid i \in I\}$ eine Menge von nichtleeren Klauseln, wobei I eine beliebige Indexmenge ist. Es gelte zudem, dass für beliebige $i, j \in I$, $i \neq j$, die Klauseln C_i und C_j keine gemeinsamen Vorkommen von aussagenlogischen Variablen besitzen, d.h. es gilt $\mathcal{R}_{C_i} \cap \mathcal{R}_{C_j} = \emptyset$.
Zeigen Sie, dass die Klauselmenge $\{C_i \mid i \in I\}$ erfüllbar ist.

Aufgabe 3.103 Verschiedene Formeln mit [ ] oder $\langle \rangle$ [▷249] ◐
Seien $F_1, \ldots, F_n$ aussagenlogische Formeln ($n \geq 1$).
Gelten die folgenden Aussagen? Beweisen Sie Ihre Antworten.
  (a) Wenn $F_1, \ldots, F_n$ erfüllbar sind, dann ist die verallgemeinerte Konjunktion $\langle F_1, \ldots, F_n \rangle$ ebenfalls erfüllbar.
  (b) $(\langle F_1, \ldots, F_n \rangle \to F_i)$ ist eine Tautologie für beliebiges $i \in \{1, \ldots, n\}$.
  (c) Es gibt ein $k \in \mathbb{N}$, so dass für $n \geq k$ die verallgemeinerte Disjunktion $[(F_1 \to F_2), (F_2 \to F_3) \ldots, (F_{n-1} \to F_n)]$ eine Tautologie ist.

Aufgabe 3.104 Widerlegbarkeitsbeispiel bei dualer Klauselform [▷250] ◐
Sei $[\langle \neg p, L_1, \ldots, L_m \rangle, \langle p, L_{m+1}, \ldots, L_n \rangle]$ mit den (nicht notwendigerweise voneinander verschiedenen) Literalen $L_1, \ldots, L_n$ und der aussagenlogischen Variable p eine aussagenlogischen Formel in dualer Klauselform.
Beweisen bzw. widerlegen Sie die folgende Aussagen.
  (a) Sei $p \notin \{L_1, \ldots, L_m\}$.
      Dann gilt: Wenn die Formel $[\langle L_1, \ldots, L_m \rangle]$ widerlegbar ist,
          dann ist auch $[\langle \neg p, L_1, \ldots, L_m \rangle, \langle p, L_{m+1}, \ldots, L_n \rangle]$ widerlegbar.
  (b) Sei $p, \neg p \notin \{L_1, \ldots, L_m, L_{m+1} \ldots L_n\}$ und $m > 0$.
      Dann gilt: Wenn die Formel $[\langle L_1, \ldots, L_m \rangle]$ widerlegbar ist,
          dann ist auch $[\langle \neg p, L_1, \ldots, L_m \rangle, \langle p, L_{m+1}, \ldots, L_n \rangle]$ widerlegbar.
  (c) Gilt die Aussage in Teilaufgabe (b), wenn man die Bedingung $m > 0$ fallen lässt?

Aufgabe 3.105 KF Transformationsbeispiel [▷251] ○
Seien p, q und r aussagenlogische Variable. Transformieren Sie die folgenden Formeln *schrittweise* in konjunktive Normalform (KF). Verwenden Sie dazu ausschließlich die in Abschnitt 3.3.3 des Lehrbuchs aufgeführten Transformationsregeln.

(a) $(\neg((p \wedge q) \vee p) \vee p)$

(b) $\neg(((p \vee q) \wedge (q \wedge r)) \vee \neg((r \wedge q) \wedge (q \vee p)))$

Aufgabe 3.106 Erweiterung der KF Transformation [▷251] ○

(a) Ergänzen Sie die folgenden Regeln zur Transformation von Formeln in konjunktive Normalform

$$
\begin{array}{ccccc}
(1) & (2) & (3) & (4) & (5) \\[4pt]
\dfrac{\neg\neg H}{H} & \dfrac{(G_1 \wedge G_2)}{G_1 \mid G_2} & \dfrac{\neg(G_1 \wedge G_2)}{\neg G_1, \neg G_2} & \dfrac{(G_1 \vee G_2)}{G_1, G_2} & \dfrac{\neg(G_1 \vee G_2)}{\neg G_1 \mid \neg G_2}
\end{array}
$$

um Regeln, die auch eine Transformation von Formeln ermöglichen, welche die Junktoren $\to$ und $\leftrightarrow$ enthalten.

(b) Gegeben seien die folgenden aussagenlogischen Formeln:

$F_1 = \neg(((\neg p \vee \neg q) \vee p) \wedge \neg(\neg p \vee q))$
$F_2 = \neg(((p \to q) \wedge (q \to r)) \to \neg(\neg r \wedge p))$

Transformieren Sie die Formeln F_1 und F_2 in konjunktive Normalform. Verwenden Sie dazu ausschließlich die in Teilaufgabe (a) angegebenen bzw. zusätzlich ermittelten Regeln.

Aufgabe 3.107 Beweis von Lemma 3.29 [▷252] ○
Beweisen Sie die folgende Aussage.
    Wenn F eine verallgemeinerte Konjunktion von verallgemeinerten Disjunktionen ist und F' aus F durch die Anwendung einer der im Algorithmus zur Transformation in Klauselform verwendeten Ersetzungsregel erhalten wurde, dann gilt: F' ist eine verallgemeinerte Konjunktion von verallgemeinerten Disjunktionen und $F \equiv F'$.

Aufgabe 3.108 Multimengen von KF Formeln [▷252] ○

(a) Beweisen Sie, dass für eine verallgemeinerte Disjunktion $D = [D_1, \ldots, D_m]$ genau dann $\sum_{i=1}^{m} \mathrm{rng}(D_i) = 0$ gilt, wenn D eine Klausel ist.

(b) Beweisen Sie, dass eine verallgemeinerte Konjunktion F von verallgemeinerten Disjunktionen genau dann in Klauselform ist, wenn die zugeordnete Multimenge $\mathrm{msn}(F)$ nur aus endlich vielen Vorkommen der Ziffer 0 besteht.

Aufgabe 3.109 Multimengen bei der KF Transformation [▷253] ◐
Sei $F = \langle [\neg p, (p \vee \neg q), \neg(s \vee \neg p)], [(p \wedge \neg(p \wedge \neg q))] \rangle$ eine verallgemeinerte Konjunktion von verallgemeinerten Disjunktionen von aussagenlogischen Formeln, die der Klauselformalgorithmus im n-ten Transformationsschritt aus einer aussagenlogischen Formel erzeugt hat.

(a) Bestimmen Sie die F zugeordnete Multimenge $\mathrm{msn}(F)$.

I.3.3. ÄQUIVALENZ UND NORMALFORMEN 55

(b) Bestimmen Sie die nach einem weiteren Transformationsschritt vorliegende verallgemeinerte Konjunktion F_{neu} sowie die F_{neu} zugeordnete Multimenge msn(F_{neu}). Falls es möglich ist, dass der Algorithmus kein eindeutiges Ergebnis liefert, so geben Sie alle Ergebnisse an, die nach einem weiteren Transformationsschritt vorliegen können.

(c) Sei msn(G) = $\{r_1, \ldots, r_k, \ldots, r_n\}$ die einer beliebigen Formel G (dargestellt als verallgemeinerte Konjunktion von verallgemeinerten Disjunktionen) zugeordnete Multimenge. (Man erinnere sich, dass zu Beginn der Klauseltransformation eine Formel $F \in \mathcal{L}(\mathcal{R})$ umgeformt wird in $\langle[F]\rangle$, so dass jede Formel als verallgemeinerte Konjunktion von verallgemeinerten Disjunktionen aufgefasst werden kann.) G_{neu} sei die nach einem weiteren Transformationsschritt entstandene verallgemeinerte Konjunktion mit der ihr zugeordneten Multimenge von der Form msn(G_{neu}) = $\{r_1, \ldots, r_{kneu}, \ldots, r_n\}$ bzw. von der Form msn(G_{neu}) = $\{r_1, \ldots, r_{kneu1}, r_{kneu2}, \ldots, r_n\}$.
Beweisen Sie, dass r_k durch beliebige ganze Zahlen aus dem Intervall $[0, r_k{-}1]$ ersetzt werden kann. Oder anders ausgedrückt: Beweisen Sie, dass – abhängig von der Wahl der Formel G – in der Menge $\{r_{kneu}, r_{kneu1}, r_{kneu2}\}$ jede beliebige ganze Zahl aus dem angegebenen Intervall vorkommen kann.

(d) Definieren Sie msn(G) als rekursive Funktion.
(Das Prinzip der strukturellen Rekursion ist hierbei intuitiv auf Strukturen verallgemeinerter Konjunktionen bzw. verallgemeinerter Disjunktionen zu übertragen.)

(e) Sei $\mathcal{M}$ eine Multimenge natürlicher Zahlen und sum($\mathcal{M}$) eine Funktion, welche die Summe der in $\mathcal{M}$ enthaltenen Zahlen bestimmt.
Definieren Sie sum($\mathcal{M}$) als rekursive Funktion.

(f) Sei G_{neu} die nach einem Transformationsschritt aus G entstandene verallgemeinerte Konjunktion.
Beweisen oder widerlegen Sie: sum(msn(G)) − sum(msn(G_{neu})) = 1

Aufgabe 3.110 Terminierung der NNF Transformation [▷255] ◐
Wir definieren eine geeignete Rangfunktion r: $\mathcal{L}(\mathcal{R}) \to \mathbb{N}$ wie folgt:

$$r(F) = \begin{cases} 1 & \text{falls } F \text{ atomar ist} \\ 2 \cdot r(G) + 1 & \text{falls } F \text{ von der Form } \neg G \text{ ist} \\ r(G_1) + r(G_2) + 2 & \text{falls } F \text{ von der Form } (G_1 \circ G_2) \text{ ist} \end{cases}$$

(a) Beweisen Sie das folgende Lemma:
Sei $F \in \mathcal{L}(\mathcal{R})$, $\pi \in \text{pos}(F)$, $F\lceil\pi\rceil = G$ und $H \in \mathcal{L}(\mathcal{R})$ mit r(H) < r(G).
Dann gilt: r($F[\pi \mapsto H]$) < r(F).

(b) Beweisen Sie die Terminierung des NNF Transformationsalgorithmus. (Benützen Sie dazu die Definition der obigen Rangfunktion r und das Lemma aus Teilaufgabe (a).)

Aufgabe 3.111 Terminierung der KF Transformation [▷257] ◐ 3-20
Zeigen Sie, dass bei jedem Durchlauf durch die Schleife des in Abschnitt 3.3.3 des Lehrbuchs dargestellten Algorithmus zur Transformation einer aussagenlogischen

Formel in Klauselform, die mit den verallgemeinerten Konjunktionen von verallgemeinerten Disjunktionen assoziierten Multimengen kleiner bzgl. $\succ$ werden.

Aufgabe 3.112 KF Transformation: Regeln streichen/hinzutun [▷258] ○

Die folgenden Regeln zur Transformation einer aussagenlogischen Formel, die höchstens die Junktoren $\neg$, $\wedge$ und $\vee$ enthält, in konjunktive Normalform bilden eine sogenannte minimale Regelmenge.

$$\frac{\neg\neg H}{H} \qquad \frac{(G_1 \wedge G_2)}{G_1 | G_2} \qquad \frac{\neg(G_1 \wedge G_2)}{\neg G_1, \neg G_2} \qquad \frac{(G_1 \vee G_2)}{G_1, G_2} \qquad \frac{\neg(G_1 \vee G_2)}{\neg G_1 | \neg G_2}$$
$$(1) \qquad\qquad (2) \qquad\qquad\quad (3) \qquad\qquad\quad (4) \qquad\qquad\quad (5)$$

(a) Führt das Streichen einer beliebigen Regel aus der oben angegebenen Regelmenge (1)–(5) zu einem inkorrekten und/oder nicht terminierenden Algorithmus?

Hierzu ist der im Lehrbuch angegebene Algorithmus so zu verstehen, dass er versucht, jede der gegebenen Regeln anzuwenden, und dass er, falls er keine anwenden kann, die Schleife einfach weiterläuft.

Der Algorithmus terminiert, wenn die Formel nur noch aus Klauseln (mit Literalen) besteht.

(b) Geben Sie mindestens eine zusätzliche Regel an, welche die Anzahl der Transformationsschritte ggf. reduzieren kann.

(c) Geben Sie mindestens eine zusätzliche Regel an, die ggf. zu einem kürzeren Ergebnis führt (d.h. die als Ergebnis des Algorithmus gelieferte Zeichenreihe ist kürzer als die mit Originalalgorithmus erhaltene Zeichenreihe) und die an der Korrektheit des Algorithmus nichts ändert.

Aufgabe 3.113 KF Transformation und Absorptionsregel [▷259] ○

Zu den Regeln des Algorithmus zur Transformation einer aussagenlogischen Formel in konjunktive Normalform fügen wir die folgende Regel hinzu:

$$\frac{((G_1 \wedge G_2) \vee G_1)}{G_1}$$

Beantworten Sie die folgenden Fragen und beweisen Sie Ihre Antworten.

(a) Ist der Algorithmus mit dieser zusätzlichen Regel noch korrekt?

(b) Ist der Algorithmus mit dieser zusätzlichen Regel noch vollständig?

Aufgabe 3.114 Duale Klauselform (DKF) [▷259] ◐

Im Lehrbuch wurde der folgende Satz vorgestellt:

Satz 3.28 (2): Es gibt einen Algorithmus, der jede aussagenlogische Formel in eine semantisch äquivalente Formel in dualer Klauselform transformiert.

(a) Geben Sie den entsprechenden Algorithmus (beschränkt auf Formeln, welche höchstens die Junktoren $\neg$, $\wedge$, $\vee$ und $\rightarrow$ enthalten) an.

(b) Wenden Sie diesen Algorithmus auf folgende Formeln an.

(1) $\neg(((\neg p \vee \neg q) \vee p) \wedge \neg(\neg p \vee q))$

(2) $\neg(((p \rightarrow q) \wedge (q \rightarrow r)) \rightarrow \neg(\neg r \wedge p))$

I.3.3. ÄQUIVALENZ UND NORMALFORMEN 57

(c) Zeigen Sie, dass dieser Algorithmus (für Formeln, welche die binären Junktoren $\land$ und $\lor$ enthalten) korrekt ist.

(d) Zeigen Sie, dass der Algorithmus terminiert.

Aufgabe 3.115 KF und DKF Transformation [▷262] ○

Seien p, q und r aussagenlogische Variable. Transformieren Sie, unter Verwendung der Regeln des Algorithmus, die folgenden aussagenlogischen Formeln schrittweise in Klauselform (KF) und in duale Klauselform (DKF).
Markieren Sie dabei in jeder Formel den Junktor, welcher im jeweils folgenden Schritt transformiert wird.

(a) $\neg(\neg((p \to q) \land p) \to \neg p)$

(b) $\neg((p \to (q \to r)) \to ((p \to q) \to (p \to r)))$

Aufgabe 3.116 Transformationen in NNF, KF und DKF [▷264] ○

Seien p, q und r aussagenlogische Variable. Transformieren Sie die folgenden Formeln in Negationsnormalform (NNF), konjunktive Normalform (KF) und disjunktive Normalform (DKF). Verwenden Sie dazu ausschließlich die in Abschnitt 3.3.2 bzw. 3.3.3 des Lehrbuchs angeführten bzw. in Aufgabe 3.114 hergeleiteten Transformationsregeln.

(a) $(\neg((p \land q) \lor p) \lor p)$

(b) $\neg(((p \lor q) \land (q \land r)) \lor \neg((r \land q) \land (q \lor p)))$

Aufgabe 3.117 Dualismus zwischen KF und DKF [▷264] ◐

Sei F eine Formel in der nur die Junktoren $\land$, $\lor$ und $\neg$ vorkommen.
Sei $\overline{F}$ diejenige aussagenlogische Formel, welche aus der Formel F entsteht indem man in F alle Vorkommen von aussagenlogischen Variablen A durch $\neg A$ ersetzt.
Sei F^d diejenige aussagenlogische Formel, welche aus der Formel F entsteht indem man in F alle Junktoren $\land$ durch $\lor$ ersetzt und alle $\lor$ durch $\land$.

(a) Definieren Sie die beiden Funktionen, welche eine beliebige aussagenlogische Formel F auf $\overline{F}$ bzw. F^d abbilden.

(b) Beweisen Sie, dass für beliebige aussagenlogische Formeln F die logische Äquivalenz $\neg F \equiv \overline{F}^d$ gilt.

   Hinweis: *Führen Sie eine strukturelle Induktion über der Struktur von F.*

(c) Definieren Sie unter Benutzung der in Teilaufgabe (b) bewiesenen logischen Äquivalenz ein Verfahren zur Erzeugung der dualen Klauselform für eine Formel $\neg F$, wenn bereits eine Klauselform
$$\langle [L_{1,1}, \ldots, L_{1,n_1}], \ldots, [L_{k,1}, \ldots, L_{k,n_k}] \ldots, [L_{m,1}, \ldots, L_{m,n_m}] \rangle$$
für F gegeben ist.

(d) Wenden Sie das in Teilaufgabe (c) definierte Verfahren auf die folgende Formel F_K in konjunktiver Normalform an um eine zu $\neg F_K$ logisch äquivalente Formel in disjunktiver Normalform zu erhalten. (Die auftretenden Kleinbuchstaben seien aussagenlogische Variable.)
$$F_K = \langle [\neg a, \neg b, c, d, e, \neg f, \neg g],$$
$$[\neg h, \neg i, \neg j, k, l, \neg m],$$

$$[\neg n, \neg o, \neg p, q, r\,],$$
$$[\,s, \neg t, \neg u, \neg v, \neg w\,],$$
$$[\,x, \neg y, \neg a, \neg b, \neg c, \neg d\,],$$
$$[\neg z, \neg a, \neg b, \neg c, d, e, f\,]\,\rangle$$

Aufgabe 3.118 Modelle einer Formel in DKF [▷265] ○

Gegeben sei die folgende Formel $F \in \mathcal{L}(\mathcal{R})$ mit $\mathcal{R} = \{p_1, p_2, p_3, \ldots\}$ in disjunktiver Normalform (dualer Klauselform):

$$[\langle p_1, p_2\rangle, \langle p_3, p_2\rangle, \langle p_1, \neg p_1\rangle, \langle \neg p_3, \neg p_2\rangle]$$

(a) Geben Sie zwei verschiedene Modelle für die Formel F an.

(b) Bestimmen Sie alle Äquivalenzklassen von Interpretationen bzgl. $\approx_3$, welche aus Modellen für die Formel F bestehen (vgl. Aufgabe 3.82).

Aufgabe 3.119 Verallgemeinertes Rekursionsschema [▷265] ★

In Definition 3.31 wurde der Rang $\text{rng}(F)$ einer Formel $F \in \mathcal{L}(\mathcal{R})$ wie folgt definiert:

$$\text{rng}(H) = \begin{cases} 0 & \text{wenn } H \text{ ein Literal ist,} \\ \text{rng}(F) + 1 & \text{wenn } H \text{ von der Form } \neg\neg F \text{ ist,} \\ \text{rng}(F) + \text{rng}(G) + 1 & \text{wenn } H \text{ von der Form } (F \wedge G) \\ & \text{oder von der Form } (F \vee G) \text{ ist,} \\ \text{rng}(\neg F) + \text{rng}(\neg G) + 1 & \text{wenn } H \text{ von der Form } \neg(F \wedge G) \\ & \text{oder von der Form } \neg(F \vee G) \text{ ist.} \end{cases}$$

(a) Zeigen Sie, dass sich diese Funktion nicht nach dem in Satz 3.6 vorgegebenen Rekursionsschema definieren lässt.

(b) Erstellen Sie ein alternatives Rekursionsschema mit welchem sich die Rangfunktion rng definieren lässt. Formulieren Sie dieses Rekursionsschema für eine beliebige Zielmenge M.
Geben Sie – analog zu Satz 3.6 – den Rekursionsanfang und die Rekursionsschritte an, sowie die Art der benötigten zusätzlichen Funktionen.

(c) Zeigen Sie, wie sich durch das Teilaufgabe (b) vorgestellte alternative Rekursionsschema eine entsprechende Funktion s definieren lässt, welche mit der Rangfunktion rng übereinstimmt.

(d) Sei $\mathcal{L}(\mathcal{R})$ eine aussagenlogische Sprache und bezeichne $\mathcal{L}$ die Menge der Literale in $\mathcal{L}(\mathcal{R})$.
Definieren Sie mit struktureller Rekursion eine Funktion, welche eine aussagenlogische Formel $F \in \mathcal{L}(\mathcal{R})$ (mit den Junktoren $\neg$, $\vee$ und $\wedge$) auf eine dazu äquivalente Formel in Negationsnormalform abbildet.
Bemerkung: Verwenden Sie dazu das Rekursionsschema, mit welchem in Teilaufgabe (b) die Rangfunktion definiert wurde.

Aufgabe 3.120 Rangfunktion und Anzahl binärer Junktoren [▷268] ○

(a) Definieren Sie eine rekursive Funktion h, welche die Anzahl der in einer aussagenlogischen Formel enthaltenen binären Junktoren bestimmt.

(b) Bezeichne $r(F)$ den Rang einer aussagenlogischen Formel F und $h(F)$ die Anzahl der binären Junktoren in F. Beweisen Sie mit struktureller Induktion,

I.3.3. ÄQUIVALENZ UND NORMALFORMEN

dass für jede aussagenlogische Formel F in Negationsnormalform, die nur die Junktoren ¬, ∧ und ∨ enthält, die Gleichung r(F) = h(F) gilt.

Aufgabe 3.121 Rangberechnung einer Formel in Prolog [▷268] ○

Schreiben Sie ein Prolog-Programm `rang/2`, das den Rang einer aussagenlogischen Formel ermittelt. Beschränken Sie sich dabei auf Formeln, die nur die Junktoren ¬, ∧ und ∨ enthalten. Z.B. soll der Aufruf ?- `rang(neg (p and neg (p and p)), R)`. das Ergebnis R = 3 liefern.

Für die Lösung soll es genügen, nur die Junktoren ∨, ∧ und ¬ zu berücksichtigen, deren Prolog-Operatordefinitionen in Aufgabe 3.8 erarbeitet wurden.

Aufgabe 3.122 Über die Multiset-Ordnung [▷269] ★

(a) Im Lehrbuch wurde die Relation ≻ auf Multimengen von natürlichen Zahlen wie folgt definiert:

$M_1 \succ M_2$ gilt gdw. M_2 geht aus M_1 hervor, indem eine Zahl n aus M_1 gestrichen und durch eine endliche Anzahl von Zahlen, die alle kleiner als n sind, ersetzt wird.

Beweisen oder widerlegen Sie: ≻ ist eine partielle Ordnung.

(b) Für eine beliebige Relation ⊏ auf einer Menge M bezeichnen wir mit ⊑ ihre *reflexive Hülle*, d.h. für beliebige $m, n \in M$ gilt: $m \sqsubseteq n$ gdw. $m \sqsubset n$ oder $m = n$. Eine beliebige Relation ⊏ auf einer Menge M heißt *irreflexiv* gdw. für alle $m \in M$ gilt: $m \not\sqsubset m$.

Sei ⊏ eine Relation auf einer Menge M, welche irreflexiv und transitiv ist. Zeigen Sie, dass die Relation ⊑ eine partielle Ordnung auf der Menge M ist.

(c) Für eine beliebige Relation ⊏ auf einer Menge M bezeichnen wir mit $\sqsubset^*$ ihre *transitive Hülle*, d.h. für beliebige $m, n \in M$ gilt:

$m \sqsubset^* n$ gdw.
es existieren $m_1, \ldots, m_k \in M$ mit $m \sqsubset m_1, m_1 \sqsubset m_2, \ldots, m_k \sqsubset n$.

D.h. es gibt die Folge $m \sqsubset m_1 \sqsubset m_2 \sqsubset \cdots \sqsubset m_k \sqsubset n$.

Wir bezeichnen nun mit $\succ^*$ die transitive Hülle von ≻ und mit $\succeq^*$ die reflexive Hülle von $\succ^*$.

Zeigen Sie, dass die Relation $\succeq^*$ auf der Menge der endlichen Multimengen von natürlichen Zahlen eine partielle Ordnung ist.

Hinweis: *Verwenden Sie das im Lehrbuch erwähnte Resultat von Dershowitz und Manna.*

(d) Sei ⊏ eine irreflexive und transitive Relation auf einer Menge M und gelte zudem für alle $m, n \in M$ genau einer der drei folgenden Fälle: $m \sqsubset n$ oder $m = n$ oder $n \sqsubset m$.

Beweisen Sie, dass die reflexive Hülle ⊑ von ⊏ eine vollständige Ordnung ist, d.h. ⊑ ist reflexiv, transitiv, antisymmetrisch und vollständig.

(e) Sei ⊑ eine partielle Ordnung auf einer Menge M. Weiterhin sei die Relation ⊏ wie folgt definiert: Für alle $m, n \in M$ gilt: $m \sqsubset n$ gdw. $m \sqsubseteq n$ und $m \neq n$.

Beweisen Sie, dass die Relation ⊏ irreflexiv und transitiv ist.

(f) Sei ⊑ eine vollständige Ordnung auf einer Menge M. Weiterhin sei die Relation ⊏ wie folgt definiert: für alle $m, n \in M$ gilt: $m \sqsubset n$ gdw. $m \sqsubseteq n$ und $m \neq n$.

Beweisen Sie, dass die Relation ⊏ irreflexiv und transitiv ist, und dass für alle $m, n \in M$ genau einer der 3 folgenden Fälle gilt: $m \sqsubset n$ oder $m = n$ oder $n \sqsubset m$.

Aufgabe 3.123 Implikationsnegationsform [▷271] ○

Wir definieren, dass eine aussagenlogische Formel in *Implikationsnegationsform* vorliegt, wenn sie nur die Junktoren ¬ und → enthält.

(a) Geben Sie einen Algorithmus an, der jede aussagenlogische Formel in Implikationsnegationsform transformiert. Beschränken Sie sich dabei auf Formeln, die nur die Junktoren ¬, →, ∧ und ∨ enthalten.

(b) Transformieren Sie die aussagenlogische Formeln

$$((p \wedge q) \vee \neg((p \vee \neg q) \wedge p)) \quad \text{und} \quad \neg(((p \vee q) \wedge (\neg q \wedge r)) \vee r)$$

durch Anwendung des von Ihnen vorgeschlagenen Transformationsalgorithmus in Implikationsnegationsform. Kennzeichnen Sie in jedem Schritt die Teilformel, welche transformiert wird, und geben Sie an, welche Regel Sie zur Transformation verwendet haben.

(c) Zeigen Sie für Ihren unter Teilaufgabe (a) vorgeschlagenen Algorithmus, dass der korrekt ist und terminiert.

Aufgabe 3.124 Implikationsnegationsnormalform [▷271] ○

Wir definieren, dass eine aussagenlogische Formel in *Implikationsnegationsnormalform* vorliegt, wenn sie in Implikationsnegationsform ist und Negationszeichen nur unmittelbar vor atomaren Teilformeln stehen.

(a) Geben Sie eine formale Definition der Menge $\mathcal{L}_\rightarrow(\mathcal{R})$ aller aussagenlogischen Formeln in Implikationsnegationsnormalform an.

(b) Ist es möglich, eine zu $(p \wedge \neg p)$ semantisch äquivalente Formel F in Implikationsnegationsnormalform anzugeben? Beweisen Sie Ihre Antwort.

3.3.4 Eine Prolog Implementierung

Aufgabe 3.125 DKF Transformation in Prolog [▷272] ○

Implementieren Sie den im Rahmen der Lösung der Aufgabe 3.114 spezifizierten Algorithmus zur Transformation in disjunktive Normalform in Prolog.

Aufgabe 3.126 KF Erweiterung um → und ↔ [▷273] ○

Erweitern Sie die Prolog-Implementierung des Algorithmus zur Transformation einer aussagenlogischen Formel in konjunktive Normalform derart, dass auch Implikationen und Äquivalenzen in den Formeln erlaubt sind (vgl. Aufgabe 3.106).

Aufgabe 3.127 Absorptionsregel in Prolog [▷275] ○

Die Absorptionsregel besagt, dass $((F_1 \wedge F_2) \vee F_1) \equiv F_1$ für beliebige aussagenlogische Formeln F_1 und F_2 gilt. (vgl. Aufgabe 3.113)

(a) Schreiben Sie ein Prolog-Programm, das in einer Formel F gemäß der Absorptionsregel eine Teilformel der Form $((F_1 \wedge F_2) \vee F_1)$ durch F_1 ersetzt. Für die Lösung soll es genügen, nur die Junktoren $\vee$, $\wedge$ und $\neg$ zu berücksichtigen, deren Prolog-Operatordefinitionen in Aufgabe 3.8 erarbeitet wurden.

(b) Schreiben Sie ein Prolog-Programm, das die von Ihnen in Teilaufgabe (a) definierte Prozedur so lange auf die Ausgangsformel anwendet, bis diese keine Teilformeln der Form $((F_1 \wedge F_2) \vee F_1)$ mehr enthält.

Aufgabe 3.128 Prolog-Test auf leere Klausel [▷275] ○ 3-24 105

Schreiben Sie ein Prolog-Programm, das von einer Formel in Klauselform feststellt, ob eine ihrer Klauseln die leere Klausel ist.

Aufgabe 3.129 KF/ DKF Dualismus in Prolog [▷275] ○

Wie in Aufgabe 3.117 gezeigt wurde, kann man von einer Formel F in Klauselform ganz leicht zur dualen Klauselform von $\neg F$ kommen indem man

(1) alle $\langle \ldots \rangle$ durch $[\ldots]$ ersetzt und umgekehrt,

(2) sowie bei allen negierten Literalen das Negationszeichen streicht und bei allen unnegierten Literalen eines hinzufügt.

Schreiben Sie ein Prolog-Programm `dual` welches diese Transformation durchführt. Kodieren Sie in diesem Prolog-Programm verallgemeinerte Disjunktionen $[\ldots]$ als `or([...])` und verallgemeinerte Konjunktionen $\langle \ldots \rangle$ als `and([...])`.

Zum Beispiel bei Aufruf von

?– dual(and([or([neg(p), q, r]), or([s, neg(q)]), or([r, neg(s)])]), X).

soll sich

X = or([and([p, neg(q), neg(r)]), and([neg(s), q]), and([neg(r), s])])

ergeben und *keine* weiteren Ergebnisse.

Das erste Argument von `dual` im obigen Beispielaufruf entspricht der Formel $\langle [\neg p, q, r], [s, \neg q], [r, \neg s] \rangle$ und der Wert, welchen man für X erhält, entspricht der Formel $[\langle p, \neg q, \neg r \rangle, \langle \neg s, q \rangle, \langle \neg r, s \rangle]$.

3.4 Beweisverfahren

3.4.1 Resolution

Aufgabe 3.130 Resolutionsableitungen [▷276] ○

Zeigen Sie die Unerfüllbarkeit der folgenden Klauselmengen durch Anwendung des Resolutionsverfahrens. Bilden Sie dazu Resolventen gemäß der im Lehrbuch gegebenen Definition.

Nummerieren Sie die erzeugten Resolventen und geben Sie bei jeder Resolvente an aus welchen Klauseln sie erzeugt wurde.

(a) 1 $[p, \neg q, \neg t]$
    2 $[t]$
    3 $[q, \neg p, \neg t]$

4 $[t, p, q, r, p, p, t]$
5 $[r, q, t, r]$
6 $[q, \neg t, r, \neg t]$
7 $[\neg r]$
8 $[\neg q, \neg t, \neg q]$

(b) 1 $[s, p, q, r, p, p, s]$
2 $[p, \neg q, \neg s]$
3 $[q, \neg p, \neg s]$
4 $[s]$
5 $[\neg r]$
6 $[r, q, s, r]$
7 $[\neg s, q, r, \neg s]$
8 $[\neg q, \neg s, \neg q]$

Aufgabe 3.131 Anwendungen des Resolutionsverfahrens [▷276] ○

Seien p, q und r aussagenlogische Variable. Beweisen Sie mit Hilfe des Resolutionsverfahrens die folgenden Aussagen.

(a) $((((p \wedge q) \to r) \wedge \neg r) \to (p \to (q \to r)))$ ist eine Tautologie.

(b) $((\neg r \vee (p \wedge q)) \wedge \neg ((r \to p) \wedge (r \to q)))$ ist unerfüllbar.

(c) $(((p \to q) \to p) \to p)$ ist eine Tautologie.

(d) $(((p \to q) \wedge (q \to r)) \to \neg(\neg r \wedge p))$ ist eine Tautologie.

Aufgabe 3.132 Charakterisierung des Resolutionsverfahrens [▷278] ○

Charakterisieren Sie das Resolutionsverfahren als Kalkül. Welche Eigenschaften hat dieser Kalkül?

Aufgabe 3.133 Nessie und Resolution [▷278] ○

Beweisen Sie mittels Resolution, dass Nessie eine Touristenattraktion ist.
Benützen Sie hierzu die Informationen über Nessie aus Aufgabe 3.71.

Aufgabe 3.134 Erfüllbarkeit von Vollklauselmengen [▷279] ◐

Sei $\mathcal{R}_n := \{p_1, \ldots, p_n\} \subset \mathcal{R}$. Eine Klausel $C = [L_1, \ldots, L_n]$ mit $L_i = p_i$ oder $L_i = \neg p_i$ für $1 \leq i \leq n$ heißt *Vollklausel* über $\mathcal{R}_n$. Wir bezeichnen mit $\mathcal{K}_n$ die Menge aller Vollklauseln über $\mathcal{R}_n$.

(a) Zeigen Sie die Unerfüllbarkeit der folgenden aussagenlogische Formel F, welche eine verallgemeinerte Konjunktion aller Vollklauseln in K_3 ist.

$$F = \langle [p_1, p_2, p_3],$$
$$[\neg p_1, p_2, p_3], [p_1, \neg p_2, p_3], [p_1, p_2, \neg p_3],$$
$$[\neg p_1, \neg p_2, p_3], [\neg p_1, p_2, \neg p_3], [p_1, \neg p_2, \neg p_3],$$
$$[\neg p_1, \neg p_2, \neg p_3] \rangle$$

(b) Sei D eine Klausel in $\mathcal{K}_n$. Zeigen Sie, dass die Klauselmenge $\mathcal{K}_n \setminus \{D\}$ erfüllbar ist.

(c) Sei $\mathcal{F}$ eine echte Teilmenge von $\mathcal{K}_n$. Ist $\mathcal{F}$ erfüllbar?

I.3.4. BEWEISVERFAHREN

(d) Ist $\mathcal{K}_n$ erfüllbar?

Aufgabe 3.135 Resolution mit Kontraktionsregel [▷ 280] ◐

Wir lassen zum aussagenlogischen Resolutionsverfahren noch die folgende *Kontraktionsregel* zu:

Sei D eine Klausel, in der die Literale A und $\neg A$ vorkommen. Die Klausel D' entstehe nun aus D durch Streichen aller Vorkommen der Literale A und $\neg A$.

Ist D' durch Anwendung der Kontraktionsregel auf D entstanden, so nennen wir D' eine *Kontraktion* von D. Wir bezeichnen mit $\vdash_{rk} F$ die Aussage, dass die Formel F einen Beweis im aussagenlogischen Resolutionsverfahren unter Hinzunahme der Kontraktionsregel hat.

(a) Bleibt das aussagenlogische Resolutionsverfahren korrekt, wenn wir die Kontraktionsregel neben der Resolutionsregel ebenfalls zur Bildung einer Resolutionsableitung zulassen? Beweisen Sie Ihre Antwort.

(b) Ist die Aussage „Wenn $\models F$ gilt, dann gilt auch $\vdash_{rk} F$ " richtig? Beweisen Sie Ihre Antwort.

Aufgabe 3.136 Verschlimmbesserungen der Resolution ? [▷ 281] ◐

In dieser Aufgabe sollen verschiedene Vorschläge, die Effizienz des Resolutionsverfahrens zu erhöhen, diskutiert werden. Bleibt das Resolutionsverfahren unter Hinzunahme der folgenden Regeln korrekt? Beweisen Sie Ihre Antworten.

(a) Sei D_1 eine Klausel in der die beiden Literale p und $\neg p$ vorkommen, und sei D_2 eine von D_1 verschiedene Klausel in der ebenfalls die beiden Literale p und $\neg p$ vorkommen. Bleibt das Resolutionsverfahren korrekt, wenn man eine Resolvente von D_1 und D_2 bildet, indem man sowohl in D_1 als auch in D_2 alle Vorkommen von p und $\neg p$ entfernt und die so erhaltenen Klauseln disjunktiv verknüpft?

(b) Wenn aus einer Resolutionsableitung

$$D_1$$
$$\vdots$$
$$D_n$$
$$[p]$$
$$[p, q_1, \ldots, q_n]$$

für eine aussagenlogische Formel F die leere Klausel [ ] ableitbar ist, dann ist auch aus der um $[p, q_1, \ldots, q_n]$ verkürzten Resolutionsableitung

$$D_1$$
$$\vdots$$
$$D_n$$
$$[p]$$

die leere Klausel [ ] ableitbar. Wir können also die Klausel $[p, q_1, \ldots, q_n]$ aus der angefangenen Ableitung problemlos entfernen.

(c) Sei D_1 eine Klausel in der die Atome p und q vorkommen und sei D_2 eine Klausel in der die Atome $\neg p$ und $\neg q$ vorkommen. Bleibt das Resolutionsverfahren korrekt, wenn man eine Resolvente von D_1 und D_2 bildet, indem man in D_1 alle Vorkommen von p und q entfernt werden und in D_2 alle Vorkommen von $\neg p$ und $\neg q$ entfernt werden, und die so erhaltenen Klauseln disjunktiv verknüpft werden?

Aufgabe 3.137 Tautologieelimination [▷282] ◐

Sei $\langle D_1, \ldots, D_n \rangle$ eine verallgemeinerte Konjunktion mit verallgemeinerten Disjunktionen $D_1, \ldots, D_n$. Beweisen Sie die folgende Aussage:

Wenn in einer verallgemeinerten Disjunktion D_j ($j \in \{1, \ldots, n\}$) sowohl F als auch $\neg F$ vorkommt (wobei F eine beliebige aussagenlogische Formel ist), dann gilt
$\langle D_1, \ldots D_{j-1}, D_j, D_{j+1} \ldots, D_n \rangle \equiv \langle D_1, \ldots D_{j-1}, D_{j+1} \ldots, D_n \rangle$.

Aufgabe 3.138 Positive/negative Klauseln und Erfüllbarkeit [▷282] ◐

Eine Klausel heißt *positiv* gdw. wenn sie nur positive Literale (= aussagenlogische Variable) enthält, und eine Klausel heißt *negativ* gdw. wenn sie nur negative Literale (= negierte aussagenlogische Variable) enthält.

(a) Beweisen Sie, dass eine Klauselmenge erfüllbar ist, wenn sie keine positive Klausel enthält.

(b) Beweisen Sie, dass eine Klauselmenge erfüllbar ist, wenn sie keine negative Klausel enthält.

(c) Beweisen bzw. widerlegen Sie die folgende Aussage:
Eine positive Klausel ist niemals negativ.

Aufgabe 3.139 Subsumtion [▷282] ◐

Wir definieren: Eine Klausel C *subsumiert* eine Klausel C' gdw.

jedes Literal aus C auch in C' vorkommt.

Sei $F = \langle C_1, \ldots, C_n \rangle$ eine Formel in Klauselform und seien C_i und C_j Klauseln aus F mit $(i \neq j)$, $i, j \in \{1, \ldots, n\}$.

Beweisen Sie: Wenn die Klausel C_i die Klausel C_j subsumiert, dann gilt:
$\langle C_1, \ldots, C_n \rangle$ ist erfüllbar gdw. $\langle C_1, \ldots, C_{j-1}, C_{j+1} \ldots, C_n \rangle$ ist erfüllbar.

Aufgabe 3.140 'Pure literals' [▷283] ◐

Sei $F = \langle C_1, \ldots, C_n \rangle$ eine Formel in Klauselform. Wir definieren:

Ein Literal L, das in einer der Klauseln von F vorkommt heißt *'pure literal'*, wenn nirgends in F das zu L *entgegengesetzte* Literal vorkommt. (Dabei ist $\neg A$ das zu einem Literal $A \in \mathcal{R}$ entgegengesetzte Literal, und A ist das zu $\neg A$ entgegengesetzte Literal.)

Beweisen Sie die folgende Behauptung:

Sei C_j eine Klausel aus F, welche ein 'pure literal' L enthält. Dann gilt:
$\langle C_1, \ldots, C_n \rangle$ ist erfüllbar gdw. $\langle C_1, \ldots, C_{j-1}, C_{j+1} \ldots, C_n \rangle$ ist erfüllbar.

Aufgabe 3.141 (Un)erfüllbare Klauselmengen [▷283] ◐

Beweisen Sie die Erfüllbarkeit bzw. Unerfüllbarkeit der folgenden, etwas größeren Klauselmengen.

I.3.4. BEWEISVERFAHREN

(a)
1. $[t, p, \neg q, r, p, p, \neg t]$
2. $[r, q, \neg t, \neg r, p]$
3. $[q, \neg t, r, \neg t, \neg r]$
4. $[\neg r]$
5. $[p, \neg s, \neg r, s, p]$
6. $[\neg q, \neg t, \neg q, t, \neg r]$
7. $[\neg t, \neg t]$
8. $[p, \neg q, \neg t, q, \neg t]$
9. $[q, \neg r, \neg s, \neg r]$
10. $[q, \neg r, t, q, \neg q, \neg r]$
11. $[p, \neg q, p, p]$
12. $[\neg t, r, \neg t, p, r]$
13. $[p, t, \neg r, p, \neg t, \neg r]$
14. $[p, \neg q, q]$
15. $[\neg s, t, \neg r, t, s]$
16. $[\neg s, p, r, p, \neg r]$
17. $[p, q, p]$
18. $[p, \neg r, s, p]$
19. $[q, \neg p, \neg t]$
20. $[\neg t, \neg t, s]$

(b)
1. $[\neg r, \neg r, q]$
2. $[\neg t, \neg p, \neg t, p, \neg r]$
3. $[\neg s, t, \neg s, \neg s, t]$
4. $[s, \neg t, \neg p, t]$
5. $[s, t, t]$
6. $[\neg q, p, \neg r, p, q]$
7. $[p, r, p, s, r]$
8. $[p, s, r]$
9. $[t, \neg r, p, t, \neg t, \neg r]$
10. $[\neg r, s, \neg q, s]$
11. $[\neg r]$
12. $[s, \neg t, \neg p, t, \neg p]$
13. $[\neg q, s, r, s, \neg r]$
14. $[\neg q, t, \neg r, q, t]$
15. $[s, \neg r, q, s]$
16. $[s, p, \neg r, s, \neg p, \neg r]$
17. $[p, s, \neg t, r, s, s, \neg p]$
18. $[p, \neg r, \neg r, s, r]$
19. $[t, \neg s, \neg p]$
20. $[r, t, \neg p, \neg r, s]$
21. $[r, t, r, p, p]$
22. $[s, \neg r, q, s, q, r]$
23. $[s, \neg q, \neg r, q, s]$
24. $[s, \neg t, s, s]$
25. $[p, p, q]$
26. $[p, p]$
27. $[\neg s, \neg s, \neg t]$
28. $[t, \neg r, \neg q, \neg r]$
29. $[t, \neg p, r, \neg p, \neg r]$
30. $[\neg s, t, \neg s]$

(c)
1. $[t, p, \neg q, r, p, p, \neg s]$
2. $[r, q, \neg t, \neg s, p]$
3. $[q, \neg t, r, \neg t, \neg u]$
4. $[\neg r, s]$
5. $[p, \neg s, \neg q, u, p]$
6. $[\neg q, \neg u, \neg q, t, \neg u]$
7. $[u, \neg t, \neg t]$
8. $[u, \neg q, \neg s, q, \neg p]$
9. $[q, \neg u, \neg s, \neg u]$
10. $[u, \neg r, t, s, \neg q, \neg r]$
11. $[p, \neg q, p, p]$
12. $[\neg s, r, \neg u, p, r]$
13. $[p, t, \neg r, p, \neg s, \neg r]$
14. $[p, \neg q, u]$
15. $[\neg s, t, \neg u, t, q]$
16. $[\neg s, p, r, p, \neg u]$
17. $[\neg p, q, \neg p]$
18. $[p, \neg u, s, p]$
19. $[q, \neg p, \neg s]$
20. $[\neg t, \neg t, s]$

(d)

1.	$[\neg s, p, r, p, \neg u]$		11.	$[\neg s, r, \neg u, p, r]$
2.	$[p, \neg u, s, p]$		12.	$[\neg r, \neg r, \neg s]$
3.	$[\neg s, r, r, \neg s]$		13.	$[p, \neg q, u]$
4.	$[u, \neg t, u, s, t]$		14.	$[\neg u, \neg s, \neg u, q]$
5.	$[\neg r, s, \neg r, \neg r]$		15.	$[t, p, \neg q, r, p, p, \neg s]$
6.	$[p, t, \neg r, p, \neg s, \neg r]$		16.	$[r, \neg u, \neg s, u]$
7.	$[\neg s, t, q, \neg u, \neg s, t, q]$		17.	$[q, \neg s, q, q]$
8.	$[r, q, \neg t, \neg s, p]$		18.	$[r, s, s, s]$
9.	$[p, \neg s, \neg q, u, p]$		19.	$[\neg q, \neg u, q, t, \neg u]$
10.	$[p, \neg q, p, p]$		20.	$[\neg s, \neg t, r, q, \neg t, \neg u]$

Aufgabe 3.142 Mit sich selbst resolvierbare Klauseln [▷284] ◐

Sei $F = \langle C_1, \ldots, C_n \rangle$ eine aussagenlogische Formel in Klauselform.
Beweisen bzw. widerlegen Sie die folgende Aussage:
Wenn C_1 mit sich selbst resolvierbar ist, dann muss gelten: $F \equiv \langle C_2, \ldots, C_n \rangle$.

Aufgabe 3.143 Aussagenlogische Selbstresolution unnötig [▷284] ◐

Warum reicht es in der Aussagenlogik aus, in einem Resolutionsschritt immer nur zwei *verschiedene* Klauseln auszuwählen?

Aufgabe 3.144 Beispiel: Resolvente aus 3 Klauseln? [▷284] ◐

Sei $G = \langle K_1, \ldots, K_k \rangle$ eine aussagenlogische Formel in Klauselform mit den Klauseln K_j, $j \in \{1, \ldots, k\}$ mit $k \geq 3$.
Sei weiterhin $\quad K_1 = [q, p, L_1, \ldots, L_{n_1}]$,

$$K_2 = [\neg q, L_{n_1+1}, \ldots, L_{n_2}] \text{ und}$$

$$K_3 = [\neg p, L_{n_2+1}, \ldots, L_{n_3}],$$

und sei $K = [L_1, \ldots, L_{n_3}]$, wobei $1 \leq n_1 \leq n_2 \leq n_3$ gilt.

  (a) Beweisen bzw. widerlegen Sie die folgende Aussage:
  Die Klausel K lässt sich durch aussagenlogische Resolutionsschritte erzeugen.
  (b) Beweisen Sie, dass gilt: $G \equiv (G \land K)$.

Aufgabe 3.145 Tautologische Resolventen [▷285] ○

Kann beim Resolutionsverfahren aus einer Klauselmenge, welche keine tautologische Klausel enthält, eine Resolvente erzeugt werden, welche tautologisch ist?

Aufgabe 3.146 Prolog-Programm: Beweisausgabe [▷285] ○

Modifizieren Sie das Programm für `proof/1` aus dem Lehrbuch, so dass
  (a) das Programm einen Ausdruck des gefundenen Resolutionsbeweises erzeugt
  (b) das Programm einen Ausdruck des gefundenen Resolutionsbeweises erzeugt, in dem keine unnötigen Resolutionsschritte vorkommen.

I.3.4. BEWEISVERFAHREN   67

Aufgabe 3.147 Prolog-Programm: Entscheidungsverfahren   [▷289] ○ 3-26 114
Modifizieren Sie das Programm `proof/1` aus dem Lehrbuch derart, dass daraus ein Entscheidungsverfahren für die Allgemeingültigkeit von aussagenlogischen Formeln wird.

3.4.2 Semantische Tableaux

Aufgabe 3.148 Beispiele für das Tableaux-Verfahren   [▷290] ○
Seien p, q und r aussagenlogische Variable. Beweisen Sie mit dem Tableaux-Verfahren, dass die folgenden Formeln Tautologien sind.
 (a) $((p \to (q \to r)) \to ((p \to q) \to (p \to r)))$
 (b) $((p \wedge (q \vee r)) \to ((p \wedge q) \vee (p \wedge r)))$

Aufgabe 3.149 Tableaux-Beweis: Assoziativität von $\wedge$ [▷290] ○
Seien p, q und r aussagenlogische Variable. Ein binärer Junktor $\circ/2$ heißt assoziativ, wenn die Formel $(((p \circ q) \circ r) \leftrightarrow (p \circ (q \circ r)))$ allgemeingültig ist.
 (a) Beweisen Sie mit Hilfe eines semantischen Tableau, dass der Junktor $\wedge$ assoziativ ist. Verwenden Sie dazu neben den Ableitungsregeln des semantischen Tableaux-Verfahrens nur die Kenntnis, dass $(F \leftrightarrow G)$ semantisch äquivalent zu $((F \wedge G) \vee (\neg F \wedge \neg G))$ ist.
 (b) Sind alle binären Junktoren assoziativ? Beweisen Sie Ihre Antwort.

3.4.3 Der Kalkül des natürlichen Schließens

Aufgabe 3.150 Ableitungen mit natürlichem Schließen   [▷294] ◐
Beweisen Sie mit dem Kalkül des natürlichen Schließens, dass die folgenden Formeln Tautologien sind. (p, q und r sind hierbei aussagenlogische Variable.)
 (a) **Idempotenz**
   (1) $(p \to (p \wedge p))$
   (2) $((p \vee p) \to p)$
   (3) $(p \to (p \vee p))$
 (b) **Disjunktion**
   (1) $(((p \vee q) \wedge \neg p) \to q)$
   (2) $((p \vee q) \to (q \vee p))$
   (3) $(((p \vee q) \vee r) \to (p \vee (q \vee r)))$
 (c) **Absorbtion**
   (1) $(((p \wedge q) \vee p) \to p)$
   (2) $(p \to ((p \vee q) \wedge p))$
 (d) **Doppelte Verneinung**
   (1) $(\neg\neg p \to p)$

(2) $(p \to \neg\neg p)$

(e) **De Morgan'sche Gesetze**
(1) $(\neg(p \land q) \to (\neg p \lor \neg q))$
(2) $((\neg p \lor \neg q) \to \neg(p \land q))$
(3) $(\neg(p \lor q) \to (\neg p \land \neg q))$
(4) $((\neg p \land \neg q) \to \neg(p \lor q))$

(f) **Distributivität**
(1) $((p \land (q \lor r)) \to ((p \land q) \lor (p \land r)))$
(2) $(((p \land q) \lor (p \land r)) \to (p \land (q \lor r)))$
(3) $((p \lor (q \land r)) \to ((p \lor q) \land (p \lor r)))$
(4) $(((p \lor q) \land (p \lor r)) \to (p \lor (q \land r)))$

Leiten Sie zunächst die beiden folgenden Lemmata her:

$$\frac{((F \lor G) \land \neg F)}{G} \text{ (L1)} \quad \text{und} \quad \frac{\neg(F \lor G)}{(\neg F \land \neg G)} \text{ (L2)}$$

(g) **Tautologien mit [ ]**
(1) $((\neg[\,] \lor q) \to \neg[\,])$
(2) $(\neg[\,] \to (\neg[\,] \lor q))$
(3) $(\neg[\,] \to (p \to p))$
(4) $(([\,] \lor q) \to q)$
(5) $([\,] \to ([\,] \land q))$
(6) $\neg[\,]$
(7) $(q \to (\neg[\,] \land q))$
(8) $(p \to (\neg p \to [\,]))$
(9) $([\,] \to p)$
(10) $(p \to \neg[\,])$

(h) **Implikation**
(1) $((\neg p \lor q) \to (p \to q))$
(2) $((p \lor q) \to (\neg p \to q))$
(3) $(\neg(p \to q) \to p)$
(4) $((p \to q) \to (\neg p \lor q))$
(5) $((\neg p \to q) \to (p \lor q))$
(6) $(\neg(p \to q) \to \neg q)$
(7) $((p \land \neg q) \to \neg(p \to q))$
(8) $((p \to q) \to (\neg q \to \neg p))$
(9) $((p \to \neg q) \to (q \to \neg p))$

(i) **Weitere Tautologien**
(1) $(p \to p)$
(2) $((p \to q) \to ((q \to r) \to (p \to r)))$
(3) $((p \to (q \to r)) \to (q \to (p \to r)))$

I.3.4. BEWEISVERFAHREN

(4) $((p \to (p \to q)) \to (p \to q))$

(5) $(p \to (q \to p))$

(6) $((p \land \neg p) \to q)$

(7) $(((p \to q) \to p) \to p)$

Leiten Sie zunächst die folgenden drei Lemmata her:

$$\frac{(F \to G)}{(\neg F \lor G)} \text{ (L1)} \qquad \frac{\neg(F \to G)}{F} \text{ (L2)} \qquad \frac{\neg(F \to G)}{\neg G} \text{ (L3)}$$

(8) $(p \to (q \to (p \land q)))$

(9) $((p \to (q \to r)) \to ((p \land q) \to r))$

(10) $(((p \lor q) \land (\neg p \lor r)) \to (q \lor r))$

Leiten Sie zunächst die folgenden Lemmata her:

$$\frac{(F \lor G) \quad \neg F}{G} \text{ (L1)} \quad \text{und} \quad \frac{\neg(F \lor G)}{(\neg F \land \neg G)} \text{ (L2)}$$

(11) $(((p \to q) \land (p \to r)) \to (p \to (q \land r)))$

(12) $(((p \to r) \land (q \to r)) \to ((p \lor q) \to r))$

(13) $((p \to q) \to (p \to (p \to q)))$

(14) $((p \to (q \to r)) \to ((p \to q) \to (p \to r)))$

Aufgabe 3.151 Ableitung von Kon-/Dis-junktionen [▷312] ○

Betrachten Sie die folgende Aussage:

Wenn $(F \circ G)$ eine Tautologie ist, dann gibt es einen Beweis von $(F \circ G)$ im Kalkül des Natürlichen Schließens dessen letzter Schritt eine Anwendung der ∘-Einführungsregel ist.

Beweisen bzw. widerlegen Sie diese Aussage für die Fälle ∘ = ∧ und ∘ = ∨.

Aufgabe 3.152 Eine zusätzliche ∧-Einführungsregel [▷313] ◐

Der Kalkül des natürlichen Schließens ist korrekt und vollständig. Wir fügen diesem Beweisverfahren nun noch die folgende Regel hinzu.

$$\frac{\lfloor F \rfloor^i \\ \vdots \\ G}{(F \land G)} (\land I^*)^i$$

(a) Ist das so erweiterte Beweisverfahren noch korrekt?

(b) Ist das so erweiterte Beweisverfahren noch vollständig?

Aufgabe 3.153 Lemmata und Theoreme [▷313] ◐

Beweisen Sie die folgende Aussage:

Für ein Theorem der Form $(G \to F)$ existiert eine Ableitung im Kalkül des Natürlichen Schließens gdw. $\dfrac{G}{F}$ ein Lemma im Kalkül des Natürlichen Schließens ist.

Aufgabe 3.154 Von einer Ableitung zum Theorem [▷314] ○
Gegeben seien die Formeln F, F_1 und F_2 für welche gilt: $\{F_1, F_2\} \vdash_n F$.
Zeigen Sie, dass es dann im Kalkül des natürlichen Schließens eine Ableitung der Formel $((F_1 \wedge F_2) \rightarrow F)$ gibt.

Aufgabe 3.155 Consequentia mirabilis [▷314] ○
Beweisen Sie die beiden folgenden Formeln in Kalkül des natürlichen Schließens.

(a) $(p \rightarrow \neg p) \rightarrow \neg p$

(b) $(\neg p \rightarrow p) \rightarrow p$

3.4.4 Weitere Beweisverfahren und Kalküle

Aufgabe 3.156 Beweisen im Sequenzenkalkül [▷315] ○
Seien p, q und r aussagenlogische Variable. Beweisen Sie mit dem Sequenzenkalkül, dass die folgenden Formeln Tautologien sind.

(a) $((p \rightarrow (q \rightarrow r)) \rightarrow ((p \rightarrow q) \rightarrow (p \rightarrow r)))$

(b) $((p \wedge (q \vee r)) \rightarrow ((p \wedge q) \vee (p \wedge r)))$

Aufgabe 3.157 Beweisen mit dem DPLL-Verfahren [▷315] ○
Seien p, q und r aussagenlogische Variable. Beweisen Sie mit dem DPLL-Verfahren, dass die folgenden Formeln Tautologien sind.

(a) $((p \rightarrow (q \rightarrow r)) \rightarrow ((p \rightarrow q) \rightarrow (p \rightarrow r)))$

(b) $((p \wedge (q \vee r)) \rightarrow ((p \wedge q) \vee (p \wedge r)))$

Aufgabe 3.158 Unerfüllbarkeit beim DPLL-Verfahren [▷317] ◐
Seien F und F' aussagenlogische Formeln in Klauselform, wobei F' aus F durch eine der in Abbildung 3.20 des Lehrbuchs dargestellten Ableitungsregeln des DPLL-Verfahrens gewonnen wurde.
Zeigen Sie: F ist genau dann unerfüllbar, wenn F' unerfüllbar ist.

Aufgabe 3.159 Beweise mit der Konnektionsmethode [▷318] ○
Seien p, q und r aussagenlogische Variable. Beweisen Sie mit der Konnektionsmethode, dass die folgenden Formeln Tautologien sind.

(a) $((p \rightarrow (q \rightarrow r)) \rightarrow ((p \rightarrow q) \rightarrow (p \rightarrow r)))$

(b) $((p \wedge (q \vee r)) \rightarrow ((p \wedge q) \vee (p \wedge r)))$

Aufgabe 3.160 Subsumtion in Matrizen [▷319] ◐
Wir definieren, dass eine Spalte C einer Matrix $\mathcal{M}$ eine Spalte D der selben Matrix *subsumiert*, wenn jedes Literal in C auch in D enthalten ist.
Beweisen Sie die folgende Aussage:
Wenn die Matrix $\mathcal{M}$ eine aufspannende Konnektionsmenge besitzt, dann folgt dies auch für die Matrix $\mathcal{N}$, welche aus $\mathcal{M}$ durch Entfernen der Spalte D entsteht.

I.3.4. BEWEISVERFAHREN

Aufgabe 3.161 Kontradiktorische Spalten [▷319] ◐

Eine Spalte C in einer Matrix $\mathcal{M}$ heißt *kontradiktorisch*, wenn sie eine aussagenlogische Variable A sowie deren Negat $\neg A$ enthält.
Beweisen Sie die folgende Aussage:
Wenn eine Matrix $\mathcal{M}$, die eine aufspannende Konnektionsmenge besitzt, eine kontradiktorische Spalte C enthält, dann besitzt auch die Matrix $\mathcal{N}$, welche man durch Entfernen der Spalte C aus $\mathcal{M}$ enthält, eine aufspannende Konnektionsmenge.

Aufgabe 3.162 'Pure Literals' und Konnektionsmethode [▷319] ○

Sei $\mathcal{M}$ eine Matrix mit einer Spalte C, welche ein 'Pure Literal' L enthält (vgl. Aufgabe 3.140).
Zeigen Sie: Wenn jeder Pfad in der Matrix $\mathcal{M}$ eine Konnektion enthält, dann auch jeder Pfad in der Matrix $\mathcal{M}'$, die man enthält, wenn man die Spalte C aus $\mathcal{M}$ entfernt.

Aufgabe 3.163 Freddy ist anormal [▷320] ◐

Für Freddy gelten die folgenden vier Aussagen:

(1) Wenn er ein Vogel ist (v), dann kann er fliegen (f) oder er ist anormal (a).

(2) Wenn er ein Pinguin (p) ist, dann kann er nicht fliegen ($\neg f$).

(3) Wenn er ein Pinguin ist (p), dann ist er ein Vogel (v).

(4) Freddy ist ein Pinguin (p).

(a) Formalisieren Sie die gegebenen vier Aussagen in Aussagenlogik. Verwenden Sie dazu die oben angegebenen aussagenlogischen Variablen.

(b) Beweisen Sie, dass Freddy anormal ist, mittels
   (1) des Kalküls des natürlichen Schließens
   (2) des Sequenzenkalküls und
   (3) der Konnektionsmethode.

Es ist also jeweils zu zeigen, dass die Formel a eine logische Folgerung aus den in Teilaufgabe (a) formalisierten Aussagen ist.

Aufgabe 3.164 Beispiel mit Bezug zum Hilbert-Kalkül [▷320] ◐

(a) Beweisen Sie mit Hilfe eines von Ihnen bestimmten Verfahrens, dass es sich bei dem Axiom

   (S2) $(F \to (G \to H)) \to ((F \to G) \to (F \to H))$

   des Hilbert-Systems aus dem Lehrbuch um eine Tautologie handelt.

(b) Ist das gegebene Hilbert-System erweitert durch das Axiom $(F \to (F \to \neg F))$ korrekt? Beweisen Sie Ihre Antwort.

Aufgabe 3.165 Spracherweiterung um Notwendigkeitsoperator [▷322] ○

Wir erweitern Definition 3.5 der aussagenlogischen Formeln um folgende Regel:

   4. Wenn $F \in \mathcal{L}(\mathcal{R})$, dann gilt $\Box F \in \mathcal{L}(\mathcal{R})$.

Betrachten Sie nun einen Kalkül über der so erweiterten Sprache mit den Axiomenschemata

(A1) $((F \wedge G) \to F)$
(A2) $(\Box F \to F)$
(A3) $(\Box(F \to G) \to (\Box F \to \Box G))$

und den Ableitungsregeln $\dfrac{F \quad (F \to G)}{G}$ (MP) und $\dfrac{F}{\Box F}$ (N).

Eine Ableitung aus einer Menge $\mathcal{F}$ aussagenlogischer Formeln ist wie im Hilbert-System eine Folge von Formeln, deren Elemente entweder aus $\mathcal{F}$ oder Axiome sind, oder durch Anwendung der Ableitungsregeln (MP) oder (N) auf vorangegangene Elemente der Folge entstanden sind.

Zeigen Sie, dass in diesem Kalkül die Formel $(\Box(p \wedge q) \to \Box p)$ ableitbar ist, wobei p und q aussagenlogische Variable sind.

3.5 Testen auf Erfüllbarkeit

Aufgabe 3.166 Beispiel zur stochastischen, lokalen Suche [▷322] ○

Wenden Sie den im Lehrbuch angegebenen Algorithmus zur stochastischen, lokalen Suche einer Interpretation, welche Modell einer gegeben Formel ist, auf die folgende, in Klauselform vorliegenden Formel F an.

$$F = \langle [p, \neg s, \neg u], [\neg p, q, \neg r, \neg u], [\neg p, \neg r, \neg s, u], [p], [s], [u] \rangle$$

Beginnen Sie mit der Interpretation $I_0 = \emptyset$.

Aufgabe 3.167 Beispiel für Nicht-Terminierung [▷325] ○

Zeigen Sie anhand der Formel $F = \langle [\neg p, q, \neg r], [\neg p, \neg q, \neg r], [\neg p, \neg q, r], [p, q], [p] \rangle$ und der Initialinterpretation $I_0 = \{p, q, r\}$, dass der im Lehrbuch angegebene Algorithmus zur stochastischen, lokalen Suche nicht in jedem Fall terminiert.

Aufgabe 3.168 Lokales Minimum bei stochastischer Suche [▷325] ○

Im Lehrbuch wurde erwähnt, dass der Algorithmus zur stochastischen, lokalen Suche einem Gradientenabstiegsverfahren entspricht, das für eine gegebene Formel F zu einem lokalen Minimum führt.

Zeigen Sie, dass die Interpretation $I_0 = \{p\}$ für die Formel

$$F = \langle [p, q], [p, r], [\neg p], [\neg q, s], [\neg r, s], [\neg s, \neg p] \rangle$$

ein lokales Minimum darstellt ohne jedoch ein Modell von F zu sein.

Aufgabe 3.169 If-then-else Normalform [▷326] ◐

Zeigen Sie, dass sich alle aussagenlogischen Formeln in eine semantisch äquivalente if-then-else Normalform transformieren lassen (siehe Abschnitt 3.5.3 des Lehrbuchs). Beschränken Sie Sich dabei auf Formeln in denen höchstens die Junktoren $\neg$, $\vee$ und $\wedge$ vorkommen.

Hinweis: Zeigen Sie hierzu zuerst die semantischen Äquivalenzen

$$(F \wedge G) \equiv ite(F, G, [\,]), \quad (F \vee G) \equiv ite(F, \langle\rangle, G) \quad \text{und} \quad \neg F \equiv ite(F, [\,], \langle\rangle).$$

3.6 Eigenschaften

3.6.1 Endlichkeitssatz

Aufgabe 3.170 Vom Endlichen zum Unendlichen [▷326] ○
Beim Endlichkeitssatz überträgt sich die Eigenschaft der Erfüllbarkeit von allen endlichen Teilmengen einer unendlichen Formelmenge $\mathcal{F}$ auf die Menge $\mathcal{F}$ selbst. Es fragt sich nun, ob dies für alle Eigenschaften E und alle unendlichen Mengen $\mathcal{M}$ gilt, oder gibt es eine unendliche Menge $\mathcal{M}$ und eine Eigenschaft E derart, dass E für alle endlichen Teilmengen von $\mathcal{M}$ gilt, jedoch die Menge $\mathcal{M}$ die Eigenschaft E nicht besitzt. Beweisen Sie Ihre Antwort.

Aufgabe 3.171 Äquivalenzklassen von Formeln [▷328] ◐
Für ein Element x einer Menge $\mathcal{M}$ mit einer Äquivalenzrelation $\sim$ definieren wir die Äquivalenzklasse $EC(x, \mathcal{M}, \sim)$ von x als

$$EC(x, \mathcal{M}, \sim) := \{y \mid y \in \mathcal{M} \text{ und } y \sim x\}$$

und wir definieren $\mathcal{M}_\sim$ als die Menge der Äquivalenzklassen von $\sim$ auf $\mathcal{M}$, also

$$\mathcal{M}_\sim := \{EC(x, \mathcal{M}, \sim) \mid x \in \mathcal{M}\}.$$

Beweisen Sie die folgenden Aussagen für eine Teilmenge $\mathcal{N}$ von $\mathcal{M}$ und die Einschränkung der Äquivalenzrelation $\sim$ von $\mathcal{M}$ auf $\mathcal{N}$, welche wir der Einfachheit halber wiederum mit $\sim$ bezeichnen.

(a) $EC(x, \mathcal{N}, \sim) = EC(x, \mathcal{M}, \sim) \cap \mathcal{N}$ für alle $x \in \mathcal{N}$.

(b) $\mathcal{N}_\sim = \{\mathcal{N} \cap \mathcal{A} \mid \mathcal{A} \in \mathcal{M}_\sim, \text{ so dass } \mathcal{N} \cap \mathcal{A} \neq \emptyset\}$

Für eine Teilmenge $\mathcal{F}$ von $\mathcal{L}(\mathcal{R})$ definieren wir $\mathcal{F}_n := \mathcal{F} \cap \mathcal{L}(\mathcal{R}, n)$, und wir bezeichnen mit $\mathcal{F}_{n\equiv}$ die Menge der Äquivalenzklassen von $\sim$ auf $\mathcal{F}_n$.

(c) Beweisen Sie, dass für alle $n \in \mathbb{N}$ gilt: $|\mathcal{F}_{n\equiv}| \leq |\mathcal{L}(\mathcal{R}, n)_\equiv|$

(d) Geben Sie eine Teilmenge $\mathcal{F}$ von $\mathcal{L}(\mathcal{R})$ an, so dass für alle $n \in \mathbb{N}$ gilt:

$$1 = |\mathcal{F}_{n\equiv}| < |\mathcal{L}(\mathcal{R}, n)_\equiv|$$

(e) Geben Sie eine Teilmenge $\mathcal{F}$ von $\mathcal{L}(\mathcal{R})$ an, so dass für alle $n \in \mathbb{N}$ gilt:

$$|\mathcal{F}_{n\equiv}| = |\mathcal{L}(\mathcal{R}, n)_\equiv| - 1$$

Aufgabe 3.172 Lemma aus Beweis des Endlichkeitssatzes [▷328] ◐ 3-33 151
Beweisen Sie die folgende Aussage $E(n)$, welche in dem Beweis des Endlichkeitssatzes (Satz 3.45) verwendet wurde.
$|K_n| = \infty$ und für alle $1 \leq i \leq n$ gilt: für alle $m \in K_n$ gilt: $[p_i]^{I_m} = [p_i]^I$.

Aufgabe 3.173 Beispiel: von den Modellen I_n zum Modell I [▷329] ◐
Gegeben sei eine aussagenlogische Sprache $\mathcal{L}(\mathcal{R})$ mit $\mathcal{R} = \{p_1, p_2, p_3, \ldots\}$.
Sei $\mathcal{F} = \{(p_{3k} \wedge \neg p_{3k-1}) \mid k \in \mathbb{N}^+\}$ eine Menge von aussagenlogischen Formeln.
Sei – für alle $n \in \mathbb{N}^+$ – $\mathcal{G}_n$ die Menge aller Formeln von $\mathcal{F}$ in denen höchstens die aussagenlogischen Variablen $p_1, p_2, p_3, \ldots, p_n$ vorkommen.
Weiterhin ist – für alle $n \in \mathbb{N}^+$ – durch

$$p_i^{I_n} = \begin{cases} \top & i = 3k \text{ für } 3k \leq n, k \in \mathbb{N}^+ \\ \bot & i = 3k-1 \text{ für } 3k-1 \leq n, k \in \mathbb{N}^+ \\ \top & i = 3k-2 \text{ für } 3k-2 \leq n, k \in \mathbb{N}^+ \\ \bot & i > n \end{cases}$$

eine Interpretation I_n bestimmt.

(a) Zeigen Sie, dass für alle $n \in \mathbb{N}^+$ die Interpretation I_n ein Modell für $\mathcal{G}_n$ ist.
Hinweis: *Versuchen Sie keinen Beweis mit vollständiger Induktion.*

(b) Bestimmen Sie die Formelmengen $\mathcal{G}_1$ bis $\mathcal{G}_9$.

(c) Welches Modell I ergibt sich für $\mathcal{F}$ gemäß der Konstruktion im Beweis des Endlichkeitssatzes (Satz 3.45) aus den Interpretationen I_n?
Führen Sie hierzu die ersten Schritte der Konstruktion von I durch.

Aufgabe 3.174 Endlichkeitssatz: Beispiel I [▷330] ◐

Gegeben sei eine aussagenlogische Sprache $\mathcal{L}(\mathcal{R})$ mit $\mathcal{R} = \{p_1, p_2, p_3, \ldots\}$.
Sei $\mathcal{F}$ eine unendliche Teilmenge von $\mathcal{L}(\mathcal{R})$ und sei ferner $\{\mathcal{H}_1, \mathcal{H}_2, \mathcal{H}_3, \ldots\}$ eine Menge von erfüllbaren Teilmengen $\mathcal{H}_i \subseteq \mathcal{F}$ mit der Eigenschaft, dass für jede endliche Teilmenge $\mathcal{G} \subseteq \mathcal{F}$ ein $i > 0$ existiert, so dass $\mathcal{G} \subseteq \mathcal{H}_i$ gilt.
Beweisen oder widerlegen Sie: $\mathcal{F}$ kann unerfüllbar sein?

Aufgabe 3.175 Endlichkeitssatz: Beispiel II [▷330] ◐

Gegeben sei eine aussagenlogische Sprache $\mathcal{L}(\mathcal{R})$ mit $\mathcal{R} = \{p_1, p_2, p_3, \ldots\}$.
Sei $\mathcal{F} = \{F_1, F_2, F_3, \ldots\}$ eine unendliche Menge aussagenlogischer Formeln mit den folgenden Eigenschaften:

(1) Es existieren Modelle I_n ($n \in \mathbb{N}^+$) für die gilt:
  (a) $I_n \models \{F_1, F_2, \ldots, F_n\}$ für alle $n \in \mathbb{N}^+$,
  (b) Für unendlich viele der I_n, $n \in \mathbb{N}^+$ gilt: $[p_1]^{I_n} = \top$.
  (c) Für unendlich viele der I_n, $n \in \mathbb{N}^+$ gilt: $[p_1]^{I_n} = \bot$.

(2) Die aussagenlogische Variable p_1 kommt in jeder der Formeln F_n ($n \in \mathbb{N}^+$) mindestens einmal vor.

(3) für alle $m, n \in \mathbb{N}^+$ gilt: Wenn $F_m \equiv F_n$, dann $m = n$.

Kann $\mathcal{F}$ erfüllbar sein? Kann $\mathcal{F}$ unerfüllbar sein? Und gibt es überhaupt eine Formelmenge $\mathcal{F}$ mit den angegebenen Eigenschaften? Beweisen Sie Ihre Antworten.

Aufgabe 3.176 Endlichkeitssatz: Beispiel III [▷331] ○

Beweisen bzw. widerlegen Sie die folgende Aussagen.

(a) Wenn eine unendliche Menge $\mathcal{F} = \{G_1, G_2, G_3, \ldots\}$ aussagenlogischer Formeln erfüllbar ist, dann existiert eine unendliche Teilmenge $U \subseteq \mathbb{N}^+$, so dass für alle $n \in U$ die Formelmenge $\{G_1, \ldots, G_n\}$ erfüllbar ist.

(b) Für eine unendliche Menge $\mathcal{F} = \{G_1, G_2, G_3, \ldots\}$ aussagenlogischer Formeln gilt: Wenn eine unendliche Teilmenge $U \subseteq \mathbb{N}^+$ existiert, so dass für alle $n \in U$ die Formelmenge $\{G_1, \ldots, G_n\}$ erfüllbar ist, dann ist $\mathcal{F}$ erfüllbar.

Aufgabe 3.177 Endlichkeitssatz: Beispiel IV [▷331] ●

Seien $\mathcal{F}_1$ und $\mathcal{F}_2$ zwei aussagenlogische Formelmengen, so dass für jede Interpretation I gilt

I.3.6. EIGENSCHAFTEN

$I \models \mathcal{F}_1$ impliziert $I \not\models \mathcal{F}_2$ und $I \models \mathcal{F}_2$ impliziert $I \not\models \mathcal{F}_1$

Zeigen Sie mit Hilfe des Endlichkeitssatzes, dass es eine aussagenlogische Formel G gibt, so dass $\mathcal{F}_1 \models G$ und $\mathcal{F}_2 \models \neg G$.

Aufgabe 3.178 Erfüllbare endliche Teilmengen [▷332] ○

Sei $\mathcal{F}$ eine unendliche Teilmenge der aussagenlogischen Sprache $\mathcal{L}(\mathcal{R})$ über der aussagenlogischen Variablenmenge $\mathcal{R} = \{p_1, p_2, p_3, \ldots\}$.

Beweisen bzw. widerlegen Sie die folgende Aussage:

> Wenn jede Formel in $\mathcal{F}$ in einer endlichen erfüllbaren Teilmenge von $\mathcal{F}$ enthalten ist, dann ist die Formelmenge $\mathcal{F}$ ebenfalls erfüllbar.

Aufgabe 3.179 Doch ein Fehler im Endlichkeitssatz? [▷332] ○

Was halten Sie von folgender Argumentation:

> Der Endlichkeitssatz kann doch nicht stimmen, denn wenn man z.B. die Formelmenge $\mathcal{M} = \{p, \neg p\}$ betrachtet, dann ist jede endliche Teilmenge erfüllbar, aber $\mathcal{M}$ ist es nicht.

Aufgabe 3.180 Folgerungen und endlich vielen Prämissen [▷332] ◐

Beweisen Sie die folgende Behauptung:

$\mathcal{F} \models G$ gilt gdw. es eine endliche Teilmenge $\mathcal{F}'$ von $\mathcal{F}$ gibt mit $\mathcal{F}' \models G$.

Aufgabe 3.181 Endlichkeitssatz: Beweis mit Lemma von Zorn [▷332] ★

Beweisen Sie alternativ zum Lehrbuch den Endlichkeitssatz unter Verwendung des sogenannten

Lemma von Zorn: Sei M eine Menge mit einer partiellen Ordnung $\leq$ – also reflexiv, antisymmetrisch und transitiv – dann gilt:
Wenn jede Kette in M eine obere Schranke in M hat,
dann existiert in M ein maximales Element.
(Eine Teilmenge K von M heißt *Kette*, wenn $\leq$ eingeschränkt auf K *total* ist, d.h. für 2 beliebige Elemente a und b aus K gilt: $a \leq b$ oder $b \leq a$.)

Weiterhin nennen wir eine aussagenlogische Formelmenge $\mathcal{G}$ *endlich erfüllbar*, wenn jede endliche Teilmenge erfüllbar ist.

Zu zeigen ist nun:

> Wenn eine aussagenlogische Formelmenge $\mathcal{F} \subseteq \mathcal{L}(\mathcal{R})$ endlich erfüllbar ist, dann ist $\mathcal{F}$ erfüllbar.

Gehen Sie folgendermaßen vor:

(a) Betrachten Sie die Menge von Formelmengen

$$\widehat{\mathcal{F}} := \{\mathcal{G} \mid \mathcal{F} \subseteq \mathcal{G} \text{ und } \mathcal{G} \text{ endlich erfüllbar}\}$$

und zeigen Sie mit dem Lemma von Zorn, dass $\widehat{\mathcal{F}}$ ein maximales Element $\mathcal{M}$ bzgl. der Relation $\subseteq$ besitzt.

(b) Zeigen Sie, dass für jede aussagenlogische Variable $A \in \mathcal{R}$ gilt: $A \in \mathcal{M}$ oder $\neg A \in \mathcal{M}$

(c) Zeigen Sie, dass die Formelmenge $\mathcal{M}$ erfüllbar ist (woraus dann sofort die Erfüllbarkeit von $\mathcal{F} \subseteq \mathcal{M}$ folgt).

Aufgabe 3.182 Kompaktheitssatz: Namensmotivation [▷334] ★
Der Endlichkeitssatz wird in der Literatur oft auch Kompaktheitssatz genannt. Diese, aus der Topologie kommende Bezeichnung, soll in dieser Übungsaufgabe motiviert werden. (Wir verwenden im Folgenden Begriffe wie sie in jedem einführenden Lehrbuch der (mengentheoretischen) Topologie zu finden sind.)
Wir bezeichnen mit $\mathcal{I}(\mathcal{R})$ die Menge aller Interpretationen der aussagenlogischen Sprache $\mathcal{L}(\mathcal{R})$, und definieren

$\mathbb{M}(F) := \{I \in \mathcal{I}(\mathcal{R}) \mid I \models F\}$ (elementare Modellmenge)
$\mathbb{M}(\mathcal{F}) := \{I \in \mathcal{I}(\mathcal{R}) \mid I \models \mathcal{F}\}$ (verallgemeinerte elementare Modellmenge)

für $F \in \mathcal{L}(\mathcal{R})$ und $\mathcal{F} \subseteq \mathcal{L}(\mathcal{R})$.
Zeigen Sie die folgenden Aussagen:
  (a) Die Menge aller elementaren Modellmengen ist die Basis einer Topologie auf $\mathcal{I}(\mathcal{R})$, der sogenannten *elementaren Topologie*.
  (b) Die Menge $\mathcal{I}(\mathcal{R})$ ist zusammen mit der elementaren Topologie ein hausdorffscher topologische Raum.
  (c) Jede elementare Modellmenge ist abgeschlossen (bzgl. der elementaren Topologie), somit also eine offen-abgeschlossene Menge.
  (d) Die verallgemeinerten elementaren Modellmengen sind genau die abgeschlossenen Teilmengen von $\mathcal{I}(\mathcal{R})$ (bzgl. der elementaren Topologie).
  (e) $\mathbb{M}(\mathcal{R})$ ist bzgl. der elementaren Topologie abgeschlossen, aber nicht offen. Geben Sie zusätzlich eine Menge an, die offen, aber nicht abgeschlossen ist.
  (f) Die Menge $\mathcal{I}(\mathcal{R})$ zusammen mit der elementaren Topologie ist ein kompakter topologischer Raum.
  Hinweis: *Es ist zu zeigen, dass jede offene Überdeckung von $\mathcal{I}(\mathcal{R})$ eine endliche Überdeckung enthält. Zeigen Sie stattdessen die dazu äquivalente Aussage, dass für jede Menge $\mathcal{A} := \{A_i \mid i \in N\}$ mit $N \subseteq \mathbb{N}$ von abgeschlossen Menge gilt: Wenn $\bigcap \mathcal{A} = \emptyset$, dann gibt es Mengen $A_1, \ldots, A_n \in \mathcal{A}$, $n \in \mathbb{N}$, mit $A_1 \cap \ldots \cap A_n = \emptyset$. Beweisen Sie diese Aussage für $\mathcal{I}(\mathcal{R})$ mit der elementaren Topologie mit Hilfe des Endlichkeitssatzes.*
  (g) Im Beweis des Endlichkeitssatzes – Satz 3.45 des Lehrbuchs – wurde ausgehend von der leeren Menge von aussagenlogischen Variablen ein Modell I für eine Formelmenge $\mathcal{G}$ schrittweise konstruiert indem der Reihe nach für die aussagenlogischen Variablen $p_1, p_2, p_3, \ldots$ festgelegt wurde, ob sie auf ⊤ oder ⊥ abgebildet werden sollen. Wir bezeichnen die nach jedem Schleifendurchlauf vorliegenden Interpretationen mit $J_0, J_1, J_2, \ldots$ wobei $J_0 = \emptyset$ die Ausgangsinterpretation ist. (Nach Konstruktion gilt $J_0 \subseteq J_1 \subseteq J_2 \subseteq \cdots$, und für alle $n \in \mathbb{N}$ gilt: $p_i^I = p_i^{J_k}$ für alle $k \geq n$ und alle $0 < i \leq n$.) Zeigen Sie, dass die Folge $J_0, J_1, J_2, \ldots$ bzgl. der elementaren Topologie gegen I konvergiert.

3.6.2 Korrektheits- und Vollständigkeitssätze

Aufgabe 3.183 Streichen von Klauseln bzw. Literalen [▷335] ◐
Sei $F_K = \langle D_1, \ldots, D_n \rangle$ die konjunktive Normalform einer aussagenlogischen Formel F mit den aussagenlogischen Variablen $p, q_1, q_2, \ldots, q_\ell$.

I.3.6. EIGENSCHAFTEN 77

$F_1(p)$ entstehe aus F_K, indem einerseits $\neg p$ in allen verallgemeinerten Disjunktionen D_i gestrichen wird, und indem andererseits alle D_i in denen p als Literal vorkommt, entfernt werden.

In Analogie zu eben entstehe $F_2(p)$ aus F_K, indem einerseits p in allen verallgemeinerten Disjunktionen D_i gestrichen wird, und indem andererseits alle D_i in denen $\neg p$ vorkommt, entfernt werden.

(a) Bestimmen Sie F_K, $F_1(r)$ und $F_2(r)$ für die Formel
$F = \neg((p \to \neg(q \to \neg r)) \to (p \to r))$.

(b) Beweisen Sie, dass für alle Formeln F gilt:
Wenn $F_1(p)$ erfüllbar ist, dann ist auch F erfüllbar.

(c) Beweisen Sie, dass für alle Formeln F gilt:
Wenn F unerfüllbar ist, dann ist auch $F_1(p)$ unerfüllbar.

Aufgabe 3.184 Beweis von Korollar 3.48 [▷336] ○ 3-34 153

Beweisen Sie die folgende Aussage:
Sei $G = \langle C_1, \ldots, C_n \rangle$ eine aussagenlogische Formel in Klauselform mit den Klauseln C_i, $1 \leq i \leq n$, und seien $D_1, \ldots, D_m$ die in einer Resolutionsableitung von G berechneten Resolventen. Dann gilt: $G \equiv \langle G, D_1, \ldots, D_m \rangle$.

Aufgabe 3.185 Resolventen als Folgerungen [▷336] ◐

Seien D_1 und D_2 zwei aussagenlogische Klauseln und D eine Resolvente von D_1 und D_2 gemäß dem aussagenlogischen Resolutionsverfahren. Beweisen oder widerlegen Sie die folgenden Behauptungen:

(a) Wenn D_1 und D_2 erfüllbar sind, dann ist auch D erfüllbar.

(b) Wenn die Klauselmenge $\{D_1, D_2\}$ erfüllbar ist, dann ist auch D erfüllbar.

(c) Wenn D_1 und D_2 allgemeingültig sind, dann ist D allgemeingültig.

Aufgabe 3.186 Resolution mit tautologischen Klauseln [▷336] ○

Zeigen sie, dass es nicht möglich ist aus den beiden folgenden Klausel die leere Klausel herzuleiten.

1. $[p, \neg p]$
2. $[\neg p, p]$

Aufgabe 3.187 Resolution mit Formeln statt Literalen [▷336] ◐

Bleibt das Resolutionsverfahren korrekt und/oder vollständig wenn man statt Literalen in den Klauseln beliebige Formeln zulässt und über diese in analoger Weise Resolventen bildet?

Aufgabe 3.188 Natürliches Schließen und Resolution: I [▷337] ◐

Die Aufgabe soll an Hand eines Spezialfalls an die Frage heranführen, wie man mit dem Kalkül des natürlichen Schließens das Resolutionsverfahren rechtfertigen kann.

(a) Beweisen Sie mit dem Kalkül des natürlichen Schließens die folgende vereinfachte Form des Resolutionslemmas:
Seien $(p \vee G)$ und $(\neg p \vee H)$ zwei aussagenlogische Formeln,
dann gilt: $\{(p \vee G), (\neg p \vee H)\} \models (G \vee H)$

Hinweis: *Beweisen Sie zunächst, dass*

$$\frac{(p \vee G) \quad (\neg p \vee H)}{(G \vee H)}$$

ein Lemma im Kalkül des natürlichen Schließens ist.

(b) Zeigen Sie, dass sich mit dem zuvor hergeleiteten Lemma (L) – bzw. mit seiner analogen Form (L') –

$$\frac{(G \vee p) \quad (H \vee \neg p)}{(G \vee H)}$$

aus der Formelmenge $\{(p \vee q), (p \vee \neg q), (\neg p \vee q), (\neg p \vee \neg q)\}$ die leere Klausel herleiten lässt.

Aufgabe 3.189 Natürliches Schließen und Resolution: II [▷337] ◐

In Fortführung der Aufgabe 3.188 soll die Behandlung des Resolutionsverfahrens mit dem Kalkül des natürlichen Schließens hier allgemein behandelt werden.

Seien D_1 und D_2 Klauseln und D eine Resolvente von D_1 und D_2.

(a) Zeigen Sie, dass $((D_1 \wedge D_2) \to D)$ allgemeingültig ist.

(b) Beweisen Sie, dass

$$\frac{D_1 \quad D_2}{D}$$

ein Lemma im Kalkül des natürlichen Schließens ist.

Hinweis: Verwenden Sie Teilaufgabe (a) und den Vollständigkeitssatz des Kalküls des natürlichen Schließens.

Aufgaben zu Kapitel 4 des Lehrbuchs

Prädikatenlogik

4.1 Syntax

Aufgabe 4.1 Korrekte Terme und Formeln? [▷341] ○
Sei eine Sprache der Prädikatenlogik erster Stufe gegeben durch:
$\mathcal{R} = \{r/2, s/3\}$ und $\mathcal{F} = \{f/1, g/2, a/0, b/0, c/0\}$.

(a) Welche der folgenden Ausdrücke gehören zur Termmenge $\mathcal{T}(\mathcal{F}, \mathcal{V})$?

(1) $f(g(a))$
(2) $f(f(X))$
(3) $g(f(a), X)$
(4) $g(f, c)$
(5) $a \wedge a$
(6) $f(X(a))$
(7) $g(r(X, X), c)$

(b) Welche der folgenden Ausdrücke gehören zur Formelmenge $\mathcal{L}(\mathcal{R}, \mathcal{F}, \mathcal{V})$?

(1) $((\forall X)r(f(f(X)), a) \to s(b, b, X))$
(2) $(r(f(a), b) \wedge \neg(s(g(a, b), a, b))$
(3) $(r(X, Y, Z) \wedge s(a, b, c))$
(4) $(r(X, Y) \wedge s(g(a), a, a))$
(5) $(r(a, b) \wedge s((a \wedge a), a, a))$
(6) $\wedge s(a, a, a)$
(7) $(r(f(a), b) \wedge \neg s(r(a, b), a, b))$
(8) $(r(a, b) \wedge (\exists X)s(b, a, a))$
(9) $r(a, (\forall X)s(a, a, X))$
(10) $(\forall f(Y))((\forall X)r(X, f(Y), Z) \wedge s(a, b, c))$
(11) $(a \wedge (\forall X)s(g(a), a, a))$

Aufgabe 4.2 Ärzte und Quacksalber [▷341] ○
Drücken Sie die folgenden Sätze durch Formeln der Prädikatenlogik aus.
(1) *Einige Patienten lieben alle Ärzte.*
(2) *Kein Patient liebt einen Quacksalber.*
(3) *Kein Arzt ist ein Quacksalber.*

Aufgabe 4.3 Wer sieht wen? [▷342] ○
Formulieren Sie die folgenden natürlichsprachigen Sätze in Prädikatenlogik.
Verwenden Sie dazu das zweistellige Prädikatssymbol s um *sehen* auszudrücken – also $s(X, Y)$ soll bedeuten: X *sieht* Y – das zweistellige Prädikatssymbol g zur Repräsentation der Gleichheitsrelation – also $g(X, Y)^I = \top$ gdw. $X = Y$ – und die Konstante a zur Repräsentation der Person *Anna*.
(1) *Anna sieht alle.*
(2) *Jeder sieht jemanden.*
(3) *Es gibt jemanden, der alle sieht.*
(4) *Jeder sieht jemanden, der jemanden sieht.*
(5) *Es gibt jemanden, der unsichtbar ist.*
(6) *Anna sieht alle außer sich selbst.*
(7) *Keiner sieht alle.*
(8) *Ein Unsichtbarer sieht alle.*

Aufgabe 4.4 Verwandte und Nachbarn [▷342] ○
(a) Definieren Sie – zunächst in Form von deutschen Sätzen und dann mit prädikatenlogischen Formeln – die folgenden 2-stelligen Verwandtschaftsrelationen: *Vater, Mutter, Kind, Tochter, Sohn, Bruder, Schwester, Neffe* und *Nichte*.
Hierbei sollen die folgenden Relationssymbole mit den dazu angegebenen informellen Bedeutungen als gegeben vorausgesetzt werden.

$m(X)$ – X ist männlich
$w(X)$ – X ist weiblich
$e(X, Y)$ – X ist Elternteil von Y

(b) Drücken Sie die folgenden Sätze durch prädikatenlogische Formeln aus.
(1) *Niemand ist Nachbar von sich selbst.*
(2) *Jeder ist ein Nachbar oder er ist älter als irgendeine andere Person.*
(3) *Keine Person ist älter als jemand, der älter als diese Person ist.*
(4) *Es gibt eine Person, die ältere als alle anderen ist.*
(5) *Eine älteste Person hat keinen Nachbar.*

Verwenden Sie dazu die folgenden Relationssymbole mit den dazu angegebenen informellen Bedeutungen.

$n(X, Y)$ – X und Y sind Nachbarn
$a(X, Y)$ – X ist älter als Y
$d(X, Y)$ – X und Y sind verschieden

I.4.1. SYNTAX

Aufgabe 4.5 Induktion und Rekursion für Formeln [▷343] ○ 4-1 167
Formulieren Sie die folgenden Prinzipien für prädikatenlogische Formeln:
  (a) Das Prinzip der strukturellen Induktion
  (b) Das Prinzip der strukturellen Rekursion.

Aufgabe 4.6 Zählen von Variablen in Termen [▷343] ○
Sei $\mathsf{v}(t)$ die Anzahl der Vorkommen von Variablen im Term t.
So soll z.B. gelten: $\mathsf{v}(f(X, Y, g(Y, X))) = 4$.
Geben Sie eine rekursive Definition der Funktion v an.

Aufgabe 4.7 Zählen von Klammerpaaren in Formeln [▷343] ○
Geben Sie mittels struktureller Rekursion eine Funktion an, welche die Anzahl der Klammernpaare einer prädikatenlogischen Formel definiert.

Aufgabe 4.8 Präzisierung der strukturellen Rekursion [▷344] ○
  (a) Die Definition von Funktionen, welche Terme aus $\mathcal{T}(\mathcal{F}, \mathcal{V})$ in eine beliebige Menge M abbilden, wurde Im Lehrbuch mittels struktureller Rekursion eingeführt.
  Präzisieren Sie die Definition der strukturellen Rekursion über Termen in Analogie zu Satz 3.7 indem Sie entsprechende Hilfsfunktionen einführen.
  (b) Geben Sie für das folgende Beispiel von Seite 167 des Lehrbuchs die in Teilaufgabe (a) benannten definierenden Funktionen an.

$$\mathsf{foo}_5(t) = \begin{cases} 0 & \text{wenn } t \text{ eine Variable ist} \\ 1 & \text{wenn } t \text{ ein Konstantensymbol ist} \\ \mathsf{foo}_5(t_1) + \ldots + \mathsf{foo}_5(t_n) & \text{wenn } t \text{ von der Form } f(t_1, \ldots, t_n) \text{ ist} \\ & \text{und } n > 0 \text{ ist} \end{cases}$$

  (c) Geben Sie für die folgende Funktion, welche die Menge der in einem Term vorkommenden Konstanten ermittelt, die in Teilaufgabe (a) benannten definierenden Funktionen an.

$$\mathsf{koo}(t) = \begin{cases} \emptyset & \text{wenn } t \text{ eine Variable ist} \\ \{t\} & \text{wenn } t \text{ ein Konstantensymbol ist} \\ \bigcup_{i=1}^{n} \mathsf{koo}(t_i) & \text{wenn } t \text{ von der Form } f(t_1, \ldots, t_n) \text{ ist und } n > 0 \text{ ist} \end{cases}$$

Aufgabe 4.9 Teilterme [▷344] ◐
  (a) Geben Sie in Analogie zur Definition 3.8 der Teilformelmenge einer aussagenlogischen Formel eine Definition der Menge der Teilterme – wir bezeichnen diese mit $\mathcal{T}_t$ – eines Terms t an.
  (b) Definieren Sie in Analogie zur Konstruktion von Teilformeln aussagenlogischer Formeln – vgl. Aufgabe 3.32 – Konstruktionen der Länge n eines Terms s aus einem Term t.
  (c) Bestimmen Sie für den Term $t = h(f(Y, X), X, g(a))$ gemäß Ihrer Definition die Mengen $\mathcal{K}_n(t)$ für alle $n \in \mathbb{N}$ und geben Sie für alle Terme $s \in \mathcal{K}_n(t)$ die zugehörige Konstruktion an.

(d) Zeigen Sie, dass $\mathcal{T}_t = \mathcal{K}(t)$ für beliebige $t \in \mathcal{T}(\mathcal{F}, \mathcal{V})$ gilt.

Aufgabe 4.10 Teilformeln [▷346] ○

Geben Sie in Analogie zur Definition 3.8 der Teilformelmenge einer aussagenlogischen Formel eine Definition für die Menge der

(a) Teilformeln einer prädikatenlogischen Formel an, und
(b) bestimmen Sie die Menge der Teilformeln der prädikatenlogischen Formel
$$F = ((\forall X)(\forall Y)(p(X,Y) \vee q(a,Y)) \rightarrow ((\forall X)p(X,a) \vee (\exists Z)(\exists Y)q(Z,Y))).$$

Aufgabe 4.11 Teilformeln und Symbolvorkommen [▷346] ○

(a) Definieren Sie eine rekursive Funktion soo, welche die Menge der Teilformeln einer prädikatenlogischen Formel F ermittelt (ohne Beweis).
(b) Definieren Sie eine rekursive Funktion g, welche, falls angewandt auf eine prädikatenlogischen Formel F, die Anzahl der Vorkommen der Relationssymbole, Quantoren und Junktoren in F ermittelt.
(Zum Beispiel: $g((\neg((\forall X)p(f(X),a) \wedge p(a,a)) \wedge \neg(\exists Y)q(Y))) = 9$)
(c) Bezeichne $|\mathcal{S}_F|$ die Mächtigkeit der Menge $\mathcal{S}_F$. Beweisen Sie mit struktureller Induktion, dass $|\mathcal{S}_F| \leq g(F)$ für beliebige prädikatenlogische Formeln F gilt.

Aufgabe 4.12 Teilformelersetzung in Prolog [▷347] ○

(a) Definieren Sie eine Funktion f über der Menge der prädikatenlogischen Formeln, die, angewendet auf eine Formel F eine Formel F' erzeugt, die aus F hervorgeht, indem alle Teilformeln der Form von $(G \rightarrow H)$ durch $(\neg G \vee H)$ ersetzt werden.
(b) Die Operatoren neg, and, or, impl seien durch :- op(140, fy, neg). bzw. durch :- op(160, xfx, [and, or, impl]) definiert.
Schreiben Sie ein Prolog-Programm f/2, das in einer gegeben prädikatenlogischen Formel (in Prolog-Darstellung) alle Teilformeln der Form (G impl H) durch (neg G or H) ersetzt.

4.2 Substitutionen

Aufgabe 4.13 Beispiele zur Substitutionskomposition [▷348] ○

(a) Es seien die folgenden Substitutionen gegeben.
$$\kappa = \{W \mapsto Y, Y \mapsto W, Z \mapsto W\} \quad \text{und} \quad \sigma = \{Z \mapsto Y\}$$

(1) Wie lautet die Substitution κ_Y?
(2) Wie lautet die Substitution σ_Y?
(3) Wie lautet die Substitution $\kappa \kappa_Y$?
(4) Wie lautet die Substitution $\kappa_Y \kappa$?
(5) Wie lautet die Substitution $\kappa \kappa$?
(6) Wie lautet die Substitution $\kappa \sigma_Y$?
(7) Wie lautet die Substitution $\sigma_Y \kappa$?

(b) Bestimmen Sie für die folgenden Substitutionen
$$\sigma = \{X \mapsto V, Z \mapsto V, V \mapsto X\} \text{ und } \tau = \{Z \mapsto X\}$$
(1) die Substitution $\sigma\sigma$.
(2) die Substitution $\sigma_X \sigma$.
(3) die Substitution $\sigma\sigma_X$.
(4) die Substitution $\sigma\tau_X$.
(5) die Substitution $\tau_X \sigma$.

(c) Bestimmen Sie für die folgenden Substitutionen
$$\sigma = \{Y \mapsto f(Y, W), Z \mapsto X\} \text{ und } \theta = \{Y \mapsto g(Y), X \mapsto Z, Z \mapsto W\}$$
die Substitutionen $\lambda_1 = \sigma\theta$ und $\lambda_2 = \theta\sigma$.

Aufgabe 4.14 Freie Variable und Substitutionsanwendung [▷348] ○

(a) Seien $r/2$ und $s/2$ Relationssymbole, $a/0$, $c/0$ und $f/2$ Funktionssymbole, X, Y, Z Variable und $\sigma = \{X \mapsto f(a, Y), Y \mapsto a\}$ eine Substitution. Markieren Sie die freien Vorkommen von Variablen in den folgenden Formeln F_i, $i \in \{1, 2, 3\}$, und bestimmen Sie $F_i \sigma$.
(1) $F_1 = ((\forall X) r(X, Y) \to r(X, Y))$
(2) $F_2 = (\forall X)\bigl(r(X, c) \to r(X, c)\bigr)$
(3) $F_3 = (\forall X)\bigl((\exists Y) r(f(X, Y), c) \to (\exists Z) s(Y, Z)\bigr)$

(b) Gegeben sei die Substitution $\theta = \{Y \mapsto g(Y), X \mapsto Z, Z \mapsto W\}$ und die prädikatenlogische Formel $F = (\forall X)\bigl(p(X, Y) \wedge (\exists X)(\exists Y) p(X, Y)\bigr)$. Bestimmen Sie $F\theta$.

Aufgabe 4.15 $t\hat{\sigma}$ ist wieder ein Term [▷349] ◐ 4-2 170
Beweisen Sie, dass die Anwendung einer Substitution $\hat{\sigma}$ auf einen Term t wieder einen Term erzeugt.

Aufgabe 4.16 Substitutionskomposition ist eine Substitution [▷349] ◐
Zeigen Sie, dass durch die Definition 4.10 der Substitutionskomposition $\sigma\theta$ der Substitutionen σ und θ wirklich eine Substitution definiert wird.

Aufgabe 4.17 Substitutionskomposition ist nicht kommutativ [▷350] ○
Seien X, Y, U und V Variable, a ein Konstantensymbol und f ein Funktionssymbol. Gegeben seien die beiden folgenden Substitutionen:
$$\sigma_1 = \{X \mapsto f(Y, a), Y \mapsto U, U \mapsto f(Y, X)\}$$
$$\sigma_2 = \{X \mapsto a, Y \mapsto f(U, a), V \mapsto f(a, U)\}$$
Ermitteln Sie $\sigma_1 \sigma_2$ und $\sigma_2 \sigma_1$ und vergleichen Sie die beiden Ergebnisse.

Aufgabe 4.18 Beispiele zu Substitutionen [▷351] ○
Sei $\sigma\tau$ die Komposition der beiden Substitutionen σ und τ.
Beweisen bzw. widerlegen Sie die beiden unten stehenden Aussagen.
(a) Wenn σ die Variable $X \in \mathcal{V}$ auf einen nicht abgeschlossenen Term t abbildet, dann ist es möglich, dass $\sigma\tau$ die Variable X auf sich selbst abbildet.

(b) Wenn für eine Variable $X \in \mathcal{V}$ gilt, dass sie von σ und $\sigma\tau$ auf den selben Wert abgebildet wird, d.h. dass also $X\sigma = X(\sigma\tau)$ gilt, dann muss $X\sigma$ ein abgeschlossener Term sein.

Aufgabe 4.19 $t(\widehat{\sigma\theta}) = (t\widehat{\sigma})\widehat{\theta}$ [▷351]

Seien σ und θ zwei Substitutionen. Es soll Proposition 4.12 bewiesen werden.

(a) Zeigen Sie, dass für alle Variablen $X \in \mathcal{V}$ gilt: $X(\widehat{\sigma\theta}) = (X\widehat{\sigma})\widehat{\theta}$.

(b) Beweisen Sie mittels struktureller Induktion, dass für beliebige Terme t die Proposition 4.12 gilt: $t(\widehat{\sigma\theta}) = (t\widehat{\sigma})\widehat{\theta}$

Aufgabe 4.20 Existenz von θ mit $\widehat{\theta} = \widehat{\sigma} \circ \widehat{\tau}$ [▷352]

Für zwei Substitutionen σ und τ wurde im Lehrbuch die Substitutionskomposition $\sigma\tau$ definiert, und in Proposition 4.12 wurde behauptet, dass die Hintereinanderausführung $\widehat{\sigma} \circ \widehat{\tau}$ der durch die Substitutionen σ und τ 'induzierten' Termabbildungen $\widehat{\sigma}$ und $\widehat{\tau}$ eine Termabbildung ist, welche wiederum durch eine Substitution 'induziert' wird. Konkret wurde behauptet, dass $\widehat{\sigma} \circ \widehat{\tau}$ die Erweiterung $\widehat{\sigma\theta}$ der Substitution $\sigma\theta$ ist. (vgl. Aufgabe 4.19 für den Beweis dieser Behauptung.)
Beweisen Sie auf folgende *alternative* Weise die bloße Existenz einer Substitution θ derart, dass $\widehat{\theta} = \widehat{\sigma} \circ \widehat{\tau}$.

(a) Zeigen Sie, dass $(\widehat{\sigma} \circ \widehat{\tau})|_{\mathcal{V}}$ eine Substitution ist. (Die Bezeichnung $(\widehat{\sigma} \circ \widehat{\tau})|_{\mathcal{V}}$ verwendet hier den üblichen mathematischen Begriff der Einschränkung einer der Abbildung $\widehat{\sigma} \circ \widehat{\tau}: \mathcal{T}(\mathcal{F},\mathcal{V}) \to \mathcal{T}(\mathcal{F},\mathcal{V})$ auf die Teilmenge $\mathcal{V} \subset \mathcal{T}(\mathcal{F},\mathcal{V})$ ihrer Quelle.)

(b) Zeigen Sie für $\theta = (\widehat{\sigma} \circ \widehat{\tau})|_{\mathcal{V}}$, dass $\widehat{\theta} = \widehat{\sigma} \circ \widehat{\tau}$ gilt.

Aufgabe 4.21 Substitutionswert hängt nur von Variablen in Term ab [▷352]

Seien σ und θ zwei Substitutionen, t ein Term und $\mathcal{V}_t$ die Menge der in t vorkommenden Variablen.

(a) Bestimmen Sie $\sigma|_{\mathcal{V}_t}$, $t\sigma$ und $t\theta$ für

$t = f(g(X), f(a, Z))$,

$\sigma = \{X \mapsto f(Y, g(Z)), Y \mapsto g(a), Z \mapsto f(g(X), U), U \mapsto X\}$ und

$\theta = \{X \mapsto g(Z), Y \mapsto Z, Z \mapsto f(X, U), U \mapsto g(X)\}$.

(b) Beweisen Sie durch strukturelle Induktion über t:
Wenn $\sigma|_{\mathcal{V}_t} = \theta|_{\mathcal{V}_t}$ gilt, dann gilt auch $t\sigma = t\theta$.

Aufgabe 4.22 Über Domänen von Substitutionen [▷353]

Beweisen bzw. widerlegen Sie die folgenden Aussagen über eine Substitution σ, Variablen $X, Y \in \mathcal{V}$, und eine Teilmenge $\mathcal{U} \subseteq \mathcal{V}$.

(a) $\text{dom}(\sigma|_\mathcal{U}) = \text{dom}(\sigma) \cap \mathcal{U}$

(b) $\sigma|_{\text{dom}(\sigma)} = \sigma$

(c) $\text{dom}(\sigma|_{\text{dom}(\sigma)}) = \text{dom}(\sigma)$

(d) $\text{dom}(\sigma_X) = \text{dom}(\sigma) \setminus \{X\}$

(e) $\text{dom}((\sigma_X)_Y) = \text{dom}(\sigma) \setminus \{X, Y\}$

I.4.2. SUBSTITUTIONEN

Aufgabe 4.23 $\{X \mapsto r\}$ **und** X **nicht in** t [▷354] ◐ 4-4 170
Sei t ein Term, in dem die Variable X nicht vorkommt, und $\mu = \{X \mapsto r\}$.
Beweisen sie, dass dann $t\widehat{\mu} = t$ gilt (Proposition 4.9).

Aufgabe 4.24 $\sigma_X = \sigma|_{\text{dom}(\sigma)\setminus\{X\}}$ [▷354] ◐ 4-6 173
Beweisen Sie, dass für eine beliebige Substitution σ und eine beliebige Variable X
gilt: $\sigma_X = \sigma|_{\text{dom}(\sigma)\setminus\{X\}}$

Aufgabe 4.25 X **nicht in** t **und** σ_X [▷355] ◐ 4-7 173
Sei σ eine Substitution und t ein Term, in dem die Variable X nicht vorkommt.
Beweisen sie, dass dann $t\sigma_X = t\sigma$ gilt (Proposition 4.15).

Aufgabe 4.26 Substitutionswert hängt nur von freien Variablen ab [▷355] ◐ 4-8 174
Beweisen Sie, dass bei der Anwendung einer Substitution σ auf eine Formel F nur
freie Vorkommen von Variablen aus dom(σ) (nicht durch sich selbst) ersetzt werden.

Aufgabe 4.27 Beweis von Satz 4.18: Vervollständigung I [▷356] ◐ 4-9 175
Ergänzen Sie im I.S. des Beweises von Satz 4.18 den Fall des binären Junktors.

Aufgabe 4.28 Beweis von Satz 4.18: Vervollständigung II [▷356] ◐ 4-10 176
Ergänzen Sie im I.S. des Beweises von Satz 4.18 den Fall des existiellen Quantors.

Aufgabe 4.29 Idempotente Substitutionen [▷357] ◐
Eine Substitution σ ist *idempotent*, wenn $\sigma\sigma = \sigma$ ist. Sei σ eine Substitution und V
die Menge der in $\{X\sigma \mid X \in \text{dom}(\sigma)\}$ vorkommenden Variablen.
Beweisen Sie: σ ist genau dann idempotent, wenn $V \cap \text{dom}(\sigma) = \emptyset$.

Aufgabe 4.30 Die leere Substitution als Einselement [▷357] ○
Zeigen Sie, dass für alle Substitutionen σ gilt: $\sigma\varepsilon = \varepsilon\sigma = \sigma$.
Mit anderen Worten, die leere Substitution ε ist das linke und rechte Einselement der
Komposition von Substitutionen. (Korollar 4.11)

Aufgabe 4.31 Die leere Substitution ist frei [▷358] ○
Beweisen oder widerlegen Sie die Behauptung:
  Die leere Substitution ε ist frei für jede Formel.

Aufgabe 4.32 $\{Y \mapsto t\}$ **frei für** $(QY)F$ [▷358] ○
Zeigen Sie, dass die Substitution $\{Y \mapsto t\}$ für Formeln der Form $(QY)F$ frei ist.

Aufgabe 4.33 Substitutionen und Variablenmengen [▷358] ○
Beweisen sie die folgende Aussage.
  Wenn eine Substitution σ für eine Formel G frei ist,
  dann ist auch $\sigma|_\mathcal{U}$ frei für G,
  wobei $\mathcal{U} \subset \mathcal{V}$ eine beliebige Menge von Variablen ist.

Aufgabe 4.34 Substitution und 'ungebundene' Variablen [▷359] ○
Sei $\sigma = \{X_1 \mapsto t_1, \ldots, X_n \mapsto t_n\}$ eine Substitution und sei
$\mathcal{V}_\sigma = \{Z \in \mathcal{V} \mid Z \text{ kommt in mindestens einem der } t_i, 1 \leq i \leq n, \text{vor}\}$. Dann gilt:
  Wenn in einer Formel G keine Variable aus $\mathcal{V}_\sigma$ gebunden vorkommt,
  dann ist σ frei für G.

Aufgabe 4.35 Abarten der Substitutionskomposition [▷359] ○

Die Komposition $\sigma\tau$ der Substitutionen σ und τ wurde an Hand Ihrer Darstellungen als endliche Liste von Paaren der Form $X \mapsto t$ definiert (mit $X \in \mathcal{V}$ und $t \in \mathcal{T}(\mathcal{F}, \mathcal{V})$). In gleicher Weise, also unter Bezug auf die endlichen Paarmengen, welche die Substitutionen σ und τ festlegen, seien nun die folgenden Paarmengen definiert:

$$\sigma \square \tau := \{X \mapsto t\tau \mid X \mapsto t \in \sigma \text{ und } X \neq t\tau\} \cup \{Y \mapsto s \mid Y \mapsto s \in \tau\}$$

$$\sigma \triangle \tau := \{X \mapsto t\sigma \mid X \mapsto t \in \tau \text{ und } X \neq t\sigma\}$$
$$\cup \{Y \mapsto s \mid Y \mapsto s \in \sigma \text{ und } Y \notin \mathrm{dom}(\tau)\}$$

Mit der üblichen Konvention, dass eine Variable X, für die es kein Paar $X \mapsto t$ in der Paarmenge gibt, auf sich selbst abgebildet wird, bestimmen die Paarmengen $\sigma \square \tau$ und $\sigma \triangle \tau$ Substitutionen.

Beweisen bzw. widerlegen Sie die folgenden Aussagen.

(a) Für alle Substitutionen σ und τ gilt: $\sigma\tau = \sigma \square \tau$
(b) Für alle Substitutionen σ und τ gilt: $\sigma\tau = \sigma \triangle \tau$

Aufgabe 4.36 Substitutionsmonoide [▷359] ★

Das Ziel dieser Aufgabe ist es, Substitutionen von Variablen und die von ihnen induzierten Abbildungen von Termen von einem algebraischen Standpunkt aus noch mal zu betrachten.

Wie benötigen zunächst einige Definitionen.

(A) Unter einer *Verknüpfung* oder *Operation* $\diamond$ auf einer Menge M versteht man eine Abbildung $\diamond\colon M \times M \longrightarrow M$.

(B) Ein Paar $(M, \diamond)$ heißt eine *Halbgruppe* gdw. die Verknüpfung $\diamond$ *assoziativ* ist, d.h es gilt: $a \diamond (b \diamond c) = (a \diamond b) \diamond c$ für alle $a, b, c \in M$

(C) Eine Halbgruppe $(M, \diamond)$ heißt ein *Monoid* gdw. es in M ein *neutrales* Element bzgl. $\diamond$ gibt, d.h. es gibt ein $\mathrm{e}_M \in M$ mit $\mathrm{e}_M \diamond a = a = a \diamond \mathrm{e}_M$ für alle $a \in M$. (Ein bekanntes Beispiel für ein Monoid ist $(\mathbb{N}, +)$ mit der 0 als neutralem Element.)

(D) Wir bezeichnen mit $\mathrm{Abb}(M, N)$ die Menge aller Abbildungen einer Menge M in eine Menge N und bezeichnen mit $\circ$ die Hintereinanderausführung von Abbildungen, d.h. für Abbildungen $f \in \mathrm{Abb}(M, N)$ und $g \in \mathrm{Abb}(N, O)$ ist $g \circ f$ definiert als $(g \circ f)(x) := g(f(x))$ für alle $x \in M$. $g \circ f$ ist also Element von $\mathrm{Abb}(M, O)$.

(a) Zeigen Sie, dass $(\mathrm{Abb}(M, M), \circ)$ für eine beliebige Menge M ein Monoid ist.

(b) Sei $\mathcal{L}(\mathcal{R}, \mathcal{F}, \mathcal{V})$ eine prädikatenlogische Sprache. Wir bezeichnen mit $\mathfrak{S}$ die Menge aller Substitutionen zu dieser Sprache, und bezeichnen mit $\mathfrak{T}$ die Menge $\mathrm{Abb}(\mathcal{T}(\mathcal{F}, \mathcal{V}), \mathcal{T}(\mathcal{F}, \mathcal{V}))$.
Zeigen Sie, dass die Abbildung $\widehat{\cdot}\colon \mathfrak{S} \longrightarrow \mathfrak{T}$, die jede Substitution σ auf $\widehat{\sigma}$ abbildet, nicht surjektiv ist.

(c) Wir bezeichnen mit $\widehat{\mathfrak{S}}$ das Bild der Abbildung $\widehat{\cdot}$.
Aus Teilaufgabe (a) folgt trivialerweise, dass $(\mathfrak{T}, \circ)$ ein Monoid ist.
Zeigen Sie, dass auch $(\widehat{\mathfrak{S}}, \circ)$ ein Monoid ist (wobei $\circ$ die übliche Hintereinanderausführung von Abbildungen ist).

(d) Wir benötigen weitere Definitionen:

(A) Unter einem *Monoid-Homomorphismus* versteht man eine Abbildung $f\colon M \longrightarrow N$ zwischen Monoiden $(M, \diamond)$ und $(N, \square)$ für die gilt:
  (i) $f(\mathsf{e}_M) = \mathsf{e}_N$, wobei e_M und e_N die neutralen Elemente von M bzw. N sind.
  (ii) $f(a \diamond b) = f(a) \square f(b)$ für alle $a, b \in M$.

(B) Ein bijektiver Monoid-Homomorphismus heißt *Monoid-Isomorphismus*.
Sei nun $(N, \square)$ ein Monoid und $f\colon M \longrightarrow N$ eine bijektive Abbildung – mit Umkehrfunktion f^{-1} – einer Menge M in die Menge N, welche die Bedingungen (i) und (ii) erfüllt.
Zeigen Sie, dass dann $(M, \diamond)$ mit $a \diamond b := f^{-1}(f(a) \square f(b))$ ein Monoid ist, und dass f ein Monoid-Isomorphismus ist.

(e) Zeigen Sie, dass vorige Aussage nicht gilt, falls f entweder nicht injektiv ist oder falls $(Bild(f), \square)$ kein Monoid ist.

(f) Zeigen Sie, dass die Abbildung $\widehat{\cdot}\colon \mathfrak{S} \longrightarrow \widehat{\mathfrak{S}}$ ein Monoid-Isomorphismus ist, d.h. eine bijektive Abbildung mit $\widehat{\sigma\tau} = \widehat{\sigma} \circ \widehat{\tau}$ für alle Substitutionen $\sigma, \tau \in \mathfrak{S}$.

4.3 Semantik

4.3.2 Interpretationen

Aufgabe 4.37 Beispiele zur Interpretationsanwendung [▷361] ○
Die Menge der prädikatenlogischen Formeln $\mathcal{L}(\mathcal{R}, \mathcal{F}, \mathcal{V})$ sei gegeben durch $\mathcal{R} = \{p/1, q/1\}$ und $\mathcal{F} = \{f/2, g/1, a/0, b/0\}$.

(a) Es sei die folgende Interpretation I_1 gegeben.

Grundbereich $\mathcal{D}_1 = \{0, s(0), s(s(0)), \ldots\} = \{s^n(0) \mid n \in \mathbb{N}\}$
$a^{I_1} = b^{I_1} = 0$
$g^{I_1}(x) = s(x)$ für alle $x \in \mathcal{D}_1$
$f^{I_1}(s^n(0), s^m(0)) = \begin{cases} s^n(0) & \text{falls } n > m \\ s^m(0) & \text{falls } n \leq m \end{cases}$ für alle $m, n \in \mathbb{N}$
$p^{I_1} = \{0\}$
$q^{I_1} = \{x \mid x \in \mathcal{D}_1\}$

Geben Sie die Werte der folgenden Terme und Formeln unter der Interpretation I_1 an.
  (1) $f(g(f(a, g(a))), a)$
  (2) $f(g(a), f(a, a))$
  (3) $(\forall X)(p(X) \to \neg q(g(X)))$

(b) Es sei die folgende Interpretation I_2 gegeben.

Grundbereich $\mathcal{D}_2$: Die Menge aller endlichen Listen mit Elementen a, b, c, oder d.
Es seien $a^{I_2} = [d]$, $b^{I_2} = [a,b,c]$, $p^{I_1} = \{([\;])\}$, $q^{I_1} = \{([a,b,c,d])\}$,

$$g^{I_2}(L) = \begin{cases} [b] & \text{wenn } L = [\;] \text{ und } L \in \mathcal{D}_2 \\ T & \text{wenn } L = [H|T] \text{ und } L \in \mathcal{D}_2 \end{cases}$$

$$f^{I_2}(L_1, L_2) = \begin{cases} [H_1|T_2] & \text{falls } L_1 = [H_1|T_1] \text{ und} \\ & L_2 = [H_2|T_2] \text{ und } L_1, L_2 \in \mathcal{D}_2 \\ [b,c] & \text{falls } L_1 = [\;] \text{ oder } L_2 = [\;] \end{cases}$$

(1) Bestimmen Sie den Wert von $g(f(a, g(b)))$ unter der Interpretation I_2.

(2) Geben Sie einen Term t aus der vorgegebenen Sprache an, für den gilt $t^{I_2} = [a, c]$, und führen Sie den Nachweis, dass $t^{I_2} = [a, c]$ gilt.

(3) Bestimmen Sie $[((\forall X)p(f(X, X)) \land (\exists X)q(g(X)))]^{I_2}$.

Aufgabe 4.38 Verschiedene Interpretationen einer Formel: I [▷362] ○

Sei $F = (\forall X)(\forall Y)((p(X,a) \land p(Y,b)) \rightarrow (p(f(X,Y), X) \land p(f(X,Y), Y)))$ eine prädikatenlogische Formel aus $\mathcal{L}(\{p/2\}, \{f/2, a/0, b/0\}, \{X, Y, \ldots\})$.

(a) Betrachten Sie die Interpretation I_1 über der Domäne $\mathcal{D}_1 = \{0, 1\}$ mit $p^{I_1} = \{(1,1)\}$, $a^{I_1} = 1$ und $b^{I_1} = 0$, sowie $f^{I_1}(x, y) = 0$ für alle $x, y \in \{0, 1\}$.
Zeigen Sie, dass $F^{I_1} = \top$ gilt.

(b) Geben Sie eine Interpretation I_2 an unter der die Formel F die folgende Bedeutung hat:
Für zwei beliebige positive Zahlen m und n gilt, wenn m und n beide größer als 1 sind, dann ist das Produkt von m und n größer als jeder der einzelnen Multiplikanden m und n.

(c) Zeigen Sie, dass die Formel F nicht allgemeingültig ist.

Aufgabe 4.39 Verschiedene Interpretationen einer Formel: II [▷363] ○

Sei $F = (((\forall X)p(a, X) \land (\exists X)p(X, b)) \rightarrow (\forall X)p(g(X), X))$ eine prädikatenlogische Formel aus $\mathcal{L} = (\{p/2\}, \{g/1,\ a/0,\ b/0\}, \{X, Y, \ldots\})$.

(a) Geben Sie eine Interpretation I über der Domäne der natürlichen Zahlen an, für die $F^I = \bot$ gilt.

(b) Geben Sie eine Interpretation I mit der Domäne $\mathcal{D} = \{c\}$ und $F^I = \top$ an.

Aufgabe 4.40 Beispiel: Erfüllbare und widerlegbare Formel [▷365] ○

Es sei die Formel $F = ((\exists X)p(X) \rightarrow (\forall X)p(X))$ der prädikatenlogischen Sprache $\mathcal{L}(\{p/1\}, \emptyset, \mathcal{V})$ gegeben.
Beantworten Sie folgende Fragen und beweisen Sie Ihre Antworten.

(a) Ist die Formel F erfüllbar?

(b) Ist die Formel F widerlegbar?

Aufgabe 4.41 Beispiel: Modelle und Relationen [▷365] ○

Sei $F = (\forall X)(p(X) \rightarrow (q(X) \land \neg r(X)))$.
Beweisen bzw. widerlegen Sie die folgenden Aussagen.

I.4.3. SEMANTIK

(a) Für jedes Modell $I = (\mathcal{D}, \cdot^I)$ von F gilt: $r^I \subseteq p^I$.
(b) Für jedes Modell $I = (\mathcal{D}, \cdot^I)$ von F gilt: $p^I \subseteq q^I$.
(c) Für jedes Modell $I = (\mathcal{D}, \cdot^I)$ von F gilt: $p^I \cup q^I \cup r^I = \mathcal{D}$.
(d) Für jedes Modell $I = (\mathcal{D}, \cdot^I)$ von F gilt: $p^I \cap r^I = \emptyset$.

Aufgabe 4.42 Mathematiker und Philosophen [▷366] ○
Betrachten Sie folgende Aussagen.
(1) *Einige Mathematiker sind Philosophen.*
(2) *Die Unsterblichen ignorieren die Philosophie.*
(3) *Kein Schriftsteller praktiziert Mathematik.*
(4) *Alle Sterblichen sind Schriftsteller.*

(a) Drücken Sie diese Aussage durch Formeln der Prädikatenlogik aus.
(b) Geben Sie zwei Interpretationen mit verschiedenen Grundbereichen für die von Ihnen angegebenen Formeln an.
(c) Geben Sie ein Modell für die erste der Formeln aus Ihrer Lösung zu Teilaufgabe (a) an, und zeigen Sie, dass es auch ein Modell dieser Formel ist.

Aufgabe 4.43 Beispiel mit Drachen [▷367] ○
Betrachten Sie folgende Aussagen:
(1) *Drachen spucken Feuer und können fliegen.*
(2) *Manche Drachen sind grün.*
(3) *Es gibt grüne Dinge, die fliegen können.*

(a) Übertragen Sie diese Aussagen in die Prädikatenlogik. Verwenden Sie dabei

$d(X)$ für "*X ist ein Drache*",
$s(X)$ für "*X spuckt Feuer*",
$f(X)$ für "*X kann fliegen*" und
$g(X)$ für "*X ist grün*".

Verwenden Sie keine weiteren Konstanten-, Funktions-, oder Relationssymbole.

(b) Die folgende Interpretation sollte ein Modell der Formeln sein nach denen in Teilaufgabe (a) gefragt wurde. Stimmt dies?

$D = \{hugo, krx, libelle, tisch, gras\}$,
$d^I = \{(hugo), (krx)\}$,
$s^I = \{(hugo), (krx)\}$,
$f^I = \{(hugo), (krx), (libelle)\}$,
$g^I = \{(krx), (gras), (libelle)\}$

(c) Geben Sie für Ihre Formelmenge aus Teilaufgabe (a) eine Interpretation mit Grundbereich $\mathcal{D} = \{a, b, c\}$ an, die kein Modell für diese Formelmenge ist.

Aufgabe 4.44 Beispiel zur Semantik von All-Aussagen [▷368] ◐
Sei $\mathcal{L}(\{p/1\}, \emptyset, \{X, Y, Z, \ldots\})$ eine prädikatenlogische Sprache, I eine Interpretation über einer beliebigen Domäne $\mathcal{D}$ und sei $\mathcal{Z}$ eine Variablenzuordnung.
Beweisen bzw. widerlegen Sie die folgende Aussage.

$[(\forall X)p(X)]^{I,\mathcal{Z}} = \top$ gdw. $[(\forall X)p(X)]^{I,\mathcal{Z}} = [p(X)]^{I,\{X \mapsto d\}\mathcal{Z}}$ für alle $d \in \mathcal{D}$

Aufgabe 4.45 Knifflige Existenz [▷368] ●
Zeigen sie die Allgemeingültigkeit der folgenden Formel: $(\exists X)(a(X) \to (\forall Y)a(Y))$

Aufgabe 4.46 Interpretationsvergleich: I [▷368] ◐
In dieser Aufgabe soll der aussagenlogische Interpretationsbegriff mit dem prädikatenlogischen verglichen werden. (Vgl. auch Aufgabe 4.65.)

(a) Sei $\mathcal{L}(\mathcal{R})$ eine aussagenlogische Sprache (mit der Menge $\mathcal{R}$ von aussagenlogischen Variablen) und sei $\mathcal{L}(\mathcal{R}', \emptyset, \mathcal{V})$ eine prädikatenlogische Sprache mit $\mathcal{R} \subseteq \mathcal{R}'_0$, wobei $\mathcal{R}'_0$ die Menge der nullstelligen Relationssymbole in $\mathcal{R}'$ ist. Somit sind alle Formeln aus $\mathcal{L}(\mathcal{R})$ auch Formeln aus $\mathcal{L}(\mathcal{R}', \emptyset, \mathcal{V})$.
Beweisen Sie, dass für beliebiges $F \in \mathcal{L}(\mathcal{R})$ gilt:
F ist allgemeingültig als aussagenlogische Formel gdw.
F ist allgemeingültig als prädikatenlogische Formel.

(b) Sei $\mathcal{L}(\mathcal{P}, \mathcal{F}, \mathcal{V})$ eine prädikatenlogische Sprache und sei $F \in \mathcal{L}(\mathcal{P}, \mathcal{F}, \mathcal{V})$ wobei in F nur nullstellige Relationssymbole und keine Quantoren vorkommen. Dann kann F als Formel der aussagenlogischen Sprache $\mathcal{L}(\mathcal{P}_0)$ – mit $\mathcal{P}_0$ der Teilmenge der nullstelligen Relationssymbole von $\mathcal{P}$ – aufgefasst werden.
Beweisen Sie, dass $F \in \mathcal{L}(\mathcal{P}_0)$, d.h. als aussagenlogische Formel, allgemeingültig ist, gdw. $F \in \mathcal{L}(\mathcal{P}, \mathcal{F}, \mathcal{V})$, d.h. als prädikatenlogische Formel, allgemeingültig ist.

Aufgabe 4.47 Beispiel: Variablenzuordnungen und Substitutionen [▷369] ○
Sei $\mathcal{L}(\{p/2\}, \{a/0, b/0\}, \{X, Y, \ldots\})$ eine prädikatenlogische Sprache und sei I eine Interpretation über der Menge $\mathbb{N}$ der natürlichen Zahlen mit $a^I = 112$, $b^I = 0$ und $p^I = \geq$. Sei $\mathcal{Z} = \{X \mapsto 2023, Y \mapsto 45, \ldots\}$ eine Variablenzuordnung. Beweisen Sie ausführlich, dass gilt:

$$[(\forall X)p(X,Y)]^{I,\{X\mapsto 112\}\{Y\mapsto 0\}\mathcal{Z}} = [[(\forall X)p(X,Y)]\{X \mapsto a, Y \mapsto b\}]^{I,\mathcal{Z}}.$$

Aufgabe 4.48 Variablenzuordnungen und freie Variable [▷370] ○
Sei F eine Formel aus einer prädikatenlogischen Sprache $\mathcal{L}(\mathcal{R}, \mathcal{F}, \mathcal{V})$ und sei $I = (\mathcal{D}, \cdot^I)$ einerInterpretation dieser Sprache. Wir sagen, dass sich zwei Variablenzuordnungen $\mathcal{Z}_1$ und $\mathcal{Z}_2$ in den in einer Formel F frei vorkommenden Variablen unterscheiden, wenn es eine Variable $X \in \mathcal{V}$ gibt, welche in F frei vorkommt und für welche gilt: $X^{\mathcal{Z}_1} \neq X^{\mathcal{Z}_2}$.

(a) Zeigen Sie: Für beliebige Variablenzuordnungen $\mathcal{Z}_1$ und $\mathcal{Z}_2$ bzgl. I gilt:
Wenn $F^{I,\mathcal{Z}_1} \neq F^{I,\mathcal{Z}_2}$, dann unterscheiden sich $\mathcal{Z}_1$ und $\mathcal{Z}_2$ in den in F frei vorkommenden Variablen.

(b) Zeigen Sie: Für beliebige Variablenzuordnungen $\mathcal{Z}_1$ und $\mathcal{Z}_2$ bzgl. I gilt:
Wenn F abgeschlossen ist, dann gilt $F^{I,\mathcal{Z}_1} = F^{I,\mathcal{Z}_2}$.

(c) Zeigen Sie, dass für eine beliebige Variablenzuordnung $\mathcal{Z}$ bzgl. I, eine beliebige Variable $X \in \mathcal{V}$ und ein beliebiges $d \in \mathcal{D}$ gilt:
Wenn X in F nicht frei vorkommt, dann gilt: $F^{I,\mathcal{Z}} = F^{I,\{X\mapsto d\}\mathcal{Z}}$

Aufgabe 4.49 Kommutativität bei Variablenzuordnungen [▷371] ●

(a) Zeigen Sie, dass für eine beliebige Formel $G \in \mathcal{L}(\mathcal{R}, \mathcal{F}, \mathcal{V})$ und beliebige Variable $X_1, X_2 \in \mathcal{V}$ (mit $X_1 \neq X_2$), sowie für eine beliebige Interpretation I

über einer beliebigen Domäne $\mathcal{D}$ mit $d_1, d_2 \in \mathcal{D}$ und eine beliebige Variablenzuordnung $\mathcal{Z}$ gilt:
$$[G]^{I,\{X_1 \mapsto d_1\}\{X_2 \mapsto d_2\}\mathcal{Z}} = [G]^{I,\{X_2 \mapsto d_2\}\{X_1 \mapsto d_1\}\mathcal{Z}}$$
Hinweis: Man beachte, dass obige Variablenzuordnungen rechtsgeklammert zu verstehen sind, also z.B. $\{X_1 \mapsto d_1\}(\{X_2 \mapsto d_2\}\mathcal{Z})$.

(b) Zeigen Sie, dass für eine beliebige Formel $G \in \mathcal{L}(\mathcal{R}, \mathcal{F}, \mathcal{V})$ und Variablen $X_1, \ldots, X_n \in \mathcal{V}$ (mit $X_i \neq X_j$ für $i, j \in \{1, \ldots, n\}, i \neq j$), sowie für eine beliebige Interpretation I über einer beliebigen Domäne $\mathcal{D}$ mit $d_1, \ldots, d_n \in \mathcal{D}$ und eine beliebige Variablenzuordnung $\mathcal{Z}$ und eine beliebige Permutation σ der Zahlen $\{1, \ldots, n\}$ gilt:
$$[G]^{I,\{X_1 \mapsto d_1\}\ldots\{X_n \mapsto d_n\}\mathcal{Z}} = [G]^{I,\{X_{\sigma(1)} \mapsto d_{\sigma(1)}\}\ldots\{X_{\sigma(n)} \mapsto d_{\sigma(n)}\}\mathcal{Z}}$$

Aufgabe 4.50 Variablenzuordnung vs. Substitution (Lemma 4.25) [▷373] ◐ 4-12 184

Wir untersuchen in dieser Aufgabe den allgemeinen Fall des Beispiels, welches in Aufgabe 4.47 vorgestellt wurde.

Hinweis: Benötigt zur Lösung die Aufgabe 4.49.

(a) Seien $t \in \mathcal{T}(\mathcal{F}, \mathcal{V})$ ein beliebiger Term, $X \in \mathcal{V}$ eine beliebige Variable, sowie I eine beliebige Interpretation über einer Domäne $\mathcal{D}$ und $\mathcal{Z}$ eine beliebige Variablenzuordnung, so dass $t^{I,\mathcal{Z}} = d$ mit $d \in \mathcal{D}$.
Zeigen Sie, dass für jeden Term $s \in \mathcal{T}(\mathcal{F}, \mathcal{V})$ gilt: $s^{I,\{X \mapsto d\}\mathcal{Z}} = [s\{X \mapsto t\}]^{I,\mathcal{Z}}$

Hinweis: Führen Sie einen Beweis mit struktureller Induktion über der Menge der Terme $\mathcal{T}(\mathcal{F}, \mathcal{V})$.

(b) Zeigen Sie, dass für eine beliebige Formel $H \in \mathcal{L}(\mathcal{R}, \mathcal{F}, \mathcal{V})$, eine beliebige Variable $X \in \mathcal{V}$ und einen beliebigen Term $t \in \mathcal{T}(\mathcal{F}, \mathcal{V})$, sowie für eine beliebige Interpretation I über einer Domäne $\mathcal{D}$ mit $d \in \mathcal{D}$ und eine beliebige Variablenzuordnung $\mathcal{Z}$ gilt:
$$H^{I,\{X \mapsto d\}\mathcal{Z}} = [H\{X \mapsto t\}]^{I,\mathcal{Z}}, \text{ wenn } \{X \mapsto t\} \text{ frei für } H \text{ und } t^{I,\mathcal{Z}} = d$$

Hinweis: Führen Sie einen Beweis mit struktureller Induktion über der Menge der Formeln in $\mathcal{L}(\mathcal{R}, \mathcal{F}, \mathcal{V})$.

(c) Zeigen Sie, dass für eine Substitution σ, für eine Formel F und eine Teilformel G von F nicht (immer) gilt: Wenn σ frei für F, dann ist σ auch frei für G.

(d) Zeigen Sie, dass die Bedingung 'wenn $\{X \mapsto t\}$ frei für H in Teilaufgabe (b) notwendig ist.

Aufgabe 4.51 Axiomatisierung einer Äquivalenzrelation [▷377] ○

In einer prädikatenlogischen Sprache, die ein zweistelliges Relationssymbol $p/2$ enthält, sei die folgende Formelmenge $\mathcal{F}$ gegeben.

(i) $(\forall X) p(X, X)$

(ii) $(\forall X)(\forall Y)(p(X, Y) \rightarrow p(Y, X))$

(iii) $(\forall X)(\forall Y)(\forall Z)((p(X, Y) \wedge p(Y, Z)) \rightarrow p(X, Z))$

Zeigen Sie für jedes Modell $I = (\mathcal{D}, \cdot^I)$ von $\mathcal{F}$, dass p^I eine Äquivalenzrelation auf $\mathcal{D}$ ist.

4.3.3 Herbrand-Interpretationen

Aufgabe 4.52 Modell und Herbrand-Modell [▷377] ○
Sei $F = ((\forall X)(\exists Y)p(X,Y) \vee \neg(\exists X)(\forall Y)q(X,Y))$ eine prädikatenlogische Formel mit den Prädikatssymbolen $p/2$ und $q/2$ und den Variablen X und Y.
  (a) Geben Sie ein Modell für F mit dem Grundbereich $\mathcal{D} = \{a, 2\}$ an.
  (b) Geben Sie das Herbrand-Universum sowie ein Herbrand-Modell für F an.

Aufgabe 4.53 Existenz von Herbrand-Interpretationen [▷378] ○
In Definition 4.26 wurde der Begriff der Herbrand-Interpretation einer prädikatenlogischen Sprache $\mathcal{L}(\mathcal{R}, \mathcal{F}, \mathcal{V})$ eingeführt als eine Interpretation I über dem Herbrand-Universum, welche die Zusatzbedingung $t^I = t$ für alle $t \in \mathcal{T}(\mathcal{F})$ erfüllt.
Zeigen Sie, dass es zu jeder Sprache $\mathcal{L}(\mathcal{R}, \mathcal{F}, \mathcal{V})$, die mindestens ein Konstantensymbol enthält, immer mindestens eine Herbrand-Interpretation gibt.

Aufgabe 4.54 Existenz von Nicht-Herbrand-Interpretationen [▷378] ○
Sei $\mathcal{L}(\mathcal{R}, \mathcal{F}, \mathcal{V})$ eine prädikatenlogische Sprache, die mindestens ein Konstantensymbol a enthält. Gibt es über dem zugehörigen Herbrand-Universum eine Interpretation, welche keine Herbrand-Interpretation ist?

Aufgabe 4.55 Über die Anzahl von Herbrand-Modellen [▷378] ○
Bezeichne $n(\mathcal{F})$ die Anzahl der Herbrand-Modelle einer Formelmenge $\mathcal{F}$.
Seien $\mathcal{G}$ und $\mathcal{H}$ zwei beliebige Mengen prädikatenlogischer Formeln.
Beweisen Sie die Gültigkeit oder Ungültigkeit der folgenden Aussagen.
  (a) $n(\mathcal{G} \cup \mathcal{H}) = n(\mathcal{G}) + n(\mathcal{H})$
  (b) $n(\mathcal{G} \cup \mathcal{H}) \leq n(\mathcal{G})$

Aufgabe 4.56 Minimale und maximale Herbrand-Modelle [▷379] ○
Geben Sie alle minimalen und alle maximalen Herbrand-Modelle der Klauselmenge
$\langle [p(a), q(b)], [p(a), q(c)], [p(c)], [p(X), \neg q(X)] \rangle$ an.
Es ist dabei die Sprache $\mathcal{L}(\{p/1, q/1\}, \emptyset, \{a, b, c\})$ zugrunde zu legen.

Aufgabe 4.57 Erfüllende/widerlegende Herbrand-Interpretationen [▷379] ○
Es sei die folgende Formel in Klauselform gegeben:
$$F = \langle [p(b), \neg q(c), r(a)], [p(b), \neg q(c), r(a)], [p(b), \neg q(c), r(a)] \rangle$$
Geben Sie eine Herbrand-Interpretation I_1 an mit $F^{I_1} = \top$ und geben Sie eine Herbrand-Interpretation I_2 an mit $F^{I_2} = \bot$.

Aufgabe 4.58 Substitutionen vs. Variablenzuordnungen [▷379] ○
Sei $\mathcal{L}(\mathcal{R}, \mathcal{F}, \mathcal{V})$ eine prädikatenlogische Sprache mit $\mathcal{T}(\mathcal{F}) \neq \emptyset$, und sei I eine Herbrand-Interpretation dieser Sprache.
Beweisen bzw. widerlegen Sie die folgende Aussagen.
  (a) Eine Substitution σ der Variablenmenge $\mathcal{V}$ kann eine Variablenzuordnung $\mathcal{Z}$ bzgl. der Herbrand-Interpretation I sein.
  (b) Eine Variablenzuordnung $\mathcal{Z}$ bzgl. der Herbrand-Interpretation I kann eine Substitution σ der Variablenmenge $\mathcal{V}$ sein.

I.4.3. SEMANTIK
93

Aufgabe 4.59 Grundinstanzen bei Herbrand-Interpretationen [▷379] ○
Betrachten Sie eine prädikatenlogische Sprache, welche neben Relationssymbolen lediglich die Konstantensymbole $\{a/0, b/0, c/0\}$ enthält, also insbesondere keine Funktionssymbole mit Stelligkeit > 0. Das zugrunde liegende Herbrand-Universum ist somit $\mathcal{U} = \{a, b, c\}$.
Sei F eine Formel dieser Sprache, und sei X die einzige in F vorkommende Variable. Wir definieren nun die Formeln G und H durch

$$G = ((F\{X \mapsto a\} \land F\{X \mapsto b\}) \land F\{X \mapsto c\})$$
$$H = (\forall X)F$$

(a) Beweisen Sie: Eine Interpretation M über $\mathcal{U}$ ist genau dann ein Herbrand-Modell für H, wenn es ein Herbrand-Modell für G ist.

(b) Zeigen Sie, dass die Modelle von H im allgemeinen nicht genau die Modelle von G sind, d.h. $G \equiv H$ gilt im allgemeinen nicht.

Aufgabe 4.60 Beweis von Proposition 4.61 [▷380] ◐ 4-34 258
Beweisen Sie Proposition 4.61 des Lehrbuchs:

Seien F eine prädikatenlogische Formel, I eine Herbrand-Interpretation, $\mathcal{Z}$ eine Variablenzuordnung bzgl. I und $\{t_1, \ldots, t_n\} \subseteq \mathcal{T}(\mathcal{F})$. Dann gilt für paarweise verschiedene Variablen $X_1, \ldots, X_n$:

$$F^{I,\{X_1 \mapsto t_1\}\cdots\{X_n \mapsto t_n\}\mathcal{Z}} = [F\{X_1 \mapsto t_1, \ldots, X_n \mapsto t_n\}]^{I,\mathcal{Z}}$$

Aufgabe 4.61 Substitutionen und Herbrand-Interpretationen [▷381] ○
Gegeben sei die prädikatenlogische Sprache $\mathcal{L}(\{p/2\}, \{a/0, f/1\}, \mathcal{V})$, die Formel $F = (\exists Y)(p(f(Y), X) \to p(Z, f(Y)))$, und die Substitution $\sigma = \{X \mapsto Z, Z \mapsto f(X), Y \mapsto Z\}$.

(a) Berechnen Sie $F\sigma$.

(b) Geben Sie eine Substitution θ_1 an, so dass $F(\sigma\theta_1)$ eine allgemeingültige abgeschlossene Formel ist. Berechnen Sie ebenfalls $\sigma\theta_1$ und $F(\sigma\theta_1)$.

(c) Geben Sie eine Substitution θ_2 an, so dass $F(\sigma\theta_2)$ eine unerfüllbare abgeschlossene Formel ist. Berechnen Sie ebenfalls $\sigma\theta_2$ und $F(\sigma\theta_2)$.

(d) Geben Sie eine Herbrand-Interpretation an, welche die Formel $F(\sigma\theta_2)$ widerlegt.

Aufgabe 4.62 Und noch einmal Drachen [▷381] ○
Geben Sie ein Herbrand-Modell der, in der Lösung von Aufgabe 4.43 (a) erstellten, Formelmenge an.

Aufgabe 4.63 Nochmals Modelle und Herbrand-Modelle [▷382] ○
Betrachten Sie die folgende Formel F einer gegebenen prädikatenlogischen Sprache $\mathcal{L}(\{p/1\}, \{a/0, s/1\}, \{X, \ldots\})$. (Die Größe der Klammern hat keine syntaktische Bedeutung, sondern soll lediglich die Struktur der Formel verdeutlichen).

$$\bigl(\bigl(p(a) \land (\forall X)\bigl(\neg p(s(X)) \to p(X)\bigr)\bigr) \land (\forall X)\bigl(p(X) \to \neg p(s(X))\bigr)\bigr)$$

(a) Geben Sie für F ein Modell mit Grundbereich $\mathbb{N}$ an.

(b) Geben Sie für F ein Modell mit Grundbereich $\{\spadesuit, \heartsuit\}$ an.

(c) Geben Sie ein zugehöriges Herbrand-Universum an.

(d) Sei I eine Herbrand-Interpretation für F. Bestimmen Sie $s^I(a^I)$.

(e) Geben Sie für F ein Herbrand-Modell an.

(f) Geben Sie eine Interpretation der obigen Sprache an, die kein Modell für F ist.

Aufgabe 4.64 Über die Blaue Mauritius [▷383] ○

Die Blaue Mauritius ist eine Briefmarke. Ein Briefmarkensammler ist eine Person, die Briefmarken sammelt. Die Blaue Mauritius ist gestohlen worden. Iwan ist Briefmarkensammler. Karl ist ein bekannter Dieb. Ist eine Briefmarke gestohlen worden, so wird jede Person, die als Dieb bekannt ist und Briefmarken sammelt, als Täter verdächtigt.

(a) Stellen Sie obige Sachlage mit den Mitteln der Prädikatenlogik in der Sprache $\mathcal{L}(\mathcal{R}, \mathcal{F}, \mathcal{V})$ mit $\mathcal{R} = \{m, d, b, g, s, v\}$ und $\mathcal{F} = \{b, i, k\}$ dar. Verwenden Sie dabei die Konstanten und Relationssymbole so, dass sie die folgende informelle Bedeutung haben:

b	$\hat{=}$ Blaue Mauritius	$m(X)$	$\hat{=}$ X ist eine Briefmarke
i	$\hat{=}$ Iwan	$d(X)$	$\hat{=}$ X ist bekannter Dieb
k	$\hat{=}$ Karl	$b(X)$	$\hat{=}$ X ist Briefmarkensammler
$s(X,Y)$	$\hat{=}$ X sammelt Y	$g(X)$	$\hat{=}$ X ist gestohlen worden
$v(X,Y)$	$\hat{=}$ X wird verdächtigt, Y gestohlen zu haben.		

(b) Geben Sie eine Interpretation I_1 mit der Domäne $\mathcal{D} = \{\text{Stuhl, Tisch, Hund}\}$ an, bei der Ihre unter Teilaufgabe (a) angegebene Formelmenge wahr wird.

(c) Geben Sie eine Interpretation I_2 mit der Domäne $\mathbb{N}$ an, in der Ihre unter Teilaufgabe (a) angegebene Formelmenge mit 'falsch' interpretiert wird.

(d) Geben Sie ein Herbrand-Modell für Ihre unter Teilaufgabe (a) angegebene Formelmenge an.

(e) Wer muss verdächtigt werden, die Blaue Mauritius gestohlen zu haben? Wer kann als Verdächtiger ausgeschlossen werden? Beweisen Sie Ihre Antworten mit den Mitteln der Prädikatenlogik.

Aufgabe 4.65 Interpretationsvergleich: II [▷384] ◐

In dieser Aufgabe soll ein weiterer Vergleich des aussagenlogischen Interpretationsbegriffs mit dem prädikatenlogischen durchgeführt werden (Vgl. Aufgabe 4.46).

Sei $\mathcal{L}(\mathcal{R}, \mathcal{F}, \mathcal{V})$ eine prädikatenlogische Sprache und sei $F \in \mathcal{L}(\mathcal{R}, \mathcal{F}, \mathcal{V})$ wobei in F nur Grundterme und keine Variablen und Quantoren vorkommen. Dann kann F als Formel der aussagenlogischen Sprache $\mathcal{L}(\mathcal{A}(\mathcal{R}, \mathcal{F}))$ aufgefasst werden, wobei $\mathcal{A}(\mathcal{R}, \mathcal{F})$ die Menge der abgeschlossenen Atome von $\mathcal{L}(\mathcal{R}, \mathcal{F}, \mathcal{V})$ bezeichnet.

Beweisen Sie, dass $F \in \mathcal{L}(\mathcal{A}(\mathcal{R}, \mathcal{F}))$ d.h. als aussagenlogische Formel, allgemeingültig ist, gdw. $F \in \mathcal{L}(\mathcal{R}, \mathcal{F}, \mathcal{V})$, d.h. als prädikatenlogische Formel, allgemeingültig ist.

4.3.4 Modelle für abgeschlossene Formeln

Aufgabe 4.66 Beispiel: ∀ ∀ impliziert ∀ ∃ [▷385] ◐

Zeigen Sie unter Verwendung der Definition der Semantik der Prädikatenlogik, dass für jede Interpretation $I = (\mathcal{D}, \cdot^I)$ gilt:

I.4.3. SEMANTIK 95

Wenn I ein Modell von $(\forall X)(\forall Y)p(X,Y)$ ist,
dann ist I auch ein Modell von $(\forall X)(\exists Y)p(X,Y)$.

Aufgabe 4.67 Teilmengen von Domänen [▷385] ○
Sei F eine prädikatenlogische Formel der Sprache $\mathcal{L}(\mathcal{R}, \mathcal{F}, \mathcal{V})$. Gilt die folgende Aussage? Beweisen Sie Ihre Antwort.

Wenn F ein Modell über der Domäne $\mathcal{D}$ hat und wenn es eine echte Teilmenge $\mathcal{E} \subset \mathcal{D}$ mit $\mathcal{E} \neq \emptyset$ gibt, dann hat F auch ein Modell über der Domäne $\mathcal{E}$.

Aufgabe 4.68 Falscher Satz für einelementige Domänen [▷385] ○
Geben Sie einen Satz F an, der unter jeder Interpretation mit einem Grundbereich $\mathcal{D}$ von weniger als zwei Elementen falsch ist, und für den es für jedes $n \geq 2$ Interpretationen mit einem Grundbereich von n Elementen gibt, unter denen F wahr ist.

Aufgabe 4.69 Formeln ohne endliche Modelle [▷385] ○ 4-42 272
Gegeben sei die folgende prädikatenlogische Formel:

$$\big(\big((\forall X)p(X, f(X)) \land (\forall Y)\neg p(Y,Y)\big) \\ \land (\forall X)(\forall Y)(\forall Z)((p(X,Y) \land p(Y,Z)) \to p(X,Z)) \big)$$

(a) Finden Sie für diese Formel ein Modell.
(b) Zeigen Sie, dass für diese Formel kein Modell mit einem endlichen Grundbereich existiert.

4.3.5 Modelle für nicht abgeschlossene Formeln

Aufgabe 4.70 ∀-Quantor und Variablenzuordnung [▷386] ◐
Sei $I = (\mathcal{D}, \cdot^I)$ eine Interpretation, $\mathcal{Z}$ eine Variablenzuordnung bezüglich I, und F eine prädikatenlogische Formel $F \in \mathcal{L}(\mathcal{R}, \mathcal{F}, \mathcal{V})$.
Widerlegen Sie die folgende Aussage: Wenn $F^{I,\mathcal{Z}} = \top$, dann $[(\forall X)F]^I = \top$.

Aufgabe 4.71 Menge der Variablen in Formeln [▷387] ○ 4-13 189
Wir betrachten eine prädikatenlogische Sprache $\mathcal{L}(\mathcal{R}, \mathcal{F}, \mathcal{V})$. Sei tv: $\mathcal{T}(\mathcal{F}, \mathcal{V}) \to 2^{\mathcal{V}}$ die Funktion, die jedem Term $t \in \mathcal{T}(\mathcal{F}, \mathcal{V})$ die Menge der in t frei vorkommenden Variablen zuordnet, und sei fv: $\mathcal{L}(\mathcal{R}, \mathcal{F}, \mathcal{V}) \to 2^{\mathcal{V}}$ die Funktion, die jeder Formel $F \in \mathcal{L}(\mathcal{R}, \mathcal{F}, \mathcal{V})$ die Menge der in F frei vorkommenden Variablen zuordnet.
Geben Sie rekursive Definitionen der Funktionen tv und fv an.

Aufgabe 4.72 Zum existentiellen Abschluss [▷387] ○
Sei $\{X_1, \ldots, X_n\}$ die Menge der Variablen, welche in einer gegebenen Formel F frei vorkommen. Dann gilt:
Wenn es eine Interpretation $I = (\mathcal{D}, \cdot^I)$ und eine Variablenzuordnung $\mathcal{Z}$ bzgl. I gibt, für die $F^{I,\mathcal{Z}} = \top$ gilt, dann folgt $[(\exists X_1), \ldots, (\exists X_n)F]^I = \top$.

4.4 Äquivalenz und Normalform

4.4.1 Semantische Äquivalenz

Aufgabe 4.73 Prädikatenlogische Äquivalenzen [▷387] ○
Seien F und G prädikatenlogische Formeln. Beweisen Sie semantisch (d.h. ausgehend von der Definition semantischer Äquivalenz) die folgenden, in Satz 4.32 behaupteten Beziehungen:
(a) $((\forall X)F \wedge (\forall X)G) \equiv (\forall X)(F \wedge G)$
(b) $(\forall X)(\forall Y)F \equiv (\forall Y)(\forall X)(F)$
(c) $((\exists X)F \wedge G) \equiv (\exists X)(F \wedge G)$, wenn X in G nicht frei vorkommt.
(d) $\neg(\exists X)F \equiv (\forall X)\neg F$.

Aufgabe 4.74 Gegenbeispiele zu prädikatenlogischen Äquivalenzen [▷388] ○
Seien F und G beliebige prädikatenlogische Formeln.
Zeigen Sie, dass die folgenden Aussagen *nicht* gelten:
(a) $((\exists X)F \vee G) \equiv (\exists X)(F \vee G)$, wenn X in G frei vorkommt.
(b) $((\exists X)F \wedge G) \equiv (\exists X)(F \wedge G)$, wenn X in G frei vorkommt.
(c) $((\forall X)F \vee (\forall X)G) \equiv (\forall X)(F \vee G)$
(d) $((\exists X)F \wedge (\exists X)G) \equiv (\exists X)(F \wedge G)$

Aufgabe 4.75 Äquivalenzen mit leerem Quantor [▷390] ○
Sei Q ein Quantor und H eine Formel, in der die Variable Y nicht frei vorkommt. Dann heißt der Ausdruck (QY) ein *leerer Quantor* für die Formel H.
(a) Zeigen Sie zunächst $(QY)H \equiv H$, falls (QY) ein *leerer Quantor* für H ist.
(b) Beweisen oder widerlegen Sie die folgenden Behauptungen:
  (1) $(QX)(F \vee G) \equiv (F \vee (QX)G)$
      falls (QX) ein leerer Quantor für die Formel G ist.
  (2) $(QX)(F \wedge G) \equiv (F \wedge (QX)G)$
      falls (QX) ein leerer Quantor für die Formel G ist.
  (3) $(QX)((Q'X)F \vee G) \equiv (((Q'X)F \vee (QX)G)$
      falls (QX) ein leerer Quantor für die Formel G ist
      und $(Q'X)$ ein leerer Quantor für die Formel F ist.
  (4) $(\exists X)(QZ)F \equiv (QZ)(\exists X)F$
      falls $(\exists X)$ ein leerer Quantor für die Formel F ist.

Aufgabe 4.76 Prädikatenlogische Positionen [▷390] ○
Erweitern Sie die beiden aussagenlogischen Begriffe der 'Teilformel an einer gegebenen Position' und der 'Teilformelersetzung' auf die Prädikatenlogik, d.h. erweitern Sie die Definitionen 3.21 und 3.22 um den Fall der quantifizierten Formel.

Aufgabe 4.77 Prädikatenlogisches Ersetzungstheorem [▷391] ◐
Formulieren Sie eine prädikatenlogische Version des aussagenlogischen Ersetzungstheorems und beweisen Sie diese.

I.4.4. ÄQUIVALENZ UND NORMALFORM

Aufgabe 4.78 Austauschen freier Variablen [▷391] ○
Zeigen Sie, dass $F \equiv F\{X \mapsto Y\}$ nicht notwendigerweise gilt, wenn F eine Formel ist, in der die Variable X frei vorkommt und die Variable Y nicht vorkommt.

Aufgabe 4.79 Umbenennung gebundener Variablen [▷392] ○ 4-17 193
Sei F eine prädikatenlogische Formel der Form $(QX)G$ mit $Q \in \{\exists, \forall\}$ und Y eine Variable, die in F nicht vorkommt.
Zeigen Sie dass gilt: $F \equiv (QY)G\{X \mapsto Y\}$.

Aufgabe 4.80 Variablenumbenennung und Substitution [▷392] ◐
Sei t ein Term, G eine Formel und Y eine Variable, die nicht in t und nicht in G vorkommt. Sei $I = (\mathcal{D}, \cdot^I)$ eine Interpretation, $\mathcal{Z}$ eine Variablenzuordnung und $d \in \mathcal{D}$. Beweisen Sie folgende Aussagen:
 (a) $[t]^{I, \{X \mapsto d\}\mathcal{Z}} = [t\{X \mapsto Y\}]^{I, \{Y \mapsto d\}\mathcal{Z}}$
 (b) $[G]^{I, \{X \mapsto d\}\mathcal{Z}} = [G\{X \mapsto Y\}]^{I, \{Y \mapsto d\}\mathcal{Z}}$

Aufgabe 4.81 Variablen auseinanderdividieren in Prolog [▷394] ○
Schreiben Sie ein Prolog-Programm, das zu einer gegebenen Formel eine dazu semantisch äquivalente Formel erzeugt, in der die Variablen auseinanderdividiert sind.

4.4.2 Pränexnormalform

Aufgabe 4.82 Beispiele für Pränexnormalform [▷396] ○
Geben Sie jeweils eine Pränexnormalform für die folgenden Sätze an:
 (a) $\neg(\exists X)(\exists Y)(p(X, Y) \to (\forall X)(\forall Y)p(X, Y))$.
 (b) $(\forall X)((\forall Y)(((\forall Z)p(X, Y, Z) \to (\exists W)q(X, Y, W)) \to r(X)) \to s(X))$

Aufgabe 4.83 Pränex-Transformation: Zur Korrektheit [▷397] ○ 4-18 195
Zeigen Sie für einen Satz F mit auseinanderdividierten Variablen, dass für eine Formel F', welche aus der Formel F durch Anwendung einer der Regeln in Abbildung 4.2 des Lehrbuchs zur Transformation in Pränexnormalform gewonnen wurde, gilt: $F' \equiv F$

Aufgabe 4.84 Pränex-Transformation: Auseinanderdividiertheit [▷398] ○ 4-20 195
Zeigen Sie, dass für eine Formel F', welche durch Anwendung einer der Regeln in Abbildung 4.2 des Lehrbuchs zur Transformation in Pränexnormalform aus einem Satz F mit auseinanderdividierten Variablen gewonnen wurde, gilt: Die Variablen in F' sind auseinanderdividiert.

Aufgabe 4.85 Pränexnormalform-Transformation: Terminierung [▷398] ○ 4-19 195
Zeigen Sie, dass der Algorithmus zur Transformation eines Satzes in Pränexnormalform terminiert (vgl. Proposition 4.36, Schritt (iii) des Lehrbuchs).

Aufgabe 4.86 Pränex und auseinanderdividiert [▷400] ○ 4-22 199
Gibt es zu jeder prädikatenlogischen Formel eine dazu äquivalente Formel in Pränexnormalform und mit auseinanderdividierten Variablen? Begründen Sie Ihre Antwort.

Aufgabe 4.87 Substitution und Pränexnormalform [▷400] ○
Sei $H = (Q_1 X_1)\ldots(Q_n X_n)(Q_{n+1} U) G$ ein Satz in Pränexnormalform – man beachte, dass damit die Variablen auseinanderdividiert sind – und sei f ein n-stelliges Funktionssymbol.
Zeigen Sie, dass die Substitution $\sigma = \{U \mapsto f(X_1, \ldots, X_n)\}$ frei für G ist.

4.4.3 Skolem-Normalform

Aufgabe 4.88 Formeltransformation in Skolem-Normalform [▷400] ○
Seien p und q einstellige, r und t zweistellige und s ein nullstelliges Prädikatssymbol. Geben Sie für die folgenden prädikatenlogischen Formeln jeweils eine semantisch äquivalente Formel an, in der die Variablen auseinanderdividiert sind. Geben Sie zusätzlich jeweils eine Pränexnormalform und eine Skolem-Normalform für diese Formeln an:

(a) $((\exists X)(p(X) \vee q(X)) \to ((\exists X) p(X) \vee (\exists X) q(X)))$
(b) $((\forall X)(p(X) \to s) \to ((\forall X) p(X) \to s))$
(c) $((\exists X)(\forall Y) r(X, Y) \to (\forall Y)(\exists X) r(X, Y))$
(d) $((\forall X)(\exists Y) r(X, Y) \to (\exists Y)(\forall X) r(X, Y))$
(e) $(\forall X)((\forall Y)(\forall Z)(p(Y) \vee q(Z)) \to (p(X) \vee q(X)))$
(f) $((\forall X)(\exists Y) r(X, Y) \vee \neg(\exists X)(\forall Y) t(X, Y))$

Aufgabe 4.89 Modellverlust bei Skolemisierung [▷402] ○
Eine Formel und ihre Skolem-Normalform sind im allgemeinen nicht semantisch äquivalent. Beim Skolemisieren können Modelle verloren gehen.
Zeigen Sie die beiden folgenden Behauptungen für die Formel $F = ((\exists X) p(X) \vee \neg(\exists X) p(X))$ der Sprache $\mathcal{L}(\{p/1\}, \emptyset, \{X, Y, \ldots\})$.

(a) F ist allgemeingültig.
(b) Es gibt eine Interpretation, unter der die Skolem-Normalform von F falsch ist.

Aufgabe 4.90 Terminierung der Skolemisierung [▷403] ○
Zeigen Sie, dass der Algorithmus zur Transformation einer (in Pränexnormalform vorliegenden) prädikatenlogischen Formel in Skolem-Normalform terminiert.

Aufgabe 4.91 Terminierung der verallgemeinerten Skolemisierung [▷404] ○
Man kann den Skolemisierungsalgorithmus verallgemeinern indem man statt der Ersetzungsregel aus Abbildung 4.3 des Lehrbuchs die folgende Ersetzungsregel

$$\frac{(Q_1 X_1)\ldots(Q_n X_n)(\exists Y) G}{(Q_1 X_1)\ldots(Q_n X_n)[G\{Y \mapsto f(X_1, \ldots, X_n)\}]}$$

nimmt, wobei die Q_i universelle oder existentielle Quantoren sind.
Zeigen Sie, dass der somit erhaltene Algorithmus zur Transformation einer (in Pränexnormalform vorliegenden) prädikatenlogischen Formel in die Skolem-Normalform terminiert.

I.4.4. ÄQUIVALENZ UND NORMALFORM 99

Aufgabe 4.92 Interpretationen für Skolem-Funktionen [▷404] ○
Sei $F = (\forall X)(\exists Y)(\exists Z)p(X,Y,Z)$ eine Formel der prädikatenlogischen Sprache $\mathcal{L}(\{p\},\emptyset,\mathcal{V})$ und sei $I = (\mathcal{D},\cdot^I)$ mit $\mathcal{D} = \{1,2,3\}$ ein Modell für F mit $p^I = \{(1,1,1),(1,1,2),(2,2,2),(3,2,1)\}$.
Skolemisierung der Variable Z gemäß der verallgemeinerten Skolemisierungs-Transformation aus Aufgabe 4.91 ergibt die Formel $F' = (\forall X)(\exists Y)p(X,Y,f(X,Y))$ mit Skolem-Funktionssymbol $f \in \mathcal{F}_S$.
Wie viele verschiedene Möglichkeiten gibt es das Funktionssymbol f zu interpretieren um aus dem Modell I für F ein Modell I' für F' zu erhalten?

Aufgabe 4.93 Duale Skolem-Transformation [▷405] ○
Transformieren Sie die folgende Formel *schrittweise* gemäß dem in Abbildung 4.4 des Lehrbuchs vorgestellten Verfahren in duale Skolem-Normalform.
$(\forall Z)(\exists X)\bigl(p(X) \wedge \neg(\exists X)q(X,Z)\bigr)$

Aufgabe 4.94 Duale Skolem-Normalform und Modelle [▷405] ○
Sei $G = (\exists X_1)\ldots(\exists X_n)(\forall Y)F$ in Pränexnormalform mit auseinanderdividierten Variablen und $H = (\exists X_1)\ldots(\exists X_n)(F\{Y \mapsto f(X_1,\ldots,X_n)\})$ die daraus erhaltene duale Skolem-Normalform.
Beweisen bzw. widerlegen Sie die folgenden Aussagen.

(a) H kann Modelle haben, welche keine Modelle von G sind.

(b) H kann die gleichen Modelle haben wie G.

(c) G kann Modelle haben, welche keine Modelle von H sind.

Aufgabe 4.95 Duale Skolemisierung und Allgemeingültigkeit [▷406] ○ 4-23 202
In dieser Aufgabe soll für die duale Skolemisierung eine Aussage bewiesen werden, welche zur Erhaltung der Erfüllbarkeit bei der Skolemisierung dual ist.
Beweisen Sie hierzu der Reihe nach die folgenden Aussagen.

(a) Sei $F = (\exists X_1)\cdots(\exists X_n)(\forall Y)G$ ein Satz in Pränexnormalform (mit auseinanderdividierten Variablen) und die Formel $H = (\exists X_1)\cdots(\exists X_n)(G\{Y \mapsto f(X_1,\ldots,X_n)\})$, welche aus F durch einmalige Anwendung der Ersetzungsregel aus Abbildung 4.4 des Lehrbuchs entstanden ist. Dann gilt:

F ist allgemeingültig, genau dann wenn H allgemeingültig ist.

(b) Sei F eine Formel in Pränexnormalform (mit auseinanderdividierten Variablen). Wenn die Formel H eine duale Skolem-Normalform von F ist, dann ist F genau dann allgemeingültig, wenn H allgemeingültig ist.

4.4.4 Klauselform

Aufgabe 4.96 Beispiel für KF Transformation [▷408] ○
Sei $F = ((\forall X)(\exists Y)p(X,Y) \vee \neg(\exists X)(\forall Y)p(X,Y))$ eine prädikatenlogische Formel der Sprache $\mathcal{L}(\{p/2\},\emptyset,\{X,Y,\ldots\})$.

(a) Bilden Sie eine Pränexnormalform von F.

(b) Bilden Sie eine Skolem-Normalform F' von F.

(c) Bestimmen Sie eine Klauselform von F.

(d) Bestimmen Sie für F und F' Modelle mit der Domäne $\mathcal{D} = \{a, 2\}$.

(e) Bestimmen Sie für F und F' Herbrand-Modelle.

Aufgabe 4.97 Grundinstanzen und Aussagenlogik [▷409] ○

Wir betrachten eine beliebige prädikatenlogische Sprache $\mathcal{L}(\mathcal{R}, \mathcal{F}, \mathcal{V})$.

(a) Sei $F = \langle [p(a, f(a)), q(b)], [q(f(b)), \neg p(a, b)] \rangle$ eine prädikatenlogische Formel in Klauselform. Ein Modell für F mit der Domäne $\mathcal{D} = \{1, 2\}$ ist z.B. mit der folgenden Interpretation I gegeben: $a^I = 1$, $b^I = 1$, $f^I(d) = 2$ für alle $d \in \mathcal{D}$, $p^I = \{(1, 2)\}$, $q^I = \emptyset$. Die Abbildung g bilde die abgeschlossenen Atome aus F folgendermaßen in aussagenlogische Variable $p_1, \ldots, p_4$ ab:

$$g(p(a, f(a))) = p_1, \; g(q(b)) = p_2, \; g(q(f(b))) = p_3, \; g(p(a, b)) = p_4.$$

Mit dieser Abbildung g, angewendet auf F, erhalten wir die aussagenlogische Formel $F' = \langle [p_1, p_2], [p_3, \neg p_4] \rangle$.

Geben Sie eine Vorschrift an, wie aus dem Modell für F ein Modell für F' konstruiert werden kann.

(b) Sei $F = \langle [L_{1,1}, \ldots, L_{1,n_1}], \ldots, [L_{m,1}, \ldots, L_{m,n_m}] \rangle$ ein Satz der prädikatenlogischen Sprache $\mathcal{L}(\mathcal{R}, \mathcal{F}, \mathcal{V})$ in Klauselform, welcher nur abgeschlossene Atome enthält, und zwar n verschiedene, und sei g eine Bijektion zwischen der Menge der in F vorkommenden abgeschlossenen Atome und der Menge $\{p_1, \ldots, p_n\}$ von aussagenlogischen Variablen. Weiterhin sei F' die aussagenlogische Formel, die wir durch Anwendung von g auf jedes in F vorkommende abgeschlossene Atom erhalten.

Zeigen Sie: Für jedes prädikatenlogische Modell für F lässt sich ein aussagenlogisches Modell für F' konstruieren und umgekehrt.

(c) Sei nun F ein prädikatenlogischer Satz in Klauselform, $\mathcal{G}$ die Menge aller Grundinstanzen der in F vorkommenden Klauseln und $\mathcal{G}'$ die aus $\mathcal{G}$ erhaltenen Menge von aussagenlogischen Formeln indem Grundatom eineindeutig durch aussagenlogische Variable ersetzt werden.

Zeigen Sie, dass sich dann für jedes prädikatenlogische Modell für F ein aussagenlogisches Modell für $\mathcal{G}'$ konstruieren lässt.

Aufgabe 4.98 Implikationsnormalform [▷410] ○

Eine prädikatenlogische Formel liegt in *Implikationsnormalform* vor, wenn sie nur die Junktoren $\neg$ und $\rightarrow$ enthält. Der nachfolgend angegebene Algorithmus soll dazu dienen, eine abgeschlossene prädikatenlogische Formel mit den Junktoren $\neg$, $\rightarrow$, $\wedge$ und $\vee$ in Implikationsnormalform zu transformieren.

Eingabe: Eine (syntaktisch korrekte) prädikatenlogische Formel F, die nur die Junktoren $\neg$, $\rightarrow$, $\wedge$ und $\vee$ enthält.

Ausgabe: Eine zu F semantisch äquivalente Formel in Implikationsnormalform.

Algorithmus:

(1) Enthält die Formel keine Teilformel der Form $(G_1 \wedge G_2)$ oder $(G_1 \vee G_2)$, so ist sie in Implikationsnormalform und der Algorithmus endet.

I.4.5. UNIFIKATION

(2) Enthält die Formel eine solche Teilformel G, so ersetze diese durch Anwendung einer der folgenden Regeln (R1) oder (R2):

$$(R1) \quad \frac{(G_1 \wedge G_2)}{\neg(G_1 \rightarrow \neg G_2)} \qquad (R2) \quad \frac{(G_1 \vee G_2)}{(\neg G_1 \rightarrow G_2)}$$

(a) Transformieren Sie mit dem angegebenen Algorithmus die Formel
$$\neg(\forall X)((p(X) \wedge \neg(\exists Y)q(Y, X)) \vee \neg((\exists Z)s(Z, X) \wedge r(X)))$$
in Implikationsnormalform. Kennzeichnen Sie in jedem Schritt die Teilformel, welche transformiert wird, und geben Sie an, welche Regel sie zur Transformation verwendet haben.

(b) Bezeichne F_i die Formel, die nach dem i-ten Transformationsschritt aus einer Formel F entstanden ist.
Für den Beweis, dass der in Teilaufgabe (a) gegebene Algorithmus terminiert, ist eine Funktion f, die jede prädikatenlogische Formel auf eine natürliche Zahl abbildet und für die $f(F_{n+1}) < f(F_n)$ gilt, nützlich. Definieren Sie mit struktureller Rekursion eine solche Funktion f.
(Ein Beweis, dass $f(F_{n+1}) < f(F_n)$ für die von Ihnen definierte Funktion f gilt, ist nicht erforderlich.)

4.5 Unifikation

Aufgabe 4.99 Anwendung des Unifikationsalgorithmus [▷411] ○ 4-25 211
Wenden Sie den Unifikationsalgorithmus schrittweise auf die folgenden Unifikationsprobleme an.
(a) $\{ f(a, g(X, a)) \approx f(a, g(f(Y, Y), Z)),\ f(Y, f(Y, Y)) \approx f(g(a, Z), X) \}$
(b) $\{ f(f(X, X), g(X, Y)) \approx f(g(X, Y), f(X, X)),\ f(Y, g(Y, Y)) \approx f(g(a, Z), X) \}$
(c) $\{ f(g(h(X)), h(Y)) \approx f(g(Y), h(h(Z))),\ Z \approx h(X) \}$
(d) $\{ g(X, h(h(Z)), f(Z, X)) \approx g(h(Y), h(X), f(a, h(Z))) \}$

Aufgabe 4.100 Allgemeinste und nicht allgemeinste Unifikatoren [▷412] ○
Sind die folgenden Paare von Termen t_1 und t_2 unifizierbar? Wenn ja, dann geben Sie jeweils einen allgemeinsten, als auch einen nicht allgemeinsten Unifikator an.
(a) $t_1 = f(X, g(X, a))$ und $t_2 = f(b, g(X, a))$
(b) $t_1 = f(X, g(Y, a))$ und $t_2 = f(Y, g(X, a))$
(c) $t_1 = f(a, g(X, a))$ und $t_2 = f(a, g(f(Y, Y), Z))$
(d) $t_1 = f(f(X, X), g(X, Y))$ und $t_2 = f(g(X, Y), f(X, X))$
(e) $t_1 = f(X, g(X, a))$ und $t_2 = f(a, g(f(Y, X), a))$

Aufgabe 4.101 Die Relationen $\geq$ und $\sim$ auf Substitutionen [▷412] ◐ 4-30 217
Diese Aufgabe beschäftigt sich mit den Relationen $\geq$ und $\sim$ zwischen Substitutionen und Unifikatoren.

(a) Sind jeweils zwei beliebige Unifikatoren σ_1 und σ_2 eines gegebenen Unifikationsproblems $\mathcal{U}$ immer miteinander vergleichbar; d.h. gilt entweder $\sigma_1 \geq \sigma_2$ oder $\sigma_2 \geq \sigma_1$? Beweisen Sie Ihre Antwort.

(b) Betrachten Sie die Relationen $\geq$ und $\sim$ zwischen Substitutionen und beweisen Sie, dass folgende Aussagen für beliebige Substitutionen σ, θ und ρ gelten:
   (1) $\sigma \geq \sigma$ ($\geq$ ist reflexiv)
   (2) Aus $\sigma \geq \theta$ und $\theta \geq \rho$ folgt $\sigma \geq \rho$ ($\geq$ ist transitiv)
   (3) $\sigma \sim \sigma$ ($\sim$ ist reflexiv)
   (4) Aus $\sigma \sim \theta$ folgt $\theta \sim \sigma$ ($\sim$ ist symmetrisch)
   (5) Aus $\sigma \sim \theta$ und $\theta \sim \rho$ folgt $\sigma \sim \rho$ ($\sim$ ist transitiv)

   Bemerkung: *Entsprechend dieser Eigenschaften ist $\sim$ eine* Äquivalenzrelation. *Eine Relation mit den Eigenschaften von $\geq$ wird als* Quasiordnung *bezeichnet.*

(c) Beweisen Sie: Sind σ und θ allgemeinste Unifikatoren eines Unifikationsproblems $\mathcal{U}$, dann gilt $\sigma \sim \theta$ (Korollar 4.46).

Aufgabe 4.102 Substitutionskomposition und Vergleichbarkeit   [▷413]
Seien σ, θ und δ Substitutionen.
Gelten die folgenden Aussagen? Beweisen Sie jeweils Ihre Meinung.

(a) Für jede Substitution σ gibt es eine Substitution θ mit $\sigma\theta = \theta$.

(b) Ist $\sigma \geq \theta$, so gibt es ein δ mit $\delta\sigma \geq \delta\theta$.

(c) Ist $\sigma \geq \theta$, so gibt es ein δ mit $\sigma\delta \geq \theta\delta$.

Aufgabe 4.103 Ordnen von Substitutionen   [▷413]
Seien $f/2$, $g/3$, $h/1$ Funktionssymbole, a eine Konstante und X, Y, Z Variablen.
Versuchen Sie die folgenden Substitutionen bezüglich der $\geq$-Relation zu ordnen.

$\sigma_1 = \{X \mapsto f(Y, Z), Y \mapsto Z\},$
$\sigma_2 = \{Z \mapsto f(X, Y), X \mapsto a\},$
$\sigma_3 = \{X \mapsto a, Y \mapsto a, Z \mapsto f(a, a)\}.$

Aufgabe 4.104 Ordnen von Unifikatoren   [▷413]
Gegeben seien die beiden Terme $s = f(X, Y)$ und $t = f(Y, X)$.

(a) Geben Sie eine Substitution σ_a an mit $\mathrm{dom}(\sigma_a) = \{X, Y\}$, welche kein Unifikator von s und t ist.

(b) Geben Sie eine Substitution σ_b an mit $\mathrm{dom}(\sigma_b) = \{X, Y\}$, welche ein Unifikator von s und t ist, aber kein allgemeinster Unifikator von s und t ist.

(c) Geben Sie alle allgemeinsten Unifikatoren $\sigma_1, \sigma_2, \ldots$ von s und t an.

(d) Zeigen Sie für den in Teilaufgabe (b) von Ihnen angegebenen Unifikator σ_b und einen beliebigen, von Ihnen in Teilaufgabe (c) angegebenen allgemeinsten Unifikator σ_i, dass $\sigma_i \geq \sigma_b$ gilt.

(e) Zeigen Sie für zwei der von Ihnen in Teilaufgabe (c) angegebenen allgemeinsten Unifikatoren σ_i und σ_j, dass $\sigma_i \geq \sigma_j$ und $\sigma_j \geq \sigma_i$ gilt.

Aufgabe 4.105 Beweisergänzung: Unifikationsalgorithmus   [▷414]
Auf Seite 212 des Lehrbuchs wurde für die folgende Behauptung

I.4.5. UNIFIKATION

Wenn $\mathcal{U}_i$ durch Variablenelimination, Elimination einer trivialen Gleichung oder Dekomposition aus $\mathcal{U}_{i+1}$ entstanden ist, dann gilt: Wenn σ ein Unifikator für $\mathcal{U}_{i+1}$ ist, dann ist σ auch ein Unifikator für $\mathcal{U}_i$.

der Fall der Variablenelimination (Regel (1)) gezeigt. Beweisen Sie die Behauptung für die beiden weiteren Fälle des Unifikationsalgorithmus:

(a) Elimination einer trivialen Gleichung (Regel (2))

(b) Dekomposition (Regel (4)).

Aufgabe 4.106 Anzahl der Variablen in einem Term [▷414] ○ 4-27 213
Definieren Sie eine Funktion v, welche die Anzahl der in einem Term $t \in \mathcal{T}(\mathcal{F}, \mathcal{V})$ vorkommenden verschiedenen Variablen angibt. (Z.B. $\mathsf{v}(f(X, X, Y)) = 2$.)

Aufgabe 4.107 Zur Terminierung des Unifikationsalgorithmus [▷414] ◐ 4-28 214
Im Lehrbuch wurde für ein gegebenes Unifikationsproblem $\mathcal{U}$ das Paar $(\mathsf{v}(\mathcal{U}), \mathsf{l}(\mathcal{U}))$ – mit $\mathsf{v}(\mathcal{U}), \mathsf{l}(\mathcal{U}) \in \mathbb{N}$ – definiert wobei

$$\mathsf{l}(E) = \begin{cases} 1 & \text{wenn } E \text{ eine Variable ist,} \\ 1 & \text{wenn } E \text{ eine Konstante ist,} \\ 1 + \sum_{i=1}^n \mathsf{l}(t_i) & \text{wenn } E \text{ die Form } f(t_1, \ldots, t_n) \text{ hat,} \\ \mathsf{l}(s) + \mathsf{l}(t) & \text{wenn } E \text{ die Form } s \approx t \text{ hat,} \\ \sum_{j=1}^m \mathsf{l}(s_j \approx t_j) & \text{wenn } E \text{ die Form } \{s_1 \approx t_1, \ldots, s_m \approx t_m\} \text{ hat.} \end{cases}$$

und $\mathsf{v}(E)$ die Anzahl der in E vorkommenden Variablen ist, wobei Mehrfachvorkommen derselben Variable einfach gezählt werden.
Darüberhinaus wurde auf $\mathbb{N} \times \mathbb{N}$ die Relation $>$ wie folgt definiert:

$(n, m) > (n', m')$ gdw. $n > n'$ oder ($n=n'$ und $m>m'$)

(a) Zeigen Sie: Es gibt keine unendlich lange Folge der Art
$(n_1, m_1) > (n_2, m_2) > (n_3, m_3) > \ldots$

(b) Zeigen Sie, dass für ein beliebiges gegebenes Unifikationsproblem $\mathcal{U}$ das Paar $(\mathsf{v}(\mathcal{U}), \mathsf{l}(\mathcal{U}))$ bei jedem Schleifendurchlauf des Unifikationsalgorithmus kleiner bzgl. $>$ wird, d.h. falls das Unifikationsproblem $\mathcal{U}'$ aus $\mathcal{U}$ durch Anwendung des Unifikationsalgorithmus entsteht, so gilt $(\mathsf{v}(\mathcal{U}), \mathsf{l}(\mathcal{U})) > (\mathsf{v}(\mathcal{U}'), \mathsf{l}(\mathcal{U}'))$.

Aufgabe 4.108 Variante der $>$-Relation [▷415] ◐
Für den Beweis des Unifikationssatzes wurde gezeigt, dass das Paar $(\mathsf{v}(\mathcal{U}), \mathsf{l}(\mathcal{U}))$ bei jedem Schleifendurchlauf des Unifikationsalgorithmus kleiner bezüglich $>$ wird, wobei $\mathsf{v}(\mathcal{U})$ die Anzahl der Variablen in $\mathcal{U}$ bezeichnet.
Beweisen oder widerlegen Sie die folgende Aussage:
Es gilt ebenfalls, dass $(\mathsf{v}'(\mathcal{U}), \mathsf{l}(\mathcal{U}))$ bei jedem Schleifendurchlauf des Unifikationsalgorithmus kleiner bezüglich $>$ wird. Hierbei bezeichnet $\mathsf{v}'(\mathcal{U})$ die Anzahl der Vorkommen von Variablen in $\mathcal{U}$.

Aufgabe 4.109 Unifikation liefert idempotente Unifikatoren [▷415] ●
Wir nennen eine Substitution σ *idempotent*, wenn gilt $\sigma\sigma = \sigma$.
Zeigen Sie, dass ein allgemeinster Unifikator θ, welchen der Unifikationsalgorithmus

für eine beliebiges, vorgegebenes, lösbares Unifikationsproblem berechnet, idempotent ist.

Aufgabe 4.110 Unifikation in Prolog [▷418] ○

Wir wollen eine Substitution $\{X_1 \mapsto t_1, \ldots, X_n \mapsto t_n\}$ in Prolog durch eine Liste $[X_1 \text{->} t_1, \ldots, X_n \text{->} t_n]$ und ein Unifikationsproblem $\{t_1 \approx s_1, \ldots, t_n \approx s_n\}$ analog dazu durch eine Liste $[t_1 = s_1, \ldots, t_n = s_n]$ darstellen. Sei θ eine Substitution, die in Prolog durch die Liste Theta repräsentiert wird.

(a) Schreiben Sie ein Prolog-Programm compose(X->R, Theta, Res), das an die Variable Res die Komposition $\theta\{X \mapsto r\}$ bindet.

(b) Schreiben Sie ein Prolog-Programm unify(U, Theta), das den allgemeinsten Unifikator Theta des Unifikationsproblems U bestimmt (Implementierung des Unifikationsalgorithmus). Z.B. soll der Aufruf

unify([Y = Z, g(W, X) = g(W, a)], Theta).

als Ergebnis Theta = [X -> a, Y -> Z] oder Theta = [X -> a, Z -> Y] liefern.

4.6 Beweisverfahren

4.6.1 Resolution

Aufgabe 4.111 Alle Resolventen ermitteln [▷421] ○

Listen Sie alle Resolventen der folgenden Paare von Klauseln auf:

(a) $C = [\neg p(X), q(X, b)]$, $D = [p(a), q(a, b)]$

(b) $C = [\neg p(X, X), q(X, X)]$, $D = [\neg q(a, f(a))]$

(c) $C = [\neg p(X', Y', U'), \neg p(Y', U', W'), p(U', Z', W')]$,
$D = [p(g(X'', Y''), X'', Y'')]$

(d) $C = [\neg p(U', Z', U'), p(W', Z', W')]$, $D = [p(W'', h(X'', X''), W'')]$

Aufgabe 4.112 Resolutionsanwendung im Detail [▷421] ○

Zeigen Sie mit dem Resolutionsverfahren die Unerfüllbarkeit der folgenden Formeln in Klauselform.

(a) $\langle [p(X, Y), q(a, Y)], [\neg p(b, a)], [\neg q(Z, V)] \rangle$.

(b) $\langle [q(f(a), f(Y))],$
$[\neg p(X, Y), \neg p(f(a), g(X, b)), \neg q(X, Z)],$
$[p(f(X), g(Y, b)), \neg q(Y, f(Y))] \rangle$

(c) $\langle [p(X, a), p(X, f(X))],$
$[p(X, a), p(f(X), X)],$
$[\neg p(X, a), \neg p(X, Y), \neg p(Y, X)] \rangle$

(d) $\langle [\neg p(X, f(X, Y)), q(f(X, Z))],$
$[\neg q(g(X))],$
$[\neg q(f(X, Y)), r(g(X), X)],$
$[\neg r(X, a), \neg q(f(Y, X))],$
$[p(X, X)],$
$[\neg p(X, g(X))],$
$[p(X, f(X, X)), p(a, Z)] \rangle$

Aufgabe 4.113 Schrittweiser Resolutionsbeweis [▷423] ○

Beweisen Sie mit dem Resolutionsverfahren schrittweise die Allgemeingültigkeit der folgenden Formel
$$(\exists Y)(\forall U)\bigl(\neg(\forall U)q(U, Y) \lor q(f(Y), U)\bigr)$$
Geben Sie bei Resolventenbildungen den verwendeten Unifikator an.

Aufgabe 4.114 Allgemeingültigkeit mit Resolution [▷423] ○

Beweisen Sie mit Hilfe des Resolutionsverfahrens, dass die folgenden Formeln allgemeingültig sind:
(a) $((\exists X)(\forall Y)(\neg p(Y) \land \neg(\neg p(X) \lor \neg q(X))) \to (\forall X)q(X))$
(b) $((\forall X)(\forall Y)(p(X) \lor p(Y)) \to (\exists X)(\exists Y)(p(X) \land p(Y)))$
(c) $\bigl(((\forall X)p(a, X, X) \land (\forall X)(\forall Y)(\forall Z)(p(X, Y, Z)$
$\to p(s(X), Y, s(Z)))) \to p(s(s(a)), s(a), s(s(s(a))))\bigr)$

Aufgabe 4.115 Allgemeingültig oder unerfüllbar? [▷426] ○

Beweisen Sie die folgenden Aussagen mit dem Resolutionskalkül:
(a) $(\neg(\exists X)(p(X) \lor q(X)) \lor ((\exists X)p(X) \lor (\exists X)q(X)))$ ist allgemeingültig.
(b) $((\forall X)(\neg p(X) \lor s) \land ((\forall X)p(X) \land \neg s))$ ist unerfüllbar.
(c) $(\forall X)(\forall Y)(\forall U)(\forall W)((p(X) \lor p(Y)) \land (\neg p(U) \land \neg p(W)))$ ist unerfüllbar.
(d) $(\exists X)(\forall Y)(\forall Z)(\neg(p(Y) \lor q(Z)) \lor (p(X) \lor q(X)))$ ist allgemeingültig.

Aufgabe 4.116 'Existenzielle Disjunktion' I [▷428] ○

Beweisen Sie, dass die Formel $F = ((\exists X)p(X) \lor \neg(\exists X)p(X))$ der prädikatenlogischen Sprache $\mathcal{L}(\{p/1\}, \emptyset, \{X, Y, \ldots\})$ allgemeingültig ist.

Aufgabe 4.117 'Existenzielle Disjunktion' II [▷428] ○

Seien p und q einstellige Relationssymbole und F_1 und F_2 seien die Formeln $F_1 = (\exists X)(p(X) \lor q(X))$ bzw. $F_2 = ((\exists X)p(X) \lor (\exists X)q(X))$.
(a) Beweisen Sie mittels Resolution, dass $(F_1 \to F_2)$ allgemeingültig ist.
(b) Beweisen Sie semantisch, dass $(F_2 \to F_1)$ ebenfalls allgemeingültig ist.
(c) Geben Sie einen Resolutionsbeweis für $(F_2 \to F_1)$ an.

Aufgabe 4.118 Alle Wege führen nach Rom [▷431] ○

Ein bekanntes Sprichwort sagt: *Alle Wege führen nach Rom.*
Insgesamt sei Folgendes bekannt.
  (i) Alle Wege führen nach Rom.
  (ii) Die A4 ist eine Autobahn.

(iii) Jede Autobahn ist ein Weg.

(iv) Es gibt Wege, die keine Autobahnen sind.

Beweisen Sie mit dem Resolutionsverfahren, dass aus (i)–(iv) folgt, dass die A4 nach Rom führt.

4-24 206 **Aufgabe 4.119 Gruppenbeispiel** [▷432] ○

Im Lehrbuch wurde in großen Zügen gezeigt wie sich der folgende Satz mit dem Resolutionsverfahren beweisen lässt:

> Sei G eine Gruppe mit $\cdot$ als binärem, infix geschriebenen Operator und mit e als neutralem Element. Wenn für alle Elemente X von G die Eigenschaft $X \cdot X = e$ gilt, dann ist G eine kommutative Gruppe.

Hierzu wurden die Gruppenaxiome wie folgt dargestellt, wobei $f(X)$ das zu X inverse Gruppenelement bezeichnet und $p(X, Y, Z)$ die Gleichung $X \cdot Y = Z$ ausdrückt:

A'_1: $(\forall X_1)(\forall Y_1)(\exists Z_1)\, p(X_1, Y_1, Z_1)$

A'_2: $((\forall X_2)(\forall Y_2)(\forall Z_2)(\forall U_2)(\forall V_2)(\forall W_2)$
$\qquad (\langle p(X_2, Y_2, U_2),\, p(Y_2, Z_2, V_2),\, p(U_2, Z_2, W_2)\rangle \to p(X_2, V_2, W_2))$
$\quad \wedge$
$\quad (\forall X_3)(\forall Y_3)(\forall Z_3)(\forall U_3)(\forall V_3)(\forall W_3)$
$\qquad (\langle p(X_3, Y_3, U_3),\, p(Y_3, Z_3, V_3),\, p(X_3, V_3, W_3)\rangle \to p(U_3, Z_3, W_3)))$

A'_3: $((\forall X_4)\, p(X_4, e, X_4) \wedge (\forall X_5)\, p(e, X_5, X_5))$

A'_4: $((\forall X_6)\, p(X_6, f(X_6), e) \wedge (\forall X_7)\, p(f(X_7), X_7, e))$

und die Konklusion des obigen Satzes erhielt folgende Form:

C': $((\forall X_8)\, p(X_8, X_8, e)$
$\qquad \to (\forall U_9)(\forall V_9)(\forall W_9)\, (p(U_9, V_9, W_9) \to p(V_9, U_9, W_9)))$

wodurch der gesamte Satz durch die folgende Formel repräsentiert wird:

$F = (\langle A'_1,\, A'_2,\, A'_3,\, A'_4 \rangle \to C')$

Der Satz ist bewiesen, wenn F allgemeingültig ist bzw. wenn $\neg F$, also

$\langle A'_1,\, A'_2,\, A'_3,\, A'_4,\, \neg C' \rangle$,

unerfüllbar ist.

Überlegen Sie Sich, wie Sie die in der Vorlesung angegebene folgende Klauselform von $\neg F$ erhalten können. (Der besseren Kenntlichkeit wegen sind die Skolem-Funktionssymbole und Skolem-Konstantensymbole hier fett gedruckt.)

$\forall \langle\ [p(X_1, Y_1, \mathbf{g}(X_1, Y_1))],$
$\qquad [\neg p(X_2, Y_2, U_2),\, \neg p(Y_2, Z_2, V_2),\, \neg p(U_2, Z_2, W_2),\, p(X_2, V_2, W_2)],$
$\qquad [\neg p(X_3, Y_3, U_3),\, \neg p(Y_3, Z_3, V_3),\, \neg p(X_3, V_3, W_3),\, p(U_3, Z_3, W_3)],$
$\qquad [p(X_4, e, X_4)],$
$\qquad [p(e, X_5, X_5)],$
$\qquad [p(X_6, f(X_6), e)],$
$\qquad [p(f(X_7), X_7, e)],$
$\qquad [p(X_8, X_8, e)],$

[$p(\mathbf{a},\mathbf{b},\mathbf{c})$],
[$\neg p(\mathbf{b},\mathbf{a},\mathbf{c})$] ⟩

Aufgabe 4.120 Beispiel: Gerade Summen [▷433] ○
Wir betrachten die prädikatenlogische Sprache $\mathcal{L}(\{e/1\},\{f/2\},\mathcal{V})$. Hierbei ist die intendierte Bedeutung von $e(X)$, dass X eine gerade Zahl ist, und der Ausdruck $f(X,Y)$ soll die Summe von X und Y bezeichnen.

(a) Formulieren Sie die folgenden Aussagen als prädikatenlogische Formeln.

F_1: Die Summe von zwei geraden Zahlen ist gerade.

F_2: Die Summe von zwei ungeraden Zahlen ist gerade.

F_3: Zu jeder Zahl existiert eine Zahl, so dass die Summe gerade ist.

(b) Beweisen Sie $\{F_1, F_2\} \models F_3$ mittels des Resolutionsverfahrens.

Aufgabe 4.121 Beispiel: Blaue Augen [▷434] ○
Wir betrachten die prädikatenlogische Sprache $\mathcal{L}(\{p/2, b/1\}, \emptyset, \mathcal{V})$. Hierbei soll $p(X,Y)$ bedeuten, dass X ein Elternteil von Y ist, und $b(X)$ soll bedeuten, dass X blaue Augen hat.

(a) Formulieren Sie die folgende Aussage F als prädikatenlogische Formel:

Es gibt jemand, der blaue Augen hat und der ein Grosselternteil hat, welches keine blauen Augen hat.

(b) Formulieren Sie die folgende Aussage G als prädikatenlogische Formel:

Es gibt jemand, der blaue Augen hat und der ein Elternteil hat, welches keine blauen Augen hat.

(c) Beweisen Sie $\{F\} \models G$ mittels des Resolutionsverfahrens.

Aufgabe 4.122 Beispiele zur prädikatenlogischen Subsumtion [▷435] ○
Der Begriff der Subsumtion lässt sich wie folgt für prädikatenlogische Klauseln definieren.

Eine Klausel C *subsumiert* eine Klausel D gdw.
es gibt eine Substitution σ, so dass jedes Literal aus $C\sigma$ in D enthalten ist.

(a) Sei $C = \{p(X,Y), q(Z)\}$ und $D = \{q(a), p(b,b), r(U)\}$.
Subsumiert die Klausel C die Klausel D?

(b) Sei $C = \{\neg p(X), p(f(X))\}$ und $D = \{\neg p(X), p(f(f(X)))\}$.
Man zeige, dass C die Klausel D impliziert, aber nicht subsumiert.

Aufgabe 4.123 Anwendbarkeit von prädikatenlogischer Subsumtion [▷435] ◐
Gegeben eine prädikatenlogische Sprache $\mathcal{L}(\mathcal{R},\mathcal{F},\mathcal{V})$. Sei $F = \langle C_1, C_2, \ldots, C_n \rangle$ eine Formel aus $\mathcal{L}(\mathcal{R},\mathcal{F},\mathcal{V})$ in Klauselform mit $n \geq 2$. Zudem subsumiere die Klausel C_2 die Klausel C_1 (vgl. Definition in Aufgabe 4.122).
Beweisen Sie, dass gilt:

Wenn $F' = \langle C_2, \ldots, C_n \rangle$ erfüllbar ist, dann ist auch F erfüllbar.

Aufgabe 4.124 Notwendigkeit der Faktorisierung [▷436] ○

Sei $F = \langle C_1, \ldots, C_n \rangle$ eine beliebige prädikatenlogische Formel in Klauselform mit den Klauseln C_j, $j \in \{1, \ldots, n\}$. Jede dieser Klauseln enthalte ferner mindestens zwei Literale.

Beweisen oder widerlegen Sie die folgende Behauptung:

> Es kann eine Resolutionswiderlegung von F geben,
> welche keinen Gebrauch von der Faktorisierung macht.

Aufgabe 4.125 $\vdash_r$ **Vergleich: Aussagenlogisch vs. prädikatenlogisch** [▷436] ◐

Wir wollen in dieser Aufgabe einen Zusammenhang zwischen dem aussagenlogischen und dem prädikatenlogischen Resolutionsverfahren herstellen. Zur Unterscheidung führen wir deshalb die Notationen $\vdash_{ar} F$ und $\vdash_{pr} F$ für die Beweisbarkeit einer Formel F mittels des aussagenlogischen bzw. prädikatenlogischen Resolutionsverfahrens ein.

(a) Versuchen Sie aus den folgenden aussagenlogischen Klauseln mittels des aussagenlogischen Resolutionsverfahrens die leere Klausel herzuleiten.

   1 $[p, q]$
   2 $[\neg p, q]$
   3 $[\neg p, \neg q]$
   4 $[p, \neg q]$

(b) Aussagenlogische Klauseln können auch als prädikatenlogische Klauseln aufgefasst werden.
   Versuchen Sie aus den Klauseln der Teilaufgabe (a) die leere Klausel mittels des prädikatenlogischen Resolutionsverfahrens herzuleiten.

(c) Sei nun $F = \langle C_1, \ldots, C_k \rangle$ eine aussagenlogische Formel in Klauselform. Zeigen Sie durch Vergleich des aussagenlogischen mit dem prädikatenlogischen Resolutionsverfahren:

   Wenn $\vdash_{ar} F$ gilt, dann gilt auch $\vdash_{pr} F$.

   Hinweis: *Zeigen Sie dazu, dass zu jeder aussagenlogischen Resolutionsableitung $S = (C_i \mid 1 \leq i \leq m)$ für F eine prädikatenlogische Resolutionsableitung S' existiert in welcher alle Klauseln aus S enthalten sind.*

4.6.2 Semantische Tableaux

Aufgabe 4.126 Beispiel: Prädikatenlogischer Tableaux-Beweis [▷437] ○

Seien p und q zweistellige Relationssymbole, a eine Konstante und X, Y, Z Variable. Zeigen Sie mittels eines Tableaux-Beweises, dass

$$(((\forall X)(\forall Y)(p(X,Y) \vee q(a,Y)) \rightarrow ((\forall X)p(X,a) \vee (\exists Z)(\exists Y)q(Z,Y))))$$

eine Tautologie ist.

4.6.3 Der Kalkül des natürlichen Schließens

Aufgabe 4.127 Natürliches Schließen: Prädikatenlogische Beispiele [▷437] ◐
Beweisen Sie mit dem Kalkül des natürlichen Schließens, dass die folgenden Formeln allgemeingültig sind.

(a) **Variablenumbenennung**
    (1) $((\forall X)p(X) \to (\forall Y)p(Y))$
    (2) $((\exists X)p(X) \to (\exists Y)p(Y))$

(b) **Variablenfolgen**
    (1) $((\forall X)(\forall Y)p(X,Y) \to (\forall Y)(\forall X)p(Y,X))$
    (2) $((\forall X)(\forall Y)p(X,Y) \to (\forall Y)(\forall X)p(X,Y))$
    (3) $((\forall X)(\forall Y)F \to (\forall Y)(\forall X)F)$

(c) **Negation**
    (1) $(\neg(\exists X)p(X) \to (\forall X)\neg p(X))$
    (2) $(\neg(\forall X)p(X) \to (\exists X)\neg p(X))$

       Leiten Sie zunächst die folgenden Lemmata her.

$$\frac{\neg(F \to G)}{F} L_L \qquad \frac{\neg(F \to G)}{\neg G} L_R \qquad \frac{\neg(\exists X)\neg F}{(\forall X)F} L_{\neg\exists\neg}$$

    (3) $(\neg(\forall X)\neg p(X) \to (\exists X)p(X))$

       Leiten Sie zunächst die folgenden Lemmata her.

$$\frac{\neg(F \to G)}{F} L_L \qquad \frac{\neg(F \to G)}{\neg G} L_R \qquad \frac{\neg(\exists X)F}{(\forall X)\neg F} L_{\neg}$$

    (4) $((\exists X)p(X) \to \neg(\forall X)\neg p(X))$

(d) **Quantoren**
    (1) $((\forall X)p(X) \to (\exists X)p(X))$
    (2) $((\exists Y)(\forall X)p(X,Y) \to (\forall X)(\exists Y)p(X,Y))$
    (3) $(((\forall X)p(X) \land (\forall X)q(X)) \to (\exists X)(p(X) \land q(X)))$
    (4) $((\forall X)(p(X) \land q(X)) \to ((\forall X)p(X) \land (\forall Y)q(Y)))$
    (5) $((\forall X)(\forall Y)(p(X) \land q(Y)) \to (\forall X)(p(X) \land q(X)))$
    (6) $\big((\forall X)(p(X) \to q(X)) \to \big((\forall X)p(X) \to (\forall X)q(X)\big)\big)$

Aufgabe 4.128 Bedingungen an $(\exists E)$ Regel [▷442] ◐ 4-32 232
Im Lehrbuch wurde folgende Regel zur Elimination des Existenz-Quantors vorgestellt:

$$\frac{(\exists Y)F \quad \begin{array}{c} \lfloor F \rfloor \\ \vdots \\ G \end{array}}{G} (\exists E)$$

Hierbei wurden die Bedingungen gestellt, dass

(i) 'Y in G nicht frei vorkommt' und

(ii) 'Y in keiner von F verschiedenen, nicht ausgelösten Hypothese der Ableitung von G frei vorkommt'.

(a) Zeigen Sie anhand eines Beispiel, dass sich bei Nichteinhaltung der Bedingung (i) – jedoch unter Einhaltung der übrigen – eine abgeschlossene Formel H beweisen lässt, welche nicht allgemeingültig ist.

(b) Zeigen Sie anhand eines Beispiel, dass sich bei Nichteinhaltung der Bedingung (ii) – jedoch unter Einhaltung der übrigen – eine abgeschlossene Formel H beweisen lässt, welche nicht allgemeingültig ist.

Aufgabe 4.129 Freiheitsbedingungen für die Substitution $\{X \mapsto t\}$ [▷443] ◐

Beim Kalkül des Natürlichen Schließens spielt sehr oft die Frage eine Rolle, ob eine Substitution, welche nur eine einzige Variable nicht auf sich selbst abbildet, frei für eine quantifizierte Formel ist. Dieser spezielle Fall soll hier untersucht werden.
Beweisen Sie die folgenden Aussagen über eine Substitution der Form $\{Z \mapsto t\}$:

(a) Falls $Z = Y$, dann ist $\{Z \mapsto t\}$ frei für $(QY)F$.

(b) Falls $Z \neq Y$, dann ist $\{Z \mapsto t\}$ frei für $(QY)F$
gdw. $\{Z \mapsto t\}$ frei für F, und Y kommt in t nicht vor, falls Z frei in F vorkommt.

Aufgabe 4.130 Faktorisierung und natürliches Schließen [▷444] ○

Die Faktorisierungsregel – hier dargestellt in der Formelsyntax und nicht als verallgemeinerte Disjunktion – besagt, dass aus einer in Skolem-Normalform vorliegenden Formel

$$F = (\forall X_1)\ldots(\forall X_n)((p(s_1,\ldots,s_m) \vee p(t_1,\ldots,t_m)) \vee D),$$

in welcher $p(s_1,\ldots,s_m)$ und $p(t_1,\ldots,t_m)$ mit dem allgemeinsten Unifikator σ unifizierbar sind, und in welcher D eine Disjunktion von Literalen bezeichnet, eine faktorisierte Formel ableitbar ist.

(a) Zeigen Sie zuerst, dass $(p \vee q)$ aus $((p \vee p) \vee q)$ herleitbar ist.

(b) Zeigen Sie nun, dass $(\forall Z)(p(a,b) \vee q(Z))$ aus
$$(\forall X)(\forall Y)(\forall Z)((p(X,b) \vee p(a,Y)) \vee q(Z))$$
herleitbar ist.

Aufgabe 4.131 Komplexes natürliches Schließen [▷444] ●

Beweisen Sie mit Hilfe des Kalkül des natürlichen Schließens die Allgemeingültigkeit der folgenden Formeln.

(a) $((\forall X)(\forall Y)(p(X,Y) \to \neg p(Y,X)) \to (\forall X)\neg p(X,X))$.

(b) $((\forall Y)(p(Y) \vee q(Y)) \to ((\exists Z)p(Z) \vee (\forall X)q(X)))$

(c) $((\exists X)(\exists Y)(\forall Z)(p(X,Z) \wedge q(Y,Z)) \to (\forall Z)((\exists X)p(X,Z) \wedge (\exists Y)q(Y,Z)))$

(d) $((\forall X)(\forall Y)(p(X,Y) \to \neg p(Y,X)) \to (\forall X)\neg p(X,X))$

(e) $(\exists X)(p(X) \to (\forall Y)p(Y))$

4.6.4 Weitere Verfahren

Aufgabe 4.132 Prädikatenlogische Konnektionsmethode [▷450] ○
Beweisen Sie mittels der Konnektionsmethode die Allgemeingültigkeit der folgenden prädikatenlogischen Formel

$$((p(0) \land (\forall X)(p(X) \to p(f(X)))) \to p(f(f(f(f(0))))))$$

Aufgabe 4.133 Beispiel mit (un)geraden Zahlen [▷451] ○
Gegeben sei die folgende Sprache $\mathcal{L}(\{even/1, odd/1\}, \{0/0, s/1\}, \mathcal{V})$.
Beweisen Sie mit der Konnektionsmethode die Allgemeingültigkeit der folgenden Formel:

$$\big(\langle even(0),$$
$$(\forall X)(odd(X) \to even(s(X))),$$
$$(\forall Y)(even(Y) \to odd(s(Y))) \rangle$$
$$\to odd(s(s(s(0)))) \big)$$

Aufgabe 4.134 Prädikatenlogische Subsumtion in Matrizen [▷451] ○
Beweisen Sie die folgende Aussage (siehe Aufgabe 4.122 zur Definition der prädikatenlogischen Subsumtion):
Sei $\mathcal{M}$ eine prädikatenlogische Matrix, welche u.a. die Spalten C und D enthält. Ferner soll die Spalte C die Spalte D subsumieren.
Dann gilt, dass es für (geeignet instantiierte Kopien) der Matrix $\mathcal{M} \setminus \{D\}$ eine aufspannende Konnektionsmenge gibt, falls dies für $\mathcal{M}$ der Fall ist.

Aufgabe 4.135 Beweisen im prädikatenlogischen Sequenzenkalkül [▷452] ○
Seien p und q einstellige, r ein zweistelliges und s ein nullstelliges Prädikatssymbol. Beweisen Sie mit dem Sequenzenkalkül, dass die folgenden Formeln allgemeingültig sind.
(a) $((\exists X)(p(X) \lor q(X)) \to ((\exists X)p(X) \lor (\exists X)q(X)))$
(b) $((\forall X)(p(X) \to s) \to ((\forall X)p(X) \to s))$
(c) $((\exists X)(\forall Y)r(X,Y) \to (\forall Y)(\exists X)r(X,Y))$

Aufgabe 4.136 Nach Rom mit dem Sequenzenkalkül [▷452] ○
Beweisen Sie die Formel $((((S1 \land S2) \land S3) \land S4) \to n(a4, rom))$ aus Aufgabe 4.118 mit dem Sequenzenkalkül.

4.8 Eigenschaften

4.8.1 Herbrand-Interpretationen

Aufgabe 4.137 Beispiel für korrespondierendes Herbrand-Modell [▷453] ○
Geben Sie zu der Formel

$$\big(((\forall X)p(a,X,X) \land (\forall X)(\forall Y)(\forall Z)p(X,Y,Z)) \to p(s(X),Y,s(Z))\big)$$

ein Modell mit Domäne $\mathbb{N}$ und ein korrespondierendes Herbrand-Modell an.

4-33 256 **Aufgabe 4.138 Existenz korrespondierender Herbrand-Modelle** [▷453] ◐
Beweisen Sie folgende Aussage (Lemma 4.59):
Sei F ein prädikatenlogischer Satz in Skolem-Normalform (einer prädikatenlogischen Sprache, welche mindestens ein Konstantensymbol enthält). Dann gilt:
Wenn eine Interpretation $I = (\mathcal{D}, \cdot^I)$ ein Modell für F ist, dann ist auch jede zu I korrespondierende Herbrand-Interpretation J ein Modell für F.

4.8.2 Korrektheits- und Vollständigkeitssätze

4-36 261 **Aufgabe 4.139 Beweisergänzung: Resolutionslemma 4.63** [▷456] ◐
Ergänzen Sie den Fall (ii)(b) – Faktorisierung – im Beweis von Lemma 4.63.
Sei $F = \forall \langle C_1, \ldots, C_n \rangle$ ein prädikatenlogischer Satz in Klauselform mit den Klauseln C_i, $1 \le i \le n$, und sei D eine Resolvente oder ein Faktor von neuen Varianten von Klauseln aus F. Dann gilt $F \equiv \forall \langle C_1, \ldots, C_n, D \rangle$.

4-37 262 **Aufgabe 4.140 Beweisergänzung: Lifting-Lemma 4.65** [▷456] ◐
Vervollständigen Sie den Beweis von Lemma 4.65:
Für eine prädikatenlogische Klausel D_1 und eine Grundsubstitution σ für D_1 ist zu zeigen:
  (ii) Wenn D ein Faktor von $D_1 \sigma$ ist, dann gibt es auch einen Faktor D' von D_1 sowie eine Substitution λ, so dass $D' \lambda = D$ gilt.

4-38 263 **Aufgabe 4.141 Beweisergänzung: Lemma 4.66** [▷457] ◐
Beweisen Sie unter den Voraussetzungen von Lemma 4.66 im Induktionsschluss noch den Fall, dass B_{m+1} ein Faktor ist.

4.8.3 Der Endlichkeitssatz

4-43 273 **Aufgabe 4.142 Es gibt mindestens n Dinge** [▷457] ◐
Beweisen Sie, dass es für jedes $n \in \mathbb{N}$ eine Formel F_n gibt, welche kein Modell $I = (\mathcal{D}, \cdot^I)$ mit $|\mathcal{D}| < n$ besitzt, jedoch Modelle mit endlichem Grundbereich der Mächtigkeit n besitzt.

Aufgabe 4.143 Nochmal Formeln ohne endliche Modelle [▷457] ●
In Aufgabe 4.69 wurde gezeigt, dass es Formeln gibt, welche keine Modelle über endlichen Domänen haben.
Zeigen Sie, dass es derartige Formeln auch in prädikatenlogischen Sprachen ohne Funktionssymbole gibt.

4-40 272 **Aufgabe 4.144 Beweis Endlichkeitssatz: Grundinstanzen** [▷458] ◐
Sei $\mathcal{L}(\mathcal{R}, \mathcal{F}, \mathcal{V})$ eine prädikatenlogische Sprache, wobei $\mathcal{F}$ mindestens ein Konstantensymbol enthält. Sei $\mathcal{G}$ eine Menge von Klauseln, $\mathcal{G}_G$ die Menge aller Grundinstanzen von Klauseln in $\mathcal{G}$ und $\mathcal{G}_\forall$ die Menge der universellen Abschlüsse der Klauseln in $\mathcal{G}$. Beweisen Sie die folgende Aussage:
  Wenn $\mathcal{G}_G$ erfüllbar ist, dann ist auch $\mathcal{G}_\forall$ erfüllbar.

I.4.8. EIGENSCHAFTEN 113

Aufgabe 4.145 Beweis Endlichkeitssatz: Aussagenlogische Abbildung [▷458] ◐ 4-41 272
Sei $\mathcal{L}(\mathcal{R}, \mathcal{F}, \mathcal{V})$ eine prädikatenlogische Sprache, wobei $\mathcal{F}$ mindestens ein Konstantensymbol enthält. $\mathcal{G}_p$ sei eine Menge von variablenfreien Klauseln dieser Sprache, und $\mathcal{A}$ sei die Menge der in $\mathcal{G}_p$ vorkommenden (abgeschossenen) Atome (Grundatome). Sei $\mathcal{L}(\mathcal{R}')$ eine aussagenlogische Sprache über einer abzählbar unendlichen Menge $\mathcal{R}'$ von aussagenlogischen Variablen und sei f eine Einbettung von $\mathcal{A}$ in $\mathcal{R}'$. Weiterhin sei $\mathcal{G}_a$ die Menge der aussagenlogischer Formeln, die wir aus $\mathcal{G}_p$ erhalten indem wir alle in $\mathcal{G}_p$ vorkommenden Grundatome gemäß f durch aussagenlogische Variablen ersetzen.
Beweisen Sie die folgende Aussage: Wenn $\mathcal{G}_a$ erfüllbar ist, dann auch $\mathcal{G}_p$.

Aufgabe 4.146 Beweis Endlichkeitssatz: Auseinanderdividieren [▷459] ◐ 4-39 271
Beweisen Sie folgende Behauptung:
Für eine abzählbar unendliche Menge $\mathcal{F} = \{F_1, F_2, F_3, \ldots\}$ von abgeschlossenen Formeln einer prädikatenlogischen Sprache $\mathcal{L}(\mathcal{R}, \mathcal{F}, \mathcal{V})$ existiert eine abzählbar unendliche Menge $\mathcal{F}' = \{F_1', F_2', F_3', \ldots\}$ von Formeln, so dass jedes F_i' aus F_i durch auseinanderdividieren der Variablen (sowie durch möglicherweise zusätzliches Variablenumbenennen) entstanden ist.

Aufgabe 4.147 Non-Standard Modell der natürlichen Zahlen [▷459] ●
In dieser Aufgabe soll bewiesen werden, dass es abzählbare Nonstandardmodelle der natürlichen Zahlen gibt, falls wir versuchen die natürlichen Zahlen in Prädikatenlogik erster Stufe zu axiomatisieren, d.h. mit der im Lehrbuch vorgestellten Prädikatenlogik, welche keine Quantifizierung über Relationen erlaubt.
Dazu betrachten wir die prädikatenlogische Sprache $\mathcal{L}_s = \mathcal{L}(\{0/1, s/1\}, \{\dot{=}/2\}, \mathcal{V})$ und die folgende Formelmenge PA_s bestehend aus den beiden Formeln

$$(\forall X)(\neg s(X) \dot{=} 0) \qquad (*)$$
$$(\forall X)(\forall Y)(s(X) \dot{=} s(Y) \to X \dot{=} Y) \qquad (**)$$

und der folgenden Formelmenge $(***)$
$$\bigl(F\{X \mapsto 0\} \wedge (\forall X)(F \to F\{X \mapsto s(X)\})\bigr) \to (\forall X)F$$

mit einer derartigen Formel für jede Formel F der Sprache $\mathcal{L}_s$.
Für jedes $n \in \mathbb{N}$ bezeichnen wir den Term $s^n(0)$ mit $\overline{n}$ und nennen ihn einen *Zahlterm*, d.h. $\overline{n}$ ist eine abkürzende Notation für gewisse Terme der Sprache $\mathcal{L}_s$:
$\overline{0}$ steht für $0 \ (= s^0(0))$, $\overline{1}$ für $s(0)$, $\overline{2}$ für $s(s(0))$, und so fort.
Wir bezeichnen mit $N = (\mathbb{N}, \cdot^N)$ das *Standardmodell* der natürlichen Zahlen, d.h. $0^N = 0$, s^N ist die Nachfolgerfunktion, welche wir der Einfachheit halber als Addition von 1 notieren, also Nachfolger von $n \in \mathbb{N}$ ist $n + 1$, und $\dot{=}^N$ ist die Gleichheitsrelation auf $\mathbb{N}$.
Gehen Sie zum Beweis wie folgt vor.

(a) Machen Sie sich zunächst klar, wodurch sich die Formelmenge PA_s von einer in der Mathematik üblichen Form der Peano Axiome unterscheidet.

(b) Wir bezeichnen mit $Th(N)$ die Menge aller Formeln der Sprache $\mathcal{L}_s$, welche im Standardmodell N wahr sind. (Offensichtlich gilt $N \models \mathsf{PA}_s$, und folglich gilt $\mathsf{PA}_s \subseteq Th(N)$; aber $Th(N)$ kann umfassender sein als PA_s.)
Sei c ein neues Konstantensymbol, und sei $\mathcal{L}_c$ die (abzählbare) Sprache, wel-

che sich aus $\mathcal{L}_s$ durch Hinzunahme von c ergibt. Wir definieren die folgende Formelmenge:

$$\mathcal{F} := Th(N) \ \dot{\cup}\ \{\neg c \doteq \overline{n} \mid n \in \mathbb{N}\} \qquad \text{(disjunkte Vereinigung!)}$$

Beweisen Sie mit Hilfe des Endlichkeitssatzes 4.71, dass es eine Interpretation $I = (\mathcal{D}, \cdot^I)$ der Sprache $\mathcal{L}_c$ über einer Domäne $\mathcal{D}$ gibt, welche ein Modell der Formelmenge $\mathcal{F}$ ist.

(c) Beweisen Sie, dass unter der Interpretation I aus Teilaufgabe (b) für jeden Zahlterm gilt, dass seine Bedeutung von der Bedeutung von c verschieden ist, d.h.:

$$c^I \neq \overline{n}^I \text{ für alle } n \in \mathbb{N}.$$

Hinweis: *Es ist nicht gesichert, dass $\doteq^I$ die Gleichheitsrelation auf $\mathcal{D}$ ist.*

(d) Wir bezeichnen mit $I_s = (\mathcal{D}, \cdot^{I_s})$ die Interpretation der Sprache $\mathcal{L}_s$, welche sich durch Einschränkung der Interpretation $I = (\mathcal{D}, \cdot^I)$ von $\mathcal{L}_c$ auf $\mathcal{L}_s$ ergibt. Gemäß der Definition von I_s als Einschränkung von I gilt: $\mathbf{0}^{I_s} = \mathbf{0}^I$, $s^{I_s} = s^I$ und $\doteq^{I_s} = \doteq^I$. (I_s unterscheidet sich somit von I nur durch die fehlende Interpretation von c: c^{I_s} ist eben nicht definiert, da das Konstantensymbol c nicht zur Sprache $\mathcal{L}_s$ gehört.)

Beweisen Sie, dass I_s nicht zu N isomorph ist.

Algebraisch gesprochen ist hier die Möglichkeit der Isomorphie der beiden Strukturen $(\mathbb{N}, \mathbf{0}^N, s^N, \doteq^N)$ und $(\mathcal{D}, \mathbf{0}^{I_s}, s^{I_s}, \doteq^{I_s})$ zu untersuchen. Für deren Nichtisomorphie ist zu zeigen, dass keine bijektive Abbildung $h : \mathbb{N} \to \mathcal{D}$ existiert, für die gilt:

(i) $h(\mathbf{0}^N) = \mathbf{0}^{I_s}$,

(ii) für alle $n \in \mathbb{N}$ gilt: $h(s^N(n)) = s^{I_s}(h(n))$

(iii) für alle $n_1, n_2 \in \mathbb{N}$ gilt: wenn $(n_1, n_2) \in \doteq^N$ (oder einfacher $n_1 = n_2$), dann $(h(n_1), h(n_2)) \in \doteq^{I_s}$

4.8.4 Der Unentscheidbarkeitssatz

Aufgabe 4.148 Korrespondenzproblem und Resolution [▷461]

Das in Abschnitt 4.8.4 des Lehrbuchs diskutierte Beispiel P eines Post'schen Korrespondenzproblems führte zur folgenden Formel G_P (Zur Notation vergleiche die Ausführungen in Abschnitt 4.8.4):

$$(\langle p(f_{010}(a), f_{10}(a)),\ p(f_{00}(a), f_{000}(a)),\ p(f_{100}(a), f_{10}(a)),$$
$$(\forall X, Y)(p(X, Y) \to$$
$$\langle p(f_{010}(X), f_{10}(Y)),\ p(f_{00}(X), f_{000}(Y)),\ p(f_{100}(X), f_{10}(Y))\rangle\ )\rangle$$
$$\to (\exists Z) p(Z, Z))$$

Zeigen Sie die Allgemeingültigkeit dieser Formel mittels der Resolutionsmethode.

Aufgaben zu Kapitel 5 des Lehrbuchs
Grundlagen der Logikprogrammierung

5.1 Definite Programme

5.1.1 Grundbegriffe

Aufgabe 5.1 Von Funktionen zu Prolog [▷463] ○

Im Lehrbuch wurde die folgende einstellige Funktion $+2\colon \mathbb{N} \to \mathbb{N}$ wie folgt definiert:

$$+2(N) = \begin{cases} s(s(0)) & \text{wenn } N = 0 \text{ ist,} \\ s(+2(N')) & \text{wenn } N \text{ von der Form } s(N') \text{ ist.} \end{cases}$$

(a) Geben Sie eine Menge von Horn-Klauseln bzw. ein Prolog-Programm an, welches bei geeigneten Aufrufen dieselbe Funktion implementiert.

(b) Berechnen Sie den Funktionswert von $+2$ für die Zahl $3 = s(s(s(0)))$

  (1) mit den von Ihnen ermittelten Horn-Klauseln und dem Resolutionsverfahren und

  (2) mit dem von Ihnen ermittelten Prolog-Programm.

  Geben Sie jeweils zunächst die notwendigen 'Aufrufe' an.

5.1.2 Semantik

Aufgabe 5.2 Herbrand-Modelle eines definiten Programms [▷465] ○

Gegeben sei die prädikatenlogische Sprache $\mathcal{L}(\{p/1, q/1, r/0\}, \{a/0, b/0\}, \mathcal{V})$ und das folgende definite Programm $\mathcal{P}$:

  $p(a)$
  $q(X) \leftarrow p(X)$

Geben Sie alle Herbrand-Modelle von $\mathcal{P}$ an. Welches von diesen ist das kleinste?

Aufgabe 5.3 Existenz kleinster Herbrand-Modelle [▷465] ○

Untersuchen Sie, ob er für jede Teilmenge der Klauselmenge

  $C = \{[p(a), p(b)], [p(a)], [p(c)]\}$

ein kleinstes Herbrand-Modell gibt, und falls ja, geben Sie dieses an.

5-4 292 **Aufgabe 5.4 Grundinstanzen von definiten Programmen** [▷465] ○
Sei $\mathcal{P}$ ein definites Programm und I eine Herbrand-Interpretation für $\mathcal{P}$. Zeigen Sie, dass I genau dann ein Modell für $\mathcal{P}$ ist, wenn für jede Grundinstanz $A \leftarrow B_1 \wedge \ldots \wedge B_m$ jeder Klausel in $\mathcal{P}$ gilt: Wenn $\{B_1, \ldots, B_m\} \subseteq I$, dann $A \in I$.

Aufgabe 5.5 Antwortsubstitution gesucht [▷466] ○

(a) Betrachten Sie das definite Programm $\mathcal{P}$, das lediglich aus der definiten Klausel $p(X, f(X))$ besteht, sowie das definite Ziel $\leftarrow p(Y, Y)$.
Geben Sie die korrekten Antwortsubstitutionen für $(\mathcal{P} \wedge G)$ an.

(b) Betrachten Sie das definite Programm $\mathcal{P}$, das lediglich aus der definiten Klausel $p(X, f(X)) \leftarrow p(X, X)$ besteht, sowie das definite Ziel $\leftarrow p(Y, Y)$.
Geben Sie die korrekten Antwortsubstitutionen für $(\mathcal{P} \wedge G)$ an.

Aufgabe 5.6 Nachweis einer Antwortsubstitution [▷466] ○
Gegeben sei das Logikprogramm $p(a, X, f(Y))$. und das Ziel $\leftarrow p(U, V, W)$.
Zeigen Sie, dass $\sigma = \{U \mapsto a, W \mapsto f(a)\}$ eine korrekte Antwortsubstitution ist.

Aufgabe 5.7 ε als Antwortsubstitution [▷467] ○
Betrachten Sie das definite Programm $\mathcal{P}$, das nur aus der Einerklausel $p(a)$ besteht, und die definite Zielklausel $\leftarrow p(X)$. Sei $B_\mathcal{P} = \{p(a)\}$ die Herbrand-Basis von $\mathcal{P}$.
Zeigen Sie, dass ε keine korrekte Antwortsubstitution für $(\mathcal{P} \wedge G)$ ist.

Aufgabe 5.8 Beispiel Antwortsubstitutionen [▷467] ○
Sei $\mathcal{P}$ das folgende Programm:

$p(a, X, X)$
$p(s(X), Y, s(Z)) \leftarrow p(X, Y, Z)$

(a) Berechnen Sie die Antwortsubstitutionen für die Aufrufe

 (1) $\leftarrow p(s(a), X, s(s(a)))$. und
 (2) $\leftarrow p(s(s(a)), X, s(s(s(a))))$.

Ermitteln Sie der Reihe nach die sich ergebenden Unifikationsprobleme und die dazugehörigen allgemeinsten Unifikatoren.

(b) Geben Sie das kleinste Herbrand-Modell für $\mathcal{P}$ an.

Aufgabe 5.9 SLD-Widerlegung und Antwortsubstitutionen [▷467] ○
Gegeben die definiten Programmklauseln

$r(a)$
$p(Y)$
$q(X) \leftarrow p(X)$
$s(X) \leftarrow q(X)$

und das definite Ziel $\leftarrow s(U)$.

(a) Geben Sie eine SLD-Widerlegung an. (Geben Sie bei jeder Resolventenbildung an über welche Klauseln resolviert wurde.)

(b) Wie lautet die von Ihnen in der vorigen Teilaufgabe berechnete Antwortsubstitution?

(c) Geben Sie für obiges definites Programm eine korrekte Antwortsubstitution an, welche von der berechneten verschieden ist.

I.5.1. DEFINITE PROGRAMME

(d) Geben Sie für obiges definites Programm eine Substitution an, welche keine Antwortsubstitution ist.

Aufgabe 5.10 SLD-Ableitung und Antwortsubstitution [▷468] ○
Gegeben sei folgendes definites Programm $\mathcal{P}$:

$p(0, X, X)$
$p(s(X), Y, s(Z)) \leftarrow p(X, Y, Z)$
$r(s(0), X, X)$
$r(s(X), Y, Z) \leftarrow r(X, Y, W), p(W, Y, Z)$

Geben Sie eine SLD-Ableitung für das definite Ziel $\leftarrow r(s(s(0)), s(0), X)$ an.
Wie lautet die berechnete Antwortsubstitution?

Aufgabe 5.11 Fragen zu Antwortsubstitutionen [▷468] ○
Beweisen oder widerlegen Sie die folgenden Behauptungen.
  (a) Ein definites Programm, welches nur aus Fakten besteht, berechnet bei einem Ausruf nie eine nichtleere Antwortsubstitution.
  (b) Jedes aussagenlogische definite Programm $\mathcal{P}$ (bzw. jedes prädikatenlogische definite Programm in dem nur 0-stellige Prädikatssymbole vorkommen) ist erfüllbar.
  (c) Eine korrekte Antwortsubstitution ist immer eine Grundsubstitution.

Aufgabe 5.12 Negierte Konjunktion von Literalen [▷468] ○ 5-1 288
Zeigen Sie, dass eine Formel der Form $\neg \forall \langle B_1 \theta, \ldots, B_m \theta \rangle$ – wobei die $B_1, \ldots, B_m$ Literale sind – nicht notwendigerweise eine Klausel ist, und dass es nicht notwendigerweise ein Herbrand-Modell für diese Formel gibt.

5.1.3 Fixpunktsemantik

Aufgabe 5.13 Beispiel für $T_\mathcal{P}^n$ Berechnung: I [▷468] ○
Es sei das folgende definite Programm $\mathcal{P}$ gegeben:

$q(X, X, c)$
$q(f(X), Y, f(Z)) \leftarrow q(X, Y, Z)$
$p(X, X, f(c))$
$p(X, Y, f(Z)) \leftarrow p(X', Y, Z) \wedge q(X, X', Y)$

  (a) Berechnen Sie $T_\mathcal{P}^n(\emptyset)$ für $n = 1, \ldots, 4$.
  (b) Geben Sie das kleinste Herbrand-Modell für das Programm $\mathcal{P}$ an.

Aufgabe 5.14 Beispiel für $T_\mathcal{P}^n$ Berechnung: II [▷469] ○
Betrachten Sie das folgende Logikprogramm $\mathcal{P}$:

$q(X) \leftarrow$
$p(a) \leftarrow p(a)$
$p(b) \leftarrow q(X)$
$p(s(X)) \leftarrow p(X)$

(a) Es sei $I_0 = \{p(a)\}$ und $I_{n+1} = T_{\mathcal{P}}(I_n)$ für alle $n \in \mathbb{N}$. Berechnen Sie I_n für alle $n \in \mathbb{N}$.

(b) Zeigen Sie, dass $\bigcup_{n \in \mathbb{N}} I_n$ nicht das kleinste Herbrand-Modell von $\mathcal{P}$ ist.

Aufgabe 5.15 Beispiel für $T_{\mathcal{P}} \uparrow n$ Berechnung [▷469] ○

Sei $\mathcal{P}$ das folgende Programm:

$p(a, X, X)$
$p(s(X), Y, s(Z)) \leftarrow p(X, Y, Z)$

Berechnen Sie $T_{\mathcal{P}} \uparrow n$ für jedes $n \in \mathbb{N}$ und berechnen Sie $\mathsf{lfp}(T_{\mathcal{P}})$.

Aufgabe 5.16 Monotonie von $T_{\mathcal{P}}$ [▷469] ○

Sei $\mathcal{P}$ ein definites Programm. Zeigen Sie, dass $T_{\mathcal{P}}$ monoton ist.

Aufgabe 5.17 Beweisergänzung zu Proposition 5.22 [▷471] ○

Zeigen Sie die folgende, in Proposition 5.22 benützte Äquivalenz.

Für ein definites Programm $\mathcal{P}$ und eine gerichtete Teilmenge $\mathcal{S} \subseteq 2^{\mathcal{A}(\mathcal{R}, \mathcal{F})}$ gilt:

$A \leftarrow B_1, \ldots, B_m$ ist Grundinstanz einer Klausel in $\mathcal{P}$
und $\{B_1, \ldots, B_m\} \subseteq \mathsf{lub}(\mathcal{S})$

gdw. $A \leftarrow B_1, \ldots, B_m$ ist Grundinstanz einer Klausel in $\mathcal{P}$
und $\{B_1, \ldots, B_m\} \subseteq I$ für ein $I \in \mathcal{S}$.

5.1.5 Eigenschaften

Aufgabe 5.18 Unabhängigkeit der Selektionsfunktion [▷471] ○

Sei $\mathcal{P}$ ein definites Programm und sei F ein definites Ziel, so dass $\mathcal{P}$ und F eine SLD-Ableitung bzgl. einer Selektionsfunktion SEL besitzt, welche die Antwortsubstitution σ berechnet.
Sei SEL′ eine weitere Selektionsfunktion.
Dann besitzt $\mathcal{P}$ und F eine SLD-Ableitung bzgl. der Selektionsfunktion SEL′ deren berechnete Antwortsubstitution σ' zu einer Variante $F\sigma'$ von $F\sigma$ führt.

5.2 Normale Programme

Aufgabe 5.19 Abfahrt Leipzig, Berlin, ... [▷473] ○

Betrachten Sie das definite Programm $\mathcal{P}$, das aus den Klauseln

abfahrt(*leipzig*, 7:15)
abfahrt(*berlin*, 7:17)
abfahrt(*prag*, 7:18)

besteht. Zeigen Sie semantisch, dass $\mathcal{P} \not\models \neg abfahrt(nürnberg, 7:16)$ gilt.

I.5.2. NORMALE PROGRAMME

Aufgabe 5.20 Beispiele zur Gleichheitsrelation [▷473] ○ **5-7** 316

Zeigen Sie, dass

(a) $\forall (X \approx Y \rightarrow Y \approx X)$ *(Symmetrie)* und

(b) $\forall ((X \approx Y \wedge Y \approx Z) \rightarrow X \approx Z)$ *(Transitivität)*

logische Konsequenzen der Menge der folgenden Formeln sind:

(1) $\forall X \approx X$

(2) $\forall (\langle X_1 \approx Y_1, \ldots, X_n \approx Y_n \rangle \rightarrow f(X_1, \ldots, X_n) \approx f(Y_1, \ldots, Y_n))$
für alle Funktionssymbole f/n

(3) $\forall (\langle X_1 \approx Y_1, \ldots, X_n \approx Y_n, p(X_1, \ldots, X_n) \rangle \rightarrow p(Y_1, \ldots, Y_n))$
für alle Relationssymbole p/n inkl. $\approx/2$

Hinweis: *Verwenden Sie zur Herleitung obiger Formeln die prädikatenlogische Resolutionsregel.*

Aufgabe 5.21 Herbrand-Basis als Modell [▷474] ○ **5-8** 320

Sei $\mathcal{P}$ ein normales Programm und $\mathcal{B}_\mathcal{P}$ die dazugehörige Herbrand-Basis. Zeigen Sie, dass $\mathcal{B}_\mathcal{P}$ ein Modell für $\mathcal{P}$ ist.

Aufgabe 5.22 Unwiderlegbares Ziel [▷474] ○ **5-9** 321

Das Programm $\mathcal{P}$ bestehe aus den folgenden Programmklauseln:

$p \leftarrow q$
$p \leftarrow \neg q$
$q \leftarrow q$

Zeigen Sie, dass es keine SLD-Widerlegung für $(\mathcal{P} \wedge (\leftarrow p))$ gibt.

Teil II

Lösungen

Lösungen der
Aufgaben zu **Kapitel 2** des Lehrbuchs

Logikprogrammierung am Beispiel Prolog

2.1 Logikprogrammierung mit einfachen Daten

Lösung 2.1 Fakten und einfache Anfragen in Prolog [▷3] ○
Aus den natürlichsprachigen Sätzen werden die folgenden Programmklauseln:

    programm(lunar).   programm(sam).
    programm(shrdlu).
    buch(begriffsschrift).   buch(mathematica).
    geschrieben(terry, shrdlu).
    geschrieben(roger, sam).
    geschrieben(bill, lunar).
    geschrieben(gottlob, begriffsschrift).
    geschrieben(bertrand, mathematica).
    geschrieben(alfred, mathematica).

Beispielanfragen und deren Antworten:

    ?– programm(bill).   ?– geschrieben(roger, lunar).
    No   No
    ?– geschrieben(bill, lunar).
    Yes

Die in der Aufgabenstellung mit Großbuchstaben beginnenden Zeichenreihen wurden hier klein geschrieben, da mit Großbuchstaben beginnende Zeichenreihen als Variablen interpretiert werden. Will man auf die Großschreibung nicht verzichten, so ist das möglich indem man die jeweilige Zeichenreihe in Apostrophe einschließt, z.B. geschrieben('Bill',' LUNAR'). Natürlich ist diese Schreibweise bei Anfragen dann ebenfalls zu berücksichtigen.

2-1 27 Lösung 2.2 Anfragen mit Variablen [▷3] ○

Wir erhalten die folgenden Anfragen und Antworten:

```
?- programm(P).           ?- geschrieben(Autor, mathematica).
P = lunar ;               Autor = bertrand ;
P = sam ;                 Autor = alfred ;
P = shrdlu ;              No
No
```

Lösung 2.3 Konjunktive Anfragen [▷3] ○

Die Anfrage ist 'konjunktiv', da nach Büchern *und* ihren Autoren gefragt wird.

```
?- buch(Titel), geschrieben(Autor, Titel).
Titel = begriffsschrift,
Autor = gottlob ;
Titel = mathematica,
Autor = bertrand ;
Titel = mathematica,
Autor = alfred ;
No
```

2-2 27 Lösung 2.4 Regeln in Prolog [▷3] ○

Es sind mehrere Lösungen möglich, z.B.

```
autor(A)        :- geschrieben(A, W), buch(W).
programmierer(A):- geschrieben(A, W), programm(W).
```

oder auch

```
autor(A)        :- buch(W), geschrieben(A, W).
programmierer(A):- programm(W), geschrieben(A, W).
```

2-3 27 Lösung 2.5 Komplexe Regeln [▷4] ○

(a) Wir erhalten die folgenden zusätzlichen Fakten:

```
professor(terry).                professor(bertrand).
professor(roger).                professor(gottlob).

betrifft(shrdlu, bloecke).       betrifft(sam, geschichten).
betrifft(lunar, steine).         betrifft(mathematica, logik).
betrifft(mathematica, mathematik).
betrifft(begriffsschrift, logik).
```

(b)
```
logiker(Person):- professor(Person),
                  geschrieben(Person, Buch),
                  betrifft(Buch, logik).
```

2-4 27 Lösung 2.6 Verwandtschaftsbeziehungen [▷4] ○

Wir ergänzen einige Fakten zu den genannten Personen und definieren **tochter**, **opa** und **cousine**.

II.2.1. LOGIKPROGRAMMIERUNG MIT EINFACHEN DATEN

```
weiblich(ute).
mutter(lisa, ute).
tochter(Tochter, Elter) :- elternteil(Elter, Tochter),
                          weiblich(Tochter).
opa(Opa, Enkel) :- vater(Opa, Kind), elternteil(Kind, Enkel).
cousine(C, X) :- weiblich(C),
                 elternteil(Elter1, C),
                 elternteil(Grosselter, Elter1),
                 elternteil(Grosselter, Elter2),
                 Elter1 \= Elter2,
                 elternteil(Elter2, X).
```

Lösung 2.7 Vollständiger Ableitungsbaum [▷4] ○

Der in Abbildung 2.2 auf der nächsten Seite dargestellte Ableitungsbaum bezieht sich auf die erste der beiden in Aufgabe 2.4 angegebenen Ergänzungen zum Programm aus der Lösung von Aufgabe 2.1.

```
autor(A) :- buch(W), geschrieben(A, W).

                        ?- autor(A).
                            │ {A1 = A}
                  ?- buch(W1), geschrieben(A, W1).
         {W1 = begriffsschrift}      {W1 = mathematica}
  ?- geschrieben(A, begriffsschrift).   ?- geschrieben(A, mathematica).
      {A = gottlob}    {A = bertrand}      {A = alfred}
            e              e                   e              e
```

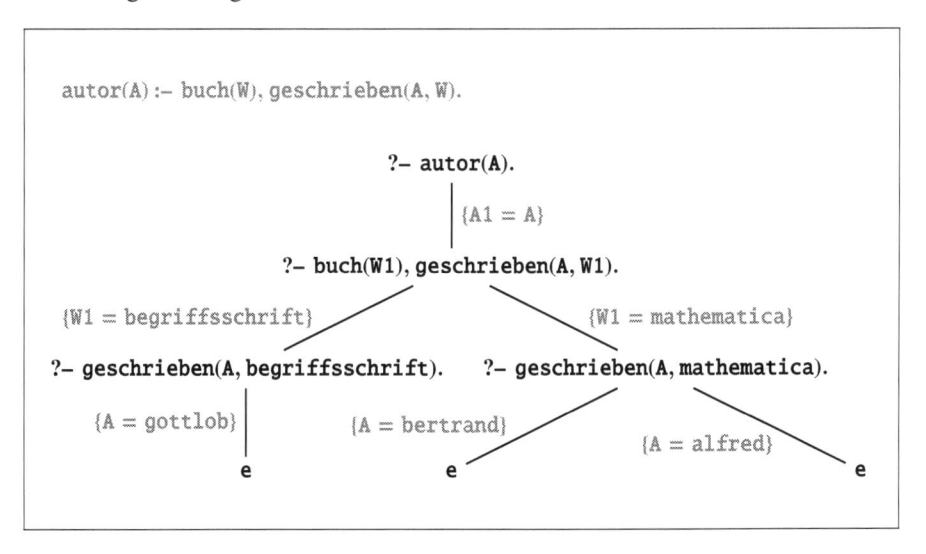

Abbildung 2.1: Zu Aufgabe 2.7.

Es wurde dort absichtlich im Aufruf die gleiche Variable verwendet, mit der auch die entsprechende Klausel definiert wurde. Wie aus dem Ableitungsbaum zu ersehen ist, wird, sobald eine Klausel des Programms aufgerufen wird, eine Kopie der entsprechenden Klausel mit neuen Variablen angefertigt, was wir hier der Einfachheit halber nur durch Anhängen einer Ziffer an die Variable kenntlich gemacht haben. Die Notwendigkeit einer solchen Maßnahme erkennt man, wenn man den Ableitungsbaum für den Aufruf ?- autor(W). erstellen will. Dort käme man ohne Variablenumbenennung in Konflikte, da die Variable W auch im Klauselkörper der Klausel vorkommt.
In Abbildung 2.1 wurde in analoger Weise der Ableitungsbaum dargestellt, der sich ergibt, wenn die alternative Lösung von Aufgabe 2.4 verwendet wird.

```
autor(A) :- geschrieben(A, W), buch(W).
```

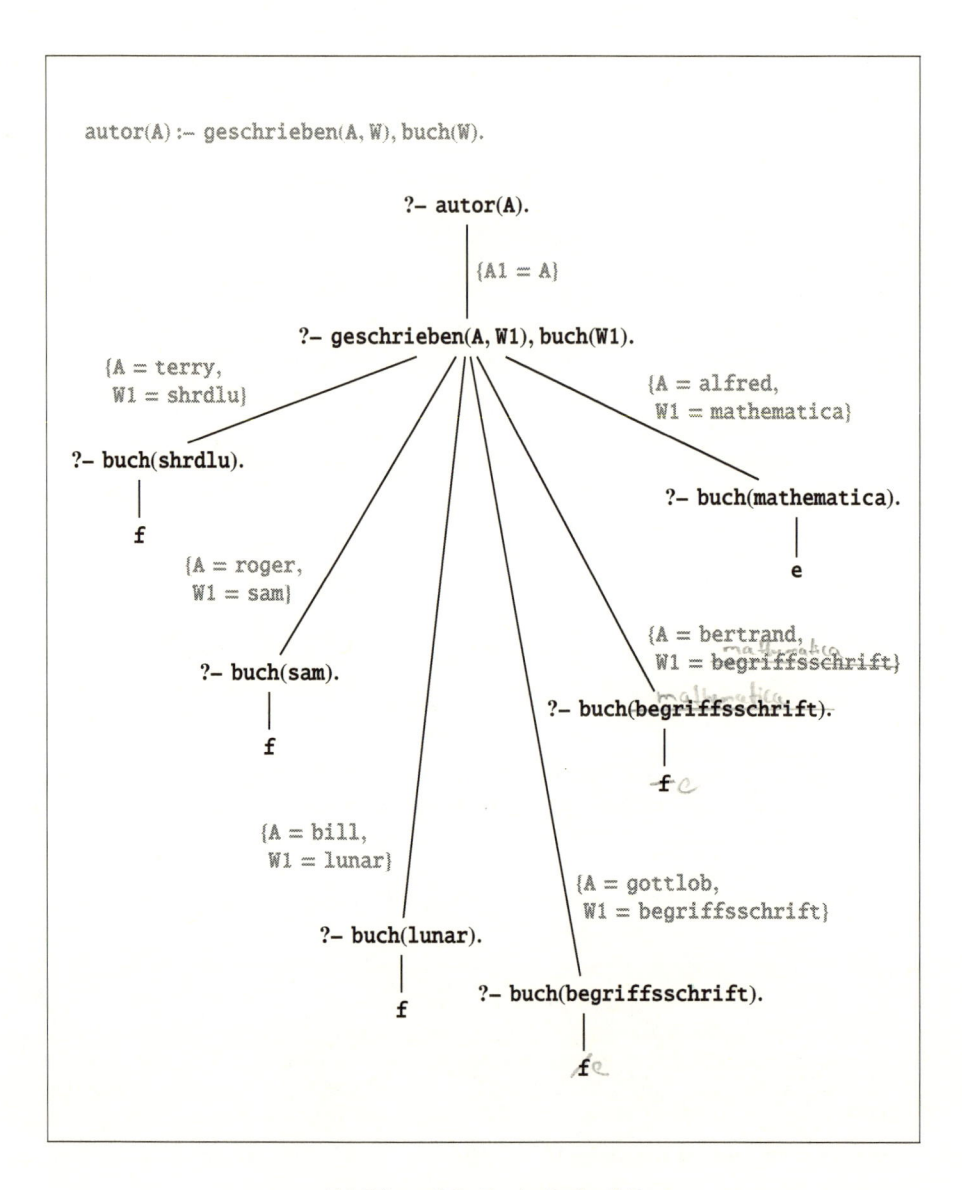

```
                          ?- autor(A).
                               |
                            {A1 = A}
                               |
                    ?- geschrieben(A, W1), buch(W1).
   {A = terry,                                      {A = alfred,
    W1 = shrdlu}                                     W1 = mathematica}
?- buch(shrdlu).
       |                                        ?- buch(mathematica).
       f                                                 |
           {A = roger,                                   e
            W1 = sam}
                                                     {A = bertrand,
        ?- buch(sam).                                 W1 = begriffsschrift}
              |                                ?- buch(begriffsschrift).
              f                                          |
                                                         f
           {A = bill,
            W1 = lunar}                              {A = gottlob,
                                                     W1 = begriffsschrift}
          ?- buch(lunar).
                 |                          ?- buch(begriffsschrift).
                 f                                       |
                                                         f
```

Abbildung 2.2: Zu Aufgabe 2.7.

Lösung 2.8 Tracing im Vierportmodell [▷5] ○

Das Vierportmodell von p/1 zeigt die folgende Graphik.

(1) p(X) :- a(X).
(2) p(X) :- b(X), c(X), d(X).
(3) p(X) :- e(X), f(X).

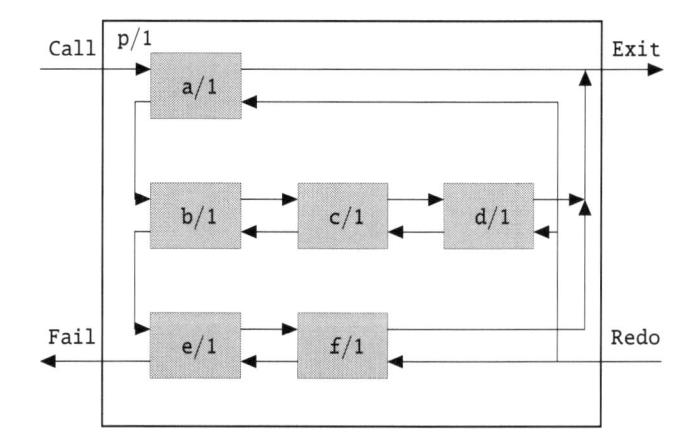

```
         p/1
Call ┌─────────────────────────────────────┐ Exit
────►│    ┌──────┐                         ├────►
     │    │ a/1  │◄────────────────────────┤
     │    └──────┘                         │
     │       ▼                             │
     │    ┌──────┐   ┌──────┐   ┌──────┐  │
     │    │ b/1  │◄──│ c/1  │◄──│ d/1  │◄─┤
     │    └──────┘   └──────┘   └──────┘  │
     │       ▼                             │
Fail │    ┌──────┐   ┌──────┐              │ Redo
◄────┤    │ e/1  │◄──│ f/1  │              │◄────
     │    └──────┘   └──────┘              │
     └─────────────────────────────────────┘
```

Wir erhalten folgendes Traceprotokoll:

```
?- trace, p(X).                      X = m ;
   Call : (7) p(_G277) ? creep          Fail : (8) d(m) ? creep
   Call : (8) a(_G277) ? creep          Fail : (8) c(m) ? creep
   Exit : (8) a(n) ? creep              Fail : (8) b(_G277) ? creep
   Exit : (7) p(n) ? creep              Redo : (7) p(_G277) ? creep
X = n ;                                 Call : (8) e(_G277) ? creep
   Fail : (8) a(_G277) ? creep          Exit : (8) e(o) ? creep
   Redo : (7) p(_G277) ? creep          Call : (8) f(o) ? creep
   Call : (8) b(_G277) ? creep          Exit : (8) f(o) ? creep
   Exit : (8) b(m) ? creep              Exit : (7) p(o) ? creep
   Call : (8) c(m) ? creep           X = o ;
   Exit : (8) c(m) ? creep              Fail : (8) f(o) ? creep
   Call : (8) d(m) ? creep              Fail : (8) e(_G277) ? creep
   Exit : (8) d(m) ? creep              Fail : (7) p(_G277) ? creep
   Exit : (7) p(m) ? creep           No
```

Den zugehörigen Ableitungsbaum zeigt Abbildung 2.3 auf der nächsten Seite.

Lösung 2.9 Rekursive Vorfahren I [▷5] ○ 2-5 28

Mögliche Anfragen sind beispielsweise:

?- vorfahre(fritz, maria).   ?- vorfahre(paul, paul).
?- vorfahre(maria, steffen).   ?- vorfahre(X, steffen).
?- vorfahre(sina, maria).   ?- vorfahre(X, lisa).
?- vorfahre(steffen, lisa).

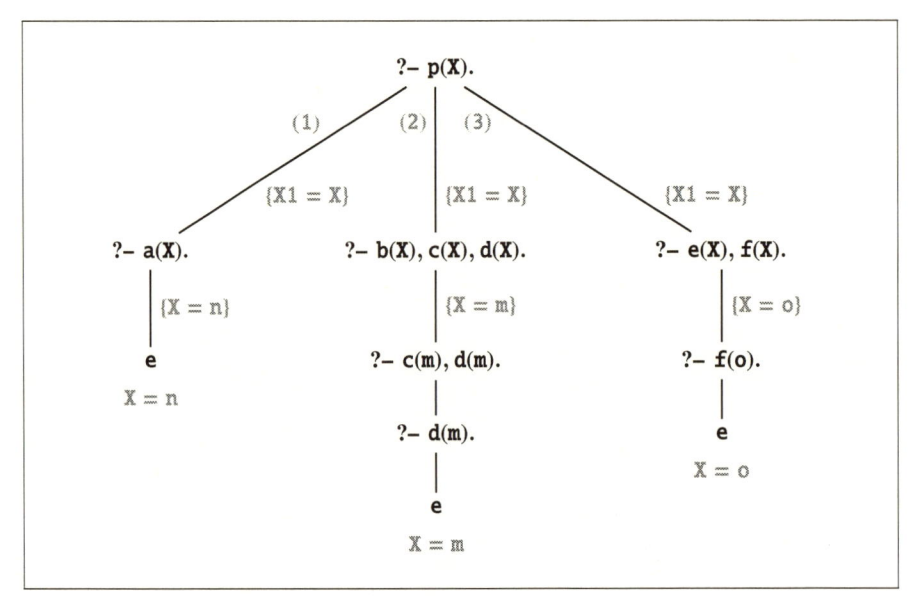

```
                              ?- p(X).
                 (1)     (2)      (3)
              {X1 = X}  {X1 = X}    {X1 = X}
        ?- a(X).    ?- b(X), c(X), d(X).    ?- e(X), f(X).
          |{X = n}           |{X = m}            |{X = o}
          e            ?- c(m), d(m).         ?- f(o).
        X = n                |                    |
                         ?- d(m).                 e
                             |                  X = o
                             e
                           X = m
```

Abbildung 2.3: Zu Aufgabe 2.8.

2-7 29 Lösung 2.10 Rekursive Vorfahren II   [▷5] ○

Die Anfrage ?- vorfahre(steffen, maria). endet erfolgreich, während der Aufruf mit ?- vorfahre(maria, X). erwartungsgemäß fehlschlägt, da in unseren Daten kein Nachkomme von Maria enthalten ist. In den zugehörigen Ableitungsbäumen (siehe Abbildung 2.4 auf der nächsten Seite und Abbildung 2.5 auf Seite 130) sind an einigen Kanten, der besseren Übersichtlichkeit wegen, die Substitutionen nicht angegeben worden.

Anstelle der beiden als gestrichelte Linien angegebenen Kanten müsste eigentlich noch der zu ?- vorfahre(maria, maria). gehörige Teilbaum stehen, der ebenfalls aus Platzgründen weggelassen wurde.

2-6 29 Lösung 2.11 Rekursive Vorfahren III   [▷5] ○

Der Aufruf ?- vorfahre(maria, X). wird abgebrochen und wir erhalten die Nachricht ERROR Out of local stack. Das ist in unserem Fall ein Hinweis darauf, dass wir in einem unendlichen Zyklus gelandet sind. Der Ableitungsbaum (siehe Abbildung 2.6 auf Seite 131) liefert uns eine Erklärung. Wir erkennen, dass iterativ Aufrufe der Form

   ?- vorfahre(X(n+1), X), elternteil(Xn, X(n+1)),
         elternteil(X(n−1), Xn), ..., elternteil(maria, X2).

– mit $n = 2, 3, \ldots$ – erzeugt werden. Die Anzahl der abzuarbeitenden Teilziele wird also immer größer. Von den fehlschlagenden Teilbäumen – in der Abbildung gekennzeichnet mit FTB1, FTB2, ... – wurde nur FTB1 als exemplarisches Beispiel in Abbildung 2.7 auf Seite 132 wiedergegeben.

II.2.1. LOGIKPROGRAMMIERUNG MIT EINFACHEN DATEN 129

```
(v1) vorfahre(A, J) :- elternteil(A, J).              (e1) elternteil(E, K) :- vater(E, K).
(v2) vorfahre(A, J) :- elternteil(A, X), vorfahre(X, J).  (e2) elternteil(E, K) :- mutter(E, K).
```

?- vorfahre(steffen, maria).

{A1 = steffen, J1 = maria} (v1) (v2) {A2 = steffen, J2 = maria}

?- elternteil(steffen, maria).

(e1) {E2 = steffen, K2 = maria} (e2)

{E1 = steffen, K1 = maria}

?- elternteil(steffen, X2), vorfahre(X2, maria).

?- mutter(steffen, maria).

?- vater(steffen, maria).

f

(e1)

?- mutter(steffen, X2), vorfahre(X2, maria).

f

{E3 = steffen, K3 = X2}

f

?- vater(steffen, X2), vorfahre(X2, maria).

{X2 = lisa}

?- vorfahre(lisa, maria).

{A5 = lisa, J5 = maria} (v1) (v2) {A5 = lisa, J5 = maria}

?- elternteil(lisa, maria).

?- elternteil(lisa, X5), vorfahre(X5, maria).

{X2 = paul} {E6 = lisa, K6 = maria} (e1) {E7 = lisa, K7 = maria}

(e2)

?- vater(lisa, maria).

?- mutter(lisa, maria).

(e1)

f   ?- vater(lisa, X5), vorfahre(X5, maria).

f

(e2)

?- vorfahre(paul, maria).

{A3 = paul, J3 = maria} (v1) (v2) {A4 = paul, J4 = maria}

?- mutter(lisa, X5), vorfahre(X5, maria).

?- elternteil(paul, maria).

?- elternteil(paul, X4), vorfahre(X4, maria).

f

{E4 = paul, K4 = maria} (e2) {E5 = paul, K5 = maria}

(e1) ?- mutter(paul, maria).

(e1) (e2)

f

?- vater(paul, X4), vorfahre(X4, maria).

?- mutter(paul, X4), vorfahre(X4, maria).

?- vater(paul, maria).

{X4 = maria}

f

e

?- vorfahre(maria, maria).

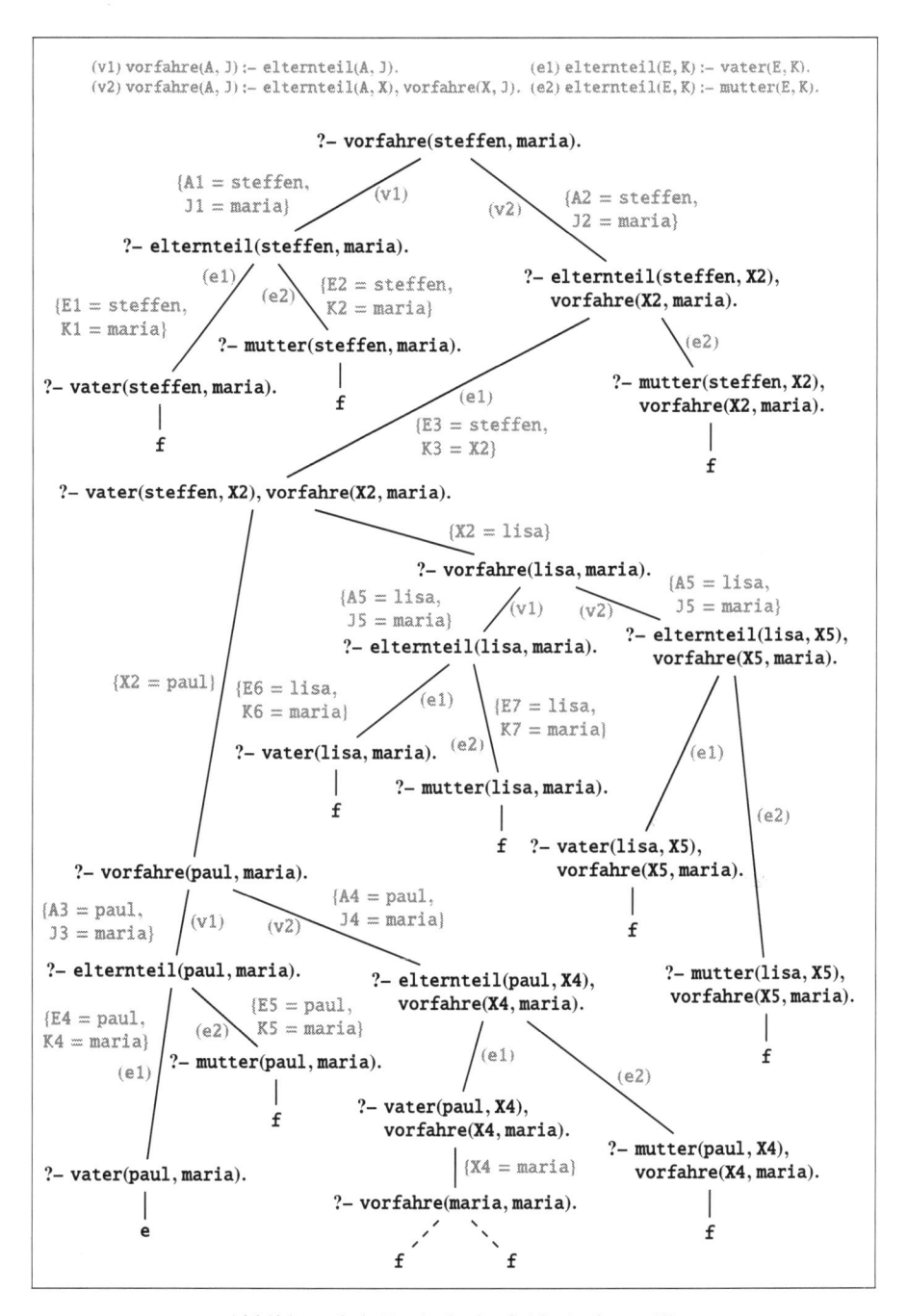

f   f

Abbildung 2.4: Zu Aufgabe 2.10, Anfrage (1).

```
(v1) vorfahre(A, J) :- elternteil(A, J).
(v2) vorfahre(A, J) :- elternteil(A, X), vorfahre(X, J).
(e1) elternteil(E, K) :- vater(E, K).
(e2) elternteil(E, K) :- mutter(E, K).
```

?- vorfahre(maria, X).

{A1 = maria, J1 = X} (v1)   (v2) {A2 = maria, J2 = X}

?- elternteil(maria, X).   ?- elternteil(maria, X2), vorfahre(X2, X).

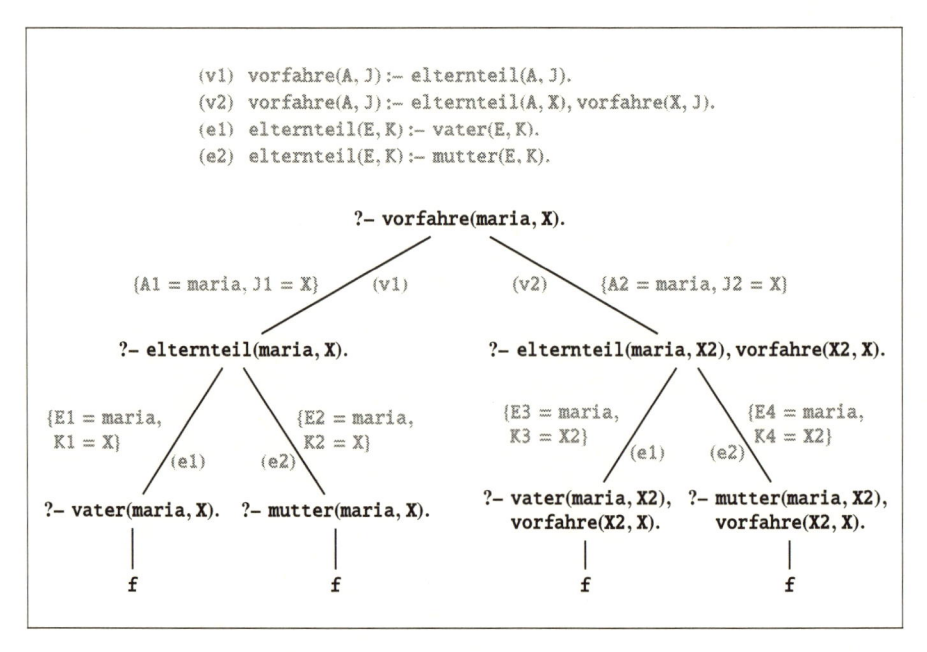

{E1 = maria, K1 = X} (e1)   {E2 = maria, K2 = X} (e2)   {E3 = maria, K3 = X2} (e1)   {E4 = maria, K4 = X2} (e2)

?- vater(maria, X).   ?- mutter(maria, X).   ?- vater(maria, X2), vorfahre(X2, X).   ?- mutter(maria, X2), vorfahre(X2, X).

f   f   f   f

Abbildung 2.5: Zu Aufgabe 2.10, Anfrage (2).

Lösung 2.12 Gerichteter Graph [▷5] ○

(a) Ist (V, E) ein endlicher gerichteter Graph, so können wir ihn in Prolog darstellen durch eine Menge von Fakten der Form knoten(v). für alle Knoten $v \in V$, zusammen mit einer Menge von Fakten der Form kante(v, v'). für alle gerichteten Kanten $(v, v') \in E$.

Beispielgraph: knoten(a).   knoten(b).   knoten(c).
                knoten(d).   knoten(e).   knoten(f).
                kante(a, b). kante(b, d). kante(b, e).
                kante(a, c). kante(c, f).

(b) pfad(X, Y) :- kante(X, Y).
    pfad(X, Y) :- kante(X, Z), pfad(Z, Y).

Lösung 2.13 Konjunktive Ziele [▷6] ○

Während die Anfrage an das Programm A erfolgreich beendet wird und die Ergebnisse T = a und T = b liefert, wird die Anfrage an das Programm B mit der Nachricht Out of local stack beendet, was in diesem Fall besagt, dass wir in einen Endloszyklus geraten sind. Die zugehörigen Ableitungsbäume (siehe Abbildungen 2.8 auf Seite 133 und 2.9 auf Seite 134) liefern eine Erklärung für das unterschiedliche Verhalten. Die Kästchen, mit denen die Zweige markiert sind, sollen eine bessere Erläuterung für die Variablenbindungen geben. In ihnen sind sowohl das aktuelle Ziel, die entsprechende Klausel, die zur Unifizierung verwendet wird, sowie die Variablenbindung angegeben.

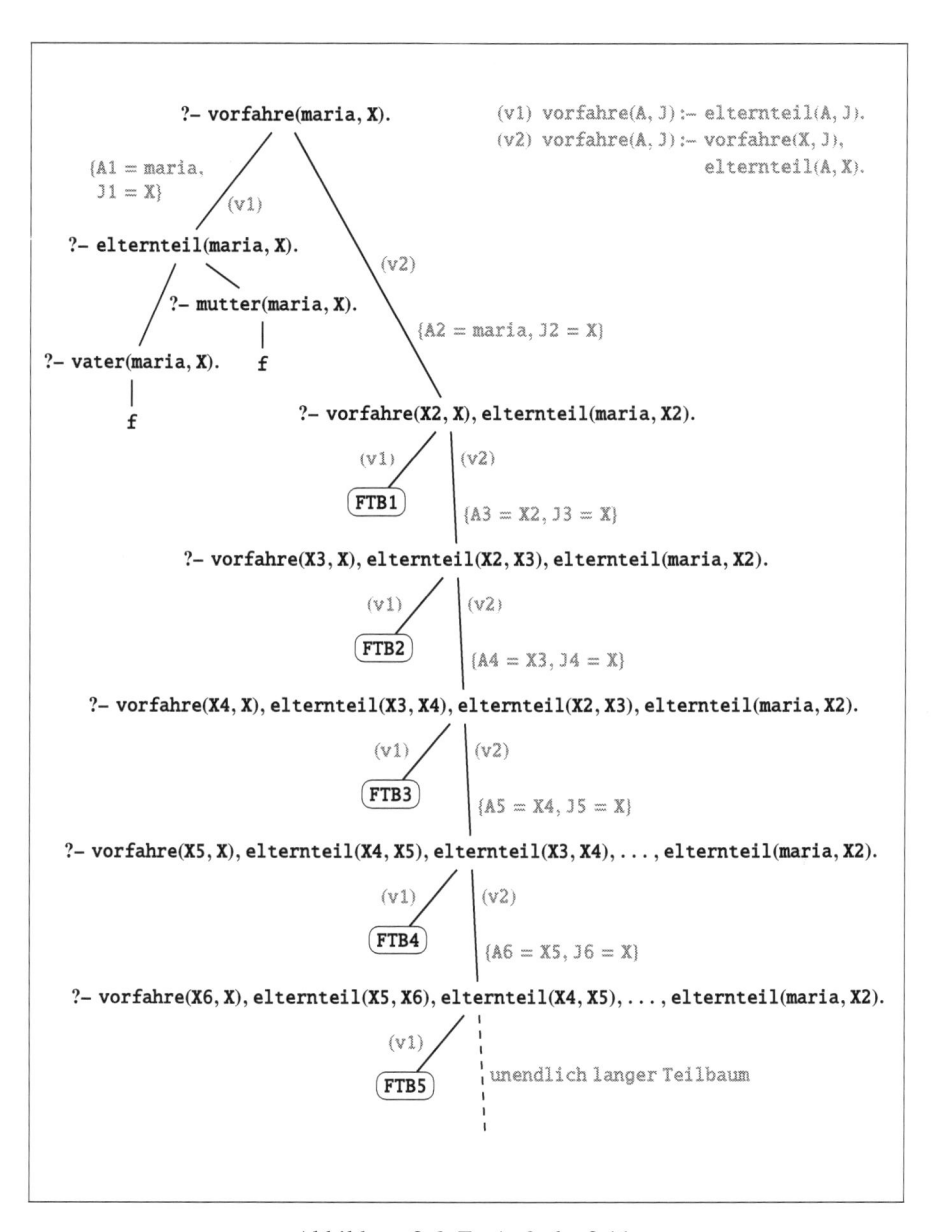

II.2.1. LOGIKPROGRAMMIERUNG MIT EINFACHEN DATEN 131

```
                    ?- vorfahre(maria, X).           (v1) vorfahre(A, J) :- elternteil(A, J).
                          /   \                      (v2) vorfahre(A, J) :- vorfahre(X, J),
         {A1 = maria,   /       \                                           elternteil(A, X).
          J1 = X}     (v1)
                    /             \
         ?- elternteil(maria, X).    \
                 /    \              (v2)
        ?- mutter(maria, X).
               /       |                {A2 = maria, J2 = X}
   ?- vater(maria, X). f
           |
           f            ?- vorfahre(X2, X), elternteil(maria, X2).
                              (v1)  /    \ (v2)
                                [FTB1]     \
                                            {A3 = X2, J3 = X}
              ?- vorfahre(X3, X), elternteil(X2, X3), elternteil(maria, X2).
                              (v1)  /    \ (v2)
                                [FTB2]     \
                                            {A4 = X3, J4 = X}
     ?- vorfahre(X4, X), elternteil(X3, X4), elternteil(X2, X3), elternteil(maria, X2).
                              (v1)  /    \ (v2)
                                [FTB3]     \
                                            {A5 = X4, J5 = X}
   ?- vorfahre(X5, X), elternteil(X4, X5), elternteil(X3, X4), ..., elternteil(maria, X2).
                              (v1)  /    \ (v2)
                                [FTB4]     \
                                            {A6 = X5, J6 = X}
   ?- vorfahre(X6, X), elternteil(X5, X6), elternteil(X4, X5), ..., elternteil(maria, X2).
                              (v1)  /    |
                                [FTB5]   | unendlich langer Teilbaum
                                         |
```

Abbildung 2.6: Zu Aufgabe 2.11.

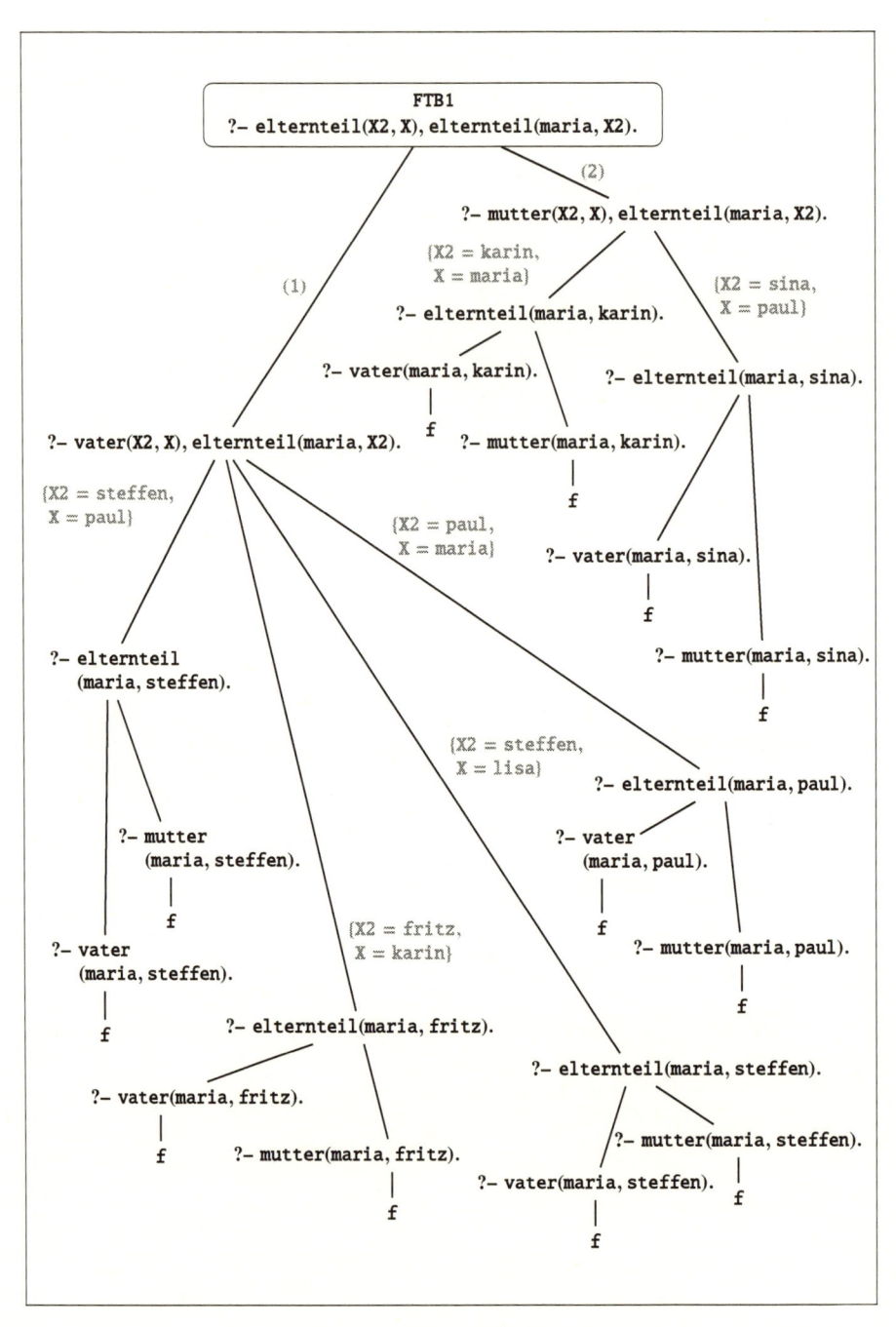

Abbildung 2.7: Zu Aufgabe 2.11.

II.2.1. LOGIKPROGRAMMIERUNG MIT EINFACHEN DATEN 133

```
Programm A
(1) p(X, Z) :- q(X, Y), p(Y, Z).
(2) p(X, X).
(3) q(a, b).
```

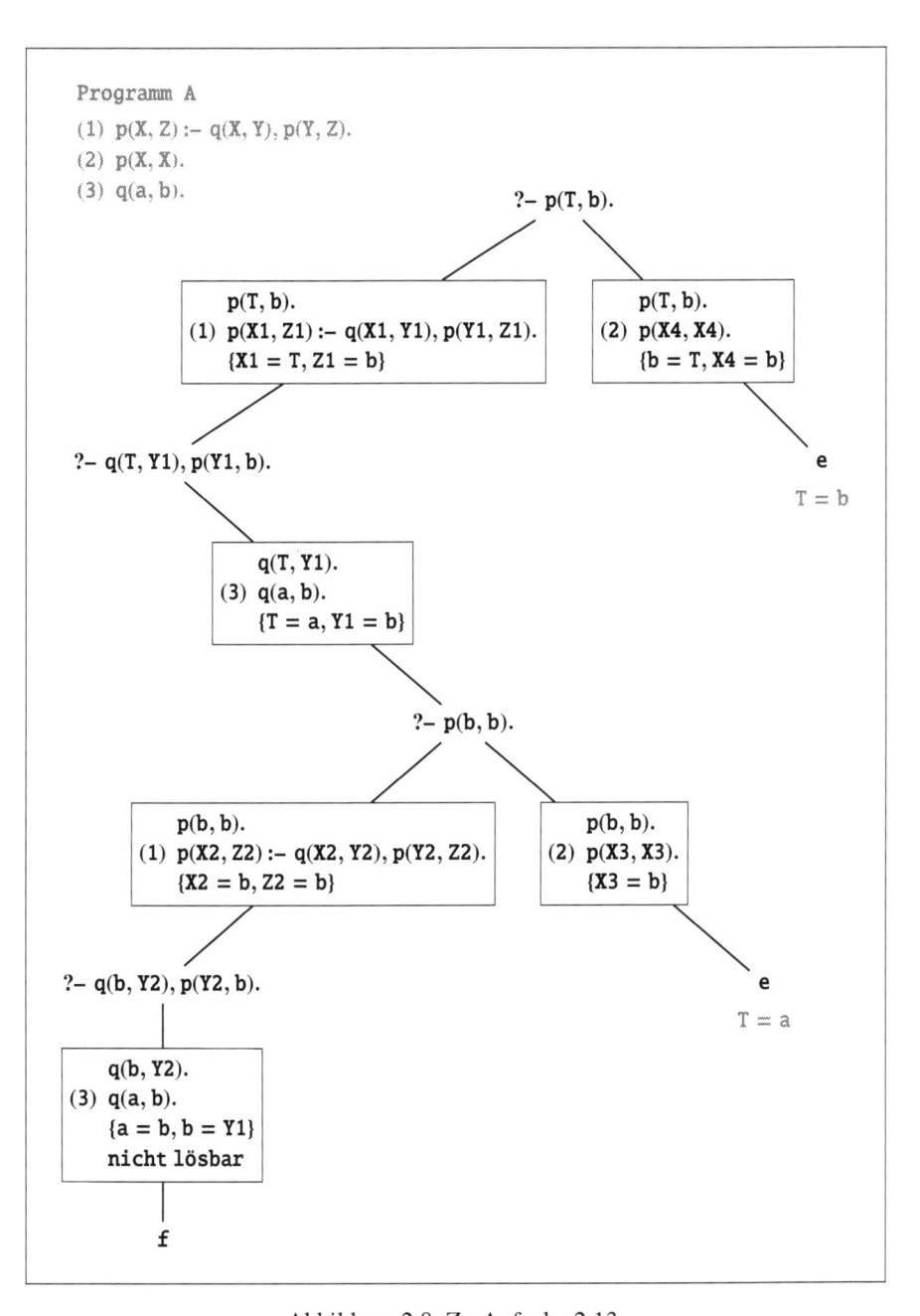

?- p(T, b).

```
p(T, b).
(1) p(X1, Z1) :- q(X1, Y1), p(Y1, Z1).
{X1 = T, Z1 = b}
```

```
p(T, b).
(2) p(X4, X4).
{b = T, X4 = b}
```

?- q(T, Y1), p(Y1, b).

e
T = b

```
q(T, Y1).
(3) q(a, b).
{T = a, Y1 = b}
```

?- p(b, b).

```
p(b, b).
(1) p(X2, Z2) :- q(X2, Y2), p(Y2, Z2).
{X2 = b, Z2 = b}
```

```
p(b, b).
(2) p(X3, X3).
{X3 = b}
```

?- q(b, Y2), p(Y2, b).

e
T = a

```
q(b, Y2).
(3) q(a, b).
{a = b, b = Y1}
nicht lösbar
```

f

Abbildung 2.8: Zu Aufgabe 2.13.

```
Programm B
(1) p(X, Z) :- p(Y, Z), q(X, Y).
(2) p(X, X).
(3) q(a, b).
```

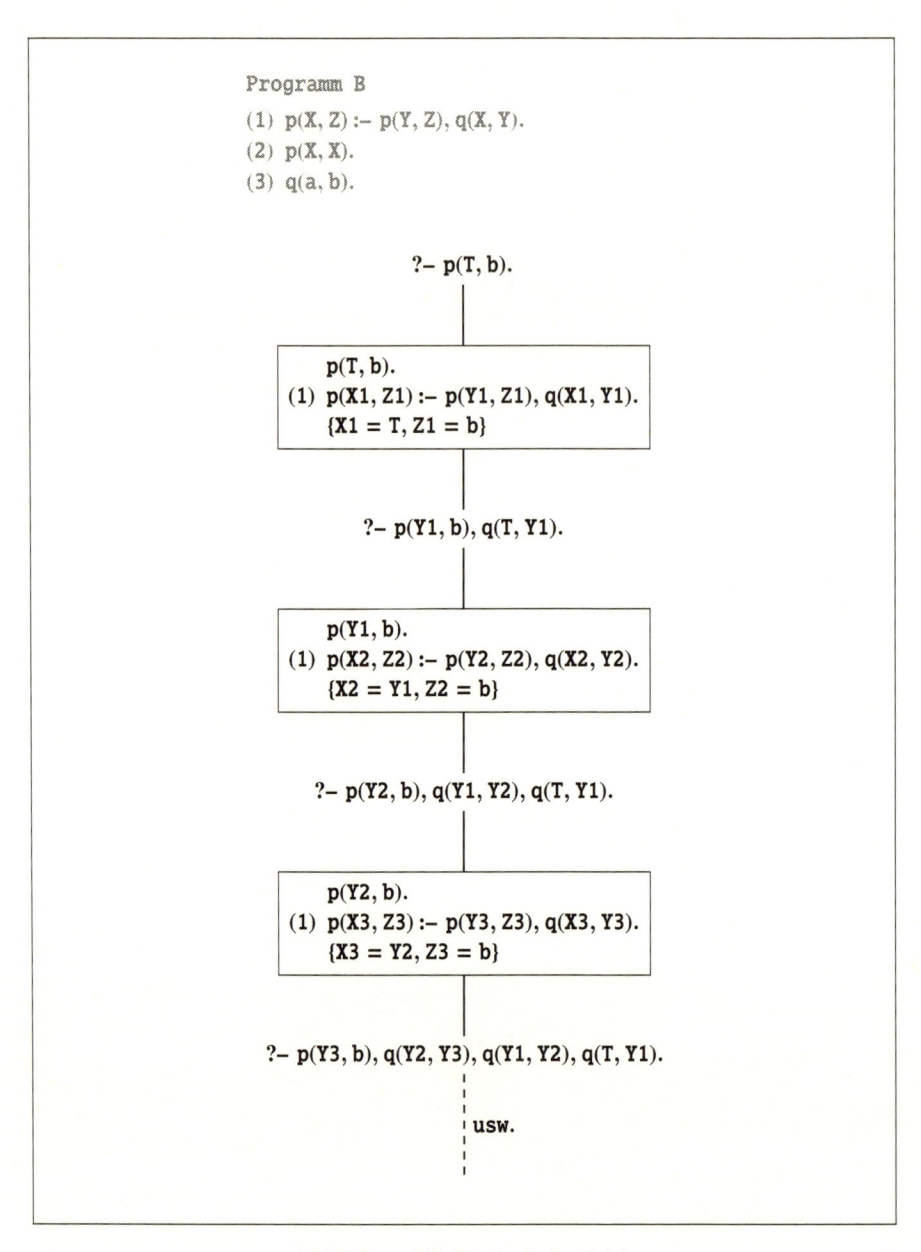

```
                        ?- p(T, b).
                            |
        ┌───────────────────────────────────────┐
        │ p(T, b).                              │
        │ (1) p(X1, Z1) :- p(Y1, Z1), q(X1, Y1).│
        │ {X1 = T, Z1 = b}                      │
        └───────────────────────────────────────┘
                            |
                    ?- p(Y1, b), q(T, Y1).
                            |
        ┌───────────────────────────────────────┐
        │ p(Y1, b).                             │
        │ (1) p(X2, Z2) :- p(Y2, Z2), q(X2, Y2).│
        │ {X2 = Y1, Z2 = b}                     │
        └───────────────────────────────────────┘
                            |
               ?- p(Y2, b), q(Y1, Y2), q(T, Y1).
                            |
        ┌───────────────────────────────────────┐
        │ p(Y2, b).                             │
        │ (1) p(X3, Z3) :- p(Y3, Z3), q(X3, Y3).│
        │ {X3 = Y2, Z3 = b}                     │
        └───────────────────────────────────────┘
                            |
         ?- p(Y3, b), q(Y2, Y3), q(Y1, Y2), q(T, Y1).
                            |
                           usw.
```

Abbildung 2.9: Zu Aufgabe 2.13.

2.3 Syntax

Lösung 2.14 Tiere und Pflanzen [▷6] ○

(a) Wir erhalten die folgende syntaktische Korrektur:

    tier(baer, saeugetier).   pflanze(efeu).
    tier(tiger, saeugetier).   pflanze(Rose) .
    tier (kobra,kriechtier).   pflanZe('Palme').
    tier(Vogel,pirol).
    tier(karpfen).
    tier(_affe, saeugetier).
    tier(Schlei , fisch).   hat_federn(pirol).
    lebewesen(Leb):− tier(Leb), pflanze(Leb).

(b) Wir erhalten die folgende, mutmaßliche inhaltliche Korrektur:

    tier(baer, saeugetier).   pflanze(efeu).
    tier(tiger, saeugetier).   pflanze(rose) .
    tier (kobra,kriechtier).   pflanze(palme).
    tier(pirol,vogel).
    tier(karpfen,fisch).
    tier(affe, saeugetier).
    tier(schlei , fisch).   hat_federn(pirol).
    lebewesen(Leb):− tier(Leb,_).
    lebewesen(Leb):− pflanze(Leb).

(c) Es sind in Folgenden nicht immer alle Lösungen angegeben.

    ?− tier(Tier, Y).
    Tier = baer
    Y = saeugetier ;

    Tier = tiger
    Y = saeugetier ;

    Tier = kobra
    Y = kriechtier ;

    Tier = pirol
    Y = vogel
    Yes

    ?− tier(_, X).
    X = saeugetier ;
    X = saeugetier ;
    X = kriechtier
    Yes

    ?− tier(Tiger, Art).

```
Tiger = baer
Art = saeugetier ;

Tiger = tiger
Art = saeugetier
Yes

?- pflanze(efeu).
Yes

?- tier.
[WARNING : Undefined predicate : 'tier/0'
However there are definitions for :
tier/2]
No

?- tier(baer, vogel).
No
```

Lösung 2.15 Weitere Tiere und Pflanzen [▷6] ○

(a) Wir erhalten die folgenden zusätzlichen Fakten:

```
tier(meise, vogel).           hat_federn(meise).
tier(wal, saeugetier).
tier(fledermaus, saeugetier).
tier(strauss, vogel).         hat_federn(strauss).

kann_fliegen(pirol).          kann_fliegen(meise).
kann_fliegen(fledermaus).
```

(b)
```
?- tier(T, X), pflanze(X).
No

?- pflanze(rose), tier(X, X).
No

?- hat_federn(X), tier(X, A).
X = pirol
A = vogel ;
X = meise
A = vogel ;
X = strauss
A = vogel ;
No
```

(c)
```
?- tier(X, _), hat_federn(X), kann_fliegen(X).
X = pirol ;
X = meise ;
No
```

II.2.4. *KOMPLEXE DATEN* 137

?- tier(X, saeugetier), kann_fliegen(X).
X = fledermaus ;
No

(d) Durch Definition des Prädikats: hat_federn(X) :- tier(X, vogel).

(e) landtier(X) :- tier(X, saeugetier).
landtier(X) :- tier(X, vogel).

?- landtier(X).
X = baer ;
X = tiger ;
X = affe ;
X = wal ;
X = fledermaus ;
X = pirol ;
X = meise ;
X = strauss ;
No

2.4 Komplexe Daten

Lösung 2.16 Von Listen zu Punktnotation [▷7] ○ 2-8 34

$$
\begin{aligned}
[1] &= .(1, [\,]) & [[a, b], c] &= .(.(a, .(b, [\,])), .(c, [\,])) \\
[X, 2] &= .(X, .(2, [\,])) & [1, 2, [b\,|\,Y]] &= .(1, .(2, .(.(b, Y), [\,]))) \\
[1\,|\,X] &= .(1, X) & [1, 2, 3\,|\,Y] &= .(1, .(2, .(3, Y))) \\
[\text{Kopf}\,|\,\text{Rest}] &= .(\text{Kopf}, \text{Rest})
\end{aligned}
$$

Lösung 2.17 Listenanfragen I [▷7] ○

Für eine ausführliche Erklärung der Lösungsfindung formen wir die Listen, sowohl im gegebenen Programm als auch in den Anfragen, in deren Punktnotation um. Die Antworten ergeben sich dann jeweils als Lösung des Gleichungssystem, das aus den Anfragen und den Köpfen der Programmklauseln entsteht.
Punktnotation der Programmklausel: p(.(a, .(b, .(c, [ ]))), a(b)).

(a) ?- p(.(X, .(Y, [ ])), _).
Das Gleichungssystem
X = a
Y = b
[ ] = .(c, [ ])
ist nicht lösbar.
Antwort: No

(b) ?- p(.(X, Y), Z).
Das Gleichungssystem
X = a
Y = .(b, .(c, [ ]))
Z = a(b)
ist lösbar mit
X = a, Y = [b, c], Z = a(b)

(c) ?- p(L, a(E)), member(E, L).
Das Gleichungssystem

(d) ?- p(.(X, .(Y, Z)), X).
Das Gleichungssystem

L = .(a, .(b, .(c, [ ])))
E = b
ist lösbar mit
L = [a, b, c] und E = b
und b ist Element in [a, b, c].
Lösung: L = [a, b, c], E = b

X = a
Y = b
Z = .(c, [ ])
X = a(b)
ist nicht lösbar.
Antwort: No

(e) ?– p(.(X, Y), a(Y)).
Das Gleichungssystem
X = a
Y = .(b, .(c, [ ]))
Y = b
ist nicht lösbar.
Antwort: No

(f) ?– p(.(a, .(X, .(Y, Z))), a(X)).
Das Gleichungssystem
X = b
Y = c
Z = [ ]
ist lösbar mit
X = b, Y = c, Z = [ ]

Lösung 2.18 Listenanfragen II [▷7] ○
Die genannten Anfragen liefern die folgenden Ergebnisse:

(a) ?– r(a, [a, a], Erg).
Erg = [ ] ;
Erg = [a] ;
Erg = [a] ;
Erg = [a, a] ;
No

(b) ?– r(b, [a, a], Erg).
Erg = [a, a] ;
No

(c) ?– r(b, [a, b], Erg).
Erg = [a] ;
Erg = [a, b] ;
No

Der Beweisbaum ist in Abbildung 2.10 auf der nächsten Seite dargestellt. An welchen Wert die Variable Erg gebunden ist, wenn ein Zweig erfolgreich abgearbeitet wurde, ist aus dem Gleichungssystem, das von der Wurzel bis zum entsprechenden Erfolgsblatt aufgebaut wurde, zu ermitteln.

Für die erste Lösung ist also folgendes Gleichungssystem, in dem die nichtrelevanten Gleichungen weggelassen wurden, nach Erg aufzulösen:

(1) Erg=[a|NT1]
(2) NT1=[ ]

Als Lösung ergibt sich Erg = [a|[ ]] = [a].
Die zweite Lösung Erg = [a, b] erhält man als Lösung des Gleichungssystems:

(1) Erg=[a|NT1]
(2) NT1=[b|NT3]
(3) NT3=[ ]

Die Lösung erhält man einfach durch Rückrechnen, wobei man mit der letzten Gleichung beginnt:

Wegen (3) ist   NT1=[b|[ ]] =[b]
Dies eingesetzt in (1) liefert Erg=[a|[b]]=[a, b]

Dass es keine weiteren Lösungen gibt, sei anhand des mit ?– r(b, [ ], NT2). markierten Knotens erläutert. Die Anwendung der Klausel (1) lieferte das erste Ergebnis. Theo-

II.2.4. KOMPLEXE DATEN

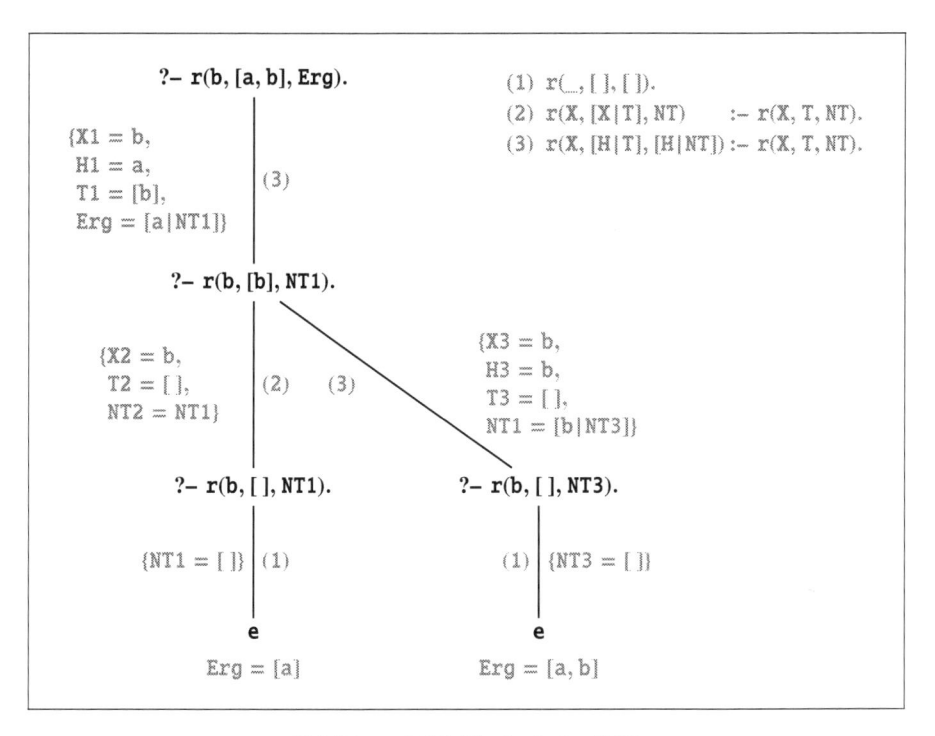

```
                ?– r(b, [a, b], Erg).              (1) r(_, [ ], [ ]).
                        |                           (2) r(X, [X|T], NT)      :– r(X, T, NT).
{X1 = b,                |                           (3) r(X, [H|T], [H|NT]):– r(X, T, NT).
 H1 = a,                |
 T1 = [b],             (3)
 Erg = [a|NT1]}         |

                ?– r(b, [b], NT1).
                   /          \
{X2 = b,          /            \      {X3 = b,
 T2 = [ ],   (2) /         (3)  \      H3 = b,
 NT2 = NT1}     /                \     T3 = [ ],
               /                  \    NT1 = [b|NT3]}

     ?– r(b, [ ], NT1).        ?– r(b, [ ], NT3).

{NT1 = [ ]}  | (1)              (1) | {NT3 = [ ]}

          e                         e
       Erg = [a]                 Erg = [a, b]
```

Abbildung 2.10: Zu Aufgabe 2.18.

retisch könnten die Klauseln (2) und (3) noch zu weiteren Lösungen führen. Sie sind aber nicht mit dem aktuellen Teilziel unifizierbar, denn um z.B. r(b, [ ], NT2) mit dem Klauselkopf von (2), also mit r(X4, [X4|T4], NT4) in Übereinstimmung zu bringen, müsste das Gleichungssystem

    (1)   b   =X4
    (2)   [ ] =[X4|T4]
    (3)   NT2=NT4

lösbar sein, was aber schon deswegen scheitern muss, weil eine leere Liste keinen Kopf hat (Gleichung (2)).

Lösung 2.19 palindrome   [▷8] ○ **4-44**
Eine naheliegende Lösung ist die folgende.

    palindrome(Liste) :– naive_reverse(Liste, Liste).
    naive_reverse([ ], [ ]).
    naive_reverse([X|Rest], Y) :– naive_reverse(Rest, Rest1),
                                                      append(Rest1, [X], Y).

Das Programm naive_reverse ist jedoch nicht sehr effizient.
Folgende Lösung ist schneller.

    palindrome(L) :– reverse(L, L).
    reverse(L, R) :– reverse1(L, [ ], R).

```
reverse1([ ], L, L).
reverse1([H|T], M, L) :- reverse1(T, [H|M], L).
```

Lösung 2.20 Elemente aus Listen entfernen [▷8] ○

(a) `remove_three([_, _, _|T], T).`

(b) `remove_last([H], [ ]).`
`remove_last([H|T], Ergebnis) :- remove_last(T, NT),`
                                `append([H], NT, Ergebnis).`

Die folgende Alternativlösung ist jedoch effizienter.

`remove_last([H], [ ]).`
`remove_last([H|T], [H|T1]) :- remove_last(T, T1).`

(c) `remove_values([ ], _, [ ]).`
`remove_values([H|T], H, NT) :- remove_values(T, H, NT).`
`remove_values([H|T], W, [H|NT]) :- H \== W, remove_values(T, W, NT).`

Lösung 2.21 Lösen von Kreuzworträtseln [▷8] ○

Die Wörter und das Kreuzworträtsel werden in Form von Listen dargestellt. Es gibt in Prolog Möglichkeiten, Zeichenreihen in Listen zu transformieren, worauf wir hier aber verzichten wollen. Wir geben hier die Transformation explizit an durch das Prädikat wort/2:

```
wort(lot, [l, o, t]).
wort(aga, [a, g, a]).
wort(uta, [u, t, a]).
wort(aster, [a, s, t, e, r]).
wort(mutti, [m, u, t, t, i]).
wort(liebe, [l, i, e, b, e]).
wort(kante, [k, a, n, t, e]).
wort(segel, [s, e, g, e, l]).
wort(tanne, [t, a, n, n, e]).
wort(tinte, [t, i, n, t, e]).
wort(laube, [l, a, u, b, e]).
wort(mandarin, [m, a, n, d, a, r, i, n]).
wort(tansania, [t, a, n, s, a, n, i, a]).
wort(dezember, [d, e, z, e, m, b, e, r]).
wort(saechsin, [s, a, e, c, h, s, i, n]).
wort(radebeul, [r, a, d, e, b, e, u, l]).
```

Wenn wir in dem Kreuzworträtsel – wie in folgender Graphik dargestellt – jedes Kästchen durch eine natürliche Zahl n repräsentieren, der dann der Variablen Xn zugeordnet wird, so können durch den Aufruf von

II.2.4. KOMPLEXE DATEN

```
            ┌───┬───┐
            │ 1 │ 2 │
        ┌───┼───┼───┼───┐
        │ 3 │ 4 │ 5 │ 6 │
┌───┬───┼───┼───┼───┼───┼───┐
│ 7 │ 8 │ 9 │10 │11 │12 │13 │14 │
└───┴───┼───┼───┼───┼───┼───┼───┘
        │15 │   │16 │   │17 │
    ┌───┼───┼───┼───┼───┼───┼───┬───┐
    │18 │19 │20 │21 │22 │23 │24 │25 │
    └───┼───┼───┴───┴───┼───┼───┴───┘
        │26 │           │27 │
        └───┘           └───┘
```

```
kreuz(W1,W2,W3,W4,W5,W6):- wort(W1,[X7,X8,X9,X10,X11,X12,X13,X14]),
                           wort(W2,[X18,X19,X20,X21,X22,X23,X24,X25]),
                           wort(W3,[X1,X3,X8]),
                           wort(W4,[X4,X10,X15,X19,X26]),
                           wort(W5,[X2,X5,X12,X16,X21]),
                           wort(W6,[X6,X14,X17,X23,X27]).
```

alle Lösungen generiert werden. Wir sehen, dass viele Variablen nur einmal vorkommen. Deren Bezeichnung ist also nicht relevant und wir können diese Variablen durch anonyme Variablen ersetzen. Relevant ist nur jeweils die Länge der Liste und die Übereinstimmung der Listenelemente in den Knotenpunkten des Rätsels, was zu folgender etwas eleganteren Darstellung führt:

```
kreuz1(W1,W2,W3,W4,W5,W6):- wort(W1,[_,X8,_,X10,_,X12,_,X14]),
                            wort(W2,[_,X19,_,X21,_,X23,_,_]),
                            wort(W3,[_,_,X8]),
                            wort(W4,[_,X10,_,X19,_]),
                            wort(W5,[_,_,X12,_,X21]),
                            wort(W6,[_,X14,_,X23,_]).
```

Ein Programmaufruf ?- kreuz1(W1,W2,W3,W4,W5,W6). zeigt uns, dass es die folgenden 6 verschiedenen Möglichkeiten gibt, die vorgegebenen Wörter anzuordnen.

W1 = tansania	W1 = tansania	W1 = tansania
W2 = dezember	W2 = dezember	W2 = dezember
W3 = aga	W3 = aga	W3 = uta
W4 = aster	W4 = aster	W4 = aster
W5 = kante	W5 = tinte	W5 = tanne
W6 = laube	W6 = laube	W6 = laube
W1 = tansania	W1 = tansania	W1 = tansania
W2 = dezember	W2 = dezember	W2 = dezember
W3 = aga	W3 = uta	W3 = uta
W4 = aster	W4 = aster	W4 = aster
W5 = tanne	W5 = kante	W5 = tinte
W6 = laube	W6 = laube	W6 = laube

Lösung 2.22 Operatoren: Von Präfix nach Infix [▷8] ◐

Zum Beispiel: :- op(10, yfx, g). Aber es ist auch :- op(10, xfx, g). möglich,
:- op(20, yfx, f).   :- op(20, xfx, f).

da f bzw. g nicht unmittelbar nacheinander kommen, und Assoziativität folglich irrelevant ist.

Lösung 2.23 Wer mag was ? [▷8] ◐

(a) Korrekt, Funktorschreibweise: a(a(X)).

(b) Falsch, da a Präfixoperator und X kein Operator.

(c) Falsch, da und Infixoperator und a Präfixoperator.

(d) Korrekt, Funktorschreibweise: und(und(X, und), und).

(e) Korrekt, Funktorschreibweise: mag(ich, und(dies, jenes)).

(f) Korrekt, Funktorschreibweise: mag(und(dies, jenes), ich).

(g) ?- Wer mag Was.

    Wer = ich
    Was = dies und jenes ;
    Wer = dies und jenes
    Was = ich ;
    No

Lösung 2.24 Beispieloperatoren mm und pre [▷9] ◐

Wenn man weiß, dass das in Operatorenschreibweise angegebene Prolog-Programm dem Programm

p(mm(1, mm(2, 3)), a).
p(mm(3, mm(2, 1)), b).
p(mm(2, mm(1, 3)), c).

in Funktorschreibweise entspricht, so ist es ganz leicht, die Antworten auf die Anfragen anzugeben.

(a) No

(b) X = 2, Y = 1 mm 3   (Die Anfrage entspricht ?- p(mm(X, Y), c).)

(c) X = 1 mm 3, Y = c

(d) No

(e) Der Operator pre muss als :- op(9, xf, pre). oder :- op(9, yf, pre). definiert werden. (Statt 9 kann auch eine niedrigere Zahl genommen werden.) Die Funktorschreibweise von 4 mm 5 pre mm 6 ist dann mm(4, mm(pre(5), 6)).

Lösung 2.25 Arithmetik: pot und average [▷9] ○

(a) pot(_, 0, 1).
    pot(N, M, Res) :- M>0, M1 is M-1, pot(N, M1, Res1), Res is Res1*N.

(b) Zunächst eine einfache Lösung average1/2, bei der nacheinander Summe und Anzahl berechnet werden. Das Problem ist, dass die Listen 2 mal durchmustert werden müssen.

II.2.4. KOMPLEXE DATEN

```
number([ ], 0).
number([H|Rest], N) :- number(Rest, N1), N is N1+1.
sum([X], X).
sum([H|Rest], S) :- sum(Rest, S1), S is S1+H.
average1(List, A) :- number(List, Number),
                     sum(List, S), A is S/Number.
```

Eine effizientere Möglichkeit ist das folgenden Programm average/2, welches sum_num(List, Sum, Num) statt dem Programm number/2 verwendet, und Summe und Anzahl der Listenelemente gemeinsam berechnet.

```
sum_num([X], 1, X).
sum_num([H|Rest], Num, Sum) :- sum_num(Rest, Num1, Sum1),
                               Num is Num1+1, Sum is Sum1+H.
average(List, A) :- sum_num(List, Num, Sum), A is Sum/Num.
```

Lösung 2.26 Arithmetik: gn und gnull   [▷9] ○

(a) Das Programm liefert als Ergebnis eine Zeichenreihe und nicht eine numerische Größe, wie man vielleicht annehmen könnte, denn durch den Operator '=' werden keine Rechenoperationen durchgeführt. Es wird nur eine Unifizierung der Terme zu beiden Seiten des Operators durchgeführt. Die Anfrage ?- gn([-2, 2, 1], Res). liefert also die Antwort Res = 0 + 1 + 1. Der Ableitungsbaum ist in Abbildung 2.11 auf der nächsten Seite dargestellt.

(b) Das Programm entspricht dem Programm von Teilaufgabe (a), wenn man dort in Klausel (2) das Teilziel 'A = An+H' durch 'A is An+H' ersetzt:

```
gnull([ ], 0).
gnull([H|T], A) :- H > 0, gnull(T, An), A is An+H
gnull([H|T], A) :- H =< 0, gnull(T, A).
```

Insofern unterscheidet sich der Ableitungsbaum, der in Abbildung 2.12 auf Seite 145 dargestellt ist, nur durch dieses Detail vom Ableitungsbaum aus der Teilaufgabe (a).

Lösung 2.27 Implementierung des Strukturprädikats =..   [▷10] ○

trans(Term, List) transformiert den Term Term in eine Liste List, deren erstes Element der Funktor des Terms ist und deren Rest die einzelnen Argumente des Terms sind, bzw. umgekehrt.

```
trans(Term, [Funktor|Rest]) :- var(Term), atom(Funktor),
                               length1(Rest, Anzahl),
                               functor(Term, Funktor, Anzahl),
                               inst_args(Term, Rest, 1, Anzahl).
trans(Term, [Funktor|Rest]) :- nonvar(Term),
                               functor(Term, Funktor, Anzahl),
                               inst_args(Term, Rest, 1, Anzahl).
```

(1) gn([ ], 0).
(2) gn([H|T], A) :- H > 0, gn(T, An), A = An+H.
(3) gn([H|T], A) :- H =< 0, gn(T, A).

?- gn([-2, 2, 1], Erg).

{H1 = -2, T1 = [2, 1], A1 = Erg} (2)   (3) {H2 = -2, T2 = [2, 1], A2 = Erg}

?- -2 > 0, gn([2, 1], An1), Erg = An1 + 1.

?- -2 =< 0, gn([2, 1], Erg).

?- gn([2, 1], Erg).

f

{H3 = 2, T3 = [1], A3 = Erg} (2)   (3) {H6 = 2, T6 = [1], A6 = Erg}

?- 2 > 0, gn([1], An3), Erg = An3 + 1.

?- 2 =< 0, gn([1], Erg).

?- gn([1], An3), Erg = An3 + 1.

f

{H4 = 1, T4 = [ ], A4 = An3} (2)   (3) {H5 = 1, T5 = [ ], A5 = An3}

?- 1 > 0, gn([ ], An4), An3 = An4 + 1, Erg = An3 + 1.

?- 1 =< 0, gn([ ], An3), Erg = An3 + 1.

?- gn([ ], An4), An3 = An4 + 1, Erg = An3 + 1.

f

(1) | {An4 = 0}

?- An3 = 0 + 1, Erg = An3 + 1.

{An3 = 0+1}

?- Erg = 0 + 1 + 1.

e

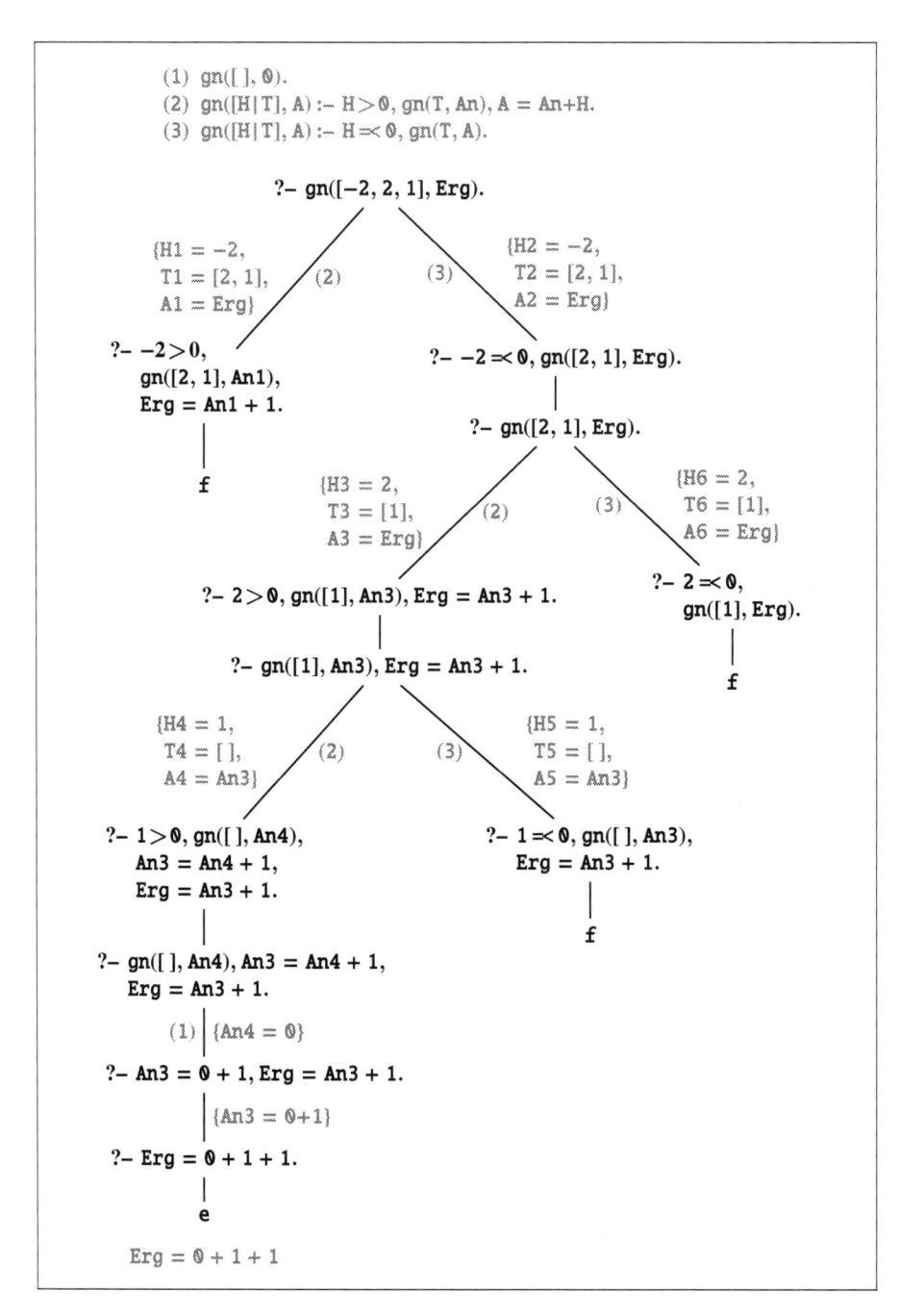

Erg = 0 + 1 + 1

Abbildung 2.11: Zu Aufgabe 2.26 (a).

II.2.4. KOMPLEXE DATEN

(1) gnull([ ], 0).
(2) gnull([H|T], A) :- H > 0, gnull(T, An), A is An+H.
(3) gnull([H|T], A) :- H =< 0, gnull(T, A).

?- gnull([-2, 2, 1], Erg).

$\{H1 = -2,$ (2)   (3) $\{H2 = -2,$
$T1 = [2, 1],$ $T2 = [2, 1],$
$A1 = Erg\}$ $A2 = Erg\}$

?- -2 > 0,   ?- -2 =< 0, gnull([2, 1], Erg).
gnull([2, 1], An1),
Erg is An1 + 1.
                              ?- gnull([2, 1], Erg).

f $\{H3 = 2,$ (2)   (3) $\{H6 = 2,$
             $T3 = [1],$ $T6 = [1],$
             $A3 = Erg\}$ $A6 = Erg\}$

?- 2 > 0, gnull([1], An3), Erg is An3 + 1.   ?- 2 =< 0,
                                                gnull([1], Erg).

?- gnull([1], An3), Erg is An3 + 1.
                                                     f
$\{H4 = 1,$ (2)   (3) $\{H5 = 1,$
$T4 = [ ],$ $T5 = [ ],$
$A4 = An3\}$ $A5 = An3\}$

?- 1 > 0, gnull([ ], An4),   ?- 1 =< 0, gnull([ ], An3),
An3 is An4 + 1,   Erg is An3 + 1.
Erg is An3 + 1.
                                        f
?- gnull([ ], An4), An3 is An4 + 1,
Erg is An3 + 1.

(1) | $\{An4 = 0\}$

?- An3 is 0 + 1, Erg is An3 + 1.

| $\{An3 = 1\}$

?- Erg is 0 + 1 + 1.

e

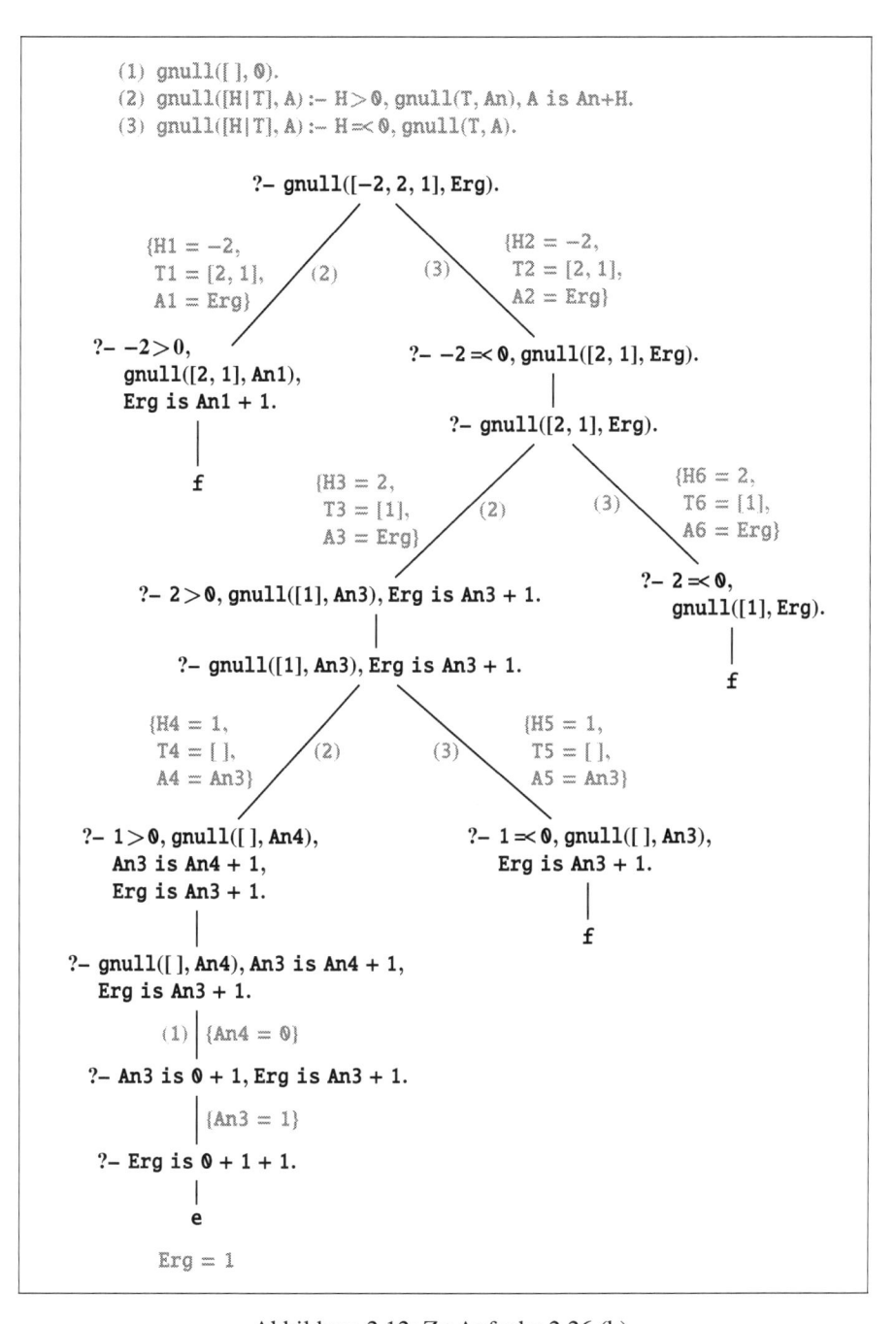

Erg = 1

Abbildung 2.12: Zu Aufgabe 2.26 (b).

inst_args/4 instantiiert die einzelnen Argumente

    inst_args(Term, [Arg1], N, N)   :− arg(N, Term, Arg1), !.
    inst_args(Term, [Arg1|RArg], Count, N) :− arg(Count, Term, Arg1),
                                                  Z1 is Count + 1,
                                                  inst_args(Term, RArg, Z1, N).

length1/2 ermittelt die Anzahl der Elemente der Liste

    length1([ ], 0).
    length1([H|T], N) :− length1(T, N1), N is N1 + 1.

Beispielaufrufe für inst_args/4:

    ?− inst_args(a(b, c), L, 1, 2).
    L = [b, c]
    ?− inst_args(a(b, c), [X, Y], 1, 2).
    X = b,
    Y = c ;

Beispielaufrufe für trans/2:

    ?− trans(a(b, X, X, c), L).
    L = [a, b, X, X, c];
    No

    ?− trans(T, [a, B, C, d]).
    T = a(B, C, d);
    No

    ?− trans(a(b, X), [F, X, X]).
    X = b,
    F = a ;
    No

Lösung 2.28 subterm Implementierung   [▷10] ○

Wir erhalten das folgende Prolog-Programm.

    subterm(X, X)   :− X == X.
    subterm(Sub, Term) :− Sub \== Term, compound(Term),
                         Term =.. [_Funktor|Args],
                         subterm_list(Sub, Args).
    subterm_list(Sub, [Arg|_Args]) :− subterm(Sub, Arg).
    subterm_list(Sub, [_Arg|Args]) :− subterm_list(Sub, Args).

Lösung 2.29 Spezielle Listenerweiterung: addto   [▷10] ○

Wir definieren zunächst wie folgt den Operator ->.

    :− op(100, xfx, ->).

und anschließend für addto das folgende Programm.

    addto(X -> _, [Y -> T|Rest], [Y -> T|Rest]) :− X == Y, !.

II.2.4. KOMPLEXE DATEN 147

>   addto(X->R,[X1->T1|Rest],[X1->T1|Restn]):-
>   addto(X->R,Rest,Restn).
>   addto(X->R,[],[X->R]).

Lösung 2.30 Variablenersetzung in Termen [▷10] ○

(a) Wir vereinbaren zuerst den Operator -> und definieren anschließend das Prädikat indent_rm: Nach dem Fall der leeren Liste betrachten wir den Fall einer identischen Substitution und dann den einer nicht identischen Substitution.

>   :- op(100,xfx,->).
>   ident_rm([],[]).
>   ident_rm([X->Y|R],Rnew)   :- X==Y, ident_rm(R,Rnew).
>   ident_rm([X->Y|R],[X->Y|Rnew]):- X\==Y, ident_rm(R,Rnew).

Der syntaktische Vergleich der Terme durch == bzw. \== ist notwendig. Der Versuch, eine identische Substitution durch X->X auszudrücken, wie das zur Demonstration im nachfolgenden Prädikat fident_rm/2 gemacht wurde, liefert nicht das gewünschte Ergebnis, denn dadurch wird nur gefordert, dass die linke mit der rechten Seite unifizierbar sein muss. Und die Unifizierbarkeit ist z.B. bei X->f(Y) und allen anderen Elementen des in der Aufgabenstellung angegebenen Beispielaufrufs gegeben, so dass das (unerwünschte) Ergebnis L = [] geliefert würde.

>   fident_rm([],[]).
>   fident_rm([X->X|R],Rnew)   :- fident_rm(R,Rnew).
>   fident_rm([X->Y|R],[X->Y|Rnew]):- fident_rm(R,Rnew).

(b) Wir definieren wiederum die Zeichenreihe -> als Operator:

>   :- op(100,xfx,->).

Für das zu definierende Prädikat substitution betrachten wir die folgenden vier Fälle:

(i) Der zu ersetzende Term ist eine Konstante
>   substitution(_,C,C):- atomic(C).

(ii) Der zu ersetzende Term entspricht der Variablen X
>   substitution(X->S,Y,S):- X==Y.

(iii) Der zu ersetzende Term ist eine von X verschiedene Variable
>   substitution(X->_,Y,Y):- X\==Y, var(Y).

(iv) Der zu ersetzende Term hat die Form $f(t1,\ldots,tm)$.
Dieser Term wird in eine Liste umgewandelt, auf die Listenelemente wird die Substitution angewandt, und anschließend wird diese Liste wieder in die Form $f(s1,\ldots,sm)$ umgewandelt,
>   substitution(X->S,Term,Termnew):-
>   compound(Term),Term=..Ti_list,
>   subst_list(X->S,Ti_list,Ti_listnew),
>   Termnew=..Ti_listnew.

Anwendung der Substitution auf eine Liste von Termen

```
subst_list(_ -> _, [ ], [ ]).
subst_list(X -> S, [Ti|R], [Tinew|Rnew]) :-
            substitution(X -> S, Ti, Tinew),
            subst_list(X -> S, R, Rnew).
```

Beispielaufruf: ?- substitution(X -> f(Y), g(f(X), X, f(Z)), Tnew).

Lösung 2.31 Input/Output [▷10] ◐

```
ergaenzung(OldFile, NewFile) :- seeing(In_old),
                                telling(Out_old),
                                action(OldFile, NewFile),
                                seen, told,
                                see(In_old),
                                tell(Out_old).
action(OldFile, NewFile) :- see(OldFile),
                            read(Term),
                            manipuliere(OldFile, NewFile, Term).
```

/* Eingelesener Term ist Klausel mit Funktor weiblich */

```
manipuliere(OldFile, NewFile, Term) :-
                    Term =.. [weiblich, Name],
                    input(Name, Datum),
                    NewTerm =.. [weiblich, Name, Datum],
                    tell(NewFile),
                    write(NewTerm), put(46), nl,
                    action(OldFile, NewFile).
```

/* Eingelesener Term ist Klausel mit Funktor maennlich */

```
manipuliere(OldFile, NewFile, Term) :-
                    Term =.. [maennlich, Name],
                    input(Name, Datum),
                    NewTerm =.. [maennlich, Name, Datum],
                    tell(NewFile),
                    write(NewTerm),
                    put(46), nl,   /* Ausgabe eines Punktes */
                    action(OldFile, NewFile).
```

/* Andere Klausel als maennlich/2 bzw. weiblich/2 liegt vor. */
/* Sie wird unverändert übernommen.*/

```
manipuliere(OldFile, NewFile, Term) :- Term == end_of_file,
                                       tell(NewFile),
                                       write(Term),
                                       put(46), nl,
                                       action(OldFile, NewFile).
```

II.2.4. KOMPLEXE DATEN

```
/* Dateiende erreicht */
manipuliere(_, _, end_of_file) :- write('Dateiende erreicht').
/* Dialog mit Aufforderung, das Geburtsjahr einzugeben */
input(Name, Datum) :- tell(user),
                write(' Bitte geben Sie das Geburtsjahr von '),
                write(Name),
                write('ein : '), nl,
                write(' (Eingabe mit Punkt beenden) '),
                see(user),
                read(Datum).
/* Beispielaufruf */
ergaenzung('xxx.pl', 'xxx_new.pl').
```

Lösung 2.32 Programmmanipulation [▷11] ○

```
:- dynamic(weiblich/1, weiblich/2).
change(File_old, File_new) :- dynamic(weiblich/1),
                        consult(File_old),
                        change_female,
                        telling(Normal),
                        tell(File_new),
                        listing(weiblich/2),
                        told,
                        tell(Normal).
change_female :- clause(weiblich(X), true),
            nl, write('Eingabe Geburtsjahr von '),
            write(X),
            nl, write('(Eingabe mit Punkt beenden) : '),
            read(Year),
            assert(weiblich(X, Year)),
            retract(weiblich(X)),
            change_female.
change_female.
```

Der Aufruf und der Dialog sieht nun folgendermaßen aus (falls in **xxx.pl** das Programm aus Aufgabe 2.6 abgelegt ist und die neuen Klauseln zu **weiblich/2** in der Datei **xxx_new.pl** gespeichert werden sollen):

?- change(xxx,' xxx_new.pl').

Eingabe Geburtsjahr von karin
(Eingabe mit Punkt beenden) : 1955.

Eingabe Geburtsjahr von lisa
(Eingabe mit Punkt beenden) : 1967.

Eingabe Geburtsjahr von maria
(Eingabe mit Punkt beenden) : 1979.

Eingabe Geburtsjahr von sina
(Eingabe mit Punkt beenden) : 1990.

Yes

Anschließendes Abspeichern liefert eine Datei mit folgendem Inhalt:

:- dynamic(weiblich/2).
weiblich(karin, 1955).   weiblich(maria, 1979).
weiblich(lisa, 1967).   weiblich(sina, 1990).

Lösung 2.33 Das Mengenprädikatszeichen bagof [▷11] ○

(a) ?- bagof(Met : Ew, (stadt(europa, Met, Ew), Ew>2.5), L).
L = [berlin : 3.4, madrid : 3.3, rom : 2.7]

(b) Die Anfrage ?- bagof(Met : Ew, (stadt(Kont, Met, Ew), Ew>3), L). würde 2 Lösungen liefern: eine Liste der entsprechenden Städte in Europa und eine Liste der Städte in Asien. Die Variable Kont muss also bei der Anfrage als nicht zu spezifizierend angegeben werden.

?- bagof(Met : Ew, Kont^(stadt(Kont, Met, Ew), Ew>3), L).
L = [berlin : 3.4, madrid : 3.3, moskau : 10.5, tokyo : 34.4,
     hanoi : 6.2, peking : 15.5, bangkok : 6.8]

Ist die Variable Ew nicht mehr im Ergebnisterm angegeben, so ist auch diese noch entsprechend zu kennzeichnen.

?- bagof(Met, Ew^Kont^(stadt(Kont, Met, Ew), Ew>3), L).
L = [berlin, madrid, moskau, tokyo, hanoi, peking, bangkok]

(c) Die Anfrage ?- stadt(Ko, Me, Ew), forall(stadt(Ko, M, E), E=<Ew). liefert für jeden einzelnen Kontinent die bevölkerungsreichste Metropole. Die geforderte Liste erhält man mit

?- bagof([Ko, Me], Ew^(stadt(Ko, Me, Ew),
         forall(stadt(Ko, M, E), E=<Ew)), L).
L = [[europa, berlin], [asien, tokyo]]

2.5 Der Cut

Lösung 2.34 Wirkungsweise des Cut [▷12] ○

Die Stellung des Cut hat Auswirkung auf die Anzahl der Lösungen und darauf, welche der 4 möglichen Lösungen geliefert werden. Die Ableitungsbäume mit den entsprechenden Lösungen sind in Abbildung 2.13 auf der nächsten Seite dargestellt. Man beachte, dass der Cut nur die Backtrack-Punkte abschneidet, die auf dem entsprechenden Ast ab dem Aufruf des Prädikats, zu dem der Cut gehört, angelegt wurden.

II.2.5. DER CUT 151

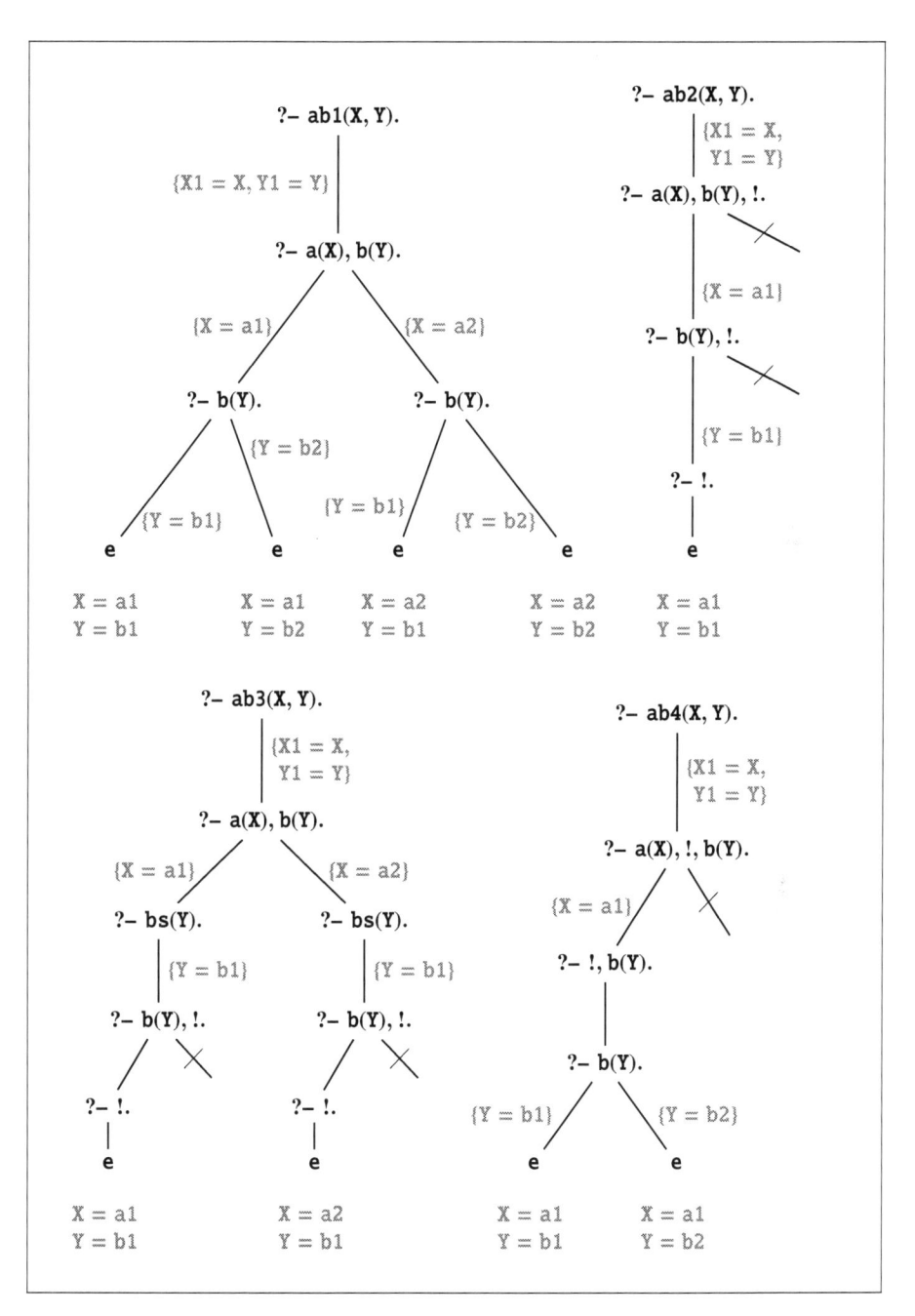

```
                    ?- ab1(X, Y).
                         |
              {X1 = X, Y1 = Y}
                         |
                    ?- a(X), b(Y).
                   /              \
            {X = a1}              {X = a2}
              /                      \
          ?- b(Y).                 ?- b(Y).
         /       \                /       \
   {Y = b1}   {Y = b2}      {Y = b1}   {Y = b2}
      |          |             |          |
      e          e             e          e
   X = a1    X = a1         X = a2     X = a2
   Y = b1    Y = b2         Y = b1     Y = b2
```

```
        ?- ab2(X, Y).
             |
        {X1 = X, Y1 = Y}
             |
        ?- a(X), b(Y), !.
           /          ×
       {X = a1}
          |
        ?- b(Y), !.
          /      ×
      {Y = b1}
          |
        ?- !.
          |
          e
       X = a1
       Y = b1
```

```
              ?- ab3(X, Y).
                    |
              {X1 = X, Y1 = Y}
                    |
              ?- a(X), b(Y).
             /              \
      {X = a1}              {X = a2}
          |                     |
       ?- bs(Y).             ?- bs(Y).
          |                     |
      {Y = b1}              {Y = b1}
          |                     |
      ?- b(Y), !.           ?- b(Y), !.
         /   ×                 /    ×
      ?- !.                 ?- !.
         |                     |
         e                     e
      X = a1                X = a2
      Y = b1                Y = b1
```

```
              ?- ab4(X, Y).
                    |
              {X1 = X, Y1 = Y}
                    |
              ?- a(X), !, b(Y).
              /             ×
         {X = a1}
             |
         ?- !, b(Y).
             |
         ?- b(Y).
           /       \
       {Y = b1}   {Y = b2}
          |          |
          e          e
       X = a1     X = a1
       Y = b1     Y = b2
```

Abbildung 2.13: Zu Aufgabe 2.34.

Lösung 2.35 Der Cut im Vierportmodell [▷12] ○

(a) Wir erhalten die folgende Darstellung.

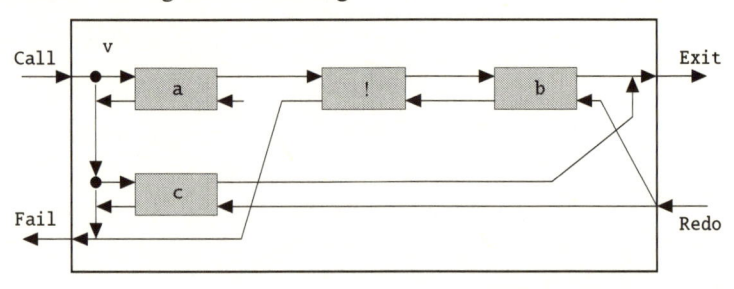

```
                    v
Call ──────●────┌─────┐─────┌─────┐─────┌─────┐──────── Exit
                │  a  │◄────│  !  │◄────│  b  │
                └─────┘     └─────┘     └─────┘
                │                          ▲
                ●────┌─────┐───────────────┘
                     │  c  │
Fail ◄──────────┘    └─────┘    ◄──────────────────── Redo
```

v :– a, !, b.
v :– c.

Die Unifikationspunkte haben im angegebenen Beispiel keine wirkliche Funktion; sie sind nur aus formalen Gründen angegeben. Da keine Aussage zu den Prädikaten a ,b und c getroffen wurde, ist das 'Innenleben' dieser Boxen nicht bekannt.

(b) Die Ableitungsbäume sind in Abbildung 2.14 auf der nächsten Seite dargestellt. ab5 entspricht dem ab2 aus Aufgabe 2.34, ergänzt um ab5(0,0) und der Ableitungsbaum des Aufrufs ?– ab5(X,Y). kann leicht durch die entsprechende Ergänzung im Ableitungsbaum von ?– ab2(X,Y). (vgl. Abb. 2.13) erhalten werden. Dadurch, dass mit dem erfolgreichem Abarbeiten der ersten Klausel durch den Cut sämtliche angelegten Backtrack-Punkte gestrichen werden, hat nun die zweite Klausel ab5(0,0). keinerlei Funktion. Sie würde nur angesprochen, wenn die erste Klausel ohne Erfolg enden würde, was in unserem Beispiel nicht der Fall ist.
ab6 liefert die Lösungen von ab1. Am Anfang, wenn der Cut durchlaufen wird, ist erst ein als Backtrack-Punkt angelegter Verweis auf weitere Klauseln vorhanden. Dieser wird durch den Cut abgeschnitten, so dass die zweite Klausel wiederum nicht durchlaufen wird.
ab7 entspricht im wesentlichen dem ab4, nur dass dort der Ast für die 1. Klausel mit deren Lösung hinzukommt.

(c) Die jeweiligen Ableitungsbäume sind in Abbildung 2.15 auf Seite 154 und in Abbildung 2.16 auf Seite 155 dargestellt.
Der Aufruf ?– a0(2, X). liefert 3 mal das Ergebnis X = 0.
Das Beispiel ab3 hat schon deutlich gemacht, dass die Cuts nur auf diejenigen Backtrack-Punkte wirken, die in dem Programm angelegt wurden, in dem der Cut vorkommt (bei ab3 war das bs(Y) :– b(Y), !.)
Um im Ableitungsbaum deutlich zu machen welcher Cut, welche Backtrack-Punkte abschneidet, wurden die Cuts und die Backtrack-Punkte durch Indizes markiert. Ein Cut mit dem Index ^{n}) ist für das Streichen des Backtrack-Punktes mit dem Index ^{n}) verantwortlich.
Der Aufruf ?– a2(2, X). liefert nur eine Lösung und der Aufruf ?– a3(2, X). liefert keine Lösung.

II.2.5. DER CUT   153

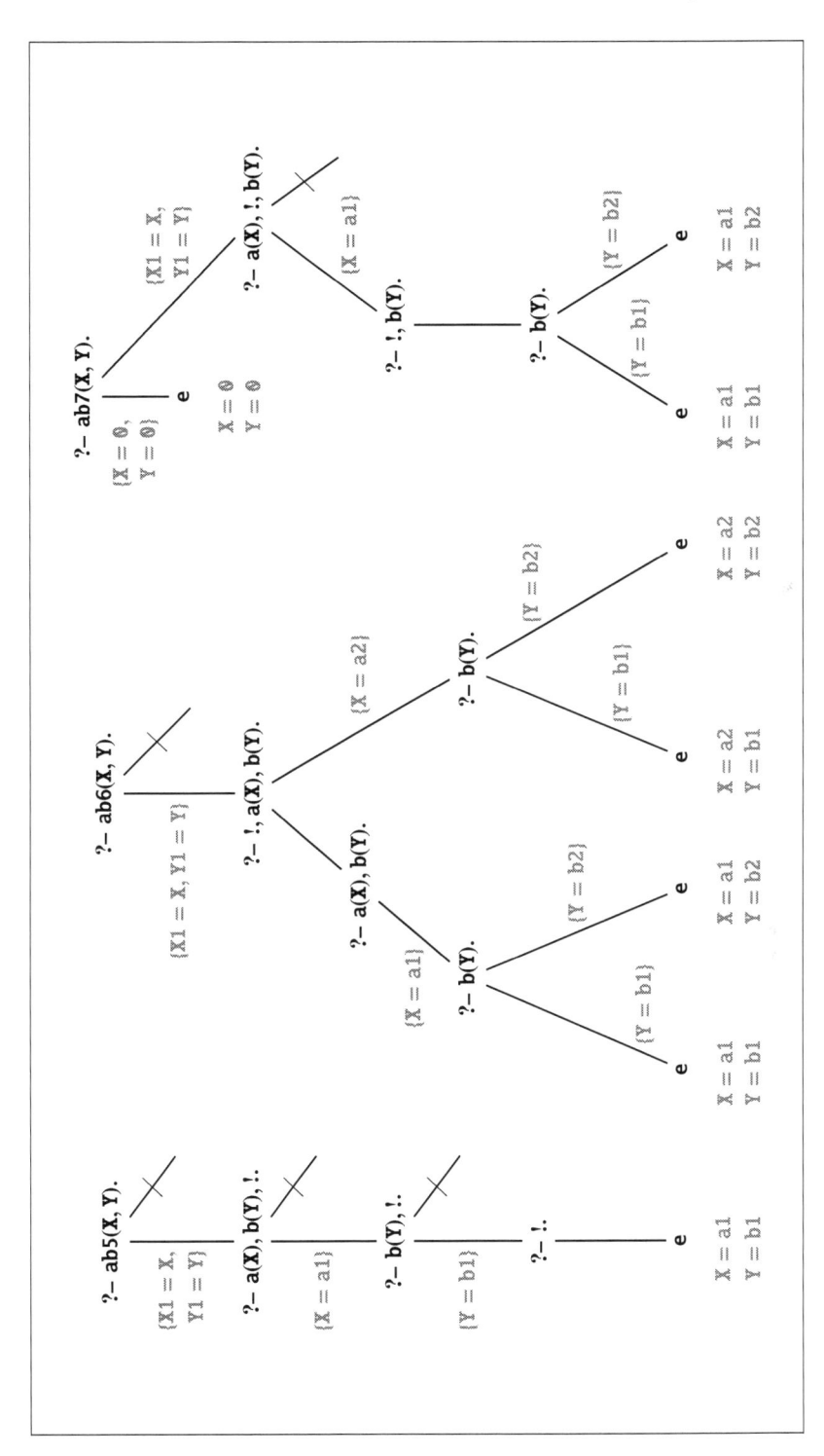

Abbildung 2.14: Zu Aufgabe 2.35 (b).

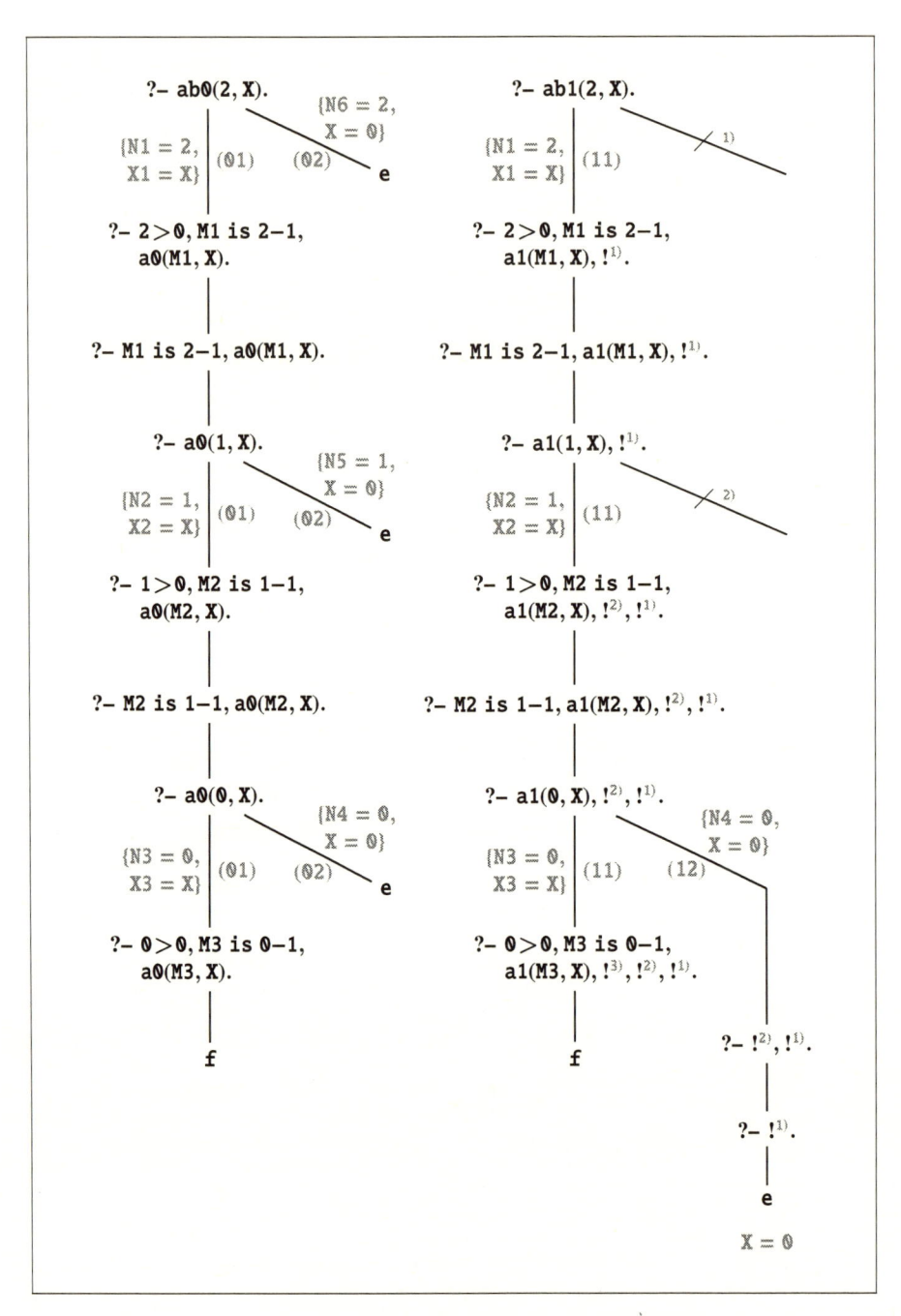

```
                    ?- ab0(2, X).                              ?- ab1(2, X).
                         │       {N6 = 2,                          │
        {N1 = 2,         │        X = 0}             {N1 = 2,      │            1)
         X1 = X}  (01)  (02)                          X1 = X}  (11)
                         │          \                              │              \
               ?- 2>0, M1 is 2−1,      e             ?- 2>0, M1 is 2−1,
                   a0(M1, X).                            a1(M1, X), !¹⁾.
                         │                                         │
              ?- M1 is 2−1, a0(M1, X).            ?- M1 is 2−1, a1(M1, X), !¹⁾.
                         │                                         │
                    ?- a0(1, X).                         ?- a1(1, X), !¹⁾.
                         │       {N5 = 1,                          │
        {N2 = 1,         │        X = 0}             {N2 = 1,      │            2)
         X2 = X}  (01)  (02)                          X2 = X}  (11)
                         │          \                              │              \
               ?- 1>0, M2 is 1−1,      e             ?- 1>0, M2 is 1−1,
                   a0(M2, X).                            a1(M2, X), !²⁾, !¹⁾.
                         │                                         │
              ?- M2 is 1−1, a0(M2, X).           ?- M2 is 1−1, a1(M2, X), !²⁾, !¹⁾.
                         │                                         │
                    ?- a0(0, X).                        ?- a1(0, X), !²⁾, !¹⁾.
                         │       {N4 = 0,                          │         {N4 = 0,
        {N3 = 0,         │        X = 0}             {N3 = 0,      │          X = 0}
         X3 = X}  (01)  (02)                          X3 = X}  (11)   (12)
                         │          \                              │              \
               ?- 0>0, M3 is 0−1,      e             ?- 0>0, M3 is 0−1,
                   a0(M3, X).                            a1(M3, X), !³⁾, !²⁾, !¹⁾.
                         │                                         │
                         f                                         f           ?- !²⁾, !¹⁾.
                                                                                    │
                                                                               ?- !¹⁾.
                                                                                    │
                                                                                    e
                                                                                 X = 0
```

Abbildung 2.15: Zu Aufgabe 2.35 (c)

II.2.5. DER CUT

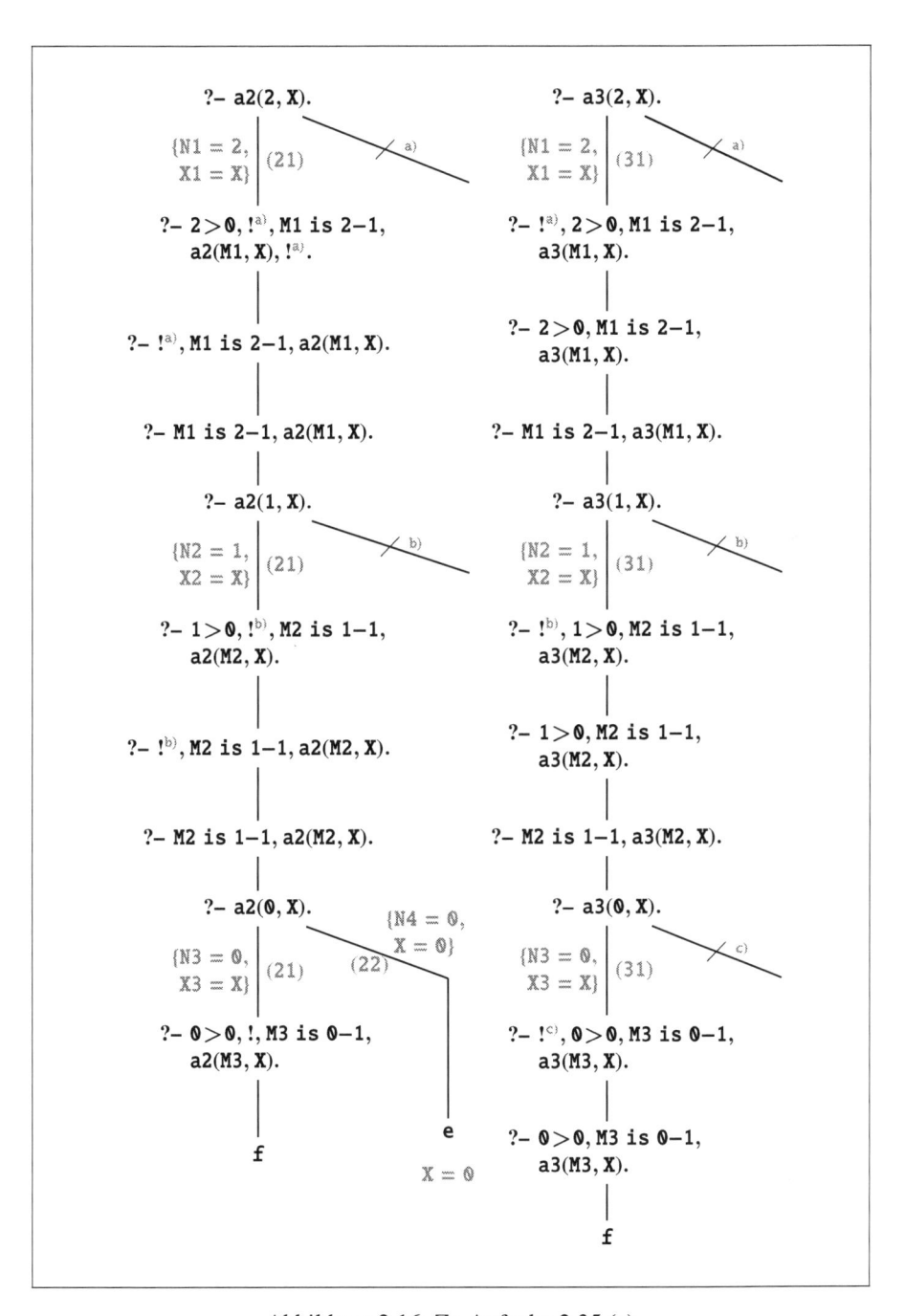

```
        ?− a2(2, X).                                    ?− a3(2, X).
   {N1 = 2,                 a)                    {N1 = 2,                 a)
   X1 = X}  (21)                                  X1 = X}  (31)

   ?− 2>0, !ᵃ⁾, M1 is 2−1,                        ?− !ᵃ⁾, 2>0, M1 is 2−1,
       a2(M1, X), !ᵃ⁾.                                a3(M1, X).

                                                  ?− 2>0, M1 is 2−1,
   ?− !ᵃ⁾, M1 is 2−1, a2(M1, X).                     a3(M1, X).

   ?− M1 is 2−1, a2(M1, X).                       ?− M1 is 2−1, a3(M1, X).

       ?− a2(1, X).                                   ?− a3(1, X).
   {N2 = 1,                 b)                    {N2 = 1,                 b)
   X2 = X}  (21)                                  X2 = X}  (31)

   ?− 1>0, !ᵇ⁾, M2 is 1−1,                        ?− !ᵇ⁾, 1>0, M2 is 1−1,
       a2(M2, X).                                     a3(M2, X).

                                                  ?− 1>0, M2 is 1−1,
   ?− !ᵇ⁾, M2 is 1−1, a2(M2, X).                     a3(M2, X).

   ?− M2 is 1−1, a2(M2, X).                       ?− M2 is 1−1, a3(M2, X).

       ?− a2(0, X).        {N4 = 0,                   ?− a3(0, X).
   {N3 = 0,                X = 0}                 {N3 = 0,                 c)
   X3 = X}  (21)   (22)                           X3 = X}  (31)

   ?− 0>0, !, M3 is 0−1,                          ?− !ᶜ⁾, 0>0, M3 is 0−1,
       a2(M3, X).                                     a3(M3, X).

                           e                      ?− 0>0, M3 is 0−1,
       f                X = 0                        a3(M3, X).

                                                      f
```

Abbildung 2.16: Zu Aufgabe 2.35 (c)

Lösung 2.36 Beispiel für roten Cut [▷13]

(a) Man spricht von *roten Cuts*, wenn diese die deklarative Bedeutung des Programms ändern. Sie können unter Umständen die Lösungsmenge eines Programms (im Vergleich zum gleichen Programm ohne Cut) verringern.
Das Programm ohne Cut lautet:

```
if_then_else_n(X, Y, Z) :- X, Y.
if_then_else_n(X, Y, Z) :- Z.
```

Dass der Cut die Lösungsmenge verringert, zeigen die folgenden Beispiele:

```
?- if_then_else(3>2, X = 1, X = b).
X = 1
Yes

?- if_then_else_n(3>2, X = 1, X = b).
X = 1 ;
X = b ;
No
```

(b) Es gelte zum Beispiel die Programmklausel g(1).
Die Anfrage *Wenn es für* g(1). *eine Lösung gibt, dann ist* X = 2. *Anderenfalls ist* X = 1. wird nun folgendermaßen beantwortet:

```
?- if_then_else(g(X), X = 2, X = 1).
No
```

Dies ist sicher nicht die gewünschte Antwort.
Das Programm ohne Cut liefert dagegen die gewünschte Antwort:

```
?- if_then_else_n(g(X), X = 2, X = 1).
X = 1 ;
No
```

Noch ein anderes Beispiel:
Anne sei die Mutter von Uwe, d.h. mutter(anna, uwe). ist gegeben. Die Anfrage, *wenn Anna ein Kind hat, dann ist das Kind entweder Eva oder Uwe* wird von folgendem Programm mit Cut mit no beantwortet, während das Programm ohne Cut die erwünschte Antwort liefert.

```
?- if_then_else(mutter(anna, Kind), Kind = eva, Kind = uwe).
No

?- if_then_else_n(mutter(anna, Kind), Kind = eva, Kind = uwe).
Kind = uwe ;
No
```

Lösung 2.37 Eliminieren unerwünschter Ausgaben [▷14]

```
r(_, [ ], [ ]).
r(X, [X|T], NT)    :- r(X, T, NT), !.
r(X, [H|T], [H|NT]) :- r(X, T, NT).
```

2.6 Negation als Fehlschlag

Lösung 2.38 Negation als Fehlschlag im Vierportmodell [▷14] ○
(a) Wir erhalten die folgende Darstellung.

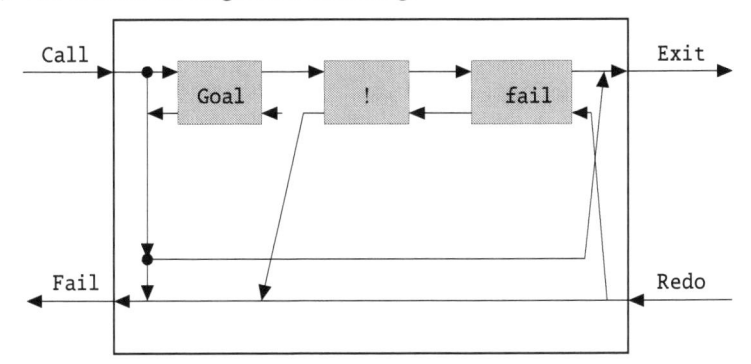

```
         Call                                          Exit
        ────●──┬──→┌──────┐──→┌───┐──→┌──────┐──┬──→
               │   │ Goal │   │ ! │   │ fail │  ↑
               │   └──────┘←──└───┘←──└──────┘  │
               │       │                        │
               │       │                        │
         Fail  ↓       ↓                        │  Redo
        ←──────┴───────┴────────────────────────┴──
```

Bemerkung: *In der Aufgabenstellung wurde das Prädikat* nicht *genannt, da* not *bzw.* \+ *in der Regel zu den vordefinierten Prädikaten gehören.*

(b) Die Antworten

(1) ?– a(X), nicht(b(X)).   (2)   ?– nicht(b(X)), a(X).
    X = 1 ;   No
    No

entsprechen genau dem, was das Boxenmodell erwarten lässt.
Im Fall (1) wird, da a(X) mit X = 1 erfolgreich ist, ?– nicht(b(1)). aufgerufen, dies schlägt fehl und (der Cut wird nichttangiert) die alternative Klausel von nicht wird erfolgreich durchlaufen.
Im Fall (2) wird zunächst ?– nicht(b(X)). aufgerufen, d.h. der Aufruf von ?– b(X) ist erfolgreich mit X = 2, der Cut wird durchlaufen, das nachfolgende fail hat den laut Graphik ersichtlichen Effekt, dass ?– nicht(b(X)). nicht erfolgreich ist, und es gar nicht mehr zur Abarbeitung des ?– a(X). kommt.
Laut "Logik" müssten beide Anfragen das gleiche Ergebnis liefern, denn das Komma im Rumpf des Aufrufs entspricht dem 'und' und das 'und' ist kommutativ. Aber nur (1) liefert das laut "Logik" erwartete Ergebnis.
Die Frage *Für welche Werte von X ist "a(X) und nicht b(X)." wahr?* ist "logisch" identisch mit der Frage *Für welche Werte von X ist "nicht b(X) und a(X)." wahr?* und kann mit $X = 1$ beantwortet werden, wenn man annimmt, dass durch die beiden Fakten das vollständige Wissen ausgedrückt wird.
Fazit: Das \+ aus Prolog entspricht nicht dem ¬ der Logik. Aufgrund seiner Wirkungsweise spricht man deswegen auch bei dem \+ aus Prolog von der *Negation als Fehlschlag (negation as failure)*.

Zusätzliche Aufgaben zu Kapitel 2

Lösung 2.39 Vergleich von Ableitungsbäumen [▷14] ○
Die Ableitungsbäume mit den entsprechenden Aufrufergebnissen findet man für Teilaufgabe (a)–(c) in Abbildung 2.17 auf Seite 161 und für die restlichen Teilaufgaben in Abbildung 2.18 auf Seite 162. Der Aufruf von ?– p(a, X, X, b). in Teilaufgabe (e) liefert keine Lösung. Da keines der folgenden drei (vertikal zu lesenden) Gleichungssysteme

	a = X1	a = Y2	a = X3
	X = Y1	X = Y2	X = Y3
	X = X1	X = X2	X = Y3
	b = Y1	b = X2	b = X3

lösbar ist, ist keine der Programmklauseln (1)-(3) mit der Zielklausel unifizierbar.

Lösung 2.40 Ackermann-Funktion mit Cut [▷15] ○
Es ergibt sich das folgende Prolog-Programm.

$f(0, X, A) :- !, A \text{ is } X+1.$
$f(X, 0, A) :- !, X>0, X1 \text{ is } X-1, f(X1, 1, A).$
$f(X, Y, A) :- X1 \text{ is } X-1, Y1 \text{ is } Y-1, f(X, Y1, A1), f(X1, A1, A).$

Lösung 2.41 Liste zu Liste von Einerlisten [▷15] ○
Wir erhalten das folgende Prolog-Programm.

transl([ ], [ ]).
transl([H|T], [[H]|NT]) :- transl(T, NT).

Lösung 2.42 reverse mit Differenzlisten [▷15] ●
dl_reverse ist sehr viel schneller. In Abbildung 2.19 auf Seite 163 und in Abbildung 2.20 auf Seite 164 sind als Beispiel zwei Ableitungsbäume gegeben.

Bemerkung: *Listen, welche in der Form* X − Y *notiert sind, heißen übrigens* Differenzlisten.

Bemerkung: *Es sei noch erwähnt, dass* dl_reverse *genau dem* reverse1 *aus der Lösung zu Aufgabe 2.19 entspricht. Nur wurde dort nicht die Differenzlistennotation verwendet sondern es wurde ein zusätzliches Argument eingeführt.*

Lösung 2.43 append mit Differenzlisten [▷15] ●
Das Programm besteht aus einer einzigen Klausel:

dl_append(X − Y, Y − Z, X − Z).

Der Aufruf dieses Programms soll am Beispiel des Anhängens der Liste [d, e] an die Liste [a, b, c] verdeutlicht werden:

?– dl_append([a, b, c|U] − U, [d, e|V] − V, L − [ ]).
U = [d, e]
V = [ ]
L = [a, b, c, d, e]

Durch einfache Unifikation (Gleichungen lösen) ergibt sich hier die Lösung:

(1) X = [a, b, c|U]
(2) U = Y

II.2.6. NEGATION ALS FEHLSCHLAG 159

(3) Y = [d, e | V]
(4) V = Z
(5) X = L
(6) Z = [ ]

Mit (6) und (4) folgt V = [ ], mit (3) folgt Y = [d, e], mit (2) folgt U = [d, e], mit (1) und (5) folgt L = [a, b, c, d, e].

Die hier angewendete Technik wird Differenzlistentechnik genannt, wobei der Wortteil *Differenz* und die Minuszeichen in der Definition von dl_append/3 nicht zu dem irrigen Schluss führen sollten, dass hier irgendetwas subtrahiert wird. Das Minuszeichen fungiert nur als Trennzeichen. Eine im Prinzip identische Lösung wäre

dl_append1(X, Y, Y, Z, X, Z).

?- dl_append1([a, b, c | U], U, [d, e | V], V, L, [ ]).
U = [d, e]
V = [ ]
L = [a, b, c, d, e]

Allerdings sollte die Differenzlistenlösung nicht zu dem Schluss führen, dass damit das rekursive Prädikat append/3 überflüssig sei. Die Verwendung von dl_append/3 in einem Programm, wo die anzuhängende Liste von variabler Länge ist, ist nicht möglich.

Bei der Technik, die in Aufgabe 2.42 verwendet wird, handelt es sich dagegen nicht wirklich um Differenzlistentechnik. Die dort verwendete Technik ist in der Literatur auch unter dem Begriff *Verwendung von Akkumulatoren*, d.h. eines zusätzlichen Arguments, in dem die Lösung iterativ aufgebaut wird, um am Schluss an die Ergebnisvariable gebunden zu werden, bekannt.

Lösung 2.44 Grammatik in Prolog [▷16] ○

(a) Das Programm

```
sentence      -> noun_phrase, verb_phrase.
noun_phrase   -> determiner, noun.
verb_phrase   -> verb, noun_phrase.
verb_phrase   -> verb.
determiner    -> [the].
determiner    -> [a].
noun          -> [programmer].
noun          -> [book].
verb          -> [writes].
verb          -> [reads].
```

besteht intern aus folgenden 2-stelligen Prädikaten, was durch listing. überprüft werden kann:

verb([reads | A], A).
verb([writes | A], A).
noun([programmer | A], A).

```
noun([program|A], A).
noun([book|A], A).
determiner([the|A], A).
determiner([a|A], A).
noun_phrase(A, B) :- determiner(A, C), noun(C, B).
verb_phrase(A, B) :- verb(A, C), noun_phrase(C, B).
verb_phrase(A, B) :- verb(A, B).
sentence(A, B) :- noun_phrase(A, C), verb_phrase(C, B).
```

Die Funktionsfähigkeit der einstelligen naiven Lösung zeigen die Aufrufe

```
?- sentence([the, programmer, reads, a, book]).
Yes

?- sentence([the, programmer, a, reads, book]).
No
```

Die Resultate der Aufrufe der als Grammatik eingegebenen Lösung demonstrieren die folgenden Beispiele:

```
?- sentence([the, programmer, a, a, reads, book], [ ]).
No

?- sentence([the, programmer, reads, a, book], [ ]).
Yes
```

Bezüglich der Funktionalität besteht also kein Unterschied. Wohl aber in der Effizienz. Wenn man den Programmablauf mit trace verfolgt, so zeigt sich, dass bei der 'naiven' Lösung zum Test der grammatikalischen Richtigkeit des Satzes 'the programmer reads a book' 24 CALL- und 9 REDO-Ports abzuarbeiten waren, während die als Grammatik eingegebene Lösung nach 9 CALL-Ports die Antwort liefert.

(b) Wenn wir die interne Darstellung der mit ' -> ' eingegebenen Lösung in die bei Differenzlisten übliche Darstellung transformieren (d.h. ersetzen des Kommas durch das Minuszeichen) erhalten wie das folgende Programm:

```
verb1([reads|A] - A).
verb1([writes|A] - A).
noun1([programmer|A] - A).
noun1([program|A] - A).
noun1([book|A] - A).
determiner1([the|A] - A).
determiner1([a|A] - A).
noun_phrase1(A - B) :- determiner1(A - C), noun1(C - B).
verb_phrase1(A - B) :- verb1(A - C), noun_phrase1(C - B).
verb_phrase1(A - B) :- verb1(A - B).
sentence1(A - B) :- noun_phrase1(A - C), verb_phrase1(C - B).
```

Um die Programme besser auseinanderhalten zu können wurden die Klauselnamen durch die Ziffer 1 ergänzt.

II.2.6. NEGATION ALS FEHLSCHLAG

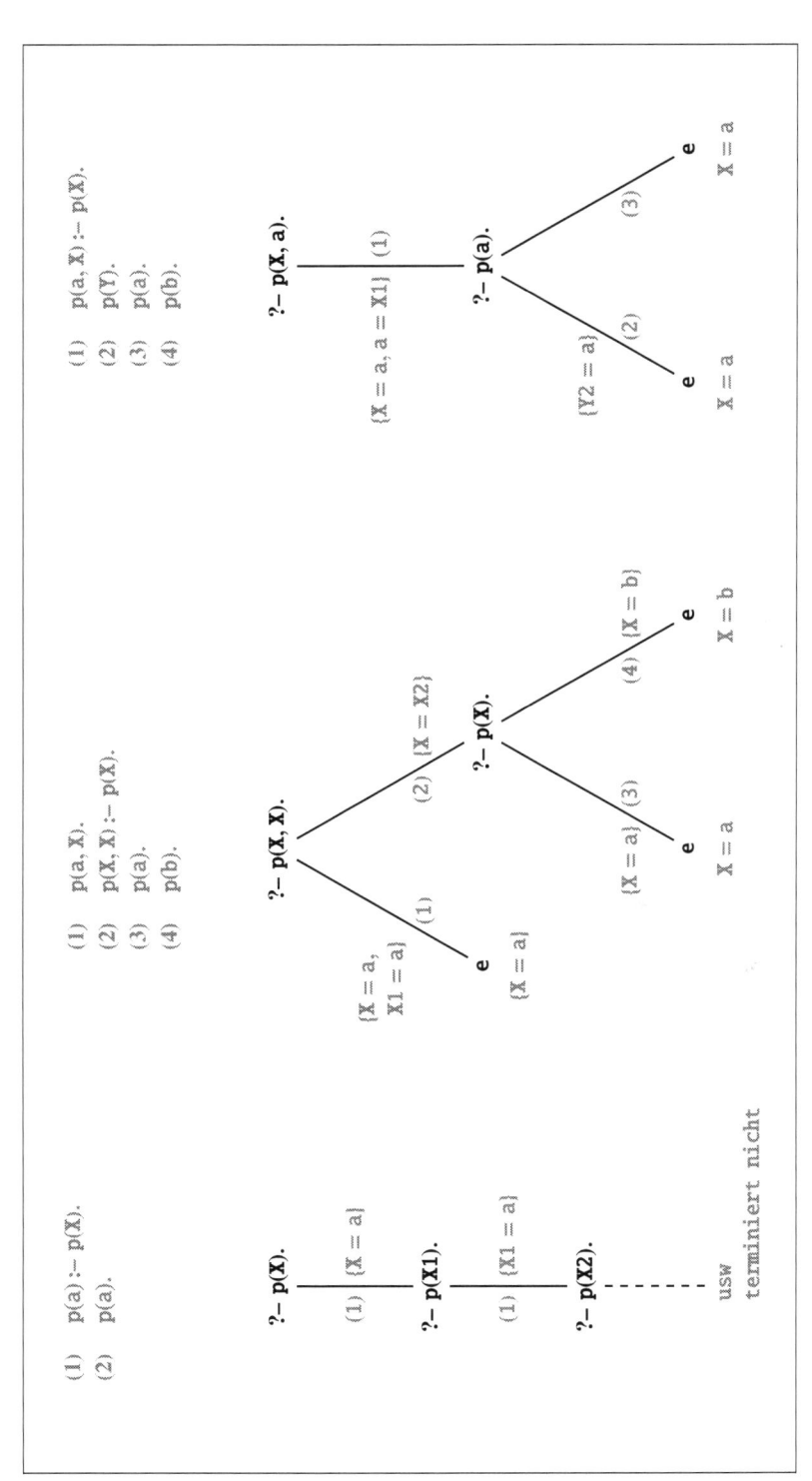

(1) p(a) :- p(X).
(2) p(a).

?- p(X).
    | (1) {X = a}
?- p(X1).
    | (1) {X1 = a}
?- p(X2).
    ┆
usw
terminiert nicht

(1) p(a, X).
(2) p(X, X) :- p(X).
(3) p(a).
(4) p(b).

?- p(X, X).
    \ (1) {X = a, X1 = a} — e {X = a}
     \ (2) {X = X2}
       ?- p(X).
          / (3) {X = a} — e   X = a
          \ (4) {X = b} — e   X = b

(1) p(a, X) :- p(X).
(2) p(Y).
(3) p(a).
(4) p(b).

?- p(X, a).
    — (1) {X = a, a = X1}
       ?- p(a).
          / (2) {Y2 = a} — e   X = a
          \ (3)   — e   X = a

Abbildung 2.17: Zu Aufgabe 2.39 (a) – (c)

(1) p(a, b).
(2) p(X, Y) :- p(Y, X), !.
(3) p(b, c).

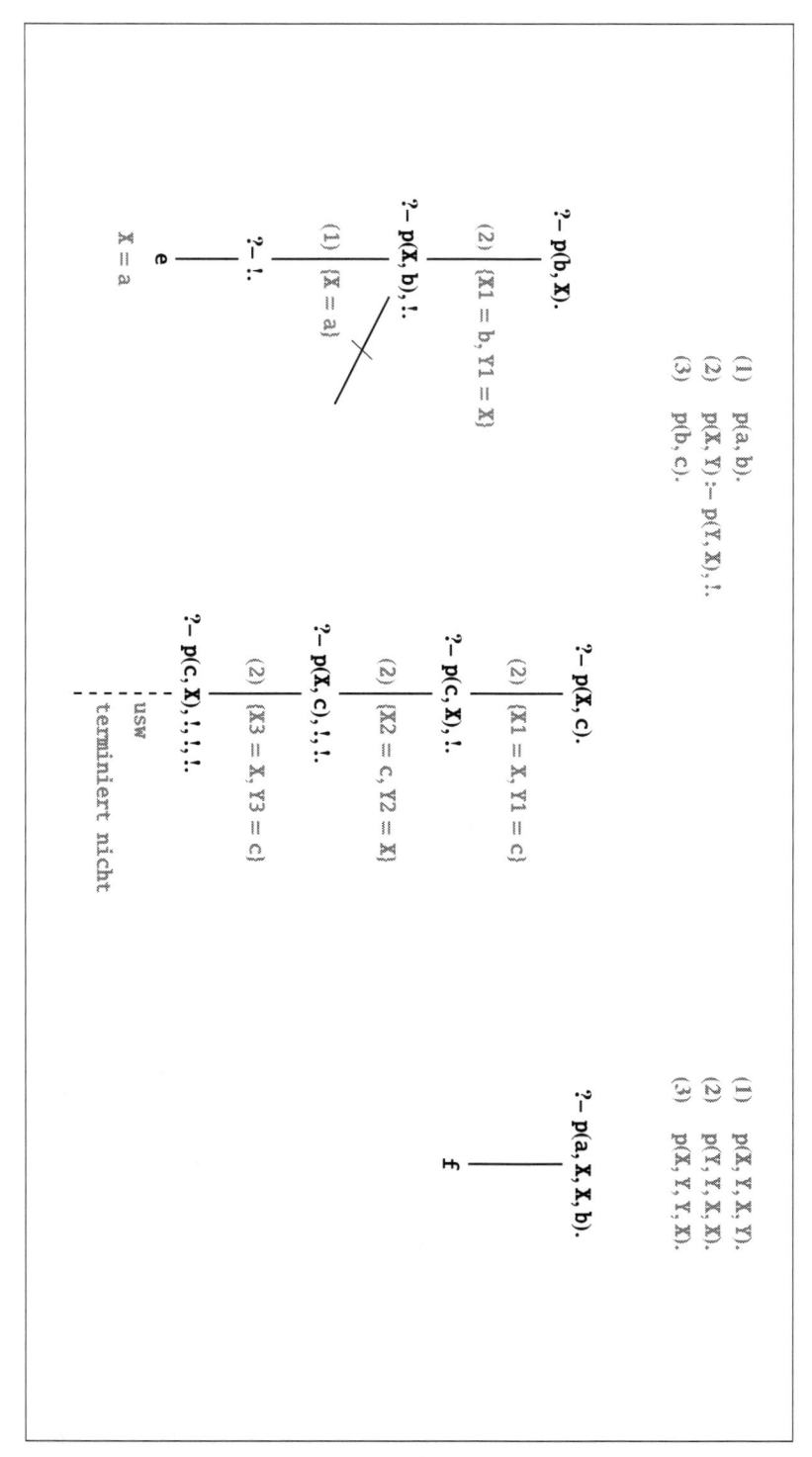

?- p(b, X).
  |
(2) {X1 = b, Y1 = X}
  |
?- p(X, b), !.
  |
(1) {X = a}
  |
?- !.
  |
e
X = a

?- p(X, c).
  |
(2) {X1 = X, Y1 = c}
  |
?- p(c, X), !.
  |
(2) {X2 = c, Y2 = X}
  |
?- p(X, c), !, !.
  |
(2) {X3 = X, Y3 = c}
  |
?- p(c, X), !, !, !.
  - - - - - - -
  usw.
  terminiert nicht

(1) p(X, Y, X, Y).
(2) p(Y, X, X, X).
(3) p(X, Y, Y, X).

?- p(a, X, X, b).
  |
f

Abbildung 2.18: Zu Aufgabe 2.39 (d) – (e)

II.2.6. NEGATION ALS FEHLSCHLAG

```
(1)  dl_reverse([ ], X – X).
(2)  dl_reverse([H|R], Y – C) :– dl_reverse(R, Y – [H|C]).
```

?– **dl_reverse([a, b, c], L – [ ])**.

(2) | $\{H1 = a, R1 = [b, c], Y1 = L, C1 = [\ ]\}$

?– **dl_reverse([b, c], L – [a])**.

(2) | $\{H2 = b, R2 = [c], Y2 = L, C2 = [a]\}$

?– **dl_reverse([c], L – [b, a])**.

(2) | $\{H3 = c, R3 = [\ ], Y3 = L, C3 = [b, a]\}$

?– **dl_reverse([ ], L – [c, b, a])**.

(1) | $\{X4 = [c, b, a], L = [c, b, a]\}$

e $L = [c, b, a]$

Abbildung 2.19: Zu Aufgabe 2.42.

(1) naive_reverse([ ], [ ]).
(2) naive_reverse([K|R], X) :- naive_reverse(R, Y), append(Y, [K], X).
(3) append([ ], X, X).
(4) append([X|Y], Z, [X|V]) :- append(Y, Z, V).

?- naive_reverse([a, b, c], L).

 (2) | $\{K1 = a, R1 = [b.c], X1 = L\}$

?- naive_reverse([b, c], Y1), append(Y1, [a], L).

 (2) | $\{K2 = b, R2 = [c], X2 = Y1\}$

?- naive_reverse([c], Y2), append(Y2, [b], Y1), append(Y1, [a], L).

 (2) | $\{K3 = c, R3 = [\ ], X3 = Y2\}$

?- naive_reverse([ ], Y3), append(Y3, [c], Y2),
 append(Y2, [b], Y1), append(Y1, [a], L).

 (1) | $\{Y3 = [\ ]\}$

?- append([ ], [c], Y2), append(Y2, [b], Y1), append(Y1, [a], L).

 (3) | $\{X4 = [c], Y2 = [c]\}$

?- append([c], [b], Y1), append(Y1, [a], L).

 (4) | $\{X5 = c, Y5 = [\ ], Z5 = [b], Y1 = [c|V5]\}$

?- append([ ], [b], V5), append([c|V5], [a], L).

 (3 | $\{X6 = [b], V5 = [b]\}$

?- append([c, b], [a], L).

 (4) | $\{X7 = c, Y7 = [b], Z7 = [a], L = [c|V7]\}$

?- append([b], [a], V7).

 (4) | $\{X8 = b, Y8 = [\ ], Z8 = [a], V7 = [b|V8]\}$

?- append([ ], [a], V8).

 (3) | $\{V8 = [a]\}$

  e $L = [c, b, a]$

Abbildung 2.20: Zu Aufgabe 2.42.

Der Aufruf
```
?- sentence1([the, programmer, reads, the, program] - [ ]).
```
liefert erwartungsgemäß die Antwort Yes.
Die mit '->' definierte Grammatik wurde also intern in ein Programm transformiert, welches das Prinzip der Differenzlisten verwendet.

Lösung 2.45 Operationen auf Polynomen [▷17] ○

(a) Um ein Polynom n-ten Grades für einen Wert der Variablen x ausrechnen zu können, wollen wir dieses Problem auf die Berechnung eines Polynoms vom Grad $n - 1$ zurückführen. Betrachten wir das Polynom n-ten Grades

$$a_n x^n + \underbrace{a_{n-1} x^{n-1} + \cdots + a_0},$$

so ist das unterklammerte Teilpolynom vom Grad $n-1$. Der Exponent im ersten Glied des ursprünglichen Polynoms ergibt sich dabei als die Länge der Liste, die das Teilpolynom darstellt.

Dies führt uns auf folgende Lösung, in der

```
evalp1([ ], _, 0).
evalp1([H|T], X, E) :- evalp1(T, X, E1),
                      length(T, Len),
                      E is E1 + H * X ** Len.
```

Eine andere Möglichkeit zur Berechnung ergibt sich aus der Verwendung des Horner-Schemas; zum Beispiel ist $x^3 - 2x^2 + 3 = (((1)x - 2)x + 0)x + 3$. Mit dieser Idee betrachten wir das folgende Polynom n-ten Grades.

$$a_0 + a_1 x + \cdots + a_n x^n = a_0 + x \cdot \underbrace{(a_1 + \cdots + a_n x^{n-1})}$$

Die unterklammerte Formel ist wieder ein Polynom vom Grade $n - 1$, welches wir zur rekursiven Berechnung verwenden können. Dies führt auf folgendes Programm, in welchem in einem ersten Schritt die Liste umgedreht wird, und danach auf die umgedrehte Liste mit `evalp2_/3` das eigentliche Horner-Schema abgearbeitet wird.

```
evalp2(P, X, E) :- reverse(P, R), evalp2_(R, X, E).
evalp2_([ ], _, 0).
evalp2_([H|T], X, E) :- evalp2_(T, X, E1), E is H + X * E1.
```

In dieser Lösung ist neben der Rekursion in `evalp2_/3` noch eine Rekursion im `reverse/2` versteckt. Wir können die beiden Rekursionen zu einer vereinigen, was ein zusätzliches viertes Argument erfordert. Das Ergebnis ist `evalp3_/4` was durch `evalp3/3` aufgerufen wird, so dass dieses für den Nutzer uninteressante zusätzliche Argument nicht beachtet werden muss.

```
evalp3(P, X, E) :- evalp3_(P, X, E, 0).
evalp3_([ ], _, E, E).
evalp3_([H|T], X, E, Temp) :- Temp1 is Temp * X + H,
                              evalp3_(T, X, E, Temp1).
```

(b) Die erste Lösung bestimmt die Potenz über eine explizite Längenberechnung.

```
diffp1([ ],[ ]).
diffp1([_],[ ]).
diffp1([H1,H2|T],[E|Es]) :- diffp1([H2|T],Es),
                            length([H2|T],Len),
                            E is H1 * Len.
```

Wir können die Längenberechnung (bzw. Potenzberechnung) auch in die Rekursion einbauen, indem wir dort ein drittes Argument zur Speicherung der Potenz mitführen.

```
diffp2(P,E) :- diffp2_(P,E,_).
diffp2_([ ],[ ],0).
diffp2_([_],[ ],1).
diffp2_([H1,H2|T],[E|Es],Pot) :- diffp2_([H2|T],Es,Pot1),
                                 Pot is Pot1 + 1,
                                 E is Pot1 * H1.
```

(c) Es ist einfacher, die Polynomlisten *von hinten* zu addieren. Also drehen wir erst die beiden Listen um, addieren sie dann, und drehen das Ergebnis wieder um.

```
addp1(P1,P2,E) :- reverse(P1,R1),
                  reverse(P2,R2),
                  addp1_(R1,R2,RE),
                  reverse(RE,E).
addp1_(P,[ ],P).
addp1_([ ],P,P).
addp1_([H1|T1],[H2|T2],[E|TE]) :- E is H1 + H2,
                                  addp1_(T1,T2,TE).
```

Eine verbesserte Lösung ergibt sich dadurch, dass die beiden rekursiven Aufrufe reverse(P1,R1) und reverse(P2,R2) in einer Rekursion, beschrieben durch das Prädikat reverse2/6, zusammengefasst werden. Die beiden Rekursionen addp1_(R1,R2,RE) und reverse(RE,E) werden in analoger Weise im Prädikat rev_addp/4 zusammengefasst.

```
addp2(P1,P2,E) :- reverse2(P1,[ ],R1,P2,[ ],R2),
                  rev_addp(R1,R2,[ ],E).
reverse2([ ],R1,R1,[ ],R2,R2).
reverse2([ ],L1,R1,[H|T],L2,R2) :-
         reverse2([ ],L1,R1,T,[H|L2],R2).
reverse2([H|T],L1,R1,[ ],L2,R2) :-
         reverse2(T,[H|L1],R1,[ ],L2,R2).
reverse2([H1|T1],L1,R1,[H2|T2],L2,R2) :-
         reverse2(T1,[H1|L1],R1,T2,[H2|L2],R2).
```

II.2.6. NEGATION ALS FEHLSCHLAG

rev_addp([ ], [ ], E, E).
rev_addp([H|T], [ ], A, E) :− rev_addp(T, [ ], [H|A], E).
rev_addp([ ], [H|T], A, E) :− rev_addp([ ], T, [H|A], E).
rev_addp([H1|T1], [H2|T2], A, E) :− Sum is H1 + H2,
                                                           rev_addp(T1, T2, [Sum|A], E).

In einer weiteren Lösungsvariante, werden die beiden, die Polynome repräsentierenden Listen zunächst auf gleiche Längen gebracht, indem die kürzerer Liste vorn mit Nullen ergänzt wird. Für die rekursive Erweiterung der Listen benötigen wir das zweite bzw. fünfte Argument von addp_/8 während im dritten und sechsten Argument die Ergebnisse dieser Erweiterung zu finden sind. Das achte Argument wird für die rekursive Berechnung der Summe benötigt und mit dem siebenten Argument wird schließlich das Ergebnis der Addition an das aufrufende Prädikat addp/3 übergeben.

addp(X, Y, Z) :− addp_(X, X, [ ], Y, Y, [ ], Z, [ ]).
addp_([ ], EX, EX, [ ], EY, EY, Z, Z).
addp_([_|XS], EX, RX, [ ], EY, RY, Z, SZ) :−
        addp_(XS, EX, [X|RX], [ ], [0|EY], [Y|RY], Z, [S|SZ]),
        S is X + Y.
addp_([ ], EX, RX, [_|YS], EY, RY, Z, SZ) :−
        addp_([ ], [0|EX], [X|RX], YS, EY, [Y|RY], Z, [S|SZ]),
        S is X + Y.
addp_([_|XS], EX, RX, [_|YS], EY, RY, Z, SZ) :−
        addp_(XS, EX, [X|RX], YS, EY, [Y|RY], Z, [S|SZ]),
        S is X + Y.

Lösung 2.46 Nachfolgerdarstellung: Multiplikation [▷17] ○

(a) E = 1 + 3
(b) Siehe Abbildung 2.21 auf der nächsten Seite.
(c) mult(N, 0, 0).
    mult(N, s(M), P) :− mult(N, M, P1), add(P1, N, P).

Lösung 2.47 Nachfolgerdarstellung: Fakultät [▷17] ○

(a) fak(0, 1) :− !.
    fak(N, E) :− N1 is N − 1, fak(N1, E1), E is N * E1.
(b) sum(0, M, M).
    sum(s(N), M, s(E1)) :− sum(N, M, E1).
    prod(s(0), M, M).
    prod(s(N), M, P) :− prod(N, M, P1), sum(P1, M, P).
    fakn(0, s(0)) :− !.
    fakn(s(N), E) :− fakn(N, E1), prod(s(N), E1, E).

Lösung 2.48 Nachfolgerdarstellung: Maximum [▷18] ○

Es gibt mehrere mögliche Lösungen.

```
            ?– add(s(s(0)), s(s(0)), E).
                    |
              (2)   | {N1 = s(s(0)), M1 = s(0), E = s(K1)}
                    |
            ?– add(s(s(0)), s(0), K1).
                    |
              (2)   | {N2 = s(s(0)), M2 = 0, K1 = s(K2)}
                    |
            ?– add(s(s(0)), 0, K2).
                    |
              (1)   | {N3 = s(s(0)), K2 = s(s(0))}
                    |
                    e
          E = s(K1) = s(s(K2)) = s(s(s(s(0))))
```

Abbildung 2.21: Zu Aufgabe 2.46.

1. Lösung kl(0, Y).
kl(s(X), s(Y)) :– kl(X, Y).
max2(X, Y, Y) :– kl(X, Y).
max2(X, Y, X).

2. Lösung max2(X, 0, X).
max2(0, X, X).
max2(s(X), s(Y), s(Z)) :– max2(X, Y, Z).

Lösung 2.49 Nachfolgerdarstellung: Fibonacci-Zahlen [▷18] ○

(a) Lösung ohne Cut

f(0, 1).
f(1, 1).
f(N, E) :– N > 1, N1 is N−1, f(N1, E1),
           N2 is N−2, f(N2, E2), E is E1 + E2.

Lösung mit Cut

f1(0, 1) :– !.
f1(1, 1) :– !.
f1(N, E) :– N1 is N−1, f1(N1, E1),
            N2 is N−2, f1(N2, E2), E is E1 + E2.

(b) fs(0, s(0)).
fs(s(0), s(0)).
fs(s(s(N)), E) :– fs(s(N), E1), fs(N, E2), add(E1, E2, E).
Definition der Addition:
add(X, 0, X).
add(X, s(N), s(E)) :– add(X, N, E).

II.2.6. NEGATION ALS FEHLSCHLAG

Lösung 2.50 Einbahnstraßen [▷18] ○

(a) verbindung(A, J) :- strasse(A, J).
 verbindung(A, J) :- strasse(A, X), verbindung(X, J).

(b) verbindung(A, J, s(s(0))) :- strasse(A, J).
 verbindung(A, J, s(N))   :- strasse(A, X), verbindung(X, J, N).
 Beispielaufruf:
 ?- verbindung(a, j, N).
 N = s(s(s(s(s(0)))))

(c) linie(A, J, s(A, J)) :- strasse(A, J).
 linie(A, J, s(A, N)) :- strasse(A, X), linie(X, J, N).

(d) umweg(s(A, B), [A, B])   :- atomic(B).
 umweg(s(A, s(B, R)), [A|Rnew]) :- umweg(s(B, R), Rnew).
 list_linie(A, J, Liste) :- linie(A, J, Nachf),
                             umweg(Nachf, Liste).
 Beispielaufrufe:

 ?- umweg(s(a, s(b, c)), L).
 L = [a, b, c];
 No

 ?- list_linie(l, j, E).
 E = [l, k, e, h, j];
 No

Lösung 2.51 Klausel- und Literalvertauschungen [▷19] ○

(a) (1) p(a, a).
 (2) p(X, Y) :- q(Y), p(X, X).
 (3) q(a).
 (4) q(b).
 Wir erhalten das folgende Verhalten bei Aufrufen:

?- p(a, X).	?- p(Y, X).	?- p(b, X).	?- p(c, X)
X = a	X = a, Y = a	terminiert nicht	No

(b) Die folgenden Anordnungen liefern jeweils kein Ergebnis mehr (unendlicher Suchbaum).

 p(X, Y) :- q(Y), p(X, X).   p(X, Y) :- q(Y), p(X, X).
 p(a, a).   p(a, a).
 q(a).   q(b).
 q(b).   q(a).

Lösung 2.52 Wege durch ein Labyrinth [▷20] ○

(a) Der Aufruf ?- pfad(start, ziel, [start]). liefert das folgende Protokoll:

```
?- pfad(start, ziel, [start]).
[28, start]
[37, 28, start]
[17, 37, 28, start]
[37, 17, 37, 28, start]
[47, 37, 28, start]
[46, 47, 37, 28, start]
[66, 46, 47, 37, 28, start]
[64, 66, 46, 47, 37, 28, start]
[44, 64, 66, 46, 47, 37, 28, start]
[64, 44, 64, 66, 46, 47, 37, 28, start]
[66, 64, 66, 46, 47, 37, 28, start]
[46, 66, 46, 47, 37, 28, start]
[45, 46, 47, 37, 28, start]
[35, 45, 46, 47, 37, 28, start]
[25, 35, 45, 46, 47, 37, 28, start]
[26, 25, 35, 45, 46, 47, 37, 28, start]
[25, 26, 25, 35, 45, 46, 47, 37, 28, start]
[15, 25, 35, 45, 46, 47, 37, 28, start]
[11, 15, 25, 35, 45, 46, 47, 37, 28, start]
[41, 11, 15, 25, 35, 45, 46, 47, 37, 28, start]
[43, 41, 11, 15, 25, 35, 45, 46, 47, 37, 28, start]
[63, 43, 41, 11, 15, 25, 35, 45, 46, 47, 37, 28, start]
[43, 63, 43, 41, 11, 15, 25, 35, 45, 46, 47, 37, 28, start]
[41, 43, 41, 11, 15, 25, 35, 45, 46, 47, 37, 28, start]
[ziel, 41, 11, 15, 25, 35, 45, 46, 47, 37, 28, start]
Yes
```

Eine interessante Variante dieses Programms entsteht durch Ersetzen von write([A|Weg]), nl, \+ member(A, Weg) durch not_member(A, Weg), wobei not_member/2 wie folgt definiert ist:

```
not_member(A, List) :- member(A, List),
                      write('gehe zurueck nach '),
                      write(A), nl, !, fail.
not_member(A, List) :- write('gehe nach '), write(A), nl.
```

Wir erhalten das Programm

```
pfad1(Ziel, Ziel, _).
pfad1(Von, Nach, Weg) :- weg(Von, A),
                        not_member(A, Weg),
                        pfad1(A, Nach, [A|Weg]).

not_member(A, List) :- member(A, List),
                      write('gehe zurueck nach '),
                      write(A), nl, !, fail.
not_member(A, List) :- write('gehe nach '), write(A), nl.
```

II.2.6. NEGATION ALS FEHLSCHLAG

und unser Demonstrationsbeispiel liefert nun folgendes Protokoll:

```
?- pfad1(start, ziel, [start]).
gehe nach 28
gehe nach 37
gehe nach 17
gehe zurueck nach 37
gehe nach 47
gehe nach 46
gehe nach 66
gehe nach 64
gehe nach 44
gehe zurueck nach 64
gehe zurueck nach 66
gehe zurueck nach 46
gehe nach 45
gehe nach 35
gehe nach 25
gehe nach 26
gehe zurueck nach 25
gehe nach 15
gehe nach 11
gehe nach 41
gehe nach 43
gehe nach 63
gehe zurueck nach 43
gehe zurueck nach 41
gehe nach ziel
Yes
```

(b) Wir müssen ein weiteres Argument einführen, an das der Lösungspfad, der, wie das Protokoll schon zeigte, während der Suche aufgebaut wurde, als Ergebnis übergeben werden kann. Ist der Zielknoten erreicht wird dieses vierte Argument mit dem bis dahin im dritten Argument aufgebauten Suchpfad unifiziert. Wir erhalten das folgende Programm:

```
pfad2(Ziel, Ziel, Pfad, Pfad).
pfad2(Von, Nach, Weg, Pfad) :- weg(Von, A), \+ member(A, Weg),
                pfad2(A, Nach, [A|Weg], Pfad).
```

Der Beispielaufruf liefert das gewünschte Ergebnis:

```
?- pfad2(start, ziel, [start], Weg), write(Weg).
[ziel, 41, 11, 15, 25, 35, 45, 46, 47, 37, 28, start]
Weg = [ziel, 41, 11, 15, 25, 35, 45, 46, 47| ...]
```

Das dritte Argument, das für den Aufbau des Suchpfads benötigt wird, ist beim Aufruf eine Liste, die als einziges Element den Startknoten enthält. Dies ist eine redundante Angabe auf die durch

```
pfad3(Von, Nach, Pfad) :- pfad2(Von, Nach, [Von], Pfad).
```
verzichtet werden kann. Dies demonstriert nachfolgender Beispielaufruf:
```
?- pfad3(ziel, start, W), write(W).
[start, 28, 37, 47, 46, 45, 35, 25, 15, 11, 41, ziel]
W = [start, 28, 37, 47, 46, 45, 35, 25, 15 | ...]
```

Lösung 2.53 Vierportmodell für Prolog-Aufruf [▷21] ○

(a) Wir erhalten die folgende Darstellung.

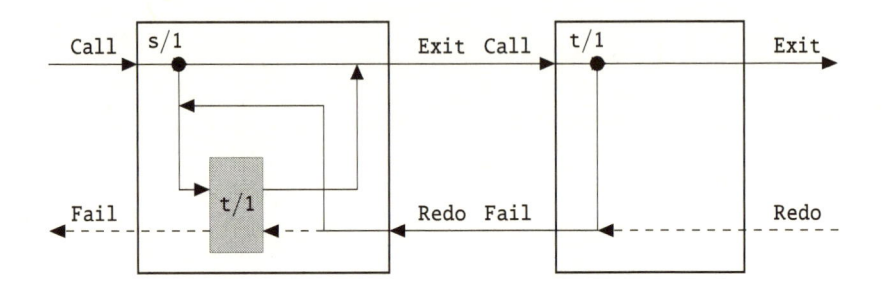

(b) Und wir erhalten folgendes Trace-Protokoll.
```
?- s(X), t(X).
    Call Klausel 1 von s/1 : s(A)
    Exit Klausel 1 von s/1 : s(a)
    Call Klausel 1 von t/1 : t(a)
    Fail Klausel 1 von t/1 : t(a)
    Redo Klausel 2 von s/1 : s(A)
    Call Klausel 1 von t/1 : t(A)
    Exit Klausel 1 von t/1 : t(c)
    Exit Klausel 2 von s/1 : s(c)
    Call Klausel 1 von t/1 : t(c)
    Exit Klausel 1 von t/1 : t(c)
X = c
```

Lösung 2.54 Größter gemeinsamer Teiler [▷21] ○

Zunächst müssen wir den Vergleich =</2 und die Subtraktion zweier natürlicher Zahlen für die Nachfolgerdarstellung implementieren. Dies erfolgt durch die Prädikate lesseq/2 und minus/2. ggts/3 liefert dann den größten gemeinsamen Teiler zweier, in Nachfolgerdarstellung gegebener, natürlicher Zahlen.

```
lesseq(0, X).
lesseq(s(X), s(Y)) :- lesseq(X, Y).

minus(X, 0, X).
minus(s(X), s(Y), Z) :- minus(X, Y, Z).
```

II.2.6. NEGATION ALS FEHLSCHLAG

```
ggts(N, N, N) :- !.
ggts(M, N, T) :- lesseq(N, M), !, minus(M, N, X), ggts(X, N, T).
ggts(M, N, T) :- minus(N, M, X), ggts(X, M, T).
```

Beispielaufrufe:

```
?- ggts(s(s(s(s(s(s(0)))))), s(s(s(0))), E).
E = s(s(s(0))) ;
No
?- ggts(s(s(s(s(s(s(0)))))), s(s(s(s(0)))), E).
E = s(s(0)) ;
No
```

Lösungen der
Aufgaben zu **Kapitel 3** des Lehrbuchs

Aussagenlogik

3.1 Syntax

3.1.1 Formeln

Lösung 3.1 Syntaktisch korrekt?

(a) (1) NEIN. Alle Ausdrücke mit zweistelligen Operatoren verlangen eine Klammerung.
Eine mögliche Syntaxkorrektur ist: $(((3 - 2) + 1) - (3 \times 4))$

(2) NEIN. Das Problem sind die beiden Teil-Zeichenreihen (-3) und (-4). Fasst man '−' als Operator auf, dann müssten die beiden Teil-Zeichenreihen gemäß Punkt 2 der Definition der arithmetischen Ausdrücke von der Form $(T_1 - T_2)$ sein. Dann fehlt aber das T_1. (Ein einstelliger Operator '−' ist in der gegebenen Definition der arithmetischen Ausdrücke nicht vorgesehen.) Eine mögliche Syntaxkorrektur unter dieser Sicht wäre: $(((0 - 3) \times (0 - 4)) + 8)$.
Man kann aber auch das Symbol '−' nicht als Operator auffassen, sondern als Teil der Notation der rationalen Zahlen; d.h. -3 und -4 sind dann eben negative rationale Zahlen, und das Zeichen '−' in -3 und -4 gehört dann dem nicht spezifizierten Alphabet an, welches zur Kodierung der rationalen Zahlen verwendet wird. Dann sind nach Punkt 1 der Definition der arithmetischen Ausdrücke -3 und -4 bereits arithmetische Ausdrücke und man kann dann durch zweimalige Anwendung der Regel 2 den arithmetischen Ausdruck $((-3 \times -4) + 8)$ als mögliche Korrektur erhalten. Man kann sich aber wohl noch weitere Gründe ausdenken, wieso die ursprünglich gegebene Zeichenreihe entstanden sein kann.

(3) NEIN. Es gibt kein '='-Zeichen in arithmetischen Ausdrücken.

(4) NEIN. Ein einstelliger Operator '−' ist gemäß der gegebenen Definition der arithmetischen Ausdrücke nicht zugelassen.

(5) NEIN. Aussagenlogische Variable (oder Buchstaben) sind in arithmetischen Ausdrücken nicht zugelassen.

(b) (1) NEIN. Natürliche Zahlen sind in aussagenlogischen Formeln nicht zugelassen.

(2) NEIN. Natürliche Zahlen sind in aussagenlogischen Formeln nicht zugelassen.

(3) JA.

(4) NEIN. Ausdrücke mit binären Junktoren müssen geklammert werden. Eine mögliche Syntaxkorrektur wäre: $(p \wedge (p \wedge (p \wedge p)))$

(5) NEIN. Die Klammerung in $(\neg p)$ ist nicht zugelassen und die Symbolfolge $\neg \wedge$ ist nicht zugelassen.

(6) JA.

Lösung 3.2 Formeln mit 3 Zeichen [▷23] ○

Man erhält die folgenden syntaktisch korrekten Formeln:

$\neg\neg p$, $\neg\neg q$, $\neg\neg r$	3
$(p \wedge p)$, $(p \wedge q)$, $(p \wedge r)$, $(q \wedge q)$, $(q \wedge p)$, $(q \wedge r)$, $(r \wedge q)$, $(r \wedge p)$, $(r \wedge r)$	9
$(p \vee p)$, $(p \vee q)$, $(p \vee r)$, $(q \vee q)$, $(q \vee p)$, $(q \vee r)$, $(r \vee q)$, $(r \vee p)$, $(r \vee r)$	9
	21

Lösung 3.3 Existenz von $\mathcal{L}(\mathcal{R})$ [▷23] ◐

(a) Eine solche Menge $\mathcal{Z}$ ist z.B. die Menge $\Sigma_{\mathcal{R}}^*$ aller Zeichenreihen über dem aussagenlogischen Alphabet $\Sigma_{\mathcal{R}}$.

Um zu sehen, dass die Menge $\Sigma_{\mathcal{R}}^*$ die Bedingungen 1–3 erfüllt, argumentiert man wie folgt:

(A) Da $\Sigma_{\mathcal{R}}^*$ alle Zeichenreihen über $\Sigma_{\mathcal{R}}$ enthält und jede aussagenlogische Variable A eine solche ist, gilt natürlich auch $A \in \Sigma_{\mathcal{R}}^*$ für alle $A \in \mathcal{R}$. Somit ist Bedingung 1 erfüllt.

(B) Sei z eine beliebige Zeichenreihe aus $\Sigma_{\mathcal{R}}^*$. Dann ist natürlich auch $\neg z$ eine Zeichenreihe über dem Alphabet $\Sigma_{\mathcal{R}}$ und somit ist $\neg z \in \Sigma_{\mathcal{R}}^*$. Somit ist Bedingung 2 erfüllt.

(C) Sind z_1 und z_2 beliebige Zeichenreihen aus $\Sigma_{\mathcal{R}}^*$. Dann ist natürlich auch $(z_1 \circ z_2)$ eine Zeichenreihe über dem Alphabet $\Sigma_{\mathcal{R}}$ und somit ist $(z_1 \circ z_2) \in \Sigma_{\mathcal{R}}^*$. Somit ist Bedingung 3 erfüllt.

(b) Nach Teilaufgabe (a) gilt, dass es eine Menge von Zeichenreihen $\mathcal{Z} \subseteq \Sigma_{\mathcal{R}}^*$ gibt, welche die Bedingungen 1–3 erfüllt.

Damit folgt natürlich, dass $\mathcal{Z} \in \mathcal{F}$ gilt, woraus wiederum folgt, dass $\bigcap \mathcal{F} \subseteq \mathcal{Z} \subseteq \Sigma_{\mathcal{R}}^*$. Somit ist $\bigcap \mathcal{F}$ eine Menge von Zeichenreihen über $\Sigma_{\mathcal{R}}$.

(Man beachte auch, dass in der naiven Mengenlehre $\bigcap \emptyset$ die Menge aller Dinge ist. Wäre $\mathcal{F} = \emptyset$, so wäre $\bigcap \mathcal{F}$ keine Menge von Zeichenreihen.)

II.3.1. SYNTAX 177

(c) Dass $\bigcap \mathcal{F}$ den Bedingungen 1–3 genügt, zeigt man indem man benützt, dass jede der Mengen $N \in \mathcal{F}$ die Bedingungen 1–3 erfüllt.
Man argumentiert wie folgt:

(A) Da jedes $N \in \mathcal{F}$ die Bedingung 1 erfüllt, gilt $\mathcal{R} \subseteq N$ für alle $N \in \mathcal{F}$. Daraus folgt, dass auch $\mathcal{R} \subseteq \bigcap \mathcal{F}$.

(B) Sei eine Zeichenreihe $z \in \bigcap \mathcal{F}$ gegeben. Dann gilt $z \in N$ für alle $N \in \mathcal{F}$. Da jedes $N \in \mathcal{F}$ die Bedingung 2 erfüllt, gilt $\neg z \in N$ für alle $N \in \mathcal{F}$. Daraus folgt, dass $\neg z \in \bigcap \mathcal{F}$.

(C) Seien Zeichenreihen $z_1, z_2 \in \bigcap \mathcal{F}$ gegeben. Dann gilt $z_1, z_2 \in N$ für alle $N \in \mathcal{F}$. Da jedes $N \in \mathcal{F}$ die Bedingung 3 erfüllt, gilt auch $(z_1 \circ z_2) \in N$ für alle $N \in \mathcal{F}$. Daraus folgt dann $(z_1 \circ z_2) \in \bigcap \mathcal{F}$.

(d) Nach der Definition des Durchschnitts von Mengen gilt:
Für alle x gilt: ($x \in \bigcap \mathcal{N} \iff x \in N$ für alle $N \in \mathcal{N}$).
Daraus folgt $\bigcap \mathcal{N} \subseteq N$ für alle $N \in \mathcal{N}$ ($\Longrightarrow$-Richtung). Daraus folgt, dass $\bigcap \mathcal{N}$ eine untere Schranke für alle Elemente in $\mathcal{N}$ bzgl. der $\subseteq$-Relation ist.
Da zudem $\bigcap \mathcal{N} \in \mathcal{N}$ gilt, folgt, dass $\bigcap \mathcal{N}$ auch kleinstes Element in $\mathcal{N}$ bzgl. der $\subseteq$-Relation ist.

(e) Wir zeigen, dass $\bigcap \mathcal{F}$ die kleinste Menge von Zeichenreihen über $\Sigma_\mathcal{R}$ ist, welche die Bedingungen 1–3 erfüllt.
Wir wollen hierzu Lemma (d) auf die Menge $\mathcal{F}$ anwenden.

(A) $\mathcal{F}$ ist natürlich eine Menge von Mengen, und zwar von all den Mengen von Zeichenreihen über $\Sigma_\mathcal{R}$, welche die Bedingungen 1–3 erfüllen.

(B) Nach Teilaufgabe (b) ist $\bigcap \mathcal{F}$ auch eine Menge von Zeichenreihen über $\Sigma_\mathcal{R}$, und nach Teilaufgabe (c) erfüllt $\bigcap \mathcal{F}$ auch die Bedingungen 1–3.

(C) Also gilt $\bigcap \mathcal{F} \in \mathcal{F}$ und somit erfüllt $\mathcal{F}$ die Voraussetzungen von Lemma (d).

(D) Gemäß Lemma (d) ist somit $\bigcap \mathcal{F}$ kleinstes Element von $\mathcal{F}$; also die kleinste Menge von Zeichenreihen über $\Sigma_\mathcal{R}$, welche die Bedingungen 1–3 erfüllt.

Damit ist die Existenz der Menge $\mathcal{L}(\mathcal{R})$ nachgewiesen, und wir könnten nun alternativ zu Definition 3.5 definieren $\mathcal{L}(\mathcal{R}) := \bigcap \mathcal{F}$.

Lösung 3.4 Konstruktion von $\mathcal{L}(\mathcal{R})$ [▷24] ○

(a) (1) $[p, \neg p, \neg\neg p]$

(2) $[p, q, (p \to q)]$

(3) $[p, (p \wedge p), \neg(p \wedge p)]$

(b) Wir bezeichnen die in den gegebenen Folgen von Zeichenreihen auftretenden Zeichenreihen von links nach rechts mit $z_1, z_2, z_3, \ldots$

(1) JA. Konstruktion von p_1, da $z_1 = p_1$, wodurch Bedingung (1) und die (alternative) Bedingung (2.a) für Konstruktionen erfüllt sind.

(2) NEIN, da für $z_1 = (p_4 \vee p_2)$ die Bedingung (2.c) erfüllt sein müsste, aber es nicht ist.

(3) JA. Korrekte Konstruktion von $(p_2 \vee p_4)$: die Zeichenreichen z_1 und z_2 erfüllen die Bedingung (2.a) und $z_3 = (p_2 \vee p_4)$ erfüllt die Bedingung (2.c) mit $k = 2$ und $l = 1$.

(4) NEIN. Für $z_2 = (p_4 \vee p_2)$ müsste die Bedingung (2.c) gelten. Es gibt zwar ein $l < 2$ wie gewünscht, aber kein entsprechendes $k < 2$.

(5) NEIN. $z_2 = p_2$ erfüllt die Bedingung (2.a). Aber $z_1 = \neg p_2$ müsste die Bedingung (2.b) erfüllen, tut es aber nicht.

(6) JA. Das "unmotivierte Auftreten" von p_5 macht nichts, denn es widerspricht nicht den Bedingungen (2.a–c) an die Konstruktion.

(7) JA, aber wohl keine sehr "effiziente Konstruktion" von p_2, da es auch eine kürzere Konstruktion von p_2 gibt.

Lösung 3.5 Beweis von $\mathcal{L}(\mathcal{R}) = \mathcal{K}(\mathcal{R})$ [▷25] ●

Wir beweisen die Gleichheit der beiden Mengen $\mathcal{L}(\mathcal{R})$ und $\mathcal{K}(\mathcal{R})$ indem wir die gegenseitige Inklusion zeigen.

$\mathcal{L}(\mathcal{R}) \subseteq \mathcal{K}(\mathcal{R})$

$\mathcal{L}(\mathcal{R})$ wurde als kleinste Menge definiert, welche die Bedingungen 1-3 aus der Definition 3.5 der aussagenlogischen Formeln erfüllt. Es wurde in Aufgabe 3.3 gezeigt, dass man diese kleinste Menge als den Durchschnitt all derjenigen Mengen bekommt, welche diese Bedingungen 1–3 erfüllen.

Wir zeigen im Folgenden, dass die Menge $\mathcal{K}(\mathcal{R})$ ebenfalls diese Bedingungen 1–3 erfüllt, und somit eine dieser am Durchschnitt beteiligten Mengen ist. (Mit der Terminologie aus Aufgabe 3.3 wird also gezeigt, dass $\mathcal{K}(\mathcal{R}) \in \mathcal{F}$ gilt.) Daraus ergibt sich dann sofort $\mathcal{L}(\mathcal{R}) \subseteq \mathcal{K}(\mathcal{R})$.

Bedingung 1: Für jedes $A \in \mathcal{R}$ ist $[A]$ eine Konstruktion von A der Länge 1. Somit gilt $A \in \mathcal{K}_1(\mathcal{R}) \subseteq \mathcal{K}(\mathcal{R})$ für alle $A \in \mathcal{R}$.

Bedingung 2: Sei $F \in \mathcal{K}(\mathcal{R})$ beliebig. Dann muss es ein $\mathcal{K}_n(\mathcal{R})$ geben mit $F \in \mathcal{K}_n(\mathcal{R})$. Dies impliziert, dass für F eine Konstruktion der Länge n existiert, d.h. eine Konstruktion der Form $[z_1, \ldots, z_n]$ mit $z_n = F$.

Dann ist aber $[z_1, \ldots, z_n, z_{n+1}]$ mit $z_{n+1} = \neg F$ eine Konstruktion von $\neg F$ der Länge $n+1$, denn

(i) für z_{n+1} gilt Konstruktionsbedingung (2.b) – mit $j = n+1$ und $k = n$ – und

(ii) für alle z_i ($1 \leq i \leq n$) gilt weiterhin jeweils eine der Konstruktionsbedingungen (2.a–c), da ja $[z_1, \ldots, z_n]$ eine Konstruktion ist.

Somit gilt $\neg F \in \mathcal{K}_{n+1}(\mathcal{R}) \subseteq \mathcal{K}(\mathcal{R})$.

Bedingung 3: Seien $F, G \in \mathcal{K}(\mathcal{R})$ beliebig. Dann muss es $n, m \in \mathbb{N}$ geben mit $F \in \mathcal{K}_n(\mathcal{R})$ und $G \in \mathcal{K}_m(\mathcal{R})$. Dies impliziert, dass für F und G jeweils Konstruktionen der Länge n bzw. m existieren, d.h. Konstruktionen der Form $[z_1, \ldots, z_n]$ mit $z_n = F$ bzw. der Form $[z'_1, \ldots, z'_m]$ mit $z'_m = G$. Dann ist aber $[z_1, \ldots, z_n, z'_1, \ldots, z'_m, z_{n+m+1}]$ mit $z_{n+m+1} = (F \circ G)$ eine Konstruktion von $(F \circ G)$ der Länge $n+m+1$, denn

(i) für z_{n+m+1} gilt die Konstruktionsbedingung (2.c) – und zwar mit $j = n+m+1$, $k = n$ und $l = n+m$ – und

II.3.1. SYNTAX

(ii) für alle z_i, z'_j ($1 \leq i \leq n, 1 \leq j \leq m$) gilt weiterhin jeweils eine der Konstruktionsbedingungen (2.a–c), da ja $[z_1, \ldots, z_n]$ und $[z'_1, \ldots, z'_m]$ Konstruktionen sind.

Somit gilt $(F \circ G) \in \mathcal{K}_{n+m+1}(\mathcal{R}) \subseteq \mathcal{K}(\mathcal{R})$.

$\underline{\mathcal{K}(\mathcal{R}) \subseteq \mathcal{L}(\mathcal{R})}$

Wir zeigen mittels verallgemeinerter Induktion über n, dass $\mathcal{K}_n(\mathcal{R}) \subseteq \mathcal{L}(\mathcal{R})$ für alle $n \in \mathbb{N}^+$, woraus sich unmittelbar $\mathcal{K}(\mathcal{R}) \subseteq \mathcal{L}(\mathcal{R})$ ergibt.

I.A. $n = 1$: Für jedes F aus $\mathcal{K}_1(\mathcal{R})$ existiert eine Konstruktion $[z_1]$. Diese Konstruktion kann von den Konstruktionsbedingungen (2.a–c) nur Bedingung (2.a) erfüllen, und somit ist $z_1 \in \mathcal{R}$ und damit $z_1 \in \mathcal{L}(\mathcal{R})$ bzw. $F \in \mathcal{L}(\mathcal{R})$. Also $\mathcal{K}_1(\mathcal{R}) \subseteq \mathcal{L}(\mathcal{R})$.

I.H. Für alle $k \leq n$ gilt: $\mathcal{K}_k(\mathcal{R}) \subseteq \mathcal{L}(\mathcal{R})$

I.B. Für $n+1$ gilt: $\mathcal{K}_{n+1}(\mathcal{R}) \subseteq \mathcal{L}(\mathcal{R})$

I.S. Sei $F \in \mathcal{K}_{n+1}(\mathcal{R})$. Dann existiert eine Konstruktion $[z_1, \ldots, z_{n+1}]$ von F der Länge $n+1$. Wir zeigen, dass $F(= z_{n+1})$ aus $\mathcal{L}(\mathcal{R})$ sein muss, woraus die I.B. folgt. Hierzu betrachten wir für z_{n+1} die folgenden Fälle gemäß der Definition von Konstruktionen:

(i) $z_{n+1} \in \mathcal{R}$:
Dann existiert die Konstruktion $[z_{n+1}](= [F])$ der Länge 1 und damit gilt $z_{n+1} \in \mathcal{K}_1(\mathcal{R})$ und folglich gilt $z_{n+1} \in \mathcal{L}(\mathcal{R})$ nach I.H..

(ii) Es existiert ein $k < n+1$ mit $z_{n+1} = \neg z_k$:
Dann ist $[z_1, \ldots, z_k]$ eine Konstruktion der Länge k von z_k. (Die Konstruktionsbedingungen (2.a–c) 'erbt' die Konstruktion $[z_1, \ldots, z_k]$ von der Konstruktion $[z_1, \ldots, z_{n+1}]$.) Daraus folgt $z_k \in \mathcal{K}_k(\mathcal{R})$ und mit I.H. folgt $z_k \in \mathcal{L}(\mathcal{R})$. Da mit $z_k \in \mathcal{L}(\mathcal{R})$ auch $\neg z_k \in \mathcal{L}(\mathcal{R})$ ist, folgt $z_{n+1} \in \mathcal{L}(\mathcal{R})$.

(iii) Es existieren $k, l < n+1$, so dass $z_{n+1} = (z_k \circ z_l)$:
Dann sind $[z_1, \ldots, z_k]$ bzw. $[z_1, \ldots, z_l]$ Konstruktionen der Länge k bzw. l von z_k bzw. von z_l. (Die Konstruktionsbedingungen (2.a–c) 'erben' diese beiden Konstruktionen von der Konstruktion $[z_1, \ldots, z_{n+1}]$.)
Daraus folgt nun $z_k \in \mathcal{K}_k(\mathcal{R})$ und $z_l \in \mathcal{K}_l(\mathcal{R})$. Mit I.H. ergibt sich $z_k, z_l \in \mathcal{L}(\mathcal{R})$. Und da mit $z_k, z_l \in \mathcal{L}(\mathcal{R})$ auch $(z_k \circ z_l) \in \mathcal{L}(\mathcal{R})$ gilt, folgt $z_{n+1} \in \mathcal{L}(\mathcal{R})$.

Bemerkung: *Der eben erfolgte Beweis von $\mathcal{L}(\mathcal{R}) = \mathcal{K}(\mathcal{R})$ rechtfertigt es nun die Zeichenketten in $\mathcal{K}(\mathcal{R})$ als Formeln zu bezeichnen, sowie bei dem in Aufgabe 3.4 eingeführten Konstruktionsbegriff von der Konstruktion von Formeln zu sprechen.*

Lösung 3.6 Existieren immer kleinste Mengen? [▷25] ◐

Die minimalen, nichtleeren Zahlenmengen sind die einelementigen. Da es von diesen aber unendlich viele verschiedene gibt, gibt es keine kleinste.

Wenn wir den Durchschnitt aller nichtleeren Zahlenmengen bilden erhalten wir die leere Menge, und von dieser lässt sich natürlich nicht zeigen, dass sie nicht leer ist. Etwas formaler erhalten wir, dass für die Menge $\mathcal{F} = \{N \mid N \subset \mathbb{R} \text{ und } N \neq \emptyset\}$ sich der Durchschnitt $\bigcap \mathcal{F} = \emptyset$ ergibt. Damit folgt $\bigcap \mathcal{F} \notin \mathcal{F}$, und damit kann $\bigcap \mathcal{F}$ auch nicht das kleinste Element in $\mathcal{F}$ sein.

Bemerkung: *Zweck dieser ziemlich trivialen Aufgabe ist es die Notwendigkeit des Beweises in Aufgabe 3.3 für die Definition 3.5 noch mal vor Augen zu führen.*

Lösung 3.7 Struktur von Formeln [▷25] ◐

Wir geben zwei alternative Beweise:

1. Beweis: (Ziemlich direkte Folgerung aus Aufgabe 3.5.)

Ist $F \in \mathcal{L}(\mathcal{R})$ so existiert ein $n \in \mathbb{N}$, so dass $F \in \mathcal{K}_n(\mathcal{R})$. Dann existiert eine Konstruktion $[z_1, \ldots, z_n]$ mit $F = z_n$. Nach der Definition von Konstruktionen muss nun einer der folgenden Fälle gelten:

(i) $z_n \in \mathcal{R}$, d.h. $F \in \mathcal{R}$.

(ii) Es existiert $k < n$, so dass $z_n = \neg z_k$.
Dann ist aber auch $[z_1, \ldots, z_k]$ eine Konstruktion und $z_k \in \mathcal{K}_k(\mathcal{R}) \subseteq \mathcal{L}(\mathcal{R})$ ist die gesuchte Formel G mit $F = \neg G$.

(iii) Es existieren $k, l < n$, so dass $z_n = (z_k \circ z_l)$.
Dann sind aber auch $[z_1, \ldots, z_k]$ und $[z_1, \ldots, z_l]$ Konstruktionen, und $z_k \in \mathcal{K}_k(\mathcal{R}) \subseteq \mathcal{L}(\mathcal{R})$ sowie $z_l \in \mathcal{K}_l(\mathcal{R}) \subseteq \mathcal{L}(\mathcal{R})$ sind die gesuchten Formeln G und H mit $F = (G \circ H)$.

2. Beweis: Wir nehmen an, es gäbe in $\mathcal{L}(\mathcal{R})$ ein Element X, welches nicht unter einen der Fälle (1)–(3) aus der Aufgabenstellung fällt. Das bedeutet, X ist weder aus $\mathcal{R}$, noch liegt X im Bild der Abbildung $c_\neg \colon \mathcal{L}(\mathcal{R}) \longrightarrow \mathcal{L}(\mathcal{R})$ mit $c_\neg(F) = \neg F$, noch im Bild der Abbildungen $c_\circ \colon \mathcal{L}(\mathcal{R}) \times \mathcal{L}(\mathcal{R}) \longrightarrow \mathcal{L}(\mathcal{R})$ mit $c_\circ(G, H) = (G \circ H)$, d.h. der Abbildung, welche eine Formel negiert, bzw. der Abbildungen, welche mit einem binären Junktor Formeln bilden.

Dann ist aber die echt kleinere Menge $\mathcal{L}(\mathcal{R}) \setminus \{X\}$ unter den Bedingungen 1–3, welche in Definition 3.5 an die Menge der aussagenlogischen Formeln gestellt wurden, abgeschlossen. Dies steht im Widerspruch dazu, dass $\mathcal{L}(\mathcal{R})$ die kleinste solche Menge ist.

Lösung 3.8 Junktoren und Syntaxcheck in Prolog [▷25] ○

(a) (1) Den mit der Tastatur ja nicht darstellbaren logischen Junktoren wird ein Name (für den entsprechenden Prolog-Operator) zugeordnet:

¬	neg
∧	and
∨	or
→	impl
↔	equiv

(2) *Assoziativität*

Da in der Syntax für aussagenlogische Formeln binär verknüpfte Formeln stets in Klammern eingeschlossen sind, kann `xfx` als Assoziativität für alle binären Operatoren verwendet werden.

Der einstellige Junktor ¬ steht jedoch vor aussagenlogischen Variablen bzw. vor komplexeren Formeln, d.h. es ist zu überlegen, ob für den entsprechenden Operator `neg` nun `fx` oder `fy` zu verwenden ist. Da die Ne-

II.3.1. SYNTAX

gation keine Klammerung des Operanden, auf den sie angewendet wird, verlangt, und zudem auch mehrfach negierte Formeln vorkommen können, ist fy die für neg geeignete Assoziativität.

(3) *Präzedenz*
Sie ist beim Vergleich binärer Operatoren wegen der vorgegebenen strengen Klammerung irrelevant.
Da ¬ keine Klammerung benützt, ist jedoch Obacht zu geben, wie z.B. der Ausdruck $\neg a \vee b$ zu lesen sein soll: $\neg(a \vee b)$, d.h. neg(or(a,b)), oder $(\neg a) \vee b$, d.h. or(neg(a), b). Da sich die Negation nur auf die aussagenlogische Variable a beziehen soll, ist der zweite Fall der richtige, d.h. die Präzedenz von neg muss höher sein, als die aller binären Operatoren; in anderen Worten: der zu neg gehörige Zahlenwert muss kleiner sein als all die zu den binären Operatoren gehörigen Zahlenwerte.

Dies führt z.B. zu folgenden Definitionen.

```
:- op(100, xfx, and).
:- op(100, xfx, or).
:- op(100, xfx, impl).
:- op(100, xfx, equiv).
:- op(20, fy, neg).
```

(b) Wir beschränken uns darauf, die aussagenlogischen Variablen p, q, r, s und t zu betrachten. Mit den Überlegungen aus Aufgabe 3.7 ergibt sich z.B. folgendes Programm.

```
alvar(p).
alvar(q).
alvar(r).
alvar(s).
alvar(t).

formel(X):- alvar(X).
/* Laesst man alle Prolog-Atome
   als aussagenlogische Variable zu,
   kann anstatt obiger Klausel die folgende Klausel
       formel(X):- atom(X).
   verwendet werden.    */
formel(neg X):- formel(X).
formel((X and Y))   :- formel(X), formel(Y).
formel((X or Y))    :- formel(X), formel(Y).
formel((X impl Y))  :- formel(X), formel(Y).
formel((X equiv Y)):- formel(X), formel(Y).
```

Lösung 3.9 Unendliche Formeln? [▷25] ○

(a) Nach Definition von $\mathcal{R}$ gibt es unendlich viele aussagenlogische Variable p_i, $i \in \{1, 2, \ldots\}$. Somit gibt es schon unendlich viele Formeln F_i der Gestalt $F_i = p_i$.

Ein Beispiel für Formeln beliebiger endlicher Länge erhält man, wenn man eine der aussagenlogischen Variablen – z.B. p_1 – nimmt, und die Formelmenge $\{p_1, \neg p_1, \neg\neg p_1, \neg\neg\neg p_1, \ldots\}$ bildet, welche alle i-mal negierten p_1 ($i = 0, 1, 2, \ldots$) enthält. Diese Formelmenge ist ebenfalls eine unendliche Menge.
An diesem Beispiel sieht man auch leicht, dass aussagenlogische Formeln beliebig große endliche Länge annehmen können; formal müsste man die Aussage 'für alle $n \in \mathbb{N}^+$ existiert eine aussagenlogische Formel der Länge n' mit vollständiger Induktion beweisen.

(b) Beweis durch strukturelle Induktion:

I.A. Sei die Formel von der Form $F = A$ mit $A \in \mathcal{R}$. Dann ist die Formel trivialerweise eine endliche Zeichenreihe, eben nur das Zeichen A.

I.H. Die Formeln G und H sind endliche Zeichenreihen.

I.B. $\neg F$ und $(G \circ H)$ sind endliche Zeichenreihen.

I.S. (i) F ist eine endliche Zeichenreihe. Mit $\neg$ kommt nur ein Zeichen hinzu. Folglich ist auch $\neg F$ eine endliche Zeichenreihe.

(ii) In $(G \circ H)$ sind 5 endliche Zeichenreihen miteinander verknüpft, nämlich die 5 Zeichenreihen (, G, $\circ$, H und).
$(G \circ H)$ ist also ebenfalls eine endliche Zeichenreihe.

3.1.2 Induktion und Rekursion

Lösung 3.10 Induktion: Klammern, Variablen und Junktoren [▷26] ○

(a) JA. *Beweis mittels struktureller Induktion*
Bezeichne in Folgendem o(F) die Anzahl der in F vorkommenden öffnenden Klammern und s(F) die Anzahl der in F vorkommenden schließenden Klammern.

I.A. Zu zeigen: Behauptung gilt für atomare aussagenlogische Formeln.
Eine atomare Formel besteht nur aus einer aussagenlogischen Variablen, d.h. o(F) = 0 und s(F) = 0.

I.H. Behauptung gelte für Formeln F und G,
d.h. o(F) = s(F) und o(G) = s(G).

I.B. (i) Behauptung gilt für $\neg F$, d.h. zu zeigen: o($\neg F$) = s($\neg F$), und

(ii) Behauptung gilt für $(F \circ G)$, d.h. zu zeigen: o($F \circ G$) = s($F \circ G$).

I.S. (i) $\neg F$ entsteht aus F indem lediglich das Zeichen $\neg$ hinzugefügt wird. Die Anzahl der öffnenden und schließenden Klammern bleibt somit gleich.
Ausführlicher formuliert erhalten wir:

$$\text{o}(\neg F) = \text{o}(\neg) + \text{o}(F) = 0 + \text{o}(F) = \text{o}(F). \qquad (1)$$
$$\text{s}(\neg F) = \text{s}(\neg) + \text{s}(F) = 0 + \text{s}(F) = \text{s}(F). \qquad (2)$$

Wegen der I.H. gilt somit o($\neg F$) = s($\neg F$).

II.3.1. SYNTAX

(ii) $\operatorname{o}(F \circ G) = \operatorname{o}('(') + \operatorname{o}(F) + \operatorname{o}(\circ) + \operatorname{o}(G) + \operatorname{o}(')') =$
$= 1 + \operatorname{o}(F) + 0 + \operatorname{o}(G) + 0 =$
$= \operatorname{o}(F) + \operatorname{o}(G) + 1.$ (3)

$\operatorname{s}(F \circ G) = \operatorname{s}('(') + \operatorname{s}(F) + \operatorname{s}(\circ) + \operatorname{s}(G) + \operatorname{s}(')') =$
$= 0 + \operatorname{s}(F) + 0 + \operatorname{s}(G) + 1 =$
$= \operatorname{s}(F) + \operatorname{s}(G) + 1.$ (4)

Wegen $\operatorname{o}(F) = \operatorname{s}(F)$ und $\operatorname{o}(G) = \operatorname{s}(G)$ – d.h. nach I.H. – folgt aus (3) und (4): $\operatorname{o}(F \circ G) = \operatorname{s}(F \circ G)$.

(b) JA. *Beweis mittels struktureller Induktion*
Bezeichne in Folgendem $\operatorname{k}(F)$ die Anzahl der in der Zeichenreihe F vorkommenden Klammern und $\operatorname{j}(F)$ die Anzahl der in F vorkommenden binären Junktoren.
Zu zeigen ist, dass $\operatorname{k}(F) = 2 * \operatorname{j}(F)$ (in Worten: Anzahl der Klammern in F ist gleich zweimal der Anzahl der binären Junktoren in F) für alle aussagenlogischen Formeln gilt.

I.A. Zu zeigen: Behauptung gilt für atomare aussagenlogische Formeln.
Eine atomare Formel besteht nur aus einer aussagenlogischen Variablen. Dann ist $\operatorname{k}(F) = 0$ und $\operatorname{j}(F) = 0 = 2 * \operatorname{j}(F)$
und folglich $\operatorname{k}(F) = 2 * \operatorname{j}(F)$.

I.H. Die Behauptung gelte für F und G,
d.h. es gelte $\operatorname{k}(F) = 2 * \operatorname{j}(F)$ und $\operatorname{k}(G) = 2 * \operatorname{j}(G)$.

I.B. (i) Es gilt $\operatorname{k}(\neg F) = 2 * \operatorname{j}(\neg F)$.
(ii) Es gilt $\operatorname{k}((F \circ G)) = 2 * \operatorname{j}((F \circ G))$.

I.S. (i) $\neg F$ entsteht aus F indem nur das Zeichen $\neg$ hinzugefügt wird, das heißt, weder die Anzahl der Klammern ändert sich noch die Anzahl der binären Junktoren.
$\operatorname{k}(\neg F) = \operatorname{k}(\neg) + \operatorname{k}(F) = 0 + \operatorname{k}(F) = \operatorname{k}(F)$.
$2 * \operatorname{j}(\neg F) = 2 * (\operatorname{j}(\neg) + \operatorname{j}(F)) = 2 * (0 + \operatorname{j}(F)) = 2 * \operatorname{j}(F)$
Unter Verwendung der I.H. ergibt sich: $\operatorname{k}(\neg F) = 2 * \operatorname{j}(\neg F)$.

(ii) $\operatorname{k}((F \circ G)) = \operatorname{k}('(') + \operatorname{k}(F) + \operatorname{k}(\circ) + \operatorname{k}(G) + \operatorname{k}(')')$
$= 1 + \operatorname{k}(F) + 0 + \operatorname{k}(G) + 1$
$= \operatorname{k}(F) + \operatorname{k}(G) + 2$
$= 2 * \operatorname{j}(F) + 2 * \operatorname{j}(G) + 2$ (nach I.H.)

$2 * \operatorname{j}((F \circ G)) = 2 * [\operatorname{j}('(') + \operatorname{j}(F) + \operatorname{j}(\circ) + \operatorname{j}(G) + \operatorname{j}(')')$
$= 2 * (0 + \operatorname{j}(F) + 1 + \operatorname{j}(G) + 0)$
$= 2 * \operatorname{j}(F) + 2 * \operatorname{j}(G) + 2$

Aus (i) und (ii) folgt die Gültigkeit der Behauptung.

(c) NEIN. *Beweis durch Angabe eines Gegenbeispiels.*
Sei p aussagenlogische Variable. Dann ist $\neg\neg p$ eine aussagenlogische Formel, die nur eine aussagenlogische Variable enthält, aber zwei einstellige Junktoren.

3-3 68 Lösung 3.11 Induktionsbeweis: [ ] **ist in jeder Liste** [▷26] ○

I.A. Die leere Liste enthält die Zeichenreihe [ ], da sie ja mit dieser identisch ist.

I.H. Wir nehmen an, dass R eine Liste ist, welche die Zeichenreihe [ ] enthält.

I.B. Jede Liste der Form .(K, R) – mit einem beliebigen Prolog-Term K – enthält die Zeichenreihe [ ].

I.S. Da das Enthaltensein von Zeichenreihen transitiv ist, folgt die Aussage '[ ] enthalten in .(K, R)' sofort aus der I.H. '[ ] enthalten in R' und aus der Aussage 'R enthalten in .(K, R)'.

3-4 68 Lösung 3.12 Induktionsbeweis: $n \leq n^2$ **und ähnliches** [▷26] ○

(a) I.A. $n = 0$: $0 \leq 0^2$, da $0 = 0^2$.

I.H. Für eine natürliche Zahl n gelte: $n \leq n^2$

I.B. Es gilt auch : $n + 1 \leq (n + 1)^2$

I.S. $(n + 1)^2 = n^2 + 2n + 1 \geq n + 2n + 1 \geq n + 1$

(b) I.A. $n = 0$: L.S.: $\sum_{i=0}^{n} i^2 = 0^2 = 0$

$$\text{R.S.:} \quad \frac{n(n+1)(2n+1)}{6} = \frac{0(0+1)(2*0+1)}{6} = \frac{0*1*1}{6} = 0$$

I.H. $$\sum_{i=0}^{n} i^2 = \frac{n(n+1)(2n+1)}{6}$$

I.B. $$\sum_{i=0}^{n+1} i^2 = \frac{(n+1)((n+1)+1)(2(n+1)+1)}{6}$$

I.S. $$\sum_{i=0}^{n+1} i^2 = \sum_{i=0}^{n} i^2 + (n+1)^2$$
$$= \frac{n(n+1)(2n+1)}{6} + (n+1)^2 \quad \text{(nach I.H.)}$$
$$= \frac{n(n+1)(2n+1) + 6(n+1)^2}{6}$$
$$= \frac{(n+1)(n(2n+1) + 6(n+1))}{6}$$
$$= \frac{(n+1)(2n^2 + 7n + 6)}{6}$$
$$= \frac{(n+1)(n+2)(2n+3)}{6}$$
$$= \frac{(n+1)((n+1)+1)(2(n+1)+1)}{6}$$

(c) I.A. $n = 0$: $\sum_{i=0}^{0} 2^i = 2^0 = 1 = 2^1 - 1 = 2^{0+1} - 1$

I.H. Für eine natürliche Zahl n gelte: $\sum_{i=0}^{n} 2^i = 2^{n+1} - 1$

I.B. Es gilt auch : $\sum_{i=0}^{n+1} 2^i = 2^{(n+1)+1} - 1$

II.3.1. SYNTAX 185

I.S. $\sum_{i=0}^{n+1} 2^i = \left(\sum_{i=0}^{n} 2^i\right) + 2^{n+1} = 2^{n+1} - 1 + 2^{n+1} =$
$= 2 \cdot 2^{n+1} - 1 = 2^{(n+1)+1} - 1$

Lösung 3.13 Induktionsbeweis: 3 ist nicht in $w \in \{1, 2\}^*$ [▷26] ○ 3-5 69
Wir führen einen Beweis mit struktureller Induktion über den Aufbau der Elemente in der Menge Σ^* von Zeichenreihen.

I.A. Die Ziffer 3 kommt in Λ nicht vor, da in Λ keinerlei Zeichen außer Λ vorkommt.

I.H. Wir nehmen für eine Zeichenreihe w an, dass in ihr die Ziffer 3 nicht vorkommt.

I.B. Dann kommt die Ziffer 3 auch in jeder Zeichenreihe aw mit $a \in \Sigma$ nicht vor.

I.S. Damit die Ziffer 3 in aw vorkommt, müsste sie entweder das Zeichen a sein, oder in w vorkommen. Ersteres scheidet aus, da a nur 1 oder 2 sein kann, und letzteres ist durch die I.H. ausgeschlossen.

Lösung 3.14 Anzahl von Teilern [▷26] ○
  (a) Wenn a'/a und b'/b, dann existieren $x, y \in \mathbb{N}^+$ mit $a = a' * x$ und $b = b' * y$. Dies impliziert aber $a * b = a' * x * b' * y = a' * b' * x * y$, d.h. $a' * b'$ ist Teiler von $a * b$.
  (b) Sei $t = p_1^{e_1} * \cdots * p_k^{e_k}$ eine Primzahlzerlegung von t.
   Da t ein Teiler von $a * b$ ist, muss für alle $i \in \{1, \ldots, k\}$ gelten: $p_i^{e_i}/a * b$. Dies impliziert, dass für $i = 1, \ldots, k$ Zahlen $e_i', e_i'' \in \mathbb{N}$ mit $e_i' + e_i'' = e_i$ existieren für die $p_i^{e_i'}/a$ und $p_i^{e_i''}/b$ gilt.
   Dann sind $a' = p_1^{e_1'} * \cdots * p_k^{e_k'}$ und $b' = p_1^{e_1''} * \cdots * p_k^{e_k''}$ die beiden gesuchten Teiler von $a * b$.
  (c) I.A. $k = 1$: Es ist zu zeigen, dass die Zahl $n = p^e$ – wobei p eine beliebige Primzahl ist – genau $e + 1$ Teiler hat.
   Es gilt aber, dass jeder Teiler von n eine Potenz von p sein muss, und da gibt es für die Exponenten die möglichen Werte $0, \ldots, e$, also eben genau $e + 1$ viele. (Man beachte den eingeschlossenen Fall $p^0 = 1$.)
   I.H. Jede natürliche Zahl $p_1^{e_1} * \cdots * p_k^{e_k}$ – mit voneinander verschiedenen Primzahlen $p_1, \ldots, p_k$ und $e_1, \ldots, e_k \in \mathbb{N}^+$ – hat genau $\prod_{i=1}^{k}(e_i + 1)$ Teiler.
   I.B. Eine natürliche Zahl $n = p_1^{e_1} * \cdots * p_{k+1}^{e_{k+1}}$ – mit voneinander verschiedenen Primzahlen $p_1, \ldots, p_{k+1}$ und $e_1, \ldots, e_{+1k} \in \mathbb{N}^+$ – hat genau $\prod_{i=1}^{k+1}(e_i + 1)$ Teiler.
   I.S. Wir betrachten n als Produkt $a * b$ mit $a = p_1^{e_1} * \cdots * p_k^{e_k}$ und $b = p_{k+1}^{e_{k+1}}$.
   Seien $A, B, N \subset \mathbb{N}^+$ die jeweiligen Mengen der Teiler von a, b und n.
   Dann gibt es nach Teilaufgabe (a) eine Abbildung
   $$f\colon A \times B \ni (a', b') \mapsto a' * b' \in N,$$
   die Paare von Teilern von a und b auf Teiler von n abbildet.
   Wir zeigen im Folgenden, dass f bijektiv ist.
     (i) Seien nun $t, a', a'', b', b'' \in \mathbb{N}^+$ mit t/n, a'/a, a''/a, b'/b und b''/b, sowie $t = a' * b' = a'' * b''$. Dann existiert für t als Teiler von n eine

Primzahlzerlegung $t = p_1^{e'_1} * \cdots * p_{k+1}^{e'_{k+1}}$ mit $e_i \in \mathbb{N}$ für $i = 1, \ldots, k+1$.
(Da t ein Teiler von n ist kann t durch keine Primzahl teilbar sein, die nicht unter den $p_1, \ldots, p_{k+1}$ ist. Aus demselben Grund folgt $0 \leq e'_i \leq e_i$ für $i = 1, \ldots, k+1$.)

Wegen der Verschiedenheit der Primzahlen $p_1, \ldots, p_{k+1}$ kann p_{k+1} kein Teiler von a sein, und somit auch kein Teiler von a' oder von a''; ebensowenig wie keine der Primzahlen $p_1, \ldots, p_k$ ein Teiler von b sein kann, und somit auch kein Teiler von b' oder b''. Daraus folgt nun

$$p_1^{e'_1} * \cdots * p_k^{e'_k} / a' \text{ und } p_1^{e'_1} * \cdots * p_k^{e'_k} / a'', \text{ sowie}$$
$$p_{k+1}^{e'_{k+1}} / b' \text{ und } p_{k+1}^{e'_{k+1}} / b''.$$

Dies bedeutet nach Definition der Teilbarkeit, dass $x', x'', y', y'' \in \mathbb{N}^+$ existieren mit

$$p_1^{e'_1} * \cdots * p_k^{e'_k} * x' = a' \text{ und } p_1^{e'_1} * \cdots * p_k^{e'_k} * x'' = a'', \text{ sowie}$$
$$p_{k+1}^{e'_{k+1}} * y' = b' \text{ und } p_{k+1}^{e'_{k+1}} * y'' = b''.$$

Mit $t = a' * b' = p_1^{e'_1} * \cdots * p_k^{e'_k} * x' * p_{k+1}^{e'_{k+1}} * y'$ und $t = p_1^{e'_1} * \cdots * p_{k+1}^{e'_{k+1}}$ folgt $x' = y' = 1$. Analog erhält man $x'' = y'' = 1$.
Dies impliziert $b' = b'' = p_{k+1}^{e'_{k+1}}$ und damit $a' = a'' = p_1^{e'_1} * \cdots * p_k^{e'_k}$.
Dies bedeutet, dass die Abbildung f injektiv ist.

(ii) Nach Teilaufgabe (b) ist ein Teiler von n das Produkt eines Teilers von a und eines Teilers von b. Damit ist die Abbildung f surjektiv.

Aus der Bijektion f folgt nun aber, dass Quelle und Ziel von f die gleiche Mächtigkeit haben, also $|N| = |A \times B|$. Nun folgt aber $|A| = \prod_{i=1}^{k}(e_i + 1)$ nach I.H., und es folgt $|B| = e_{k+1} + 1$ nach den Überlegungen in I.A.. Mit $|A \times B| = |A| * |B|$ folgt die zu zeigende Behauptung.

Lösung 3.15 Verallgemeinerte Induktion [▷27] ○

I.A. $n = 2$: Zu zeigen: Die natürliche Zahl 2 lässt sich als Produkt von Primzahlen schreiben. Dies gilt aber, da die 2 selbst eine Primzahl ist.

I.H. Es gelte, dass alle Zahlen m mit $2 \leq m \leq n$ Produkt von Primzahlen sind.

I.B. $n + 1$ lässt sich als Produkt von Primzahlen schreiben.

I.S. Fallunterscheidung:

(i) $n + 1$ ist Primzahl, und damit nach der getroffenen Vereinbarung auch Produkt von Primzahlen.

(ii) $n+1$ ist keine Primzahl. Dann hat $n+1$ zwei echte Teiler $2 \leq b, c < n+1$ (mit $b \cdot c = n + 1$). Da $b, c < n + 1$, also $2 \leq b, c \leq n$, existieren nach I.H. Primzahlen $p_1, \ldots, p_r$ und $q_1, \ldots, q_s$ mit $b = p_1 \cdot \ldots \cdot p_r$ und $c = q_1 \cdot \ldots \cdot q_s$. Damit folgt: $n + 1 = p_1 \cdot \ldots \cdot p_r \cdot q_1 \cdot \ldots \cdot q_s$ ist Produkt von Primzahlen.

Lösung 3.16 Zu Funktionen aus dem Lehrbuch [▷27] ○

(a) $\text{foo}_1(\neg((p \vee \neg q) \wedge q)) =$
$= \text{foo}_{1\neg}(\text{foo}_1(((p \vee \neg q) \wedge q))) =$
$= \text{foo}_{1\neg}(\text{foo}_{1\wedge}(\text{foo}_1((p \vee \neg q)), \text{foo}_1(q))) =$

II.3.1. SYNTAX

$$\begin{aligned}
&= \mathsf{foo}_{1\neg}(\mathsf{foo}_{1\wedge}(\mathsf{foo}_{1\vee}(\mathsf{foo}_1(p), \mathsf{foo}_1(\neg q)), \mathsf{foo}_{1\mathcal{R}}(q))) = \\
&= \mathsf{foo}_{1\neg}(\mathsf{foo}_{1\wedge}(\mathsf{foo}_{1\vee}(\mathsf{foo}_1(p), \mathsf{foo}_{1\neg}(\mathsf{foo}_1(q))), \mathsf{foo}_{1\mathcal{R}}(q))) = \\
&= \mathsf{foo}_{1\neg}(\mathsf{foo}_{1\wedge}(\mathsf{foo}_{1\vee}(\mathsf{foo}_{1\mathcal{R}}(p), \mathsf{foo}_{1\neg}(\mathsf{foo}_{1\mathcal{R}}(q))), \mathsf{foo}_{1\mathcal{R}}(q))) = \\
&= \mathsf{foo}_{1\neg}(\mathsf{foo}_{1\wedge}(\mathsf{foo}_{1\vee}(0, \mathsf{foo}_{1\neg}(0)), 0)) = \\
&= \mathsf{foo}_{1\neg}(\mathsf{foo}_{1\wedge}(\mathsf{foo}_{1\vee}(0, 0), 0)) = \\
&= \mathsf{foo}_{1\neg}(\mathsf{foo}_{1\wedge}(1, 0)) = \\
&= \mathsf{foo}_{1\neg}(2) = \\
&= 2
\end{aligned}$$

(b) (i) $\mathcal{M} = \mathbb{N}$
   (ii) $\mathsf{foo}_{2\mathcal{R}}\colon \mathcal{R} \to \mathbb{N}$ mit $\mathsf{foo}_{2\mathcal{R}}(A) = 1$ für alle $A \in \mathcal{R}$
   (iii) $\mathsf{foo}_{2\neg}\colon \mathbb{N} \to \mathbb{N}$ mit $\mathsf{foo}_{2\neg}(n) = n$ für alle $n \in \mathbb{N}$, d.h. die identische Abbildung auf $\mathbb{N}$
   (iv) $\mathsf{foo}_{2\circ}\colon \mathbb{N} \times \mathbb{N} \to \mathbb{N}$ mit $\mathsf{foo}_{2\circ}(m, n) = m+n$ für alle $n, m \in \mathbb{N}$

$$\begin{aligned}
&\mathsf{foo}_2(\neg((p \vee \neg q) \wedge q)) = \\
&= \mathsf{foo}_{2\neg}(\mathsf{foo}_{2\wedge}(\mathsf{foo}_{2\vee}(\mathsf{foo}_{2\mathcal{R}}(p), \mathsf{foo}_{2\neg}(\mathsf{foo}_{2\mathcal{R}}(q))), \mathsf{foo}_{2\mathcal{R}}(q))) = \\
&= \mathsf{foo}_{2\neg}(\mathsf{foo}_{2\wedge}(\mathsf{foo}_{2\vee}(1, \mathsf{foo}_{2\neg}(1)), 1)) = \\
&= \mathsf{foo}_{2\neg}(\mathsf{foo}_{2\wedge}(\mathsf{foo}_{2\vee}(1, 1), 1)) = \\
&= \mathsf{foo}_{2\neg}(\mathsf{foo}_{2\wedge}(2, 1)) = \\
&= \mathsf{foo}_{2\neg}(3) = \\
&= 3
\end{aligned}$$

(c) (i) Bezeichne $\mathcal{Z}$ die Menge aller Zeichenreihen, die durch Zeichen aus $\mathcal{R} \cup \{\neg, \wedge, \vee, \to, \leftrightarrow\}$ konstruiert werden können.
Der 2-stellige Operator $\diamond$ soll die Verknüpfung zweier Zeichenreihen kennzeichnen. Diese Verknüpfung ist assoziativ, so dass wir keine Klammern schreiben müssen.
Wir setzen $\mathcal{M} = \mathcal{Z}$.
   (ii) $\mathsf{foo}_{3\mathcal{R}}\colon \mathcal{R} \to \mathcal{Z}$ mit $\mathsf{foo}_{3\mathcal{R}}(A) = A$ für alle $A \in \mathcal{R}$
   (iii) $\mathsf{foo}_{3\neg}\colon \mathcal{Z} \to \mathcal{Z}$ mit $\mathsf{foo}_{3\neg}(X) = \neg \diamond X$ für alle $X \in \mathcal{Z}$
   (iv) $\mathsf{foo}_{3\circ}\colon \mathcal{Z} \times \mathcal{Z} \to \mathcal{Z}$ mit $\mathsf{foo}_{3\circ}(X, Y) = X \diamond \circ \diamond Y$ für alle $X, Y \in \mathcal{Z}$

$$\begin{aligned}
&\mathsf{foo}_3(\neg((p \vee \neg q) \wedge q)) = \\
&= \mathsf{foo}_{3\neg}(\mathsf{foo}_{3\wedge}(\mathsf{foo}_{3\vee}(\mathsf{foo}_{3\mathcal{R}}(p), \mathsf{foo}_{3\neg}(\mathsf{foo}_{3\mathcal{R}}(q))), \mathsf{foo}_{3\mathcal{R}}(q))) = \\
&= \mathsf{foo}_{3\neg}(\mathsf{foo}_{3\wedge}(\mathsf{foo}_{3\vee}(p, \mathsf{foo}_{3\neg}(q)), q)) = \\
&= \mathsf{foo}_{3\neg}(\mathsf{foo}_{3\wedge}(\mathsf{foo}_{3\vee}(p, \neg q), q)) = \\
&= \mathsf{foo}_{3\neg}(\mathsf{foo}_{3\wedge}(p \vee \neg q, q)) = \\
&= \mathsf{foo}_{3\neg}(p \vee \neg q \wedge q) = \\
&= \neg p \vee \neg q \wedge q
\end{aligned}$$

(d)
$$\begin{aligned}
\mathsf{foo}_4(p) &= \{\Lambda\} \\
\mathsf{foo}_4(q) &= \{\Lambda\} \\
\mathsf{foo}_4(\neg q) &= \{\Lambda\} \cup \{1\pi \mid \pi \in \mathsf{foo}_4(q)\}
\end{aligned}$$

$$
\begin{aligned}
&= \{\Lambda, 1\Lambda\} \\
\text{foo}_4((p \vee \neg q)) &= \{\Lambda\} \cup \{1\pi \mid \pi \in \text{foo}_4(p)\} \cup \{2\pi \mid \pi \in \text{foo}_4(\neg q)\} \\
&= \{\Lambda, 1\Lambda, 2\Lambda, 21\Lambda\} \\
\text{foo}_4(((p \vee \neg q) \wedge q)) &= \{\Lambda\} \cup \{1\pi \mid \pi \in \text{foo}_4((p \vee \neg q))\} \cup \{2\pi \mid \pi \in \text{foo}_4(q)\} \\
&= \{\Lambda, 1\Lambda, 11\Lambda, 12\Lambda, 121\Lambda, 2\Lambda\} \\
\text{foo}_4(\neg((p \vee \neg q) \wedge q)) &= \{\Lambda\} \cup \{1\pi \mid \pi \in \text{foo}_4(((p \vee \neg q) \wedge q))\} \\
&= \{\Lambda, 1\Lambda, 11\Lambda, 111\Lambda, 112\Lambda, 1121\Lambda, 12\Lambda\}
\end{aligned}
$$

Was die Funktion foo$_4$ mit *Positionen* zu tun hat, wird an der Baumdarstellung der Formel $\neg((p \vee \neg q) \wedge q)$ klar, welche in Abbildung 3.22 gezeigt wird.

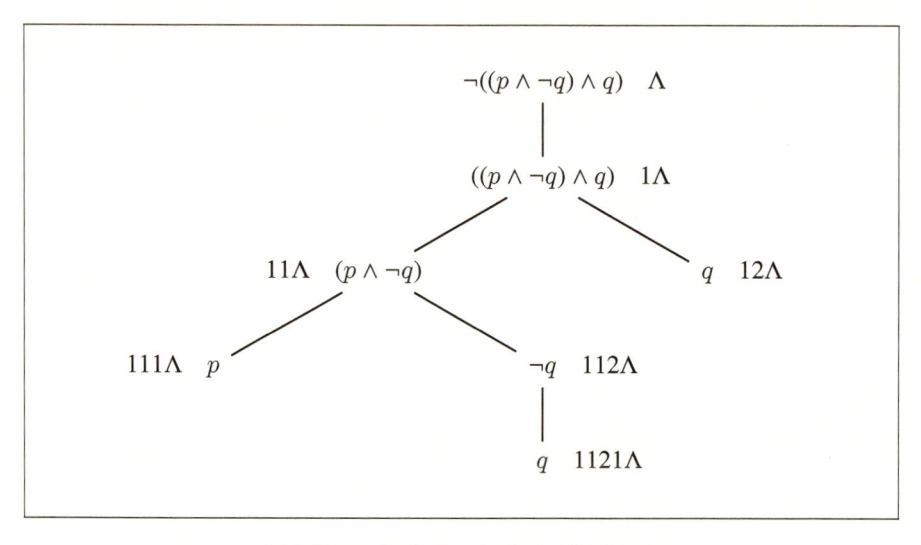

```
                    ¬((p ∧ ¬q) ∧ q)   Λ
                           |
                    ((p ∧ ¬q) ∧ q)   1Λ
                    /              \
        11Λ  (p ∧ ¬q)                q   12Λ
        /         \
    111Λ  p        ¬q  112Λ
                    |
                    q   1121Λ
```

Abbildung 3.22: Zu Aufgabe 3.16 (d).

Lösung 3.17 Die Funktion +2 [▷27] ○

(i) $\mathcal{M} = \{0, \mathbf{s}(0), \mathbf{s}(\mathbf{s}(0)), \ldots\}$ = die Menge der natürlichen Zahlen.

(ii) $+2_0(0) = \mathbf{s}(\mathbf{s}(0))$

(iii) $+2_\mathbf{s}(N) = \mathbf{s}(N)$ für alle natürlichen Zahlen N mit $N \neq 0$.

$$
\begin{aligned}
+2(\mathbf{s}(\mathbf{s}(0))) &= +2_\mathbf{s}(+2(\mathbf{s}(0))) = \\
&= +2_\mathbf{s}(+2_\mathbf{s}(+2(0))) = \\
&= +2_\mathbf{s}(+2_\mathbf{s}(+2_0(0))) = \\
&= +2_\mathbf{s}(+2_\mathbf{s}(\mathbf{s}(\mathbf{s}(0)))) = \\
&= +2_\mathbf{s}(\mathbf{s}(\mathbf{s}(\mathbf{s}(0)))) = \\
&= \mathbf{s}(\mathbf{s}(\mathbf{s}(\mathbf{s}(0))))
\end{aligned}
$$

Lösung 3.18 Funktionen über Formelmengen [▷27] ○

(a) (i) $\mathcal{M} = \mathbb{N}$

(ii) $h_\mathcal{R}(A) = 1$,

II.3.1. SYNTAX

$\quad\quad\quad\quad$ $h_{\mathcal{R}}(A') = 0$ für alle $A' \in \mathcal{R}$ mit $A \neq A'$
$\quad\quad$ (iii) $h_\neg(X) = X$
$\quad\quad$ (iv) $h_\circ(X, Y) = X + Y$

Definition von h durch strukturelle Rekursion:

Rekursionsanfang: $h(A') = h_{\mathcal{R}}(A')$ für $A' \in \mathcal{R}$

Rekursionsschritte:

$\quad\quad$ (i) $h(\neg G) = h_\neg(h(G))$ für alle $G \in \mathcal{L}(\mathcal{R})$

$\quad\quad$ (ii) $h((G \circ H)) = h_\circ(h(G), h(H))$ für alle $G, H \in \mathcal{L}(\mathcal{R})$

Verzichten wir auf die explizite Angabe von $h_{\mathcal{R}}$, $h_\neg$ und $h_\circ$ so ergibt sich kurz:

Rekursionsanfang:

$\quad\quad$ Falls F eine atomare aussagenlogische Formel ist, d.h. eine aussagenlogische Variable, dann gilt:

$$h(F) = \begin{cases} 1 & \text{falls } F = A \\ 0 & \text{falls } F \neq A \end{cases}$$

Rekursionsschritte:

$\quad\quad$ (i) Für negierte Formeln $\neg G$ gilt: $h(\neg G) = h(G)$

$\quad\quad$ (ii) und für mit binären Junktoren gebildete Formeln gilt:

$\quad\quad\quad\quad$ $h((G \circ H)) = h(G) + h(H)$

(b) (i) $\mathcal{M} = \mathbb{N}$

$\quad\quad$ (ii) $\text{laenge}_{\mathcal{R}} : \mathcal{R} \to \mathbb{N}$ mit $\text{laenge}_{\mathcal{R}}(A) = 1$ für alle $A \in \mathcal{R}$

$\quad\quad$ (iii) $\text{laenge}_\neg : \mathbb{N} \to \mathbb{N}$ mit $\text{laenge}_\neg(n) = n + 1$ für alle $n \in \mathbb{N}$

$\quad\quad$ (iv) $\text{laenge}_\circ : \mathbb{N} \times \mathbb{N} \to \mathbb{N}$ mit

$\quad\quad\quad\quad$ $\text{laenge}_\circ(m, n) = m + n + 3$ für alle $n, m \in \mathbb{N}$

$\text{laenge}((p \vee (q \wedge \neg p))) =$
$= \text{laenge}_\vee(\text{laenge}(p), \text{laenge}((q \wedge \neg p))) =$
$= \text{laenge}_\vee(\text{laenge}_{\mathcal{R}}(p), \text{laenge}_\wedge(\text{laenge}(q), \text{laenge}(\neg p))) =$
$= \text{laenge}_\vee(\text{laenge}_{\mathcal{R}}(p), \text{laenge}_\wedge(\text{laenge}_{\mathcal{R}}(q), \text{laenge}_\neg(\text{laenge}(p)))) =$
$= \text{laenge}_\vee(\text{laenge}_{\mathcal{R}}(p), \text{laenge}_\wedge(\text{laenge}_{\mathcal{R}}(q), \text{laenge}_\neg(\text{laenge}_{\mathcal{R}}(p)))) =$
$= \text{laenge}_\vee(1, \text{laenge}_\wedge(1, \text{laenge}_\neg(1))) =$
$= \text{laenge}_\vee(1, \text{laenge}_\wedge(1, 2)) =$
$= \text{laenge}_\vee(1, 6) =$
$= 10$

(c) (i) $\mathcal{M} = \mathcal{L}(\mathcal{R})$

$\quad\quad$ (ii) $\text{du}_{\mathcal{R}}(A) = \neg A$

$\quad\quad$ (iii) $\text{du}_\neg(X) = \neg X$

$\quad\quad$ (iv) $\text{du}_\wedge(X, Y) = (X \vee Y)$

$\quad\quad$ (v) $\text{du}_\vee(X, Y) = (X \wedge Y)$

$\quad\quad$ (vi) $\text{du}_\to(X, Y) = (X \wedge \neg Y)$

(vii) $du_\leftrightarrow(X,Y) = ((X \wedge \neg Y) \vee (Y \wedge \neg X))$

$\quad du((p \to (p \wedge \neg q))) =$
$\quad = du_\to(du(p), du((p \wedge \neg q))) =$
$\quad = du_\to(du_\mathcal{R}(p), du_\wedge(du(p), du(\neg q))) =$
$\quad = du_\to(du_\mathcal{R}(p), du_\wedge(du_\mathcal{R}(p), du_\neg(du(q)))) =$
$\quad = du_\to(du_\mathcal{R}(p), du_\wedge(du_\mathcal{R}(p), du_\neg(du_\mathcal{R}(q)))) =$
$\quad = du_\to(\neg p, du_\wedge(\neg p, du_\neg(\neg q))) =$
$\quad = du_\to(\neg p, du_\wedge(\neg p, \neg\neg q)) =$
$\quad = du_\to(\neg p, (\neg p \vee \neg\neg q)) =$
$\quad = (\neg p \wedge \neg(\neg p \vee \neg\neg q))$

Lösung 3.19 Die Beispielfunktion goo [▷28] ○

$\quad goo_\mathcal{R} : \mathcal{R} \longrightarrow \mathbb{Q} \qquad goo_\mathcal{R}(A) = 7$
$\quad goo_\neg : \mathbb{Q} \longrightarrow \mathbb{Q} \qquad goo_\neg(r) = r/3$
$\quad goo_\circ : \mathbb{Q} \times \mathbb{Q} \longrightarrow \mathbb{Q} \qquad goo_\circ(r_1, r_2) = r_2 + 4$

Lösung 3.20 Induktion: Zweistellige Junktoren und Variable [▷28] ○

(a) $h((\neg(p \wedge q) \vee (p \to q))) = 4$
$\quad g((\neg(p \wedge q) \vee (p \to q))) = 3$

(b) I.A. Ist F eine aussagenlogische Variable,
$\quad$ so ist nach Definition $g(F) = 0$ und $h(F) = 1$.
$\quad$ Es gilt somit in diesem Falle $g(F) < h(F)$.

I.H. Es gilt $g(G) < h(G)$ und $g(H) < h(H)$

I.B. (i) Es gilt $g(\neg G) < h(\neg G)$.
$\quad$ (ii) Es gilt $g((G \circ H)) < h((G \circ H))$.

I.S. (i) Zu zeigen: für $F = \neg G$ gilt $g(F) < h(F)$.

$\quad\quad\quad g(F) \;=\; g(\neg G) \quad$ nach Definition von F
$\quad\quad\quad\quad\;\; =\; g(G) \quad\;\;$ nach Definition von g
$\quad\quad\quad\quad\;\; <\; h(G) \quad\;\;$ nach I.H.
$\quad\quad\quad\quad\;\; =\; h(\neg G) \quad$ nach Definition von h
$\quad\quad\quad\quad\;\; =\; h(F) \quad\;\;$ nach Definition von F

(ii) Zu zeigen: für $F = (G \circ H)$ gilt $g(F) < h(F)$.

$\quad\quad\quad g(F) \;=\; g((G \circ H)) \quad\quad\quad\;\;$ nach Definition von F
$\quad\quad\quad\quad\;\; =\; g(G) + g(H) + 1 \quad\;\;$ nach Definition von g
$\quad\quad\quad\quad\;\; \leq\; h(G) - 1 + g(H) + 1 \quad$ denn nach I.H. gilt:
$\quad\quad\quad\quad\quad\quad\quad\quad\quad\quad\quad\quad\quad\quad g(G) < h(G)$
$\quad\quad\quad\quad\quad\quad\quad\quad\quad\quad\quad\quad\quad$ d.h. $g(G) + 1 \leq h(G)$
$\quad\quad\quad\quad\quad\quad\quad\quad\quad\quad\quad\quad\quad$ d.h. $g(G) \leq h(G) - 1$
$\quad\quad\quad\quad\;\; =\; h(G) + g(H)$
$\quad\quad\quad\quad\;\; <\; h(G) + h(H) \quad\quad\quad$ nach I.H.

II.3.1. SYNTAX

$$= \mathsf{h}((G \circ H)) \qquad \text{nach Definition von } \mathsf{h}$$
$$= \mathsf{h}(F) \qquad \text{nach Definition von } F$$

Lösung 3.21 Induktion: Zur Negationsnormalform [▷28] ○

I.A. F ist eine aussagenlogische Variable und damit ist die Anzahl der Vorkommen von Variablen 1 und die Anzahl der Vorkommen von $\neg$-Junktoren 0. Somit gilt die Behauptung wegen $1 > 0$.

I.H. Für Formeln G und H gelte, dass die Anzahl der Vorkommen von aussagenlogischen Variablen größer oder gleich der Anzahl der Vorkommen von $\neg$-Junktoren ist.

I.B. Für die Formeln $F = \neg G$ und $F = (G \circ H)$ gilt, dass die Anzahl der Vorkommen von aussagenlogischen Variablen größer oder gleich der Anzahl der Vorkommen von $\neg$-Junktoren ist.

I.S. (i) $F = \neg G$: Da die Formel F in Negationsnormalform ist, kann der $\neg$-Junktor nur vor aussagenlogischen Variablen vorkommen; und somit ist G eine aussagenlogische Variable. Damit enthält F genau ein Vorkommen einer aussagenlogischen Variable und genau ein Vorkommen eines $\neg$-Junktors, woraus die Behauptung folgt.

(ii) $F = (G \circ H)$: Die Funktionen v und n – angewandt auf eine aussagenlogische Formel – sollen die Anzahl der Vorkommen der aussagenlogischen Variablen bzw. der $\neg$-Junktoren in dieser Formel angeben. Dann ergibt sich $\mathsf{v}(F) = \mathsf{v}(G) + \mathsf{v}(H)$ und $\mathsf{n}(F) = \mathsf{n}(G) + \mathsf{n}(H)$. Da $\mathsf{v}(G) \geq \mathsf{n}(G)$ und $\mathsf{v}(H) \geq \mathsf{n}(H)$ nach I.H. gelten, folgt $\mathsf{v}(F) \geq \mathsf{n}(F)$.

Lösung 3.22 Fehlerhafte Funktionsdefinitionen [▷28] ◐

(a) Die Behauptung gilt nicht, da zwischen den Bedingungen an die Verwendung der beiden Funktionen $\mathsf{foo}_{\neg\circ}$ und $\mathsf{foo}_\neg$ ein Konflikt entstehen kann.
Z.B. würde für $\mathcal{M} = \mathbb{N}$ durch $\mathsf{foo}_{\neg\circ}(m,n) = 2$ und $\mathsf{foo}_\neg(n) = 1$ – und beliebige Definitionen für die Funktionen $\mathsf{foo}_\mathcal{R}$ und $\mathsf{foo}_\circ$ – sich für die Formel $\neg(p \vee q)$ einerseits $\mathsf{foo}(\neg(p \vee q)) = \mathsf{foo}_\neg(\mathsf{foo}((p \vee q))) = 1$ ergeben, während andererseits $\mathsf{foo}(\neg(p \vee q)) = \mathsf{foo}_{\neg\vee}(\mathsf{foo}(p), \mathsf{foo}(q)) = 2$ wäre.

(b) Durch die in den Rekursionsschritten gegebenen Bedingungen wird über den Funktionswert $\mathsf{foo}(F)$ mancher Formeln $F \in \mathcal{L}(\mathcal{R})$ nichts ausgesagt; so z.B. über Formeln der Form $\neg A$ für $A \in \mathcal{R}$.
Es gibt somit – bei entsprechend großer Menge $\mathcal{M}$ – sehr viele verschiedene Funktionen, welche einerseits die angegebenen Bedingungen erfüllen, aber sich z.B. in ihren Werten für die Formeln $\neg A$ mit $A \in \mathcal{R}$ unterscheiden.

Lösung 3.23 Zum Rekursionsschema von Satz 3.7 [▷29] ◐

Wir führen einen Widerspruchsbeweis.
Angenommen, die Funktion sub ließe sich durch das Rekursionsschema aus Satz 3.7 definieren, dann müsste dies über entsprechende Funktionen $\mathsf{sub}_\mathcal{R}$, $\mathsf{sub}_\neg$ und $\mathsf{sub}_\circ$ erfolgen.
Wir betrachten nun die Mengen der Teilformeln von p, q, $(p \wedge q)$ und $(p \wedge p)$:

S_p = $\{p\}$
S_q = $\{q\}$
$S_{(p \wedge q)}$ = $\{(p \wedge q), p, q\}$
$S_{(p \wedge p)}$ = $\{(p \wedge q), p\}$

Daraus ergibt sich für die Funktion sub:

sub(p) = 1
sub(q) = 1
sub(($p \wedge q$)) = 3
sub(($p \wedge p$)) = 2

Mit Satz 3.7 erhalten wir aber

3 = sub(($p \wedge q$)) = sub$_\circ$(sub(p), sub(q)) = sub$_\circ$(1, 1)   und
2 = sub(($p \wedge p$)) = sub$_\circ$(sub(p), sub(p)) = sub$_\circ$(1, 1),

im Widerspruch zu den korrekten Werten.
Dies zeigt, dass das Rekursionsschema aus Satz 3.7 nicht ausreichend ist.

Bemerkung: *Da die Funktion* sub *intuitiv berechenbar ist und der Begriff der rekursiven Funktion nach gegenwärtigem Wissensstand (Church'sche These) zu dem der berechenbaren Funktionen äquivalent ist, gibt es natürlich stärkere Rekursionsschemata, welche das Gewünschte leisten.*

Lösung 3.24 Falsche 'Induktionsbeweise' [▷29] ◐

(a) Mit vollständiger Induktion kann man zunächst mal nur *Eigenschaften* von natürlichen Zahlen beweisen, d.h. es dürfen nur Aussagen über *eine* natürliche Zahl sein. Es wird hier aber eine Beziehung, nämlich die der Gleichheit über 2 natürliche Zahlen m und n behauptet.
Hat man, wie im Fall der vorgegebenen Behauptung, mit $m = n$ eine Aussage, die über 2 natürliche Zahlen spricht, so ist die übliche Vorgehensweise eine der beiden universell zu quantifizieren. D.h. man muss entweder die Aussage $\forall n \in \mathbb{N}: m = n$ durch Induktion über m beweisen oder die Aussage $\forall m \in \mathbb{N}: m = n$ durch Induktion über n beweisen. Simpel ausgedrückt, man muss sich zwischen m und n entscheiden.
Eine Alternative besteht darin, spezielle Induktionsprinzipien zu entwickeln, welche es erlauben z.B. 2-stellige Relationen zu beweisen. (Siehe z.B. Jürgen Schmidt: Mengenlehre I, Bibliographisches Institut AG, 1966, S. 181 ff.)

(b) Da es um eine Aussage geht, die nur für die positiven natürlichen Zahlen bewiesen werden soll, also für die natürlichen Zahlen ≥ 1, kann in ganz korrekter Weise der Beweis mit I.A. $n = 1$ begonnen werden. Der I.S. muss dann für alle natürlichen Zahlen ≥ 1 geführt werden.
Der I.A. ist offensichtlich korrekt.
Beim I.S. ist die in Zeile (13) betrachtete Menge mindestens 2-elementig. Wenn man also ein Element rausnimmt, erhält man eine nichtleere Menge. Und da man mindestens 2 verschiedene Elemente hat, erhält man auch 2 verschiedene Mengen in den Zeilen (15) bzw. (16).
Für den Fall $n = 1$ erhält man jetzt in den Zeilen (18) und (19) die Gleichungen $x_0 = x_0$ und $x_1 = x_1$.

II.3.1. SYNTAX

In Zeile (20) passiert jetzt der Fehlschluss: Aus diesen beiden Gleichungen lässt sich nicht wie behauptet $x_0 = x_1$ folgern.

Zusatzbemerkung: Man könnte natürlich alternativ versuchen einen Beweis über die Menge aller natürlichen Zahlen zu führen; also mit $n = 0$ zu beginnen und dann möglichst ähnlich zu argumentieren.

Der I.A. wäre dann trivialerweise erledigt, da für $n = 0$ die Prämisse $n > 0$ falsch ist und damit die gesamte Implikation richtig.

Die Induktionsbehauptung müsste richtig lauten: Für jede Menge $\{y_1, \ldots, y_n, y_{n+1}\}$ mit $n + 1 > 0$ gilt $y_1 = \ldots = y_n = y_{n+1}$. (D.h. es ist $n > -1$ gefordert.) Für den Fall $n = 0$ ergibt sich dann in den Zeilen (15) bzw. (16) jeweils die leere Menge. Auf diese – leere Menge heißt wiederum $n = 0$! – ist jedoch die I.H. nicht anwendbar. Also Fehler in den Zeilen (17)–(19).

(c) Die zu beweisende Aussage heißt (genau formuliert):
Für alle natürlichen Zahlen n gilt: Wenn $n > 0$, dann $n > 2$.
Der I.A. bleibt damit richtig.
I.H. ändert sich in: Falls $n > 0$, dann gilt $n > 2$.
I.B. ändert sich in: Falls $n + 1 > 0$, dann gilt $n + 1 > 2$.
I.S.: $n + 1 > 0$ beinhaltet auch den Fall $n = 0$.
Da $n > 0$ in diesem Fall nicht gilt, kann mit der I.H. nicht $n > 2$ gefolgert werden.

(d) Der Induktionsschluss von $1, \ldots, n$ auf $n + 1$ muss für alle $n > 0$ richtig sein. Dies ist er aber nicht für $n = 1$, weil dann a^{n-2} zu a^{-1} wird, und dafür gilt unsere I.H. nicht.

(e) Der I.A. ist fehlerhaft. Wie man den Fehler beschreibt hängt davon ab wie man die Aufgabe, welche nicht so ganz klar gestellt ist, interpretiert.
Das Problem ist, dass bei einer vernünftig gestellten Aufgabe – eben eine Aussage für alle natürlichen Zahlen $n > 0$ – die linke Seite $\sum_{i=1}^{n} \frac{1}{(i-1) \cdot i}$ sein sollte, d.h. es ist von 1 an zu summieren. Dafür fehlt aber der erste Summand, d.h. für $i = 1$, in der zu beweisenden Behauptung, was kein Zufall ist, sondern den schlichten Grund hat, dass dieser Summand eben nicht definiert ist: Dieser Summand wäre nämlich $\frac{1}{(1-1) \cdot 1} = 1/0$ und Division durch 0 geht nicht.
Der Fehler, der nun gemacht wurde, ist dass man die linke Seite wie hingeschrieben betrachtet hat und für den Fall $n = 1$ (I.A.) einfach den ersten Summanden der linken Seite genommen hat ohne zu beachten, dass dieser erste Summand eigentlich zum Fall $n = 2$ gehört. Würde man stattdessen in der linke Seite $n = 1$ setzen, so würde sich für die gesamte linke Seite der nicht definierte fehlende Summand $\frac{1}{(1-1) \cdot 1} = 1/0$ ergeben und die I.A. wäre nicht beweisbar mangels Definiertheit der darin vorkommenden Aussagen.
Eine andere Argumentation wäre anzunehmen, dass der erste nicht notierte Summand eben 0 ist, d.h. dass die linke Seite $0 + \sum_{i=2}^{n} \frac{1}{(i-1) \cdot i}$ ist, und es somit überflüssig ist ihn zu notieren: Dann würde sich aber für $n = 1$ als Wert der linken Seite 0 ergeben, und man müsste zeigen, dass dies gleich der rechten Seite ist, für welche sich im Fall $n = 1$ jedoch der folgende Wert ergibt: $\frac{3}{2} - \frac{1}{1} = \frac{1}{2}$.

(f) Bei einem korrekten Induktionsbeweis muss der I.S. für alle natürlichen Zahlen, also für $n = 0, 1, 2, \ldots$, richtig sein.

Für $n = 0$ folgt zwar nach I.H., dass es das x_2 gibt, aber nach I.H. folgt nicht, dass es das x_1 gibt, denn $1 \leq n$ gilt nicht für $n = 0$.
Zusatzbemerkung: Wenn man die Behauptung nur für die positiven natürlichen Zahlen beweisen wollte, würde der I.S. richtig werden; der I.A. ließe sich aber nicht zeigen.

(g) Der Induktionsschluss muss für alle positiven Zahlen n gelten, also auch für $n = 1$. Hier ergibt sich aber die Behauptung, dass $n - 1 = 0$ ungerade ist. Dies wird aber durch die I.H. nicht abgedeckt, und kann – da eben falsch – auch nicht gezeigt werden.

(h) Der Fehler ist analog zum Fehler in der Teilaufgabe (b), nur ist es diesmal ein fehlerhafter Induktionsschluss von 0 auf 1. Für $n + 1 = 1$, also $n = 0$, ergibt sich die einelementige Pferdemenge $P = \{p_0\}$. Von dieser bilden wir die beiden n-elementigen Teilmengen $P_1 = P_2 = \emptyset$. Die Folgerung $P = P_1 \cup P_2$ ist aber in diesem Fall falsch.

(i) Der Fehler liegt im I.S. Fall (3) beim Punkt (ii). Es kann nämlich vorkommen, dass der Graph G die neu erzeugte Kante (v, w) bzw. die dazu inverse Kante (w, v) bereits enthält, wodurch H kein Graph mit den in der I.H. geforderten Eigenschaften ist, und somit die I.H. auf H nicht mehr anwendbar ist. Der kleinste Graph, bei dem dies auftreten kann, hat 6 Knoten und besteht aus 2 'wirklichen' Zykeln aus je drei Knoten. Dieser Graph ist in der folgenden Abbildung dargestellt.

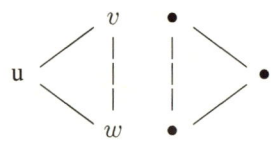

3-6 72 Lösung 3.25 'laenge/1' und 'length/2' von Listen [▷33] ○

Die Definitionen sind wie folgt:

$$\text{laenge}(X) = \begin{cases} 0 & \text{wenn } X \text{ die leere Liste [ ] ist} \\ \text{laenge(R)} + 1 & \text{wenn } X \text{ von der Form }.(K, R) \text{ ist} \end{cases}$$

```
length([ ], 0).
length([ |R], N) :- length(R, N1), N is N1+1
```

Gemeinsamkeiten: Beides sind rekursive Definitionen, welche es erlauben, die Länge einer Liste zu ermitteln.

Unterschiede: laenge/1 ist eine Funktion, während `length/2` mathematisch gesprochen eine Relation ist.

Ausgehend von der rekursiven Funktion können wir schrittweise die Prolog-Darstellung herleiten.

1. laenge/1 muss um ein Argument für das Ergebnis erweitert werden, um zur relationalen Schreibweise zu kommen:

   $\text{laenge}(X, 0)$ wenn $X = [\,]$.
   $\text{laenge}(X, N1 + 1)$ wenn $X = [K|R]$ und $\text{laenge}(R, N1)$.

II.3.1. SYNTAX

2. Bedingungen an die Liste X integrieren:
   laenge([ ], 0).
   laenge([$K|R$], $N1 + 1$)   wobei laenge($R, N1$) gilt.
3. Es ist keine Ausführung von Funktionen (in unserem Fall Addition) in den Argumenten eines Prolog-Prädikats möglich. Das einzige Prolog-Prädikat, welches das Ausführen arithmetischer Operationen ermöglicht, ist is/2.
   laenge([ ], 0).
   laenge([$K|R$], N)   wobei laenge($R, N1$) und $N = N1 + 1$ gilt.
4. Anpassung an Prolog-Syntax:
   length([ ], 0).
   length([K|R], N) :- length(R, N1), N is N1+1.

Lösung 3.26 Zählen von Variablenvorkommen   [▷33] ○

(a) Definition von h mit struktureller Rekursion:
   Rekursionsanfang: 1. h(X) = 1, wenn X eine aussagenlogische Variable ist.
   Rekursionsschritte: 2. h($\neg F$) = h(F)
   3. h($F \circ G$) = h(F) + h(G).

(b) Für jede Formel F sei g(F) gleich der Anzahl der in F vorkommenden aussagenlogischen Variablen. Es ist nun zu zeigen, dass g(F) = h(F) für alle Formeln F gilt.

   I.A. Ist F eine aussagenlogische Variable, so ist g(F) = 1 und h(X) = 1.
   I.H. Wir nehmen an, dass für gewisse Formeln F und G gilt: g(F) = h(F) bzw. g(G) = h(G).
   I.S. (i) Wir müssen zeigen, dass g($\neg F$) = h($\neg F$) ist.
        Nach Definition ist h($\neg F$) = h(F) und g($\neg F$) = g(F). Da nach I.H. die Gleichung g(F) = h(F) gilt, erhalten wir somit g($\neg F$) = h($\neg F$).
       (ii) Wir müssen zeigen, dass g(($F \circ G$)) = h(($F \circ G$)) ist (mit $\circ$ ein beliebiger binärer Junktor).
        Nach Definition erhalten wir dann g(($F \circ G$)) = g(F) + g(G) und h(($F \circ G$)) = h(F)+h(G). Aufgrund der I.H. erhalten wir g(($F \circ G$)) = h(($F \circ G$)).

(c) Wir implementieren die Funktion h aus Teilaufgabe (a) wie folgt.

   :- op(100, xfx, and).
   :- op(100, xfx, or).
   :- op(100, xfx, impl).
   :- op(100, xfx, equiv).
   :- op(20, fy, neg).

   h(X, 1) :- atom(X).
   h(neg F, Anzahl)   :- h(F, Anzahl).
   h((F and G), Anzahl)   :- h(F, Anzahl1), h(G, Anzahl2),
                                Anzahl is Anzahl1+Anzahl2.
   h((F or G), Anzahl)   :- h(F, Anzahl1), h(G, Anzahl2),

II.3. AUSSAGENLOGIK

$$\text{Anzahl is Anzahl1+Anzahl2.}$$

h((F impl G), Anzahl) :– h(F, Anzahl1), h(G, Anzahl2),
$$\text{Anzahl is Anzahl1+Anzahl2.}$$

h((F equiv G), Anzahl) :– h(F, Anzahl1), h(G, Anzahl2),
$$\text{Anzahl is Anzahl1+Anzahl2.}$$

Eine kürzere Lösung ist mit Hilfe von =.. möglich:

h(X, 1) :– atom(X).
h(neg X, Anzahl) :– h(X, Anzahl).
h(X, Anzahl)   :– X =.. [Op, Op1, Op2],
    h(Op1, Anzahl1), h(Op2, Anzahl2),
    Anzahl is Anzahl1+Anzahl2.

Lösung 3.27 Länge und Tiefe von Formeln [▷34] ○

(a) depth$((\neg p \to (\neg p \wedge q)))$ =
$$= \max(\text{depth}(\neg p), \text{depth}((\neg p \wedge q))) + 1$$
$$= \max(\text{depth}(p) + 1, \max(\text{depth}(\neg p), \text{depth}(q)) + 1) + 1$$
$$= \max(0 + 1, \max(\text{depth}(p) + 1, 0) + 1) + 1$$
$$= \max(1, \max(0 + 1, 0) + 1) + 1$$
$$= 3$$

(b)
$$\text{length}(F) = \begin{cases} 1 & \text{falls } F \text{ atomar} \\ \text{length}(G) + 1 & \text{falls } F \text{ von der Form } \neg G \\ \text{length}(G_1) + \text{length}(G_2) + 3 & \text{falls } F \text{ v. d. F. } (G_1 \circ G_2) \end{cases}$$

(c) I.A. Falls F atomar ist, folgt: $\text{length}(F) \stackrel{\text{Def}}{=} 1 > 0 \stackrel{\text{Def}}{=} \text{depth}(F)$

I.H. Für aussagenlogische Formeln G_1 und G_2 gelte:
$$\text{length}(G_1) > \text{depth}(G_1)$$
$$\text{length}(G_2) > \text{depth}(G_2)$$

I.B. Zu zeigen: $\text{length}(\neg G_1) > \text{depth}(\neg G_1)$
und $\text{length}((G_1 \circ G_2)) > \text{depth}((G_1 \circ G_2))$

I.S. (i) $\neg G_1$:
$$\text{length}(\neg G_1) \stackrel{\text{Def}}{=} \text{length}(G_1) + 1 \stackrel{\text{I.H.}}{>} \text{depth}(G_1) + 1 \stackrel{\text{Def}}{=} \text{depth}(\neg G_1)$$

(ii) $(G_1 \circ G_2)$:
$$\text{length}((G_1 \circ G_2)) \stackrel{\text{Def}}{=} \text{length}(G_1) + \text{length}(G_2) + 3$$
$$\stackrel{\text{I.H.}}{>} \text{depth}(G_1) + \text{depth}(G_2) + 3$$
$$> \text{depth}(G_1) + \text{depth}(G_2) + 1$$
$$> \max(\text{depth}(G_1), \text{depth}(G_2)) + 1$$
$$\stackrel{\text{Def}}{=} \text{depth}((G_1 \circ G_2))$$

3.1.3 Teilformeln

Lösung 3.28 Elementares zu Teilformelmengen [▷34] ○
(a) (1) $\{(\neg p \wedge (q \to r)), \neg p, (q \to r), p, q, r\}$
  (2) $\{p\}$ (Die geschweiften Klammern nicht vergessen !)

(b) (1) Bemerkung: *Neben den Bedingungen (1–3) in der Definition von S_F gibt es dort noch eine weitere Bedingung, sozusagen eine Bedingung (0), nämlich dass S_F die kleinste Menge ist, welche die Bedingungen (1–3) erfüllt. Es ist bei dieser und den folgenden Teilaufgaben nichts darüber gesagt, ob Bedingung (0) erfüllt sein soll oder nicht. Somit sind Lösungen möglich, welche Bedingung (0) erfüllen, aber auch Lösungen welche dies nicht tun. So die Lösungen mit der Variablen $r \in \mathcal{R}$.*

  (A) $\{(p \wedge q), p\}$
    1 erfüllt; 2 trivialerweise erfüllt; 3 nicht erfüllt, da q fehlt.
  (B) $\{(p \wedge q), p, q, (q \vee r)\}$ mit $r \in \mathcal{R}$
    1 erfüllt; 2 trivialerweise erfüllt; 3 nicht erfüllt, da r fehlt.
  (C) $\{(p \wedge q), p, q, (\neg q \vee r), \neg q\}$ mit $r \in \mathcal{R}$
    1 erfüllt; 2 erfüllt; 3 nicht erfüllt, da r fehlt.
  (D) $\{(p \wedge q), p, q, (\neg q \vee r)\}$ mit $r \in \mathcal{R}$
    1 erfüllt; 2 erfüllt; 3 nicht erfüllt, da r und $\neg q$ fehlen.

  (2) $\{(p \wedge q), p, q, \neg r\}$ 1 erfüllt; 2 nicht erfüllt, da r fehlt; 3 erfüllt.
  (3) Zum Beispiel eine der folgenden Mengen:
    $\emptyset$, Menge aller aussagenlogischen Variablen, $\{\neg p, p\}$ oder $\{(p \wedge p), p\}$.

Lösung 3.29 Überprüfung einer Teilformelmenge [▷35] ◐
Damit $\mathcal{M} = \mathcal{S}_F$ ist, muss es laut Definition 3.8 die kleinste Menge sein,
(1) welche F enthält und für die gilt:
(2) Aus $\neg G \in \mathcal{M}$ folgt $G \in \mathcal{M}$ und
(3) aus $(H \circ G) \in \mathcal{M}$ folgt $H, G \in \mathcal{M}$.
Wir stellen nun für $\mathcal{M}$ fest, dass
(1) gilt, da $(p \wedge p) \in \mathcal{M}$ gilt
(2) gilt, da $\mathcal{M}$ keine Formel von der Form $\neg G$ enthalten ist.
(3) gilt, da $(p \wedge p)$ die einzige Formel in $\mathcal{M}$ von der Form $(H \circ G)$ ist, und außerdem $p \in \mathcal{M}$ gilt.
Somit erfüllt $\mathcal{M}$ die drei oben genannten Bedingungen, und es bleibt nur noch zu zeigen, dass $\mathcal{M}$ die kleinste derartige Menge ist.
Aber für *jede echte Teilmenge* $\mathcal{N} \subset \mathcal{M}$ gilt
  (i) $(p \wedge p) \notin \mathcal{N}$ und damit ist (1) verletzt, oder
  (ii) $p \notin \mathcal{N}$ und damit ist (2) verletzt, falls $(p \wedge p) \in \mathcal{N}$, oder ebenfalls (1) verletzt, falls auch $(p \wedge p) \notin \mathcal{N}$.

3-7 73 Lösung 3.30 Existenz von Teilformelmengen [▷35] ◐

(a) Eine solche Formelmenge $\mathcal{A}$ ist z.B. die Menge $\mathcal{L}(\mathcal{R})$ aller aussagenlogischen Formeln. Dass $\mathcal{L}(\mathcal{R})$ die Bedingungen $S1(F)-S3(F)$ erfüllt, argumentiert man wie folgt:

(1) Da $\mathcal{L}(\mathcal{R})$ alle Formeln enthält und F eine Formel ist, gilt natürlich auch $F \in \mathcal{L}(\mathcal{R})$.

(2) Sei $\neg H \in \mathcal{L}(\mathcal{R})$ beliebig, dann ist $\neg H$ eine Formel. Dann ist auch H eine Formel – folgt aus Aufgabe 3.5 – und damit muss H in der Menge aller Formeln enthalten sein. Also gilt $H \in \mathcal{L}(\mathcal{R})$.

(3) Sei $(G \circ H) \in \mathcal{L}(\mathcal{R})$ beliebig, dann folgt dass $(G \circ H)$ eine Formel ist. Dann sind auch G und H Formeln – folgt aus Aufgabe 3.5 – und damit müssen G und H in der Menge aller Formeln enthalten sein. Also gilt $G, H \in \mathcal{L}(\mathcal{R})$.

(b) Nach Teilaufgabe (a) gilt, dass es eine Formelmenge $\mathcal{A} \subseteq \mathcal{L}(\mathcal{R})$ gibt, welche die Bedingungen $S1(F) - S3(F)$ erfüllt. Damit folgt natürlich, dass $\mathcal{A} \in \mathcal{F}$, woraus wiederum folgt, dass $\bigcap \mathcal{F} \subseteq \mathcal{L}(\mathcal{R})$. Somit ist $\bigcap \mathcal{F}$ eine Formelmenge. (Man beachte auch, dass in der naiven Mengenlehre $\bigcap \emptyset$ die Menge aller Dinge ist. Wäre $\mathcal{F} = \emptyset$, so wäre $\bigcap \mathcal{F}$ keine Formelmenge.)

(c) Dass $\bigcap \mathcal{F}$ den Bedingungen $S1(F) - S3(F)$ genügt, zeigt man indem man benützt, dass jede der Mengen $N \in \mathcal{F}$ die Bedingungen $S1(F) - S3(F)$ erfüllt. Man argumentiert wie folgt:

(1) Da jedes $N \in \mathcal{F}$ die Bedingung $S1(F)$ erfüllt, gilt $F \in N$ für alle $N \in \mathcal{F}$. Daraus folgt, dass auch $F \in \bigcap \mathcal{F}$.

(2) Sei $\neg G \in \bigcap \mathcal{F}$. Dann gilt $\neg G \in N$ für alle $N \in \mathcal{F}$.
Da jedes $N \in \mathcal{F}$ die Bedingung $S2(F)$ erfüllt, gilt $G \in N$ für alle $N \in \mathcal{F}$. Daraus folgt, dass $G \in \bigcap \mathcal{F}$.

(3) Sei $(H \circ G) \in \bigcap \mathcal{F}$. Dann gilt $(H \circ G) \in N$ für alle $N \in \mathcal{F}$.
Da jedes $N \in \mathcal{F}$ die Bedingung $S3(F)$ erfüllt, gilt auch $H \in N$ und $G \in N$ für alle $N \in \mathcal{F}$. Daraus folgt dann $H \in \bigcap \mathcal{F}$ und $G \in \bigcap \mathcal{F}$.

(d) Siehe Teilaufgabe (d) von Aufgabe 3.3.

(e) Wir zeigen, dass $\bigcap \mathcal{F}$ die kleinste Formelmenge ist, welche die Bedingungen $S1(F) - S3(F)$ erfüllt. Wir wollen Lemma (d) hierzu auf die Formelmenge $\mathcal{F}$ anwenden.

(1) $\mathcal{F}$ ist natürlich eine Menge von Mengen, und zwar von all den Formelmengen, welche die Bedingungen $S1(F) - S3(F)$ erfüllen.

(2) Nach Teilaufgabe (b) ist $\bigcap \mathcal{F}$ auch eine Formelmenge, und nach Teilaufgabe (c) erfüllt $\bigcap \mathcal{F}$ auch die Bedingungen $S1(F) - S3(F)$.

(3) Also gilt $\bigcap \mathcal{F} \in \mathcal{F}$, und somit erfüllt die Formelmenge $\mathcal{F}$ die Voraussetzungen von Lemma (d).

(4) Mit Lemma (d) folgt, dass $\bigcap \mathcal{F}$ das kleinste Element von $\mathcal{F}$ ist; d.h. die kleinste Formelmenge welche die Bedingungen $S1(F) - S3(F)$ erfüllt.

Lösung 3.31 Pseudo-Teilformelmengen [▷36] ○

(a) Z.B. die Formelmenge { $(((p \to \neg\neg q) \land \neg\neg\neg p) \to q)$, q } oder { $(((p \to \neg\neg q) \land \neg\neg\neg p) \to q)$, $((p \to \neg\neg q) \land \neg\neg\neg p)$, $(p \to \neg\neg q)$, $\neg\neg q$, $\neg q$, q }.

(b) Hierzu genügt die Angabe eines Beispiels: Sei $H = (p \land q)$. Minimale Formelmengen, welche die Bedingungen P1(H) – P3(H) erfüllen sind z.B. $\mathcal{P}_1 = \{(p \land q), p\}$ und $\mathcal{P}_2 = \{(p \land q), q\}$. Es gilt aber weder $\mathcal{P}_1 \subseteq \mathcal{P}_2$ noch $\mathcal{P}_2 \subseteq \mathcal{P}_1$.

Bemerkung: *Diese Aufgabe motiviert die Notwendigkeit der in Aufgabe 3.30 (oder auch in Aufgabe 3.3) geführten Beweise: Man kann eben nicht einfach eine kleinste Menge mit gewissen Bedingungen postulieren; es könnte nämlich sein, dass eine solche gar nicht existiert.*

Lösung 3.32 Konstruktion von Teilformeln [▷36] ○

$\mathcal{K}_0(F) = \{\neg(p \lor \neg q)\}$ $[\neg(p \lor \neg q)]$

$\mathcal{K}_1(F) = \{(p \lor \neg q)\}$ $[\neg(p \lor \neg q), (p \lor \neg q)]$

$\mathcal{K}_2(F) = \{p, \neg q\}$ $[\neg(p \lor \neg q), (p \lor \neg q), p]$ oder

$[\neg(p \lor \neg q), (p \lor \neg q), \neg q]$

$\mathcal{K}_3(F) = \{q\}$ $[\neg(p \lor \neg q), (p \lor \neg q), \neg q, q]$

$\mathcal{K}_n(F) = \emptyset$ für $n \geq 4$

Lösung 3.33 Konstruierbarkeit von Teilformelmengen [▷36] ●

$\mathcal{S}_F \subseteq \mathcal{K}(F)$

Im Lehrbuch wurde die Menge $\mathcal{S}_F$ als kleinste Menge definiert, welche die drei Bedingungen aus Definition 3.8 der Teilformelmenge erfüllt. Es wurde in Aufgabe 3.30 gezeigt, dass man diese kleinste Menge als den Durchschnitt all der Mengen bekommt, welche diese drei Bedingungen erfüllen.
Wir zeigen im Folgenden, dass die Menge $\mathcal{K}(F)$ ebenfalls diese drei Bedingungen erfüllt, und somit eine dieser am Durchschnitt beteiligten Mengen ist, woraus sich sofort $\mathcal{S}_F \subseteq \mathcal{K}(F)$ ergibt.

(1) $[F]$ ist eine Konstruktion der Länge 0 der Formel F.
Somit gilt $F \in \mathcal{K}_0(F) \subseteq \mathcal{K}(F)$.

(2) Sei $\neg H \in \mathcal{K}(F)$ beliebig. Dann muss es ein $n \in \mathbb{N}$ geben mit $\neg H \in \mathcal{K}_n(F)$. Dies impliziert, dass für die Formel $\neg H$ eine Konstruktion der Länge n existiert, d.h. eine Konstruktion der Form $[H_0, \ldots, H_n]$ mit $H_n = \neg H$. Dann ist aber $[H_0, \ldots, H_n, H_{n+1}]$ mit $H_{n+1} = H$ eine Konstruktion der Formel H der Länge $n+1$, denn

   (i) $H_0 = F$ gilt, da $[H_0, \ldots, H_n]$ eine Konstruktion ist.

   (ii) $H_{n+1} = H$ gilt, nach Definition der Folge $[H_0, \ldots, H_n, H_{n+1}]$.

   (iii) Die Bedingungen (2.a–c) gelten für $j \in \{1, \ldots, n\}$, da $[H_0, \ldots, H_n]$ eine Konstruktion ist.

   (iv) Für $j = n+1$ gilt Bedingung (2.a) nach Definition der Folge $[H_0, \ldots, H_n, H_{n+1}]$.

   Somit gilt $H \in \mathcal{K}_{n+1}(F) \subseteq \mathcal{K}(F)$.

(3) Sei $(H \circ G) \in \mathcal{K}(F)$ beliebig. Dann muss es ein $n \in \mathbb{N}$ geben mit

$(H \circ G) \in \mathcal{K}_n(F)$. Dies impliziert, dass für die Formel $(H \circ G)$ eine Konstruktion der Länge n existiert, d.h. eine Konstruktion der Form $[H_0, \ldots, H_n]$ mit $H_n = (H \circ G)$.
Dann sind aber $[H_0, \ldots, H_n, H_{n+1}]$ mit $H_{n+1} = H$ bzw. mit $H_{n+1} = G$ Konstruktionen der Formeln H bzw. G der Länge $n+1$ aus analogen Überlegungen wie zuvor im Fall $\neg H \in \mathcal{K}(F)$.
Somit gilt $H \in \mathcal{K}_{n+1}(F) \subseteq \mathcal{K}(F)$ und $G \in \mathcal{K}_{n+1}(F) \subseteq \mathcal{K}(F)$.

$\mathcal{K}(F) \subseteq \mathcal{S}_F$

Wir zeigen mittels vollständiger Induktion über n, dass $\mathcal{K}_n(F) \subseteq \mathcal{S}_F$ für alle $n \in \mathbb{N}$, woraus sich unmittelbar $\mathcal{K}(F) \subseteq \mathcal{S}_F$ ergibt.

I.A. $n = 0$: Für jede Formel G aus $\mathcal{K}_0(F)$ existiert eine Konstruktion $[H_0]$. Für diese Konstruktion sind die Bedingungen (2.a–c) trivialerweise erfüllt. Aus Bedingung (1) folgt $G = H_0 = F$. Mit $F \in \mathcal{S}_F$ folgt $\mathcal{K}_0(F) \subseteq \mathcal{S}_F$.

I.H. Für n gilt: $\mathcal{K}_n(F) \subseteq \mathcal{S}_F$

I.B. Für $n+1$ gilt: $\mathcal{K}_{n+1}(F) \subseteq \mathcal{S}_F$

I.S. Sei $G \in \mathcal{K}_{n+1}(F)$. Dann existiert für die Formel G eine Konstruktion $[H_0, \ldots, H_{n+1}]$ der Länge $n+1$. Damit gilt also $H_0 = F$ und $H_{n+1} = G$. Wir zeigen, dass G aus $\mathcal{S}_F$ sein muss, woraus die I.B. folgt. Hierzu betrachten wir für H_{n+1} die folgenden Fälle gemäß der Definition von Konstruktionen: Da $n+1 > 0$ gilt, muss eine der Bedingungen (2.a–c) zutreffen:

(i) $H_n = \neg H_{n+1}$: d.h.. $H_n = \neg G$.
   Dann ist $[H_0, \ldots, H_n]$ eine Konstruktion von $\neg G$ der Länge n, da
   – $H_0 = F$, denn $[H_0, \ldots, H_{n+1}]$ ist eine Konstruktion, und
   – $H_n = \neg G$ wegen $H_n = \neg H_{n+1}$.
   – Die Bedingungen (2.a–c) gelten für $j \in \{1, \ldots, n\}$, da sie ja sogar für $j \in \{1, \ldots, n+1\}$ gelten, weil $[H_0, \ldots, H_n, H_{n+1}]$ eine Konstruktion ist.
   Somit ist $\neg G \in \mathcal{K}_n(F)$ und mit der I.H. ist $\neg G \in \mathcal{S}_F$.
   Gemäß der Definition von $\mathcal{S}_F$ gilt dann auch $G \in \mathcal{S}_F$, womit folgt, dass $\mathcal{K}_{n+1}(F) \subseteq \mathcal{S}_F$.

(ii) $H_n = (H_{n+1} \circ H')$: Analog zu (i) zuvor.

(iii) $H_n = (H' \circ H_{n+1})$: Sehr analog zu (ii) zuvor.

Lösung 3.34 Längenabnahme in Teilformel-Konstruktionen [▷36]

(a) Nach den Bedingungen (2.a–2.c), welche in Aufgabe 3.32 an die Teilformel-Konstruktionen gestellt wurden, muss einer der folgenden Fälle gelten:

(i) $H_i = \neg H_{i+1}$, und damit $\mathsf{laenge}(H_{i+1}) = \mathsf{laenge}(H_n) - 1$, oder

(ii) $H_i = (H_{i+1} \circ H')$ und damit
$\mathsf{laenge}(H_{i+1}) = (\mathsf{laenge}(H_n) - 3) - \mathsf{laenge}(H')$, oder

(iii) $H_i = (H' \circ H_{i+1})$ und damit
$\mathsf{laenge}(H_{i+1}) = (\mathsf{laenge}(H_n) - 3) - \mathsf{laenge}(H')$

Dies bedeutet also $\mathsf{laenge}(H_{i+1}) < \mathsf{laenge}(H_i)$.

II.3.1. SYNTAX

(b) Nach Teilaufgabe (a) gilt laenge(H_0) > laenge(H_1) > $\cdots$ > laenge(H_n).
Aus den unterschiedlichen Formellängen ergibt sich unmittelbar die Verschiedenheit der Formeln $H_0, \ldots, H_n$.

Lösung 3.35 Partielle Ordnung auf Teilformeln [▷37] ◐

(a) *Reflexivität von* ◁: Zu zeigen: Für alle Formeln $F \in \mathcal{L}(\mathcal{R})$ gilt: $F \lhd F$.
$F \lhd F$ gilt aber gdw. $F \in \mathcal{S}_F$ gilt, was nach Definition von $\mathcal{S}_F$ erfüllt ist.

(b) *Transitivität von* ◁: Zu zeigen: Für beliebige Formeln $F, G, H \in \mathcal{L}(\mathcal{R})$ gilt:
  Wenn $F \lhd G$ und $G \lhd H$, dann gilt $F \lhd H$.
Gemäß Aufgabe 3.32 existieren Konstruktionen
  $[H_0, \ldots, H_n]$ mit $H_0 = H$ und $H_n = G$, und
  $[G_0, \ldots, G_m]$ mit $G_0 = G$ und $G_m = F$,
und zudem gilt für alle H_j ($j \in \{1, \ldots, n\}$) und für alle G_j ($j \in \{1, \ldots, m\}$) jeweils einer der folgenden Alternativen:
  (1) $H_{j-1} = \neg H_j$ bzw. $G_{j-1} = \neg G_j$
  (2) $H_{j-1} = (H_j \circ H')$ bzw. $G_{j-1} = (G_j \circ G')$
  (3) $H_{j-1} = (H' \circ H_j)$ bzw. $G_{j-1} = (G' \circ G_j)$
Dann ist aber $[H_0, \ldots, H_n, G_1, \ldots, G_m]$ eine Konstruktion mit $H_0 = H$ und $G_m = F$, denn es gelten wie folgt die weiteren Bedingungen für Konstruktionen:
  (i) für alle H_j ($j \in \{1, \ldots, n\}$) gilt eine der obigen Alternativen (1–3), da $[H_0, \ldots, H_n]$ eine Konstruktion ist.
  (ii) für alle G_j ($j \in \{2, \ldots, m\}$) gilt eine der obigen Alternativen (1–3), da $[G_0, \ldots, G_m]$ eine Konstruktion ist.
  (iii) für G_1 gilt eine der obigen Alternativen (1–3), da $[G_0, \ldots, G_m]$ eine Konstruktion ist und in $[H_0, \ldots, H_n, G_1, \ldots, G_m]$ gilt: $H_n = G_0$.
Somit ist $F \in \mathcal{S}_H$, d.h. $F \lhd H$

(c) *Antisymmetrie von* ◁: Zu zeigen: Für beliebige Formeln $F, G \in \mathcal{L}(\mathcal{R})$ gilt:
  Wenn $F \lhd G$ und $G \lhd F$, dann gilt $F = G$.
Aus $F \lhd G$ und $G \lhd F$ folgt, dass es eine Konstruktion $[F_0, \ldots, F_n]$ mit $F_0 = G$ und $F_n = F$ und eine Konstruktion $[G_0, \ldots, G_m]$ mit $G_0 = F$ und $G_m = G$ gibt.
Für die Formelfolge $[F_0, \ldots, F_n, G_1, \ldots, G_m]$ folgt dann analog zum Beweis von Teilaufgabe (b), dass sie eine Konstruktion mit $F_0 = G$ und $G_m = G$ ist. Mit Aufgabe 3.34 folgt nun, dass laenge(G) < laenge(G) falls $n+m > 0$. In umgekehrter Richtung bedeutet dies, dass $n+m \leq 0$ aus laenge(G) $\leq$ laenge(G) folgt. Mit $m, n \in \mathbb{N}$ impliziert dies $n+m = 0$ und damit $n = m = 0$. Daraus folgt, dass $F = G$ ist.

Lösung 3.36 Rekursive Teilformelberechnung [▷37] ◐

(a) Für eine beliebige Formel $F \in \mathcal{L}(\mathcal{R})$ wurden in Definition 3.8 die Teilformelmenge $\mathcal{S}_F$ definiert als die kleinste Formelmenge, welche die 3 folgenden Abschlusseigenschaften bzgl. F erfüllt:

(i) $F \in S_F$

(ii) Mit $\neg G \in S_F$ gilt $G \in S_F$

(iii) Mit $(G \circ H) \in S_F$ gilt $G \in S_F$ und $H \in S_F$

Für $F = A$ gilt, dass $\{A\}$ die 3 genannten Abschlusseigenschaften erfüllt, denn es gilt einerseits $A \in \{A\}$, und die beiden anderen Abschlusseigenschaften sind erfüllt, da $\{A\}$ keine Formeln der Form $\neg G$ bzw. $(G \circ H)$ enthält. Somit folgt: $S_A \subseteq \{A\}$

Man hat nun 2 Möglichkeiten die entgegengesetzte Mengeninklusion $\{A\} \subseteq S_A$ zu zeigen.

Entweder: $\{A\}$ besitzt nur eine einzige echte Teilmenge, nämlich $\emptyset$. Diese erfüllt aber die Abschlusseigenschaften nicht mehr, da $A \notin \emptyset$. Somit ist die Menge $\{A\}$ die kleinste Formelmenge mit den geforderten Abschlusseigenschaften.

oder: Alternativ könnte man aus $A \in S_A$ schließen, dass $\{A\} \subseteq S_A$ gelten muss, woraus mit der bereits oben gezeigten Mengeninklusion $S_A \subseteq \{A\}$ die Gleichung $S_A = \{A\}$ folgt.

(b) Wir zeigen die Gleichheit der beiden Mengen indem wir die gegenseitige Inklusion beweisen.

$S_{\neg F} \subseteq \{\neg F\} \cup S_F$

$\{\neg F\} \cup S_F$ erfüllt die Abschlusseigenschaften für Teilformelmengen bzgl. $\neg F$, denn

(1) $\neg F \in \{\neg F\} \cup S_F$.

(2) Eine Formel der Form $\neg G \in \{\neg F\} \cup S_F$ ist

entweder die Formel $\neg F$ und dann ist $F \in \{\neg F\} \cup S_F$, weil $F \in S_F$ gilt,

oder $\neg G \in S_F$ und dann ist $G \in \{\neg F\} \cup S_F$ wegen $G \in S_F$.

(3) Für eine Formel der Form $(G \circ H) \in \{\neg F\} \cup S_F$ gilt, dass $(G \circ H) \in S_F$, woraus $G \in S_F$ und $H \in S_F$ folgen, und damit $G \in \{\neg F\} \cup S_F$ und $H \in \{\neg F\} \cup S_F$ folgt.

Somit folgt: $S_{\neg F} \subseteq \{\neg F\} \cup S_F$.

$S_{\neg F} \supseteq \{\neg F\} \cup S_F$

Es gilt

(1) $\neg F \in S_{\neg F}$

(2) Für jede Formel $G \in S_{\neg F}$ existiert eine Konstruktion $[H_1, \ldots, H_n]$ mit $H_1 = F$ und $H_n = G$. Dann ist aber $[\neg F, H_1, \ldots, H_n]$ eine Konstruktion von G aus $\neg F$, da es in der neuen Formelfolge für $H_1 = F$ die Formel $\neg F$ links von H_1 gibt, und sich da für $H_2, \ldots, H_n$ die notwendigen Bedingungen von der Konstruktion $[H_1, \ldots, H_n]$ vererben. Somit ist $G \in S_{\neg F}$, also $S_F \subseteq S_{\neg F}$.

Hieraus folgt: $\{\neg F\} \cup S_F \subseteq S_{\neg F}$

Alternative Lösung

(1) $\neg F \in S_{\neg F}$

II.3.1. SYNTAX

(2) Daraus folgt $F \triangleleft \neg F$, da für die Teilformelmenge $\mathcal{S}_{\neg F}$ gilt:
Wenn $\neg G \in \mathcal{S}_{\neg F}$, dann $G \in \mathcal{S}_{\neg F}$.
Sei $H \in \mathcal{S}_F$ beliebig. Dann kann man auch schreiben $H \triangleleft F$. Zusammen mit $F \triangleleft \neg F$ folgt mit der Transitivität von $\triangleleft$, dass $H \triangleleft \neg F$ gilt. Dies bedeutet $H \in \mathcal{S}_{\neg F}$, und auf Grund der freien Wahl von H folgt somit $\mathcal{S}_F \subseteq \mathcal{S}_{\neg F}$.

Hieraus folgt: $\{\neg F\} \cup \mathcal{S}_F \subseteq \mathcal{S}_{\neg F}$

(c) Wir zeigen die Gleichheit der beiden Mengen indem wir die gegenseitige Inklusion beweisen.

$\mathcal{S}_{(F \circ G)} \subseteq \{(F \circ G)\} \cup \mathcal{S}_F \cup \mathcal{S}_G$

$\{(F \circ G)\} \cup \mathcal{S}_F \cup \mathcal{S}_G$ erfüllt die Abschlusseigenschaften für Teilformelmengen bzgl. $(F \circ G)$, denn

(1) $(F \circ G) \in \{(F \circ G)\} \cup \mathcal{S}_F \cup \mathcal{S}_G$.

(2) Für eine Formel der Form $\neg H \in \{(F \circ G)\} \cup \mathcal{S}_F \cup \mathcal{S}_G$ gilt (nicht notwendigerweise exklusiv), dass
  (i) $\neg H \in \mathcal{S}_F$, woraus $H \in \mathcal{S}_F$ folgt, oder
  (ii) $\neg H \in \mathcal{S}_G$, woraus $H \in \mathcal{S}_G$ folgt.
Aus jedem dieser beiden Fälle ergibt sich $H \in \{(F \circ G)\} \cup \mathcal{S}_F \cup \mathcal{S}_G$.

(3) Eine Formel der Form $(H_1 \circ H_2) \in \{(F \circ G)\} \cup \mathcal{S}_F \cup \mathcal{S}_G$ ist
  entweder die Formel $(F \circ G)$, d.h. $H_1 = F$ und $H_2 = G$, und dann ergibt sich $H_1, H_2 \in \{(F \circ G)\} \cup \mathcal{S}_F \cup \mathcal{S}_G$, weil $F \in \mathcal{S}_F$ und $G \in \mathcal{S}_G$ gilt,
  oder es gilt (nicht notwendigerweise exklusiv), dass
  (i) $(H_1 \circ H_2) \in \mathcal{S}_F$, woraus $H_1, H_2 \in \mathcal{S}_F$ folgt, oder
  (ii) $(H_1 \circ H_2) \in \mathcal{S}_G$, woraus $H_1, H_2 \in \mathcal{S}_G$ folgt.
Aus jedem dieser beiden Fälle ergibt sich $H_1, H_2 \in \{(F \circ G)\} \cup \mathcal{S}_F \cup \mathcal{S}_G$.

Somit folgt: $\mathcal{S}_{(F \circ G)} \subseteq \{(F \circ G)\} \cup \mathcal{S}_F \cup \mathcal{S}_G$.

$\mathcal{S}_{(F \circ G)} \supseteq \{(F \circ G)\} \cup \mathcal{S}_F \cup \mathcal{S}_G$

Es gilt

(1) $(F \circ G) \in \mathcal{S}_{(F \circ G)}$

(2) Für jede Formel $H \in \mathcal{S}_F$ existiert eine Konstruktion $[H_1, \ldots, H_n]$ mit $H_1 = F$ und $H_n = H$. Dann ist aber $[(F \circ G), H_1, \ldots, H_n]$ eine Konstruktion von H aus $(F \circ G)$, da es in der neuen Formelfolge für $H_1 = F$ die Formel $(F \circ G)$ links von H_1 gibt, und da sich für $H_2, \ldots, H_n$ die notwendigen Bedingungen von der Konstruktion $[H_1, \ldots, H_n]$ vererben. Somit ist $H \in \mathcal{S}_{(F \circ G)}$, woraus $\mathcal{S}_F \subseteq \mathcal{S}_{(F \circ G)}$ aus der beliebigen Wahl von $H \in \mathcal{S}_F$ folgt.

(3) Analogerweise schließen wir für jede Formel $H \in \mathcal{S}_G$, dass $H \in \mathcal{S}_{(F \circ G)}$, woraus $\mathcal{S}_G \subseteq \mathcal{S}_{(F \circ G)}$ aus der beliebigen Wahl von $H \in \mathcal{S}_G$ folgt.

Hieraus folgt: $\mathcal{S}_{(F \circ G)} \supseteq \{(F \circ G)\} \cup \mathcal{S}_F \cup \mathcal{S}_G$

Alternative Lösung

(1) $(F \circ G) \in \mathcal{S}_{(F \circ G)}$

(2) Daraus folgt $F \lhd (F \circ G)$ und $G \lhd (F \circ G)$, da für die Teilformelmenge $\mathcal{S}_{(F \circ G)}$ gilt: Wenn $(H_1 \circ H_2) \in \mathcal{S}_{(F \circ G)}$, dann $H_1, H_2 \in \mathcal{S}_{(F \circ G)}$. Für alle $H \in \mathcal{S}_F$ und $F \lhd (F \circ G)$ bzw. $H \in \mathcal{S}_G$ und $G \lhd (F \circ G)$ folgt mit der Transitivität von $\lhd$, dass $H \in \mathcal{S}_{(F \circ G)}$, und somit $\mathcal{S}_F \subseteq \mathcal{S}_{(F \circ G)}$ und $\mathcal{S}_G \subseteq \mathcal{S}_{(F \circ G)}$.

Hieraus folgt: $\mathcal{S}_{(F \circ G)} \supseteq \{(F \circ G)\} \cup \mathcal{S}_F \cup \mathcal{S}_G$.

(d)
$$\mathsf{sub}(F) = \begin{cases} \{F\} & \text{falls } F \text{ atomar} \\ \{\neg G\} \cup \mathsf{sub}(G) & \text{falls } F = \neg G \\ \{(G \circ H)\} \cup \mathsf{sub}(G) \cup \mathsf{sub}(H) & \text{falls } F = (G \circ H) \end{cases}$$

Die Korrektheit dieser Definition folgt für den ersten Fall aus Teilaufgabe (a), für den zweiten aus Teilaufgabe (b) und für den dritten Fall aus Teilaufgabe (c).

Lösung 3.37 Pseudo-Teilformelmengen vs. Teilformelmengen [▷37] ●

(a) Es genügt hierfür zu zeigen, dass die Formelmenge $\mathcal{H}$ die drei Bedingungen P1(F) – P3(F) aus Aufgabe 3.31 erfüllt. Daraus folgt dann: Entweder ist $\mathcal{H}$ bereits eine minimale Formelmenge, welche diese Bedingungen erfüllt, oder die Formelmenge $\mathcal{H}$ muss wegen ihrer endlichen Kardinalität eine derartige minimale Formelmenge enthalten.

P1(F): Mit $H_0 = F$ folgt $F \in \mathcal{H}$.

P2(F): Für eine Formel $\neg G \in \mathcal{H}$ gilt, dass ein $k \in \{0, \ldots, n\}$ existiert mit $\neg G = H_k$. $\neg G \notin \mathcal{R}$ impliziert $\neg G \neq H_n$. Daraus folgt $k < n$ und $\mathcal{H}$ enthält die Formel H_{k+1}. Auf Grund der Bedingung (2.a) der Konstruktion von Teilformeln (vgl. Aufgabe 3.32) folgt, dass $H_{k+1} = G$ ist, woraus sich $G \in \mathcal{H}$ ergibt.

P3(F): Für eine Formel $(G \circ H) \in \mathcal{H}$ gilt, dass es ein $k \in \{0, \ldots, n\}$ mit $(G \circ H) = H_k$ geben muss. $(G \circ H) \notin \mathcal{R}$ impliziert, dass $(G \circ H) \neq H_n$ gilt, woraus $k < n$ folgt. Auf Grund der Bedingung (2.b) bzw. (2.c) der Konstruktion von Teilformeln folgt, dass $H_{k+1} = G$ oder dass $H_{k+1} = H$ ist, woraus sich $G \in \mathcal{H}$ oder $H \in \mathcal{H}$ ergibt.

Somit erfüllt die Formelmenge $\mathcal{H}$ die drei Bedingungen P1(F) – P3(F).

Dass die Menge $\mathcal{H}$ nicht unbedingt eine Pseudo-Teilformelmenge von F sein muss, lässt sich z.B. anhand der Formel $F = (p \wedge (p \wedge q))$ zeigen:

Die Formelfolge $[(p \wedge (p \wedge q)), (p \wedge q), p]$ ist eine korrekte Teilformel-Konstruktion der Formel $p \in \mathcal{R}_F$ aus F, jedoch ist $\{(p \wedge (p \wedge q)), p\}$ eine Pseudo-Teilformelmenge von F, welche echt kleiner ist als $\{(p \wedge (p \wedge q)), (p \wedge q), p\}$. Dies bedeutet, dass die Formelmenge $\{(p \wedge (p \wedge q)), (p \wedge q), p\}$ keine Pseudo-Teilformelmenge von F ist.

Bemerkung: *Dieses Beispiel widerlegt die auf den ersten Blick naheliegende Vorstellung, dass man bei der Definition einer Menge über Abschlusseigenschaften, wie z.B. geschehen bei der Definition der Teilformelmenge einer Formel, mit diesen Abschlusseigenschaften in einfacher Weise die betreffende Menge konstruieren kann. Pseudo-Teilformelmengen sind zwar alle im Prinzip*

II.3.1. SYNTAX

konstruierbar (siehe Teilaufgabe (b)), aber nicht jede Konstruktion gemäß der Abschlusseigenschaften liefert auch automatisch eine Pseudo-Teilformelmenge.

(b) Wir betrachten zunächst den einfachen Fall $|\mathcal{P}| = 1$. Für diesen Fall folgt sofort $F \in \mathcal{R}$, denn andernfalls wäre F von der Form $\neg G$ oder $(G \circ H)$, und damit müsste $\mathcal{P}$ mindestens eine weitere Formel enthalten. Aus $F \in \mathcal{R}$ erhalten wir mit $[F]$ eine Teilformel-Konstruktion mit den geforderten Eigenschaften.

Für den nun noch zu betrachtenden Fall $|\mathcal{P}| > 1$ ist die Beweisidee intuitiv die folgende: Wir zeigen zunächst, dass wir ausgehend von F mittels fortschreitender Teilformel-Konstruktionen der Reihe nach Teilformeln von F konstruieren können, die alle in $\mathcal{P}$ liegen. Wir erhalten dadurch für wachsendes $k \in \mathbb{N}$ entsprechende Teilformel-Konstruktionen $[H_0, \ldots, H_k]$ mit $H_i \in \mathcal{P}$ für alle $i \in \{0, \ldots, k\}$. Dieses Konstruieren geht aber höchstens solange, wie Formeln in $\mathcal{P}$ vorhanden sind – die Formeln in einer Teilformel-Konstruktion müssen ja alle voneinander verschieden sein (vgl. Aufgabe 3.34).

Konkret zeigen wir mit vollständiger Induktion, dass für jedes $k \in \mathbb{N}$, für das $k < |\mathcal{P}| - 1$ gilt, eine Konstruktion $[H_0, \ldots, H_k]$ einer Teilformel von F existiert, also somit $H_0 = F$, wobei

(1) $H_i \in \mathcal{P}$ für alle $i \in \{0, \ldots, k\}$ gilt, und zudem noch

(2) $\{H_0, \ldots, H_k\} \cap \mathcal{R} = \emptyset$ gilt.

Die letzte Bedingung ermöglicht die Fortsetzung der Teilformel-Konstruktion.

I.A. $k = 0$: $[F]$ ist auf alle Fälle eine Konstruktion einer Teilformel aus F der Länge $k = 0$. Da nach P1(F) gelten muss, dass $F \in \mathcal{P}$, erfüllt die Teilformel-Konstruktion $[F]$ obige Bedingung (1). Da $|\mathcal{P}| > 1$ ist, folgt dass $\mathcal{P}$ nicht einelementig ist. Dann kann aber nicht $F \in \mathcal{R}$ gelten, denn für eine Formel $A \in \mathcal{R}$ gibt es nur die einelementige Pseudo-Teilformelmenge $\{A\}$; und somit gilt obige Bedingung (2).

I.H. Wir nehmen an, dass für $k < |\mathcal{P}| - 1$ eine Konstruktion $[H_0, \ldots, H_k]$ einer Teilformel von F existiert, wobei (1) $H_i \in \mathcal{P}$ für alle $i \in \{0, \ldots, k\}$ und (2) $\{H_0, \ldots, H_k\} \cap \mathcal{R} = \emptyset$ gilt.

I.B. Falls $k + 1 < |\mathcal{P}| - 1$, dann existiert eine Konstruktion $[H_0, \ldots, H_{k+1}]$ einer Teilformel von F wobei (1) $H_i \in \mathcal{P}$ für alle $i \in \{0, \ldots, k + 1\}$ und (2) $\{H_0, \ldots, H_{k+1}\} \cap \mathcal{R} = \emptyset$.

I.S. Aus $k + 1 < |\mathcal{P}| - 1$ folgt natürlich $k < |\mathcal{P}| - 1$, und damit gibt es nach I.H. eine Konstruktion $[H_0, \ldots, H_k]$ einer Teilformel von F, wobei $\{H_0, \ldots, H_k\} \cap \mathcal{R} = \emptyset$ und $H_i \in \mathcal{P}$ für alle $i \in \{0, \ldots, k\}$ gilt. $\{H_0, \ldots, H_k\} \cap \mathcal{R} = \emptyset$ impliziert insbesondere, dass $H_k \notin \mathcal{R}$, d.h. H_k ist entweder von der Form $\neg G$ oder von der Form $(G_1 \circ G_2)$. Da $H_k \in \mathcal{P}$, folgt in erstem Fall mit P2(F), dass $G \in \mathcal{P}$ und im zweiten Fall mit P3(F), dass $G_1 \in \mathcal{P}$ oder $G_2 \in \mathcal{P}$. Wir definieren nun H_{k+1} je nach Fall als G, G_1 bzw. G_2, und erhalten – wie man leicht verifiziert – eine Konstruktion $[H_0, \ldots, H_k, H_{k+1}]$ einer Teilformel von F. Mit I.H. (1) und $H_{k+1} \in \mathcal{P}$ folgt I.B. (1), d.h. $H_i \in \mathcal{P}$ für alle $i \in \{0, \ldots, k + 1\}$.

Wäre nun $H_{k+1} \in \mathcal{R}$, dann müsste nach Teilaufgabe (a) die Formelmenge $\mathcal{H}_{k+1} := \{H_0, \ldots, H_k, H_{k+1}\}$ eine Pseudo-Teilformelmenge $\mathcal{P}'$ von F enthalten. Daraus würde aber auf Grund der Minimalität von

Pseudo-Teilformelmengen wegen $\mathcal{P}' \subseteq \mathcal{H}_{k+1} \subseteq \mathcal{P}$ sofort $\mathcal{P}' = \mathcal{P}$ folgen. Dies ist aber unmöglich, da andererseits $|\mathcal{H}_{k+1}| = k + 2 < |\mathcal{P}|$ ist, woraus $|\mathcal{P}'| < |\mathcal{P}|$ folgen muss. Somit muss $H_{n+1} \notin \mathcal{R}$ gelten. Mit I.H. (2) folgt dann sofort I.B. (2), d.h. $\{H_0, \ldots, H_{k+1}\} \cap \mathcal{R} = \emptyset$.

Aus dem eben geführten Induktionsbeweis folgt, dass es auch für $m := |\mathcal{P}| - 2$ eine Konstruktion $[H_0, \ldots, H_m]$ einer Teilformel von F gibt, wobei $\{H_0, \ldots, H_m\} \cap \mathcal{R} = \emptyset$ und $H_i \in \mathcal{P}$ für alle $i \in \{0, \ldots, m\}$ gilt.
Auf Grund der strikten Längenabnahme bei Teilformel-Konstruktionen (Aufgabe 3.34) müssen alle $H_0, \ldots, H_m$ voneinander verschieden sein. Damit enthält die Menge $\mathcal{P} \setminus \{H_0, \ldots, H_m\}$ nur noch ein Element, welches wir mit H_{m+1} bezeichnen.
Aus $H_m \notin \mathcal{R}$ folgt, dass H_m entweder von der Form $\neg G$ oder der Form $(G_1 \circ G_2)$ sein muss. Wegen der Bedingungen P2(F) und P3(F) folgt, dass im Fall von $H_m = \neg G$ die Formel G bzw. im Fall von $H_m = (G_1 \circ G_2)$ eine der Formeln G_1 und G_2 in $\mathcal{P}$ sein muss. Da keine dieser Formeln G, G_1 bzw. G_2 wiederum aus Gründen der strikten Längenabnahme bei Teilformel-Konstruktionen unter den $H_0, \ldots, H_m$ sein kann, muss H_{m+1} die betreffende Formel aus G, G_1 bzw. G_2 sein. Somit erhalten wir – wie man leicht verifiziert – eine Konstruktion $[H_0, \ldots, H_m, H_{m+1}]$ einer Teilformel von F mit $H_i \in \mathcal{P}$ für alle $i \in \{0, \ldots, m+1\}$.
H_{m+1} muss nun aber in $\mathcal{R}$ sein, denn andernfalls müsste es wiederum wegen P2(F) und P3(F) eine Teilformel von H_{m+1} geben, die natürlich wieder von den $H_0, \ldots, H_{m+1}$ verschieden ist, aber in $\mathcal{P}$ enthalten sein müsste. Dies geht aber nicht, da aus Mächtigkeitsgründen $\mathcal{P} \setminus \{H_0, \ldots, H_{m+1}\} = \emptyset$ folgt.

(c) Wir benützen, dass $\mathcal{S}_F = \mathcal{K}(F)$ mit $\mathcal{K}(F) = \bigcup_{j=0}^{\infty} \mathcal{K}_j(F)$ (siehe Aufgabe 3.32) gilt, und zeigen, dass $\mathbb{P} \subseteq \mathcal{K}(F)$ ist.
Dies ergibt sich wie folgt: In Teilaufgabe (b) wurde gezeigt, dass es für jede Pseudo-Teilformelmenge $\mathcal{P}$ von F eine Konstruktion $[H_0, \ldots, H_n]$ mit $n = |\mathcal{P}| - 1$, $H_0 = F$ und $\mathcal{P} = \{H_i \mid 0 \leq i \leq n\}$ gibt. Jetzt ist aber für alle k aus $\{0, \ldots, n\}$ die Formelfolge $[H_0, \ldots, H_k]$ eine Konstruktion von H_k aus F, denn die dafür notwendigen Bedingungen vererben sich aus der Teilformel-Konstruktion $[H_0, \ldots, H_n]$. Dies bedeutet aber, dass jede in $\mathcal{P}$ enthaltene Formel aus F konstruierbar ist. Da $\mathcal{K}(F)$ die Menge aller aus F konstruierbaren Teilformeln ist, muss $\mathcal{P} \subseteq \mathcal{K}(F)$ gelten. $\mathbb{P}(F) \subseteq \mathcal{S}_F$ folgt nun aus der beliebigen Wahl von $\mathcal{P}$.
Für die Formel $F = (p \land (p \land p))$ gibt es nur eine Pseudo-Teilformelmenge nämlich $\{(p \land (p \land p)), p\}$. Damit ist auch $\mathbb{P}(F) = \{(p \land (p \land p)), p\}$ und es fehlt die Teilformel $(p \land p)$ in $\mathbb{P}(F)$.

Lösung 3.38 Teilformeln mit dem Junktor $\land$ [▷38] ○

(a) $\mathcal{S}^{\land}(H) = \{(((p \land \neg p) \to (\neg p \land q)) \to (p \lor \neg p)),$
$((p \land \neg p) \to (\neg p \land q)), (p \land \neg p), (\neg p \land q)\}$.

(b) Wir erhalten für die Funktion f

II.3.2. SEMANTIK

$$f(F) = \begin{cases} 0 & \text{falls } F \text{ atomar} \\ f(G) & \text{falls } F \text{ von der Form } \neg G \text{ ist} \\ 1 & \text{falls } F \text{ von der Form } (G \wedge H) \text{ ist} \\ 0 & \text{falls } F \text{ von der Form } (G \circ H) \text{ ist} \\ & \quad \text{mit } \circ \neq \wedge, f(G) = 0, f(H) = 0 \\ 1 & \text{falls } F \text{ von der Form } (G \circ H) \text{ ist und } f(G) = 1 \text{ oder } f(H) = 1 \end{cases}$$

oder – dasselbe kürzer ausgedrückt, indem die beiden $(G \circ H)$-Fälle mit $\circ \neq \wedge$ zusammengefasst werden –

$$f(F) = \begin{cases} 0 & \text{falls } F \text{ atomar} \\ f(G) & \text{falls } F \text{ von der Form } \neg G \text{ ist} \\ 1 & \text{falls } F \text{ von der Form } (G \wedge H) \text{ ist} \\ \max(f(G), f(H)) & \text{sonst} \end{cases}$$

Lösung 3.39 Teilformelberechnung in Prolog [▷38] ○ 3-8 73
Wir definieren für die Junktoren entsprechende Operatoren wie in Aufgabe 3.8.

    teilformel(X, X).
    teilformel(X, Y) :- X =.. [_|L], member(Z, L)
                       teilformel(Z, Y).
    teilformelmenge(X, Set) :- setof(Y, teilformel(X, Y), Set).

Der Aufruf von ?- setof(Y, teilformel(X, Y), Set). bindet Set an die Liste, welche aus all jenen Y besteht, für welche die Anfrage ?- teilformel(X, Y). die Antwort Yes liefert.

3.2 Semantik

3.2.1 Die Struktur der Wahrheitswerte

Lösung 3.40 Ein- und zweistellige Wahrheitsfunktionen [▷38] ○
Da die Menge $\mathcal{W} = \{\top, \bot\}$ der Wahrheitswerte 2 Elemente enthält, ergeben sich folglich genau 4 einstellige Funktionen von $\mathcal{W}$ nach $\mathcal{W}$ und genau 16 zweistellige Funktionen von $\mathcal{W} \times \mathcal{W}$ nach $\mathcal{W}$. Zu jeder dieser (ein- bzw. zweistelligen) Wahrheitsfunktionen g kann man nun einen (ein- bzw. zweistelligen) Junktor $\diamond$ definieren – dessen Semantik wir wie gewohnt durch die Wahrheitsfunktion $\diamond^*$ bezeichnen – und für den gilt $\diamond^* = g$.
Eine Übersicht ist in Abbildung 3.23 gegeben.
Bemerkung:
  (i) *Man beachte, dass jede der Funktionen $\diamond^* : \mathcal{W} \to \mathcal{W}$ in der ersten Tabelle einstellig ist und jede der Funktionen $\diamond^* : \mathcal{W} \times \mathcal{W} \to \mathcal{W}$ in der zweiten Tabelle zweistellig ist.*
  (ii) *In der ersten Tabelle bezeichnen wir mit $=^*$ die im Lehrbuch als Identität bezeichnete Funktion; $\bot^*$ und $\top^*$ sind die Funktionen, die jeden Wahrheitswert auf $\bot$ bzw. $\top$ abbilden.*

Einstellige Junktoren und ihre Wahrheitsfunktionen:

	$\neg^*$	$=^*$	$\bot^*$	$\top^*$
$\top$	$\bot$	$\top$	$\bot$	$\top$
$\bot$	$\top$	$\bot$	$\bot$	$\top$

Zweistellige Junktoren und ihre Wahrheitsfunktionen:

w_1	w_2	$\wedge^*$	$\vee^*$	$\rightarrow^*$	$\leftarrow^*$	$\uparrow^*$	$\downarrow^*$	$\not\rightarrow^*$	$\not\leftarrow^*$
$\top$	$\top$	$\top$	$\top$	$\top$	$\top$	$\bot$	$\bot$	$\bot$	$\bot$
$\top$	$\bot$	$\bot$	$\top$	$\bot$	$\top$	$\top$	$\bot$	$\top$	$\bot$
$\bot$	$\top$	$\bot$	$\top$	$\top$	$\bot$	$\top$	$\bot$	$\bot$	$\top$
$\bot$	$\bot$	$\bot$	$\bot$	$\top$	$\top$	$\top$	$\top$	$\bot$	$\bot$

w_1	w_2	$\leftrightarrow^*$	$\not\leftrightarrow^*$	π^*	$\bot\!\bot^*$	$\swarrow^*$	$\not\swarrow^*$	$\searrow^*$	$\not\searrow^*$
$\top$	$\top$	$\top$	$\bot$	$\top$	$\bot$	$\top$	$\bot$	$\top$	$\bot$
$\top$	$\bot$	$\bot$	$\top$	$\top$	$\bot$	$\top$	$\bot$	$\bot$	$\top$
$\bot$	$\top$	$\bot$	$\top$	$\top$	$\bot$	$\bot$	$\top$	$\top$	$\bot$
$\bot$	$\bot$	$\top$	$\bot$	$\top$	$\bot$	$\bot$	$\top$	$\bot$	$\top$

Abbildung 3.23: Zu Aufgabe 3.40.

- *(iii) Die Funktionen $\uparrow^*$ und $\downarrow^*$ sind auch als 'NAND' und 'NOR' bekannt.*
- *(iv) π^* und $\bot\!\bot^*$ sind konstante (zweistellige) Funktionen, welche jedes Paar $(w_1, w_2) \in \mathcal{W} \times \mathcal{W}$ auf den Wahrheitswert $\top$ bzw. $\bot$ abbilden.*
- *(v) $\swarrow^*$ und $\searrow^*$ sind die (zweistelligen) Projektionen von $\mathcal{W} \times \mathcal{W}$ auf die erste bzw. zweite Komponente eines Argumentpaares. Es gilt also für alle $(w_1, w_2) \in \mathcal{W} \times \mathcal{W}$, dass $w_1 \swarrow^* w_2 = w_1$ und $w_1 \searrow^* w_2 = w_2$. Man verwechsle diese zweistelligen Projektionen nicht mit der einstelligen Identitätsfunktion $=^* : \mathcal{W} \to \mathcal{W}$.*
- *(vi) Für jede der zweistelligen Funktionen $\circ^*$ bezeichnet $\not\circ^* : \mathcal{W} \times \mathcal{W} \to \mathcal{W}$ die zweistellige Funktion, welche sich dadurch ergibt, dass man zuerst $\circ^*$ ausführt und danach die einstellige Funktion $\neg^*$ ausführt. Es gilt also für alle $(w_1, w_2) \in \mathcal{W} \times \mathcal{W}$, dass $\not\circ^*((w_1, w_2)) = \neg^*(\circ^*((w_1, w_2)))$. Man verwechsle insbesondere nicht die 'negierten' (zweistelligen) Projektionen $\not\swarrow^*$ und $\not\searrow^*$ mit der einstelligen Negationsfunktion $\neg^* : \mathcal{W} \to \mathcal{W}$. Man hätte somit auch auf die Bezeichnung $\bot\!\bot^*$ verzichten und stattdessen diese Funktion mit $\not\pi^*$ bezeichnen können. Durch Ausweitung dieser Notation auf einstellige Wahrheitsfunktionen hätte man in analoger Weise statt $\bot^*$ einfach $\not\top^*$ schreiben können.*

II.3.2. SEMANTIK 209

Lösung 3.41 Beispiel mit den Junktoren $\swarrow$ **und** $\not\leftrightarrow$ [▷38] ○
Die behauptete Aussage ist richtig; zum Beweis berechnen wir die linke und rechte
Seite der zu beweisenden Gleichung:

L.S.: $((\neg F \leftrightarrow F) \swarrow G)^I = (\neg F \leftrightarrow F)^I \swarrow^* G^I$
$= (\neg F \leftrightarrow F)^I$
$= [\neg F]^I \leftrightarrow^* F^I$
$= \neg^* F^I \leftrightarrow^* F^I$

Fall $F^I = \top$: $\neg^* F^I \leftrightarrow^* F^I = \neg^* \top \leftrightarrow^* \top = \bot \leftrightarrow^* \top = \bot$
Fall $F^I = \bot$: $\neg^* F^I \leftrightarrow^* F^I = \neg^* \bot \leftrightarrow^* \bot = \top \leftrightarrow^* \bot = \bot$
Also $\neg^* F^I \leftrightarrow^* F^I = \bot$

R.S.: $[\neg(G \not\leftrightarrow \neg G)]^I = \neg^*(G \not\leftrightarrow \neg G)^I$
$= \neg^*(G^I \not\leftrightarrow^* [\neg G]^I)$
$= \neg^*(G^I \not\leftrightarrow^* \neg^* G^I)$

Fall $G^I = \top$: $G^I \not\leftrightarrow^* \neg^* G^I = \top \not\leftrightarrow^* \neg^* \top = \top \not\leftrightarrow^* \bot = \top$
Fall $G^I = \bot$: $G^I \not\leftrightarrow^* \neg^* G^I = \bot \not\leftrightarrow^* \neg^* \bot = \bot \not\leftrightarrow^* \top = \top$
Also $G^I \not\leftrightarrow^* \neg^* G^I = \top$ und damit $\neg^*(G^I \not\leftrightarrow^* \neg^* G^I) = \bot$

Bemerkung: *Eine vollständige Übersicht über alle ein- und zweistelligen Junktoren
liefert Aufgabe 3.40.*

Lösung 3.42 Der 3-stellige Junktor `if-then-else` [▷38] ◐
(a) Seien $w_1, e_1, e_2 \in \mathcal{W}$. Dann ist

$$\text{if-then-else}(w_1, e_1, e_2) = \begin{cases} e_1 & \text{wenn } w_1 = \top \\ e_2 & \text{wenn } w_1 = \bot \end{cases}$$

Oder in Anlehnung an die Darstellung in Tabellenform (vgl. Abbildung 3.3 des
Lehrbuchs).

w_1	w_2	w_3	if-then-else(w_1, w_2, w_3)
$\top$	$\top$	$\top$	$\top$
$\top$	$\top$	$\bot$	$\top$
$\top$	$\bot$	$\top$	$\bot$
$\top$	$\bot$	$\bot$	$\bot$
$\bot$	$\top$	$\top$	$\top$
$\bot$	$\top$	$\bot$	$\bot$
$\bot$	$\bot$	$\top$	$\top$
$\bot$	$\bot$	$\bot$	$\bot$

(b) case(B1, E1, B2, E2, B3, E3, E4) :− B1, E1.
case(B1, E1, B2, E2, B3, E3, E4) :− \+ B1, B2, E2.
case(B1, E1, B2, E2, B3, E3, E4) :− \+ B1, \+ B2, B3, E3.
case(B1, E1, B2, E2, B3, E3, E4) :− \+ B1, \+ B2, \+ B3, E4.

(c) Wir erhalten die folgende Funktionsdefinition:

$$\text{case}(w_1, e_1, w_2, e_2, e_3) = \begin{cases} e_1 & \text{wenn} \quad w_1 = \top \\ e_2 & \text{wenn} \quad w_1 = \bot \text{ und } w_2 = \top \\ e_3 & \text{sonst} \quad w_1 = \bot \text{ und } w_2 = \bot \end{cases}$$

(d) In Definition 3.5 eine 4. Zeile einfügen:
   4. Wenn $B_1, E_1, B_2, E_2, E_3 \in \mathcal{L}(\mathcal{R})$,
      dann ist auch $\triangleright(B_1, E_1, B_2, E_2, E_3) \in \mathcal{L}(\mathcal{R})$.

(e) In Definition 3.9 eine 3. Zeile einfügen:
   3. $[\triangleright(B_1, E_1, B_2, E_2, E_3)]^I =$
      $\triangleright^*(B_1^I, E_1^I, B_2^I, E_2^I, E_3^I)$, wobei $\triangleright^* = \text{case}/5$.

3.2.2 Interpretationen

Lösung 3.43 Proposition 3.11: F^I **ist durch** I **auf** $\mathcal{R}_F$ **bestimmt** [▷39]

Notation: Für eine Interpretation I und eine Teilmenge $\mathcal{F} \subseteq \mathcal{L}(\mathcal{R})$ bezeichne im Folgenden $I|_\mathcal{F}$ die Einschränkung der Abbildung I von $\mathcal{L}(\mathcal{R})$ auf $\mathcal{F}$.

Wir nehmen an, dass für zwei Interpretationen I_1 und I_2 gilt, dass sie auf der Menge $\mathcal{R}_F$ übereinstimmen. Es ist dann zu zeigen, dass $F^{I_1} = F^{I_2}$ gilt. Dies erfolgt mit struktureller Induktion über die aussagenlogischen Formeln.

I.A. Für $F \in \mathcal{R}$ folgt $\mathcal{R}_F = \{F\}$, so dass $I_1|_{\mathcal{R}_F} = I_2|_{\mathcal{R}_F}$ bedeutet $I_1|_{\{F\}} = I_2|_{\{F\}}$, woraus unmittelbar $F^{I_1} = F^{I_2}$ folgt.

I.H. Für Formeln G und H, sowie für zwei Interpretationen I_1 und I_2 gilt:
Wenn $I_1|_{\mathcal{R}_G} = I_2|_{\mathcal{R}_G}$, dann folgt $G^{I_1} = G^{I_2}$, und wenn $I_1|_{\mathcal{R}_H} = I_2|_{\mathcal{R}_H}$, dann folgt $H^{I_1} = H^{I_2}$.

I.B. Für $F = \neg G$ und $F = (G \circ H)$ gilt: Für zwei Interpretationen I_1 und I_2 gilt:
Wenn $I_1|_{\mathcal{R}_F} = I_2|_{\mathcal{R}_F}$, dann $F^{I_1} = F^{I_2}$.

I.S. (i) $F = \neg G$: Da G eine Teilformel von F ist, folgt nach Aufgabe 3.35, dass $S_G \subseteq S_F$ und damit, dass $\mathcal{R}_G = S_G \cap \mathcal{R} \subseteq S_F \cap \mathcal{R} = \mathcal{R}_F$. Aus $I_1|_{\mathcal{R}_F} = I_2|_{\mathcal{R}_F}$ folgt somit $I_1|_{\mathcal{R}_G} = I_2|_{\mathcal{R}_G}$, woraus sich mit I.H. ergibt: $G^{I_1} = G^{I_2}$. Hieraus folgt aber: $F^{I_1} = [\neg G]^{I_1} = \neg^* G^{I_1} = \neg^* G^{I_2} = [\neg G]^{I_2} = F^{I_2}$.

(ii) $F = (G \circ H)$: Da G und H Teilformeln von F sind, folgt wiederum nach Aufgabe 3.35, dass $S_G \subseteq S_F$ und $S_H \subseteq S_F$, und damit, dass $\mathcal{R}_G \subseteq \mathcal{R}_F$ sowie $\mathcal{R}_H \subseteq \mathcal{R}_F$. Aus $I_1|_{\mathcal{R}_F} = I_2|_{\mathcal{R}_F}$ folgt somit $I_1|_{\mathcal{R}_G} = I_2|_{\mathcal{R}_G}$ und $I_1|_{\mathcal{R}_H} = I_2|_{\mathcal{R}_H}$, woraus sich mit I.H. ergibt: $G^{I_1} = G^{I_2}$ und $H^{I_1} = H^{I_2}$. Hieraus folgt aber: $F^{I_1} = (G \circ H)^{I_1} = G^{I_1} \circ^* H^{I_1} = G^{I_2} \circ^* H^{I_2} = (G \circ H)^{I_2} = F^{I_2}$.

Bemerkung: *Ein alternativer Beweis wird sich aus der Methode der Wahrheitswertetabellen ergeben (vgl. Aufgabe 3.51 (g)).*

II.3.2. SEMANTIK

Lösung 3.44 Proposition 3.11 verallgemeinert auf Formelmengen [▷39] ◐
Wir definieren für eine Formelmenge $\mathcal{G} \subseteq \mathcal{L}(\mathcal{R})$: $\mathcal{R}_\mathcal{G} := \bigcup\{\mathcal{R}_F \mid F \in \mathcal{G}\}$, und wie in Aufgabe 3.43 bezeichnen wir für eine Interpretation I und eine Teilmenge $\mathcal{F} \subseteq \mathcal{L}(\mathcal{R})$ mit $I|_\mathcal{F}$ die Einschränkung der Abbildung I von $\mathcal{L}(\mathcal{R})$ auf $\mathcal{F}$.
Wir nehmen an, dass für zwei Interpretationen I_1 und I_2 gilt, dass sie auf der Menge $\mathcal{R}_\mathcal{G}$ übereinstimmen. Es ist dann zu zeigen, dass entweder beide Interpretationen Modelle von $\mathcal{G}$ sind oder keine von beiden.
Sei nun F eine Formel aus $\mathcal{G}$. Dann folgt $\mathcal{R}_F \subseteq \mathcal{R}_\mathcal{G}$. Aus $I_1|_{\mathcal{R}_\mathcal{G}} = I_2|_{\mathcal{R}_\mathcal{G}}$ folgt aber $I_1|_{\mathcal{R}_F} = I_2|_{\mathcal{R}_F}$, und daraus folgt $F^{I_1} = F^{I_2}$ mit Aufgabe 3.43.
Falls I_1 ein Modell von $\mathcal{G}$ ist, so gilt $F^{I_1} = \top$ für alle $F \in \mathcal{G}$. Nach dem oben Gezeigtem folgt nun $F^{I_2} = \top$ für alle $F \in \mathcal{G}$, und damit ist auch I_2 ein Modell von $\mathcal{G}$. Analog geht's andersrum.

Lösung 3.45 Geschachtelte Konjunktionen und Disjunktionen [▷39] ○

(a) $\Longrightarrow$: I.A. $n = 1$: $F_\wedge^I = \top$ bedeutet $F_1^I = \top$, was zu zeigen ist.
  I.H. Wenn $F_\wedge^I = \top$, dann gilt $F_1^I = F_2^I = F_3^I = \cdots = F_n^I = \top$.
  I.B. Wenn $((\ldots((F_1 \wedge F_2) \wedge F_3) \wedge \ldots \wedge F_n) \wedge F_{n+1})^I = \top$, dann gilt $F_1^I = F_2^I = F_3^I = \cdots = F_n^I = F_{n+1}^I = \top$.
  I.S. Sei $((\ldots((F_1 \wedge F_2) \wedge F_3) \wedge \ldots \wedge F_n) \wedge F_{n+1})^I = \top$. Nach der Definition von $\wedge^*$ folgt, dass $F_\wedge^I = \top$ und $F_{n+1}^I = \top$ gelten muss.
  Mit der I.H. folgt aus ersterem $F_1^I = F_2^I = F_3^I = \cdots = F_n^I = \top$. Damit ergibt sich insgesamt die Behauptung $F_1^I = F_2^I = F_3^I = \cdots = F_n^I = F_{n+1}^I = \top$.

  $\Longleftarrow$: I.A. $n = 1$: $F_1^I = \top$ bedeutet $F_\wedge^I = \top$, was zu zeigen ist.
  I.H. Wenn $F_1^I = F_2^I = F_3^I = \cdots = F_n^I = \top$, dann gilt $F_\wedge^I = \top$.
  I.B. Wenn $F_1^I = F_2^I = F_3^I = \cdots = F_n^I = F_{n+1}^I = \top$, dann gilt $((\ldots((F_1 \wedge F_2) \wedge F_3) \wedge \ldots \wedge F_n) \wedge F_{n+1})^I = \top$.
  I.S. Aus $F_1^I = F_2^I = F_3^I = \cdots = F_n^I = F_{n+1}^I = \top$ folgen $F_1^I = F_2^I = F_3^I = \cdots = F_n^I = \top$ und $F_{n+1}^I = \top$. Aus ersterem folgt mit I.H., dass $F_\wedge^I = \top$. Zusammen mit der Definition von $\wedge^*$ und mit $F_{n+1}^I = \top$ folgt, dass $((\ldots((F_1 \wedge F_2) \wedge F_3) \wedge \ldots \wedge F_n) \wedge F_{n+1})^I = \top$ gelten muss.

(b) $\Longrightarrow$: I.A. $n = 1$: $F_\vee^I = \top$ bedeutet $F_1^I = \top$, und damit gilt $F_i^I = \top$ für eines der $i \in \{1\}$.
  I.H. Wenn $F_\vee^I = \top$, dann gilt $F_i^I = \top$ für mindestens eines der $i \in \{1, \ldots, n\}$.
  I.B. Wenn $((\ldots((F_1 \vee F_2) \vee F_3) \vee \ldots \vee F_n) \vee F_{n+1})^I = \top$, dann gilt $F_i^I = \top$ für mindestens eines der $i \in \{1, \ldots, n + 1\}$.
  I.S. Aus $((\ldots((F_1 \vee F_2) \vee F_3) \vee \ldots \vee F_n) \vee F_{n+1})^I = \top$ folgt mit der Definition von $\vee^*$, dass $F_\vee^I = \top$ oder $F_{n+1}^I = \top$ gilt. Mit der I.H. folgt aus ersterem, dass $F_i^I = \top$ für mindestens eines der $i \in \{1, \ldots, n\}$, womit sich insgesamt ergibt, dass $F_i^I = \top$ für mindestens eines der $i \in \{1, \ldots, n + 1\}$ gelten muss.

$\Leftarrow$: I.A. $n = 1$: Wenn $F_i^I = \top$ für mindestens eines der $i \in \{1\}$ gilt, muss $F_1^I = \top$ sein, und damit folgt $F_\vee^I = \top$.

I.H. Wenn $F_i^I = \top$ für mindestens eines der $i \in \{1, \ldots, n\}$ gilt, dann folgt $F_\vee^I = \top$.

I.B. Wenn $F_i^I = \top$ für mindestens eines der $i \in \{1, \ldots, n+1\}$ gilt, dann folgt $((\ldots((F_1 \vee F_2) \vee F_3) \vee \ldots \vee F_n) \vee F_{n+1})^I = \top$.

I.S. Wenn $F_i^I = \top$ für mindestens eines der $i \in \{1, \ldots, n+1\}$ gilt, dann gilt entweder $F_{n+1}^I = \top$ oder es gilt $F_i^I = \top$ für mindestens eines der $i \in \{1, \ldots, n\}$. Im ersten Fall folgt $((\ldots((F_1 \vee F_2) \vee F_3) \vee \ldots \vee F_n) \vee F_{n+1})^I = \top$ nach der Definition von $\vee^*$. Im zweiten Fall folgt mit der I.H., dass $F_\vee^I = \top$, und $((\ldots((F_1 \vee F_2) \vee F_3) \vee \ldots \vee F_n) \vee F_{n+1})^I = \top$ folgt wiederum mit der Definition von $\vee^*$.

Lösung 3.46 Konjunktionen und Formelmengen [▷40] ○

Erfüllbarkeit: $\mathcal{F}$ ist erfüllbar gdw. es eine Interpretation I mit $F_i^I = \top$ für $i \in \{1, \ldots, n\}$ gibt. Nach Aufgabe 3.45 ist dies äquivalent ist zu $(\ldots((F_1^I \wedge^* F_2^I) \wedge^* F_3^I) \wedge^* \ldots \wedge^* F_n^I) = \top$, was wiederum bedeutet $F^I = \top$. Das heißt aber gerade, dass F erfüllbar ist.

Allgemeingültigkeit: Im Fall der Allgemeingültigkeit schließt man ganz analog, nur dass man alle Interpretationen mit einbezieht.

Widerlegbarkeit: Zur Widerlegbarkeit von $\mathcal{F}$ muss es eine Interpretation I geben, welche mindestens eine der Formeln $F_1, \ldots, F_n$ auf $\bot$ abbildet. Dies ist aber äquivalent dazu, dass I die Formel F auf $\bot$ abbildet.

Unerfüllbarkeit: Der Beweis für die Unerfüllbarkeit verallgemeinert wiederum den gerade geführten Gedankengang auf alle Interpretationen.

Die eben bewiesene Aussage gilt jedoch nicht für eine unendliche Formelmenge $\mathcal{F}$, da man dafür eine 'unendliche Konjunktion' bilden müsste, was nach Definition 3.5 der aussagenlogischen Formeln unmöglich ist (vgl. Aufgabe 3.9).

Lösung 3.47 Wahrheitswertberechnung von Formeln in Prolog [▷40] ○

Wir erhalten das folgende Prolog-Programm.

```
int(neg F, I)   :- !, int(F, I1), intw(neg I1, I).
int(F and G, I) :- !, int(F, I1), int(G, I2), intw(I1 and I2, I).
int(F or G, I)  :- !, int(F, I1), int(G, I2), intw(I1 or I2, I).
int(F, I)       :- av(F, I), !.

intw(w and w, w) :- !.
intw(_X and _Y, f).
intw(f or f, f) :- !.
intw(_X or _Y, w).
intw(neg f, w).
intw(neg w, f).
```

Lösung 3.48 Implikationsfragment [▷40] ●

(a) JA. Zum Beispiel ist $(p \to (q \to (r \to r)))$ eine solche Formel, die nur den Junktor $\to$ enthält. Den Beweis, dass es sich um eine Tautologie handelt, führt man wie folgt:

$\quad\quad (p \to (q \to (r \to r)))$ ist eine Tautologie
gdw. $(p \to (q \to (r \to r)))^I = \top$ für alle I
gdw. $(p^I \to^* (q^I \to^* (r^I \to^* r^I))) = \top$ für alle I

Laut Wahrheitstafel gilt:

$\quad r^I \to^* r^I = \top \quad$ für beliebige I,
$\quad q^I \to^* \top = \top \quad$ für alle I und
$\quad p^I \to^* \top = \top \quad$ für alle I.

Somit gilt für alle Interpretationen I:

$(p^I \to^* (q^I \to^* (r^I \to^* r^I))) = (p^I \to^* (q^I \to^* \top))$
$\quad\quad\quad\quad\quad\quad\quad\quad\quad\quad\quad = (p^I \to^* \top)$
$\quad\quad\quad\quad\quad\quad\quad\quad\quad\quad\quad = \top$

(b) JA. Zum Beispiel ist die Formel $(p \to q)$

   (i) erfüllbar, denn für die Interpretation I mit $p^I = \bot$ und $q^I = \bot$ gilt $(p \to q)^I = \top$, und

   (ii) widerlegbar, denn für die Interpretation I mit $p^I = \top$ und $q^I = \bot$ gilt $(p \to q)^I = \bot$.

(c) NEIN, denn es lässt sich zeigen, dass jede Formel in $\mathcal{F} = \bigcup_{i \in \mathbb{N}} \mathcal{F}_i$ erfüllbar ist. Dabei bezeichnet $\mathcal{F}_n \subset \mathcal{F}$ die Menge aller Formeln aus $\mathcal{F}$ die maximal n $\to$-Junktoren enthält. Der Beweis kann z.B. mittels vollständiger Induktion über n oder mittels struktureller Induktion über den Aufbau der Formeln geführt werden.

   (1) *Beweis durch vollständige Induktion über n:*

   I.A. Zu zeigen: Jede Formel $F \in \mathcal{F}_0$ ist erfüllbar.
   Ist $F \in \mathcal{F}_0$, dann enthält F kein Zeichen $\to$, d.h. F ist eine atomare Formel – $F \in \mathcal{R}$ – und somit z.B. erfüllbar durch die Interpretation $I := \{F\}$.

   I.H. Jede Formel $F \in \mathcal{F}_n$ ist erfüllbar, d.h. es gibt eine Interpretation I_F mit $F^{I_F} = \top$.
   Bemerkung: Da nicht jede Formel aus $\mathcal{F}_n$ mit der gleichen Interpretation auf $\top$ abgebildet wird, wurde die Interpretation I mit dem Index F versehen.

   I.B. Jede Formel $F' \in \mathcal{F}_{n+1}$ ist erfüllbar.

   I.S. Ist $F' \in \mathcal{F}_{n+1}$ dann ist F' entweder atomar und damit trivialerweise erfüllbar – vgl. I.A. – oder von der Form $F' = (G \to H)$ wobei $H \in \mathcal{F}_n$ ist. Nach der I.H. gibt es ein I_H mit $H^{I_H} = \top$. Und für diese Interpretation gilt dann auch $F'^{I_H} = (G \to H)^{I_H} = G^{I_H} \to^* H^{I_H} = G^{I_H} \to^* \top = \top$. Folglich ist jedes $F' \in \mathcal{F}_{n+1}$ erfüllbar.

   (2) *Beweis durch strukturelle Induktion über der Struktur der Formeln in $\mathcal{F}$:*

Bemerkung: *Formal gesehen müsste zunächst das Prinzip der strukturellen Induktion für Formeln aus $\mathcal{F}$ formuliert werden, damit klar ist, dass der Fall negierter Formeln nicht untersucht zu werden braucht.*

Eine Formel in $\mathcal{F}$ ist entweder eine aussagenlogische Variable oder von der Form $(F \to G)$ mit $F, G \in \mathcal{F}$.

I.A. Hier ist zu zeigen, dass eine Formel F, die nur aus einer aussagenlogischen Variablen A besteht, erfüllbar ist. Dies ist aber gegeben, da eine Abbildung g der aussagenlogischen Variablen in $\mathcal{W}$ definierbar ist, welche A auf $\top$ abbildet. Diese Abbildung g lässt sich zu einer Interpretation I fortsetzen mit $F^I = A^I = \top$.

I.H. Wir nehmen an, dass die Formeln $F, G \in \mathcal{F}$ erfüllbar sind, d.h. es gibt Interpretationen $I_F = (\mathcal{W}, \cdot^{I_F})$ und $I_G = (\mathcal{W}, \cdot^{I_G})$ mit $F^{I_F} = \top$ und $G^{I_G} = \top$.

I.B. Zu zeigen: Jede Formel $F' = (F \to G)$ ist erfüllbar.

I.S. Für $(F \to G)$ existiert nach I.H. eine Interpretation $I_G = (\mathcal{W}, \cdot^{I_G})$ mit $G^{I_G} = \top$. Damit gilt: $(F \to G)^{I_G} = F^{I_G} \to^* G^{I_G} = F^{I_G} \to^* \top = \top$ nach Wahrheitstafel für $\to^*$. Folglich ist $(F \to G)$ erfüllbar (mit Interpretation I_G).

Lösung 3.49 Fortsetzbarkeit von Funktionen [▷40]★

(a) Es ist also zu zeigen:
Für jede stetige Funktion $g\colon [0,1] \longrightarrow \mathbb{R}$ mit $f(x) = g(x)$ für alle $x \in {]}0,1[$ gilt: $f(x) = g(x)$ für alle $x \in [0,1]$.
Da für alle $x \in {]}0,1[$ bereits $f(x) = g(x)$ gilt, bleibt also noch zu zeigen:
$$f(0) = g(0) \text{ und } f(1) = g(1).$$
Zu den Punkten 0 und 1 aus $[0,1]$ gibt es z.B. die gegen sie konvergierenden Folgen $(\frac{1}{n})_{n \in \mathbb{N}^+}$ bzw. $(1-\frac{1}{n})_{n \in \mathbb{N}^+}$ und da f und g stetige Funktionen sind, muss also gelten:

$\lim_{n \to \infty} f(\frac{1}{n}) = f(0)$ und $\lim_{n \to \infty} g(\frac{1}{n}) = g(0)$ sowie

$\lim_{n \to \infty} f(1-\frac{1}{n}) = f(1)$ und $\lim_{n \to \infty} g(1-\frac{1}{n}) = g(1)$.

Da die Punkte $\frac{1}{n}$ ($n \in \mathbb{N}^+$) und $1-\frac{1}{n}$ ($n \in \mathbb{N}^+$) in $]0,1[$ liegen und für sie somit gilt: $f(\frac{1}{n}) = g(\frac{1}{n})$ und $f(1-\frac{1}{n}) = g(1-\frac{1}{n})$,
sowie wegen der Eindeutigkeit der Limites erhalten wir
$$f(0) = g(0) \text{ und } f(1) = g(1).$$

(b) Wegen der Stetigkeit müsste für die Fortsetzung $\hat{f}$ von f z.B. gelten:
$$\lim_{n \to \infty} \hat{f}(\tfrac{1}{n}) = \hat{f}(0).$$
Da aber $\hat{f}(\frac{1}{n}) = f(\frac{1}{n})$ gilt, muss für die Fortsetzbarkeit von f der Limes $\lim_{n \to \infty} f(\frac{1}{n})$ existieren.
Dieser Limes existiert aber z.B. nicht für die stetige Funktion $g\colon {]}0,1[\longrightarrow \mathbb{R}$ mit $g(x) = 1/x$. Somit lässt sich diese Funktion nicht auf das abgeschlossene Intervall $[0,1]$ stetig fortsetzen.

3.2.3 Wahrheitswertetabellen

Lösung 3.50 Beispiele für Wahrheitswertetabellen [▷41] ◐

(a)

p	q	$(p \vee q)$	$((p \vee q) \rightarrow q)$	$(((p \vee q) \rightarrow q) \rightarrow q)$
⊤	⊤	⊤	⊤	⊤
⊥	⊤	⊤	⊤	⊤
⊤	⊥	⊤	⊥	⊤
⊥	⊥	⊥	⊤	⊥

(b) Richtige Antwort: widerlegbar und erfüllbar.

(c)

p
⊤
⊥

Lösung 3.51 Vollständigkeit und Korrektheit [▷41] ◐ 3-10 83

(a) Nach Punkt 4 des Algorithmus zum Aufbau einer Wahrheitswertetabelle $T(F)$ steht in den ersten n Spalten in jeder Zeile eine andere Kombination von ⊤ und ⊥, wobei die 2^n verschiedenen Zeilen alle Möglichkeiten abdecken. Jede der 2^n verschiedenen Zeilen in $T(F)$ repräsentiert somit durch die Einträge in den ersten n Spalten genau eine der 2^n verschiedenen wahrheitswertigen Funktionen von $\mathcal{R}_F$ nach $\mathcal{W}=\{⊤, ⊥\}$. Da für jede Interpretation I die Funktion $I|_{\mathcal{R}_F}$, welche aus I durch Einschränkung des Definitionsbereichs auf $\mathcal{R}_F$ entsteht, (genau) eine dieser 2^n verschiedenen wahrheitswertigen Funktionen ist, gibt es also genau eine Zeile ζ_I in $T(F)$ für welche gilt: $A^I = \zeta_I(A)$ für alle $A \in \mathcal{R}_F$.

Dass die Einträge in der Zeile ζ_I mit den entsprechenden Werten der Interpretation I übereinstimmen – dass also gilt: Wenn $G \in \mathcal{S}_F$, dann $\zeta_I(G) = G^I$ – zeigen wir mit struktureller Induktion.

I.A. Für $G \in \mathcal{R}$ gilt, falls auch $G \in \mathcal{S}_F$, d.h. für $G \in \mathcal{R}_F$ gilt, dass $G^I = \zeta_I(G)$ gemäß obiger Auswahl der Zeile ζ_I.

I.H. Es gelte bereits für die Formeln G und H:
Falls $G \in \mathcal{S}_F$ bzw. $H \in \mathcal{S}_F$, dann $G^I = \zeta_I(G)$ bzw. $H^I = \zeta_I(H)$.

I.B. Es gelte auch für die Formeln $\neg G$ und $(G \circ H)$:
Falls $\neg G \in \mathcal{S}_F$ bzw. $(G \circ H) \in \mathcal{S}_F$, dann $[\neg G]^I = \zeta_I(\neg G)$ bzw. $(G \circ H)^I = \zeta_I((G \circ H))$.

I.S. Falls $\neg G$ oder $(G \circ H)$ keine Teilformeln von F sind, gilt die I.B. trivialerweise. Andererseits: Wenn $\neg G$ bzw. $(G \circ H)$ Teilformeln von F sind, so sind auch G und H Teilformeln von F und es lässt sich somit mit I.H. $G^I = \zeta_I(G)$ bzw. $H^I = \zeta_I(H)$ folgern. Da sich sowohl für die Interpretation I als auch für die Zeile ζ_I die Wahrheitswerte für $\neg G$ und $(G \circ H)$ gleich berechnen – es gilt nämlich

$$[\neg G]^I = \neg^* G^I \text{ bzw. } \zeta_I(\neg G) = \neg^* \zeta_I(G) \text{ und}$$
$$(G \circ H)^I = G^I \circ^* H^I \text{ bzw. } \zeta_I((G \circ H)) = \zeta_I(G) \circ^* \zeta_I(H)$$

- folgt $[\neg G]^I = \zeta_I(\neg G)$ und $(G \circ H)^I = \zeta_I((G \circ H))$.

Also gilt nach dem Prinzip der strukturellen Induktion $G^I = \zeta_I(G)$ für alle $G \in \mathcal{S}_F$.

(b) Man definiere eine Funktion $g \colon \mathcal{R} \to \mathcal{W}$ mit

$$g(A) = \begin{cases} \zeta(A) & A \in \mathcal{R}_F \\ \top & \text{sonst} \end{cases}$$

Sei I die durch g eindeutig bestimmte Interpretation.

Da sich die nichtatomaren Einträge in Zeile ζ aus den Einträgen für die aussagenlogischen Variablen gemäß den Wahrheitsfunktionen der Junktoren berechnen, und da dies identisch ist mit der Ermittlung der Wahrheitswerte der Teilformeln von F durch I, stimmen die Einträge in Zeile ζ in $T(F)$ mit den entsprechenden Werten unter I überein. (Streng genommen müsste man hier einen Induktionsbeweis ähnlich zu dem in Teilaufgabe (a) machen.)

Dass die Interpretation I nicht eindeutig bestimmt ist ergibt sich aus der Wahlfreiheit für die Werte $g(A)$ für $A \notin \mathcal{R}_F$, welche man z.B. statt auf $\top$ auch alle auf $\bot$ abbilden könnte.

(c) $\Longrightarrow$: Wenn F erfüllbar ist, dann gibt es eine Interpretation I mit $F^I = \top$. Nach Teilaufgabe (a) gibt es für die Interpretation I genau eine Zeile ζ aus $T(F)$ mit $G^I = \zeta(G)$ für alle $G \in \mathcal{S}_F$. Folglich gilt $F^I = \zeta(F)$. Somit ist $\zeta(F) = F^I = \top$.

Da nach Konstruktion der Wahrheitswertetabelle die letzte Spalte mit F markiert ist, ist ζ eine Zeile von $T(F)$ mit $\top$ in der letzten Spalte.

$\Longleftarrow$: Sei ζ eine Zeile aus $T(F)$ mit $\top$ in der letzten Spalte.

Nach Teilaufgabe (b) gibt es für die Zeile ζ eine Interpretation I mit $G^I = \zeta(G)$ für alle $G \in \mathcal{S}_F$, und damit insbesondere mit $F^I = \zeta(F)$.

Da nach Konstruktion der Wahrheitswertetabelle die letzte Spalte von $T(F)$ mit F markiert ist, gilt $\zeta(F) = \top$. Damit ist $F^I = \zeta(F) = \top$, d.h. F ist erfüllbar und zwar mit der Interpretation I.

(d) $\Longrightarrow$: Wenn F allgemeingültig ist, dann gilt für jede Interpretation $I \colon F^I = \top$. Nach Teilaufgabe (b) gibt es für jede Zeile ζ aus $T(F)$ eine Interpretation I mit $G^I = \zeta(G)$ für alle $G \in \mathcal{S}_F$, und damit insbesondere mit $F^I = \zeta(F)$. Da aber $F^I = \top$ für alle Interpretationen I gilt, muss $\zeta(F) = \top$ für alle Zeilen ζ aus $T(F)$ gelten. Da die letzte Spalte mit F markiert ist, müssen alle Zeilen in $T(F)$ in der letzten Spalte $\top$ haben.

$\Longleftarrow$: Nach Teilaufgabe (a) gibt es für jede Interpretation I genau eine Zeile ζ aus $T(F)$ mit $G^I = \zeta(G)$ für alle $G \in \mathcal{S}_F$. Folglich gilt $F^I = \zeta(F)$. Da $\zeta(F) = \top$ für alle Zeilen ζ aus $T(F)$ gilt, denn die letzte Spalte ist ja mit F markiert, muss $F^I = \top$ für alle Interpretationen I gelten. Damit ist F allgemeingültig.

(e) $\Longrightarrow$: Wenn F widerlegbar ist, dann gibt es eine Interpretation I mit $F^I = \bot$. Nach Teilaufgabe (a) gibt es für die Interpretation I genau eine Zeile ζ aus $T(F)$ mit $G^I = \zeta(G)$ für alle $G \in \mathcal{S}_F$. Folglich gilt $F^I = \zeta(F)$. Somit ist $\zeta(F) = F^I = \bot$. Da die letzte Spalte mit F markiert ist, hat die Zeile ζ der letzten Spalte $\bot$ stehen.

II.3.2. SEMANTIK   217

⇐: Sei ζ eine Zeile aus $T(F)$ mit $\bot$ in der letzten Spalte. Also $\zeta(F) = \bot$, da die letzte Spalte mit F markiert ist.
Nach Teilaufgabe (b) gibt es für die Zeile ζ eine Interpretation I mit $G^I = \zeta(G)$ für alle $G \in \mathcal{S}_F$, und damit insbesondere mit $F^I = \zeta(F)$. Damit ist $F^I = \zeta(F) = \bot$, d.h. F ist widerlegbar und zwar mit der Interpretation I.

(f) ⇒: Wenn F unerfüllbar ist, dann gilt für jede Interpretation I: $F^I = \bot$. Nach Teilaufgabe (b) gibt es für jede Zeile ζ aus $T(F)$ eine Interpretation I mit $G^I = \zeta(G)$ für alle $G \in \mathcal{S}_F$, und damit insbesondere auch $F^I = \zeta(F)$. Da aber $F^I = \bot$ für alle Interpretationen I gilt, muss $\zeta(F) = \bot$ für alle Zeilen ζ aus $T(F)$ gelten. Da die letzte Spalte mit F markiert ist, folgt die Behauptung.

⇐: Nach Teilaufgabe (a) gibt es für jede Interpretation I genau eine Zeile ζ aus $T(F)$ mit $G^I = \zeta(G)$ für alle $G \in \mathcal{S}_F$. Folglich gilt $F^I = \zeta(F)$. Da die letzte Spalte mit F markiert ist, folgt $\zeta(F) = \bot$ für alle Zeilen ζ aus $T(F)$. Somit muss $F^I = \bot$ für alle Interpretationen I gelten. Damit ist F unerfüllbar.

(g) Es ist zu zeigen:
Sei I' eine Interpretation mit $I'|_{\mathcal{R}_F} = I|_{\mathcal{R}_F}$, dann gilt $F^{I'} = F^I$.
Nach Teilaufgabe (a) existieren für I und I' je genau eine Zeile ζ bzw. ζ' aus $T(F)$ mit $G^I = \zeta(G)$ bzw. $G^{I'} = \zeta'(G)$ für alle $G \in \mathcal{S}_F$, und damit insbesondere mit $F^I = \zeta(F)$ bzw. $F^{I'} = \zeta'(F)$.
Da es aber für jede Funktion von $\mathcal{R}_F$ nach $\mathcal{W}=\{\top, \bot\}$ genau eine Zeile in $T(F)$ gibt, und $I'|_{\mathcal{R}_F}$ und $I|_{\mathcal{R}_F}$ dieselben Funktionen sind, folgt $\zeta = \zeta'$. Damit gilt auch $F^{I'} = \zeta'(F) = \zeta(F) = F^I$.

3.2.4 Modelle

Lösung 3.52 Tautologie, erfüllbar, widerlegbar?   [▷42] ○

(a) Tautologie, und damit auch erfüllbar.
Beweis durch Überprüfung der möglichen Werte p^I und q^I von p und q unter einer Interpretation I.
Wir erstellen für $(((p \to q) \to p) \to p)$ die folgende Wahrheitswertetabelle.

p	q	$(p \to q)$	$((p \to q) \to p)$	$(((p \to q) \to p) \to p)$
$\top$	$\top$	$\top$	$\top$	$\top$
$\top$	$\bot$	$\bot$	$\top$	$\top$
$\bot$	$\top$	$\top$	$\bot$	$\top$
$\bot$	$\bot$	$\top$	$\bot$	$\top$

Da sich für jede Kombination der möglichen Werte p^I und q^I von p und q für die Formel der Wert $\top$ ergibt, ist die Formel also eine Tautologie. Somit ist die Formel natürlich auch erfüllbar, und zwar unter jeder Interpretation.

(b) Erfüllbar, aber keine Tautologie (und damit auch widerlegbar).
Widerlegung der Tautologieeigenschaft durch Gegenbeispiel, also durch Angabe einer Interpretation, welche die Formel als falsch interpretiert: Für die Interpretation I mit $p^I = \top$, $q^I = \bot$ und $r^I = \top$ gilt:

$$(((p \to q) \land (q \to r)) \lor ((r \to q) \land (q \to p)))^I =$$
$$= ((p^I \to^* q^I) \land^* (q^I \to^* r^I)) \lor^* ((r^I \to^* q^I) \land^* (q^I \to^* p^I)) =$$
$$= ((\top \to^* \bot) \land^* (\bot \to^* \top)) \lor^* ((\top \to^* \bot) \land^* (\bot \to^* \top)) =$$
$$= (\bot \land^* \top) \lor^* (\bot \land^* \top) =$$
$$= \bot \lor^* \bot$$
$$= \bot$$

Beweis der Erfüllbarkeit durch Angabe einer geeigneten Interpretation, welche die Formel als wahr interpretiert:
Für eine Interpretation I mit $p^I = \top$, $q^I = \top$ und $r^I = \top$ gilt:
$$(((p \to q) \land (q \to r)) \lor ((r \to q) \land (q \to p)))^I = \top.$$

(c) Unerfüllbar, da Negation der Formel aus Teilaufgabe (a), die sich als Tautologie erwiesen hat.

(d) Erfüllbar und widerlegbar.
Hier muss die Konjunktion einer allgemeingültigen Formel F_1 und einer erfüllbaren (aber nicht allgemeingültigen) Formel F_2 untersucht werden. Da F_2 erfüllbar ist, gibt es eine Interpretation I mit $F_2^I = \top$. Da F_1 allgemeingültig ist, ist F_1 unter jeder Interpretation wahr, und damit gilt auch $F_1^I = \top$. Somit ist $\{F_1, F_2\}$ erfüllbar (unter der Interpretation I). $\{F_1, F_2\}$ ist aber nicht allgemeingültig, denn wenn dem so wäre, dann müssten beide Formeln unter jeder Interpretation wahr sein. Für F_2 gibt es aber ein Gegenbeispiel.

Lösung 3.53 Erfüllbare Formelmengen [▷42] ○

(a) Die Aussage gilt: $\mathcal{F}_1 \cup \mathcal{F}_2$ ist erfüllbar gdw. es eine Interpretation I mit $I \models \mathcal{F}_1 \cup \mathcal{F}_2$ gibt, d.h. für jede Formel $G \in \mathcal{F}_1 \cup \mathcal{F}_2$ gilt $G^I = \top$. Daraus folgt aber, dass auch für alle Formeln $G \in \mathcal{F}_1$ gilt: $G^I = \top$, und in analoger Weise für alle Formeln $G \in \mathcal{F}_2$. Dies bedeutet aber $I \models \mathcal{F}_1$ und $I \models \mathcal{F}_2$. Dies heißt aber, dass sowohl $\mathcal{F}_1$ als auch $\mathcal{F}_2$ erfüllbar sind.

(b) Die Aussage gilt nicht notwendigerweise:
$\mathcal{F}_1 = \{p\}$ ist erfüllbar durch eine Interpretation I mit $p^I = \top$. $\mathcal{F}_2 = \{\neg p\}$ ist erfüllbar durch eine Interpretation I' mit $p^{I'} = \bot$. Aber $\mathcal{F}_1 \cup \mathcal{F}_2 = \{p, \neg p\}$ ist unerfüllbar.

(c) Dies gilt nicht, denn $\{p, \neg p\}$ ist eine endliche Teilmenge von $\{p, \neg p\}$ und $\{p, \neg p\}$ ist unerfüllbar.

Lösung 3.54 Unerfüllbarkeit einer Formelmenge [▷42] ○

(a) Wir beweisen die Gültigkeit der Aussage:

F ist unerfüllbar   gdw.   für alle Interpretationen I gilt $F^I = \bot$
                           gdw.   für alle Interpretationen I gilt $\neg^* F^I = \neg^* \bot$
                           gdw.   für alle Interpretationen I gilt $\neg^* F^I = \top$

II.3.2. SEMANTIK

gdw. für alle Interpretationen I gilt $[\neg F]^I = \top$
gdw. alle Interpretationen I sind Modell für $\neg F$.

(b) Offensichtlich gilt die ($\Longleftarrow$)-Richtung, da zur Erfüllbarkeit von $\mathcal{F}$ ja eine Interpretation I nötig wäre, die alle Formeln in $\mathcal{F}$ auf wahr abbildet.
Die ($\Longrightarrow$)-Richtung gilt jedoch nicht, wie das folgende Gegenbeispiel zeigt:
Sei $\mathcal{F} = \{F_1, F_2\}$ mit $F_1 = p$ und $F_2 = \neg p$, d.h. $\mathcal{F} = \{p, \neg p\}$.
$\mathcal{F}$ ist nicht erfüllbar, denn:

für eine Interpretation I_1 mit $p^{I_1} = \top$ ist $F_2^{I_1} = (\neg p)^{I_1} = \bot$, und
für eine Interpretation I_2 mit $p^{I_2} = \bot$ ist $F_1^{I_2} = p^{I_2} = \bot$.

Aber es gibt z.B. die Interpretation I_1, welche nicht Modell für $\neg F_1$ ist, denn $(\neg F_1)^{I_1} = (\neg p)^{I_1} = \bot$.

Lösung 3.55 Minimal unerfüllbare Formelmengen [▷42] ○

(a) Wenn wir eine beliebige Klausel entfernen, erhalten wir jeweils Modelle, wie die folgende Tabelle zeigt:

weggelassene Formel	ermöglichtes Modell
$p \vee q \vee r$	$\emptyset$
$p \vee \neg q \vee r$	$\{\neg p, q, \neg r\}$
$p \vee \neg r$	$\{\neg p, r\}$
$\neg p \vee r$	$\{p, \neg r\}$
$\neg p \vee \neg r$	$\{p, r\}$

(b) Die Formelteilmenge $\{p \vee q, \neg p \vee s, \neg q, \neg p \vee \neg s\}$ ist minimal unerfüllbar.

weggelassene Formel	ermöglichtes Modell
$p \vee q$	$\{\neg p, \neg q\}$
$\neg p \vee s$	$\{p, \neg q, \neg s\}$
$\neg q$	$\{\neg p, q\}$
$\neg p \vee \neg s$	$\{p, \neg q, s\}$

(c) Es gibt noch eine zweite, minimal unerfüllbare Teilmenge, nämlich die Formelmenge $\{p \vee q, \neg q, \neg p \vee r, \neg p \vee \neg r\}$. Beweis analog zu vorhin.

Lösung 3.56 Ist $\mathcal{L}(\mathcal{R})$ erfüllbar oder widerlegbar? [▷42] ○

(a) $\mathcal{L}(\mathcal{R})$ ist nicht erfüllbar. Wenn $\mathcal{L}(\mathcal{R})$ erfüllbar wäre, dann müsste es eine Interpretation I geben, welche alle Formeln aus $\mathcal{L}(\mathcal{R})$ auf wahr abbildet. Dann müsste insbesondere gelten $p^I = [\neg p]^I = \top$, was für Interpretationen nicht gelten kann, da für alle Formeln F die Bedingung $[\neg F]^I = \neg^*(F^I)$ gelten muss.

(b) $\mathcal{L}(\mathcal{R})$ ist widerlegbar. $\mathcal{L}(\mathcal{R})$ enthält ja mit jeder Formel F auch $\neg F$. Da aber für eine Interpretation I entweder $F^I = \bot$ oder $[\neg F]^I = \bot$ gilt, widerlegt sogar jede Interpretation die Formelmenge $\mathcal{L}(\mathcal{R})$.

3.2.5 Logische Konsequenz

Lösung 3.57 Kurze Fragen zu $I \models F$ und $\mathcal{F} \models G$ [▷43] ○
Die Antworten lauten der Reihe nach:

(a) Nein, Ja, Nein, Nein, Nein und Ja.

(b) Ja, Nein, Nein, Ja, Ja und Nein.

Lösung 3.58 Beispiele zu $\mathcal{F} \models G$ [▷43] ○

(a) JA. Z.z: Für alle Interpretationen I gilt:
$((\text{für alle } H \in \mathcal{L}(\mathcal{R}) \text{ gilt: } (H \in \{p, (p \to q)\} \implies H^I = \top)) \implies q^I = \top)$

Beweis: Falls 'für alle $H \in \mathcal{L}(\mathcal{R})$ gilt: $(H \in \{p, (p \to q)\} \implies H^I = \top)$', dann muss gelten $p^I = \top$ und $(p \to q)^I = \top$.
Letzteres impliziert $p^I \to^* q^I = \top$, und mit $p^I = \top$ folgt $q^I = \top$.

(b) JA. Z.z: Für alle Interpretationen I gilt:
$((\text{ für alle } H \in \mathcal{L}(\mathcal{R}) \text{ gilt: } (H \in \{p, \neg p\} \implies H^I = \top)) \implies G^I = \top)$

Beweis: Da für eine beliebige Interpretation I gelten muss: Entweder ist $p^I = \top$, und dann folglich $(\neg p)^I = \bot$, oder $p^I = \bot$, und dann folglich $(\neg p)^I = \top$, ist die Aussage 'für alle $H \in \mathcal{L}(\mathcal{R})$ gilt: $(H \in \{p, \neg p\} \implies H^I = \top)$' falsch, und damit ist
'für alle $H \in \mathcal{L}(\mathcal{R})$ gilt: $(H \in \{p, \neg p\} \implies H^I = \top) \implies G^I = \top$' wahr.

(c) NEIN. Z.z: Für alle Interpretationen I gilt:
$((\text{ für alle } H \in \mathcal{L}(\mathcal{R}) \text{ gilt: } (H \in \{\} \implies H^I = \top)) \implies G^I = \top)$

Beweis: Da $H \in \{\}$ falsch ist und damit
'für alle $H \in \mathcal{L}(\mathcal{R})$ gilt: $(H \in \{\} \implies H^I = \top)$'
wahr ist (für alle Interpretationen).
Somit müsste G für alle Interpretationen wahr sein, was nur für allgemeingültige Formeln, aber nicht für beliebige Formeln, gilt.

Lösung 3.59 Iteration von logischen Folgerungen [▷43] ◐
Die Aussage ist richtig und wir beweisen Sie wie folgt:
Sei I eine Interpretation mit $I \models \{F_1, \ldots, F_n, G_1, \ldots, G_m\}$.
Dann folgt $I \models \{F_1, \ldots, F_n\}$ und wegen $\{F_1, \ldots, F_n\} \models G_0$ folgt $I \models G_0$.
Andernteils folgt aus $I \models \{F_1, \ldots, F_n, G_1, \ldots, G_m\}$ auch $I \models \{G_1, \ldots, G_m\}$.
Somit gilt: $I \models \{G_0, G_1, \ldots, G_m\}$.
Wegen $\{G_0, G_1, \ldots, G_m\} \models H$ folgt nun: $I \models H$.

Lösung 3.60 Fragen zu $\mathcal{F} \models G$ [▷44] ◐
Die im Folgenden angegebenen Beispiele sind nicht die einzig möglichen.

(a) NEIN. Es gilt zwar $\mathcal{F} \models G$, wenn $\mathcal{F}$ und G die gleichen Modelle haben, weil daraus folgt, dass jedes Modell von $\mathcal{F}$ auch Modell von G ist, aber die andere Richtung gilt nicht.

Gegenbeispiel: Man nehme für $\mathcal{F}$ eine unerfüllbare Formelmenge, z.B. $\{p, \neg p\}$ und für G eine Tautologie, z.B. $(p \vee \neg p)$. Dann gilt $\mathcal{F} \models G$, aber $\mathcal{F}$ und G haben sicher nicht die gleichen Modelle.

II.3.2. SEMANTIK

(b) NEIN. Für ein Gegenbeispiel sind anzugeben:
- eine Formel G, eine Formelmenge $\mathcal{F}$ und *eine* Interpretation I,
- so dass $G^I = \bot$ und $F^I = \bot$ für alle $F \in \mathcal{F}$
- und $\mathcal{F} \not\models G$

Gegenbeispiel 1: $\mathcal{F} = \{p\}$, $G = (p \wedge q)$.
Wir definieren eine Interpretation I durch die Zuweisung des Wahrheitswerts $\bot$ an alle Elemente von $\mathcal{R}$, d.h. $A^I = \bot$ für alle $A \in \mathcal{R}$.
Damit ist $G^I = (p \wedge q)^I = p^I \wedge^* q^I = \bot \wedge^* \bot = \bot$ und $F^I = \bot$ für alle $F \in \mathcal{F}$.
Somit existiert eine Interpretation wie gefordert.
Aber es gilt nicht: $\{p\} \models (p \wedge q)$.
Man nehme hierzu einfach eine Interpretation I' welche man analog zu I erhält indem man nur $p^{I'} = \top$ und allen anderen aussagenlogischen Variablen $\bot$ zuweist, und man erhält ein Modell für p das kein Modell für $(p \wedge q)$ ist.

Gegenbeispiel 2: $\mathcal{F} = \{p\}$, $G = q$.
Mit der selben Interpretation wie bei Gegenbeispiel 1 ist $F^I = \bot$ für alle $F \in \mathcal{F}$ und $G^I = q^I = \bot$. Somit existiert eine Interpretation wie gefordert.
Aber es gilt nicht: $\{p\} \models q$ (aus dem selben Grund wie bei Gegenbeispiel 1)

(c) NEIN. Für ein Gegenbeispiel sind anzugeben:
- eine Formel G und eine Formelmenge $\mathcal{F}$, so dass $\mathcal{F} \models G$
- aber dass für alle Interpretation I gilt:
  $G^I = \bot$ oder für alle Interpretation I gilt: $F^I = \bot$ für alle $F \in \mathcal{F}$.
(D.h. es gibt kein Modell für $\mathcal{F}$ oder es gibt kein Modell für G.)

Gegenbeispiel: $\mathcal{F} = \{(p \wedge \neg p)\}$, $G = p$.
Für alle Interpretationen I gilt: $(p \wedge \neg p)^I = \bot$ (somit kein Modell für $\mathcal{F}$).
Aber – und gerade deswegen – gilt: $\{(p \wedge \neg p)\} \models p$.

(d) NEIN. Für ein Gegenbeispiel sind anzugeben:
- eine Formel G und eine Formelmenge $\mathcal{F}$,
  so dass G nicht allgemeingültig und alle Formeln aus $\mathcal{F}$ widerlegbar sind
- aber $\mathcal{F} \models G$ gilt nicht.

Gegenbeispiel: $\mathcal{F} = \{q\}$, $G = p$.
p und q sind widerlegbar und damit ist p nicht allgemeingültig.
Aber es gilt nicht: $\{q\} \models p$.
(Man konstruiere sich die entsprechende Interpretation wie in den vorigen Teilaufgaben.)

(e) NEIN. Für ein Gegenbeispiel sind anzugeben:
- eine *unerfüllbare* Formel G und eine Formelmenge $\mathcal{F}$,
- so dass $\mathcal{F} \models G$ gilt.

Gegenbeispiel: $\mathcal{F} = \{(p \wedge \neg p)\}$, $G = (p \wedge \neg p)$. Dann ist G unerfüllbar, aber es gilt: $\{(p \wedge \neg p)\} \models (p \wedge \neg p)$, da $(p \wedge \neg p)$ keine Modelle hat.

(f) NEIN. Für ein Gegenbeispiel sind anzugeben:
- eine *nicht allgemeingültige* Formel G und
- eine Formelmenge $\mathcal{F}$ mit einer allgemeingültigen Formel,
- so dass $\mathcal{F} \models G$ gilt.

Gegenbeispiel: $\mathcal{F} = \{(p \vee \neg p), p\}$ und $G = p$.

$\mathcal{F}$ erhält mit $(p \vee \neg p)$ eine allgemeingültige Formel.
Es gilt $\{(p \vee \neg p), p\} \models p$ da die Modelle von p mit den Modellen von $\{(p \vee \neg p), p\}$ übereinstimmen.
Aber $G = p$ ist nicht allgemeingültig.

(g) NEIN. Für ein Gegenbeispiel sind anzugeben:
– eine Teilformel G einer Formel aus einer Formelmenge $\mathcal{F}$,
– so dass $\mathcal{F} \models G$ nicht gilt.

Gegenbeispiel: $\mathcal{F} = \{(p \vee \neg p)\}$ und $G = p$. G ist Teilformel von $(p \vee \neg p)$, aber $\{(p \vee \neg p)\} \models p$ gilt nicht, da es widerlegende Interpretationen für p gibt – siehe vorige Aufgaben – während $(p \vee \neg p)$ allgemeingültig ist. Somit sind nicht alle Modelle von $\mathcal{F}$ auch Modelle von G.

(h) JA. Sei $\mathcal{H}$ eine unerfüllbare Teilmenge von $\mathcal{F}$. D.h. für jede Interpretation I gilt, dass für mindestens eine Formel $F \in \mathcal{H}$ gilt: $F^I = \bot$.
Daraus folgt aber, dass für keine Interpretation I gelten kann: $F^I = \top$ für alle Formeln $F \in \mathcal{F}$. Damit ist $\mathcal{F}$ unerfüllbar.
Daraus folgt: $\mathcal{F} \models G$, weil es eben keine Modelle von $\mathcal{F}$ gibt und damit G in jedem Modell von $\mathcal{F}$ wahr ist.

(i) NEIN. Es gibt zwei mögliche alternative Lösungswege.

(1) Lösungsweg: Widerlegung der ($\Longleftarrow$)-Richtung.
Es sind anzugeben:
– eine Formel G, eine Formelmenge $\mathcal{F}$ und *eine* Interpretation I,
– so dass $G^I = \bot$ und ($F^I = \bot$ für alle $F \in \mathcal{F}$)
– und $\mathcal{F} \not\models G$.

Gegenbeispiel 1: $\mathcal{F} = \{p\}$, $G = (p \wedge q)$.
Für I mit $p^I = \bot$ ist $F^I = \bot$ für alle $F \in \mathcal{F}$ und $G^I = p^I = \bot$.
Somit existiert eine Interpretation wie gefordert.
Aber es gilt nicht: $\{p\} \models (p \wedge q)$.

Gegenbeispiel 2: $\mathcal{F} = \{p\}$, $G = q$.
Für I mit $p^I = q^I = \bot$ ist $F^I = \bot$ für alle $F \in \mathcal{F}$ und $G^I = q^I = \bot$.
Somit existiert eine Interpretation wie gefordert.
Aber es gilt nicht: $\{p\} \models q$.

(2) Lösungsweg: Widerlegung der ($\Longrightarrow$)-Richtung.
Es sind anzugeben: $\mathcal{F}$ und G für die $\mathcal{F} \models G$ gilt, wobei *entweder* G eine Tautologie ist *oder* $\mathcal{F}$ nur Tautologien enthält. Ersteres ist aber durch jede Tautologie G erfüllt, denn dann gilt immer $\mathcal{F} \models G$.

(j) JA. Ist ja nur eine verkürzte Formulierung der Definition 3.16.

(k) NEIN. Für ein Gegenbeispiel sind anzugeben:
– eine *nicht* widerlegbare Formel G und eine widerlegbare Formelmenge $\mathcal{F}$,
– so dass $\mathcal{F} \models G$ gilt.

Gegenbeispiel: $\mathcal{F} = \{p\}$, $G = (p \vee \neg p)$.

ODER: Man argumentiert ganz allgemein, dass $\mathcal{F} \models G$ gilt, wenn G tautologisch (d.h. nicht widerlegbar) ist, ganz gleich was für $\mathcal{F}$ gilt.

(l) NEIN. Gegenbeispiel: $\mathcal{F} = \{p, \neg p\}$ und $G = (p \wedge \neg p)$.

II.3.2. SEMANTIK 223

- (m) JA. Es gilt ganz allgemein für beliebige Formeln $F_1, \ldots, F_n \in \mathcal{F}$, dass wenn eine Interpretation I Modell für $\mathcal{F}$ ist, dann ist $F_1^I = \cdots = F_n^I = \top$ und damit ist auch $[F_1, \ldots, F_n]^I = \top$ nach Definition von $\vee^*$.
- (n) JA. $\mathcal{F} \models G$ bedeutet, dass jedes Modell von $\mathcal{F}$ auch ein Modell von G ist. Wenn $\mathcal{F}$ ein Modell I besitzt, dann ist I wegen $\mathcal{F} \models G$ auch Modell von G und damit gibt es mindestens ein Modell für G.
- (o) NEIN. Gegenbeispiel: $\mathcal{F} = \{(p \wedge \neg p)\}$, $G = (p \wedge \neg p)$.
  G unerfüllbar und $\{(p \wedge \neg p)\} \models (p \wedge \neg p)$.

Lösung 3.61 Fragen zu $\{F\} \models G$ [▷44] ◐

- (a) JA. (Beweis indirekt) Angenommen F ist erfüllbar, d.h. es gibt eine Interpretation I mit $I \models F$. Dann gilt $I \models H$ (wegen $\{F\} \models H$) und es gilt $I \models \neg F$ (wegen $\{H\} \models \neg F$). Daraus folgt, dass $I \not\models F$, was im Widerspruch zur Annahme $I \models F$ steht. Also ist F unerfüllbar.
- (b) NEIN. Gegenbeispiel: Seien $H = p$, $F = (p \wedge \neg p)$.
  Da F unerfüllbar ist, gilt $\{F\} \models H$ für beliebige Formeln H und folglich auch für $H = p$. Andererseits gilt $\{H\} \models \neg F$, da $\neg F$ eine Tautologie ist. Aber H ist nicht unerfüllbar, denn es gibt für H z.B. das Modell $I = \{p\}$.
- (c) NEIN. Gegenbeispiel: Seien $F = H = p$ und $G = q$.
  Es gilt $\{F, G\} \models H$, denn $\{p, q\} \models p$, und es gilt $\{F\} \models H$, denn $\{p\} \models p$. Aber es gilt nicht $\{G\} \models H$, d.h. $\{q\} \not\models p$, denn die Interpretation $I = \{q\}$ ist ein Modell für q, aber nicht für p.
- (d) JA. Sei I eine beliebige Interpretation. Wir unterscheiden die folgenden zwei Fälle:
  - (i) $I \models F$: Dann gilt $I \models H$, wegen $\{F\} \models H$, und es gilt $I \models G$, wegen $\{H\} \models G$.
  - (ii) $I \not\models F$: Dann gilt $I \models \neg F$, und es gilt $I \models G$, wegen $\{\neg F\} \models G$.

  Da $I \models G$ also für beliebige Interpretationen I gilt, folgt dass G allgemeingültig ist.

Lösung 3.62 Zu $\{F\} \models \neg G$ und $\{\neg H\} \models F$ [▷44] ◐

- (a) JA. $\{F, G\}$ ist unerfüllbar, denn wegen $\{F\} \models \neg G$ gibt es keine Interpretation, die sowohl für F als auch für G Modell ist. Aus unerfüllbaren Formelmengen ist jede beliebige Formel logische Konsequenz.
- (b) JA. Wir bemerken im Voraus, dass für beliebige Modelle I mit $I \models \{\neg F, \neg G\}$ gilt: $I \models \neg F$.
  (Beweis nun indirekt) Angenommen es gelte $I \not\models H$. Dann folgt $I \models \neg H$. Wegen $\{\neg H\} \models F$ folgt damit $I \models F$, was ein Widerspruch zu $I \models \neg F$ ist. Folglich gilt $I \models H$.
- (c) NEIN. Gegenbeispiel: Seien $F = \neg p$ und $G = H = p$.
  Mit $\{\neg p\} \models \neg p$ sind die Voraussetzungen der Aufgabe, d.h. $\{F\} \models \neg G$ und $\{\neg H\} \models F$ erfüllt. Aber $\{F\} \not\models H$, wegen $\{\neg p\} \not\models p$.
- (d) JA. (Beweis indirekt) Angenommen es gibt ein Modell I mit $I \models G$ und $I \not\models H$. Aus $I \not\models H$ folgt $I \models \neg H$. Daraus folgt $I \models F$ wegen $\{\neg H\} \models F$.

Aus $I \models F$ folgt $I \models \neg G$, wegen $\{F\} \models \neg G$, was ein Widerspruch zu $I \models G$ ist.

Lösung 3.63 Logische Folgerung und $\mathcal{F} \subseteq \mathcal{G}$ [▷45] ◐

(a) JA. Angenommen es gilt $\mathcal{F} \subseteq \mathcal{G}$ und $\mathcal{F} \models H$.
Wir zeigen nun, dass jedes Modell von $\mathcal{G}$ auch Modell für H ist:
Sei I ein Modell für $\mathcal{G}$. Dann ist I auch Modell für jede Formel aus $\mathcal{G}$. Da $\mathcal{F} \subseteq \mathcal{G}$ ist I auch Modell für jede Formel aus $\mathcal{F}$, d.h. I ist Modell für $\mathcal{F}$. Somit gilt $I \models H$ wegen $\mathcal{F} \models H$.

(b) NEIN. Gegenbeispiel: Seien $\mathcal{F} = \{p\}$, $\mathcal{G} = \{p, q\}$ und $H = q$.
Wegen $\mathcal{F} = \{p\} \subseteq \{p, q\} = \mathcal{G}$ und $\mathcal{G} = \{p, q\} \models q = H$ sind die Voraussetzungen der Behauptung erfüllt. Aber $\mathcal{F} \models H$ gilt für dieses Beispiel nicht, denn $\mathcal{F} = \{p\} \not\models q = H$.

(c) JA. (Beweis indirekt) Angenommen es gilt $\mathcal{F} \subseteq \mathcal{G}$ und $\mathcal{F} \models H$ und die Formelmenge $\mathcal{G} \cup \{\neg H\}$ ist erfüllbar.
Wenn $\mathcal{G} \cup \{\neg H\}$ erfüllbar ist, gibt es eine Interpretation I mit $I \models \mathcal{G}$ und $I \models \{\neg H\}$. Wegen $\mathcal{F} \subseteq \mathcal{G}$ muss auch $I \models \mathcal{F}$ gelten. Mit $\mathcal{F} \models H$ folgt daraus $I \models H$. Andererseits gilt aber $I \not\models H$ wegen $I \models \{\neg H\}$. Das ist ein Widerspruch. Folglich ist $\mathcal{G} \cup \{\neg H\}$ unerfüllbar.

(d) NEIN. Gegenbeispiel: Seien $\mathcal{F} = \{p\}$, $\mathcal{G} = \{p, q\}$ und $H = q$.
Dann sind mit $\mathcal{F} = \{p\} \subseteq \{p, q\} = \mathcal{G}$ und $\mathcal{G} = \{p, q\} \models q = H$ die Voraussetzungen der Behauptung erfüllt. Aber $\mathcal{F} \cup \{\neg H\} = \{p, \neg q\}$ ist erfüllbar, denn z.B. die Interpretation $I = \{p\}$ ist Modell für diese Formelmenge.

(e) JA. (Beweis indirekt) Angenommen $\mathcal{F} \cup \mathcal{G}$ ist erfüllbar. Dann gibt es eine Interpretation I, die Modell für $\mathcal{F} \cup \mathcal{G}$ ist. I ist damit Modell für alle Elemente sowohl aus $\mathcal{F}$ als auch aus $\mathcal{G}$. Folglich ist I Modell für $\mathcal{F}$ und für $\mathcal{G}$. Das ist aber ein Widerspruch dazu, dass $\mathcal{F}$ und $\mathcal{G}$ unerfüllbar sind.

Lösung 3.64 Disjunkte Variablenmengen in $\mathcal{F} \models G$ [▷45] ◐

(a) JA. Beweis durch Angabe einer erfüllbaren Formelmenge $\mathcal{F}$ und einer widerlegbaren Formel G für die gilt $\mathcal{F} \models G$:
Sei $\mathcal{F} = \{p\}$ und $G = p$. $\mathcal{F}$ ist erfüllbar, denn für $I_1 = \{p\}$ ist $F^{I_1} = \top$. G ist widerlegbar, denn für $I_2 = \emptyset$ ist $G^{I_2} = \bot$. Jedes Modell von $\mathcal{F}$ muss (in Mengenschreibweise) p enthalten, und ist damit auch Modell von G. Folglich gilt $\mathcal{F} \models G$.

(b) NEIN. Es ist zu zeigen, dass für beliebige $\mathcal{F}$ und G, welche die angegebenen Bedingungen erfüllen, $\mathcal{F} \models G$ nicht gelten kann.
Da G widerlegbar ist, muss es eine Interpretation I_G mit $G^{I_G} = \bot$ geben. Dann gilt aber für die Interpretation $I'_G := I_G \cap \mathcal{R}_G$ auch $G^{I'_G} = \bot$. Da $\mathcal{F}$ erfüllbar ist, muss es eine Interpretation $I_\mathcal{F}$ mit $I_\mathcal{F} \models \mathcal{F}$ geben. Dann gilt aber für die Interpretation $I'_\mathcal{F} := I_\mathcal{F} \cap \mathcal{R}_\mathcal{F}$ auch $I'_\mathcal{F} \models \mathcal{F}$.
Wir definieren nun die Interpretation $I := I'_\mathcal{F} \cup I'_G$, wobei es sich um eine disjunkte Vereinigung handelt, da $I'_\mathcal{F} \subset \mathcal{R}_\mathcal{F}$ und $I'_G \subset \mathcal{R}_G$, sowie $\mathcal{R}_\mathcal{F} \cap \mathcal{R}_G = \emptyset$ nach Voraussetzung gilt. Wegen $I \cap \mathcal{R}_\mathcal{F} = I'_\mathcal{F}$ folgt $I \models F$, und wegen $I \cap \mathcal{R}_G = I'_G$ folgt $G_I = \bot$, woraus sofort $\mathcal{F} \not\models G$ folgt.

II.3.2. SEMANTIK

Lösung 3.65 Erfüllbarkeit von Formelmengen [▷45]

(a) NEIN. Hierfür ist zu zeigen, dass:

Wenn die Formelmengen $\{F, G\}$ und $\{F, \neg G\}$ unerfüllbar sind, dann ist die Formelmenge $\{F\}$ auch unerfüllbar.

(Geht nicht durch Angabe eines Gegenbeispiels!)

1. Beweismöglichkeit
Wenn die Formelmengen $\{F, G\}$ und $\{F, \neg G\}$ unerfüllbar sind,
dann muss für alle Interpretationen I gelten: $I \not\models \{F, G\}$ und $I \not\models \{F, \neg G\}$.

Bei jeder Interpretation I gilt einer der beiden folgenden Fälle:

1. $G^I = \top$
2. $G^I = \bot$

Im ersten Fall muss $F^I = \bot$ gelten, da sonst $I \models \{F, G\}$ und im zweiten Fall muss ebenfalls $F^I = \bot$ gelten, da sonst $I \models \{F, \neg G\}$, jeweils im Widerspruch zu unseren Annahmen.

2. Beweismöglichkeit (durch Widerspruch).
Wir nehmen an, dass F erfüllbar ist, während $\{F, G\}$ und $\{F, \neg G\}$ beide unerfüllbar sind.
F erfüllbar bedeutet, dass es eine Interpretation I' gibt mit $F^{I'} = \top$.
$\{F, G\}$ und $\{F, \neg G\}$ unerfüllbar bedeutet,
dass für alle Interpretationen I gilt: $I \not\models \{F, G\}$ und $I \not\models \{F, \neg G\}$.
Da für endliche Formelmengen $\{F_1, \ldots, F_n\}$ und eine beliebige Interpretation I gilt: $I \models \{F_1, F_2, \ldots, F_n\}$ gdw. $(\ldots (F_1 \wedge F_2) \wedge \ldots \wedge F_n)^I = \top$, ergibt sich $(F \wedge \neg G)^I = \bot$ und $(F \wedge G)^I = \bot$ für alle Interpretationen I.
Damit ergibt sich speziell für die Interpretation I':

$$\bot = (F \wedge G)^{I'} = F^{I'} \wedge^* G^{I'} = \top \wedge^* G^{I'} = G^{I'}, \text{ also } G^{I'} = \bot$$

und $\bot = (F \wedge \neg G)^{I'} = F^{I'} \wedge^* \neg^* G^{I'} = \top \wedge^* \neg^* G^{I'} = \neg^* G^{I'}$, also $G^{I'} = \top$,

was zueinander im Widerspruch steht.

(b) NEIN. Beweis durch Widerspruch:
Man nimmt an, dass die Formelmenge $\{F, G, \neg F, H\}$ erfüllbar ist. Dann muss eine Interpretation I existieren, welche ein Modell für $\{F, G, \neg F, H\}$ ist. Dies ist äquivalent zu $F^I = G^I = [\neg F]^I = H^I = \top$, d.h. sowohl F als auch $\neg F$ sind unter der Interpretation I wahr. Widerspruch.

(c) JA. Beweis durch Angabe eines Beispiels.
Man nehme für F und G verschiedene aussagenlogische Variablen p und q, also z.B. $F = p$ und $G = q$, und wir definieren $H := \neg G = \neg q$.
Dann ist $\{G, H\} = \{q, \neg q\}$ sicher unerfüllbar, aber $\{F, G\} = \{p, q\}$ ist erfüllbar mit der Interpretation $I = \mathcal{R}$, und $\{\neg F, H\} = \{\neg p, \neg q\}$ ist erfüllbar mit der Interpretation $I' = \emptyset$.

(d) JA. Man kann das gleiche Beispiel wie bei der vorhergehenden Teilaufgabe verwenden und analog argumentieren.

(e) JA. Beweis durch Angabe eines Beispiels.
Man nimmt für G und H verschiedene aussagenlogische Variablen p und q, also z.B. $G = p$ und $H = q$.

Sei I eine Interpretation für welche $p^I = q^I = \top$ gilt, sowie beliebige Wahrheitswerte für alle $A \in \mathcal{R} \setminus \{p, q\}$. Dann gilt $I \models \{p, q\}$, also $I \models \{G, H\}$.

Durch $p^{I'} = \bot$, $q^{I'} = \bot$ und beliebige Wahrheitswerte für alle $A \in \mathcal{R} \setminus \{p, q\}$ wird eine Interpretation I' bestimmt für die gilt: $I' \models \{\neg p, \neg q\}$, also $I' \models \{\neg G, \neg H\}$.

3-11 85 Lösung 3.66 Deduktionstheorem [▷45]

Wir müssen zwei Richtungen zeigen:

$\Longrightarrow$: Wir nehmen also an, dass $\{F_1, \ldots, F_n\} \models F$ gilt. Wir müssen zeigen, dass $\models (((\ldots (F_1 \wedge F_2) \ldots) \wedge F_n) \to F)$. Dies ist aber gleichbedeutend damit, dass für alle Interpretationen I gilt: $(((\ldots (F_1 \wedge F_2) \ldots) \wedge F_n) \to F)^I = \top$ bzw. $(((\ldots (F_1 \wedge F_2) \ldots) \wedge F_n)^I \to^* F^I) = \top$. Sei also nun I eine beliebig gewählte Interpretation.

Wir unterscheiden nun zwei Fälle.

(1) Falls $((\ldots (F_1 \wedge F_2) \ldots) \wedge F_n)^I = \bot$, dann gilt immer $(((\ldots (F_1 \wedge F_2) \ldots) \wedge F_n)^I \to^* F^I) = \top$, also auch $(((\ldots (F_1 \wedge F_2) \ldots) \wedge F_n) \to F)^I = \top$.

(2) Falls $((\ldots (F_1 \wedge F_2) \ldots) \wedge F_n)^I = \top$, dann erhalten wir $((\ldots (F_1^I \wedge^* F_2^I) \ldots) \wedge^* F_n^I) = \top$, d.h. $F_i^I = \top$ für alle $i = 1, \ldots, n$ (vgl. Aufgabe 3.45). Dies bedeutet aber, dass unter I jede Formel in $\{F_1, \ldots, F_n\}$ wahr ist. Da wir annehmen, dass $\{F_1, \ldots, F_n\} \models F$ gilt, muss also $F^I = \top$ gelten. Zusammen erhalten wir $((\ldots (F_1 \wedge F_2) \ldots) \wedge F_n)^I \to^* F^I = \top$, also auch $(((\ldots (F_1 \wedge F_2) \ldots) \wedge F_n) \to F)^I = \top$ wie gewünscht.

Damit ist die Richtung ($\Longrightarrow$) bewiesen.

$\Longleftarrow$: Wir nehmen also an, dass $\models (((\ldots (F_1 \wedge F_2) \ldots) \wedge F_n) \to F)$ gilt, d.h. dass für jede Interpretation I gilt: $(((\ldots (F_1 \wedge F_2) \ldots) \wedge F_n) \to F)^I = \top$, was gleichbedeutend ist mit $((\ldots (F_1 \wedge F_2) \ldots) \wedge F_n)^I \to^* F^I = \top$.

Wir müssen zeigen, dass $\{F_1, \ldots, F_n\} \models F$.

Beweis: Falls $\{F_1, \ldots, F_n\}$ keine Modelle hat, gilt $\{F_1, \ldots, F_n\} \models F$.

Andernfalls sei I ein beliebiges Modell von $\{F_1, \ldots, F_n\}$, also eine Interpretation, die jede Formel in $\{F_1, \ldots, F_n\}$ auf wahr abbildet. Es genügt nun zu zeigen, dass I auch Modell von F ist, dass also $F^I = \top$ gilt. Da wir annehmen, dass jede Formel in $\{F_1, \ldots, F_n\}$ wahr ist unter I, gilt $F_i^I = \top$ für alle $i = 1, \ldots, n$. Dann ist auch $((\ldots (F_1^I \wedge^* F_2^I) \ldots) \wedge^* F_n^I) = \top$, und damit auch $((\ldots (F_1 \wedge F_2) \ldots) \wedge F_n)^I = \top$. Da wir annehmen, dass $((\ldots (F_1 \wedge F_2) \ldots) \wedge F_n)^I \to^* F^I = \top$, erhalten wir aus der Wahrheitswertetabelle für $\to^*$, dass $F^I = \top$ gelten muss. Dies war zu zeigen.

Lösung 3.67 Logische Folgerung und Unerfüllbarkeit [▷45]

$\mathcal{F} \models G$

gdw. für jede Interpretation I gilt:
Entweder I ist ein Modell für $\mathcal{F}$ und $G^I = \top$
oder I ist kein Modell für $\mathcal{F}$ (und G^I beliebig mit $G^I \in \{\top, \bot\}$)

gdw. für jede Interpretation I gilt:
Entweder I ist ein Modell für $\mathcal{F}$ und $\neg G^I = \bot$
oder I ist kein Modell für $\mathcal{F}$

II.3.2. SEMANTIK 227

gdw. für jede Interpretation I gilt:
Entweder I ist ein Modell für $\mathcal{F}$, aber nicht für $\{\neg G\}$
oder I ist kein Modell für $\mathcal{F}$

gdw. für jede Interpretation I gilt:
I ist kein Modell für $\mathcal{F} \cup \{\neg G\}$

gdw. $\mathcal{F} \cup \{\neg G\}$ ist unerfüllbar.

Lösung 3.68 Ex falso quodlibet seguitur [▷46] ◐

Wir müssen zeigen, dass für alle Interpretationen I gilt:

Wenn I Modell von $\mathcal{F}$ ist, dann ist I ist Modell von G $\quad(*)$

Mit $F \in \mathcal{F}$ und $\neg F \in \mathcal{F}$ folgt aber, dass in jedem Modell I von $\mathcal{F}$ gelten muss:

$F^I = \top$ und $(\neg F)^I = \top$. $\quad(**)$

Da aber jede Interpretation I die Bedingung $(\neg F)^I = \neg^*(F^I)$ erfüllen muss, kann $(**)$ in keiner Interpretation gelten, d.h. es gibt für $\mathcal{F}$ keine Modelle. Somit ist die linke Seite von $(*)$ für alle Interpretationen falsch und damit die gesamte Implikation $(*)$ für alle Interpretationen richtig.

Lösung 3.69 Monotonie der klassischen Aussagenlogik [▷46] ◐

Wir beweisen durch Widerspruch:
Wir nehmen an es existiert ein Modell I von $\mathcal{F}'$ mit $G^I = \bot$. Wenn aber I ein Modell von $\mathcal{F}'$ ist, dann muss für alle Formeln $F \in \mathcal{F}'$ gelten, dass $F^I = \top$. Aus $\mathcal{F} \subseteq \mathcal{F}'$ folgt aber, dass dann auch für alle Formeln $F \in \mathcal{F}$ gelten muss, dass $F^I = \top$. Damit ist I ein Modell von $\mathcal{F}$.
Da aber gilt $\mathcal{F} \models G$, ist G in allen Modellen von $\mathcal{F}$ wahr, d.h. es folgt nun $G^I = \top$. Dies ist ein Widerspruch zu unserer Annahme.

Bemerkung: Die eben bewiesene Aussage ist bekannt als die "Monotonie der klassischen Aussagenlogik".

Lösung 3.70 Formelmengen und Modellmengen [▷46] ◐

Die Aussage gilt und wir beweisen sie wie folgt:
Angenommen $\mathcal{S} \subseteq \mathcal{T}$. Es ist zu zeigen, dass jedes Modell von $\mathcal{T}$ auch Modell von $\mathcal{S}$ ist. Sei I aus $\mathbb{M}_\mathcal{T}$, dann gilt $I \models F$ für alle $F \in \mathcal{T}$. Da $\mathcal{S} \subseteq \mathcal{T}$, gilt $I \models F$ auch für alle $F \in \mathcal{S}$. Das bedeutet, dass I aus $\mathbb{M}_\mathcal{S}$ ist.

Bemerkung: Man vergleiche hierzu den Beweis der Aufgabe 3.69, wo sehr ähnlich argumentiert wurde.

Lösung 3.71 Wissenswertes über Nessie [▷46] ○

(a) Das gegebene Wissen über Nessie wird durch die folgende Formelmenge $\mathcal{F} = \{F_1, F_2, F_3, F_4\}$ repräsentiert:

F_1: $(m \rightarrow \neg s)$ *Ist Nessie ein Märchenwesen, dann ist sie unsterblich.*

F_2: $(\neg m \rightarrow (s \wedge t))$ *Ist Nessie kein Märchenwesen, dann ist sie ein sterbliches Tier.*

F_3: $((\neg s \vee t) \rightarrow d)$ *Ist Nessie unsterblich oder ein Tier, dann ist Nessie ein Drache.*

F_4: $(d \rightarrow a)$ *Jeder Drache ist eine Touristenattraktion.*

(b) Zu beantworten ist die Frage: Gilt $\mathcal{F} \models m$ oder gilt $\mathcal{F} \models \neg m$?
Antwort: Es gilt weder das eine noch das andere, d.h. man kann nicht folgern, dass Nessie ein Märchenwesen ist, und man kann auch nicht folgern, dass Nessie keines ist. Es gibt vielmehr Modelle für $\mathcal{F}$ in welchen Nessie ein Märchenwesen ist, und es gibt andererseits auch Modelle für $\mathcal{F}$ in welchen Nessie kein Märchenwesen ist.
Zum Beweis zeigen wir:
  Es gibt eine Interpretation I_1 mit $m^{I_1} = \top$ und $\mathcal{F}^{I_1} = \top$ und
  es gibt eine Interpretation I_2 mit $m^{I_2} = \bot$ und $\mathcal{F}^{I_2} = \top$.

(1) Sei I_1: $m^{I_1} = \top$, $s^{I_1} = \bot$, $t^{I_1} = \top$, $d^{I_1} = \top$, $a^{I_1} = \top$. Dann folgt:

$F_1^{I_1}$: $(m^{I_1} \to^* \neg^* s^{I_1})$ $\quad = (\top \to^* \neg^* \bot)$ $\quad = \top$
$F_2^{I_1}$: $(\neg^* m^{I_1} \to^* (s^{I_1} \wedge^* t^{I_1}))$ $= (\neg^* \top \to^* (\bot \wedge^* \top))$ $= \top$
$F_3^{I_1}$: $((\neg^* s^{I_1} \vee^* t^{I_1}) \to^* d^{I_1})$ $= ((\neg^* \bot \vee^* \top) \to^* \top)$ $= \top$
$F_4^{I_1}$: $(d^{I_1} \to^* a^{I_1})$ $\quad = (\top \to^* \top)$ $\quad = \top$

(2) Sei I_2: $m^{I_2} = \bot$, $s^{I_2} = \top$, $t^{I_2} = \top$, $d^{I_2} = \top$, $a^{I_2} = \top$. Dann folgt:

$F_1^{I_2}$: $(m^{I_2} \to^* \neg^* s^{I_2})$ $\quad = (\bot \to^* \neg^* \top)$ $\quad = \top$
$F_2^{I_2}$: $(\neg^* m^{I_2} \to^* (s^{I_2} \wedge^* t^{I_2}))$ $= (\neg^* \bot \to^* (\top \wedge^* \top))$ $= \top$
$F_3^{I_2}$: $((\neg^* s^{I_2} \vee^* t^{I_2}) \to^* d^{I_2})$ $= ((\neg^* \top \vee^* \top) \to^* \top)$ $= \top$
$F_4^{I_2}$: $(d^{I_2} \to^* a^{I_2})$ $\quad = (\top \to^* \top)$ $\quad = \top$

Zusatzbemerkung: Wie findet man so eine Interpretation, z.B. I_1?
Man kann damit beginnen, dass $m^{I_1} = \top$ gelten soll. Dann folgt, da auch F_1 gelten soll, dass $(\neg s)^{I_1} = \top$ gelten muss.
Da $(\neg m)^{I_1} = \bot$ folgt, sind wir – was F_2 betrifft – für t^{I_1} frei zwischen $\bot$ und $\top$ zu wählen. Diese Entscheidung ist für das Folgende bedeutungslos, da t nur noch in F_3 vorkommt, wo allerdings schon aus $(\neg s)^{I_1} = \top$ folgt, dass $(\neg s \vee t)^{I_1} = \top$ gilt. $(\neg s \vee t)^{I_1} = \top$ zieht nun $d^{I_1} = \top$ nach sich, und dann erhalten wir mit F_4, dass auch $a^{I_1} = \top$ gelten muss.

Lösung 3.72 Beispiel zu $\to$ und $\models$ [▷46] ◐

Die Aussage ist richtig und wir zeigen sie wie folgt:
$(F \to G)$ ist genau dann allgemeingültig, wenn für alle Interpretationen I einer der beiden (nicht exklusiven) Fälle gilt: $F^I = \bot$ oder $G^I = \top$.
Dies führt zur entsprechenden Fallunterscheidung:

(i) $G^I = \top$: Dann ist $[\neg G]^I = \bot$, d.h. I ist kein Modell für $\neg G$ und somit brauchen wir $[\neg (F \wedge H)]^I$ nicht zu betrachten.

(ii) $F^I = \bot$: dann gilt auch $(F \wedge H)^I = \bot$ und damit $[\neg (F \wedge H)]^I = \top$.

Somit folgt die Behauptung.

Lösung 3.73 $\mathcal{F}_1 \cap/\cup \mathcal{F}_2 \models (G_1 \vee/\wedge G_2)$? [▷46] ◐

(a) Wir beweisen die Behauptung wie folgt:
Jede Interpretation, welche alle Formeln in $\mathcal{F}_1 \cup \mathcal{F}_2$ auf wahr abbildet, bildet natürlich auch alle Formeln in $\mathcal{F}_1$ auf wahr ab.

II.3.3. ÄQUIVALENZ UND NORMALFORMEN 229

Somit ist jedes Modell von $\mathcal{F}_1 \cup \mathcal{F}_2$ auch Modell von $\mathcal{F}_1$. Es gilt nun wegen $\mathcal{F}_1 \models G_1$, dass auch jedes Modell von $\mathcal{F}_1 \cup \mathcal{F}_2$ ein Modell von G_1 ist. Analogerweise ist jedes Modell von $\mathcal{F}_1 \cup \mathcal{F}_2$ auch Modell von G_2.
Jede Interpretation, welche Modell von G_1 und von G_2 ist, ist aber auch Modell von $(G_1 \wedge G_2)$. Somit gilt $\mathcal{F}_1 \cup \mathcal{F}_2 \models (G_1 \wedge G_2)$

(b) Gegenbeispiel: Für die Menge $\mathcal{R} = \{p_1, p_2, p_3, \ldots\}$ von aussagenlogischen Variablen sei $\mathcal{F}_i = \{p_i\}$ und $G_i = p_i$ für $i = 1, 2$.
Dann gilt $\mathcal{F}_i \models G_i$ für $i = 1, 2$, d.h. $\{p_i\} \models p_i$ für $i = 1, 2$.
Aber nun folgt für die Interpretation $I_0 = \emptyset$, dass I_0 ein Modell für die leere Formelmenge $\mathcal{F}_1 \cap \mathcal{F}_2$, jedoch kein Modell für $(p_1 \vee p_2)$ ist. Folglich gilt für dieses Beispiel $\mathcal{F}_1 \cap \mathcal{F}_2 \not\models (G_1 \vee G_2)$.

3.3 Äquivalenz und Normalformen

3.3.1 Semantische Äquivalenz

Lösung 3.74 Logische Äquivalenzen [▷47] ○ 3-13 87

Für Formeln $G_1, G_2 \in \mathcal{L}(\mathcal{R})$ gilt $G_1 \equiv G_2$ nach Definition 3.18 genau dann, wenn für alle Interpretationen I gilt: $I \models G_1$ gdw. $I \models G_2$.
Es ist somit zu zeigen, dass $G_1^I = G_2^I$ für alle Interpretationen I gilt.

(a) Sei I eine beliebige Interpretation:
$$(F \vee F)^I = \top \quad \text{gdw.} \quad F^I \vee^* F^I = \top$$
$$\text{gdw.} \quad (F^I = \top \text{ oder } F^I = \top) \quad \text{gdw.} \quad F^I = \top$$

Das mittlere 'gdw.' ergibt sich aus der Wahrheitstabelle von $\vee^*$.
Das 'oder' ist hier wie im Folgenden nicht ausschließend gemeint.

(b) Sei I eine beliebige Interpretation:
$$(\neg(F \wedge G))^I = \top \quad \text{gdw.} \quad \neg^*(F^I \wedge^* G^I) = \top$$
$$\text{gdw.} \quad F^I \wedge^* G^I = \bot$$
$$(\text{Def. von } \wedge^*) \quad \text{gdw.} \quad F^I = \bot \text{ oder } G^I = \bot$$
$$\text{gdw.} \quad \neg^* F^I = \top \text{ oder } \neg^* G^I = \top$$
$$(\text{Def. von } \vee^*) \quad \text{gdw.} \quad \neg^* F^I \vee^* \neg^* G^I = \top$$
$$\text{gdw.} \quad (\neg F)^I \vee^* (\neg G)^I = \top$$
$$\text{gdw.} \quad (\neg F \vee \neg G)^I = \top$$

(c) Sei I eine beliebige Interpretation:
$$(F \to G)^I = \top \quad \text{gdw.} \quad (F^I \to^* G^I) = \top$$
$$(\text{Def. von} \to^*) \quad \text{gdw.} \quad (F^I = \bot \text{ und } G^I \text{ beliebig})$$
$$\text{oder } (F^I \text{ beliebig und } G^I = \top)$$
$$\text{gdw.} \quad F^I = \bot \text{ oder } G^I = \top$$
$$\text{gdw.} \quad \neg^* F^I = \top \text{ oder } G^I = \top$$
$$\text{gdw.} \quad \neg^* F^I \vee^* G^I = \top$$
$$\text{gdw.} \quad (\neg F \vee G)^I = \top$$

(d) Sei I eine beliebige Interpretation. Dann gilt

$$((F \vee G) \vee H)^I \stackrel{\text{Def. 3.9}}{=} (F \vee G)^I \vee^* H^I$$
$$\stackrel{\text{Def. 3.9}}{=} [F^I \vee^* G^I] \vee^* H^I$$
$$\stackrel{\text{Def. } \vee^*}{=} F^I \vee^* [G^I \vee^* H^I]$$
$$\stackrel{\text{Def. 3.9}}{=} F^I \vee^* (G \vee H)^I$$
$$\stackrel{\text{Def. 3.9}}{=} (F \vee (G \vee H))^I.$$

Die mit $\stackrel{\text{Def. } \vee^*}{=}$ markierte Gleichheit ergibt sich genau genommen dadurch, dass beide Seiten genau dann wahr sind, wenn $F = \top$ oder $G = \top$ oder $H = \top$.

(e) Sei I eine beliebige Interpretation. Dann gilt

$$((F \vee G) \wedge F)^I \stackrel{\text{Def. 3.9}}{=} [F^I \vee^* G^I] \wedge^* F^I.$$

Nach Definition von $\vee^*$ und $\wedge^*$ gilt:

Falls $F^I = \top$, G^I beliebig, dann gilt $[F^I \vee^* G^I] \wedge^* F^I = \top$.

Falls $F^I = \bot$, G^I beliebig, dann gilt $[F^I \vee^* G^I] \wedge^* F^I = \bot$.

Folglich gilt $((F \vee G) \wedge F)^I = F^I$.

(f) Da gilt, F ist allgemeingültig gdw. $F^I = \top$ für alle Interpretationen I, folgt für eine beliebige Interpretation I:

$$(F \wedge G)^I = F^I \wedge^* G^I = \top \wedge^* G^I \stackrel{\text{Def. } \wedge^*}{=} G^I.$$

(g) Zu zeigen $[\neg\neg F]^I = (F \wedge F)^I$ für alle Interpretationen I.

1. Lösungsmöglichkeit

– Fall 1: Sei I eine Interpretation mit $F^I = \top$. Dann gilt

$$\begin{aligned}(F \wedge F)^I &= F^I \wedge^* F^I & [\neg\neg F]^I &= \neg^*[\neg F]^I \\ &= \top \wedge^* \top & &= \neg^*\neg^* F^I \\ &= \top & &= \neg^*\neg^* \top \\ & & &= \neg^* \bot \\ & & &= \top\end{aligned}$$

– Fall 2: Sei I eine Interpretation mit $F^I = \bot$. Dann gilt

$$\begin{aligned}(F \wedge F)^I &= F^I \wedge^* F^I & [\neg\neg F]^I &= \neg^*[\neg F]^I \\ &= \bot \wedge^* \bot & &= \neg^*\neg^* F^I \\ &= \bot & &= \neg^*\neg^* \bot \\ & & &= \neg^* \top \\ & & &= \bot\end{aligned}$$

2. Lösungsmöglichkeit

$$\begin{aligned}(F \wedge F)^I = \top \quad &\text{gdw.} \quad F^I \wedge^* F^I = \top \\ &\text{gdw.} \quad F^I = \top \text{ und } F^I = \top \\ &\text{gdw.} \quad F^I = \top \\ &\text{gdw.} \quad \neg^* F^I = \bot \\ &\text{gdw.} \quad [\neg F]^I = \bot \\ &\text{gdw.} \quad \neg^*[\neg F]^I = \top \\ &\text{gdw.} \quad [\neg\neg F]^I = \top\end{aligned}$$

II.3.3. ÄQUIVALENZ UND NORMALFORMEN

Lösung 3.75 Das vollständige Junktorensystem $\{\neg, \vee\}$ [▷47] ○

Um zu zeigen, dass zu jeder aussagenlogischen Formel eine dazu logisch äquivalente Formel existiert, welche nur die Junktoren $\vee$ und $\neg$ enthält, geben wir zunächst eine Liste aussagenlogischer Äquivalenzen an. Ihre Gültigkeit lässt sich über die entsprechenden Wahrheitsfunktionen zeigen.

Bemerkung: *Eine vollständige Übersicht über alle ein- und zweistelligen Junktoren nebst ihrer Wahrheitsfunktionen liefert Aufgabe 3.40.* .

$$
\begin{aligned}
(F \diagup G) &\equiv F \\
(F \diagdown\!\!\!\!\!\diagup G) &\equiv \neg F \\
(F \diagdown G) &\equiv G \\
(F \diagdown\!\!\!\!\!\diagdown G) &\equiv \neg G \\
(F \leftrightarrow G) &\equiv ((F \rightarrow G) \wedge (F \leftarrow G)) \equiv \neg(\neg(\neg F \vee G) \vee \neg(F \vee \neg G)) \\
(F \not\leftrightarrow G) &\equiv \neg((F \rightarrow G) \wedge (F \leftarrow G)) \equiv (\neg(\neg F \vee G) \vee \neg(F \vee \neg G)) \\
(F \rightarrow G) &\equiv (\neg F \vee G) \\
(F \leftarrow G) &\equiv (F \vee \neg G) \\
(F \not\rightarrow G) &\equiv \neg(\neg F \vee G) \\
(F \not\leftarrow G) &\equiv \neg(F \vee \neg G) \\
(F \uparrow G) &\equiv \neg(F \wedge G) \equiv (\neg F \vee \neg G) \\
(F \downarrow G) &\equiv \neg(F \vee G) \\
\top F &\equiv (F \vee \neg F) \\
\bot F &\equiv (F \wedge \neg F) \equiv \neg(\neg F \vee F) \\
(F \pitchfork G) &\equiv (F \vee \neg F) \\
(F \perp\!\!\!\perp G) &\equiv (F \wedge \neg F) \equiv \neg(\neg F \vee F) \\
(F \wedge G) &\equiv \neg(\neg F \vee \neg G)
\end{aligned}
$$

Durch Anwendung dieser Äquivalenzen auf eine aussagenlogische Formel können wir der Reihe nach alle Junktoren außer $\vee$ und $\neg$ ersetzen und wir erhalten nach endlich vielen Schritten eine Formel, die nur noch die Junktoren $\neg$ und $\vee$ enthält. Die logische Äquivalenz der so erhaltenen Formel mit der Ausgangsformel ergibt sich aus dem Ersetzungstheorem. Ein detaillierter Beweis der Korrektheit und der Terminierung müsste analog zum entsprechenden Beweis für die Transformation in Klauselform geführt werden (siehe Abschnitt 3.3.3 des Lehrbuchs).

Bemerkung: *Eine Menge von Junktoren mit der eben für $\{\neg, \vee\}$ gezeigten Eigenschaft nennt man auch ein vollständiges Junktorensystem.*

Lösung 3.76 $\{\leftarrow\}$ ist unvollständiges Junktorensystem [▷47] ◐

Als Beweis genügt es ein Gegenbeispiel anzugeben, also eine Formel zu der es keine äquivalente gibt, die nur den Junktor $\leftarrow$ enthält. Es gibt mehrere solche Formeln:

(1) Aus Aufgabe 3.48 wissen wir, dass die Formelmenge, welche nur den Junktor $\rightarrow$ enthält, keine unerfüllbare Formel enthält. Aus Symmetriegründen gilt dies für den Junktor $\leftarrow$ anstatt $\rightarrow$ ganz genauso. Somit ergeben sich z.B. die folgenden Formeln $\bot F$, $(F \perp\!\!\!\perp G)$, $(F \wedge \neg F)$, welche für beliebige Formeln F und G unerfüllbar sind, als Gegenbeispiele.

(2) Sei $I_\top$ die Interpretation, welche dadurch festgelegt ist, dass für alle aussagenlogischen Variablen A gilt: $A^{I_\top} = \top$.
$I_\top$ ist ein Modell für alle Formeln, welche nur (d.h. höchstens) den Junktor $\leftarrow$

enthalten. Dies kann man mit struktureller Induktion wie folgt zeigen:

I.A. Nach obiger Definition von $I_\top$ gilt $A^{I_\top} = \top$ für alle aussagenlogischen Variablen.

I.H. $I_\top$ ist bereits Modell für Formeln F und G, welche höchstens den Junktor $\leftarrow$ enthalten.

I.B. $I_\top$ ist auch Modell für die Formel $(F \leftarrow G)$, die nur den Junktor $\leftarrow$ enthält.

I.S. $(F \leftarrow G)^{I_\top} = F^{I_\top} \leftarrow^* G^{I_\top}$.
Wenn $(F \leftarrow G)$ nur den Junktor $\leftarrow$ enthält, dann enthalten auch F und G höchstens den Junktor $\leftarrow$. Nach I.H. ist $I_\top$ bereits Modell für die Formeln F und G, d.h. $F^{I_\top} = G^{I_\top} = \top$, und damit gilt: $F^{I_\top} \leftarrow^* G^{I_\top} = \top$ nach Definition der Funktion $\leftarrow^*$.
Somit ist $I_\top$ auch Modell für die Formel $(F \leftarrow G)$.

Andererseits ist $I_\top$ kein Modell für die Formel $(A \uparrow A')$ mit beliebigen aussagenlogischen Variablen A und A', wie man anhand der Wahrheitsfunktion $\uparrow^*$ sehen kann.

Lösung 3.77 Der NOR-Junktor [▷47] ◐

(a) (1) $(w_1 \vee^* w_2)$ = $\neg^* \neg^* (w_1 \vee^* w_2)$
= $\neg^* (w_1 \downarrow^* w_2)$
= $\neg^* ((w_1 \downarrow^* w_2) \vee^* (w_1 \downarrow^* w_2))$
= $((w_1 \downarrow^* w_2) \downarrow^* (w_1 \downarrow^* w_2))$

(2) $(w_1 \to^* w_2)$ = $(\neg^* w_1 \vee^* w_2)$
= $((\neg^* w_1 \downarrow^* w_2) \downarrow^* (\neg^* w_1 \downarrow^* w_2))$
= $((\neg^* (w_1 \vee^* w_1) \downarrow^* w_2) \downarrow^* (\neg^* (w_1 \vee^* w_1) \downarrow^* w_2))$
= $(((w_1 \downarrow^* w_1) \downarrow^* w_2) \downarrow^* ((w_1 \downarrow^* w_1) \downarrow^* w_2))$

Bemerkung: *Aus dem eben gezeigten folgt sofort, dass der NOR-Junktor alleine ein vollständiges Junktorensystem bildet.*

(b) Keine der beiden Eigenschaften gilt.
Es gilt nämlich $((\bot \downarrow^* \bot) \downarrow^* \top) = (\top \downarrow^* \top) = \bot$,
aber $(\bot \downarrow^* (\bot \downarrow^* \top)) = (\bot \downarrow^* \bot) = \top$. Somit ist $\downarrow^*$ nicht assoziativ.
Außerdem gilt $(\bot \downarrow^* \bot) = \top$, und damit ist $\downarrow^*$ nicht idempotent.

Lösung 3.78 Logische Äquivalenz und $\leftrightarrow$ [▷47] ○

(a) $\Longrightarrow$: Sei $(F \leftrightarrow G)^I = \top$. Dann gilt nach Definition 3.9: $F^I \leftrightarrow^* G^I = \top$. Nach der Definition von $\leftrightarrow^*$ folgt hieraus: $F^I = G^I = \top$ oder $F^I = G^I = \bot$. Folglich gilt $F^I = G^I$.

$\Longleftarrow$: Sei $F^I = G^I$. Dann ist entweder $F^I = G^I = \top$ oder $F^I = G^I = \bot$. Nach der Definition von $\leftrightarrow^*$ gilt in beiden Fällen: $(F^I \leftrightarrow^* G^I) = \top$. Somit folgt mit Definition 3.9: $(F \leftrightarrow G)^I = \top$.

(b) $(F \leftrightarrow G)$ ist eine Tautologie
gdw. $(F \leftrightarrow G)^I = \top$ für beliebige Interpretationen I
gdw. $F^I = G^I$ (nach Teilaufgabe (a)) für beliebige Interpretationen I

II.3.3. ÄQUIVALENZ UND NORMALFORMEN   233

   gdw. für beliebige Interpretationen I gilt: $I \models F$ gdw. $I \models G$
   gdw. $(F \equiv G)$ nach Definition 3.18.

Lösung 3.79 Semantische Äquivalenz als Äquivalenzrelation   [▷47] ◐ 3-12 86

Reflexivität: Zu zeigen: Für alle $F \in \mathcal{L}(\mathcal{R})$ gilt: $F \equiv F$
   $F \equiv F$ gilt gdw. für alle Interpretationen I gilt: $I \models F$ gdw. $I \models F$.
   Letzteres ist trivialerweise wahr.

Transitivität: Zu zeigen: Für alle $F, G, H \in \mathcal{L}(\mathcal{R})$ gilt:
   Wenn $F \equiv G$ und $G \equiv H$, dann $F \equiv H$.
   $F \equiv G$ gilt gdw. für alle Interpretationen I gilt: $I \models F$ gdw. $I \models G$.
   $G \equiv H$ gilt gdw. für alle Interpretationen I gilt: $I \models G$ gdw. $I \models H$.
   Somit folgt mit $F \equiv G$ und $G \equiv H$, dass für alle Interpretationen I gilt:
   $I \models F$ gdw. $I \models H$, d.h. $F \equiv H$.

Symmetrie: Zu zeigen: Für alle $F, G \in \mathcal{L}(\mathcal{R})$ gilt: Wenn $F \equiv G$, dann $G \equiv F$.
   $F \equiv G$ gilt gdw. für alle Interpretationen I gilt: $I \models F$ gdw. $I \models G$.
   Dies bedeutet aber, dass $G \equiv F$ gilt.

Lösung 3.80 Die $\{F\} \models G$ Relation auf $\mathcal{L}(\mathcal{R})$ [▷48] ◐

(a) Zur Widerlegung genügt es an Hand eines Beispiels zu zeigen, dass eine der Bedingungen, der eine partielle Ordnung genügen muss (z.B. die Antisymmetrie von $\preccurlyeq$), nicht erfüllt ist.

   Zur *Antisymmetrie* müsste für alle $F, G \in \mathcal{L}(\mathcal{R})$ gelten, dass aus $F \preccurlyeq G$ und $G \preccurlyeq F$ die Gleichheit $F = G$ folgt.
   Wir zeigen jedoch: Es gibt $F, G \in \mathcal{L}(\mathcal{R})$ mit $F \preccurlyeq G$ und $G \preccurlyeq F$, aber $F \neq G$, d.h. F und G sind syntaktisch verschieden: Sei $F = p$ mit $p \in \mathcal{R}$ und $G = \neg\neg p$. Dann gilt $p \preccurlyeq \neg\neg p$ und $\neg\neg p \preccurlyeq p$, wie man sich z.B. mittels einer Wahrheitswertetabelle klar machen kann, aber $p \neq \neg\neg p$.

   Dass aber die *Transitivität* gilt, sieht man leicht, wenn man bedenkt, dass $F \preccurlyeq G$ gdw. $\models (F \to G)$. Man kann aber die entsprechende Aussage – wenn $F \preccurlyeq G$ und $G \preccurlyeq H$, dann $F \preccurlyeq H$ – auch wie folgt über Modelle zeigen: Bezeichne $\mathcal{I}_F$ bzw. $\mathcal{I}_G$ die Menge der Modelle, welche die Formeln F bzw. G besitzen. Es gilt $F \preccurlyeq G$ gdw. $\{F\} \models G$ gdw. $\mathcal{I}_F \subseteq \mathcal{I}_G$. Mit analoger Notation gilt: Aus $G \preccurlyeq H$ folgt $\mathcal{I}_G \subseteq \mathcal{I}_H$. Folglich gilt $\mathcal{I}_F \subseteq \mathcal{I}_H$ und damit $F \preccurlyeq H$.

   Die *Reflexivität* gilt trivialerweise.

(b) $\Longrightarrow$: Es gelte für beliebige $M, N \in \mathcal{L}^\equiv(\mathcal{R})$:
   $M \preccurlyeq_\equiv N$ gdw. $F \preccurlyeq G$ für alle $F \in M$ und für alle $G \in N$.
   Da Äquivalenzklassen nicht leer sind folgt sofort die Behauptung.

   $\Longleftarrow$: Es gelte für beliebige $M, N \in \mathcal{L}^\equiv(\mathcal{R})$,
   dass es ein $F \in M$ gibt und ein $G \in N$ gibt für die gilt $F \preccurlyeq G$.
   Zu zeigen: $F' \preccurlyeq G'$ für beliebige $F' \in M$ und $G' \in N$.
   Wir überlegen uns folgendes:

   (i) $F' \in M$ und $F \in M$ impliziert, dass für alle Interpretationen I gilt: $I \models F$ gdw. $I \models F'$, denn M ist Äquivalenzklasse bzgl. $\equiv$.

   (ii) Analog dazu ergibt sich, dass für alle Interpretationen I gilt: $I \models G$ gdw. $I \models G'$.

Sei nun I eine Interpretation mit $I \models F'$.
So folgt nach (i), dass $I \models F$. Wegen $F \preccurlyeq G$ folgt $I \models G$.
Und schließlich folgt nach (ii), dass $I \models G'$. Somit haben wir $F' \preccurlyeq G'$.

(c) *Reflexivität:* Zu zeigen: Für alle $M \in \mathcal{L}^{\equiv}(\mathcal{R})$ gilt: $M \preccurlyeq_{\equiv} M$.

Sei F beliebig aus M. Es gilt $\{F\} \models F$. Also $F \preccurlyeq F$ für ein $F \in M$.
Damit gilt auch $F \preccurlyeq G$ für ein $F \in M$ und ein $G \in M$,
wobei ja nicht verboten ist, dass $F = G$. Daraus folgt: $M \preccurlyeq_{\equiv} M$.

Transitivität: Zu zeigen: Für alle $M_1, M_2, M_3 \in \mathcal{L}^{\equiv}(\mathcal{R})$ gilt:
Wenn $M_1 \preccurlyeq_{\equiv} M_2$ und $M_2 \preccurlyeq_{\equiv} M_3$, dann $M_1 \preccurlyeq_{\equiv} M_3$.

$M_1 \preccurlyeq_{\equiv} M_2$ und $M_2 \preccurlyeq_{\equiv} M_3$ bedeutet, dass $F \preccurlyeq F'$ für alle $F \in M_1$ und alle $F' \in M_2$ sowie $G \preccurlyeq G'$ für alle $G \in M_2$ und alle $G' \in M_3$, was wiederum bedeutet, dass $\{F\} \models F'$ für alle $F \in M_1$ und alle $F' \in M_2$ sowie $\{G\} \models G'$ für alle $G \in M_2$ und alle $G' \in M_3$.
Daraus folgt, dass $\{F\} \models G'$ für alle $F \in M_1$ und alle $G' \in M_3$, was wiederum bedeutet, dass $F \preccurlyeq G'$ für alle $F \in M_1$ und alle $G' \in M_3$, was bedeutet, dass $M_1 \preccurlyeq_{\equiv} M_3$.

Antisymmetrie: Zu zeigen: Für alle $M, N \in \mathcal{L}^{\equiv}(\mathcal{R})$ gilt:
Wenn $M \preccurlyeq_{\equiv} N$ und $N \preccurlyeq_{\equiv} M$, dann $M = N$.

$M \preccurlyeq_{\equiv} N$ und $N \preccurlyeq_{\equiv} M$ bedeutet, dass $F \preccurlyeq G$ und $G \preccurlyeq F$ für alle $F \in M$ und alle $G \in N$, was wiederum bedeutet, dass $\{F\} \models G$ und $\{G\} \models F$ für alle $F \in M$ und alle $G \in N$.
Dies impliziert, dass alle Modelle von F Modelle von G sind und umgekehrt, also $F \equiv G$ für alle $F \in M$ und alle $G \in N$,
d.h. M und N sind dieselbe Äquivalenzklasse bzgl. $\equiv$.

(d) Vollständigkeit der Ordnung $\preccurlyeq_{\equiv}$ würde bedeuten:
Für alle $M, N \in \mathcal{L}^{\equiv}(\mathcal{R})$ gilt: $M \preccurlyeq_{\equiv} N \vee N \preccurlyeq_{\equiv} M$.

Gegenbeispiel: Für $p, q \in \mathcal{R}$, $p \neq q$, seien M_p und M_q die zugehörigen Äquivalenzklassen bzgl. $\equiv$; also $M_p = \{F \in \mathcal{L}(\mathcal{R}) \mid F \equiv p\}$ und $M_q = \{F \in \mathcal{L}(\mathcal{R}) \mid F \equiv q\}$. Dann ist $I_1 = \{p\}$ eine Interpretation mit $p^{I_1} = \top$ und $q^{I_1} = \bot$, d.h. es gilt nicht $M_p \preccurlyeq_{\equiv} M_q$, und $I_2 = \{q\}$ ist eine Interpretation mit $p^{I_2} = \bot$ und $q^{I_1} = \bot$, d.h. es gilt nicht $M_q \preccurlyeq_{\equiv} M_p$.

3-32 150 **Lösung 3.81 Formeln mit p_1 und p_2** [▷48] ◐

(a) In Mengennotation kann man jede Interpretation I eindeutig schreiben als $I = \mathcal{M}$ mit entsprechender Menge $\mathcal{M} \subseteq \mathcal{R}$.
Sei $\mathcal{N} = \mathcal{M} \cap \{p_1, p_2\}$. Wir unterscheiden nun die folgenden Fälle:
Ist $\mathcal{N} = \emptyset$, so gilt $I \models (\neg p_1 \wedge \neg p_2)$ mit $(\neg p_1 \wedge \neg p_2) \in \mathcal{L}(\mathcal{R}, 2)$.
Ist $\mathcal{N} \neq \emptyset$, so ist entweder $p_1 \in \mathcal{N}$ oder $p_2 \in \mathcal{N}$.
Ist $p_1 \in \mathcal{N}$ so gilt $I \models p_1$ mit $p_1 \in \mathcal{L}(\mathcal{R}, 2)$. Analog für $p_2 \in \mathcal{N}$.
Es gibt also immer eine Formel $F \in \mathcal{L}(\mathcal{R}, 2)$ – nämlich $(\neg p_1 \wedge \neg p_2)$, p_1 bzw. p_2 – mit $I \models F$.

(b) Die Antwort ist in beiden Fällen negativ.
Wie in Teilaufgabe (g) von Aufgabe 3.51 gezeigt wurde, ist der Wahrheitswert einer Formel $F \in \mathcal{L}(\mathcal{R})$ unter einer Interpretation I durch die Werte bestimmt,

II.3.3. ÄQUIVALENZ UND NORMALFORMEN 235

welche die Interpretation I den aussagenlogischen Variablen in $\mathcal{R}_F = \{A \mid A \in \mathcal{R} \text{ und } A \in \mathcal{S}_F\}$ zuordnet.
Somit hat eine Formel $F \in \mathcal{L}(\mathcal{R}, 2)$ unter den beiden verschiedenen Interpretationen $I \setminus \{p_3\}$ und $I \cup \{p_3\}$ den gleichen Wahrheitswert, da $p_3 \notin \mathcal{R}_F$. (Die Interpretation I kann hierbei beliebig gewählt werden.)
Für $F \in \mathcal{L}(\mathcal{R})$ gilt, dass nur endlich viele aussagenlogische Variable in F vorkommen können, d.h. $\mathcal{R}_F$ ist endlich. Sei k der größte Index der in $\mathcal{R}_F$ vorkommenden aussagenlogischen Variablen p_i, so hat F unter den beiden verschiedenen Interpretationen $I \setminus \{p_{k+1}\}$ und $I \cup \{p_{k+1}\}$ den gleichen Wahrheitswert; wiederum bei beliebiger Wahl von I.

(c) Aus $F^I = F^{I'}$ für alle $F \in \mathcal{L}(\mathcal{R}, 2)$ folgt natürlich $p_1^I = p_1^{I'}$ und $p_2^I = p_2^{I'}$. Wiederum mit Teilaufgabe (g) von Aufgabe 3.51 folgt aus letzteren Bedingungen an p_1 und p_2 bereits $F^I = F^{I'}$ für alle $F \in \mathcal{L}(\mathcal{R}, 2)$. Um also nicht äquivalent zu sein müssen sich zwei Interpretationen I und I' von $\mathcal{L}(\mathcal{R})$ in ihren Werten für p_1 und/oder p_2 unterscheiden.
Da es für p_1 und p_2 jeweils 2 mögliche Werte gibt, folgt dass $|\mathcal{J}| = 4$.
Maximale Beispiele für $\mathcal{J}$: $\{\emptyset, \{p_1\}, \{p_2\}, \{p_1, p_2\}\}$
$\{\emptyset, \{p_1, p_3\}, \{p_2\}, \{p_1, p_2\}\}$
$\{\emptyset, \{p_1\}, \{p_2\}, \{p_1, p_2, p_7, p_9\}\}$
$\{\{p_3\}, \{p_1, p_3\}, \{p_2, p_3\}, \{p_1, p_2, p_3\}\}$

Man muss also in einer solchen maximalen Mengen $\mathcal{J}$ von Interpretationen von $\mathcal{L}(\mathcal{R})$ bzgl. $\mathcal{L}(\mathcal{R}, 2)$ nur bei einer oder mehreren Interpretationen die Wahrheitswertzuordnung für ein p_i mit $i > 2$ ändern um eine andere maximale Menge zu bekommen.

(d) Wir nehmen hierzu eines der maximalen Beispiele für $\mathcal{J}$ aus Teilaufgabe (c), z.B. $\{\emptyset, \{p_1\}, \{p_2\}, \{p_1, p_2\}\}$, und erhalten die folgenden Äquivalenzklassen: $[\emptyset], [\{p_1\}], [\{p_2\}], [\{p_1, p_2\}]$.
Ein anderes maximales Beispiel für $\mathcal{J}$ sich würde dieselben Äquivalenzklassen liefern, allerdings beschrieben durch andere Repräsentanten.

(e) Zwei Formeln gehören zur gleichen Äquivalenzklasse, wenn sie die gleichen Modelle haben. Nach Teilaufgabe (c) haben wir vier verschiedene Äquivalenzklassen von Interpretationen, die wir wie folgt bezeichnen: $\mathcal{I}_1 = [\emptyset]$, $\mathcal{I}_2 = [\{p_1\}]$, $\mathcal{I}_3 = [\{p_2\}]$ und $\mathcal{I}_4 = [\{p_1, p_2\}]$.

F_1 hat nur Modelle aus $\mathcal{I}_4$ F_6 hat Modelle aus $\mathcal{I}_3$
F_2 hat Modelle aus $\mathcal{I}_2, \mathcal{I}_3, \mathcal{I}_4$ F_7 hat Modelle aus $\mathcal{I}_1$
F_3 hat kein Modell F_8 hat Modelle aus $\mathcal{I}_3, \mathcal{I}_4$
F_4 hat kein Modell F_9 hat Modelle aus $\mathcal{I}_2, \mathcal{I}_3, \mathcal{I}_4$
F_5 hat Modelle aus $\mathcal{I}_2, \mathcal{I}_3, \mathcal{I}_4$

Die gegebene Formelmenge $\{F_1, \ldots, F_9\}$ zerfällt also bzgl. $\equiv$ in 6 verschiedene Äquivalenzklassen, nämlich $[F_1], [F_2], [F_3], [F_6], [F_7], [F_8]$, wobei $[F_2] = [F_5] = [F_9]$ und $[F_3] = [F_4]$.

(f) Wir erhalten die folgenden Äquivalenzklassen.

	Modellmengen	Repräsentant der $\equiv$-Äquivalenzklasse
1.	$\emptyset$	$(p_1 \wedge \neg p_1) \wedge (p_2 \wedge \neg p_2)$
2.	$\{[\emptyset]\}$	$(\neg p_1 \wedge \neg p_2)$
3.	$\{[\{p_1\}]\}$	$(p_1 \wedge \neg p_2)$
4.	$\{[\{p_2\}]\}$	$(p_2 \wedge \neg p_1)$
5.	$\{[\{p_1, p_2\}]\}$	$(p_1 \wedge p_2)$
6.	$\{[\emptyset], [\{p_1\}]\}$	$((p_1 \wedge \neg p_2) \vee (\neg p_1 \wedge \neg p_2))$
7.	$\{[\emptyset], [\{p_2\}]\}$	$((p_2 \wedge \neg p_1) \vee (\neg p_1 \wedge \neg p_2))$
8.	$\{[\emptyset], [\{p_1, p_2\}]\}$	$((p_1 \wedge p_2) \vee (\neg p_1 \wedge \neg p_2))$
9.	$\{[\{p_1\}], [\{p_2\}]\}$	$((p_1 \wedge \neg p_2) \vee (p_2 \wedge \neg p_1))$
10.	$\{[\{p_1\}], [\{p_1, p_2\}]\}$	$((p_1 \wedge \neg p_2) \vee (p_1 \wedge p_2))$
11.	$\{[\{p_2\}], [\{p_1, p_2\}]\}$	$((p_2 \wedge \neg p_1) \vee (p_1 \wedge p_2))$
12.	$\{[\emptyset], [\{p_1\}], [\{p_2\}]\}$	$(((\neg p_1 \wedge \neg p_2) \vee (p_1 \wedge \neg p_2)) \vee (p_2 \wedge \neg p_1))$
13.	$\{[\emptyset], [\{p_1\}], [\{p_1, p_2\}]\}$	$(p_1 \vee (\neg p_1 \wedge \neg p_2))$
14.	$\{[\emptyset], [\{p_2\}], [\{p_1, p_2\}]\}$	$(p_2 \vee (\neg p_1 \wedge \neg p_2))$
15.	$\{[\{p_1\}], [\{p_2\}], [\{p_1, p_2\}]\}$	$(p_1 \vee p_2)$
16.	$\{[\emptyset], [\{p_1\}], [\{p_2\}], [\{p_1, p_2\}]\}$	$((p_1 \vee p_2) \vee (\neg p_1 \wedge \neg p_2))$

Die Repräsentanten sind natürlich nicht eindeutig bestimmt.

(g) Es genügt zu zeigen, dass $p_1 \circ p_2 \equiv F$ für einen Repräsentanten gilt. Als Repräsentanten können wir die in Teilaufgabe (f) angegebenen Formeln verwenden. Wir erhalten damit die folgenden Zuordnung von binären Junktoren und Formeln, auf welche wir über die entsprechende Nummer in der Tabelle in Teilaufgabe (f) verweisen.

$\wedge$	5	$\vee$	15	$\rightarrow$	14	$\leftarrow$	13
$\uparrow$	12	$\downarrow$	2	$\not\rightarrow$	3	$\not\leftarrow$	4
$\leftrightarrow$	8	$\not\leftrightarrow$	9	π	16	$\perp$	1
$\swarrow$	10	$\searrow$	7	$\searrow$	11	$\searrow$	6

Die Korrektheit der Zuordnung überprüft man leicht mittels einer Wahrheitswertetabelle.

Da die Repräsentanten verschiedener Äquivalenzklassen nicht zueinander äquivalent sind, ergibt sich die behauptete Bijektivität der Zuordnung.

Lösung 3.82 Formeln mit $p_1, \ldots, p_n$

(a) Wenn $F^{I_1} = F^{I_2}$ für alle $F \in \mathcal{L}(\mathcal{R}, n)$ gilt, dann gilt dies natürlich auch für die speziellen Fälle $F \in \mathcal{L}(\mathcal{R}, n) \cap \mathcal{R}$, d.h. für alle $p_i^{I_1} = p_i^{I_2}$ mit $1 \leq i \leq n$, was der Definition von $I_1 \approx_n I_2$ entspricht.
Andererseits ist bei einer Interpretation I der Wert für F^I festgelegt, wenn

II.3.3. ÄQUIVALENZ UND NORMALFORMEN

für alle $A \in \mathcal{R}_F$ die Werte A^I gegeben sind. Da für $F \in \mathcal{L}(\mathcal{R}, n)$ gilt, dass $\mathcal{R}_F \subseteq \{p_1, \ldots, p_n\}$ gilt, folgt aus $p_i^{I_1} = p_i^{I_2}$ für $1 \leq i \leq n$, dass $F^{I_1} = F^{I_2}$ für alle $F \in \mathcal{L}(\mathcal{R}, n)$.

(b) Der Beweis, dass $\approx_n$ eine Äquivalenzrelation ist, folgt im Wesentlichen aus der Tatsache, dass = eine Äquivalenzrelation ist:

Reflexivität: Zu zeigen: $I \approx_n I$ für beliebige Interpretationen I.
   Da $p_i^I = p_i^I$ für $1 \leq i \leq n$ gilt dies trivialerweise.

Symmetrie: Zu zeigen $I_1 \approx_n I_2$ gdw. $I_2 \approx_n I_1$
   Da $p_i^{I_1} = p_i^{I_2}$ gdw. $p_i^{I_2} = p_i^{I_1}$ für $1 \leq i \leq n$ gilt dies.

Transitivität: Zu zeigen: Wenn $I_1 \approx_n I_2$ und $I_2 \approx_n I_3$, dann $I_1 \approx_n I_3$.
   Wenn $p_i^{I_1} = p_i^{I_2}$ für $1 \leq i \leq n$ und $p_i^{I_2} = p_i^{I_3}$ für $1 \leq i \leq n$ gilt, dann gilt unmittelbar $p_i^{I_1} = p_i^{I_3}$ für $1 \leq i \leq n$ und somit $I_1 \approx_n I_3$.

(c) Zwei Interpretationen sind gemäß der Definition von $\approx_n$ genau dann äquivalent, wenn sie die gleiche Teilmenge der Menge $\{p_1, \ldots, p_n\}$ auf wahr abbilden. Es gibt aber genau 2^n Teilmengen von $\{p_1, \ldots, p_n\}$, d.h. also 2^n Äquivalenzklassen. (Man vergleiche dazu Aufgabe 3.81, wo der Fall für $n = 2$ ausführlich diskutiert wurde.)

(d) Wir definieren zunächst die Interpretation $I_K := \{p_i \mid 1 \leq i \leq n \text{ und } p_i = L_i\}$. I_K ist ein Modell von K, da nach Definition von I_K alle in K vorkommenden L_i wahr sind. Damit ist aber auch jede Interpretation aus der Äquivalenzklasse von I_K bzgl. $\approx_n$ ein Modell von K.
Andererseits muss eine Interpretation I mit $I \not\approx_n I_K$ sich von I_K im Wert eines der p_i ($1 \leq i \leq n$) unterscheiden, und damit ist I kein Modell für K. Somit ist die Äquivalenzklasse von I_K die einzige bzgl. $\approx_n$ welche aus Modellen für K besteht.

(e) Sei I eine Interpretation aus $\mathcal{I}$. Wir definieren K wie folgt:

$$L_i = \begin{cases} p_i & \text{wenn } p_i \in I \\ \neg p_i & \text{wenn } p_i \notin I \end{cases} \quad \text{für } 1 \leq i \leq n.$$

Offensichtlich ist I ein Modell für K und dies gilt auch für alle anderen Interpretationen aus $\mathcal{I}$, da sich diese von I in den Werten für $p_1, \ldots, p_n$ nicht unterscheiden.
Andererseits ist jede von K verschiedene Vollkonjunktion $K' = \langle L'_1, \ldots, L'_n \rangle$ (der Länge n) unter den Interpretationen in $\mathcal{I}$ falsch, da sich K und K' in mindestens einem der L_i bzw. L'_i unterscheiden – also $L_i = \neg L'_i$ bzw. $L'_i = \neg L_i$ – und somit $[L'_i]^I = \bot$ gilt, und damit $[K']^I = \bot$.

(f) Nach Teilaufgabe (c) hat die Äquivalenzrelation $\approx_n$ genau 2^n Äquivalenzklassen, und damit besteht $\mathcal{M}$ aus k Elementen für ein $k \leq 2^n$; also $\mathcal{M} = \{\mathcal{I}_1, \ldots, \mathcal{I}_k\}$. Zu jeder Äquivalenzklasse $\mathcal{I}_i \in \mathcal{M}$ gibt es nach Teilaufgabe (e) genau eine Vollkonjunktion K_i, so dass $I \models K_i$ für alle $I \in \mathcal{I}_i$.
Für $D := (\ldots((K_1 \vee K_2) \vee K_3) \vee \ldots \vee K_k)$ gilt folglich $I \models D$ für alle $I \in \mathcal{I} \in \mathcal{M}$.
Für eine Interpretation I, welche nicht in einem der $\mathcal{I}_i \in \mathcal{M}$ enthalten ist, gilt aber, dass sie sich von jeder der Interpretationen in den Äquivalenzklassen in

$\mathcal{M}$ im Wert für mindestens eines der p_i, $1 \leq i \leq n$, unterscheidet, und somit kann I kein Modell für D sein, da I jedes der K_i, $1 \leq i \leq n$, auf falsch abbildet.

(g) Ganz allgemein gilt, dass äquivalente Formeln die gleichen Modelle haben, und für Formeln aus $\mathcal{L}(\mathcal{R}, n)$ bedeutet dies, dass sie von den Interpretationen aus den gleichen Äquivalenzklassen von $\approx_n$ auf wahr abgebildet werden.
Somit ist die Anzahl der Teilmengen der Äquivalenzklassen von Interpretationen bzgl. $\approx_n$ – also 2^{2^n} – die Obergrenze für Äquivalenzklassen von Formeln in $\mathcal{L}(\mathcal{R}, n)$.
Da nach Teilaufgabe (f) zu jeder Teilmenge $\mathcal{M}$ von Äquivalenzklassen von $\approx_n$ eine Formel aus $\mathcal{L}(\mathcal{R}, n)$ gibt, welche genau die Interpretationen aus $\mathcal{M}$ als Modelle hat, folgt dass es genau 2^{2^n} Äquivalenzklassen von $\approx_n$ gibt.

Lösung 3.83 Beziehungen zwischen Modellklassen [▷50] ◐

Jedes Modell von $(F \wedge G)$ ist auch Modell von F und von G, und jedes Modell von F oder von G ist auch Modell von $(F \vee G)$. Diese Beziehungen übertragen sich auf die Äquivalenzklassen bzgl. $\approx_k$ wodurch die Ungleichungen (1) und (2) folgen. Weiterhin gilt, dass jedes Modell von G auch Modell von $(F \to G)$ ist, und Ungleichung (3) folgt analog zu zuvor.

Ein Gegenbeispiel zur Gleichheit bei den Ungleichungen in (1) und (2) erhält man sofort mit $F = A$ und $G = \neg A$ für ein beliebiges $A \in \{p_1, \ldots, p_k\}$. Für A als auch für $\neg A$ ergibt sich $\mathsf{m}_k(A) = \mathsf{m}_k(\neg A) = 2^k/2$ und es folgt:

(i) $\mathsf{m}_k(A \wedge \neg A) = 0 < 1 \leq 2^k/2 = \min(2^k/2, 2^k/2) = \min(A, \neg A)$

(ii) $\mathsf{m}_k(A \vee \neg A) = 2^k > 2^k/2 = \max(2^k/2, 2^k/2) = \max(A, \neg A)$

Ein Gegenbeispiel zur Gleichheit bei Ungleichung (3) ergibt sich für $F = G = A$ mit einem beliebigem $A \in \{p_1, \ldots, p_k\}$, dass $\mathsf{m}_k(A) = 2^k/2 < 2^k = \mathsf{m}_k(A \to A)$ gilt.

Lösung 3.84 Positionen und Ersetzungen in Formeln [▷50] ○

(a) Wir berechnen iterativ die Positionsmengen der Teilformeln.

$$\begin{aligned}
\mathsf{pos}(p) &= \{\Lambda\} \\
\mathsf{pos}(q) &= \{\Lambda\} \\
\mathsf{pos}(\neg p) &= \{\Lambda, 1\Lambda\} \\
\mathsf{pos}((q \vee \neg p)) &= \{\Lambda, 1\Lambda, 2\Lambda, 21\Lambda\} \\
\mathsf{pos}((p \wedge (q \vee \neg p))) &= \{\Lambda, 1\Lambda, 2\Lambda, 21\Lambda, 22\Lambda, 221\Lambda\} \\
\mathsf{pos}(\neg(p \wedge (q \vee \neg p))) &= \{\Lambda, 1\Lambda, 11\Lambda, 12\Lambda, 121\Lambda, 122\Lambda, 1221\Lambda\}
\end{aligned}$$

(b) Es ergibt sich die folgende schrittweise Berechnung.

$$\begin{aligned}
\neg\neg((p \vee q) \wedge (q \vee \neg p))\lceil 1122\Lambda \rceil &= \neg((p \vee q) \wedge (q \vee \neg p))\lceil 122\Lambda \rceil \\
&= ((p \vee q) \wedge (q \vee \neg p))\lceil 22\Lambda \rceil \\
&= (q \vee \neg p)\lceil 2\Lambda \rceil \\
&= \neg p\lceil \Lambda \rceil \\
&= \neg p
\end{aligned}$$

II.3.3. ÄQUIVALENZ UND NORMALFORMEN   239

(c) $H\lceil 121\Lambda \mapsto (\neg p \wedge \neg q)\rceil =$
$$= [\neg(\neg(p \vee q) \wedge \neg(q \vee \neg p))]\lceil 121\Lambda \mapsto (\neg p \to q)\rceil$$
$$= \neg[(\neg(p \vee q) \wedge \neg(q \vee \neg p))]\lceil 21\Lambda \mapsto (\neg p \to q)\rceil)$$
$$= \neg(\neg(p \vee q) \wedge [\neg(q \vee \neg p)]\lceil 1\Lambda \mapsto (\neg p \to q)\rceil)$$
$$= \neg(\neg(p \vee q) \wedge \neg[(q \vee \neg p)]\lceil \Lambda \mapsto (\neg p \to q)\rceil)$$
$$= \neg(\neg(p \vee q) \wedge \neg(\neg p \to q))$$

Die angegebene logische Äquivalenz gilt nicht. Zum Beweis genügt es, eine Interpretation I anzugeben, für welche $H^I \neq [H\lceil 121\Lambda \mapsto (\neg p \to q)\rceil]^I$ gilt, d.h. mit $[\neg(\neg(p \vee q) \wedge \neg(q \vee \neg p))]^I \neq [\neg(\neg(p \vee q) \wedge \neg(\neg p \to q))]^I$.
Die Interpretation $I\colon \mathcal{L}(\mathcal{R}) \to \mathcal{W}$ mit $p^I = q^I = \bot$ erfüllt diese Bedingung, denn

$[\neg(\neg(p \vee q) \wedge \neg(q \vee \neg p))]^I$ $= \neg^*(\neg^*(\bot \vee^* \bot) \wedge^* \neg^*(\bot \vee^* \neg^*\bot))$
$= \neg^*(\neg^*\bot \wedge^* \neg^*\top)$
$= \top$

$[\neg(\neg(p \vee q) \wedge \neg(\neg p \to q))]^I$ $= \neg^*(\neg^*(\bot \vee^* \bot) \wedge^* \neg^*(\neg^*\bot \to^* \bot))$
$= \neg^*(\neg^*\bot \wedge^* \neg^*\bot)$
$= \bot$

Lösung 3.85 Ersetzung in Formel ergibt Formel   [▷50] ○

Strukturelle Induktion über den Aufbau von π.

I.A. Sei $\pi = \Lambda$: $F\lceil \Lambda \mapsto H\rceil = H$, und H ist eine Formel nach Voraussetzung.

I.H. Die Aussage gilt für Position π'; das heißt für beliebige Formeln G gilt: falls $\pi' \in \text{pos}(G)$, dann ist $G\lceil \pi' \mapsto H\rceil$ eine Formel.

I.B. Die Aussage gilt für Position $i\pi'$; das heißt für eine beliebige Formeln F gilt: falls $i\pi' \in \text{pos}(F)$, dann ist $F\lceil i\pi' \mapsto H\rceil$ eine Formel.

I.S. Sei $\pi = i\pi'$.
Falls $\pi \notin \text{pos}(F)$, gilt die I.B. trivialerweise.
Falls $\pi \in \text{pos}(F)$, dann unterscheiden wir zwei Fälle:
   (1) $i = 1$: Da $\pi = 1\pi' \in \text{pos}(F)$, muss F von der Form $\neg F'$ oder $(G_1 \circ G_2)$ sein.
   Wir unterscheiden wiederum zwei Fälle:
      (a) $F = \neg G$: $F\lceil 1\pi' \mapsto H\rceil = [\neg G]\lceil 1\pi' \mapsto H\rceil = \neg[G\lceil \pi' \mapsto H\rceil]$.
      Mit der Definition 3.20 der Menge der Positionen folgt aus $1\pi' \in \text{pos}(\neg G)$ unmittelbar $\pi' \in \text{pos}(G)$.
      Es gilt also wegen I.H.: $G\lceil \pi' \mapsto H\rceil$ ist Formel.
      Somit gilt: $\neg[G\lceil \pi' \mapsto H\rceil]$ ist Formel.
      (b) $F = (G_1 \circ G_2)$: analog.
   (2) $i = 2$: analog.

Lösung 3.86 Formelersetzungen   [▷50] ◐

(a) Die Aussage ist falsch wie man an folgendem Gegenbeispiel sieht:
Seien $F = (p \wedge q)$, $G = q$, $H = \neg p$. F und G sind erfüllbar durch eine

Interpretation I_1 mit $p^{I_1} = q^{I_1} = \top$. H ist erfüllbar durch eine Interpretation I_2 mit $q^{I_2} = \bot$. Aber $F\lceil \pi \mapsto H \rceil = (p \wedge \neg p)$ ist unerfüllbar.

(b) Die Aussage ist richtig. Sei G unerfüllbar. Dann ist $(H \wedge G)$ unerfüllbar, also auch $((H \wedge G) \wedge (H \vee G))$ unerfüllbar.
Folglich gilt $G \equiv ((H \wedge G) \wedge (H \vee G))$. Nach dem Ersetzungstheorem gilt dann $F \equiv F\lceil \pi \mapsto ((H \wedge G) \wedge (H \vee G)) \rceil$.

(c) Die Aussage ist falsch wie man an folgendem Gegenbeispiel sieht:
Sei $G = p$, $H = (p \vee q)$ und $F = \neg p$. Damit ist $F\lceil \pi \mapsto H \rceil = \neg(p \vee q)$. Es gilt $\models G \rightarrow H$, denn $p^I \rightarrow^* (p \vee q)^I$ für alle Interpretationen I. Doch andererseits gilt $\not\models \neg p \rightarrow \neg(p \vee q)$, was sich mit einer Interpretation I mit $p^I = \bot$ und $q^I = \top$ ergibt.

3-14 89 Lösung 3.87 Ersetzungstheorem (Beweisvervollständigung) [▷50] ◐

Wir formulieren das Ersetzungstheorem noch mal etwas ausführlicher:
Für alle $F, G, H \in \mathcal{L}(\mathcal{R})$ und für alle $\pi \in \text{pos}(F)$ gilt:
Wenn $F\lceil \pi \rceil = G$ und $G \equiv H$, dann gilt: $F \equiv F\lceil \pi \mapsto H \rceil$.

Daraus ergibt sich die I.H. in dem wir annehmen, dass das Ersetzungstheorem für eine bestimmte Position π' bereits gilt. (Um bei der Anwendung der I.H. im I.S. auf die Formeln der I.H. klar verweisen zu können, versehen wir sie mit dem Index $_H$.)

I.H. Für alle $F_H, G_H, H_H \in \mathcal{L}(\mathcal{R})$
und für ein gewisses $\pi' \in \text{pos}(F_H)$ gilt:
Wenn $F_H\lceil \pi' \rceil = G_H$ und $G_H \equiv H_H$, dann gilt: $F_H \equiv F_H\lceil \pi' \mapsto H_H \rceil$.

Und als I.B. ist dann zu zeigen, dass das Ersetzungstheorem auch für die Position $\pi = i\pi'$ für $i \in \{1, 2\}$ gilt. Es ergibt sich also

I.B. Für alle $F, G, H \in \mathcal{L}(\mathcal{R})$ und
für $i\pi' \in \text{pos}(F)$ $(i \in \{1, 2\})$ gilt:
Wenn $F\lceil \pi \rceil = G$ und $G \equiv H$, dann gilt: $F \equiv F\lceil \pi \mapsto H \rceil$.

Im I.S. betrachten wir nun die Position $\pi = i\pi'$ in einer Formel F, und für $i \in \{1, 2\}$ ergeben sich die folgenden Fälle 1.(a), 1.(b) und 2.

1. $i = 1$:
   (a) F ist von der Form $\neg F'$: bereits behandelt (siehe Lehrbuch).
   (b) F ist von der Form $(G_1 \circ G_2)$:
   Wir erhalten einerseits
   $$F\lceil 1\pi' \mapsto H \rceil = (G_1 \circ G_2)\lceil 1\pi' \mapsto H \rceil = (G_1\lceil \pi' \mapsto H \rceil \circ G_2),$$
   und andererseits gilt, dass aus $F\lceil \pi \rceil = F\lceil 1\pi' \rceil = G$ folgt: $G_1\lceil \pi' \rceil = G$.
   Wegen I.H. gilt nun:
   $$G_1\lceil \pi' \mapsto H \rceil \equiv G_1 \quad (G_1 = F_H,\ G = G_H \text{ und } H = H_H).$$
   Damit erhalten wir für alle Interpretationen I:

F^I	$= (G_1 \circ G_2)^I$	aktueller Fall
	$= G_1^I \circ^* G_2^I$	Def. 3.9 von Interpretationen
	$= G_1\lceil \pi' \mapsto H \rceil^I \circ^* G_2^I$	I.H. und Def. 3.18 von $\equiv$
	$= (G_1\lceil \pi' \mapsto H \rceil \circ G_2)^I$	Def. 3.9 von Interpretationen

II.3.3. ÄQUIVALENZ UND NORMALFORMEN 241

$$\begin{aligned}
&= [(G_1 \circ G_2)\lceil 1\pi' \mapsto H\rceil]^I & &\text{Def. 3.21 Ersetzung}\\
&= [F\lceil 1\pi' \mapsto H\rceil]^I & &\text{aktueller Fall}\\
&= [F\lceil \pi \mapsto H\rceil]^I
\end{aligned}$$

2. $i = 2$: Dann muss F von der Form $(G_1 \circ G_2)$ sein:
Wir erhalten einerseits
$$F\lceil 2\pi' \mapsto H\rceil = (G_1 \circ G_2)\lceil 2\pi' \mapsto H\rceil = (G_1 \circ G_2\lceil \pi' \mapsto H\rceil),$$
und andererseits gilt, dass aus $F\lceil \pi \rceil = F\lceil 2\pi' \rceil = G$ folgt: $G_2\lceil \pi' \rceil = G$.
Wegen I.H. gilt: $G_2\lceil \pi' \mapsto H\rceil \equiv G_2$ ($G_2 = F_H$, $G = G_H$ und $H = H_H$).
Damit erhalten wir für alle Interpretationen I:

$$\begin{aligned}
F^I &= (G_1 \circ G_2)^I & &\text{aktueller Fall}\\
&= G_1^I \circ^* G_2^I & &\text{Def. 3.9 von Interpretationen}\\
&= G_1^I \circ^* G_2\lceil \pi' \mapsto H\rceil^I & &\text{I.H. und Def. 3.18 von } \equiv\\
&= (G_1 \circ G_2\lceil \pi' \mapsto H\rceil)^I & &\text{Def. 3.9 von Interpretationen}\\
&= [(G_1 \circ G_2)\lceil 2\pi' \mapsto H\rceil]^I & &\text{Def. 3.21 Ersetzung}\\
&= [F\lceil 2\pi' \mapsto H\rceil]^I & &\text{aktueller Fall}\\
&= [F\lceil \pi \mapsto H\rceil]^I
\end{aligned}$$

Lösung 3.88 Umkehrbarkeit des Ersetzungstheorems? [▷50] ○
Die Umkehrung gilt nicht. Beweis durch Angabe eines Beispiels:
Sei $F = (p \vee (p \vee \neg p))$, $\pi = 1\Lambda$, $H = (p \wedge \neg p)$.
F ist eine Tautologie, H ist unerfüllbar. Weiterhin ergibt sich:

$$\begin{aligned}
F\lceil \pi \mapsto H\rceil &= (p \vee (p \vee \neg p))\lceil 1\Lambda \mapsto (p \wedge \neg p)\rceil\\
&= (p\lceil \Lambda \mapsto (p \wedge \neg p)\rceil \vee (p \vee \neg p))\\
&= ((p \wedge \neg p) \vee (p \vee \neg p))\\
G = F\lceil \pi \rceil G = F\lceil \pi \rceil &= (p \vee (p \vee \neg p))\lceil 1\Lambda \rceil\\
&= p\lceil \Lambda \rceil = p
\end{aligned}$$

$F\lceil \pi \mapsto H\rceil$ ist also auch eine Tautologie, d.h. $F \equiv F\lceil \pi \mapsto H\rceil$.
Aber $G \not\equiv H$, denn es gibt Interpretationen I mit $p^I = \top$, aber es gibt keine Interpretation I mit $(p \wedge \neg p)^I = \top$.

Lösung 3.89 Relatives Ersetzungstheorem [▷50] ◐
Beweis mit struktureller Induktion über den Aufbau von π (mit fest gewählter Interpretation I für die gilt: $G^I = H^I$, aber mit beliebiger Formel F).

I.A. Sei $\pi = \Lambda$. Dann gilt: $F^I = F\lceil \Lambda \rceil^I = G^I = H^I = F^I\lceil \Lambda \mapsto H\rceil$.

I.H. Die Aussage gilt für π': $F\lceil \pi' \mapsto H\rceil^I = F^I$ (für alle F)

I.B. Die Aussage gilt für $i\pi'$ ($i = 1, 2$): $F\lceil i\pi' \mapsto H\rceil^I = F^I$ (für alle F)

I.S. Wir unterscheiden zwei Fälle:
  $i = 1$: Da $1\pi' \in \text{pos}(F)$, muss F entweder von der Form $\neg F'$ oder von der Form $(G_1 \circ G_2)$ sein. Wir machen eine Fallunterscheidung:
  (A) $\neg F'$: $F\lceil 1\pi' \mapsto H\rceil = [\neg F']\lceil 1\pi' \mapsto H\rceil = \neg [F'\lceil \pi' \mapsto H\rceil]$.
  Wegen I.H. gilt: $F'\lceil \pi' \mapsto H\rceil^I = F'^I$. Und damit erhalten wir:

$$\begin{aligned}
F^I &= [\neg F']^I & \text{behandelter Fall} \\
&= \neg^*[F']^I & \text{Def. 3.9 von Interpretationen} \\
&= \neg^*[F'\lceil \pi' \mapsto H \rceil]^I & \text{I.H.} \\
&= [\neg[F'\lceil \pi' \mapsto H \rceil]]^I & \text{Def. 3.9 von Interpretationen} \\
&= [[\neg F']\lceil 1\pi' \mapsto H \rceil]^I & \text{Def. 3.21 Ersetzung} \\
&= [F\lceil 1\pi' \mapsto H \rceil]^I & \text{behandelter Fall}
\end{aligned}$$

(B) $(G_1 \circ G_2)$:

$F\lceil 1\pi' \mapsto H \rceil = (G_1 \circ G_2)\lceil 1\pi' \mapsto H \rceil = (G_1\lceil \pi' \mapsto H \rceil \circ G_2)$.

Wegen I.H. gilt: $G_1\lceil \pi' \mapsto H \rceil^I = G_1^I$. Und damit erhalten wir:

$$\begin{aligned}
F^I &= (G_1 \circ G_2)^I & \text{behandelter Fall} \\
&= G_1^I \circ^* G_2^I & \text{Def. 3.9 von Interpretationen} \\
&= G_1\lceil \pi' \mapsto H \rceil^I \circ^* G_2^I & \text{I.H.} \\
&= (G_1\lceil \pi' \mapsto H \rceil \circ G_2)^I & \text{Def. 3.9 von Interpretationen} \\
&= [(G_1 \circ G_2)\lceil 1\pi' \mapsto H \rceil]^I & \text{Def. 3.21 Ersetzung} \\
&= [F\lceil 1\pi' \mapsto H \rceil]^I & \text{behandelter Fall}
\end{aligned}$$

$i = 2$: Dann muss F von der Form $(G_1 \circ G_2)$ sein:

$F\lceil 2\pi' \mapsto H \rceil = (G_1 \circ G_2)\lceil 2\pi' \mapsto H \rceil = (G_1 \circ G_2\lceil \pi' \mapsto H \rceil)$.

Wegen I.H. gilt: $G_2\lceil \pi' \mapsto H \rceil^I = G_2^I$. Und damit erhalten wir:

$$\begin{aligned}
F^I &= (G_1 \circ G_2)^I & \text{behandelter Fall} \\
&= G_1^I \circ^* G_2^I & \text{Def. 3.9 von Interpretationen} \\
&= G_1^I \circ^* G_2\lceil \pi' \mapsto H \rceil^I & \text{I.H.} \\
&= (G_1 \circ G_2\lceil \pi' \mapsto H \rceil)^I & \text{Def. 3.9 von Interpretationen} \\
&= [(G_1 \circ G_2)\lceil 2\pi' \mapsto H \rceil]^I & \text{Def. 3.21 Ersetzung} \\
&= [F\lceil 2\pi' \mapsto H \rceil]^I & \text{behandelter Fall}
\end{aligned}$$

Bemerkung: *Aus der soeben bewiesenen Aussage folgt natürlich sofort das Ersetzungstheorem des Lehrbuchs.*

Lösung 3.90 Variablenersetzung in einer Tautologie [▷51] ●

Sei F eine allgemeingültige Formel. Wenn A nicht in F vorkommt, dann gilt natürlich $F = F\lceil A \mapsto G \rceil$ und damit die Behauptung. Ansonsten ist zu zeigen, dass für alle Interpretationen I gilt: $F\lceil A \mapsto G \rceil^I = \top$

Bemerkung: *Diese Aussage zu zeigen verlangt nach einer strukturellen Induktion über die in der Behauptung $F\lceil A \mapsto G \rceil^I = \top$ auftretenden Strukturen:*

  (i) *Vollständige Induktion über die Anzahl der Vorkommen von A ist nicht möglich, da man leicht sehen kann, dass bei teilweiser Ersetzung der Vorkommen von A keine allgemeingültige Formel entsteht. (Man ersetze z.B. in der Tautologie $(A \vee \neg A)$ das erste A durch $\neg A$.)*

  (ii) *Beim Versuch einer strukturellen Induktion über G läuft man schon bei Induktionsanfang in große Probleme.*

  (iii) *Bei einer strukturellen Induktion über F kommt man leicht über den Induktionsanfang – $F \in \mathcal{R}$ ist nie allgemeingültig – aber der Induktionsschritt von*

II.3.3. ÄQUIVALENZ UND NORMALFORMEN   243

F zu ¬F bereitet unüberwindliche Schwierigkeiten, da hierbei Tautologien zu unerfüllbaren Formeln werden.

Die Lösung liegt nun darin eine andere Aussage über F zu formulieren, welche sich mittels strukturelle Induktion über F beweisen lässt, und aus der sich dann die ursprünglich zu beweisende Aussage folgern lässt. Eine derartige Aussage wollen wir als nächstes konstruieren.

Sei also I eine beliebige Interpretation.

Wir definieren nun eine Interpretation I' wie folgt über die sie charakterisierende Menge der durch sie auf $\top$ abgebildeten aussagenlogischen Variablen:

$$I' = \begin{cases} I & \text{falls } A^I = G^I \\ I \setminus \{A\} & \text{falls } A^I = \top \text{ und } G^I = \bot \\ I \cup \{A\} & \text{falls } A^I = \bot \text{ und } G^I = \top \end{cases}$$

(Salopp gesprochen wurde durch die Definition von I' die Interpretation von A an die Interpretation von G gewissermaßen 'angepasst'.)

Wir zeigen nun mit struktureller Induktion, dass für alle $H \in \mathcal{L}(\mathcal{R})$ gilt:

$$H^{I'} = \left[H[A \mapsto G]\right]^I$$

I.A. $H \in \mathcal{R}$.
Falls $H \neq A$, dann ist $H[A \mapsto G] = H$. Dann ist aber auch $H^{I'} = H^I$, da sich I und I', wenn überhaupt, dann nur im Wert für A unterscheiden.
Falls $H = A$, dann gilt $H[A \mapsto G] = G$ und nach Definition von I' gilt: $A^{I'} = G^I$.

I.H. Für Formeln H_1 und H_2 gelte:
$$H_1^{I'} = H_1[A \mapsto G]^I \text{ bzw. } H_2^{I'} = H_2[A \mapsto G]^I.$$

I.B. Wenn H von der Form $\neg H_1$ bzw. $(H_1 \circ H_2)$ ist,
dann gilt: $H^{I'} = H[A \mapsto G]^I$.

I.S. (i) $H = \neg H_1$:
$$\left[H[A \mapsto G]\right]^I = \left[[\neg H_1][A \mapsto G]\right]^I = \left[\neg H_1[A \mapsto G]\right]^I =$$
$$\neg^* \left[H_1[A \mapsto G]\right]^I \stackrel{\text{I.H.}}{=} \neg^* [H_1]^{I'} = [\neg H_1]^{I'} = H^{I'}$$

(ii) $H = (H_1 \circ H_2)$:
$$H[A \mapsto G]^I = (H_1 \circ H_2)[A \mapsto G]^I =$$
$$= (H_1[A \mapsto G] \circ H_2[A \mapsto G])^I =$$
$$= H_1[A \mapsto G]^I \circ^* H_2[A \mapsto G]^I =$$
$$\stackrel{\text{I.H.}}{=} H_1^{I'} \circ^* H_2^{I'} = (H_1 \circ H_2)^{I'} = H^{I'}$$

Mit $F \in \mathcal{L}(\mathcal{R})$ folgt natürlich $F^{I'} = F[A \mapsto G]^I$.
Da F allgemeingültig ist, gilt $F^{I'} = \top$ und damit folgt $F[A \mapsto G]^I = \top$.
Da I beliebig gewählt war, folgt $F[A \mapsto G]$ ist allgemeingültig.

Lösung 3.91 Ersetzung aller Vorkommen einer Variable   [▷51] ◐
Die Aussage ist richtig. Wir beweisen sie mittels struktureller Induktion.

I.A. $F \in \mathcal{R}$.
- (i) Falls $F \neq A$, dann ist $F\lceil A \mapsto G \rceil = F$,
  und folglich $F^I = \bigl[F\lceil A \mapsto G\rceil\bigr]^I$.
- (ii) Falls $F = A$, dann gilt $F\lceil A \mapsto G \rceil = G$,
  und folglich $F^I = A^I = G^I = \bigl[F\lceil A \mapsto G\rceil\bigr]^I$.

I.H. Für Formeln F', F_1 und F_2 gelte:
$$F'^I = F'\lceil A \mapsto G\rceil^I,\ F_1^I = F_1\lceil A \mapsto G\rceil^I \text{ bzw. } F_2^I = F_2\lceil A \mapsto G\rceil^I.$$

I.B. Wenn F von der Form $\neg F'$ bzw. $(F_1 \circ F_2)$ ist, dann gilt:
$$F^I = F\lceil A \mapsto G\rceil^I.$$

I.S. (i) $F = \neg F'$:
$$\bigl[F\lceil A \mapsto G\rceil\bigr]^I = \bigl[[\neg F']\lceil A \mapsto G\rceil\bigr]^I = \bigl[\neg F'\lceil A \mapsto G\rceil\bigr]^I =$$
$$\neg^* \bigl[F'\lceil A \mapsto G\rceil\bigr]^I \stackrel{\text{I.H.}}{=} \neg^*[F']^I = [\neg F']^I = F^I.$$

(ii) $F = (F_1 \circ F_2)$:
$$F\lceil A \mapsto G\rceil^I = (F_1 \circ F_2)\lceil A \mapsto G\rceil^I =$$
$$(F_1\lceil A \mapsto G\rceil \circ F_2\lceil A \mapsto G\rceil)^I =$$
$$(F_1\lceil A \mapsto G\rceil^I \circ^* F_2\lceil A \mapsto G\rceil^I) \stackrel{\text{I.H.}}{=}$$
$$F_1^I \circ^* F_2^I = (F_1 \circ F_2)^I = F^I.$$

3-35 154 **Lösung 3.92** o.B.d.A. p_1 bis p_n [▷51]★

Sei $F \in \mathcal{L}(\mathcal{R})$ mit $\mathcal{R} = \{p_1, p_2, p_3, \ldots\}$.

(a) Es genügt eine der beiden Richtungen zu zeigen, da beide Richtungen identisch sind: F ergibt sich ja als $F'\lceil A' \mapsto A\rceil$ wobei nun $A' \in \mathcal{R}_{F'}$ und $A \notin \mathcal{R}_{F'}$.

Tautologisch: Wenn F tautologisch ist, folgt dies für F' aus Aufgabe 3.91.

Unerfüllbar: Wenn F unerfüllbar ist, dann ist $\neg F$ tautologisch. Dann ist nach Aufgabe 3.91 auch $[\neg F][A \mapsto A']$ tautologisch. Da $[\neg F]\lceil A \mapsto A'\rceil = \neg[F\lceil A \mapsto A'\rceil] = \neg F'$ gilt, ist folglich F' unerfüllbar.

Erfüllbar: Wenn F erfüllbar ist, dann gibt es ein Modell I von F. Wir definieren wie folgt die Interpretation I' als diejenige Interpretation, welche sich von I höchstens im Wert für A' unterscheidet:
$$I' = \begin{cases} I \cup \{A'\} & \text{wenn } A^I = \top \\ I \setminus \{A'\} & \text{wenn } A^I = \bot \end{cases}$$

Da $A' \notin \mathcal{R}_F$, folgt $F^{I'} = F^I = \top$. Da zudem $A^{I'} = A^I$ ist und $A'^{I'} = A^{I'}$ ist, folgt nach Aufgabe 3.90, dass $F^{I'} = F'^{I'}$ gilt, und damit ist F' erfüllbar.

Widerlegbar: Analog zum Erfüllbarkeitsfall.

(b) Für eine Teilmenge $\mathcal{S} \subseteq \mathcal{R}$ definieren wir $\max \mathcal{S}$ und $\min \mathcal{S}$ als dasjenige $p_j \in \mathcal{R}$ mit $j = \max\{i \mid p_i \in \mathcal{S}\}$ bzw. $j = \min\{i \mid p_i \in \mathcal{S}\}$.

Falls $\max \mathcal{R}_F < \min \mathcal{R} \setminus \mathcal{R}_F$, dann ist F schon die gesuchte Formel. Andernfalls ersetzen wir iterativ alle Vorkommen von $A := \max \mathcal{R}_F$ in F durch $A' := \min \mathcal{R} \setminus \mathcal{R}_F$ solange $\max \mathcal{R}_F > \min \mathcal{R} \setminus \mathcal{R}_F$. Teilaufgabe (a) sichert die

II.3.3. ÄQUIVALENZ UND NORMALFORMEN 245

gewünschten Eigenschaften der jeweils resultierenden Formeln. Die Iteration terminiert, da max $\mathcal{R}_F$ bei jedem Schritt 'kleiner' wird.

Lösung 3.93 Längenexplosion bei $\leftrightarrow$ Beseitigung [▷51] ● 3-15 90
Man betrachte für $n > 0$ die Formeln $F_n = ((\ldots((p_0 \leftrightarrow p_1) \leftrightarrow p_2)\ldots \leftrightarrow p_{n-1}) \leftrightarrow p_n)$ mit aussagenlogischen Variablen $p_0, \ldots, p_n$.
Wir beweisen mit vollständiger Induktion, dass bei vollständiger Ersetzung der n $\leftrightarrow$-Junktoren in F_n gemäß der Vorgabe in der Aufgabenstellung die resultierende Formel mindestens 2^n Implikationspfeile enthält, woraus sofort ein exponentielles Längenwachstum der Formel bei dieser Transformation folgt.

I.A. $n = 1$: die Formel $F_1 = (p_0 \leftrightarrow p_1)$ enthält genau einen $\leftrightarrow$-Junktor, jedoch die transformierte Formel $((p_0 \leftarrow p_1) \wedge (p_0 \leftarrow p_1))$ enthält $2 = 2^1$ Implikationspfeile.

I.H. Durch Wegtransformieren der $\leftrightarrow$-Junktoren ergibt sich aus F_n eine Formel mit mindestens 2^n Implikationspfeilen.

I.B. Durch Wegtransformieren der $\leftrightarrow$-Junktoren ergibt sich aus F_{n+1} eine Formel mit mindestens 2^{n+1} Implikationspfeilen.

I.S. Die Formel $F_{n+1} = (F_n \leftrightarrow p_{n+1})$ transformiert sich zunächst zur Formel $((F_n \leftarrow p_{n+1}) \wedge (F_n \leftarrow p_{n+1}))$ in der dann die F_n weitertransformiert werden. Da nach I.H. die durch Transformation aus F_n resultierende Formel mindestens 2^n Implikationspfeile enthält, ergeben sich für die aus F_{n+1} resultierende Formel mindestens $2^{n+1} + 2$ Implikationspfeile, und damit mindestens 2^{n+1} Implikationspfeile.

Lösung 3.94 Definitorische Transformation: Erfüllbarkeit [▷51] ◐ 3-16 90
$\Longrightarrow$: Wenn F erfüllbar ist, dann gibt es eine Interpretation I mit $F^I = \top$.
Wir definieren eine Interpretation I' wie folgt durch Angabe der Funktionswerte für alle $A \in \mathcal{R}$:

$$A^{I'} = \begin{cases} G^I & \text{wenn} \quad A = p \\ A^I & \text{sonst} \end{cases}$$

Da p in F nicht vorkommt, kommt p auch in G nicht vor, so dass $G^{I'} = G^I$ gilt, woraus mit dem eben definierten $G^I = p^{I'}$ sofort $G^{I'} = p^{I'}$ folgt.
Somit ergibt sich mit Aufgabe 3.89, dass $F\lceil \pi \mapsto p \rceil^{I'} = F^{I'}$, und da p in F nicht vorkommt, erhalten wir $F^{I'} = F^I$, so dass wir mit $F^I = \top$ auf $F\lceil \pi \mapsto p \rceil^{I'} = \top$ schließen können.
Zudem ergibt sich aus $G^{I'} = p^{I'}$, dass $(p \leftrightarrow G)^{I'} = \top$, woraus die Erfüllbarkeit von $((F\lceil \pi \mapsto p \rceil \wedge (p \leftrightarrow G))$ (durch die Interpretation I') folgt.

$\Longleftarrow$: Wenn $((F\lceil \pi \mapsto p \rceil \wedge (p \leftrightarrow G))$ ist, dann gibt es eine Interpretation I mit $((F\lceil \pi \mapsto p \rceil \wedge (p \leftrightarrow G))^I = \top$, und damit $(p \leftrightarrow G)^I = \top$, was bedeutet, dass $p^I = G^I$.
Damit folgt mit Aufgabe 3.89, dass $F^I = F\lceil \pi \mapsto p \rceil^I$. Da aus $((F\lceil \pi \mapsto p \rceil \wedge (p \leftrightarrow G))^I = \top$ auch $F\lceil \pi \mapsto p \rceil^I = \top$ folgt, folgt $F^I = \top$ und somit ist F erfüllbar (durch die Interpretation I).

3-17 90 **Lösung 3.95 Definitorische Transformation: Lineares Wachstum** [▷51] ◐

Wir ersetzen in der Formel F_n der Reihe nach die Teilformeln p_0, $(p_0 \leftrightarrow p_1)$, $((p_0 \leftrightarrow p_1) \leftrightarrow p_2)$, $(((p_0 \leftrightarrow p_1) \leftrightarrow p_2) \leftrightarrow p_3)$, ... durch neue aussagenlogische Variablen q_0, q_1, q_2, q_3, ...

Dies ergibt dann die folgenden Formeln: $F'_{n+1} = (q_n \leftrightarrow p_{n+1})$ für $n \geq 0$.

Darüberhinaus erhalten wir noch die Formeln:

$$F''_0 = (p_0 \leftrightarrow q_0) \quad \text{und} \quad F''_{n+1} = ((q_n \leftrightarrow p_{n+1}) \leftrightarrow q_{n+1}) \text{ für } n > 0.$$

Man sieht, dass sich die Gesamtanzahl der $\leftrightarrow$-Junktoren – unabhängig von n – knapp verdreifacht hat.

Beseitigt man nun die $\leftrightarrow$-Junktoren auf die übliche Weise, so erhält man bei den F'_n je 2 Implikationspfeile, und bei den F''_n (maximal) je 6 Implikationspfeile. Dies ergibt eine von n unabhängige, lineare obere Schranke für das Längenwachstum von 18.

3.3.2 Negationsnormalform

Lösung 3.96 Beispiele zur NNF Transformation [▷52] ○

(a) $(\neg((p \wedge q) \vee p) \vee p)$
$((\neg(p \wedge q) \wedge \neg p) \vee p)$
$(((\neg p \vee \neg q) \wedge \neg p) \vee p)$

(b) $\neg(((p \vee q) \wedge (q \wedge r)) \vee \neg((r \wedge q) \wedge (q \vee p)))$
$(\neg((p \vee q) \wedge (q \wedge r)) \wedge \neg\neg((r \wedge q) \wedge (q \vee p)))$
$(\neg((p \vee q) \wedge (q \wedge r)) \wedge ((r \wedge q) \wedge (q \vee p)))$
$((\neg(p \vee q) \vee \neg(q \wedge r)) \wedge ((r \wedge q) \wedge (q \vee p)))$
$(((\neg p \wedge \neg q) \vee (\neg q \vee \neg r)) \wedge ((r \wedge q) \wedge (q \vee p)))$

Lösung 3.97 NNF Transformation als Ersetzungsfolge [▷52] ○

(1) Wir wählen in $F = \neg(\neg r \vee \neg\neg p)$ die Teilformel $H_1 = \neg\neg p$ an der Position $\pi_1 = 12\Lambda$ und erhalten $F' := F\lceil 12\Lambda \mapsto p\rceil = \neg(\neg r \vee p)$.

(2) Wir wählen in F' die Teilformel $H_2 = \neg(\neg r \vee p)$ an der Position $\pi_2 = \Lambda$ und erhalten $F'' := F'\lceil \Lambda \mapsto (\neg\neg r \wedge \neg p)\rceil = (\neg\neg r \wedge \neg p)$.

(3) Wir wählen in F'' die Teilformel $H_3 = \neg\neg r$ an der Position $\pi_3 = 1\Lambda$ und erhalten $F''' := F''\lceil 1\Lambda \mapsto r\rceil = (r \wedge \neg p)$.

Somit erhalten wir für die gesamte Transformation die Darstellung

$$F\lceil 12\Lambda \mapsto p\rceil\lceil \Lambda \mapsto \neg\neg r \wedge \neg p\rceil\lceil 1\Lambda \mapsto r\rceil$$

wodurch sich die Formel $(r \wedge \neg p)$ ergibt, welche in NNF ist.

Lösung 3.98 NNF Transformation erweitert für $\to$ [▷52] ○

(a) Aus der semantischen Äquivalenz $\neg(F \to G) \equiv (F \wedge \neg G)$ ergibt sich die folgende Regel für den Junktor $\to$:

$$\frac{\neg(G_1 \to G_2)}{(G_1 \wedge \neg G_2)}$$

II.3.3. ÄQUIVALENZ UND NORMALFORMEN

(b) Anwendung des Transformationsalgorithmus auf Formel (1) liefert (Teilformeln, die ersetzt werden, sind fett gedruckt):

$$\neg(((\neg p \vee \neg q) \vee p) \wedge \mathbf{\neg(\neg p \vee q)})$$
$$(\neg((\neg p \vee \neg q) \vee p) \vee \mathbf{\neg\neg(\neg p \vee q)})$$
$$(\mathbf{\neg((\neg p \vee \neg q) \vee p)} \vee (\neg p \vee q))$$
$$((\mathbf{\neg(\neg p \vee \neg q)} \wedge \neg p) \vee (\neg p \vee q))$$
$$(((\mathbf{\neg\neg p} \wedge \mathbf{\neg\neg q}) \wedge \neg p) \vee (\neg p \vee q))$$
$$(((p \wedge \mathbf{\neg\neg q}) \wedge \neg p) \vee (\neg p \vee q))$$
$$(((p \wedge q) \wedge \neg p) \vee (\neg p \vee q))$$

Mit einer Wahrheitswertetabelle kann man zeigen, dass

$$\neg(((\neg p \vee \neg q) \vee p) \wedge \neg(\neg p \vee q)) \equiv (p \to q) \equiv (\neg p \vee q)$$

gilt, und $(\neg p \vee q)$ ist in Negationsnormalform.

Anwendung des Transformationsalgorithmus auf Formel (2) liefert:

$$\neg(((p \to q) \wedge (q \to r)) \to \neg(\neg r \wedge p))$$
$$(((p \to q) \wedge (q \to r)) \wedge \mathbf{\neg\neg(\neg r \wedge p)})$$
$$(((p \to q) \wedge (q \to r)) \wedge (\neg r \wedge p))$$

Lösung 3.99 NNF Transformation erweitert für NOR-Junktor [▷52] ○

Es genügt wahlweise eine der beiden folgenden Regeln einzuführen.

$$\frac{\neg(G_1 \downarrow G_2)}{(G_1 \vee G_2)} \quad \text{oder} \quad \frac{\neg(G_1 \downarrow G_2)}{((G_1 \downarrow G_2) \downarrow (G_1 \downarrow G_2))}$$

Die Korrektheit folgt sofort aus $(G_1 \downarrow G_2) \equiv \neg(G_1 \vee G_2)$ und dem Ersetzungstheorem:

1. *Regel:* $\neg(G_1 \downarrow G_2) \equiv \neg\neg(G_1 \vee G_2) \equiv (G_1 \vee G_2)$
2. *Regel:* $((G_1 \downarrow G_2) \downarrow (G_1 \downarrow G_2)) \equiv \neg((G_1 \downarrow G_2) \vee (G_1 \downarrow G_2)) \equiv \neg(G_1 \downarrow G_2)$

Lösung 3.100 Prolog-Programm für NNF Transformation [▷52] ○

Wir erhalten das folgende Prolog-Programm.

```
transform(X, X) :- atom(X), !.
transform(neg X, neg X) :- atom(X), !.
transform(neg neg F, Fneu) :- !, transform(F, Fneu).
transform(neg (F and G), (Fneu or Gneu)) :- !,
    transform(neg F, Fneu), transform(neg G, Gneu).
transform(neg (F or G), (Fneu and Gneu)) :- !,
    transform(neg F, Fneu), transform(neg G, Gneu).
transform(neg F, neg Fneu) :- transform(F, Fneu).
transform((F and G), (Fneu and Gneu)) :-
    transform(F, Fneu), transform(G, Gneu).
transform((F or G), (Fneu or Gneu)) :-
    transform(F, Fneu), transform(G, Gneu).
```

3.3.3 Klauselformen

Lösung 3.101 (Un-)erfüllbarkeit von Klausel(-mengen) [▷53] ⬤

(a) *1. Beweis:*
F ist erfüllbar gdw. es eine Interpretation I gibt, so dass für alle $i \in \{1, \ldots, n\}$ gilt: $C_i^I = \top$. Dies bedeutet: F ist unerfüllbar gdw. für alle Interpretationen I gilt: es gibt ein $i \in \{1, \ldots, n\}$, so dass gilt: $C_i^I = \bot$.
Andererseits gilt: Eine Klausel C_j aus F ist unerfüllbar gdw. für alle Interpretationen I gilt: $C_j^I = \bot$. Wenn also eine Klausel C_j aus F unerfüllbar ist, dann gibt es sicher für jede Interpretation I ein $i \in \{1, \ldots, n\}$ – nämlich $i = j$ – so dass gilt: $C_i^I = \bot$. Daraus folgt, dass F unerfüllbar ist.
2. Beweis (durch Widerspruch):
Wir nehmen an: Eine in F vorkommende Klausel ist unerfüllbar, aber F ist nicht unerfüllbar. Oder anders formuliert:

(1) Eine in F vorkommende Klausel ist unerfüllbar,

(2) aber F ist erfüllbar.

Diese Annahme soll zum Widerspruch geführt werden.
Wenn es nach (1) eine unerfüllbare Klausel in F gibt, dann heißt das:

Es gibt ein $i \in \{1, \ldots, n\}$ mit $C_i^I = \bot$ für alle Interpretationen I. (∗)

Andererseits bedeutet die Erfüllbarkeit von F, dass es eine Interpretation I^* gibt mit
$$F^{I^*} = (\ldots(((\ldots(C_1^{I^*} \wedge^* C_2^{I^*}) \wedge \ldots \wedge C_{i-1}^{I^*}) \wedge^* C_i^{I^*}) \wedge^* C_{i+1}^{I^*}) \wedge \ldots \wedge^* C_n^{I^*}) = \top.$$
Daraus folgt $C_i^{I^*} = \top$ im Widerspruch zu (∗).

(b) Beispiel: $F = \langle [p], [\neg p] \rangle$ mit einem $p \in \mathcal{R}$.
Wir erhalten für die beiden Klauseln: $[p]^{I_1} = \top$ für $I = \{p\}$ und $[\neg p]^{I_1} = \top$ für $I = \emptyset$, d.h. beide Klauseln sind erfüllbar.
Andererseits gilt für jede Interpretation I, dass $[\neg p]^I = \neg^* p^I$, d.h. p und $\neg p$ können nicht beide unter derselben Interpretation wahr sein.

(c) Die zu zeigende Behauptung ist äquivalent zu den zwei folgenden Aussagen:

$\Longrightarrow$: "C ist unerfüllbar, wenn C von der Form [ ] ist, d.h. kein Literal enthält."
Beweis: $C = [\,]$ ist unerfüllbar gemäß der Definition $[\,]^I = \bot$ für alle Interpretationen I.

$\Longleftarrow$: "C ist erfüllbar, wenn es ein Literal in C gibt".
Beweis: Wenn es ein Literal in C gibt, dann ist $m > 0$. Dann ist L_m entweder eine aussagenlogische Variable A oder deren Negation $\neg A$.
Im ersten Fall definieren wir eine Interpretation I mit $A^I = \top$ und $[A']^I$ beliebig für alle aussagenlogischen Variablen $A' \neq A$. Dann ist

$$\begin{aligned} C^I &= [L_1, \ldots, L_m]^I = \\ &= ((\ldots(L_1 \vee L_2) \vee \cdots) \vee L_m)^I = \\ &= (\ldots(L_1 \vee L_2) \vee \cdots)^I \vee^* L_m^I = \\ &= (\ldots(L_1 \vee L_2) \vee \cdots)^I \vee^* \top \;=\; \top \end{aligned}$$

Im zweiten Fall definieren wir eine Interpretation I mit $A^I = \bot$ und $[A']^I$ beliebig für alle aussagenlogischen Variablen $A' \neq A$. Dann ist

II.3.3. ÄQUIVALENZ UND NORMALFORMEN

$$\begin{aligned}
C^I &= [L_1, \ldots, L_m]^I = \\
&= ((\ldots(L_1 \vee L_2) \vee \cdots) \vee \neg A)^I = \\
&= (\ldots(L_1 \vee L_2) \vee \cdots)^I \vee^* \neg^* A^I = \\
&= (\ldots(L_1 \vee L_2) \vee \cdots)^I \vee^* \neg^* \bot = \top.
\end{aligned}$$

Lösung 3.102 'Disjunkte' Klauseln [▷53] ◐

Für eine Klausel C definieren wir $\mathcal{LR}_C = \{A \in \mathcal{R} \mid A \text{ ist Literal in } C\}$; also z.B.: Für $C = [p_3, \neg p_4, \neg p_8, p_2]$ ergibt sich $\mathcal{LR}_C = \{p_3, p_2\}$.
Wie man leicht sieht, ist die Interpretation $I = \bigcup_{i \in I} \mathcal{LR}_{C_i}$ ein Modell der Klauselmenge $\{C_i \mid i \in I\}$, denn

(i) entweder enthält eine Klausel C_i ein Literal der Form A mit $A \in \mathcal{R}$, und dann ist $A \in \mathcal{LR}_{C_i}$, und folglich $A^I = \top$, und damit gilt $C_i^I = \top$,

(ii) oder alle Literale in C_i sind von der Form $\neg A$ mit $A \in \mathcal{R}$, und dann ist keines dieser A in $\mathcal{LR}_{C_i}$, und damit gilt immer $[\neg A]^I = \top$, woraus sich ebenfalls $C_i^I = \top$ ergibt.

Lösung 3.103 Verschiedene Formeln mit [ ] oder $\langle\,\rangle$ [▷53] ◐

(a) Die Aussage ist im Allgemeinen falsch. Wir zeigen dies durch Angabe eines Gegenbeispiels: Die Formeln $F_1 = p$ und $F_2 = \neg p$ sind erfüllbar; F_1 beispielsweise mit der Interpretation $I = \{p\}$ und F_2 beispielsweise mit $I = \emptyset$. Aber $\langle F_1, F_2 \rangle = (p \wedge \neg p)$ ist unerfüllbar.

(b) Die Aussage ist richtig. Es gilt

$$\begin{aligned}
(\langle F_1, \ldots, F_n \rangle \to F_i) &\equiv ((\bigwedge_{j=1}^n F_j) \to F_i) \\
&\equiv ((F_0 \wedge F_i) \to F_i) \quad \text{mit } F_0 = \left(\bigwedge_{j=1, j \neq i}^n F_j\right) \\
&\equiv (\neg(F_0 \wedge F_i) \vee F_i) \\
&\equiv ((\neg F_0 \vee \neg F_i) \vee F_i) \\
&\equiv (\neg F_0 \vee (F_i \vee \neg F_i)).
\end{aligned}$$

Daher folgt für eine beliebige Interpretation I:

$$(\langle F_1, \ldots, F_n \rangle \to F_i)^I = [\neg F_0]^I \vee^* (F_i \vee \neg F_i)^I = [\neg F_0]^I \vee^* \top = \top$$

(c) Die Aussage ist korrekt: $[(F_1 \to F_2), (F_2 \to F_3) \ldots, (F_{n-1} \to F_n)]$ ist eine Tautologie für $n \geq 3$, also $k = 3$.

Beweis: $[(F_1 \to F_2), (F_2 \to F_3), \ldots, (F_{n-1} \to F_n)] \equiv$
$\equiv (((F_1 \to F_2) \vee (F_2 \to F_3)) \vee G)$

mit $G = [(F_3 \to F_4), \ldots, (F_{n-1} \to F_n)]$.
Dass die angegebene Formel eine Tautologie ist, ergibt sich nun wie folgt:

$$\begin{aligned}
[(F_1 \to F_2), (F_2 \to F_3)]^I &= ((F_1 \to F_2) \vee (F_2 \to F_3))^I \\
&= ((\neg F_1 \vee F_2) \vee (\neg F_2 \vee F_3))^I \\
&= ((\neg F_1 \vee (F_2 \vee \neg F_2)) \vee F_3)^I \\
&= (\neg^* F_1^I \vee^* (F_2^I \vee^* \neg^* F_2^I)) \vee^* F_3^I \\
&= (\neg^* F_1^I \vee^* \top) \vee^* F_3^I \\
&= \top
\end{aligned}$$

Lösung 3.104 Widerlegbarkeitsbeispiel bei dualer Klauselform [▷53] ◐

(a) Die Aussage ist falsch.

Um die Aussage zu widerlegen ist ein Gegenbeispiel anzugeben – also eine konkrete Formel der Form $[\langle\neg p, L_1, \ldots, L_m\rangle, \langle p, L_{m+1}, \ldots, L_n\rangle]$ – für die gilt, dass die Formel $[\langle L_1, \ldots, L_m\rangle]$ widerlegbar ist, aber andererseits die Formel $[\langle\neg p, L_1, \ldots, L_m\rangle, \langle p, L_{m+1}, \ldots, L_n\rangle]$ nicht widerlegbar ist.

Gegenbeispiel: $n = m = 1$ und $L_1 = \neg p$.
(Man beachte: Die Möglichkeit $\neg p \in \{L_1, \ldots, L_m\}$ ist durch $p \notin \{L_1, \ldots, L_m\}$ nicht ausgeschlossen.)

Dann ergibt sich:

(1) Linke Seite der Wenn-Dann-Aussage:
$$[\langle L_1, \ldots L_m\rangle] = [\langle\neg p\rangle] \text{ ist widerlegbar,}$$
da sie z.B. bei der Interpretation $I = \{p\}$ falsch wird.

(2) Rechte Seite der Wenn-Dann-Aussage:
$$[\langle\neg p, L_1, \ldots, L_m\rangle, \langle p, L_{m+1}, \ldots, L_n\rangle] = [\langle\neg p, L_1\rangle, \langle p\rangle]$$
$$= [\langle\neg p, \neg p\rangle, \langle p\rangle]$$
Diese Formel ist als Tautologie nicht widerlegbar.

(b) Die Aussage ist richtig, was wir wie folgt zeigen:

$[\langle L_1, \ldots, L_m\rangle]$ ist widerlegbar

gdw. es gibt eine Interpretation I mit $[\langle L_1, \ldots, L_m\rangle]^I = \bot$

gdw. es gibt eine Interpretation I und ein L_j, $j \in \{1, \ldots, m\}$, mit $L_j^I = \bot$.

Wir bauen eine derartige Interpretation I wie folgt zu einer Interpretation I' um. Wir definieren

$$p^{I'} = \bot$$
$$q^{I'} = L_i^I \quad \text{falls} \quad L_i = q \text{ für ein } i \in \{1, \ldots, m\}$$
$$q^{I'} = \neg^* L_i^I \quad \text{falls} \quad L_i = \neg q \text{ für ein } i \in \{1, \ldots, m\}$$

und für alle hierdurch nicht erfassten aussagenlogischen Variablen q definieren wir $q^{I'} = q^I$.

Hieraus folgt $L_i^{I'} = L_i^I$ für alle $i \in \{1, \ldots, m\}$, und damit folgt insbesondere $L_j^{I'} = L_j^I = \bot$ für ein $j \in \{1, \ldots, m\}$.

Wir zeigen nun, dass $[\langle\neg p, L_1, \ldots, L_m\rangle, \langle p, L_{m+1}, \ldots, L_n\rangle]^{I'} = \bot$ gilt:

Wegen $L_j^{I'} = \bot$ für ein $j \in \{1, \ldots, m\}$ ist $\langle\neg p, L_1, \ldots, L_m\rangle^{I'} = L_j^{I'} = \bot$.

Wegen $p^{I'} = \bot$ ist $\langle p, L_{m+1}, \ldots, L_n\rangle^{I'} = p^{I'} = \bot$.

Damit ist $[\langle\neg p, L_1, \ldots, L_m\rangle, \langle p, L_{m+1}, \ldots, L_n\rangle]^{I'} = \bot \vee^* \bot = \bot$,

d.h. $[\langle\neg p, L_1, \ldots, L_m\rangle, \langle p, L_{m+1}, \ldots, L_n\rangle]$ ist widerlegbar.

(c) Die Aussage wird falsch:

Für $m = n = 0$ ergibt sich $[\langle L_1, \ldots, L_m\rangle] = [\,]$, und damit eine widerlegbare Formel. Jedoch ergibt sich auch $[\langle\neg p, L_1, \ldots, L_m\rangle, \langle p, L_{m+1}, \ldots, L_n\rangle] = [\langle\neg p\rangle, \langle p\rangle]$, was nicht widerlegbar ist.

II.3.3. ÄQUIVALENZ UND NORMALFORMEN 251

Lösung 3.105 KF Transformationsbeispiel [▷54] ○
(a) $\langle [(\neg((p \wedge q) \vee p) \vee p)] \rangle$
$\langle [\neg((p \wedge q) \vee p), p] \rangle$
$\langle [\neg(p \wedge q), p], [\neg p, p] \rangle$
$\langle [\neg p, \neg q, p], [\neg p, p] \rangle$

(b) $\langle [\neg(((p \vee q) \wedge (q \wedge r)) \vee \neg((r \wedge q) \wedge (q \vee p)))] \rangle$
$\langle [\neg((p \vee q) \wedge (q \wedge r))], [\neg\neg((r \wedge q) \wedge (q \vee p))] \rangle$
$\langle [\neg(p \vee q), \neg(q \wedge r)], [\neg\neg((r \wedge q) \wedge (q \vee p))] \rangle$
$\langle [\neg(p \vee q), \neg(q \wedge r)], [((r \wedge q) \wedge (q \vee p))] \rangle$
$\langle [\neg(p \vee q), \neg(q \wedge r)], [(r \wedge q)], [(q \vee p)] \rangle$
$\langle [\neg(p \vee q), \neg(q \wedge r)], [(r \wedge q)], [q, p] \rangle$
$\langle [\neg(p \vee q), \neg(q \wedge r)], [r], [q], [q, p] \rangle$
$\langle [\neg(p \vee q), \neg q, \neg r], [r], [q], [q, p] \rangle$
$\langle [\neg p, \neg q, \neg r], [\neg q, \neg q, \neg r], [r], [q], [q, p] \rangle$

Lösung 3.106 Erweiterung der KF Transformation [▷54] ○
(a) Unter Verwendung der logischen Äquivalenzen $(G \rightarrow F) \equiv (\neg G \vee F)$ und $\neg(G \rightarrow F) \equiv (G \wedge \neg F)$ erhalten wir die folgenden zusätzlichen Regeln zur Transformation in Klauselform für Formeln mit dem Junktor $\rightarrow$:

$$\frac{(G_1 \rightarrow G_2)}{\neg G_1, G_2} \qquad \frac{\neg(G_1 \rightarrow G_2)}{G_1 \mid \neg G_2}$$

$$(6) \qquad\qquad (7)$$

Aus $(G_1 \leftrightarrow G_2) \equiv ((G_1 \vee \neg G_2) \wedge (\neg G_1 \vee G_2))$ und $\neg(G_1 \leftrightarrow G_2) \equiv (G_1 \vee G_2) \wedge (\neg G_1 \vee \neg G_2)$ erhalten wir:

$$(8) \qquad\qquad (9)$$
$$\frac{(G_1 \leftrightarrow G_2)}{(\neg G_1 \vee G_2) \mid (G_1 \vee \neg G_2)} \qquad \frac{\neg(G_1 \leftrightarrow G_2)}{(G_1 \vee G_2) \mid (\neg G_1 \vee \neg G_2)}$$

(b) Bei den folgenden Transformationen ist die Formel, auf welche eine Regel angewendet wird, fett gedruckt. Die Nummer der angewendeten Regel ist jeweils links notiert.

Transformation von Formel F_1 in Klauselform:

(3) $\langle [\neg(((\neg p \vee \neg q) \vee p) \wedge \neg(\neg p \vee q))] \rangle$
(1) $\langle [\neg((\neg p \vee \neg q) \vee p), \neg\neg(\neg p \vee q)] \rangle$
(4) $\langle [\neg((\neg p \vee \neg q) \vee p), (\neg p \vee q)] \rangle$
(5) $\langle [\neg((\neg p \vee \neg q) \vee p), \neg p, q] \rangle$
(5) $\langle [\neg(\neg p \vee \neg q), \neg p, q], [\neg p, \neg p, q] \rangle$
(1) $\langle [\neg\neg p, \neg p, q], [\neg\neg q, \neg p, q], [\neg p, \neg p, q] \rangle$
(1) $\langle [p, \neg p, q], [\neg\neg q, \neg p, q], [\neg p, \neg p, q] \rangle$
    $\langle [p, \neg p, q], [q, \neg p, q], [\neg p, \neg p, q] \rangle$

Transformation von Formel F_2 in Klauselform:

(7) $\langle [\neg(((p \to q) \land (q \to r)) \to \neg(\neg r \land p))] \rangle$
(1) $\langle [((p \to q) \land (q \to r))], [\neg\neg(\neg r \land p)] \rangle$
(2) $\langle [((p \to q) \land (q \to r))], [(\neg r \land p)] \rangle$
(2) $\langle [((p \to q) \land (q \to r))], [\neg r], [p] \rangle$
(6) $\langle [(p \to q)], [(q \to r)], [\neg r], [p] \rangle$
(6) $\langle [\neg p, q], [(q \to r)], [\neg r], [p] \rangle$
 $\langle [\neg p, q], [\neg q, r], [\neg r], [p] \rangle$

3-19 99 Lösung 3.107 Beweis von Lemma 3.29 [▷54] ○

Es ist zu zeigen, dass jede der Transformationsregeln

$$
\begin{array}{ccccc}
(1) & (2) & (3) & (4) & (5) \\[4pt]
\dfrac{\neg\neg H}{H} & \dfrac{(G_1 \land G_2)}{G_1 \mid G_2} & \dfrac{\neg(G_1 \land G_2)}{\neg G_1, \neg G_2} & \dfrac{(G_1 \lor G_2)}{G_1, G_2} & \dfrac{\neg(G_1 \lor G_2)}{\neg G_1 \mid \neg G_2}
\end{array}
$$

falls anwendbar auf F, eine Formel F' erzeugt, die semantisch äquivalent zu F ist. Dies ergibt sich aus den logischen Äquivalenzen, welche den Transformationsregeln zugrunde liegen, sowie aus dem Ersetzungstheorem.

Wir führen *exemplarisch* den ausführlichen Beweis anhand der Transformationsregel (5) durch. (Die Beweise für die anderen Transformationsregeln gehen ähnlich.)

(i) Sei $F = \langle K_1, \ldots, K_{j-1}, K_j, K_{j+1}, \ldots, K_m \rangle$ wobei K_j o.B.d.A. von der Form $K_j = [\neg(G_1 \lor G_2), F_1, \ldots, F_n]$ ist. Nach Ausführung des Transformationsschritts mit Regel (5) ist K_j durch die zwei neuen verallgemeinerten Disjunktionen $K_{j_1} = [\neg G_1, F_1, \ldots, F_n]$ und $K_{j_2} = [\neg G_2, F_1, \ldots, F_n]$ ersetzt, d.h.
$$F' = \langle K_1, \ldots, K_{j-1}, K_{j_1}, K_{j_2}, K_{j+1}, \ldots, K_m \rangle$$

(ii) Wir beweisen nun noch $K_j \equiv (K_{j_1} \land K_{j_2})$, womit dann mit dem Ersetzungstheorem folgt, dass $F \equiv F'$.

$$
\begin{aligned}
K_j &= [\neg(G_1 \lor G_2), F_1, F_2, \ldots, F_n] \\
&= (\ldots((\neg(G_1 \lor G_2) \lor F_1) \lor F_2) \lor \cdots \lor F_n) \\
&\;\ldots \\
&\equiv (\neg(G_1 \lor G_2) \lor (\ldots(F_1 \lor F_2) \lor \cdots \lor F_n)) \\
&\equiv ((\neg G_1 \land \neg G_2) \lor (\ldots(F_1 \lor F_2) \lor \ldots \lor F_n)) \\
&\equiv (\neg G_1 \lor (\ldots(F_1 \lor F_2) \lor \ldots \lor F_n)) \land \\
&\;(\neg G_2 \lor (\ldots(F_1 \lor F_2) \lor \ldots \lor F_n)) \\
&\;\ldots \\
&\equiv (\ldots((\neg G_1 \lor F_1) \lor F_2) \lor \ldots \lor F_n) \land \\
&\;(\ldots((\neg G_2 \lor F_1) \lor F_2) \lor \ldots \lor F_n) \\
&= [\neg G_1, F_1, F_2, \ldots, F_n] \land [\neg G_2, F_1, F_2, \ldots, F_n] \\
&= (K_{j_1} \land K_{j_2})
\end{aligned}
$$

Lösung 3.108 Multimengen von KF Formeln [▷54] ○

(a) $\sum_{i=1}^{m} \mathsf{rng}(D_i) = 0$ gilt gdw. $\mathsf{rng}(D_i) = 0$ für alle D_i ($i \in \{1, \ldots, m\}$) gilt.

II.3.3. ÄQUIVALENZ UND NORMALFORMEN 253

Dies gilt nach der Definition der Rang-Funktion genau dann, wenn alle D_i ($i \in \{1, \ldots, m\}$) Literale sind.

(b) Sei $F = \langle F_1, \ldots, F_n \rangle$ mit $F_i = [G_{i1}, \ldots, G_{in_i}]$ für $i \in \{1, \ldots, n\}$. Für alle $i \in \{1, \ldots, n\}$ folgt: Nach Teilaufgabe (a) gilt $\sum_{j=1}^{n_i} \text{rng}(G_{ij}) = 0$ genau dann, wenn F_i eine Klausel ist. Daraus ergibt sich sofort die zu zeigende Behauptung.

Lösung 3.109 Multimengen bei der KF Transformation [▷54] ◐

(a) Zur Ermittlung der Elemente der zugeordneten Multimenge msn(F) berechnen wir gemäß Definition 3.31 die folgenden Ränge:

$$
\begin{aligned}
\text{rng}(\neg p) &= 0 \\
\text{rng}((p \vee \neg q)) &= \text{rng}(p) + \text{rng}(\neg q) + 1 = 0 + 0 + 1 = 1 \\
\text{rng}(\neg(s \vee \neg p)) &= \text{rng}(\neg s) + \text{rng}(\neg\neg p) + 1 \\
&= \text{rng}(\neg s) + (\text{rng}(p) + 1) + 1 = 0 + (0 + 1) + 1 = 2 \\
\text{rng}((p \wedge \neg(p \wedge \neg q))) &= \text{rng}(p) + \text{rng}(\neg(p \wedge \neg q)) + 1 \\
&= \text{rng}(p) + (\text{rng}(\neg p) + \text{rng}(\neg\neg q) + 1) + 1 \\
&= \text{rng}(p) + (\text{rng}(\neg p) + (\text{rng}(q) + 1) + 1) + 1 \\
&= 0 + (0 + (0 + 1) + 1) + 1 = 3
\end{aligned}
$$

Damit erhalten wir

msn(F) = {rng($\neg p$) + rng(($p \vee \neg q$)) + rng($\neg(s \vee \neg p)$), rng(($p \wedge \neg(p \wedge \neg q)$))}
= {3, 3}

(b) Der Klauselformalgorithmus ist ein nichtdeterministischer Algorithmus. Er hat die Möglichkeit eine der folgenden mit einer Nummer gekennzeichneten Formeln zur Anwendung einer Transformationsregel auszuwählen:

$$F = \langle [\, \neg p, \overbrace{(p \vee \neg q)}^{(1)}, \overbrace{\neg(s \vee \neg p)}^{(2)}\,], [\, \overbrace{(p \wedge \neg(p \wedge \neg q))}^{(3)} \,] \rangle$$

– Der Algorithmus wählt Formel (1). Das Resultat der Transformation ist:

$F_{neu} = \langle [\neg p, p, \neg q, \neg(s \vee \neg p)], [(p \wedge \neg(p \wedge \neg q))] \rangle$

mit

msn(F_{neu}) = {rng($\neg p$) + rng(p) + rng($\neg q$) + rng($\neg(s \vee \neg p)$),
    rng(($p \wedge \neg(p \wedge \neg q)$))} =
= {2, 3}

– Der Algorithmus wählt Formel (2). Das Resultat der Transformation ist:

$F_{neu} = \langle [\neg p, (p \vee \neg q), \neg s], [\neg p, (p \vee \neg q), \neg\neg p],$
    $[(p \wedge \neg(p \wedge \neg q))] \rangle$

mit

msn(F_{neu}) = {rng($\neg p$) + rng(($p \vee \neg q$)) + rng($\neg s$),
    rng($\neg p$) + rng(($p \vee \neg q$)) + rng($\neg\neg p$),
    rng(($p \wedge \neg(p \wedge \neg q)$))} =
= {1, 2, 3}

– Der Algorithmus wählt Formel (3). Das Resultat der Transformation ist:
$$F_{neu} = \langle [\neg p, (p \vee \neg q), \neg(s \vee \neg p)], [p], [\neg(p \wedge \neg q)] \rangle$$
mit
$$\begin{aligned}\mathsf{msn}(F_{neu}) &= \{\mathsf{rng}(\neg p) + \mathsf{rng}((p \vee \neg q)) + \mathsf{rng}(\neg(s \vee \neg p)),\\ &\qquad \mathsf{rng}(p), \mathsf{rng}(\neg(p \wedge \neg q))\} =\\ &= \{3, 0, 2\}\end{aligned}$$

(c) Wir zeigen anhand eines Beispiels, dass r_{kneu1} bzw. r_{kneu2} jede beliebige ganze Zahl aus dem Intervall $[0, r_k - 1]$ sein kann. Als Beispiel soll eine Formel der Form $(\neg\neg\cdots\neg p \wedge \neg\neg\cdots\neg p)$ dienen. Um das Beispiel exakt beschreiben zu können, definieren wir die folgende abkürzende Schreibweise:

$$\begin{aligned}{}^0H &= H &(1)\\ {}^{n+1}H &= \neg\neg\,{}^nH &(2)\end{aligned}$$

d.h. ${}^nH$ ist eine Formel, vor der $2n$ Negationszeichen stehen.

Lemma: $\mathsf{rng}({}^nH) = n + \mathsf{rng}(H)$
Beweis (vollständige Induktion über n)

I.A. Sei $n = 0$. Dann ist $\mathsf{rng}({}^0H) \stackrel{(1)}{=} \mathsf{rng}(H)$
I.H. Es gelte $\mathsf{rng}({}^nH) = n + \mathsf{rng}(H)$.
I.B. $\mathsf{rng}({}^{n+1}H) = n + 1 + \mathsf{rng}(H)$.
I.S. $\mathsf{rng}({}^{n+1}H) \stackrel{(2)}{=} \mathsf{rng}(\neg\neg\,{}^nH) \stackrel{\text{Def. 3.31}}{=} 1 + \mathsf{rng}({}^nH) \stackrel{\text{I.H.}}{=} 1 + n + \mathsf{rng}(H)$.

Sei nun $G = \langle D_1, \ldots, D_k, \ldots, D_m \rangle$ mit $D_k = [(G_1 \wedge G_2)]$.
Die G zugeordnete Multimenge ist
$$\mathsf{msn}(G) = \{r_1, \ldots, r_{k-1}, \mathsf{rng}((G_1 \wedge G_2)), r_{k+1}, \ldots, r_n\}.$$
Der Algorithmus wähle D_k zur Transformation aus. Die transformierte Formel G_{neu} ist dann $G_{neu} = \langle D_1, \ldots, D_{k-1}, [G_1], [G_2], D_{k+1}, \ldots, D_m \rangle$ mit der zugeordneten Multimenge
$$\mathsf{msn}(G_{neu}) = \{r_1, \ldots, r_{k-1}, \mathsf{rng}(G_1), \mathsf{rng}(G_2), r_{k+1}, \ldots, r_n\}.$$
Seien nun $G_1 = {}^np$ und $G_2 = {}^mp$,
wobei $m, n \in [0, r_k - 1]$ ganze Zahlen sind mit $m + n = r_k - 1$.
Wegen $\mathsf{rng}(G_1) = n$ und $\mathsf{rng}(G_2) = m$ gilt
$$r_k = \mathsf{rng}((G_1 \wedge G_2)) = \mathsf{rng}(G_1) + \mathsf{rng}(G_2) + 1 = n + m + 1$$
sowie $r_{kneu1} = \mathsf{rng}(G_1) = n$ und $r_{kneu2} = \mathsf{rng}(G_2) = m$.

(d) $d(D)$ sei die Funktion, welche die Summe der Ränge der in der verallgemeinerten Disjunktion D enthaltenen aussagenlogischen Formeln bestimmt. Unter Beachtung dass $[F_1, \ldots, F_n] = ((\ldots(F_1 \vee F_2) \vee \ldots) \vee F_n)$ bzw. $\langle F_1, \ldots, F_n \rangle = ((\ldots(F_1 \wedge F_2) \wedge \ldots) \wedge F_n)$ ergibt sich

$$\begin{aligned}d([\,]) &= 0\\ d([F_1, \ldots, F_{n-1}, F_n]) &= \mathsf{rng}(F_n) + d([F_1, \ldots, F_{n-1}])\\ \mathsf{msn}(\langle\,\rangle) &= \{\,\}\\ \mathsf{msn}(\langle F_1, \ldots, F_{n-1}, F_n \rangle) &= \{d(F_n)\} \cup \mathsf{msn}(\langle F_1, \ldots, F_{n-1} \rangle)\end{aligned}$$

II.3.3. ÄQUIVALENZ UND NORMALFORMEN 255

(e) $\text{sum}(\{\}) = 0$
$\text{sum}(\{m_1, \ldots, m_n\}) = \text{sum}(\{m_1, \ldots, m_{n-1}\}) + m_n$

(f) Die angegebene Beziehung gilt nicht. Als Beweis genügt es ein Beispiel anzugeben, in dem die angegebene Beziehung nicht gilt. Als dieses Beispiel kann die am Beginn der Aufgabe angegebene verallgemeinerte Konjunktion F sowie eine der in Teilaufgabe (b) ermittelten Transformationen dienen.

$$F = \langle [\neg p, (p \vee \neg q), \neg(s \vee \neg p)], [(p \wedge \neg(p \wedge \neg q))] \rangle$$
mit $\text{sum}(\text{msn}(F)) = \text{sum}(\{3, 3\}) = 6$.
$$F_{neu} = \langle [\neg p, (p \vee \neg q), \neg s], [\neg p, (p \vee \neg q), \neg\neg p], [(p \wedge \neg(p \wedge \neg q))] \rangle$$
mit $\text{sum}(\text{msn}(F_{neu})) = \text{sum}(\{1, 2, 3\}) = 6$
Also $\text{sum}(\text{msn}(F)) - \text{sum}(\text{msn}(F_{neu})) = 0$.

Lösung 3.110 Terminierung der NNF Transformation [▷55] ◐

(a) I.A. Sei $\pi = \Lambda$.
Zu zeigen: Falls $F\lceil\Lambda\rceil = G$ und $r(H) < r(G)$,
    dann gilt $r(F\lceil\Lambda \mapsto H\rceil) < r(F)$.
Es gilt $F\lceil\Lambda\rceil = F$ nach Definition 3.8 und
$F\lceil\Lambda\rceil = G$ nach Voraussetzung und somit $r(F) = r(G)$. (1)
Es gilt $F\lceil\Lambda \mapsto H\rceil = H$ nach Definition 3.22
und folglich $r(F\lceil\Lambda \mapsto H\rceil) = r(H)$. (2)
Wegen $r(H) < r(G)$ folgt aus (1) und (2),
dass $r(F\lceil\Lambda \mapsto H\rceil) = r(H) < r(G) = r(F)$ gilt.

I.H. Das Lemma gelte für die Position π, d.h. für alle Formeln F, G, H gilt:
Falls $\pi \in \text{pos}(F)$, $F\lceil\pi\rceil = G$ und $r(H) < r(G)$,
dann gilt: $r(F\lceil\pi \mapsto H\rceil) < r(F)$.

I.B. Die Aussage gilt für die Positionen 1π und 2π, d.h. für alle Formeln F, G, H gilt:
(A) Falls $1\pi \in \text{pos}(F)$, $F\lceil 1\pi\rceil = G$ und $r(H) < r(G)$,
    dann gilt: $r(F\lceil 1\pi \mapsto H\rceil) < r(F)$.
(B) Falls $2\pi \in \text{pos}(F)$, $F\lceil 2\pi\rceil = G$ und $r(H) < r(G)$,
    dann gilt: $r(F\lceil 2\pi \mapsto H\rceil) < r(F)$.

I.S. (A) Für den Fall $1\pi \notin \text{pos}(F)$ gilt die Behauptung trivialerweise, da deren Prämisse dann nicht erfüllt ist.
Falls $1\pi \in \text{pos}(F)$, dann gibt es zwei Möglichkeiten für die Struktur von F:

(i) $F = \neg F_1$

$\begin{aligned}
r(F\lceil 1\pi \mapsto H\rceil) &= r((\neg F_1)\lceil 1\pi \mapsto H\rceil) \\
&= r(\neg(F_1\lceil \pi \mapsto H\rceil)) && \text{nach Def. 3.22} \\
&= 2 \cdot r(F_1\lceil \pi \mapsto H\rceil) + 1 && \text{nach Definition von r} \\
&< 2 \cdot r(F_1) + 1 && \text{nach I.H.} \\
&= r(\neg F_1) && \text{nach Definition von r} \\
&= r(F) && \text{da } F = \neg F_1
\end{aligned}$

(ii) $F = (F_1 \circ F_2)$

$$\begin{aligned}
r(F\lceil 1\pi \mapsto H\rceil) &= r((F_1 \circ F_2)\lceil 1\pi \mapsto H\rceil) \\
&= r((F_1\lceil \pi \mapsto H\rceil \circ F_2)) && \text{nach Def. 3.22} \\
&= r(F_1\lceil \pi \mapsto H\rceil) + r(F_2) + 2 && \text{nach Definition von r} \\
&< r(F_1) + r(F_2) + 2 && \text{nach I.H.} \\
&= r(F_1 \circ F_2) && \text{nach Definition von r} \\
&= r(F) && \text{da } F = (F_1 \circ F_2)
\end{aligned}$$

(B) Für den Fall $2\pi \notin \text{pos}(F)$ gilt die Behauptung trivialerweise, da deren Prämisse dann nicht erfüllt ist.

Falls $2\pi \in \text{pos}(F)$, so muss $F = (F_1 \circ F_2)$ sein.

$$\begin{aligned}
r(F\lceil 2\pi \mapsto H\rceil) &= r((F_1 \circ F_2)\lceil 2\pi \mapsto H\rceil) \\
&= r(F_1 \circ F_2\lceil \pi \mapsto H\rceil) && \text{nach Def. 3.22} \\
&= r(F_1) + r(F_2\lceil \pi \mapsto H\rceil) + 2 && \text{nach Definition von r} \\
&< r(F_1) + r(F_2) + 2 && \text{nach I.H.} \\
&= r(F_1 \circ F_2) && \text{nach Definition von r} \\
&= r(F) && \text{da } F = (F_1 \circ F_2)
\end{aligned}$$

(b) Mit jeder Anwendung einer Ersetzungsregel des Algorithmus wird eine Teilformel durch eine Teilformel mit echt kleinerem Rang ersetzt, denn

$$\frac{\neg\neg G}{G} \quad \text{und} \quad \begin{aligned} r(\neg\neg G) &= 2 \cdot r(\neg G) + 1 = \\ &= 2 \cdot (2 \cdot r(G) + 1) + 1 = \\ &= 4 \cdot r(G) + 3 > \\ &> r(G) \end{aligned}$$

$$\frac{\neg(G_1 \wedge G_2)}{(\neg G_1 \vee \neg G_2)} \quad \text{und} \quad \begin{aligned} r(\neg(G_1 \wedge G_2)) &= 2 \cdot r(G_1 \wedge G_2) + 1 = \\ &= 2 \cdot (r(G_1) + r(G_2) + 2) + 1 = \\ &= 2 \cdot r(G_1) + 2 \cdot r(G_2) + 5 = \\ &> 2 \cdot r(G_1) + 2 \cdot r(G_2) + 4 = \\ &= (2 \cdot r(\neg G_1) + 1) + \\ &\quad + (2 \cdot r(\neg G_2) + 1) + 2 = \\ &= r(\neg G_1) + r(\neg G_2) + 2 = \\ &= r(\neg G_1 \vee \neg G_2)) \end{aligned}$$

$$\frac{\neg(G_1 \vee G_2)}{(\neg G_1 \wedge \neg G_2)} \quad \text{und} \quad \begin{aligned} r(\neg(G_1 \vee G_2)) &= 2 \cdot r(G_1) + 2 \cdot r(G_2) + 5 > \\ &> 2 \cdot r(G_1) + 2 \cdot r(G_2) + 4 = \\ &= r(\neg G_1 \wedge \neg G_2)) \end{aligned}$$

Nach dem in Teilaufgabe (a) bewiesenen Lemma folgt damit, dass der Rang der Formel mit jedem Transformationsschritt echt kleiner wird. Es entsteht also eine Folge von monoton fallenden natürlichen Zahlen. Eine solche Folge kann niemals unendlich sein.

II.3.3. ÄQUIVALENZ UND NORMALFORMEN

Lösung 3.111 Terminierung der KF Transformation [▷55] ◐ 3-20

Sei
$$G = \langle [H_{1,1}, \ldots, H_{1,n_1}], \ldots, [H_{k,1}, \ldots, H_{k,l}, \ldots, H_{k,n_k}] \ldots, [H_{m,1}, \ldots, H_{m,n_m}] \rangle$$
die im Schritt n vorliegende verallgemeinerte Konjunktion von verallgemeinerten Disjunktionen.
Die ihr zugeordnete Multimenge natürlicher Zahlen sei
$$\mathsf{msn}(G) = \{r_1, \ldots, r_k, \ldots, r_m\}$$
wobei $r_k = \sum_{j=1}^{n_k} \mathsf{rng}(H_{k,j})$ und $\mathsf{rng}(H)$ ist der Rang der im Argument angegebenen Formel H.

O.B.d.A. werde im nun vorliegenden Schleifendurchlauf die verallgemeinerte Disjunktion $D_k := [H_{k,1}, \ldots, H_{k,l}, \ldots, H_{k,n_k}]$ und daraus die Formel $H_{k,l}$ zur Ausführung einer Transformationsregel ausgewählt. Damit bleiben in diesem Schritt die Elemente $r_1, \ldots, r_{k-1}, r_{k+1}, \ldots, r_m$ der Multimenge $\mathsf{msn}(G)$ unverändert. Es wird nur r_k entfernt und gemäß der Transformation der Klauselmenge durch andere Elemente ersetzt.

Die nach Ausführung der Transformationsregel vorliegende verallgemeinerte Konjunktion von verallgemeinerten Disjunktionen werde mit G_{neu} bezeichnet.
Je nachdem welche Regel zur Anwendung kommt, sind die folgenden Fälle zu unterscheiden:

(1) $H_{k,l} = \neg\neg H$:

Wir ersetzen $H_{k,l}$ in D_k durch H gemäß der Regel: $\dfrac{\neg\neg H}{H}$

Wir erhalten
$$r_{k_{neu}} = \Big(\sum_{j=1, j \neq l}^{n_k} \mathsf{rng}(H_{k,j}) \Big) + \mathsf{rng}(H) =$$
$$= \Big(\sum_{j=1, j \neq l}^{n_k} \mathsf{rng}(H_{k,j}) \Big) + \mathsf{rng}(\neg\neg H) - 1$$
$$\text{(wegen } \mathsf{rng}(\neg\neg H) = \mathsf{rng}(H) + 1 \text{)} =$$
$$= \Big(\sum_{j=1}^{n_k} \mathsf{rng}(H_{k,j}) \Big) - 1 =$$
$$= r_k - 1$$

und damit $r_k > r_{k_{neu}}$, woraus sich $\mathsf{msn}(G) > \mathsf{msn}(G_{neu})$ ergibt.

(2) $H_{k,l} = (G_1 \wedge G_2)$:

Wir ersetzen D_k wird durch zwei neue verallgemeinerte Disjunktionen und ersetzen dabei $(G_1 \wedge G_2)$ gemäß der Regel $\dfrac{(G_1 \wedge G_2)}{G_1 \mid G_2}$:

Dies ergibt

- zum einen $D_{k_{neu1}}$ in der $(G_1 \wedge G_2)$ durch G_1 ersetzt ist und die ansonsten mit D_k übereinstimmt und

- zum anderen $D_{k_{neu2}}$ in der $(G_1 \wedge G_2)$ durch G_2 ersetzt ist und die ansonsten mit D_k übereinstimmt.

Auf Grund der Gleichung $\mathsf{rng}((G_1 \wedge G_2)) = \mathsf{rng}(G_1) + \mathsf{rng}(G_2) + 1$ ergeben sich

$$r_{k_{neu1}} = r_k - (\mathsf{rng}(G_1) + \mathsf{rng}(G_2) + 1) + \mathsf{rng}(G_1) = r_k - \mathsf{rng}(G_2) - 1 \text{ und}$$
$$r_{k_{neu2}} = r_k - (\mathsf{rng}(G_1) + \mathsf{rng}(G_2) + 1) + \mathsf{rng}(G_2) = r_k - \mathsf{rng}(G_1) - 1$$

und damit $r_k > r_{k_{neu1}}$ und $r_k > r_{k_{neu2}}$.

Dies bedeutet, dass r_k in $\mathsf{msn}(G)$ in durch 2 kleinere Zahlen ersetzt wurde, woraus $\mathsf{msn}(G) > \mathsf{msn}(G_{neu})$ folgt.

(3) $H_{k,l} = \neg(G_1 \wedge G_2)$:

Wir ersetzen D_k durch eine neue verallgemeinerte Disjunktion $D_{k_{neu}}$ indem wir $\neg(G_1 \wedge G_2)$ in D_k gemäß der Regel $\dfrac{\neg(G_1 \wedge G_2)}{\neg G_1, \neg G_2}$ ersetzen.
Ansonsten stimmt $D_{k_{neu}}$ mit D_k überein.

Gemäß der Gleichung $\mathsf{rng}(\neg(G_1 \wedge G_2)) = \mathsf{rng}(\neg G_1) + \mathsf{rng}(\neg G_2) + 1$ ist

$$r_{k_{neu}} = r_k - (\mathsf{rng}(\neg G_1) + \mathsf{rng}(\neg G_2) + 1) + (\mathsf{rng}(\neg G_1) + \mathsf{rng}(\neg G_2)) = r_k - 1.$$

Also ist $r_k > r_{k_{neu}}$ und damit $\mathsf{msn}(G) > \mathsf{msn}(G_{neu})$.

(4) $H_{k,l} = (G_1 \vee G_2)$:

Beweis analog zu (3) mit der Regel $\dfrac{(G_1 \vee G_2)}{G_1, G_2}$

und der Gleichung $\mathsf{rng}((G_1 \vee G_2)) = \mathsf{rng}(G_1) + \mathsf{rng}(G_2) + 1$.

(5) $H_{k,l} = \neg(G_1 \vee G_2)$:

Beweis analog zu (2) mit der Regel $\dfrac{\neg(G_1 \vee G_2)}{\neg G_1 \mid \neg G_2}$

und der Gleichung $\mathsf{rng}(\neg(G_1 \vee G_2)) = \mathsf{rng}(\neg G_1) + \mathsf{rng}(\neg G_2) + 1$.

Lösung 3.112 KF Transformation: Regeln streichen/hinzutun [▷56] ○

(a) (i) Es kann sein, dass der Algorithmus nicht terminiert.

(ii) Es gilt $F \equiv G$, falls er terminiert, und G ist dann auch in Klauselform.

Wir beweisen diese Behauptungen wie folgt:

(i) Angenommen die Regel (1) wird gestrichen und sei $F = \neg\neg p$.
Dies bedeutet, dass der Algorithmus zunächst aus $\langle[\neg\neg p]\rangle$ das Element $[\neg\neg p]$ auswählen würde (welches keine Klausel ist) und dann daraus $\neg\neg p$ (welches kein Literal ist).
Auf $\neg\neg p$ ist aber keine Regel anwendbar.
Es würde also nichts erfolgen, und der eben geschilderte Prozess würde sich ewig wiederholen. Der Algorithmus terminiert also nicht.
Andererseits ist $\langle[\neg\neg p]\rangle$ nicht in Klauselform.
Analoges gilt in den folgenden Fällen:
– bei Streichen von Regel (2) und $F = (p \wedge q)$.
– bei Streichen von Regel (3) und $F = \neg(p \wedge q)$.
– bei Streichen von Regel (4) und $F = (p \vee q)$.
– bei Streichen von Regel (5) und $F = \neg(p \vee q)$.

(ii) $F \equiv G$ ergibt sich mit G in Klauselform, da wir keine Regeln hinzugenommen haben. Für die angegebenen Regeln wissen wir aber, dass sie

II.3.3. ÄQUIVALENZ UND NORMALFORMEN

jede Formel in semantisch äquivalente Formeln umformen. Wenn der Algorithmus terminiert, ist die Formel in Klauselform, da die Terminierung von den gegebenen Regeln unabhängig ist.

(b) Z.B. $\dfrac{\neg\neg\neg\neg H}{H}$

(c) Wenn z.B. in einem Transformationsschritt die verallgemeinerte Konjunktion $\langle D_1, \ldots, D_n \rangle$ eine Disjunktion D_j ($j \in \{1, \ldots, n\}$) enthält, in der sowohl F als auch $\neg F$ vorkommt, dann streiche D_j.
Dass die Anwendung dieser Regel auf eine verallgemeinerte Konjunktion G ein Ergebnis G' mit $G \equiv G'$ liefert (d.h. der Algorithmus bleibt korrekt) wird in Aufgabe 3.137 gezeigt.

Lösung 3.113 KF Transformation und Absorptionsregel [▷56] ○

(a) Der Algorithmus ist noch korrekt. Zu zeigen ist:
Wenn $F_i \equiv F$, dann ist $F_i[((G_1 \wedge G_2) \vee G_1)/G_1] \equiv F$.
Nach dem Ersetzungstheorem ist nur zu zeigen, dass $((G_1 \wedge G_2) \vee G_1) \equiv G_1$.
Nach Satz 3.19 (Absorption) ist dies erfüllt.

(b) Der Algorithmus ist noch vollständig. Da der Algorithmus ohne die zusätzliche Regel vollständig ist, kann jede Lösung durch die Grundregeln gefunden werden. Es können höchstens weitere Ergebnisse geliefert werden, was Auswirkungen auf die Korrektheit, aber nicht auf die Vollständigkeit haben kann.

Lösung 3.114 Duale Klauselform (DKF) [▷56] ◐ 3-18 96

(a) Angabe eines nicht deterministischen Algorithmus zur Transformation einer Formel in duale Klauselform.

Eingabe: Eine (syntaktisch korrekte) Formel F.

Ausgabe: Eine zu F semantisch äquivalente Formel
in disjunktiver Normalform.

Verfahren: $G := [\langle F \rangle]$.

Solange G nicht in disjunktiver Normalform ist, tue das folgende:
– Wähle ein Element K aus G, das keine duale Klausel ist.
– Wähle ein Element E aus K, das kein Literal ist.
– Wende eine der folgenden Regeln auf E an
und ersetze E bzw. K entsprechend.

(1)	(2)	(3)	(4)	(5)
$\dfrac{\neg\neg H}{H}$	$\dfrac{(G_1 \wedge G_2)}{G_1, G_2}$	$\dfrac{\neg(G_1 \wedge G_2)}{\neg G_1 \mid \neg G_2}$	$\dfrac{(G_1 \vee G_2)}{G_1 \mid G_2}$	$\dfrac{\neg(G_1 \vee G_2)}{\neg G_1, \neg G_2}$

Wollte man dieses Verfahren auf Formeln ausweiten, welche auch Implikationen enthalten, so würde man folgende zusätzliche Regeln benötigen.

$$\dfrac{(G_1 \to G_2)}{\neg G_1 \mid G_2} \qquad \dfrac{\neg(G_1 \to G_2)}{G_1, \neg G_2}$$
$$\quad (6) \qquad\qquad\qquad (7)$$

Erläuterung der Regeln (2), (5) und (7):

(2) In der verallgemeinerten Konjunktion $K = \langle F_1, \ldots, (G_1 \wedge G_2), \ldots, F_n \rangle$ wird durch Regel (2) die Konjunktion $(G_1 \wedge G_2)$ durch die Folge G_1, G_2 ersetzt, so dass die verallgemeinerte Konjunktion $K_{neu} = \langle F_1, \ldots, G_1, G_2, \ldots, F_n \rangle$ entsteht.

(5) Analog wird durch Regel (5) mit der zu einer Konjunktion äquivalenten Formel $\neg(G_1 \vee G_2)$ verfahren, d.h. $K = \langle F_1, \ldots, \neg(G_1 \vee G_2), \ldots, F_n \rangle$ wird ersetzt durch $K_{neu} = \langle F_1, \ldots, \neg G_1, \neg G_2, \ldots, F_n \rangle$

(7) Wiederum analog wird durch Regel (7) mit der zu einer Konjunktion äquivalenten Formel $\neg(G_1 \rightarrow G_2)$ verfahren.

Erläuterung der Regeln (3), (4) und (6):

(4) Die verallgemeinerte Konjunktion $K = \langle F_1, \ldots, (G_1 \vee G_2), \ldots, F_n \rangle$ wird mit Regel (4) durch zwei verallgemeinerte Konjunktionen ersetzt, wobei die erste aus K hervorgeht, indem das Vorkommen von $(G_1 \vee G_2)$ durch G_1 ersetzt wird, und die zweite aus K hervorgeht, indem das Vorkommen von $(G_1 \vee G_2)$ durch G_2 ersetzt wird. D.h. man erhält die zwei neuen verallgemeinerten Konjunktionen:
$K_{neu_1} = \langle F_1, \ldots, G_1, \ldots, F_n \rangle$ und $K_{neu_2} = \langle F_1, \ldots, G_2, \ldots, F_n \rangle$.

(3) Analog wird durch Regel (3) mit der zu einer Disjunktion äquivalenten Formel $\neg(G_1 \wedge G_2)$ verfahren,
d.h. $K = \langle F_1, \ldots, \neg(G_1 \wedge G_2), \ldots, F_n \rangle$ wird ersetzt durch die verallgemeinerten Konjunktionen
$K_{neu_1} = \langle F_1, \ldots, \neg G_1, \ldots, F_n \rangle$ und $K_{neu_2} = \langle F_1, \ldots, \neg G_2, \ldots F_n \rangle$.

(6) Wiederum analog wird durch Regel (6) mit der zu einer Disjunktion äquivalenten Formel $(G_1 \rightarrow G_2)$ verfahren.

(b) Transformation von Formel (1) in duale Klauselform:

$[\langle \neg(((\neg p \vee \neg q) \vee p) \wedge \neg(\neg p \vee q)) \rangle]$
$[\langle \neg((\neg p \vee \neg q) \vee p) \rangle, \langle \neg \neg(\neg p \vee q) \rangle]$
$[\langle \neg((\neg p \vee \neg q) \vee p) \rangle, \langle (\neg p \vee q) \rangle]$
$[\langle \neg((\neg p \vee \neg q) \vee p) \rangle, \langle \neg p \rangle, \langle q \rangle]$
$[\langle \neg(\neg p \vee \neg q), \neg p \rangle, \langle \neg p \rangle, \langle q \rangle]$
$[\langle \neg\neg p, \neg\neg q, \neg p \rangle, \langle \neg p \rangle, \langle q \rangle]$
$[\langle p, \neg\neg q, \neg p \rangle, \langle \neg p \rangle, \langle q \rangle]$
$[\langle p, q, \neg p \rangle, \langle \neg p \rangle, \langle q \rangle]$

Transformation von Formel (2) in duale Klauselform:

$[\langle \neg(((p \rightarrow q) \wedge (q \rightarrow r)) \rightarrow \neg(\neg r \wedge p)) \rangle]$
$[\langle ((p \rightarrow q) \wedge (q \rightarrow r)), \neg\neg(\neg r \wedge p) \rangle]$
$[\langle ((p \rightarrow q) \wedge (q \rightarrow r)), (\neg r \wedge p) \rangle]$
$[\langle (p \rightarrow q), (q \rightarrow r), (\neg r \wedge p) \rangle]$
$[\langle (p \rightarrow q), (q \rightarrow r), \neg r, p \rangle]$
$[\langle \neg p, (q \rightarrow r), \neg r, p \rangle, \langle q, (q \rightarrow r), \neg r, p \rangle]$

II.3.3. ÄQUIVALENZ UND NORMALFORMEN

$[\langle \neg p, \neg q, \neg r, p \rangle, \langle \neg p, r, \neg r, p \rangle, \langle q, (q \to r), \neg r, p \rangle]$

$[\langle \neg p, \neg q, \neg r, p \rangle, \langle \neg p, r, \neg r, p \rangle, \langle q, \neg q, \neg r, p \rangle, \langle q, r, \neg r, p \rangle]$

(c) Es ist zu zeigen: Wenn der Algorithmus ausgehend von einer Formel F die Ausgabe G generiert, so ist G in dualer Klauselform und es gilt $F \equiv G$.

(1) Wir nehmen an, der Algorithmus endet mit der Ausgabe G und G ist nicht in dualer Klauselform.
Dann ist in G noch eine Zeichenreihe der Form $\neg\neg H$, $(F \wedge H)$, $(F \vee H)$, $(F \to H)$, $\neg(F \wedge H)$, $\neg(F \vee H)$ oder $\neg(F \to H)$ enthalten. Ergo ist noch eine Transformationsregel anwendbar, d.h. der Algorithmus kann noch nicht mit der Ausgabe von G geendet haben. Das ist ein Widerspruch zur Annahme, d.h. wenn der Algorithmus endet, muss duale Klauselform vorliegen.

(2) Jeder Transformationsschritt erzeugt eine Formel, die semantisch äquivalent zu F ist, was sich einerseits aus den logischen Äquivalenzen ergibt, welche den Transformationsregeln zugrunde liegen, sowie andererseits aus dem Ersetzungstheorem.
Wir führen *exemplarisch* den ausführlichen Beweis anhand der Transformationsregel (3) durch. (Die Beweise für die anderen Transformationsregeln gehen ähnlich.)

(i) Sei $F = [K_1, \ldots, K_{j-1}, K_j, K_{j+1}, \ldots, K_m]$
wobei K_j von der Form $K_j = \langle F_1, \ldots, \neg(G_1 \wedge G_2), \ldots, F_n \rangle$ ist. Nach Ausführung des Transformationsschritts mit Regel (3) ist K_j durch die zwei neuen verallgemeinerten Konjunktionen $K_{j_1} = \langle F_1, \ldots, \neg G_1, \ldots F_n \rangle$ und $K_{j_2} = \langle F_1, \ldots, \neg G_2, \ldots F_n \rangle$ ersetzt, d.h.

$$F_{neu} = [K_1, \ldots, K_{j-1}, K_{j_1}, K_{j_2}, K_{j+1}, \ldots, K_m]$$

(ii) Wir beweisen $K_j \equiv (K_{j_1} \vee K_{j_2})$, womit dann mit dem Ersetzungstheorem folgt, dass $F \equiv F_{neu}$.

$$\begin{aligned}
K_j &= \langle F_1, \ldots, \neg(G_1 \wedge G_2), \ldots, F_n \rangle \\
&= (\ldots(\ldots(F_1 \wedge F_2) \wedge \ldots \wedge \neg(G_1 \wedge G_2)) \wedge \cdots \wedge F_n) \\
&\ldots \\
&\equiv (\neg(G_1 \wedge G_2)) \wedge (\ldots(F_1 \wedge F_2) \wedge \ldots \wedge F_n) \\
&\equiv (\neg G_1 \vee \neg G_2) \wedge (\ldots(F_1 \wedge F_2) \wedge \ldots \wedge F_n) \\
&\equiv ((\neg G_1) \wedge (\ldots(F_1 \wedge F_2) \wedge \ldots \wedge F_n)) \vee \\
&\qquad \vee ((\neg G_2) \wedge (\ldots(F_1 \wedge F_2) \wedge \ldots \wedge F_n)) \\
&\ldots \\
&\equiv (((\ldots(F_1 \wedge F_2) \wedge \ldots \wedge \neg G_1) \wedge \ldots \wedge F_n) \vee \\
&\qquad \vee ((\ldots(F_1 \wedge F_2) \wedge \ldots \wedge \neg G_2) \wedge \ldots \wedge F_n)) \\
&= (K_{j1} \vee K_{j2})
\end{aligned}$$

Die Aussage $F \equiv [\langle F \rangle] \equiv G_n$, wobei G_n die im n-ten Transformationsschritt erzeugte verallgemeinerte Disjunktion von verallgemeinerten Konjunktionen ist, gilt somit für jeden Transformationsschritt (Schleifeninvariante). Wenn der Algorithmus terminiert, ist das Ausgabeergebnis also eine Formel G für die $F \equiv G$ gilt.

(d) Jeder verallgemeinerten Disjunktion von verallgemeinerten Konjunktionen
$$G = [\langle H_{1,1}, \ldots, H_{1,n_1}\rangle, \ldots, \langle H_{m,1}, \ldots, H_{m,n_m}\rangle]$$
können wir eine Multimenge natürlicher Zahlen
$$f(G) = \{\sum_{j=1}^{n_1} \mathsf{r}(H_{1,j}), \ldots, \sum_{j=1}^{n_m} \mathsf{r}(H_{m,j})\}$$
zuordnen. Analog zu Aufgabe 3.111 kann nun gezeigt werden, dass in jedem Transformationsschritt, die der erzeugten verallgemeinerten Disjunktion zugeordnete Multimenge kleiner bezüglich der in Abschnitt 3.3.3 des Lehrbuchs definierten Ordnungsrelation > wird. Da die (endlich vielen) Elemente der Multimenge nicht kleiner als 0 werden können, muss der Algorithmus terminieren. Der ausführliche Beweis kann nahezu wortwörtlich vom Terminierungsbeweis des Transformationsalgorithmus in Klauselform übernommen werden.

Lösung 3.115 KF und DKF Transformation [▷57] ○

(a) Transformation in KF

$\langle[\neg(\neg((p \to q) \land p) \to \neg p)]\rangle$ Regel (7)
$\langle[\neg((p \to q) \land p)], [\neg\neg p]\rangle$ Regel (1)
$\langle[\neg((p \to q) \land p)], [p]\rangle$ Regel (3)
$\langle[\neg(p \to q), \neg p], [p]\rangle$ Regel (7)
$\langle[p, \neg p], [\neg q, \neg p], [p]\rangle$

Transformation in DKF

$[\langle\neg(\neg((p \to q) \land p) \to \neg p)\rangle]$ Regel (3)
$[\langle\neg((p \to q) \land p), \neg\neg p\rangle]$ Regel (1)
$[\langle\neg((p \to q) \land p), p\rangle]$ Regel (1)
$[\langle\neg(p \to q), p\rangle, \langle\neg p, p\rangle]$ Regel (3)
$[\langle p, \neg q, p\rangle, \langle p, p\rangle]$ Regel (3)

(b) Transformation in KF

$\langle[\neg((p \to (q \to r)) \to ((p \to q) \to (p \to r)))]\rangle$
$\langle[(p \to (q \to r))], [\neg((p \to q) \to (p \to r))]\rangle$
$\langle[\neg p, (q \to r)], [\neg((p \to q) \to (p \to r))]\rangle$
$\langle[\neg p, \neg q, r], [\neg((p \to q) \to (p \to r))]\rangle$
$\langle[\neg p, \neg q, r], [(p \to q)], [\neg(p \to r)]\rangle$
$\langle[\neg p, \neg q, r], [\neg p, q], [\neg(p \to r)]\rangle$
$\langle[\neg p, \neg q, r], [\neg p, q], [p], [\neg r]\rangle$

Transformation in DKF: Siehe Abbildung 3.24 auf der nächsten Seite.

II.3.3. ÄQUIVALENZ UND NORMALFORMEN

$[\langle \neg((p \to (q \to r)) \uparrow ((p \to q) \uparrow (p \to r)))\rangle]$

$[\langle (p \to (q \to r)), \neg((p \to q) \uparrow (p \to r))\rangle]$

$[\langle \neg(p \to q) \uparrow (p \to r)\rangle, \langle (q \to r), \neg((p \to q) \uparrow (p \to r))\rangle]$

$[\langle \neg p, (p \to q), \neg(p \to r)\rangle, \langle (q \to r), \neg((p \to q) \uparrow (p \to r))\rangle]$

$[\langle \neg p, (p \to q), \neg(p \to r)\rangle, \langle (q \to r), (p \to q), \neg(p \to r)\rangle]$

$[\langle \neg p, \neg p, \neg(p \uparrow r)\rangle, \langle \neg p, q, \neg(p \to r)\rangle, \langle (q \to r), (p \to q), \neg(p \to r)\rangle]$

$[\langle \neg p, \neg p, p, \neg r\rangle, \langle \neg p, q, \neg(p \uparrow r)\rangle, \langle (q \to r), (p \to q), \neg(p \to r)\rangle]$

$[\langle \neg p, \neg p, p, \neg r\rangle, \langle \neg p, q, p, \neg r\rangle, \langle (q \to r), (p \to q), \neg(p \to r)\rangle]$

$[\langle \neg p, \neg p, p, \neg r\rangle, \langle \neg p, q, p, \neg r\rangle, \langle \neg q, (p \to q), \neg(p \to r)\rangle, \langle r, (p \to q), \neg(p \to r)\rangle]$

$[\langle \neg p, \neg p, p, \neg r\rangle, \langle \neg p, q, p, \neg r\rangle, \langle \neg q, \neg p, \neg(p \to r)\rangle, \langle \neg q, q, \neg(p \to r)\rangle, \langle r, (p \to q), \neg(p \to r)\rangle]$

$[\langle \neg p, \neg p, p, \neg r\rangle, \langle \neg p, q, p, \neg r\rangle, \langle \neg q, \neg p, p, \neg r\rangle, \langle \neg q, q, \neg(p \to r)\rangle, \langle r, (p \to q), \neg(p \to r)\rangle]$

$[\langle \neg p, \neg p, p, \neg r\rangle, \langle \neg p, q, p, \neg r\rangle, \langle \neg q, \neg p, p, \neg r\rangle, \langle \neg q, q, p, \neg r\rangle, \langle r, (p \to q), \neg(p \to r)\rangle]$

$[\langle \neg p, \neg p, p, \neg r\rangle, \langle \neg p, q, p, \neg r\rangle, \langle \neg q, \neg p, p, \neg r\rangle, \langle \neg q, q, p, \neg r\rangle, \langle r, \neg p, \neg(p \to r)\rangle, \langle r, q, \neg(p \to r)\rangle]$

$[\langle \neg p, \neg p, p, \neg r\rangle, \langle \neg p, q, p, \neg r\rangle, \langle \neg q, \neg p, p, \neg r\rangle, \langle \neg q, q, p, \neg r\rangle, \langle r, \neg p, p, \neg r\rangle, \langle r, q, \neg(p \to r)\rangle]$

$[\langle \neg p, \neg p, p, \neg r\rangle, \langle \neg p, q, p, \neg r\rangle, \langle \neg q, \neg p, p, \neg r\rangle, \langle \neg q, q, p, \neg r\rangle, \langle r, \neg p, p, \neg r\rangle, \langle r, q, p, \neg r\rangle]$

Abbildung 3.24: Zu Aufgabe 3.115.

Lösung 3.116 Transformationen in NNF, KF und DKF [▷57] ○
Siehe Abbildung 3.25 auf Seite 266.

Lösung 3.117 Dualismus zwischen KF und DKF [▷57] ◐

(a) Wir erhalten die beiden folgenden Funktionsdefinitionen.

(A) $\quad F^d = \begin{cases} F & \text{wenn } F \text{ atomar ist} \\ \neg G^d & \text{wenn } F = \neg G \text{ ist} \\ (G^d \vee H^d) & \text{wenn } F = (G \wedge H) \text{ ist} \\ (G^d \wedge H^d) & \text{wenn } F = (G \vee H) \text{ ist} \end{cases}$

(B) $\quad \overline{F} = \begin{cases} \neg F & \text{wenn } F \text{ atomar ist} \\ \neg \overline{G} & \text{wenn } F = \neg G \text{ ist} \\ (\overline{G} \circ \overline{H}) & \text{wenn } F = (G \circ H) \text{ ist} \end{cases}$

(b) I.A. Es ist zu zeigen, dass die Aussage für atomare Formeln gilt. Die logische Äquivalenz ergibt sich in diesem Fall einfach aus der Gleichheit der Formeln, welche wie folgt gezeigt wird (Die Buchstaben über den Gleichheitszeichen beziehen sich auf die Definitionen aus Teilaufgabe (a)):

$$\overline{F}^d \stackrel{(B)}{=} (\neg F)^d \stackrel{(A)}{=} \neg F^d \stackrel{(A)}{=} \neg F$$

I.H. Die Behauptung gelte bereits für Formeln G und H,
d.h. es gelte $\neg G \equiv \overline{G}^d$ und $\neg H \equiv \overline{H}^d$

I.S. Es ist zu zeigen, dass die Behauptung auch für $F = (G \circ H)$ und für $F = \neg G$ gilt.

(i) Zu zeigen: $\neg\neg G \equiv \overline{(\neg G)}^d$

Beweis: $\overline{(\neg G)}^d \stackrel{(B)}{=} (\neg \overline{G})^d \stackrel{(A)}{=} \neg \overline{G}^d \stackrel{(I.H.)}{\equiv} \neg\neg G$

(ii) Zu zeigen: $\neg(G \circ H) \equiv \overline{(G \circ H)}^d$

Beweis: Für $\circ \in \{\wedge, \vee\}$ definieren wir $\circ' = \begin{cases} \wedge & \text{wenn } \circ = \vee \\ \vee & \text{wenn } \circ = \wedge \end{cases}$

(Man beachte, dass gilt: $\circ'' = \circ$.)

Es folgt nun: $\overline{(G \circ H)}^d \stackrel{(B)}{=} (\overline{G} \circ \overline{H})^d \stackrel{(A)}{=} (\overline{G}^d \circ' \overline{H}^d)$
$\stackrel{(I.H.)}{\equiv} (\neg G \circ' \neg H) \equiv \neg(G \circ H)$

(c) Man ersetze $\langle , \rangle$ durch $[,]$ und umgekehrt, und alle $L_{i,j}$ in F ersetze man durch $\neg A$ falls $L_{i,j} = A$ und durch A falls $L_{i,j} = \neg A$.

(d) Man erhält die gewünschte Formel ganz einfach, indem man bei jedem negierten Literal das $\neg$ streicht, bei jedem unnegierten Literal ein $\neg$ davorschreibt, und noch "$\langle$ mit [" sowie "] mit $\rangle$" vertauscht.

$[\langle\ a,\ b, \neg c, \neg d, \neg e,\ f,\ g\rangle,$
$\ \langle\ h,\ i,\ j, \neg k, \neg l,\ m\rangle,$
$\ \langle\ n,\ o,\ p, \neg q, \neg r\rangle,$
$\ \langle\neg s,\ t,\ u,\ v,\ w\rangle,$

$\langle \neg x, \quad y, \quad a, \quad b, \quad c, \quad d \rangle,$
$\langle \quad z, \quad a, \quad b, \quad c, \neg d, \neg e, \neg f \rangle \,]$

Lösung 3.118 Modelle einer Formel in DKF [▷58] ○

(a) Man nimmt z.B. eine der dualen Klauseln – außer der kontradiktorischen – und bildet – intuitiv gesprochen – die darin vorkommenden Literale alle auf wahr ab. Alle aussagenlogischen Variablen, die in dieser Klausel nicht vorkommen, bildet man irgendwie beliebig ab.
Da F eine verallgemeinerte Disjunktion ist, ist F unter einer Interpretation I wahr, wenn eine der dualen Klauseln aus F unter I wahr ist.

  (i) Modell I_1 (mittels 1. Klausel):
  $p_1^{I_1} = \top$, $p_2^{I_1} = \top$, und $A^{I_1} = \top$ für alle $A \in \mathcal{R} \setminus \{p_1, p_2\}$,
  oder anders notiert $I_1 = \mathcal{R}$.

  (ii) Modell I_2 (auch mittels 1. Klausel):
  $p_1^{I_2} = \top$, $p_2^{I_2} = \top$, und $A^{I_2} = \bot$ für alle $A \in \mathcal{R} \setminus \{p_1, p_2\}$,
  oder anders notiert $I_1 = \{p_1, p_2\}$.

  (iii) Modell I_3 (nun mittels 4. Klausel):
  Man bildet alle Variablen auf falsch ab, also $I_3 = \emptyset$, und bekommt somit $p_3^I = p_2^I = \top$.

(b) Eine Interpretation I ist ein Modell für F
gdw. mindestens eine der Konjunktionen $(p_1 \wedge p_2)$, $(p_3 \wedge p_2)$, $(p_1 \wedge \neg p_1)$, $(\neg p_3 \wedge \neg p_2)$ unter I wahr ist
gdw. es muss also für I gelten:
$(p_1^I = \top$ und $p_2^I = \top)$ oder $(p_3^I = \top$ und $p_2^I = \top)$
oder $(p_3^I = \bot$ und $p_2^I = \bot)$.

Welche der 6 Äquivalenzklassen von Interpretationen bzgl. $\approx_3$ Modelle für F enthalten, können wir uns an Hand derjenigen Repräsentanten $R_1, \ldots, R_8$, welche alle p_i mit $i > 3$ auf falsch abbilden, klar machen.

$R_1 = \{p_1, p_2, p_3\}$	$F^{R_1} = \top$
$R_2 = \{p_1, p_2\}$	$F^{R_2} = \top$
$R_3 = \{p_1, p_3\}$	$F^{R_3} = \bot$
$R_4 = \{p_2, p_3\}$	$F^{R_4} = \top$
$R_5 = \{p_1\}$	$F^{R_5} = \top$
$R_6 = \{p_2\}$	$F^{R_6} = \bot$
$R_7 = \{p_3\}$	$F^{R_7} = \bot$
$R_8 = \emptyset$	$F^{R_8} = \top$

Lösung 3.119 Verallgemeinertes Rekursionsschema [▷58] ★

(a) Wenn sich die Rangfunktion nach dem Rekursionsschema von Satz 3.6 definieren ließe, müsste man eine Funktion $\mathrm{rng}_\neg \colon \mathbb{N} \longrightarrow \mathbb{N}$ bestimmen können, welche für beliebige Formeln $F = \neg G \in \mathcal{L}(\mathcal{R})$ den Funktionswert $\mathrm{rng}(F)$ als $\mathrm{rng}_\neg(\mathrm{rng}(G))$ bestimmt.

(a) NNF

$(\neg((p \wedge q) \vee p) \vee p)$
$((\neg(p \wedge q) \wedge \neg p) \vee p)$
$(((\neg p \vee \neg q) \wedge \neg p) \vee p)$

(a) KF

$\langle [(\neg((p \wedge q) \vee p) \vee p)] \rangle$
$\langle [\neg((p \wedge q) \vee p), p] \rangle$
$\langle [\neg(p \wedge q), p], [\neg p, p] \rangle$
$\langle [\neg p, \neg q, p], [\neg p, p] \rangle$

(a) DKF

$[\langle (\neg((p \wedge q) \vee p) \vee p) \rangle]$
$[\langle \neg((p \wedge q) \vee p) \rangle, \langle p \rangle]$
$[\langle \neg(p \wedge q), \neg p \rangle, \langle p \rangle]$
$[\langle \neg p, \neg p \rangle, \langle \neg q, \neg p \rangle, \langle p \rangle]$

(b) NNF

$\neg(((p \vee q) \wedge (q \wedge r)) \vee \neg((r \wedge q) \wedge (q \vee p)))$
$(\neg((p \vee q) \wedge (q \wedge r)) \wedge \neg\neg((r \wedge q) \wedge (q \vee p)))$
$(\neg((p \vee q) \wedge (q \wedge r)) \wedge ((r \wedge q) \wedge q) \wedge (q \vee p))$
$(\neg((p \vee q) \wedge (q \wedge r)) \wedge ((r \wedge q) \wedge (q \vee p)))$
$((\neg(p \vee q) \vee \neg(q \wedge r)) \wedge ((r \wedge q) \wedge (q \vee p)))$
$(((\neg p \wedge \neg q) \vee (\neg q \vee \neg r)) \wedge ((r \wedge q) \wedge (q \vee p)))$

(b) KF

$\langle [\neg(((p \vee q) \wedge (q \wedge r)) \vee \neg((r \wedge q) \wedge (q \vee p)))] \rangle$
$\langle [\neg((p \vee q) \wedge (q \wedge r))], [\neg\neg((r \wedge q) \wedge (q \vee p))] \rangle$
$\langle [\neg(p \vee q), \neg(q \wedge r)], [\neg\neg((r \wedge q) \wedge (q \vee p))] \rangle$
$\langle [\neg(p \vee q), \neg(q \wedge r)], [((r \wedge q) \wedge (q \vee p))] \rangle$
$\langle [\neg(p \vee q), \neg(q \wedge r)], [(r \wedge q)], [(q \vee p)] \rangle$
$\langle [\neg(p \vee q), \neg(q \wedge r)], [(r \wedge q)], [q, p] \rangle$
$\langle [\neg(p \vee q), \neg(q \wedge r)], [r], [q], [q, p] \rangle$
$\langle [\neg(p \vee q), \neg q, \neg r], [r], [q], [q, p] \rangle$
$\langle [\neg p, \neg q, \neg r], [\neg q, \neg q, \neg r], [r], [q], [q, p] \rangle$

(b) DKF

$[\langle \neg(((p \vee q) \wedge (q \wedge r)) \vee \neg((r \wedge q) \wedge (q \vee p))) \rangle]$
$[\langle \neg((p \vee q) \wedge (q \wedge r)), \neg\neg((r \wedge q) \wedge (q \vee p)) \rangle]$
$[\langle \neg((p \vee q) \wedge (q \wedge r)), ((r \wedge q) \wedge (q \vee p)) \rangle]$
$[\langle \neg((p \vee q) \wedge (q \wedge r)), (r \wedge q), (q \vee p) \rangle]$
$[\langle \neg((p \vee q) \wedge (q \wedge r)), r, q, (q \vee p) \rangle]$
$[\langle \neg(p \vee q), r, q, (q \vee p) \rangle, \langle \neg(q \wedge r), r, q, (q \vee p) \rangle]$
$[\langle \neg p, \neg q, r, q, (q \vee p) \rangle, \langle \neg(q \wedge r), r, q, (q \vee p) \rangle]$
$[\langle \neg p, \neg q, r, q, q \rangle, \langle \neg p, \neg q, r, q, p \rangle, \langle \neg(q \wedge r), r, q, (q \vee p) \rangle]$
$[\langle \neg p, \neg q, r, q, q \rangle, \langle \neg p, \neg q, r, q, p \rangle, \langle \neg q, r, q, (q \vee p) \rangle, \langle \neg r, r, q, (q \vee p) \rangle]$
$[\langle \neg p, \neg q, r, q, q \rangle, \langle \neg p, \neg q, r, q, p \rangle, \langle \neg q, r, q, q \rangle, \langle \neg q, r, q, p \rangle, \langle \neg r, r, q, (q \vee p) \rangle]$
$[\langle \neg p, \neg q, r, q, q \rangle, \langle \neg p, \neg q, r, q, p \rangle, \langle \neg q, r, q, q \rangle, \langle \neg q, r, q, p \rangle, \langle \neg r, r, q, q \rangle, \langle \neg r, r, q, p \rangle]$

Abbildung 3.25: Zu Aufgabe 3.116

II.3.3. ÄQUIVALENZ UND NORMALFORMEN

Da aber nach Definition 3.31 der Rangfunktion für beliebiges $A \in \mathcal{R}$ gilt:
(1) $\mathsf{rng}(A) = 0$,
(2) $\mathsf{rng}(\neg A) = 0$ und
(3) $\mathsf{rng}(\neg\neg A) = 1$,

müsste aus (2) und (3) folgen, dass $\mathsf{rng}_\neg(n) = n + 1$ oder $\mathsf{rng}_\neg(n) = 1$ ist, während aus (1) und (2) folgen müsste: $\mathsf{rng}_\neg(n) = n$ oder $\mathsf{rng}_\neg(n) = 0$ gilt. Eine Funktion mit derart widersprüchlichen Eigenschaften kann es aber nicht geben.

(b) Bezeichne $\mathcal{L}$ die Menge aller Literale aus $\mathcal{L}(\mathcal{R})$ und sei M eine beliebige Menge. Weiterhin seien die folgenden Funktionen gegeben:

$\mathsf{foo}_\mathcal{L} \colon \mathcal{L} \longrightarrow M$,
$\mathsf{foo}_{\neg\neg} \colon M \longrightarrow M$,
$\mathsf{foo}_\circ \colon M \times M \longrightarrow M$ für $\circ \in \{\wedge, \vee, \rightarrow, \leftrightarrow\}$ und
$\mathsf{foo}_{\neg\circ} \colon M \times M \longrightarrow M$ für $\circ \in \{\wedge, \vee, \rightarrow, \leftrightarrow\}$.

Dann gibt es genau eine Funktion $\mathsf{foo} \colon \mathcal{L}(\mathcal{R}) \longrightarrow M$, welche die folgenden Bedingungen erfüllt:

1. *Rekursionsanfang* $\mathsf{foo}(L) = \mathsf{foo}_\mathcal{L}(L)$ für alle $L \in \mathcal{L}$
2. *Rekursionsschritte*
    $\mathsf{foo}(\neg\neg G) = \mathsf{foo}_{\neg\neg}(\mathsf{foo}(G))$ für alle $G \in \mathcal{L}(\mathcal{R})$
    $\mathsf{foo}(\neg(G_1 \circ G_2)) = \mathsf{foo}_{\neg\circ}(\mathsf{foo}(\neg G_1), \mathsf{foo}(\neg G_2))$ für alle $G_1, G_2 \in \mathcal{L}(\mathcal{R})$
    $\mathsf{foo}((G_1 \circ G_2)) = \mathsf{foo}_\circ(\mathsf{foo}(G_1), \mathsf{foo}(G_2))$ für alle $G_1, G_2 \in \mathcal{L}(\mathcal{R})$

(c) Wir definieren durch die Funktionen

$\mathsf{s}_\mathcal{L} \colon \mathcal{L} \longrightarrow \mathbb{N}$ mit $\mathsf{s}_\mathcal{L}(L) = 0$,
$\mathsf{s}_{\neg\neg} \colon \mathbb{N} \longrightarrow \mathbb{N}$ mit $\mathsf{s}_{\neg\neg}(n) = n+1$,
$\mathsf{s}_\circ \colon \mathbb{N} \times \mathbb{N} \longrightarrow \mathbb{N}$ für $\circ \in \{\wedge, \vee, \rightarrow, \leftrightarrow\}$ mit $\mathsf{s}_\circ(m, n) = m+n+1$ und
$\mathsf{s}_{\neg\circ} \colon \mathbb{N} \times \mathbb{N} \longrightarrow \mathbb{N}$ für $\circ \in \{\wedge, \vee, \rightarrow, \leftrightarrow\}$ mit $\mathsf{s}_{\neg\circ}(m, n) = m+n+1$.

zusammen mit dem Rekursionsschema von Teilaufgabe (b) eine Funktion s. Den Beweis, dass die Funktion s mit der ursprünglich gegebenen Rangfunktion rng identisch ist, führen wir mit struktureller Induktion.

I.A. $A \in \mathcal{R}$: $\mathsf{s}(A) = \mathsf{s}_\mathcal{L}(A) = 0 = \mathsf{rng}(A)$

I.H. Für X aus der Formelmenge $\{G, H, \neg H_1, \neg H_2\}$ gelte: $\mathsf{rng}(X) = \mathsf{s}(X)$.

I.S. F ist von der Form

(i) $\neg G$:
- $G \in \mathcal{R}$: Dann gilt $\mathsf{s}(\neg G) = \mathsf{s}_\mathcal{L}(\neg G) = 0 = \mathsf{rng}(\neg G)$
- G ist von der Form $\neg H$:
    $\mathsf{s}(F) = \mathsf{s}(\neg\neg H) = \mathsf{s}_{\neg\neg}(\mathsf{s}(H)) = \mathsf{s}_{\neg\neg}(\mathsf{rng}(H)) \stackrel{\text{I.H.}}{=}$
    $= \mathsf{rng}(H) + 1 = \mathsf{rng}(\neg\neg H) = \mathsf{rng}(F)$
- G ist von der Form $(H_1 \circ H_2)$:
    $\mathsf{s}(F) = \mathsf{s}(\neg(H_1 \circ H_2)) = \mathsf{s}_{\neg\circ}(\mathsf{s}(\neg H_1), \mathsf{s}(\neg H_2)) =$
    $= \mathsf{s}(\neg H_1) + \mathsf{s}(\neg H_2) + 1 =$

$$\stackrel{\text{I.H.}}{=} \text{rng}(\neg H_1) + \text{rng}(\neg H_2) + 1 =$$
$$= \text{rng}(\neg(H_1 \circ H_2)) = \text{rng}(F)$$

(ii) $(G \circ H)$: $\text{s}(F) = \text{s}((G \circ H)) = \text{s}_\circ(\text{s}(G), \text{s}(H)) =$
$$= \text{s}(G) + \text{s}(H) + 1 \stackrel{\text{I.H.}}{=} \text{rng}(G) + \text{rng}(H) + 1 =$$
$$= \text{rng}((G \circ H)) = \text{rng}(F)$$

Bemerkung: *Man beachte, dass man für ein Rekursionsschema das die Rangfunktion definieren soll, auf die Unterscheidung in die beiden Funktionen* foo$_\circ$ *und* foo$_{\neg\circ}$ *hätte verzichten können. Dies hätte jedoch die allgemeine Anwendbarkeit der Rekursionsschemas eingeschränkt.*

Bemerkung: *Man beachte, dass die Rangfunktion auf diese Weise auch für Formeln mit $\rightarrow$ und $\leftrightarrow$ definiert ist. Ob die Rangfunktion für diese Formeln sinnvoll ist oder nicht, soll uns hier nicht kümmern, da wir sie auf derartige Formeln nicht anwenden werden.*

(d) Wir schreiben die folgende Definition

$$\text{nnf}(F) = \begin{cases} F & \text{falls } F \in \mathcal{L} \\ \text{nnf}(G) & \text{falls } F = \neg\neg G \\ \text{nnf}(G) \circ \text{nnf}(H) & \text{falls } F = (G \circ H) \\ \text{nnf}(\neg G) \vee \text{nnf}(\neg H) & \text{falls } F = \neg(G \wedge H) \\ \text{nnf}(\neg G) \wedge \text{nnf}(\neg H) & \text{falls } F = \neg(G \vee H) \end{cases}$$

unter Verwendung des Rekursionsschemas aus Teilaufgabe (b) wie folgt um:

$\text{nnf}_\mathcal{L} : \mathcal{L} \longrightarrow \mathcal{L}$ mit $\text{nnf}_\mathcal{L}(L) = L$, (also die Identität auf $\mathcal{L}$)
$\text{nnf}_{\neg\neg} : \mathcal{L}(\mathcal{R}) \longrightarrow \mathcal{L}(\mathcal{R})$ mit $\text{nnf}_{\neg\neg}(F) = F$ (also die Identität auf $\mathcal{L}(\mathcal{R})$)
$\text{nnf}_\circ : \mathcal{L}(\mathcal{R}) \times \mathcal{L}(\mathcal{R}) \longrightarrow \mathcal{L}(\mathcal{R})$ für ($\circ \in \{\wedge, \vee\}$) mit $\text{nnf}_\circ(F, G) = (F \circ G)$
$\text{nnf}_{\neg\wedge} : \mathcal{L}(\mathcal{R}) \times \mathcal{L}(\mathcal{R}) \longrightarrow \mathcal{L}(\mathcal{R})$ mit $\text{nnf}_{\neg\wedge}(F, G) = \text{nnf}((\neg F) \vee \text{nnf}(\neg G))$
$\text{nnf}_{\neg\vee} : \mathcal{L}(\mathcal{R}) \times \mathcal{L}(\mathcal{R}) \longrightarrow \mathcal{L}(\mathcal{R})$ mit $\text{nnf}_{\neg\vee}(F, G) = \text{nnf}((\neg F) \wedge \text{nnf}(\neg G))$

Lösung 3.120 Rangfunktion und Anzahl binärer Junktoren [▷58] ○

(a)
$$\text{h}(F) = \begin{cases} 0 & \text{wenn } F \text{ atomar ist} \\ \text{h}(G) & \text{wenn } F \text{ von der Form } \neg G \text{ ist} \\ \text{h}(G) + \text{h}(H) + 1 & \text{wenn } F \text{ von der Form } (G \circ H) \text{ ist} \end{cases}$$

(b) I.A. Sei F atomar. Dann ist $\text{r}(F) = 0 = \text{h}(F)$.

I.H. Seien G, H Formeln mit $\text{r}(G) = \text{h}(G)$ bzw. $\text{r}(H) = \text{h}(H)$.

I.S. (i) Sei F von der Form $\neg G$. Dann ist G eine aussagenlogische Variable und es ist $\text{r}(F) = 0$ und $\text{h}(F) = 0$.

(ii) Sei F von der Form $(G \circ H)$. Dann gilt

$$\begin{aligned} \text{r}(F) &= \text{r}(G) + \text{r}(H) + 1 & \text{(Def. von r)} \\ &= \text{h}(G) + \text{h}(H) + 1 & \text{(I.H.)} \\ &= \text{h}((G \circ H)) & \text{(Def. von h)} \end{aligned}$$

II.3.3. ÄQUIVALENZ UND NORMALFORMEN

Lösung 3.121 Rangberechnung einer Formel in Prolog [▷59] ○

Wir erhalten das folgende Prolog-Programm.

```
rang(F, 0)          :- atomic(F).
rang(neg F, 0)      :- atomic(F).

rang(neg neg F, E)  :- rang(F, E1), E is E1 + 1.
rang(F and G, E)    :- rang(F, E1), rang(G, E2), E is E1 + E2 + 1.
rang(F or G, E)     :- rang(F, E1), rang(G, E2), E is E1 + E2 + 1.

rang(neg(F and G), E) :- rang(neg F, E1),
                         rang(neg G, E2), E is E1 + E2 + 1.
rang(neg(F or G), E)  :- rang(neg F, E1),
                         rang(neg G, E2), E is E1 + E2 + 1.
```

Lösung 3.122 Über die Multiset-Ordnung [▷59] ★

(a) *Reflexivität von $\succ$*: Gilt nicht.

Zum Nachweis genügt ein Gegenbeispiel: Wir zeigen, dass $\{1\} \not\succ \{1\}$.
Nach Definition von $\succ$ gilt für alle Multimengen M, dass $\{1\} \succ M$ gdw. M aus $\{1\}$ dadurch entstanden ist, dass eine Zahl aus $\{1\}$ entfernt und durch eine endliche Anzahl von kleineren Zahlen ersetzt wurde. Daraus folgt, dass M nur von der Form $\{0, 0, \ldots, 0\}$ sein kann; also eine Multimenge, welche $n \geq 1$ Mal die 0 enthält.

Transitivität von $\succ$: Gilt nicht. Zum Nachweis genügt ein Gegenbeispiel.
Offensichtlich gilt: $\{2, 2\} \succ \{2, 1\}$ und $\{2, 1\} \succ \{1, 1\}$.
Es gilt aber nicht $\{2, 2\} \succ \{1, 1\}$, denn es darf immer nur eine Zahl aus einer Multimenge ersetzt werden.

Antisymmetrie von $\succ$: Gilt.

Z.z.: Für beliebige Multimengen M_1 und M_2 gilt:
Wenn $M_1 \succ M_2$ und $M_2 \succ M_1$, dann gilt $M_1 = M_2$.

$M_1 \succ M_2$ bedeutet, dass M_2 aus M_1 dadurch entstanden ist, indem eine Zahl n aus M_1 durch eine endliche Anzahl von kleineren Zahlen ersetzt wurde. Damit gibt es in M_2 genau ein n weniger als in M_1 und dafür in M_2 mindestens eine Zahl $n' < n$ mehr als in M_1.

Dies verträgt sich aber nicht mit $M_2 \succ M_1$, denn bei der Erzeugung von M_1 aus M_2 wird ja wiederum eine Zahl aus M_1 durch eine endliche Anzahl von kleineren Zahlen ersetzt, und somit kann keine Zahl durch eine größere ersetzt werden.

Die linke Seite der zu zeigenden Implikation ist also falsch für beliebige Multimengen M_1 und M_2, so dass die gesamte Implikation richtig ist.

(b) (1) $\sqsubseteq$ ist reflexiv: z.z.: $m \sqsubseteq m$ für alle $m \in M$.
Aus $m = m$ für alle $m \in M$ folgt natürlich $m \sqsubseteq m$ gemäß der Definition der Relation $\sqsubseteq$.

(2) $\sqsubseteq$ ist transitiv: z.z.: für beliebige $m_1, m_2, m_3 \in M$ gilt:
Wenn $m_1 \sqsubseteq m_2$ und $m_2 \sqsubseteq m_3$, dann $m_1 \sqsubseteq m_3$.
Es gelte $m_1 \sqsubseteq m_2$ und $m_2 \sqsubseteq m_3$ für beliebige $m_1, m_2, m_3 \in M$.

D.h. ($m_1 \sqsubset m_2$ oder $m_1 = m_2$) und ($m_2 \sqsubset m_3$ oder $m_2 = m_3$).
Falls $m_1 \sqsubset m_2$ und $m_2 \sqsubset m_3$ gilt, so folgt $m_1 \sqsubset m_3$ aus der Transitivität von $\sqsubset$. Daraus folgt $m_1 \sqsubseteq m_3$ aus der Definition von $\sqsubseteq$.
Falls $m_1 = m_2$ oder $m_2 = m_3$, so folgt unmittelbar $m_1 \sqsubset m_3$ und daraus $m_1 \sqsubseteq m_3$ aus der Definition von $\sqsubseteq$.

(3) $\sqsubseteq$ ist antisymmetrisch: z.z.: für beliebige $m, n \in M$ gilt: Wenn $m \sqsubseteq n$ und $n \sqsubseteq m$, dann $m = n$.

Es gelte $m \sqsubseteq n$ und $n \sqsubseteq m$ für beliebige $m, n \in M$.
D.h. ($m \sqsubset n$ oder $m = n$) und ($n \sqsubset m$ oder $n = m$).
Würde sowohl $m \sqsubset n$ als auch $n \sqsubset m$ gelten, so würde mit der Transitivität von $\sqsubset$ folgen, dass $m \sqsubset m$ gilt. Letzteres ist aber wegen der Irreflexivität von $\sqsubset$ ausgeschlossen.
Somit darf entweder $m \sqsubset n$ nicht gelten – woraus $m = n$ folgt – oder es darf $n \sqsubset m$ nicht gelten – woraus $n = m$ folgt.

(c) Es genügt zu zeigen, dass $\succ^*$ irreflexiv ist, woraus die Behauptung nach Teilaufgabe (b) folgt.
Wir nehmen also an, dass für ein $m \in M$ gilt: $m \succ^* m$. D.h. es existieren $m_1, \ldots, m_k \in M$ mit $m \succ m_1, m_1 \succ m_2, \ldots, m_k \succ m$,
und somit existiert die Folge $m \succ m_1 \succ m_2 \succ \cdots \succ m_k \succ m$.
Dann kann man aber durch Aneinanderhängen die unendliche Folge
$m \succ m_1 \succ \cdots \succ m_k \succ m \succ m_1 \succ \cdots \succ m_k \succ m \succ m_1 \succ \cdots$ erhalten.
Eine derartige Folge kann aber nach dem im Lehrbuch erwähnten Resultat von Dershowitz und Manna nicht existieren.

(d) Nach Teilaufgabe (b) folgt aus der Irreflexivität und der Transitivität von $\sqsubset$ die Reflexivität, Transitivität und Antisymmetrie von $\sqsubseteq$.
Bleibt somit die Vollständigkeit zu zeigen:
Nach Voraussetzung gilt für alle $m, n \in M$ einer der drei Fälle: $m \sqsubset n$ oder $m = n$ oder $n \sqsubset m$. Aus $m \sqsubset n$ ergibt sich $m \sqsubset n$ oder $m = n$, d.h. $m \sqsubseteq n$.
Analogerweise ergibt sich aus $m = n$ sowohl $m \sqsubseteq n$ als auch $n \sqsubseteq m$, und aus $n \sqsubset m$ ergibt sich $n \sqsubseteq m$.
Somit folgt für alle $m, n \in M$, dass $n \sqsubseteq m$ oder $m \sqsubseteq n$.

(e) $\sqsubset$ ist irreflexiv, denn $m \sqsubset m$ würde $m \neq m$ zur Folge haben.
Somit bleibt noch zu zeigen, dass $\sqsubset$ transitiv ist:
Seien also $m_1, m_2, m_3 \in M$ beliebig mit $m_1 \sqsubset m_2$ und $m_2 \sqsubset m_3$.
Dann folgt, dass gilt: $m_1 \sqsubseteq m_2$ und $m_2 \sqsubseteq m_3$, sowie $m_1 \neq m_2$ und $m_2 \neq m_3$.
Aus $m_1 \sqsubseteq m_2$ und $m_2 \sqsubseteq m_3$ folgt $m_1 \sqsubseteq m_3$ wegen der Transitivität von $\sqsubseteq$.
Somit ist noch zu zeigen: $m_1 \neq m_3$. Wir nehmen hierzu $m_1 = m_3$ an und führen diese Annahme zum Widerspruch.
Aus $m_1 = m_3$ folgt wegen der Reflexivität von $\sqsubseteq$ sofort $m_3 \sqsubseteq m_1$. Wegen der Transitivität von $\sqsubseteq$ folgt aus $m_2 \sqsubseteq m_3$ und $m_3 \sqsubseteq m_1$, dass $m_2 \sqsubseteq m_1$ gilt. Wegen der Antisymmetrie von $\sqsubseteq$ folgt aber nun $m_1 = m_2$ aus $m_1 \sqsubseteq m_2$ und $m_2 \sqsubseteq m_1$. Dies steht im Widerspruch zu $m_1 \neq m_2$.

(f) Nach Teilaufgabe (e) ist $\sqsubset$ irreflexiv und transitiv. Da $\sqsubseteq$ eine vollständige Ordnung ist, muss für alle $m, n \in M$ gelten: $m \sqsubseteq n$ oder $n \sqsubseteq m$ (nicht ausschließend). Wir zeigen, dass aus $m \neq n$ entweder $m \sqsubset n$ oder $n \sqsubset m$ folgt.

II.3.3. ÄQUIVALENZ UND NORMALFORMEN

Sei also $m, n \in M$ mit $m \neq n$. Da auf Grund der vollständigen Ordnung $m \sqsubseteq n$ oder $n \sqsubseteq m$ gelten muss, und da $m \neq n$, kann auf Grund der Antisymmetrie von $\sqsubseteq$ nicht sowohl $m \sqsubseteq n$ als auch $n \sqsubseteq m$ gelten. Gilt nun $m \sqsubseteq n$ so folgt mit $m \neq n$, dass $m \sqsubset n$ gilt. Andererseits folgt aus $n \sqsubseteq m$ und $m \neq n$, dass $n \sqsubset m$ gilt.

Lösung 3.123 Implikationsnegationsform [▷60] ○

(a) *Eingabe:* Eine (syntaktisch korrekte) aussagenlogische Formel F, die nur die Junktoren $\neg$, $\rightarrow$, $\wedge$ und $\vee$ enthält.

Ausgabe: Eine zu F semantisch äquivalente Formel in Implikationsnegationsform.

Algorithmus:
  (1) Enthält die Formel keine Teilformel der Form $(G_1 \wedge G_2)$ oder $(G_1 \vee G_2)$, so ist sie in Implikationsnegationsform und der Algorithmus endet.
  (2) Enthält die Formel eine solche Teilformel G, so ersetze diese durch Anwendung einer der folgenden Regeln (R1) oder (R2):

$$\text{(R1)} \quad \frac{(G_1 \wedge G_2)}{\neg(G_1 \rightarrow \neg G_2)} \qquad \text{(R2)} \quad \frac{(G_1 \vee G_2)}{(\neg G_1 \rightarrow G_2)}$$

(b) Wir erhalten die beiden folgenden Transformationen.

$((\boldsymbol{p \wedge q}) \vee \neg((p \vee \neg q) \wedge p))$ (R1)
$(\neg(p \rightarrow \neg q) \vee \neg((\boldsymbol{p \vee \neg q}) \wedge p))$ (R2)
$(\neg(p \rightarrow \neg q) \vee \neg((\neg p \rightarrow \neg q) \wedge p))$ (R1)
$(\boldsymbol{\neg(p \rightarrow \neg q) \vee} \neg\neg((\neg p \rightarrow \neg q) \rightarrow \neg p))$ (R2)
$(\neg\neg(p \rightarrow \neg q) \rightarrow \neg\neg((\neg p \rightarrow \neg q) \rightarrow \neg p))$

$\neg(((\boldsymbol{p \vee q}) \wedge (\neg q \wedge r)) \vee r)$ (R2)
$\neg(\neg((\boldsymbol{p \vee q}) \wedge (\neg q \wedge r)) \rightarrow r)$ (R1)
$\neg(\neg\neg((p \vee q) \rightarrow \neg(\neg q \wedge r)) \rightarrow r)$ (R2)
$\neg(\neg\neg((\neg p \rightarrow q) \rightarrow \neg(\boldsymbol{\neg q \wedge r})) \rightarrow r)$ (R1)
$\neg(\neg\neg((\neg p \rightarrow q) \rightarrow \neg\neg(\neg q \rightarrow \neg r)) \rightarrow r)$

(c) Der Algorithmus ist korrekt, denn es gilt $(G_1 \wedge G_2) \equiv \neg(G_1 \rightarrow \neg G_2)$ und $(G_1 \vee G_2) \equiv (\neg G_1 \rightarrow G_2)$, d.h. gemäß dem Ersetzungstheorem wird die gegebene Formel in jedem Schritt in eine dazu semantische äquivalente Formel transformiert.

Der Algorithmus terminiert, denn mit jedem Transformationsschritt ist die Gesamtanzahl der Junktoren $\vee$ und $\wedge$ in der Formel um 1 niedriger als vorher.

Lösung 3.124 Implikationsnegationsnormalform [▷60] ○

(a) (Mit $\mathcal{R}$ bezeichnen wir wie üblich die Menge der aussagenlogischen Variablen.) $\mathcal{L}_\rightarrow(\mathcal{R})$ kann nun definiert werden als die kleinste Menge von Zeichenreihen über dem aussagenlogischen Alphabet für die gilt:
  (1) $A \in \mathcal{L}_\rightarrow(\mathcal{R})$ für alle $A \in \mathcal{R}$
  (2) $\neg A \in \mathcal{L}_\rightarrow(\mathcal{R})$ für alle $A \in \mathcal{R}$

(3) $(F \to G) \in \mathcal{L}_\to(\mathcal{R})$, falls $F \in \mathcal{L}_\to(\mathcal{R})$ und $G \in \mathcal{L}_\to(\mathcal{R})$

(b) Es gibt zu $(p \wedge \neg p)$ keine semantisch äquivalente Formel in Implikationsnegationsnormalform, denn die Formel $(p \wedge \neg p)$ ist unerfüllbar, aber jede Formel der Form $(H \to G)$ ist erfüllbar (vgl. Aufgabe 3.48).

3.3.4 Eine Prolog Implementierung

Lösung 3.125 DKF Transformation in Prolog [▷60] ○

Der hier vorgestellte Algorithmus zur Transformation in duale Klauselform ist an den Klauselformalgorithmus in Abschnitt 3.3.4 des Lehrbuchs angelehnt.

Die Zeilen, in denen er sich vom Klauselformalgorithmus unterscheidet, wurden gekennzeichnet.

Erweiterung um Implikationen und Äquivalenzen: Mit % * % gekennzeichnete Zeilen wurden ergänzt.

Aufruf: ?- dual_clauseform((neg ((p and q) or p) or p), Res).

```
:- op(20, fy, neg).        % Negation
:- op(100, xfx, and).      % Konjunktion    % * %
:- op(100, xfx, or).       % Disjunktion    % * %
```

Initialisierung gefolgt von schrittweiser Transformation in Klauselform:

dual_clauseform(F, G) :- transform([[F]], G).

transform(X, Y) :- singlestep(X, Z), !, transform(Z, Y).

transform(X, X).

Die Gruppe der Negationen

negation(neg neg _).

Die Gruppe der Konjunktionen

conjunction(_ and _).

conjunction(neg (_ or _)).

Die Gruppe der Disjunktionen

disjunction(_ or _).

disjunction(neg (_ and _)).

Die Ersetzungsregeln

component(neg neg X, X).

components(X and Y, X, Y).

components(neg (X or Y), neg X, neg Y).

components(X or Y, X, Y).

components(neg (X and Y), neg X, neg Y).

Entfernen aller Vorkommen eines Elements in einer Liste

remove(_, [ ], [ ]).

remove(X, [X|Tail], Y)   :- remove(X, Tail, Y).

remove(X, [Head|Tail], [Head|Y]) :- X \== Head, remove(X, Tail, Y).

II.3.3. ÄQUIVALENZ UND NORMALFORMEN

Eine Anwendung einer Transformationsregel

```
singlestep([D|Tail], Z) :- member(E, D), negation(E),
                            component(E, Y), remove(E, D, T),
                            N = [Y|T], Z = [N|Tail].
singlestep([D|Tail], Z) :- member(E, D), disjunction(E),
                            components(E, Y1, Y2),
                            remove(E, D, T),
                            N1 = [Y1|T],              % * %
                            N2 = [Y2|T],              % * %
                            Z = [N1, N2|Tail].
singlestep([D|Tail], Z) :- member(E, D), conjunction(E),
                            components(E, Y1, Y2),
                            remove(E, D, T),
                            N = [Y1, Y2|T],           % * %
                            Z = [N|Tail].
singlestep([Head|Tail], [Head|X]) :- singlestep(Tail, X).
```

Abarbeitungsbeispiele:

```
?- dual_clauseform((neg ((p and q) or p) or p), Res).
Res = [[neg p, neg p], [neg q, neg p], [p]] ;
No

?- dual_clauseform(neg(((p or q) and (q and r))
      or neg ((r and q))), Res).
Res = [[r, q, neg p, neg q], [r, q, neg q], [r, q, neg r]] ;
No
```

Lösung 3.126 KF Erweiterung um → und ↔   [▷60] ○ 3-22 104

Der Originalalgorithmus wird um die Regeln (6)–(9), wie in der Lösung zur Aufgabe 3.106 angegeben, erweitert. Die mit % ∗ ∗ ∗ % gekennzeichneten Zeilen wurden ergänzt.

Aufruf: ?- clauseform((neg ((p and q) or p) or p), Res).

```
:- op(20, fy, neg).       % Negation
:- op(100, xfy, and).     % Konjunktion
:- op(100, xfy, or).      % Disjunktion
:- op(100, xfy, impl).    % Implikation        % *** %
:- op(100, xfy, equiv).   % Aequivalenz        % *** %
```

Transformation in Klauselform: Initialisierung gefolgt von schrittweiser Transformation

```
clauseform(F, G) :- transform([[F]], G).

transform(X, Y) :- singlestep(X, Z), !,
                   transform(Z, Y).
transform(X, X).
```

Die Gruppe der Negationen
> negation(neg neg _).

Die Gruppe der Konjunktionen
> conjunction(_ and _).
> conjunction(neg (_ or _)).
> conjunction(neg (_ impl _)).   % *** %
> conjunction((_ equiv _)).   % *** %
> conjunction(neg (_ equiv _)).   % *** %

Die Gruppe der Disjunktionen
> disjunction(_ or _).
> disjunction(neg (_ and _)).
> disjunction(_ impl _).   % *** %

Die Ersetzungsregeln
> component(neg neg X, X).
> components(X and Y, X, Y).
> components(neg (X or Y), neg X, neg Y).
> components(X or Y, X, Y).
> components(neg (X and Y), neg X, neg Y).
> components(X impl Y, neg X, Y).   % *** %
> components(neg (X impl Y), X, neg Y).   % *** %
> components(X equiv Y, (neg X or Y), (X or neg Y)).   % *** %
> components(neg(X equiv Y), (X or Y), (neg X or neg Y)). % *** %

Entfernen aller Vorkommen eines Elements in einer Liste
> remove(_, [ ], [ ]).
> remove(X, [X|Tail], Y)   :- remove(X, Tail, Y).
> remove(X, [Head|Tail], [Head|Y]) :- X \== Head, remove(X, Tail, Y).

Eine Anwendung einer Transformationsregel
> singlestep([D|Tail], Z) :- member(E, D), negation(E),
>   component(E, Y), remove(E, D, T),
>   N = [Y|T], Z = [N|Tail].
> singlestep([D|Tail], Z) :- member(E, D), conjunction(E),
>   components(E, Y1, Y2),
>   remove(E, D, T), N1 = [Y1|T],
>   N2 = [Y2|T], Z = [N1, N2|Tail].
> singlestep([D|Tail], Z) :- member(E, D), disjunction(E),
>   components(E, Y1, Y2),
>   remove(E, D, T),
>   N = [Y1, Y2|T], Z = [N|Tail].
> singlestep([Head|Tail], [Head|X]) :- singlestep(Tail, X).

II.3.3. ÄQUIVALENZ UND NORMALFORMEN 275

Abarbeitungsbeispiele:

?- clauseform((a and b) impl c, Res).
Res = [[neg a, neg b, c]]

?- clauseform((a or b) impl c, Res).
Res = [[neg a, c], [neg b, c]]

?- clauseform((neg ((p and q) or p) or p), Res).
Res = [[neg p, neg q, p], [neg p, p]]

Lösung 3.127 Absorptionsregel in Prolog [▷60] ○

(a) Wir erhalten das folgende Prolog-Programm.

```
:- op(20, fy, neg).             :- op(100, xfy, [and, or]).
trans(((F1 and F2) or F1), F1).
trans(neg F, neg Fnew)                    :- trans(F, Fnew).
trans((F and G), (Fnew and G))            :- trans(F, Fnew).
trans((F and G), (F and Gnew))            :- trans(G, Gnew).
trans((F or G), (Fnew or G))              :- trans(F, Fnew).
trans((F or G), (F or Gnew))              :- trans(G, Gnew).
```

(b) Und folgendes Prolog-Programm für die wiederholte Ausführung.

```
trans_all(F, Erg)   :- transform(F, T, Erg).
transform(F, T, Erg):- trans(F, Tnew),
                      Tnew \== , !, transform(Tnew, T, Erg).
transform(F, T, F).
```

Lösung 3.128 Prolog-Test auf leere Klausel [▷61] ○ 3-24 105

Eine Formel in Klauselform wird als Liste von Klauseln dargestellt, und eine Klausel wird als Liste von Literalen dargestellt. Eine Lösung ist

```
leereklausel([[ ]|_]).
leereklausel([D|R]):- leereklausel(R).
```

oder die alternative Lösung

```
leereklausel(D):- member([ ], D).
```

Lösung 3.129 KF/ DKF Dualismus in Prolog [▷61] ○

Wir erhalten das folgende Prolog-Programm.

```
dual(and(X), or(Y)):- dualandlist(X, Y).
dualandlist([or(H)|T], [and(K)|S]):- dualorlist(H, K),
                                      dualandlist(T, S).
dualandlist([ ], [ ]).
dualorlist([neg(H)|T], [H|S]):- !, dualorlist(T, S).
dualorlist([H|T], [neg(H)|S]):- dualorlist(T, S).
dualorlist([ ], [ ]).
```

3.4 Beweisverfahren

3.4.1 Resolution

Lösung 3.130 Resolutionsableitungen [▷61] ○

(a)
1. $[p, \neg q, \neg t]$
2. $[t]$
3. $[q, \neg p, \neg t]$
4. $[t, p, q, r, p, p, t]$
5. $[r, q, t, r]$
6. $[q, \neg t, r, \neg t]$
7. $[\neg r]$
8. $[\neg q, \neg t, \neg q]$
9. $[\neg q, \neg q]$ res(2, 8)
10. $[r, q, r, q, r]$ res(5, 6)
11. $[q, q]$ res(7, 10)
12. $[\ ]$ res(9, 11)

(b)
1. $[s, p, q, r, p, p, s]$
2. $[p, \neg q, \neg s]$
3. $[q, \neg p, \neg s]$
4. $[s]$
5. $[\neg r]$
6. $[r, q, s, r]$
7. $[\neg s, q, r, \neg s]$
8. $[\neg q, \neg s, \neg q]$
9. $[\neg q, \neg q]$ res(4, 8)
10. $[r, q, r, q, r]$ res(6, 7)
11. $[q, q]$ res(5, 10)
12. $[\ ]$ res(9, 11)

Lösung 3.131 Anwendungen des Resolutionsverfahrens [▷62] ○

(a) Negation und Umwandeln in Klauselform

$\langle [\neg((((p \wedge q) \to r) \wedge \neg r) \to (p \to (q \to r)))] \rangle$ (Formel negieren)

$\langle [(((p \wedge q) \to r) \wedge \neg r)], [\neg(p \to (q \to r))] \rangle$

$\langle [(((p \wedge q) \to r) \wedge \neg r)], [p], [\neg(q \to r)] \rangle$

$\langle [(((p \wedge q) \to r) \wedge \neg r)], [p], [q], [\neg r] \rangle$

$\langle [((p \wedge q) \to r)], [\neg r], [p], [q], [\neg r] \rangle$

$\langle [\neg(p \wedge q), r], [\neg r], [p], [q], [\neg r] \rangle$

$\langle [\neg p, \neg q, r], [\neg r], [p], [q], [\neg r] \rangle$

II.3.4. BEWEISVERFAHREN 277

Resolutionsableitung:
1. $[\neg p, \neg q, r]$
2. $[\neg r]$
3. $[p]$
4. $[q]$
5. $[\neg r]$
7. $[\neg p, \neg q]$ res(1, 5)
8. $[\neg q]$ res(7, 3)
9. $[\,]$ res(8, 4)

(b) Wenn man die Teilformeln der Form $(G \to H)$ durch Teilformeln der Form $(\neg G \lor H)$ ersetzt, ergibt sich

$$((\neg r \lor (p \land q)) \land \neg((\neg r \lor p) \land (\neg r \lor q)))$$

Transformation der nichtnegierten Formel in Klauselform

$\langle [((\neg r \lor (p \land q)) \land \neg((\neg r \lor p) \land (\neg r \lor q)))] \rangle$

$\langle [(\boldsymbol{\neg r \lor (p \land q)})], [\neg((\neg r \lor p) \land (\neg r \lor q))] \rangle$

$\langle [\neg r, (\boldsymbol{p \land q})], [\neg((\neg r \lor p) \land (\neg r \lor q))] \rangle$

$\langle [\neg r, p], [\neg r, q], [\neg((\boldsymbol{\neg r \lor p}) \land (\boldsymbol{\neg r \lor q}))] \rangle$

$\langle [\neg r, p], [\neg r, q], [\neg(\boldsymbol{\neg r \lor p}), \neg(\neg r \lor q)] \rangle$

$\langle [\neg r, p], [\neg r, q], [\boldsymbol{\neg\neg r}, \neg(\neg r \lor q)], [\neg p, \neg(\neg r \lor q)] \rangle$

$\langle [\neg r, p], [\neg r, q], [r, \neg(\boldsymbol{\neg r \lor q})], [\neg p, \neg(\neg r \lor q)] \rangle$

$\langle [\neg r, p], [\neg r, q], [r, \boldsymbol{\neg\neg r}], [r, \neg q], [\neg p, \neg(\neg r \lor q)] \rangle$

$\langle [\neg r, p], [\neg r, q], [r, r], [r, \neg q], [\neg p, \neg(\boldsymbol{\neg r \lor q})] \rangle$

$\langle [\neg r, p], [\neg r, q], [r, r], [r, \neg q], [\neg p, \boldsymbol{\neg\neg r}], [\neg p, \neg q] \rangle$

$\langle [\neg r, p], [\neg r, q], [r, r], [r, \neg q], [\neg p, r], [\neg p, \neg q] \rangle$

Resolutionsableitung
1. $[\neg r, p]$
2. $[\neg r, q]$
3. $[r, r]$
4. $[r, \neg q]$
5. $[\neg p, r]$
6. $[\neg p, \neg q]$
7. $[q]$ res(2, 3)
8. $[\neg p]$ res(7, 6)
9. $[\neg r]$ res(1, 8)
10. $[\,]$ res(3, 9)

(c) Transformation der negierten Formel in Klauselform unter Verwendung der in Aufgabe 3.106 erstellten Regeln für Formeln mit $\to$. (Die Regelnummern beziehen sich ebenfalls auf diese Aufgabe.)

$\langle [\neg(((p \to q) \to p) \to p)] \rangle$ Initialisierung
$\langle [((p \to q) \to p)], [\neg p] \rangle$ Anwendung Regel (7)
$\langle [\neg(p \to q), p], [\neg p] \rangle$ Anwendung Regel (6)
$\langle [p, p], [\neg q, p], [\neg p] \rangle$ Anwendung Regel (7)

Resolutionsableitung

1   $[p, p]$
2   $[\neg q, p]$
3   $[\neg p]$
4   $[\,]$ res(1, 3)

(d) Die Klauselform der negierten Formel lautet:

$\langle [\neg p, q], [\neg q, r], [\neg r], [p] \rangle$

(Für eine Ableitung dieser Klauselform siehe Aufgabe 3.106)

Resolutionsableitung

1   $[\neg p, q]$
2   $[\neg q, r]$
3   $[\neg r]$
4   $[p]$
5   $[\neg q]$ res(2, 3)
6   $[\neg p]$ res(5, 1)
7   $[\,]$ res(4, 6)

Lösung 3.132 Charakterisierung des Resolutionsverfahrens [▷62]

Das Resolutionsverfahren hat folgende Kalkülmerkmale.

(1) Das Alphabet ist das Alphabet der Aussagenlogik.
(2) Die Sprache ist die Sprache der Aussagenlogik.
(3) Die Axiomenmenge enthält nur die leere Klausel.
(4) Die Ableitungsregeln: Die Resolutionsregel.
(5) Die Ableitungsrelation: Ein Beweis für eine aussagenlogische Formel in Klauselform im Resolutionskalkül ist eine endliche Folge von Klauseln, die entweder Bestandteil der Klauselform sind oder durch Anwendung der Resolutionsregel auf vorhergehende Klauseln der Folge entstanden sind, und welche die leere Klausel (üblicherweise als letztes Element) enthält.

Der Resolutionskalkül ist widerlegend und analysierend.

Lösung 3.133 Nessie und Resolution [▷62]

Mit den in Aufgabe 3.71 gemachten Vereinbarungen seien $F_1, \ldots, F_4$ wie in der dort angegebenen Lösung definiert; also:

F_1: $(m \to \neg s)$ *Ist Nessie ein Märchenwesen, dann ist sie unsterblich.*

F_2: $(\neg m \to (s \land t))$ *Ist Nessie kein Märchenwesen,*
                                  dann ist sie ein sterbliches Tier.

F_3: $((\neg s \lor t) \to d)$ *Ist Nessie unsterblich oder ein Tier,*

II.3.4. BEWEISVERFAHREN   279

F_4: $(d \to a)$ *dann ist Nessie ein Drache.*
                        Jeder Drache ist eine Touristenattraktion.

Zu zeigen: $\{F_1, F_2, F_3, F_4\} \models a$
Laut Aufgabe 3.67 ist dies äquivalent zur Unerfüllbarkeit von $\langle F_1, F_2, F_3, F_4, \neg a \rangle$.
Wir transformieren also $\langle [\neg m \lor \neg s], [m \lor (s \land t)], [\neg(\neg s \lor t) \lor d], [\neg d \lor a], [\neg a]\rangle$
in Klauseln und widerlegen dann die so erhaltene Klauselmenge mit dem Resolutionsverfahren:

1	$[\neg m, \neg s]$	aus F_1
2	$[m, s]$	aus F_2
2'	$[m, t]$	aus F_2
3	$[s, d]$	aus F_3
3'	$[\neg t, d]$	aus F_3
4	$[\neg d, a]$	aus F_4
5	$[\neg a]$	
6	$[\neg d]$	res(5, 4)
7	$[\neg t]$	res(6, 3')
8	$[m]$	res(7, 2')
9	$[\neg s]$	res(8, 1)
10	$[s]$	res(6, 3)
11	$[\ ]$	res(9, 10)

Die leere Klausel ist also ableitbar, was bedeutet, dass die erhaltene Klauselmenge widerlegbar ist.

Lösung 3.134 Erfüllbarkeit von Vollklauselmengen   [▷62] ◐

(a) Wir zeigen die Unerfüllbarkeit durch Ableitung der leeren Klausel mittels des Resolutionsverfahrens.

1	$[p_1, p_2, p_3]$	
2	$[\neg p_1, p_2, p_3]$	
3	$[p_1, \neg p_2, p_3]$	
4	$[p_1, p_2, \neg p_3]$	
5	$[\neg p_1, \neg p_2, p_3]$	
6	$[\neg p_1, p_2, \neg p_3]$	
7	$[p_1, \neg p_2, \neg p_3]$	
8	$[\neg p_1, \neg p_2, \neg p_3]$	

Resolventenbildungen mit $\neg p_3$

9	$[p_1, p_2, p_1, p_2]$	res(1, 4)
10	$[p_1, \neg p_2, p_1, \neg p_2]$	res(3, 7)
11	$[\neg p_1, p_2, \neg p_1, p_2]$	res(2, 6)
12	$[\neg p_1, \neg p_2, \neg p_1, \neg p_2]$	res(5, 8)

Resolventenbildungen mit $\neg p_2$

13	$[p_1, p_1, p_1, p_1]$	res(9, 10)
14	$[\neg p_1, \neg p_1, \neg p_1, \neg p_1]$	res(11, 12)

Resolventenbildungen mit $\neg p_1$

15	$[\,]$	res(13, 14)

(b) Wir definieren in Abhängigkeit von D eine Funktion $g \colon \mathcal{R}_n \longrightarrow \mathcal{W}$ wie folgt:

$$g(A) = \begin{cases} \top & \text{falls } A \text{ ein Literal in } D \text{ ist} \\ \bot & \text{falls } \neg A \text{ ein Literal in } D \text{ ist} \\ \bot & \text{falls } A \in \mathcal{R} \setminus \mathcal{R}_n \end{cases}$$

Nach Proposition 3.10 gibt es (genau) eine Interpretation I_g von $\mathcal{L}(\mathcal{R})$ mit $A^{I_g} = g(A)$ für alle $A \in \mathcal{R}$.

Wir zeigen nun wie folgt, dass I_g ein Modell für $\mathcal{K}_n \setminus \{D\}$ ist:

Sei D' eine Klausel in $\mathcal{K}_n \setminus \{D\}$. Dann muss sich D' in mindestens einem Literal von D unterscheiden, d.h. es existiert ein $A \in \mathcal{R}_n$, so dass

(i) entweder A in D und $\neg A$ in D'

(ii) oder $\neg A$ in D und A in D'

Im ersten Fall ist $A^{I_g} = \bot$ (nach Definition von g) und damit $(\neg A)^{I_g} = \top$, woraus $[D']^{I_g} = \top$ folgt, und im zweiten Fall ist $A^{I_g} = \top$ (nach Definition von g) und damit $[D']^{I_g} = \top$.

(c) Wenn $\mathcal{F}$ eine echte Teilmenge von $\mathcal{K}_n$ ist, dann muss es eine Klausel $D \in \mathcal{K}_n$ geben, welche nicht in $\mathcal{F}$ ist. Nach Teilaufgabe (b) ist $\mathcal{K}_n \setminus \{D\}$ erfüllbar, und damit folgt die Erfüllbarkeit von $\mathcal{F}$ als Teilmenge von $\mathcal{K}_n \setminus \{D\}$.

(d) $\mathcal{K}_n$ ist unerfüllbar, da jede Interpretation eine Klausel in $\mathcal{K}_n$ auf falsch abbildet. Dies sieht man wie folgt:

Sei I eine beliebige Interpretation. Wir bilden die Literalmengen $\overline{\mathcal{R}_I} = \{\neg A \mid A \in \mathcal{R}_n \text{ und } A^I = \top\}$ und $\mathcal{R}_I = \{A \mid A \in \mathcal{R}_n \text{ und } A^I = \bot\}$. Da jedes $p_i \in \mathcal{R}_n$ unter der Interpretation I entweder wahr oder falsch sein muss, gilt für jedes $p_i \in \mathcal{R}_n$, dass entweder $\neg p_i \in \overline{\mathcal{R}_I}$ oder $p_i \in \mathcal{R}_I$. Des Weiteren gilt $L^I = \bot$ für alle Literale $L \in \mathcal{R}_I$ und für alle Literale $L \in \overline{\mathcal{R}_I}$. Daraus folgt, dass durch entsprechende disjunktive Verknüpfung aus allen Literalen aus $\mathcal{R}_I \cup \overline{\mathcal{R}_I}$ eine Vollklausel D entsteht, und dass D von I auf $\bot$ abgebildet wird. Da I beliebig gewählt wurde, gibt es für jede Interpretation I eine entsprechende Vollklausel D_I in $\mathcal{K}_n$, die durch I auf $\bot$ abgebildet wird, und somit ist $\mathcal{K}_n$ unerfüllbar.

Lösung 3.135 Resolution mit Kontraktionsregel [▷63] ◐

(a) NEIN. Der Algorithmus bleibt nicht korrekt.

Korrektheit würde bedeuten: Wenn $\vdash_{rk} F$ gilt, dann gilt $\models F$.

Durch ein Gegenbeispiel wird im Folgenden gezeigt, dass dies nicht gilt.

$F = ((p \wedge (\neg p \wedge q)) \vee (p \wedge (\neg p \wedge \neg q)))$ ist eine unerfüllbare Formel, d.h. es gilt $\not\models F$.

Weiterhin: $\neg F \equiv ((\neg p \vee (p \vee \neg q)) \wedge (\neg p \vee (p \vee q))) \equiv \langle [\neg p, p, \neg q], [\neg p, p, q] \rangle$.

Mit der Kontraktionsregel wird nun die folgende Ableitung ermöglicht:

II.3.4. *BEWEISVERFAHREN* 281

       1   $[\neg p, p, \neg q]$
       2   $[\neg p, p, q]$
       3   $[\neg q]$ Kontraktionsregel auf (1)
       4   $[q]$ Kontraktionsregel auf (2)
       5   $[\,]$ res(3, 4)

Folglich gilt $\vdash_{rk} F$. Ergo, das Verfahren ist nicht korrekt.

Bemerkung: *Ein einfacheres Gegenbeispiel wäre* $F = (p \wedge \neg p)$, *da die Anwendung der Kontraktionsregel auf* $\neg F \equiv [\neg p, p]$ *sofort die leere Klausel liefert.*

(b) JA, die Behauptung gilt.
Da nur Regeln zugefügt werden, gilt: Wenn $\vdash_r F$ dann auch $\vdash_{rk} F$.
Aufgrund der Vollständigkeit des aussagenlogischen Resolutionsverfahrens gilt: Wenn $\models F$, dann auch $\vdash_r F$, und folglich: Wenn $\models F$ gilt, dann gilt auch $\vdash_{rk} F$.

Lösung 3.136 Verschlimmbesserungen der Resolution ? [▷63] ◐

(a) Das Resolutionsverfahren bleibt nicht korrekt, was wir mittels eines *Gegenbeispiels* zeigen: Sei $S = \langle [p, \neg p, \neg q], [p, \neg p], [q] \rangle$. S ist erfüllbar, z.B. ist die Interpretation $I = \{p, q\}$ ein Modell für S.
Aber mit der vorgeschlagenen Erweiterung des Resolutionsverfahrens erhalten wir die folgende Ableitung

       1   $[p, \neg p, \neg q]$
       2   $[p, \neg p]$
       3   $[q]$
       4   $[\neg q]$ res*(1, 2)
       5   $[\,]$ res(3, 4)

der leeren Klausel. Die dem Resolutionsverfahren gemäße Antwort wäre also nun inkorrekterweise, dass S unerfüllbar ist.

(b) Das Resolutionsverfahren bleibt korrekt, was wir wie folgt beweisen:
Die als Absorption bezeichnete semantische Äquivalenz $((F \vee G) \wedge F) \equiv F$ besagt, dass $((p \vee q_1 \vee \ldots \vee q_n) \wedge p) \equiv p$. Somit ist die, der verallgemeinerten Konjunktion $\langle D_1, \ldots, D_n, [p], [p, q_1, \ldots, q_n] \rangle$ entsprechende aussagenlogische Formel semantisch äquivalent zu der verallgemeinerten Konjunktion $\langle D_1, \ldots, D_n, [p] \rangle$ entsprechenden aussagenlogischen Formel. An der Unerfüllbarkeit (und folglich der Ableitbarkeit der leeren Klausel) ändert das Streichen dieser Zeile nichts. (Man vergleiche auch Aufgabe 3.139.)

(c) Das Resolutionsverfahren bleibt nicht korrekt, was wir mittels eines *Gegenbeispiels* zeigen: Sei $S = \langle [p, q], [\neg p, \neg q] \rangle$. S ist erfüllbar, denn die Interpretation $I = \{p\}$ ist z.B. ein Modell für S.
Aber die vorgeschlagene Erweiterung des Resolutionsverfahrens ermöglicht die folgende Ableitung der Klausel 3 aus den Klauseln 1 und 2.

       1   $[p, q]$
       2   $[\neg p, \neg q]$
       3   $[\,]$

Das heißt, dass wir die leere Klausel herleiten können, und wir erhalten damit inkorrekterweise die dem Resolutionsverfahren gemäße Antwort, dass S unerfüllbar ist.

Lösung 3.137 Tautologieelimination [▷64] ◐

(1) Zunächst zeigen wir: Wenn sowohl F als auch $\neg F$ in einer verallgemeinerten Disjunktion D vorkommen, dann gilt $D^I = \top$ für beliebige Interpretationen I. Sei also o.B.d.A. $D = [F, \neg F, F_1, \ldots, F_m]$ und I eine beliebige Interpretation.

$$\begin{aligned}
\text{Dann ist}\quad D^I &= (\ldots(\ldots(F \vee \neg F) \vee F_1) \vee \ldots \vee F_m)^I \\
&= (F \vee \neg F)^I \vee^* (\ldots(F_1 \vee F_2) \vee \ldots \vee F_m)^I \\
&= \top \vee^* (\ldots(F_1 \vee F_2) \vee \ldots \vee F_m)^I \\
&= \top
\end{aligned}$$

(2) Betrachten wir nun die verallgemeinerte Konjunktion $\langle D_1, \ldots, D_n \rangle$ wobei o.B.d.A. in D_n sowohl F als auch $\neg F$ vorkommen.
Dann gilt für beliebige Interpretationen I

$$\begin{aligned}
\langle D_1, \ldots, D_{n-1}, D_n \rangle^I &= ((\ldots(D_1 \wedge D_2) \wedge \ldots \wedge D_{n-1}) \wedge D_n)^I \\
&= (\ldots(D_1 \wedge D_2) \wedge \ldots \wedge D_{n-1})^I \wedge^* D_n^I \\
&= (\ldots(D_1 \wedge D_2) \wedge \ldots \wedge D_{n-1})^I \wedge^* \top \\
&= (\ldots(D_1 \wedge D_2) \wedge \ldots \wedge D_{n-1})^I \\
&= \langle D_1, \ldots, D_{n-1} \rangle^I
\end{aligned}$$

Auf Grund der Kommutativität und Assoziativität von $\wedge$ gilt folglich

$$\langle D_1, \ldots D_{j-1}, D_j, D_{j+1} \ldots, D_n \rangle \equiv \langle D_1, \ldots D_{j-1}, D_{j+1} \ldots, D_n \rangle.$$

Bemerkung: *Der Name Tautologieelimination kommt daher, dass $D_j^I = \top$ für alle Interpretationen I, also D_j eben eine Tautologie ist. Die Formeltransformation, welche tautologische Klauseln entfernt, nennt man deshalb Tautologieelimination.*

Lösung 3.138 Positive/negative Klauseln und Erfüllbarkeit [▷64] ◐

(a) Wenn eine Klauselmenge keine positive Klausel enthält, dann enthält jede Klausel ein negatives Literal, also ein Literal von der Form $\neg A$ mit $A \in \mathcal{R}$.
Bei der Interpretation $I = \emptyset$ wird jedes negative Literal auf $\top$ abgebildet. Da jede Klausel ein negatives Literal enthält, wird folglich bei der Interpretation I jede Klausel wahr. Damit ist I ein Modell für die gesamte Klauselmenge.

(b) Wenn eine Klauselmenge keine negative Klausel enthält, dann enthält jede Klausel ein positives Literal, also ein Literal von der Form A mit $A \in \mathcal{R}$.
Bei der Interpretation $I=\mathcal{R}$ wird jedes positive Literal auf $\top$ abgebildet. Da jede Klausel ein positives Literal enthält, wird folglich bei der Interpretation I jede Klausel wahr. Damit ist I ein Modell für die gesamte Klauselmenge.

(c) Die Aussage ist falsch. Gegenbeispiel: Leere Klausel.
Da die leere Klausel [ ] keine Literale enthält, ist jedes Literal aus [ ] sowohl positiv als auch negativ. Damit ist die leere Klausel sowohl eine positive Klausel als auch eine negative Klausel.

Lösung 3.139 Subsumtion [▷64] ◐

$\Longleftarrow$: O.B.d.A. sei $j = 1$ und $i = 2$. Also C_2 subsumiert C_1. Es ist zu zeigen:

II.3.4. BEWEISVERFAHREN

Wenn $\langle C_2, \ldots, C_n \rangle$ erfüllbar ist, dann ist auch $\langle C_1, \ldots, C_n \rangle$ erfüllbar. Wenn $\langle C_2, \ldots, C_n \rangle$ erfüllbar ist, dann muss es eine Interpretation I geben mit $\langle C_2, \ldots, C_n \rangle^I = \top$. Das bedeutet, dass es in jeder Klausel, also auch in C_2 ein Literal L gibt mit $L^I = \top$. Da C_2 die Klausel C_1 subsumiert, muss jedes Literal aus C_2 auch in C_1 sein. Damit muss L in C_1 sein, was $C_1^I = \top$ impliziert. Somit gilt $\langle C_1, C_2, \ldots, C_n \rangle^I = \top$, d.h. $\langle C_1, C_2, \ldots, C_n \rangle$ ist erfüllbar.

$\Longrightarrow$: Da $\{C_1, \ldots, C_{j-1}, C_{j+1} \ldots, C_n\} \subset \{C_1, \ldots, C_n\}$ gilt, folgt aus der Erfüllbarkeit von $\langle C_1, \ldots, C_n \rangle$, dass auch $\{C_1, \ldots, C_{j-1}, C_{j+1} \ldots, C_n\}$ als Teilmenge einer erfüllbaren Formelmenge wiederum erfüllbar ist.

Lösung 3.140 'Pure literals' [▷64] ◐

$\Longleftarrow$: Sei I ein Modell für $\langle C_1, \ldots, C_{j-1}, C_{j+1} \ldots, C_n \rangle$. Da nach Voraussetzung in $\langle C_1, \ldots, C_{j-1}, C_{j+1} \ldots, C_n \rangle$ das zu L entgegengesetzte Literal L' nicht vorkommt, können wir die Interpretation I so abändern, dass L' auf falsch abgebildet wird, ohne die Modelleigenschaft zu verlieren. Wir definieren uns somit eine Interpretation

$$I' = \begin{cases} I \cup \{L\} & L \in \mathcal{R} \\ I \setminus \{A\} & L \notin \mathcal{R} \text{ und } L = \neg A \end{cases}$$

Noch dem oben ausgeführten ist I' Modell für $\langle C_1, \ldots, C_{j-1}, C_{j+1} \ldots, C_n \rangle$. Da mit $L^{I'} = \top$ folgt, dass I' auch Modell für C_j ist, ist I' somit Modell für $\langle C_1, \ldots, C_n \rangle$.

$\Longrightarrow$: Da $\{C_1, \ldots, C_{j-1}, C_{j+1} \ldots, C_n\} \subset \{C_1, \ldots, C_n\}$ gilt, folgt aus der Erfüllbarkeit von $\langle C_1, \ldots, C_n \rangle$ erfüllbar, dass auch $\{C_1, \ldots, C_{j-1}, C_{j+1} \ldots, C_n\}$ als Teilmenge einer erfüllbaren Formelmenge wiederum erfüllbar ist.

Lösung 3.141 (Un)erfüllbare Klauselmengen [▷64] ◐ 3-37

(a) Die Klauseln 1, 2, 3, 5, 6, 8, 10, 13, 14, 15 und 16 sind tautologisch und somit unter jeder Interpretation wahr.
Die Klauseln 9 und 18 werden durch Klausel 4 subsumiert, sowie die Klauseln 12, 19 und 20 durch Klausel 7.
Es bleiben somit die Klauseln 4, 7, 11 und 17. Wenn diese unter einer Interpretation wahr sind, dann sind es auch die von Ihnen subsumierten Klauseln.
Die Interpretation $I = \{p, q\}$ macht die Klauseln 4, 7, 11 und 17 Klauseln wahr, wie in der folgenden Tabelle ersichtlich ist.

Klausel 4	$[\neg r]$	$r^I = \bot$
Klausel 7	$[\neg t, \neg t]$	$t^I = \bot$
Klausel 11	$[p, \neg q, p, p]$	$p^I = \top$
Klausel 17	$[p, q, p]$	$q^I = \top$

Somit ist die gegebene Klauselmenge erfüllbar.

(b) Die Klauseln 2, 4, 6, 9, 13, 14, 16, 17, 18, 20, 22, 23 und 29 sind tautologisch und werden somit zu einer Resolutionswiderlegung nicht benötigt.

Die Klauseln 1, 10, 15 und 28 werden durch Klausel 11 subsumiert, die Klauseln 7, 8, 21 und 25 durch Klausel 26, die Klausel 12 durch Klausel 24, die Klauseln 19 und 30 durch die Klausel 3 (oder im letzten Fall wär es auch umgekehrt möglich).
Es bleiben somit die Klauseln 3, 5, 11, 24, 26 und 27, mit denen sich eine Resolutionswiderlegung ergibt, wenn man die gegebene Klauselmenge auflistet und sie um die 3 folgenden Zeilen ergänzt.

   31 $[s, s, s, s]$ res(5, 24)
   32 $[\neg s, \neg s, \neg s, \neg s, \neg s]$ res(3, 27)
   33 [ ]   res(31, 32)

(c) Die Klauselmenge enthält keine positive Klausel, und ist damit nach Aufgabe 3.138 erfüllbar.

(d) Das Literal p ist ein 'pure literal', wodurch die Klauseln 1, 2, 6, 8, 9, 10, 11, 13 und 15 nicht beachtet werden müssen. Die Klauseln 4, 16 und 19 kann man als tautologische Klauseln ebenfalls außer Acht lassen. Weiterhin werden die Klauseln 7, 14 und 20 von der Klausel 17 subsumiert. Es bleiben also nur noch die Klauseln 3, 5, 12, 17 und 18, woraus sich durch Ergänzung der aufgelisteten gegebenen Klauselmenge durch die 3 folgenden Resolventen eine Herleitung der leeren Klausel ergibt.

   31 $[\neg s, \neg s, \neg s]$ res(3, 12)
   32 $[s, s, s, s]$ res(5, 18)
   33 [ ]   res(31, 32)

Lösung 3.142 Mit sich selbst resolvierbare Klauseln   [▷66]

Die Aussage ist richtig, was man wie folgt zeigen kann:
Sei $C_1 = [L_1, \ldots, L_m]$. Wenn C_1 mit sich selbst resolvierbar ist, dann muss es zum einen eine aussagenlogische Variable $A \in \mathcal{R}$ geben, und es muss andererseits $i, j \in \{1, \ldots, m\}$ geben mit $L_i = A$ und $L_j = \neg A$. Damit ist C_1 eine tautologische Klausel und folglich gilt die zu beweisenden logische Äquivalenz nach Aufgabe 3.137 in welcher gezeigt wurde, dass das Entfernen einer tautologischen Klausel aus F den Wahrheitswert unter allen Interpretationen erhält.

Lösung 3.143 Aussagenlogische Selbstresolution unnötig   [▷66]

Damit man eine Klausel C mit sich selbst resolvieren kann, muss sie sowohl ein Literal der Form p als auch Literal der Form $\neg p$ (mit $p \in \mathcal{R}$) enthalten; C muss also o.B.d.A. von der Form $[p, \neg p, L_1, \ldots, L_n]$ sein. Eine derartige Klausel mit sich selbst zu resolvieren, führt auf die Klausel $[p, \neg p, L_1, \ldots, L_n, L_1, \ldots, L_n]$, was semantisch äquivalent ist zur Klausel $[p, \neg p, L_1, \ldots, L_n]$, also zur ursprünglichen Klausel C.

Lösung 3.144 Beispiel: Resolvente aus 3 Klauseln?   [▷66]

(a) Die Aussage ist falsch.
 Gegenbeispiel: $K_1 = [q, p, q]$,
        $K_2 = [\neg q]$ und
        $K_3 = [\neg p]$, und folglich $K = [q]$.
Die Resolvente von K_1 und K_2 ergibt $[p]$ und wenn man diese nun mit K_3

II.3.4. BEWEISVERFAHREN

resolviert, ergibt sich [ ].
Die Resolvente von K_1 und K_3 ergibt $[q, q]$ und wenn man diese nun mit K_2 resolviert, ergibt sich [ ].
Da weitere Resolventen nicht erzeugbar sind, ist K nicht erzeugbar.

(b) $\Longleftarrow$: Sei I ein Modell für $(G \wedge K)$.
Da $(G \wedge K)$ eine Konjunktion ist, muss I auch ein Modell für G sein.
$\Longrightarrow$: Wir definieren
$$K_1^* = [L_1, \ldots, L_{n_1}],$$
$$K_2^* = [L_{n_1+1}, \ldots, L_{n_2}] \text{ und}$$
$$K_3^* = [L_{n_2+1}, \ldots, L_{n_3}].$$
Sei I ein Modell für G und damit auch für die Klauseln K_1, K_2 und K_3.
Wir unterscheiden die folgenden Fälle:
  (i) Es gelte $I \models p$ und q^I beliebig.
  Dann gilt $[K_3^*]^I = \top$ da $K_3^I = \top$ und $[\neg p]^I = \bot$, und damit gilt $K^I = \top$, weil jedes Literal aus K_3^* in K enthalten ist.
  (ii) Es gelte $I \models q$ und p^I beliebig.
  Dann gilt $[K_2^*]^I = \top$ da $K_2^I = \top$ und $[\neg q]^I = \bot$ und damit $K^I = \top$, weil jedes Literal aus K_2^* in K enthalten ist.
  (iii) Es gelte $I \models \neg p$ und $I \models \neg q$.
  Dann gilt $[K_1^*]^I = \top$ da $K_1^I = \top$ und $p^I = q^I = \bot$ und damit $K^I = \top$, weil jedes Literal aus K_1^* in K enthalten ist.

Damit ist I ein Modell für K und somit auch ein Modell für $(G \wedge K)$.

Lösung 3.145 Tautologische Resolventen [▷66] ○

JA, z.B.: Die Formel $\langle [p, q], [\neg p, \neg q] \rangle$ enthält keine tautologische Klausel, erlaubt aber die Bildung von zwei Resolventen, welche beide tautologisch sind.

Lösung 3.146 Prolog-Programm: Beweisausgabe [▷66] ○ 3-25

(a) Das nachfolgend angegebene Programm basiert auf dem Prolog-Programm proof/1 aus Abschnitt 3.4.1 des Lehrbuchs. Mit dem Ausdruck soll der Beweis nachvollziehbar gemacht werden. Dazu wird eine Zeilennummerierung benötigt. Zunächst werden die Elemente der Klausel bei deren Ausgabe gezählt. Diese Zeilenzahl N wird nun in newresolvent/2 mitgeführt und kann damit zur Zeilennummerierung und zur Beschreibung, zwischen welchen Klauseln die Resolvente gebildet wurde, verwendet werden. Die Änderungen gegenüber proof/1 sind mit * markiert. Das Programm benötigt den Klauselformalgorithmus aus Abschnitt 3.3.4 des Lehrbuchs.

```
:- op(20, fy, neg).              % Negation
:- op(100, xfx, [and, or]).      % Konjunktion, Disjunktion

proof1(X):- clauseform(neg X, Y),
            clause_output(Y, 1, N),    % * %
            nl,                         % * %
            resolutionproof(Y, N).      % * %

resolutionproof(X, _):- member([], X), !.
```

```
resolutionproof(X, N) :- newresolvent(X, Y, N),           % * %
                         append(X, [Y], Z),
                         Nnew is N + 1,                    % * %
                         resolutionproof(Z, Nnew).
newresolvent(X, Y, N) :- n_member(N1, D1, X),              % * %
                         n_member(N2, D2, X),              % * %
                         D1 \== D2,
                         remove(neg A, D1, D1new),
                         D1new \== D1,
                         remove(A, D2, D2new),
                         D2new \== D2,
                         append(D1new, D2new, Y),
                         \+ member(Y, X),
                         write(N), write(':'),             % * %
                         write(Y), tab(2),                 % * %
                         write(res(N1, N2)), nl.           % * %
n_member(1, H, [H|T]).                                      % * %
n_member(N, H, [_|T]) :- n_member(N1, H, T),                % * %
                         N is N1 + 1.                       % * %
clause_output([ ], N, N).                                   % * %
clause_output([H|T], N, Nend) :-
                         write(N), write(':'),              % * %
                         write(H), nl,                      % * %
                         N1 is N + 1,                       % * %
                         clause_output(T, N1, Nend).        % * %
```

Das nachfolgende Beispiel zeigt die Form des Ausdrucks:

?- proof1((neg ((neg p or q) and (neg q or r)) or neg (neg r and p))).

```
 1 : [neg p, q]
 2 : [neg q, r]
 3 : [neg r]
 4 : [p]
 5 : [q]           res(1, 4)
 6 : [r, neg p]    res(2, 1)
 7 : [r]           res(2, 5)
 8 : [neg q]       res(3, 2)
 9 : [neg p]       res(3, 6)
10 : [ ]           res(3, 7)
Yes
```

(b) Zunächst zur Aufgabenstellung: Zwar testet das in Teilaufgabe (a) angegebene Programm, ob eine abgeleitete Klausel schon vorhanden ist, aber dieser Test

II.3.4. BEWEISVERFAHREN

funktioniert nur bei totaler Übereinstimmung der Listen, d.h. die Reihenfolge der Listenelemente muss ebenfalls übereinstimmen. So werden z.B. [p, q] und [q, p] nicht als identische Klauseln erkannt.

Im folgenden Beweis, der mit proof1/1 erhalten wurde, ist Klausel 6 identisch zu Klausel 1.

```
?- proof1(neg(((p or q) and
       (r and (p or (q or neg r)))) and (p and neg p))).
1 : [p, q]
2 : [r]
3 : [q, neg r, p]
4 : [p]
5 : [neg p]
6 : [q, p]      res(3, 2)
7 : [q]         res(5, 1)
8 : [q, neg r]  res(5, 3)
9 : [ ]         res(5, 4)
Yes
```

Der Test member(Y, X) wird durch einen geänderten Test l_member(Y, X) ersetzt, in dem zwei Listen als gleich betrachtet werden, wenn sie gleiche Elemente haben, unabhängig von deren Reihenfolge (d.h. wenn eine ihrer Permutationen übereinstimmt). Die Änderungen gegenüber proof1/1 wurden mit ** gekennzeichnet.

```
proof2(X):- clauseform(neg X, Y),
            clause_output(Y, 1, N),              % * %
            nl,                                   % * %
            resolutionproof(Y, N).                % * %
resolutionproof(X, _):- member([ ], X), !.
resolutionproof(X, N):- newresolvent(X, Y, N),   % * %
                   append(X, [Y], Z),
                   Nnew is N + 1,                % * %
                   resolutionproof(Z, Nnew).
newresolvent(X, Y, N):- n_member(N1, D1, X),     % * %
                   n_member(N2, D2, X),          % * %
                   D1 \== D2,
                   remove(neg A, D1, D1new),
                   D1new \== D1,
                   remove(A, D2, D2new),
                   D2new \== D2,
                   append(D1new, D2new, Y),
                   \+ l_member(Y, X)              % ** %
                   write(N), write(':'),          % * %
                   write(Y), tab(2),              % * %
```

`write(res(N1, N2)), nl.`	% * %
`l_member(Y, X) :- permute(Y, Yp), member(Yp, X).`	% ** %
`permute([ ], [ ]).`	% ** %
`permute(L, [H|T]) :- append(L1, [H|L2], L),`	% ** %
`                    append(L1, L2, L3),`	% ** %
`                    permute(L3, T).`	% ** %
`n_member(1, H, [H|T]).`	% * %
`n_member(N, H, [_|T]) :- n_member(N1, H, T),`	% * %
`                        N is N1 + 1.`	% * %
`clause_output([ ], N, N).`	% * %
`clause_output([H|T], N, Nend) :-`	% * %
`                  write(N), write(':'),`	% * %
`                  write(H), nl,`	% * %
`                  N1 is N + 1,`	% * %
`                  clause_output(T, N1, Nend).`	% * %

Das geänderte Programm liefert nun folgenden Beweis:

```
?- proof2(neg(((p or q) and
    (r and (p or (q or neg r)))) and (p and neg p))).
1 : [p, q]
2 : [r]
3 : [q, neg r, p]
4 : [p]
5 : [neg p]
6 : [q]          res(5, 1)
7 : [q, neg r]   res(5, 3)
8 : [ ]          res(5, 4)
Yes
```

Dass es sich dabei noch nicht um ein Entscheidungsverfahren handelt, zeigt der folgende Beweis:

```
?- proof2(neg ((p or (neg p or q)) and (neg p or r))).
1 : [neg p, q, p]
2 : [neg p, r]
3 : [r, neg p, q]              res(2, 1)
4 : [r, q, neg p, q]           res(3, 1)
5 : [r, q, q, neg p, q]        res(4, 1)
6 : [r, q, q, q, neg p, q]     res(5, 1)
7 : [r, q, q, q, q, neg p, q]  res(6, 1)
8 : [r, q, q, q, q, q, neg p, q]res(7, 1)
    ⋮
```

II.3.4. BEWEISVERFAHREN

Bei dieser nicht allgemeingültigen Formel terminiert der Algorithmus nicht, d.h. das Programm erkennt nicht, dass die Formel nicht allgemeingültig ist.

Lösung 3.147 Prolog-Programm: Entscheidungsverfahren [▷67] ○ 3-26 114
Es muss vermieden werden, dass wie im Beweis

?- proof1(neg ((p or neg p or q) and (neg p or r))).

1 : [neg p, q, p]
2 : [neg p, r]
3 : [r, neg p, q]   res(2, 1)
4 : [r, q, neg p, q]   res(3, 1)
5 : [r, q, q, neg p, q]   res(4, 1)
6 : [r, q, q, q, neg p, q]res(5, 1)
⋮

Ableitungen erzeugt werden, die durch immer längere Listen repräsentiert werden, die aber semantisch äquivalent zu schon erzeugten Ableitungen sind. So sind z.B. die Klauseln [p, p] und [p] semantisch äquivalent. Wir werden also zwei Klauseln nicht mehr als gleich betrachten, wenn sie durch Permutation identisch gemacht werden können, sondern wenn jedes Element der einen Liste in der anderen vorkommt und umgekehrt. Das nachfolgende Programm realisiert dies. (Es benötigt den Klauselformalgorithmus aus Abschnitt 3.3.4 des Lehrbuchs.)

```
proof3(X):- clauseform(neg X, Y),
            clause_output(Y, 1, N), nl,
            resolutionproof(Y, N).

proof3(X):- write('Formel nicht allgemeingueltig').

resolutionproof(X, _):- member([ ], X), !.
resolutionproof(X, N):- newresolvent(X, Y, N),
                        append(X, [Y], Z),
                        Nnew is N + 1,
                        resolutionproof(Z, Nnew).

newresolvent(X, Y, N):- n_member(N1, D1, X),
                       n_member(N2, D2, X),
                       D1 \== D2,
                       remove(neg A, D1, D1new),
                       D1new \== D1,
                       remove(A, D2, D2new),
                       D2new \== D2,
                       append(D1new, D2new, Y),
                       \+ l_member(Y, X),
                       write(N), write(':'),
                       write(Y), tab(2),
                       write(res(N1, N2)), nl.
```

```
l_member(H1, [H2 | _]) :- clause_equiv(H1, H2), !.
l_member(H, [_ | T])   :- l_member(H, T).

clause_equiv(X, Y) :- contained(X, Y),
                     contained(Y, X).
contained([ ], _).
contained([H | T], L) :- member(H, L), contained(T, L).

n_member(1, H, [H | T]).
n_member(N, H, [_ | T]) :- n_member(N1, H, T), N is N1 + 1.

clause_output([ ], N, N).
clause_output([H | T], N, Nend) :- write(N), write(':'),
                                   write(H), nl, N1 is N + 1,
                                   clause_output(T, N1, Nend).
```

Das folgende Beispiel demonstriert das veränderte Verhalten von `proof3/2` gegenüber `proof1/1` bzw. `proof2/2` aus Aufgabe 3.146.

```
?- proof3(neg ((p or neg p or q) and (neg p or r))).
1 : [neg p, q, p]
2 : [neg p, r]
3 : [r, neg p, q]                              res(2, 1)
   Formel nicht allgemeingueltig
   Yes
```

3.4.2 Semantische Tableaux

Lösung 3.148 Beispiele für das Tableaux-Verfahren [▷67] ○

(a) Zu beweisen ist die Allgemeingültigkeit von $((p \to (q \to r)) \to ((p \to q) \to (p \to r)))$, d.h. die Unerfüllbarkeit von $\neg((p \to (q \to r)) \to ((p \to q) \to (p \to r)))$. Im Lehrbuch sind keine Expansionsregeln zur Behandlung von Implikationen angegeben. Wir müssen hier also Ergänzungen zur Behandlung der Implikation verwenden. Dazu behandeln wir eine Implikation $(F \to G)$ wie $(\neg F \lor G)$. Die Lösung ist in Abbildung 3.26 auf der nächsten Seite dargestellt.

(b) Die Lösung findet man in Abbildung 3.27 auf Seite 292.

Lösung 3.149 Tableaux-Beweis: Assoziativität von $\land$ [▷67] ○

(a) Zu beweisen ist die Allgemeingültigkeit von $(((p \land q) \land r) \leftrightarrow (p \land (q \land r)))$, d.h. die Unerfüllbarkeit von $\neg(((p \land q) \land r) \leftrightarrow (p \land (q \land r)))$.
Siehe dazu die Abbildung 3.28 auf Seite 293.

(b) NEIN. Der Junktor $\to$ ist beispielsweise nicht assoziativ:
Sei I eine Interpretation mit $p^I = \bot$, $q^I = \top$ und $r^I = \bot$.
Dann gilt $((p \to q) \to r)^I = ((\bot \to \top) \to \bot) = (\top \to \bot) = \bot$
und $(p \to (q \to r))^I = (\bot \to (\top \to \bot)) = (\bot \to \bot) = \top$.
Es gibt also eine Interpretation I mit $((p \to q) \to r)^I \neq ((p \to q) \to r)^I$.

II.3.4. BEWEISVERFAHREN

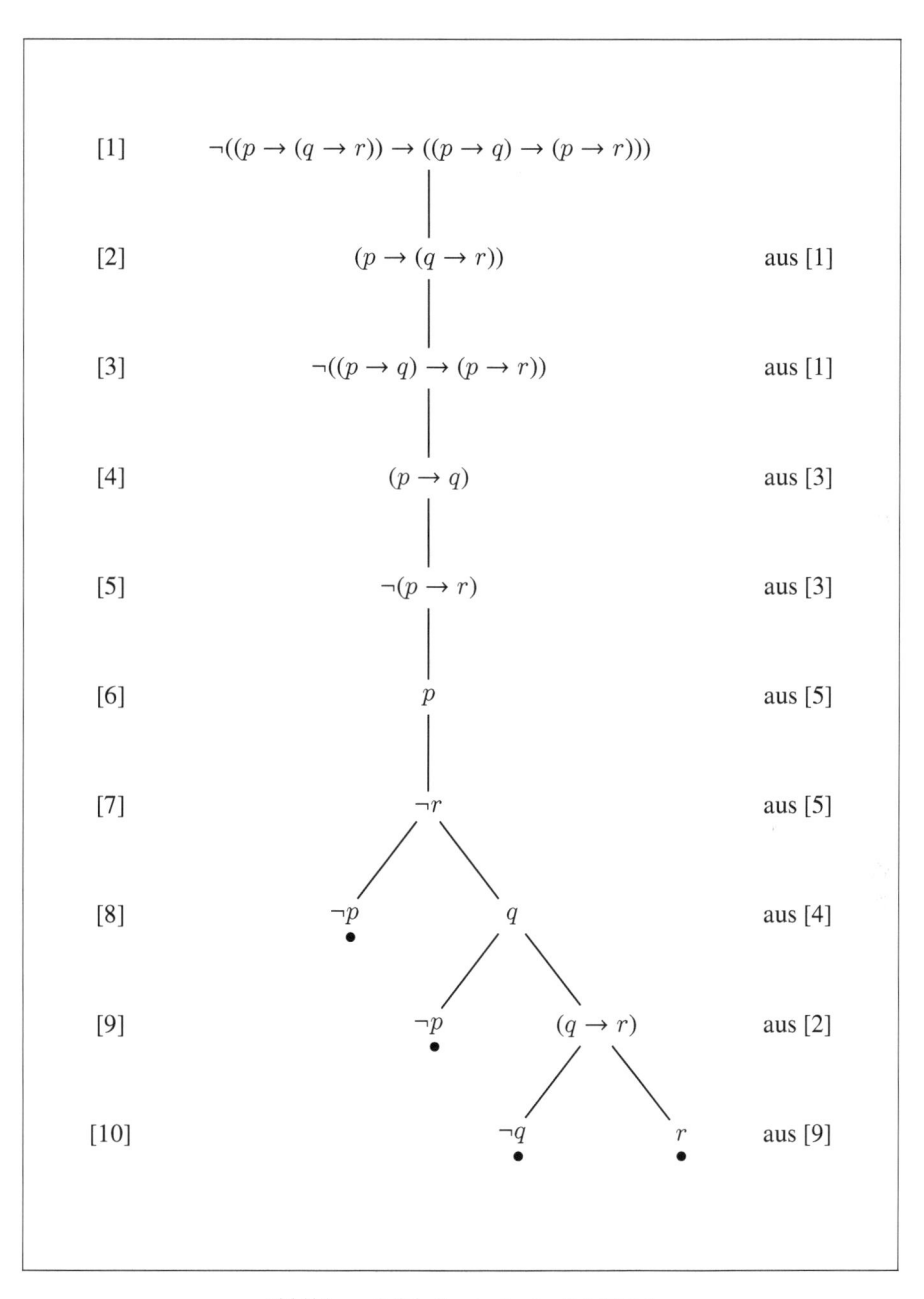

[1]	$\neg((p \to (q \to r)) \to ((p \to q) \to (p \to r)))$	
[2]	$(p \to (q \to r))$	aus [1]
[3]	$\neg((p \to q) \to (p \to r))$	aus [1]
[4]	$(p \to q)$	aus [3]
[5]	$\neg(p \to r)$	aus [3]
[6]	p	aus [5]
[7]	$\neg r$	aus [5]
[8]	$\neg p$ • q	aus [4]
[9]	$\neg p$ • $(q \to r)$	aus [2]
[10]	$\neg q$ • r •	aus [9]

Abbildung 3.26: Zu Aufgabe 3.148 (a).

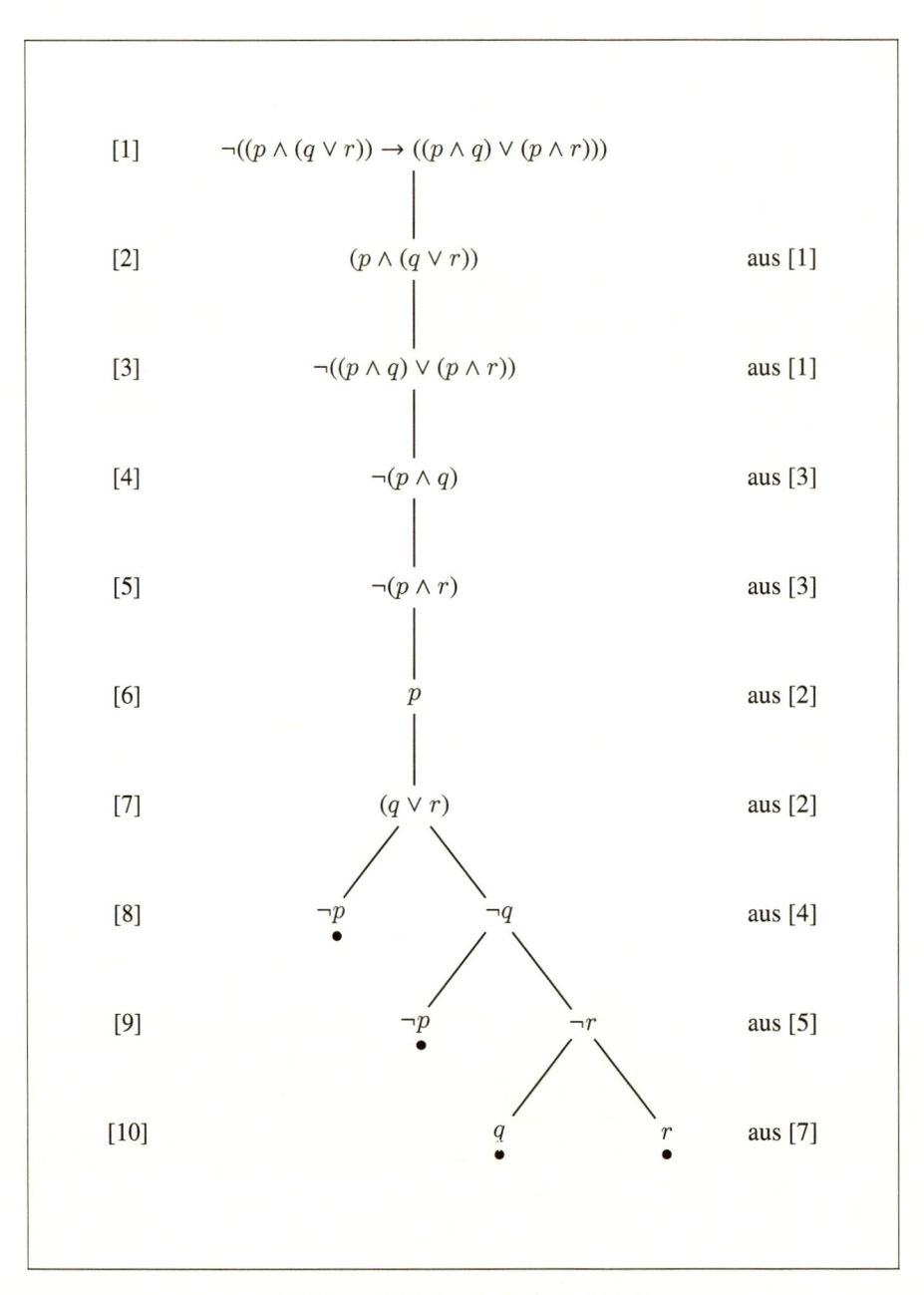

[1]	$\neg((p \wedge (q \vee r)) \to ((p \wedge q) \vee (p \wedge r)))$	
[2]	$(p \wedge (q \vee r))$	aus [1]
[3]	$\neg((p \wedge q) \vee (p \wedge r))$	aus [1]
[4]	$\neg(p \wedge q)$	aus [3]
[5]	$\neg(p \wedge r)$	aus [3]
[6]	p	aus [2]
[7]	$(q \vee r)$	aus [2]
[8]	$\neg p \qquad \neg q$	aus [4]
[9]	$\neg p \qquad \neg r$	aus [5]
[10]	$q \qquad r$	aus [7]

Abbildung 3.27: Zu Aufgabe 3.148 (b).

II.3.4. BEWEISVERFAHREN

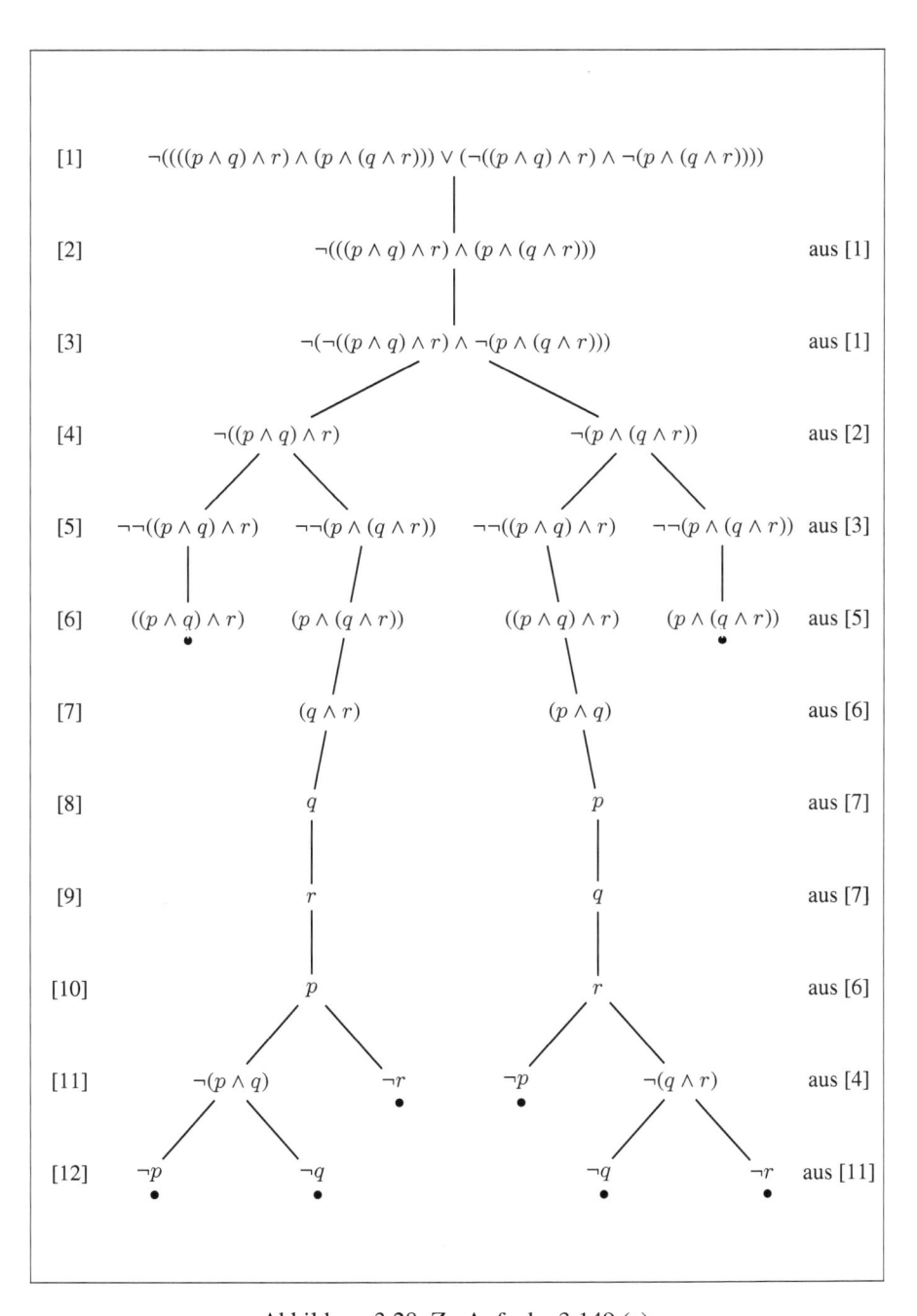

[1] $\neg((((p \wedge q) \wedge r) \wedge (p \wedge (q \wedge r))) \vee (\neg((p \wedge q) \wedge r) \wedge \neg(p \wedge (q \wedge r))))$

[2] $\neg(((p \wedge q) \wedge r) \wedge (p \wedge (q \wedge r)))$ aus [1]

[3] $\neg(\neg((p \wedge q) \wedge r) \wedge \neg(p \wedge (q \wedge r)))$ aus [1]

[4] $\neg((p \wedge q) \wedge r)$ $\neg(p \wedge (q \wedge r))$ aus [2]

[5] $\neg\neg((p \wedge q) \wedge r)$ $\neg\neg(p \wedge (q \wedge r))$ $\neg\neg((p \wedge q) \wedge r)$ $\neg\neg(p \wedge (q \wedge r))$ aus [3]

[6] $((p \wedge q) \wedge r)$ $(p \wedge (q \wedge r))$ $((p \wedge q) \wedge r)$ $(p \wedge (q \wedge r))$ aus [5]

[7] $(q \wedge r)$ $(p \wedge q)$ aus [6]

[8] q p aus [7]

[9] r q aus [7]

[10] p r aus [6]

[11] $\neg(p \wedge q)$ $\neg r$ $\neg p$ $\neg(q \wedge r)$ aus [4]

[12] $\neg p$ $\neg q$ $\neg q$ $\neg r$ aus [11]

Abbildung 3.28: Zu Aufgabe 3.149 (a).

3.4.3 Der Kalkül des natürlichen Schließens

Lösung 3.150 Ableitungen mit natürlichem Schließen [▷67] ◐

(a) **Idempotenz**

(1)
$$\frac{\lfloor p \rfloor^1 \quad \lfloor p \rfloor^1}{\dfrac{(p \wedge p)}{(p \to (p \wedge p))} (\to I)^1} (\wedge I)$$

(2)
$$\frac{\lfloor (p \vee p) \rfloor^2 \quad \lfloor p \rfloor^1 \quad \lfloor p \rfloor^1}{\dfrac{p}{((p \vee p) \to p)} (\to I)^2} (\vee E)^1$$

(3)
$$\frac{\lfloor p \rfloor^1}{\dfrac{(p \vee p)}{(p \to (p \vee p))} (\to I)^1} (\vee I)$$

(b) **Disjunktion**

(1)
$$\frac{\lfloor ((p \vee q) \wedge \neg p) \rfloor^2}{(p \vee q)}(\wedge E) \quad \frac{\lfloor p \rfloor^1 \quad \dfrac{\lfloor ((p \vee q) \wedge \neg p) \rfloor^2}{\neg p}(\wedge E)}{\dfrac{[\,]}{q}(f)}(\neg E) \quad \lfloor q \rfloor^1$$
$$\frac{q}{(((p \vee q) \wedge \neg p) \to q)}(\to I)^2 \quad (\vee E)^1$$

(2)
$$\frac{\lfloor (p \vee q) \rfloor^2 \quad \dfrac{\lfloor p \rfloor^1}{(q \vee p)}(\vee I) \quad \dfrac{\lfloor q \rfloor^1}{(q \vee p)}(\vee I)}{\dfrac{(q \vee p)}{((p \vee q) \to (q \vee p))}(\to I)^2}(\vee E)^1$$

(3) Siehe Abbildung 3.29 auf der nächsten Seite.

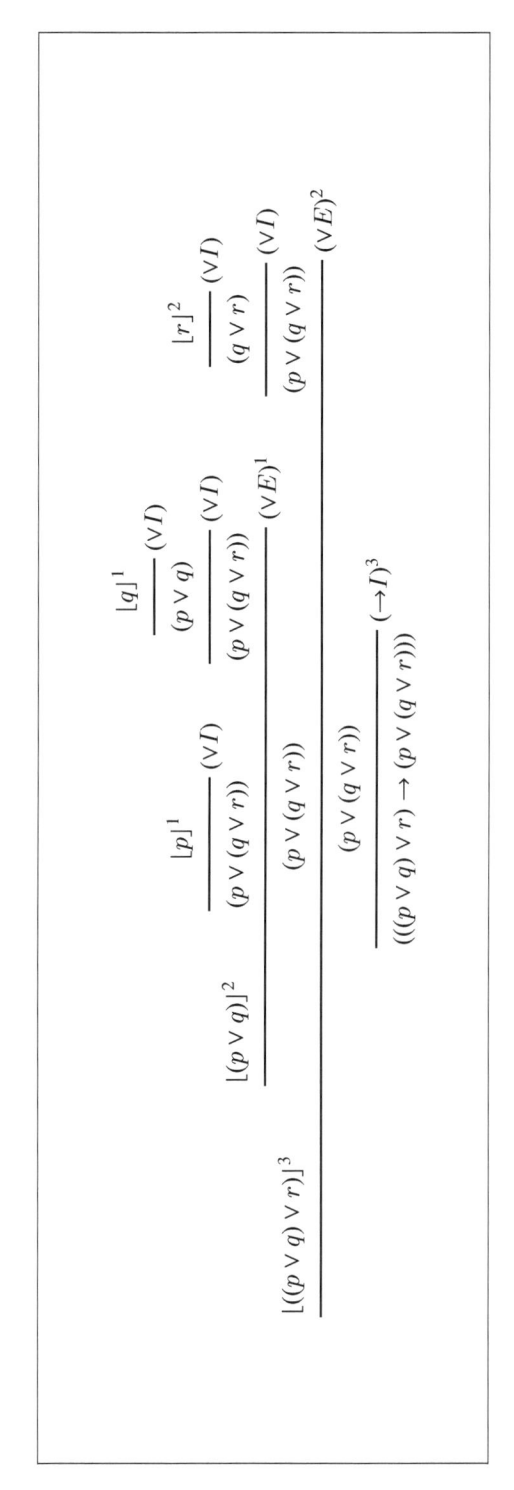

$$\cfrac{\lfloor((p \vee q) \vee r)\rfloor^3 \quad \cfrac{\lfloor(p \vee q)\rfloor^2 \quad \cfrac{\cfrac{[p]^1}{(p \vee (q \vee r))}\,(\vee I)}{(p \vee (q \vee r))} \quad \cfrac{\cfrac{[q]^1}{(p \vee q)}\,(\vee I)}{(p \vee (q \vee r))}\,(\vee I)}{(p \vee (q \vee r))}\,(\vee E)^1 \quad \cfrac{\cfrac{[r]^2}{(q \vee r)}\,(\vee I)}{(p \vee (q \vee r))}\,(\vee I)}{\cfrac{(p \vee (q \vee r))}{(((p \vee q) \vee r) \to (p \vee (q \vee r)))}\,(\to I)^3}\,(\vee E)^2$$

Abbildung 3.29: Zu Aufgabe 3.150 (b.3).

(c) Absorbtion

(1)
$$\cfrac{\lfloor ((p \wedge q) \vee p) \rfloor^2 \qquad \cfrac{\cfrac{\lfloor (p \wedge q) \rfloor^1}{p}(\wedge E) \qquad \lfloor p \rfloor^1}{p}(\vee E)^1}{\cfrac{p}{(((p \wedge q) \vee p) \to p)}(\to I)^2}$$

(2)
$$\cfrac{\cfrac{\cfrac{\lfloor p \rfloor^1}{(p \vee q)}(\vee I) \qquad \lfloor p \rfloor^1}{((p \vee q) \wedge p)}(\wedge I)}{(p \to ((p \vee q) \wedge p))}(\to I)^1$$

(d) Doppelte Verneinung

(1)
$$\cfrac{\cfrac{\cfrac{\lfloor \neg p \rfloor^1 \qquad \lfloor \neg \neg p \rfloor^2}{[\,]}(\neg E)}{p}(raa)^1}{(\neg \neg p \to p)}(\to I)^2$$

(2)
$$\cfrac{\cfrac{\cfrac{\lfloor p \rfloor^2 \qquad \lfloor \neg p \rfloor^1}{[\,]}(\neg E)}{\neg \neg p}(\neg I)^1}{(p \to \neg \neg p)}(\to I)^2$$

(e) De Morgan'sche Gesetze

(1) Siehe Abbildung 3.30 auf der nächsten Seite.

(2)
$$\cfrac{\cfrac{\lfloor (\neg p \vee \neg q) \rfloor^3 \qquad \cfrac{\cfrac{\lfloor (p \wedge q) \rfloor^2}{p}(\wedge E) \qquad \lfloor \neg p \rfloor^1}{[\,]}(\neg E) \qquad \cfrac{\cfrac{\lfloor (p \wedge q) \rfloor^2}{q}(\wedge E) \qquad \lfloor \neg q \rfloor^1}{[\,]}(\neg E)}{\cfrac{\cfrac{[\,]}{\neg (p \wedge q)}(\neg I)^2}{((\neg p \vee \neg q) \to \neg (p \wedge q))}(\to I)^3}}{}(\vee E)^1$$

II.3.4. BEWEISVERFAHREN

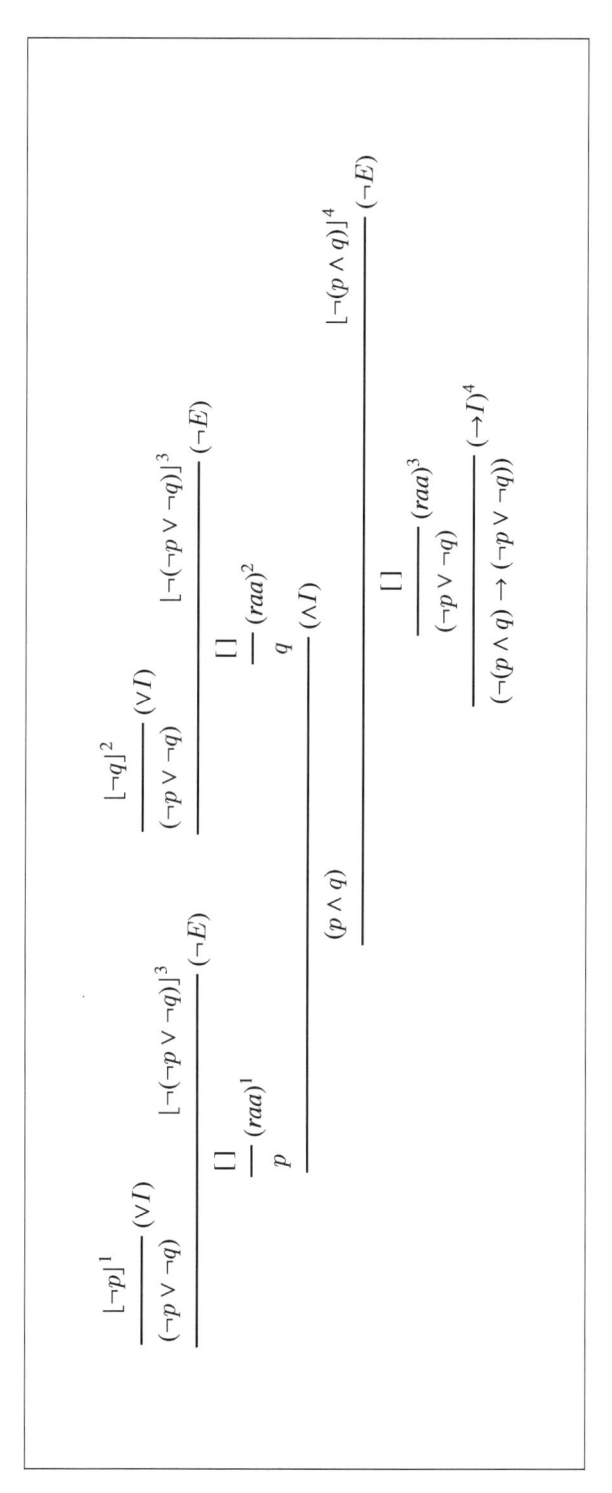

$$\cfrac{\cfrac{[\neg p]^1}{(\neg p \vee \neg q)}(\vee I) \quad [\neg(\neg p \vee \neg q)]^3}{\cfrac{[\,]}{p}(raa)^1 \quad \cfrac{\cfrac{[\neg q]^2}{(\neg p \vee \neg q)}(\vee I) \quad [\neg(\neg p \vee \neg q)]^3}{\cfrac{[\,]}{q}(raa)^2}(\neg E)}(\wedge I)}{\cfrac{(p \wedge q)}{\cfrac{\cfrac{[\,]}{(\neg p \vee \neg q)}(raa)^3}{(\neg(p \wedge q) \to (\neg p \vee \neg q))}(\to I)^4} \quad [\neg(p \wedge q)]^4}(\neg E)$$

Abbildung 3.30: Zu Aufgabe 3.150 (e.1).

(3)
$$\cfrac{\cfrac{\lfloor\neg(p\vee q)\rfloor^3 \quad \cfrac{\lfloor p\rfloor^1}{(p\vee q)}(\vee I)}{\cfrac{[\,]}{\neg p}(\neg I)^1} (\neg E) \quad \cfrac{\lfloor\neg(p\vee q)\rfloor^3 \quad \cfrac{\lfloor q\rfloor^2}{(p\vee q)}(\vee I)}{\cfrac{[\,]}{\neg q}(\neg I)^2} (\neg E)}{\cfrac{(\neg p\wedge\neg q)}{(\neg(p\vee q)\to(\neg p\wedge\neg q))}(\to I)^3}(\wedge I)$$

(4)
$$\cfrac{\lfloor (p\vee q)\rfloor^2 \quad \cfrac{\cfrac{\lfloor p\rfloor^1 \quad \cfrac{\lfloor(\neg p\wedge\neg q)\rfloor^3}{\neg p}(\wedge E)}{[\,]}(\neg E) \quad \cfrac{\lfloor q\rfloor^1 \quad \cfrac{\lfloor(\neg p\wedge\neg q)\rfloor^3}{\neg q}(\wedge E)}{[\,]}(\neg E)}{\cfrac{\cfrac{[\,]}{\neg(p\vee q)}(\neg I)^2}{((\neg p\wedge\neg q)\to\neg(p\vee q))}(\to I)^3}}(\vee E)^1$$

(f) Distributivität

(1) Siehe Abbildung 3.31 auf der nächsten Seite.

(2) Siehe Abbildung 3.32 auf Seite 300.

(3) Siehe Abbildung 3.33 auf Seite 301.

(4) Die beiden Lemmata bekommt man analog zu den Herleitungen in den Teilaufgaben (b.1) und (e.3).
Für die Herleitung der Formel $(((p\vee q)\wedge(p\vee r))\to(p\vee(q\wedge r)))$ siehe Abbildung 3.34 auf Seite 302.

(g) Tautologien mit [ ]

(1)
$$\cfrac{\cfrac{\cfrac{\lfloor(\neg[\,]\vee q)\rfloor^2 \quad \lfloor[\,]\rfloor^1}{((\neg[\,]\vee q)\wedge[\,])}(\wedge I)}{\cfrac{[\,]}{\neg[\,]}(\neg I)^1}(\wedge E)}{((\neg[\,]\vee q)\to\neg[\,])}(\to I)^2$$

II.3.4. BEWEISVERFAHREN

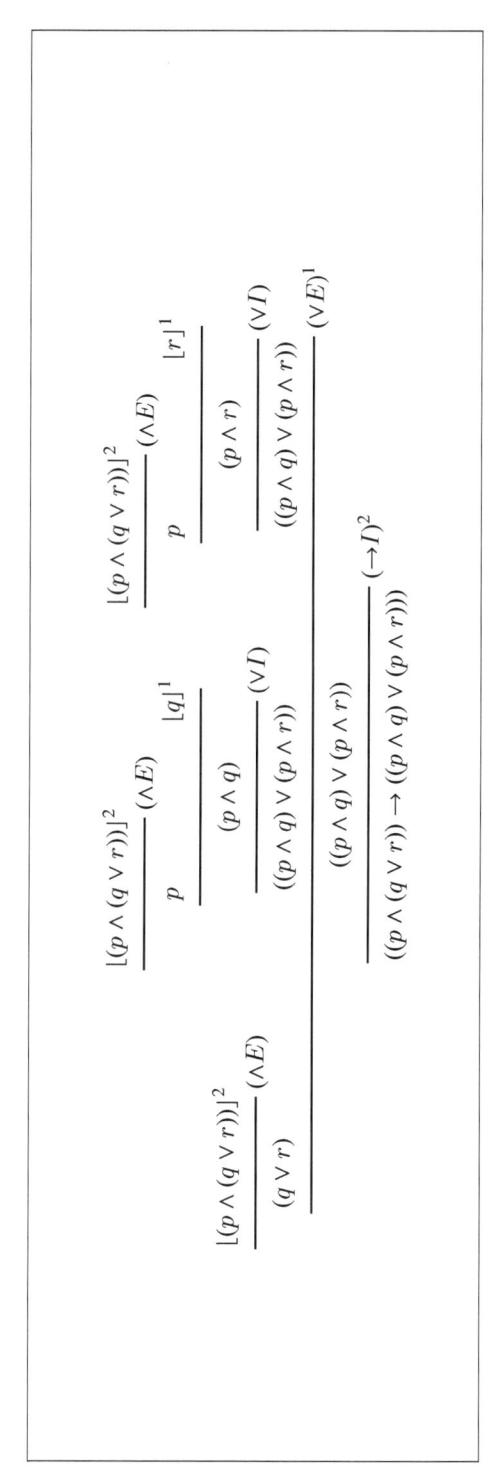

$$\cfrac{\cfrac{[(p \wedge (q \vee r))]^2}{(q \vee r)}(\wedge E) \quad \cfrac{\cfrac{[(p \wedge (q \vee r))]^2}{p}(\wedge E) \quad [q]^1}{\cfrac{(p \wedge q)}{((p \wedge q) \vee (p \wedge r))}(\vee I)} \quad \cfrac{\cfrac{[(p \wedge (q \vee r))]^2}{p}(\wedge E) \quad [r]^1}{\cfrac{(p \wedge r)}{((p \wedge q) \vee (p \wedge r))}(\vee I)}}{\cfrac{((p \wedge q) \vee (p \wedge r))}{\cfrac{((p \wedge (q \vee r)) \to ((p \wedge q) \vee (p \wedge r)))}{}(\to I)^2}}(\vee E)^1$$

Abbildung 3.31: Zu Aufgabe 3.150 (f.1).

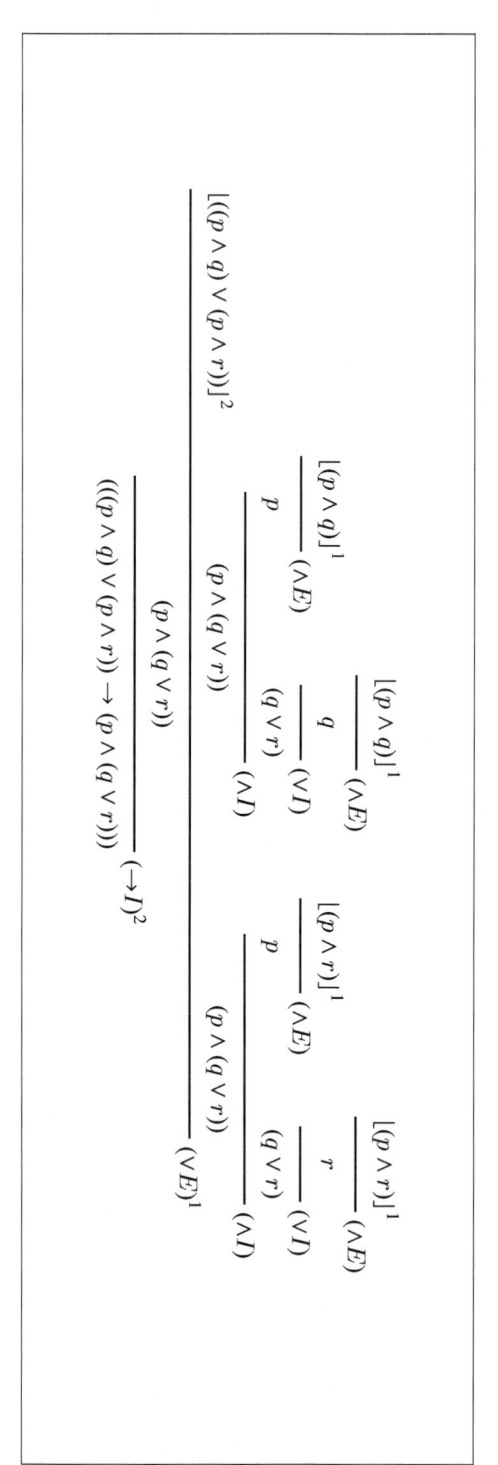

$$
\cfrac{
  [((p \land q) \lor (p \land r))]^2 \quad
  \cfrac{
    \cfrac{[(p \land q)]^1}{p}(\land E) \quad
    \cfrac{\cfrac{[(p \land q)]^1}{q}(\land E)}{(q \lor r)}(\lor I)
  }{p \land (q \lor r)}(\land I) \quad
  \cfrac{
    \cfrac{[(p \land r)]^1}{p}(\land E) \quad
    \cfrac{\cfrac{[(p \land r)]^1}{r}(\land E)}{(q \lor r)}(\lor I)
  }{p \land (q \lor r)}(\land I)
}{
  \cfrac{p \land (q \lor r)}{(((p \land q) \lor (p \land r)) \to (p \land (q \lor r)))}(\to I)^2
}(\lor E)^1
$$

Abbildung 3.32: Zu Aufgabe 3.150 (f.2).

II.3.4. BEWEISVERFAHREN

$$\cfrac{\lfloor(p\vee(q\wedge r))\rfloor^3 \quad \cfrac{\lfloor p\rfloor^1}{(p\vee q)}(\vee I) \quad \cfrac{\cfrac{\lfloor(q\wedge r)\rfloor^1}{q}(\wedge E)}{(p\vee q)}(\vee I)}{\cfrac{(p\vee q)}{}}(\vee E)^1 \quad \cfrac{\lfloor(p\vee(q\wedge r))\rfloor^3 \quad \cfrac{\lfloor p\rfloor^1}{(p\vee r)}(\vee I) \quad \cfrac{\cfrac{\lfloor(q\wedge r)\rfloor^1}{r}(\wedge E)}{(p\vee r)}(\vee I)}{(p\vee r)}(\vee E)^2$$

$$\cfrac{\cfrac{((p\vee q)\wedge(p\vee r))}{((p\vee(q\wedge r))\to((p\vee q)\wedge(p\vee r)))}(\to I)^3}{}(\wedge I)$$

Abbildung 3.33: Zu Aufgabe 3.150 (f.3).

302   *II*.3. AUSSAGENLOGIK

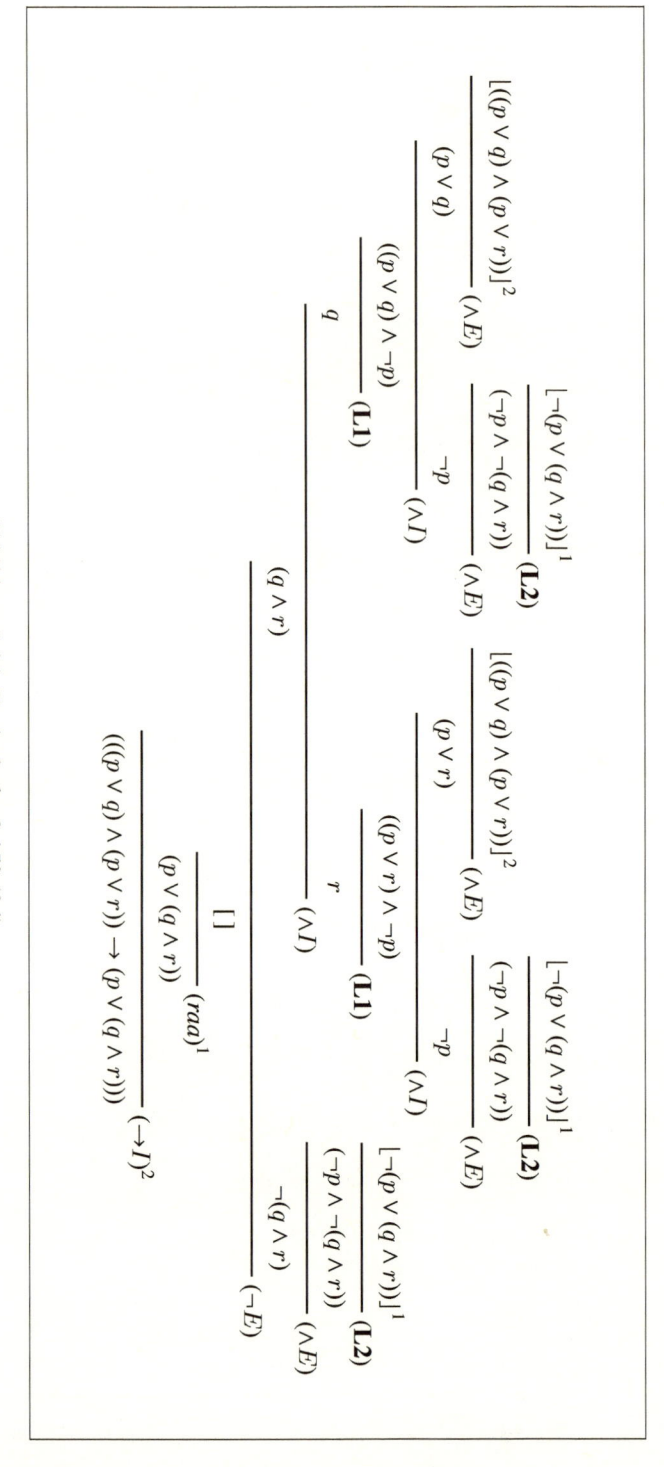

$$
\cfrac{
  \cfrac{
    \cfrac{[((p\vee q)\wedge(p\vee r))]^2}{(p\vee q)}(\wedge E) \qquad
    \cfrac{
      \cfrac{[\neg(p\vee(q\wedge r))]^1}{(\neg p\wedge\neg(q\wedge r))}(\mathbf{L2})
    }{\neg p}(\wedge E)
  }{
    \cfrac{(p\vee q)\vee\neg p}{q}(\mathbf{L1})
  }(\vee I)
  \qquad
  \cfrac{
    \cfrac{
      \cfrac{[((p\vee q)\wedge(p\vee r))]^2}{(p\vee r)}(\wedge E) \qquad
      \cfrac{[\neg(p\vee(q\wedge r))]^1}{(\neg p\wedge\neg(q\wedge r))}(\mathbf{L2})
    }{\neg p}(\wedge E)
  }{
    \cfrac{(p\vee r)\vee\neg p}{r}(\mathbf{L1})
  }(\vee I)
}{
  \cfrac{(q\wedge r)}{
    \cfrac{
      \cfrac{[\,]}{(p\vee(q\wedge r))}(raa)^1
    }{(((p\vee q)\wedge(p\vee r))\to(p\vee(q\wedge r)))}(\to I)^2
  }
  \quad
  \cfrac{[\neg(p\vee(q\wedge r))]^1}{
    \cfrac{(\neg p\wedge\neg(q\wedge r))}{\neg(q\wedge r)}(\wedge E)
  }(\mathbf{L2})
}(\neg E)
$$

Abbildung 3.34: Zu Aufgabe 3.150 (f.4).

II.3.4. BEWEISVERFAHREN 303

(2)
$$\frac{\dfrac{\lfloor \neg[\,]\rfloor^1}{(\neg[\,] \vee q)}\,(\vee I)}{(\neg[\,] \to (\neg[\,] \vee q))}\,(\to I)^1$$

(3)
$$\frac{\dfrac{\dfrac{\dfrac{\lfloor \neg[\,]\rfloor^2 \quad \lfloor p \rfloor^1}{(\neg[\,] \wedge p)}\,(\wedge I)}{p}\,(\wedge E)}{(p \to p)}\,(\to I)^1}{(\neg[\,] \to (p \to p))}\,(\to I)^2$$

(4)
$$\frac{\dfrac{\lfloor ([\,] \vee q) \rfloor^2 \quad \dfrac{\lfloor [\,] \rfloor^1}{q}\,(f) \quad \lfloor q \rfloor^1}{q}\,(\vee E)^1}{(([\,] \vee q) \to q)}\,(\to I)^2$$

(5)
$$\frac{\dfrac{\lfloor [\,] \rfloor^1}{([\,] \wedge q)}\,(f)}{([\,] \to ([\,] \wedge q))}\,(\to I)^1$$

(6)
$$\frac{\lfloor [\,] \rfloor^1}{\neg [\,]}\,(\neg I)^1$$

(7)
$$\frac{\dfrac{\dfrac{\dfrac{\dfrac{\lfloor q \rfloor^2 \quad \lfloor [\,] \rfloor^1}{(q \wedge [\,])}\,(\wedge I)}{[\,]}\,(\wedge E)}{\neg [\,]}\,(\neg I)^1 \quad \lfloor q \rfloor^2}{(\neg [\,] \wedge q)}\,(\wedge I)}{(q \to (\neg [\,] \wedge q))}\,(\to I)^2$$

Oder alternativ:

$$\frac{\dfrac{\lfloor[\,]\rfloor^1}{\neg[\,]}(\neg I)^1 \qquad \lfloor q\rfloor^2}{\dfrac{(\neg[\,]\wedge q)}{(q\to(\neg[\,]\wedge q))}(\to I)^2}(\wedge I)$$

(8)
$$\dfrac{\dfrac{\dfrac{\dfrac{\lfloor p\rfloor^2 \quad \lfloor\neg p\rfloor^1}{[\,]}(\neg E)}{(\neg p\to[\,])}(\to I)^1}{(p\to(\neg p\to[\,]))}(\to I)^2}$$

(9)
$$\dfrac{\dfrac{\lfloor[\,]\rfloor^1}{p}(f)}{([\,]\to p)}(\to I)^1$$

(10)
$$\dfrac{\dfrac{\dfrac{\dfrac{\lfloor[\,]\rfloor^1 \quad \lfloor p\rfloor^2}{[\,]\wedge p}(\wedge I)}{[\,]}(\wedge E)}{\neg[\,]}(\neg I)^1}{(p\to\neg[\,])}(\to I)^2$$

(h) Implikation

(1)
$$\dfrac{\lfloor(\neg p\vee q)\rfloor^3 \quad \dfrac{\dfrac{\lfloor\neg p\rfloor^1 \quad \lfloor p\rfloor^2}{[\,]}(\neg E)}{q}(f) \quad \lfloor q\rfloor^1}{\dfrac{\dfrac{q}{(p\to q)}(\to I)^2}{((\neg p\vee q)\to(p\to q))}(\to I)^3}(\vee E)^1$$

II.3.4. BEWEISVERFAHREN

(2)
$$\cfrac{\lfloor (p \vee q) \rfloor^3 \qquad \cfrac{\cfrac{\cfrac{\lfloor p \rfloor^1 \quad \lfloor \neg p \rfloor^2}{[\,]}\,(\neg E)}{q}\,(f)}{q}\, \qquad \lfloor q \rfloor^1}{\cfrac{\cfrac{\cfrac{q}{(\neg p \to q)}\,(\to I)^2}{((p \vee q) \to (\neg p \to q))}\,(\to I)^3}{}}\,(\vee E)^1$$

(3)
$$\cfrac{\cfrac{\cfrac{\cfrac{\lfloor p \rfloor^1 \quad \lfloor \neg p \rfloor^2}{[\,]}\,(\neg E)}{q}\,(f)}{(p \to q)}\,(\to I)^1 \qquad \lfloor \neg (p \to q) \rfloor^3}{\cfrac{\cfrac{[\,]}{p}\,(raa)^2}{(\neg (p \to q) \to p)}\,(\to I)^3}\,(\neg E)$$

(4)
$$\cfrac{\cfrac{\cfrac{\lfloor p \rfloor^1 \quad \lfloor (p \to q) \rfloor^3}{q}\,(\to E)}{(\neg p \vee q)}\,(\vee I) \qquad \lfloor \neg(\neg p \vee q) \rfloor^2}{\cfrac{\cfrac{\cfrac{[\,]}{\neg p}\,(\neg I)^1}{(\neg p \vee q)}\,(\vee I) \qquad \lfloor \neg(\neg p \vee q) \rfloor^2}{\cfrac{\cfrac{[\,]}{(\neg p \vee q)}\,(raa)^2}{((p \to q) \to (\neg p \vee q))}\,(\to I)^3}\,(\neg E)}\,(\neg E)$$

(5)

$$\dfrac{\lfloor \neg(p \vee q)\rfloor^3 \quad \dfrac{\lfloor p \rfloor^1}{(p \vee q)}(\vee I)}{\dfrac{\dfrac{[\,]}{\neg p}(\neg I)^1 \quad \lfloor(\neg p \to q)\rfloor^4}{\dfrac{q}{\dfrac{\dfrac{[\,]}{(p \vee q)}(raa)^3}{((\neg p \to q) \to (p \vee q))}(\to I)^4} \quad \dfrac{\lfloor \neg(p \vee q)\rfloor^3 \quad \dfrac{\lfloor q \rfloor^2}{(p \vee q)}(\vee I)}{\dfrac{[\,]}{\neg q}(\neg I)^2}(\neg E)}(\neg E)}(\to E)}(\neg E)$$

(6)

$$\dfrac{\dfrac{\dfrac{\dfrac{\lfloor p \rfloor^1 \quad \lfloor q \rfloor^2}{(p \wedge q)}(\wedge I)}{q}(\wedge E)}{(p \to q)}(\to I)^1 \quad \lfloor \neg(p \to q)\rfloor^3}{\dfrac{\dfrac{[\,]}{\neg q}(\neg I)^2}{(\neg(p \to q) \to \neg q)}(\to I)^3}(\neg E)$$

(7)

$$\dfrac{\dfrac{\dfrac{\lfloor(p \wedge \neg q)\rfloor^2}{p}(\wedge E) \quad \lfloor(p \to q)\rfloor^1}{q}(\to E) \quad \dfrac{\lfloor(p \wedge \neg q)\rfloor^2}{\neg q}(\wedge E)}{\dfrac{\dfrac{[\,]}{\neg(p \to q)}(\neg I)^1}{((p \wedge \neg q) \to \neg(p \to q))}(\to I)^2}(\neg E)$$

II.3.4. BEWEISVERFAHREN

(8)

$$\cfrac{\cfrac{\lfloor \neg q \rfloor^2 \quad \cfrac{\lfloor p \rfloor^1 \quad \lfloor (p \to q) \rfloor^3}{q}(\to E)}{\cfrac{\cfrac{[\,]}{\neg p}(\neg I)^1}{\cfrac{(\neg q \to \neg p)}{((p \to q) \to (\neg q \to \neg p))}(\to I)^3}(\to I)^2}}{}(\neg E)$$

(9)

$$\cfrac{\cfrac{\cfrac{\lfloor p \rfloor^1 \quad \lfloor (p \to \neg q) \rfloor^3}{\neg q}(\to E) \quad \lfloor q \rfloor^2}{\cfrac{\cfrac{[\,]}{\neg p}(\neg I)^1}{\cfrac{(q \to \neg p)}{((p \to \neg q) \to (q \to \neg p))}(\to I)^3}(\to I)^2}}{}(\neg E)$$

(i) Weitere Tautologien

(1)

$$\cfrac{\lfloor p \rfloor^1}{(p \to p)}(\to I)^1$$

(2)

$$\cfrac{\cfrac{\cfrac{\lfloor p \rfloor^1 \quad \lfloor (p \to q) \rfloor^3}{q}(\to E) \quad \lfloor (q \to r) \rfloor^2}{\cfrac{\cfrac{r}{(p \to r)}(\to I)^1}{\cfrac{((q \to r) \to (p \to r))}{((p \to q) \to ((q \to r) \to (p \to r)))}(\to I)^3}(\to I)^2}}{}(\to E)$$

(3)
$$\cfrac{\cfrac{\lfloor q \rfloor^2 \quad \cfrac{\lfloor p \rfloor^1 \quad \lfloor (p \to (q \to r)) \rfloor^3}{(q \to r)} (\to E)}{\cfrac{r}{\cfrac{(p \to r)}{\cfrac{(q \to (p \to r))}{((p \to (q \to r)) \to (q \to (p \to r)))} (\to I)^3}} (\to I)^1}{} (\to I)^2$$

(4)
$$\cfrac{\cfrac{\lfloor p \rfloor^1 \quad \cfrac{\lfloor p \rfloor^1 \quad \lfloor (p \to (p \to q)) \rfloor^2}{(p \to q)} (\to E)}{\cfrac{q}{\cfrac{(p \to q)}{((p \to (p \to q)) \to (p \to q))} (\to I)^2}} (\to I)^1$$

(5)
$$\cfrac{\cfrac{\cfrac{\lfloor p \rfloor^2 \quad \lfloor q \rfloor^1}{(p \land q)} (\land I)}{\cfrac{p}{\cfrac{(q \to p)}{(p \to (q \to p))} (\to I)^2}} (\land E)}{} (\to I)^1$$

(6)
$$\cfrac{\cfrac{\cfrac{\lfloor (p \land \neg p) \rfloor^1}{p} (\land E) \quad \cfrac{\lfloor (p \land \neg p) \rfloor^1}{\neg p} (\land E)}{\cfrac{[\,]}{q} (f)} (\neg E)}{((p \land \neg p) \to q)} (\to I)^1$$

(7) Die drei Lemmata bekommt man analog zu den Herleitungen in den Teilaufgaben (h.4), (h.3) und (h.6). Für die Herleitung der Formel $(((p \to q) \to p) \to p)$ siehe Abbildung 3.35 auf der nächsten Seite.

II.3.4. BEWEISVERFAHREN

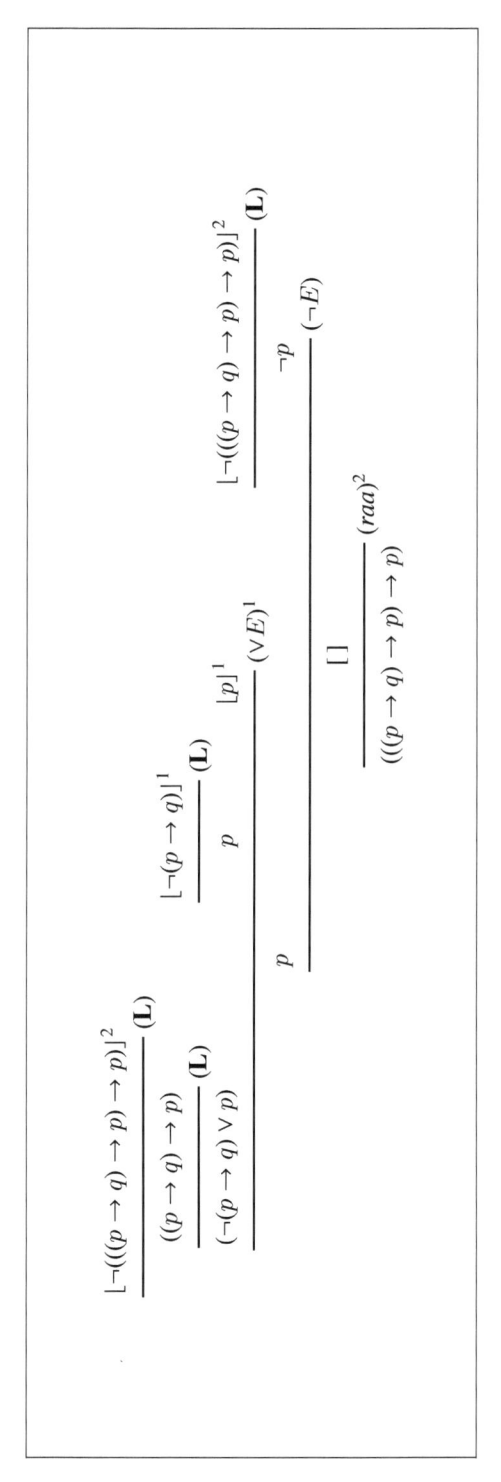

$$\cfrac{\cfrac{[\neg(((p \to q) \to p) \to p)]^2}{((p \to q) \to p)}\,(\mathbf{L})}{(\neg(p \to q) \lor p)}\,(\mathbf{L}) \qquad \cfrac{\cfrac{[\neg(p \to q)]^1}{p}\,(\mathbf{L}) \quad [p]^1}{p}\,(\lor E)^1 \qquad \cfrac{\cfrac{[\neg(((p \to q) \to p) \to p)]^2}{\neg p}\,(\mathbf{L})}{\cfrac{[\,]}{((p \to q) \to p) \to p}\,(raa)^2}\,(\neg E)$$

Abbildung 3.35: Zu Aufgabe 3.150 (i.7).

(8)
$$\frac{\lfloor p \rfloor^2 \quad \lfloor q \rfloor^1}{\dfrac{(p \wedge q)}{\dfrac{(q \to (p \wedge q))}{(p \to (q \to (p \wedge q)))} (\to I)^2} (\to I)^1} (\wedge I)$$

(9)
$$\cfrac{\cfrac{\lfloor (p \wedge q) \rfloor^1}{q} (\wedge E) \quad \cfrac{\cfrac{\lfloor (p \wedge q) \rfloor^1}{p} (\wedge E) \quad \cfrac{\lfloor (p \to (q \to r)) \rfloor^2}{(q \to r)} (\to E)}{\cfrac{r}{\cfrac{((p \wedge q) \to r)}{((p \to (q \to r)) \to ((p \wedge q) \to r))} (\to I)^2} (\to I)^1}}{} (\to E)$$

(10) Die beiden Lemmata bekommt man analog zu den entsprechenden Herleitungen in den Teilaufgaben (b.1) und (e.3). Für die Herleitung de Formel $(((p \vee q) \wedge (\neg p \vee r)) \to (q \vee r))$ siehe Abbildung 3.36 auf der nächsten Seite.

Bemerkung: *Man beachte, dass es sich hierbei um einen Spezialfall der Resolventenbildung handelt; genauer gesagt um dessen Korrektheit.*

(11)
$$\cfrac{\cfrac{\lfloor p \rfloor^1 \quad \cfrac{\lfloor ((p \to q) \wedge (p \to r)) \rfloor^2}{(p \to q)} (\wedge E)}{q} (\to E) \quad \cfrac{\lfloor p \rfloor^1 \quad \cfrac{\lfloor ((p \to q) \wedge (p \to r)) \rfloor^2}{(p \to r)} (\wedge E)}{r} (\to E)}{\cfrac{\cfrac{(q \wedge r)}{(p \to (q \wedge r))} (\to I)^1}{(((p \to q) \wedge (p \to r)) \to (p \to (q \wedge r)))} (\to I)^2} (\wedge I)$$

II.3.4. BEWEISVERFAHREN

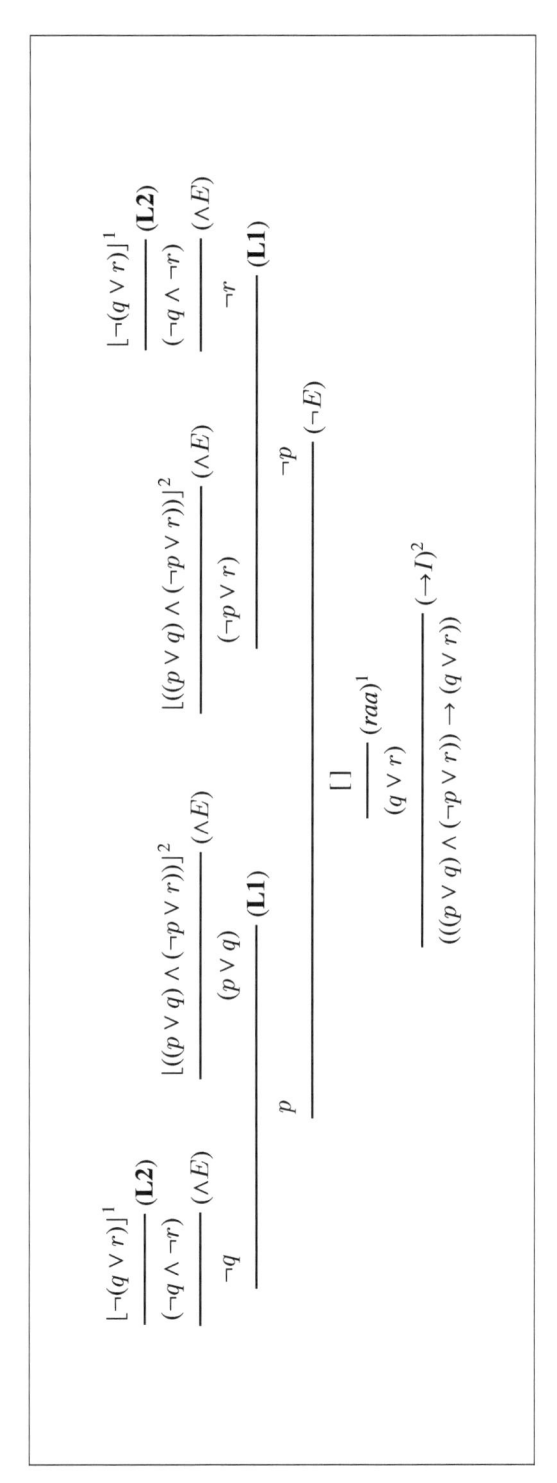

$$\cfrac{\cfrac{\cfrac{[\neg(q\vee r)]^1}{(\neg q\wedge\neg r)}(\mathbf{L2})}{\neg q}(\wedge E)\quad \cfrac{\cfrac{\lfloor((p\vee q)\wedge(\neg p\vee r))\rfloor^2}{(p\vee q)}(\wedge E)}{p}(\mathbf{L1}) \quad \cfrac{\cfrac{\lfloor((p\vee q)\wedge(\neg p\vee r))\rfloor^2}{(\neg p\vee r)}(\wedge E)}{\neg p}(\mathbf{L1}) \quad \cfrac{\cfrac{[\neg(q\vee r)]^1}{(\neg q\wedge\neg r)}(\mathbf{L2})}{\neg r}(\wedge E)}{\cfrac{\cfrac{[\,]}{(q\vee r)}(raa)^1}{(((p\vee q)\wedge(\neg p\vee r))\to(q\vee r))}(\to I)^2}$$

Abbildung 3.36: Zu Aufgabe 3.150 (i.10).

(12)
$$\dfrac{\lfloor(p\vee q)\rfloor^2 \qquad \dfrac{\dfrac{\lfloor p\rfloor^1 \quad \dfrac{((p\to r)\wedge(q\to r))}{(p\to r)}(\wedge E)}{r}(\to E) \qquad \dfrac{\lfloor q\rfloor^1 \quad \dfrac{((p\to r)\wedge(q\to r))}{(q\to r)}(\wedge E)}{r}(\to E)}{r}(\vee E)^1}{\dfrac{\dfrac{r}{((p\vee q)\to r)}(\to I)^2}{(((p\to r)\wedge(q\to r))\to((p\vee q)\to r))}(\to I)^3}$$

(13)
$$\dfrac{\dfrac{\dfrac{\dfrac{\lfloor p\rfloor^1 \quad \lfloor p\rfloor^2}{(p\wedge p)}(\wedge I)}{p}(\wedge E) \qquad \lfloor(p\to q)\rfloor^3}{q}(\to E)}{\dfrac{\dfrac{\dfrac{(p\to q)}{(p\to(p\to q))}(\to I)^1}{((p\to q)\to(p\to(p\to q)))}(\to I)^2}{}}(\to I)^3$$

(14)
$$\dfrac{\dfrac{\dfrac{\dfrac{\lfloor p\rfloor^1 \quad \lfloor(p\to q)\rfloor^2}{q}(\to E) \qquad \dfrac{\lfloor p\rfloor^1 \quad \lfloor(p\to(q\to r))\rfloor^3}{(q\to r)}(\to E)}{r}(\to E)}{\dfrac{(p\to r)}{((p\to q)\to(p\to r))}(\to I)^1}(\to I)^2}{((p\to(q\to r))\to((p\to q)\to(p\to r)))}(\to I)^3$$

Lösung 3.151 Ableitung von Kon-/Dis-junktionen [▷69] ○

(1) Fall $\circ = \wedge$:

Wenn $(F\wedge G)$ eine Tautologie ist, dann sind auch F und G Tautologien. Nach der Vollständigkeit des Kalküls des Natürlichen Schließens folgt $\vdash_n F$ und $\vdash_n G$, oder anders ausgedrückt, es gibt Ableitungsbäume ∇_F und ∇_G ohne unausgelöste Hypothesen.

II.3.4. BEWEISVERFAHREN

Daraus erhalten wir nun mit der Regel zur $\wedge$-Einführung den folgenden Beweis

$$\frac{\nabla_F \quad \nabla_G}{(F \wedge G)} \, (\wedge I)$$

womit die behauptete Aussage für den Fall $\circ = \wedge$ bewiesen wäre.

(2) Fall $\circ = \vee$:
Damit ein Beweis der Formel $(F \vee G)$ im Kalkül des Natürlichen Schließens im letzten Schritt die $\vee$-Einführungsregel anwendet, muss es im Kalkül des Natürlichen Schließens entweder einen Beweis ∇_F für F oder einen Beweis ∇_G für G geben, aus denen dann $(F \vee G)$ wie folgt abgeleitet werden kann:

$$\frac{\nabla_F}{(F \vee G)} \, (\vee I) \qquad \frac{\nabla_G}{(F \vee G)} \, (\vee I)$$

Für die Tautologie $(p \vee \neg p)$ (mit aussagenlogischer Variable p) ist dies aber nicht möglich, weil weder p noch $\neg p$ Tautologien sind. Damit wäre die behauptete Aussage für den Fall $\circ = \vee$ durch das Gegenbeispiel $(p \vee \neg p)$ widerlegt.

Lösung 3.152 Eine zusätzliche $\wedge$-Einführungsregel [▷69] ◐

(a) Das erweiterte Beweisverfahren ist nicht mehr korrekt. Wie die folgende Ableitung zeigt, ist die Formel $(p \wedge p)$ herleitbar. Diese ist aber kein Theorem, da z.B. für die Interpretation $I = \emptyset$ gilt: $I \not\models (p \wedge p)$.

$$\frac{\lfloor p \rfloor^2 \quad \lfloor \neg p \rfloor^1}{\frac{[\,]}{\frac{p}{(p \wedge p)} \, (\wedge I^*)^2} \, (raa)^1} \, (\neg E)$$

(b) Das erweiterte Beweisverfahren ist weiterhin vollständig: Da keine Regel entfernt wurde, ist mit den ursprünglichen Regeln gesichert, dass jede bisher herleitbare Formel weiterhin herleitbar ist.

Lösung 3.153 Lemmata und Theoreme [▷69] ◐

$\Longrightarrow$: Nach Voraussetzung existiert ein Ableitungsbaum $\nabla_{(G \rightarrow F)}$ für $(G \rightarrow F)$, welcher keine unausgelösten Vorkommen von Hypothesen besitzt. Sei ∇_G der Ableitungsbaum, der nur aus einem Knoten besteht, welcher mit der Formel G markiert ist. Durch Anwendung der $(\rightarrow E)$-Regel entsteht der Ableitungsbaum

$$\frac{\nabla_G \quad \nabla_{(G \rightarrow F)}}{F} \, (\rightarrow E)$$

welcher nur unausgelöste Vorkommen – und zwar genau eines – einer einzigen Hypothese besitzt, nämlich der Hypothese G. Somit ist dieser Ableitungsbaum eine Ableitung des Lemmas $\dfrac{G}{F}$.

$\Longleftarrow$: Wenn $\dfrac{G}{F}$ ein Lemma im Kalkül des Natürlichen Schließens ist, so existiert ein Ableitungsbaum ∇^G_F, welcher keine unausgelösten Vorkommen von Hypothesen H mit $H \neq G$ besitzt.

Aus diesem ergibt sich der Ableitungsbaum

$$\dfrac{\nabla^{\lfloor G \rfloor^j}_F}{(G \to F)}\,(\to I)^j$$

durch Auslösen aller unausgelösten Vorkommen von G in ∇^G_F und deren Markierung mit einem (bisher nicht verwendeten) Index j. Dieser Ableitungsbaum besitzt dann keine unausgelösten Vorkommen von Hypothesen mehr; somit ist $(G \to F)$ aus der leeren Menge von Hypothesen herleitbar, also ein Theorem des Kalküls des Natürlichen Schließens.

Lösung 3.154 Von einer Ableitung zum Theorem [▷70] ○

$\{F_1, F_2\} \vdash_n F$ bedeutet, dass es im Kalkül des natürlichen Schließens eine Ableitung ∇_F von F aus $\{F_1, F_2\}$ gibt, d.h. mit $\{F_1, F_2\}$ der Menge der nicht ausgelösten Hypothesen.

Man ergänzt nun diesen Ableitungsbaum indem man ihn an allen unausgelösten Blättern um eine Anwendung der $\wedge$-Eliminationsregel erweitert – F_1 bzw. F_2 aus $(F_1 \wedge F_2)$; je nach ob der Blattknoten mit F_1 oder F_2 markiert ist – und man erhält somit eine Ableitung $\nabla^{(F_1 \wedge F_2)}_F$ von F aus $\{(F_1 \wedge F_2)\}$. Wir wenden nun auf den Wurzelknoten dieser Ableitung noch die $\to$-Einführungsregel an und lösen dabei alle unausgelösten Vorkommen von $(F_1 \wedge F_2)$ aus. Wir erhalten schließlich

$$\dfrac{\nabla^{\lfloor (F_1 \wedge F_2) \rfloor^j}_F}{F}\,(\to I)^i \qquad \text{mit einem neuen Index } j.$$

Lösung 3.155 Consequentia mirabilis [▷70] ○

(a)
$$\dfrac{\lfloor p \rfloor^1 \quad \dfrac{\lfloor p \rfloor^1 \quad \lfloor (p \to \neg p) \rfloor^2}{\neg p}\,(\to E)}{\dfrac{\dfrac{[\,]}{\neg p}\,(\neg I)^1}{((p \to \neg p) \to \neg p)}\,(\to I)^2}\,(\neg E)$$

II.3.4. BEWEISVERFAHREN 315

$$
\cfrac{
  \cfrac{
    \cfrac{}{p,(p\to q) \vdash r, p}\text{ ax}
    \quad
    \cfrac{
      \cfrac{
        \cfrac{}{p,q,r \vdash r}\text{ ax}
        \quad
        \cfrac{}{p,q \vdash r, q}\text{ ax}
      }{p,q,(q\to r) \vdash r}\to\mathsf{l}
      \quad
      \cfrac{
        \cfrac{}{p,(q\to r) \vdash p, r}\text{ ax}
      }{}
    }{p,(p\to q),(q\to r) \vdash r}\to\mathsf{l}
  }{p,(p\to q),(p\to (q\to r)) \vdash r}\to\mathsf{l}
}{
  \cfrac{
    \cfrac{
      \cfrac{(p\to q),(p\to (q\to r)) \vdash (p\to r)}{(p\to (q\to r)) \vdash ((p\to q)\to (p\to r))}\to\mathsf{r}
    }{\vdash ((p\to (q\to r)) \to ((p\to q)\to (p\to r)))}\to\mathsf{r}
  }{}
}\to\mathsf{r}
$$

Abbildung 3.37: Zu Aufgabe 3.156 (a).

(b)

$$
\cfrac{
  \lfloor\neg p\rfloor^1
  \quad
  \cfrac{
    \cfrac{\lfloor\neg p\rfloor^1 \quad \lfloor(\neg p\to p)\rfloor^2}{p}(\to E)
  }{
    \cfrac{[\,]}{p}(raa)^1
  }(\neg E)
}{((\neg p\to p)\to p)}(\to I)^2
$$

Bemerkung: *Die zweite Formel hat unter dem Namen Consequentia mirabilis in der Geschichte der Philosophie eine bedeutende Rolle gespielt. Die Idee, dass man eine Aussage dadurch beweisen kann, dass man sie aus ihrer Negation herleitet, bildete die Grundlage vieler, auch manchmal zweifelhafter, philosophischer Argumentationen.*

3.4.4 Weitere Beweisverfahren und Kalküle

Lösung 3.156 Beweisen im Sequenzenkalkül [▷70] ○
  (a) Siehe Abbildung 3.37.
  (b) Siehe Abbildung 3.38 auf der nächsten Seite.

Lösung 3.157 Beweisen mit dem DPLL-Verfahren [▷70] ○
  (a) Ausgangspunkt ist die negierte Formel
    $\neg((p\to (q\to r)) \to ((p\to q)\to (p\to r)))$
    transformiert in Klauselform: $\langle[\neg q, r, \neg p], [\neg p, q], [p], [\neg r]\rangle$
    Einerklauselregel mit $L = \neg p$ (d.h. $\neg L = p$): $\langle[\neg q, r], [q], [p], [\neg r]\rangle$

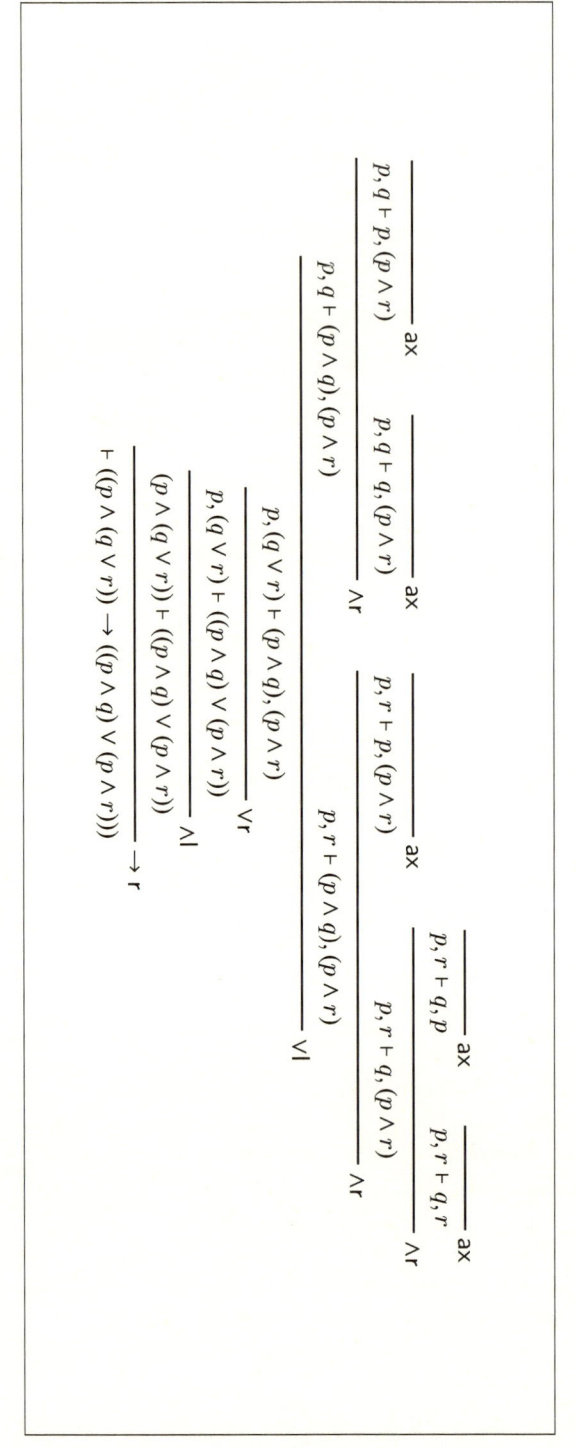

$$\dfrac{\dfrac{\overline{p,q \vdash p,(p \wedge r)}\ \text{ax}}{p,q \vdash (p \wedge r),(p \wedge r)}\quad \dfrac{\overline{p,q \vdash q,(p \wedge r)}\ \text{ax}}{p,q \vdash q,(p \wedge r)}}{\dfrac{p,q \vdash (p \wedge q),(p \wedge r)}{p,(q \vee r) \vdash (p \wedge q),(p \wedge r)}\ \wedge r}\quad \dfrac{\dfrac{\overline{p,r \vdash p,(p \wedge r)}\ \text{ax}}{p,r \vdash (p \wedge q),(p \wedge r)}\ \dfrac{\dfrac{\overline{p,r \vdash q,p}\ \text{ax}\quad \overline{p,r \vdash q,r}\ \text{ax}}{p,r \vdash q,(p \wedge r)}\ \wedge r}{}}{}$$

$$\dfrac{p,(q \vee r) \vdash ((p \wedge q) \vee (p \wedge r))}{(p \wedge (q \vee r)) \vdash ((p \wedge q) \vee (p \wedge r))}\ \vee l$$

$$\vdash ((p \wedge (q \vee r)) \to ((p \wedge q) \vee (p \wedge r)))\ \to r$$

Abbildung 3.38: Zu Aufgabe 3.156 (b).

II.3.4. BEWEISVERFAHREN

Einerklauselregel mit $L = \neg q$: $\langle [r], [q], [p], [\neg r] \rangle$
Einerklauselregel mit $L = r$: $\langle [\,], [q], [p], [\neg r] \rangle$
Die resultierende Klauselform enthält die leere Klausel, d.h. die ursprüngliche Formel ist allgemeingültig.

(b) Ausgangspunkt ist die negierte Formel $\neg((p \wedge (q \vee r)) \to ((p \wedge q) \vee (p \wedge r)))$
transformiert in Klauselform: $\langle [p], [q, r], [\neg p, \neg q], [\neg p, \neg r] \rangle$
Einerklauselregel mit $L = \neg p$ (d.h. $\neg L = p$): $\langle [p], [q, r], [\neg q], [\neg r] \rangle$
Einerklauselregel mit $L = q$: $\langle [p], [r], [\neg q], [\neg r] \rangle$
Einerklauselregel mit $L = r$: $\langle [p], [\,], [\neg q], [\neg r] \rangle$
Die resultierende Klauselform enthält die leere Klausel, d.h. die ursprüngliche Formel ist allgemeingültig.

Lösung 3.158 Unerfüllbarkeit beim DPLL-Verfahren [▷70] ◐ 3-28 139

Sei $F = \langle D_1, \ldots, D_i, \ldots, D_n \rangle$.

Fall 1: Die Tautologieregel kommt zur Anwendung, d.h. F hat die Gestalt $F = \langle [p, \neg p, L_1, \ldots L_m], D_1, \ldots, D_n \rangle$ und $F' = \langle D_1, \ldots, D_n \rangle$.
Da $[p, \neg p, L_1, \ldots, L_m]$ allgemeingültig ist, ist F genau dann unerfüllbar, wenn $\langle D_1, \ldots, D_n \rangle = F'$ unerfüllbar ist.

Fall 2: Die Einerliteralregel kommt zur Anwendung, d.h. F hat die Gestalt $F = \langle [L, L_1 \ldots L_m], D_1, \ldots, D_n \rangle$ und $\neg L$ kommt in D_i, $i = 1, \ldots, n$ nicht vor und $F' = \langle D_1, \ldots, D_n \rangle$.
Wir zeigen: F ist genau dann erfüllbar, wenn F' erfüllbar ist.
Angenommen, F' sei erfüllbar. Dann gibt es eine Interpretation I mit $F'^I = (\bigwedge_{i=1}^{n} D_i)^I = \top$. Da $\neg L$ in F' nicht vorkommt, können wir ohne Beschränkung der Allgemeinheit $L^I = \top$ annehmen. Dann gilt $((L^I \vee^* (\bigvee_{i=1}^{m} L_i)^I) \wedge^* (\bigwedge_{i=1}^{n} D_i)^I) = \top$ und folglich $F^I = \top$, d.h. F ist erfüllbar. Umgekehrt folgt aus der Erfüllbarkeit von F natürlich sofort die Erfüllbarkeit von F'.

Fall 3: Die Einerklauselregel kommt zur Anwendung, d.h. wir haben $F = \langle [\neg L], D_1, \ldots, D_n \rangle$ und $F' = \langle [\neg L], D'_1, \ldots, D'_n \rangle$, wobei $D'_1, \ldots, D'_n$ aus den Klauseln $D_1, \ldots, D_n$ hervorgehen, indem alle Vorkommen von L aus den Klauseln $D_1, \ldots, D_n$ entfernt werden.
Sei I eine beliebige Interpretation. Wir zeigen, dass $F^I = \top$ genau dann, wenn $F'^I = \top$. Ist nun $F^I = \top$, dann ist $L^I = f$ und in jedem D_i existiert ein Literal K_i mit $K_i^I = \top$. Insbesondere ist dann aber $K_i \neq L$ und damit $K_i \in D'_i$ für alle i, d.h. $D'^I_i = \top$ für alle i. Umgekehrt folgt aus $F'^I = \top$, dass $L^I = f$ und in jedem D'_i – und somit in jedem D_i – existiert ein Literal K_i mit $K_i^I = \top$. Folglich gilt $F^I = \top$.

Fall 4: Die Subsumtionsregel kommt zur Anwendung. Mit der Notation von Abbildung 3.20 des Lehrbuchs folgt dann, dass K_1 genau dann erfüllbar ist, wenn $K_1 \wedge K_2$ erfüllbar ist. Folglich ist also K_1 genau dann unerfüllbar, wenn $K_1 \wedge K_2$ unerfüllbar ist. Die Formel F, die K_1 und K_2 enthält, ist also genau dann unerfüllbar, wenn die Formel F', die K_1 enthält, unerfüllbar ist.

Fall 5: Die Teilungsregel kommt zur Anwendung, d.h. $F = \langle (F_1 \vee L), \ldots, (F_m \vee L), (G_1 \vee \neg L), \ldots, (G_n \vee \neg L), H\rangle$ und $F' = (\langle F_1, \ldots, F_m, H\rangle \vee \langle G_1, \ldots, G_n, H\rangle)$.

Wir zeigen wieder, dass F genau dann erfüllbar ist, wenn F' erfüllbar ist.

Sei zunächst F erfüllbar, d.h. sei I eine Interpretation mit $F^I = \top$. Ist $L^I = \top$, dann muss $G_1^I = \cdots = G_n^I = H^I = \top$ sein, also insbesondere $F'^I = \top$. Ist $L^I = \bot$, dann muss $F_1^I = \cdots = F_n^I = H^I = \top$ sein, also insbesondere $F'^I = \top$.

Sei umgekehrt F' erfüllbar. Dann ist entweder $\langle F_1, \ldots, F_m, H\rangle^I = \top$ oder $\langle G_1, \ldots, G_n, H\rangle^I = \top$. Im ersteren Fall können wir die Interpretation J bestimmen, für die $L^J = \bot$ und $(\neg L)^J = \top$ gilt, und die auf allen anderen Literalen mit I übereinstimmt. Da weder L noch $\neg L$ in $F_1, \ldots, F_m, H$ vorkommen, gilt $\langle F_1, \ldots, F_m, H\rangle^J = \top$, und da $(\neg L)^J = \top$ gilt, ist auch $F^J = \top$.

Lösung 3.159 Beweise mit der Konnektionsmethode [▷70] ○

(a) Um die Konnektionsmethode auf eine Formel anwenden zu können, muss die Formel in dualer Klauselform vorliegen. Darum wird auf die Formel zunächst der Algorithmus zur Transformation einer aussagenlogischen Formel in duale Klauselform angewandt:

$$[\langle ((p \to (q \to r)) \to ((p \to q) \to (p \to r))) \rangle]$$
$$[\langle \neg(p \to (q \to r))\rangle, \langle((p \to q) \to (p \to r))\rangle]$$
$$[\langle p, \neg(q \to r)\rangle, \langle((p \to q) \to (p \to r))\rangle]$$
$$[\langle p, q, \neg r\rangle, \langle((p \to q) \to (p \to r))\rangle]$$
$$[\langle p, q, \neg r\rangle, \langle\neg(p \to q)\rangle, \langle(p \to r)\rangle]$$
$$[\langle p, q, \neg r\rangle, \langle p, \neg q\rangle, \langle(p \to r)\rangle]$$
$$[\langle p, q, \neg r\rangle, \langle p, \neg q\rangle, \langle\neg p\rangle, \langle r\rangle]$$

Wir haben nun die Konnektionen $\{q, \neg q\}$ und $\{r, \neg r\}$, sowie die Konnektion $\{p, \neg p\}$, welche zwei mal vorhanden ist, da das Literal p sowohl in der ersten als auch in der zweiten dualen Klausel auftritt.

Die aus der dualen Klauselform resultierende Matrix ist

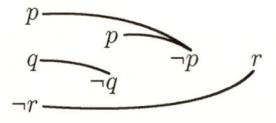

$$\begin{array}{cccc} p & & & \\ & p & & \\ q & & \neg p & r \\ & \neg q & & \\ \neg r & & & \end{array}$$

Deren Pfade enthalten die folgenden Konnektionen:

– Pfad $\{\neg r, \neg q, \neg p, r\}$ enthält die Konnektion $\{\neg r, r\}$
– Pfad $\{\neg r, p, \neg p, r\}$ enthält die Konnektion $\{\neg p, p\}$
– Pfad $\{q, \neg q, \neg p, r\}$ enthält die Konnektion $\{\neg q, q\}$
– Pfad $\{q, p, \neg p, r\}$ enthält die Konnektion $\{\neg p, p\}$
– Pfad $\{p, \neg q, \neg p, r\}$ enthält die Konnektion $\{\neg p, p\}$
– Pfad $\{p, p, \neg p, r\}$ enthält die Konnektion $\{\neg p, p\}$

Jeder Pfad enthält mindestens eine Konnektion, d.h. die Formel ist allgemeingültig.

II.3.4. BEWEISVERFAHREN

(b) Die Formel $((p \wedge (q \vee r)) \rightarrow ((p \wedge q) \vee (p \wedge r)))$ entspricht
der Formel $[\langle \neg p \rangle, \langle \neg q, \neg r \rangle, \langle p, q \rangle, \langle p, r \rangle]$ in dualer Klauselform.
Die zugehörige Matrix ist:

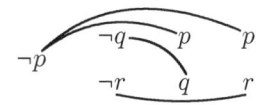

$$\neg p \quad \begin{matrix} \neg q & p & p \\ \neg r & q & r \end{matrix}$$

Deren Pfade enthalten die folgenden Konnektionen:
- Pfad $\{\neg p, \neg r, q, r\}$ enthält die Konnektion $\{\neg r, r\}$
- Pfad $\{\neg p, \neg q, q, r\}$ enthält die Konnektion $\{\neg q, q\}$
- Pfad $\{\neg p, \neg q, p, p\}$ enthält die Konnektion $\{\neg p, p\}$
- Pfad $\{\neg p, \neg r, p, r\}$ enthält die Konnektion $\{\neg r, r\}$
- Pfad $\{\neg p, \neg r, q, p\}$ enthält die Konnektion $\{\neg p, p\}$
- Pfad $\{\neg p, \neg q, q, p\}$ enthält die Konnektion $\{\neg q, q\}$
- Pfad $\{\neg p, \neg r, p, p\}$ enthält die Konnektion $\{\neg p, p\}$

Jeder Pfad enthält somit mindestens eine Konnektion, was bedeutet, dass die Formel allgemeingültig ist.

Lösung 3.160 Subsumtion in Matrizen [▷70] ◐

Wir nehmen an, dass es in $\mathcal{N}$ einen Pfad $\mathfrak{p}$ gibt, welcher nicht *komplementär* ist, d.h. keine Konnektion enthält.
Wir bezeichnen mit L_C das Vorkommen des eindeutig bestimmten Literals L, welches die Spalte C und der Pfad $\mathfrak{p}$ gemeinsam haben; gewissermaßen ihr Durchschnitt.
Von diesem Literal L gibt es wegen der Subsumtion von D durch C ein weiteres Vorkommen in D, welches wir mit L_D bezeichnen.
Da jede Verlängerung des Pfads $\mathfrak{p}$ durch D komplementär ist, gilt diese auch für die Verlängerung von $\mathfrak{p}$ durch L_D. Da $\mathfrak{p}$ nach Annahme nicht komplementär ist, die Verlängerung $\mathfrak{p} \cup \{L_D\}$ jedoch schon, kann dies nur auf Grund einer Konnektion $\{L_D, K\}$ mit einem (Vorkommen von einem) Literal $K \in \mathfrak{p}$ sein. Da K jedoch zu L komplementär ist, muss K auch zu L_C komplementär sein. Mit L_C in $\mathfrak{p}$ und K in $\mathfrak{p}$ existiert aber die Konnektion $\{K, L_C\}$ in $\mathfrak{p}$ im Widerspruch zur Annahme, dass der Pfad $\mathfrak{p}$ nicht komplementär ist.

Lösung 3.161 Kontradiktorische Spalten [▷70] ◐

Wir bezeichnen die Vorkommen der Literale A und $\neg A$ in der Spalte C mit A_C bzw. mit $\neg A_C$.
Wir nehmen an, dass es einen Pfad $\mathfrak{p}$ in $\mathcal{N}$ gibt, welcher nicht *komplementär* ist, d.h. keine Konnektion enthält. Da die Matrix $\mathcal{M}$ eine aufspannende Konnektionsmenge besitzt, müssen die Pfade $\mathfrak{p} \cup \{A_C\}$ und $\mathfrak{p} \cup \{\neg A_C\}$ komplementär sein. Dies kann aber nur auf Grund von Konnektionen mit A_C bzw. $\neg A_C$ der Fall sein, also Konnektionen $\{A_C, K\}$ bzw. $\{\neg A_C, L\}$ wobei K und L Vorkommen von $\neg A$ bzw. A in $\mathcal{N}$ sind; und natürlich in $\mathfrak{p}$. Damit enthält aber der Pfad $\mathfrak{p}$ die Konnektion $\{K, L\}$ im Widerspruch zu obiger Annahme, dass er nicht komplementär ist.

Lösung 3.162 'Pure Literals' und Konnektionsmethode [▷71] ○

Sei $\mathfrak{p}$ ein Pfad in $\mathcal{M}'$, der keine Konnektion enthält. Dann ist $\mathfrak{p} \cup \{L\}$ ein Pfad in $\mathcal{M}$, und als solcher muss er eine Konnektion enthalten. Da aber L ein 'Pure Literal' ist, kann L nicht in die Konnektion involviert sein. Damit besteht die Konnektion aus zwei Literalen aus $\mathfrak{p}$ im Widerspruch zu unserer obigen Annahme über $\mathfrak{p}$.

Lösung 3.163 Freddy ist anormal [▷71] ◐

(a) $(v \rightarrow (f \vee a))$, $(p \rightarrow \neg f)$, $(p \rightarrow v)$ und p.

(b) Es genügt zu zeigen, dass die Formel
$$(F \rightarrow a) \quad \text{mit} \quad F = \langle p, (p \rightarrow \neg f), (p \rightarrow v), (v \rightarrow (f \vee a)) \rangle$$
allgemeingültig ist.

(1) Abbildung 3.39 auf der nächsten Seite zeigt einen Beweis im Kalkül des natürlichen Schließens. Hierbei ist die $(\wedge E)$-Regel des Kalküls des natürlichen Schließens stillschweigend auf verallgemeinerte Konjunktionen verallgemeinert worden, d.h auf die Regel
$$\frac{\langle F_1, \ldots, F_n \rangle}{F_i} \, (\wedge E)$$

(2) Abbildung 3.40 auf Seite 322 zeigt einen Beweis im Sequenzenkalkül.

(3) Mit der Konnektionsmethode transformieren wir als erstes die Formel $(F \rightarrow a)$ in die duale Klauselform
$$[\langle v, \neg f, \neg a \rangle, \langle p, \neg v \rangle, \langle p, f \rangle, \langle \neg p \rangle, \langle a \rangle]$$
woraus sich die folgende Matrix mit den eingezeichneten Konnektionen ergibt.

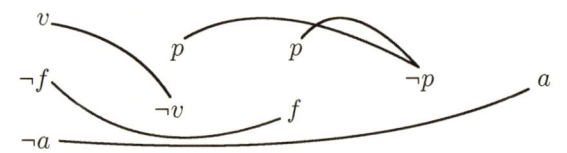

$$\begin{array}{ccccc} v & & & & \\ & p & p & & \\ \neg f & & & \neg p & a \\ & \neg v & f & & \\ \neg a & & & & \end{array}$$

Wie man leicht überprüft enthält jeder Pfad durch die Matrix eine Konnektion.

Lösung 3.164 Beispiel mit Bezug zum Hilbert-Kalkül [▷71] ◐

(a) Ein Beweis mit dem Tableaux-Verfahren ist in Abbildung 3.41 dargestellt.
Für einen Beweis mit natürlichem Schließen siehe zunächst die Ableitung der Tautologie $((p \rightarrow (q \rightarrow r)) \rightarrow ((p \rightarrow q) \rightarrow (p \rightarrow r)))$ in Aufgabe 3.150. Daraus kann man die gegebene Formel durch iterative Anwendung der Aufgabe 3.91 erhalten, welche besagt, dass man durch 'vollständiges Ersetzen' der Variablen wieder Tautologien bekommt.

(b) NEIN. Das erweiterte Verfahren, dessen Folgerungsbeziehung mit $\vdash_{ah}$ bezeichnet werden soll, ist nicht korrekt.
Zum Beweis zeigen wir: Es gibt eine Formel Z mit $\vdash_{ah} Z$ und $\not\models Z$.
Wir wählen $Z = (p \rightarrow (p \rightarrow \neg p))$.
Die Aussage $\models (p \rightarrow (p \rightarrow \neg p))$ gilt nicht, d.h. $\not\models (p \rightarrow (p \rightarrow \neg p))$, denn z.B. für die Interpretation I mit $p^I = \top$ ergibt sich $(p \rightarrow (p \rightarrow \neg p))^I = (\top \rightarrow^* (\top \rightarrow^* \neg^*\top)) = (\top \rightarrow^* \bot) = \bot$. Da $p \rightarrow (p \rightarrow \neg p)$ jedoch ein Axiom ist und folglich abgeleitet werden kann, gilt $\vdash_{ah} (p \rightarrow (p \rightarrow \neg p))$.

II.3.4. BEWEISVERFAHREN

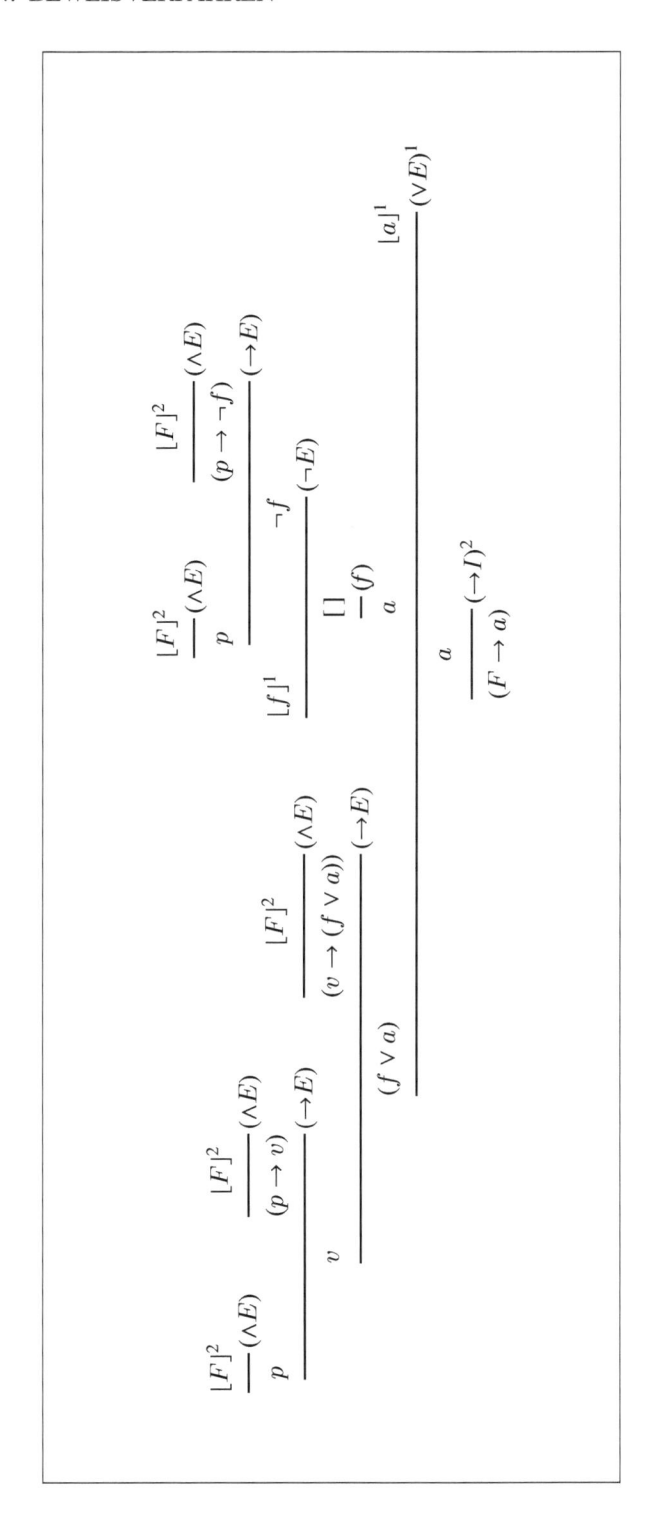

$$\cfrac{\cfrac{[F]^2}{p}(\wedge E) \quad \cfrac{[F]^2}{(p\to v)}(\wedge E)}{\cfrac{v}{\cfrac{(f\vee a)}{\cfrac{a}{\cfrac{\cfrac{a}{(F\to a)}(\to I)^2}{}}}}(\to E)} \quad \cfrac{\cfrac{[F]^2}{(v\to (f\vee a))}(\wedge E)}{(\to E)} \quad \cfrac{[f]^1 \quad \cfrac{\cfrac{[F]^2}{p}(\wedge E) \quad \cfrac{[F]^2}{(p\to \neg f)}(\wedge E)}{\cfrac{\neg f}{\cfrac{[\,]}{a}(f)}}(\to E)}{} \quad [a]^1 \quad (\vee E)^1$$

Abbildung 3.39: Zu Aufgabe 3.163 (b.1).

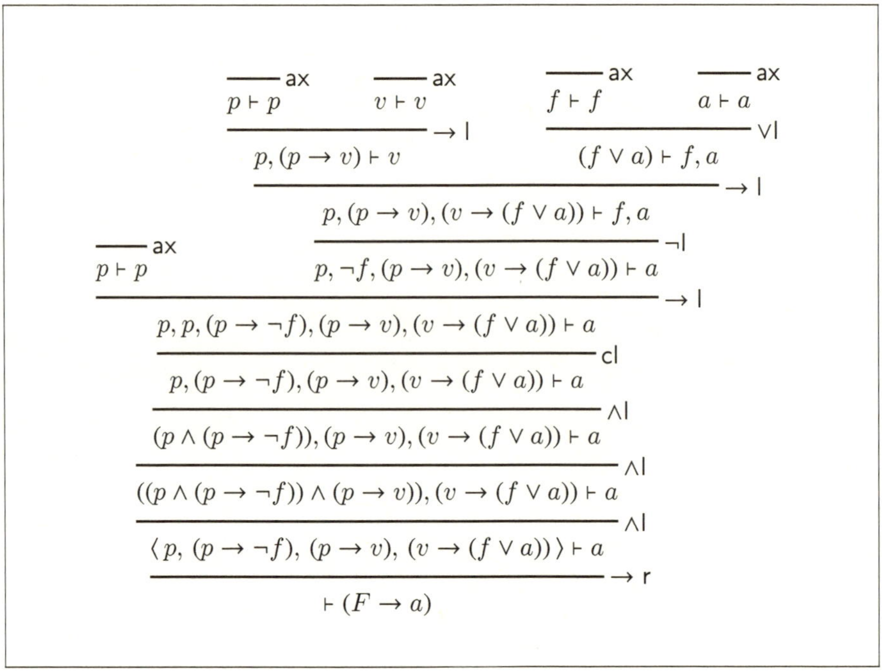

$$
\begin{array}{c}
\dfrac{}{p \vdash p}\,\text{ax} \quad \dfrac{}{v \vdash v}\,\text{ax} \qquad \dfrac{}{f \vdash f}\,\text{ax} \quad \dfrac{}{a \vdash a}\,\text{ax}\\
\dfrac{}{p,(p \to v) \vdash v}\to\!\text{l} \qquad \dfrac{}{(f \vee a) \vdash f, a}\vee\text{l}\\
\dfrac{}{p,(p \to v),(v \to (f \vee a)) \vdash f, a}\to\!\text{l}\\
\dfrac{\dfrac{}{p \vdash p}\,\text{ax} \qquad p, \neg f, (p \to v), (v \to (f \vee a)) \vdash a}{p, p, (p \to \neg f), (p \to v), (v \to (f \vee a)) \vdash a}\to\!\text{l}\\
\dfrac{}{p, (p \to \neg f), (p \to v), (v \to (f \vee a)) \vdash a}\text{cl}\\
\dfrac{}{(p \wedge (p \to \neg f)), (p \to v), (v \to (f \vee a)) \vdash a}\wedge\text{l}\\
\dfrac{}{((p \wedge (p \to \neg f)) \wedge (p \to v)), (v \to (f \vee a)) \vdash a}\wedge\text{l}\\
\dfrac{}{\langle p, (p \to \neg f), (p \to v), (v \to (f \vee a))\rangle \vdash a}\wedge\text{l}\\
\dfrac{}{\vdash (F \to a)}\to\text{r}
\end{array}
$$

Abbildung 3.40: Zu Aufgabe 3.163 (b.2).

Lösung 3.165 Spracherweiterung um Notwendigkeitsoperator [▷71] ○

(1) $((p \wedge q) \to p)$ — Axiom (A1)
(2) $\Box((p \wedge q) \to p)$ — (N) angewandt auf (1)
(3) $(\Box((p \wedge q) \to p) \to (\Box(p \wedge q) \to \Box p))$ — Axiom (A3) mit $F = (p \wedge q)$ und $G = p$
(4) $(\Box(p \wedge q) \to \Box p)$ — (MP) angewandt auf (2)-(3) mit $F = \Box(((p \wedge q) \to p))$ und $G = (\Box(p \wedge q) \to \Box p)$

3.5 Testen auf Erfüllbarkeit

Lösung 3.166 Beispiel zur stochastischen, lokalen Suche [▷72] ○

p, q, r, s und u sind die in F vorkommenden aussagenlogischen Variablen.

(1) $I_0 = \emptyset$ ist noch kein Modell für F.

Der erste Schritt des Algorithmus soll hier ausführlich erläutert werden.

(i) Wir berechnen zunächst $|F_\bot(I_0)|$. Dies ist die Anzahl der Klauseln, für welche die aktuell betrachtete Interpretation (also $I_0 = \emptyset$) kein Modell ist.

II.3.5. TESTEN AUF ERFÜLLBARKEIT

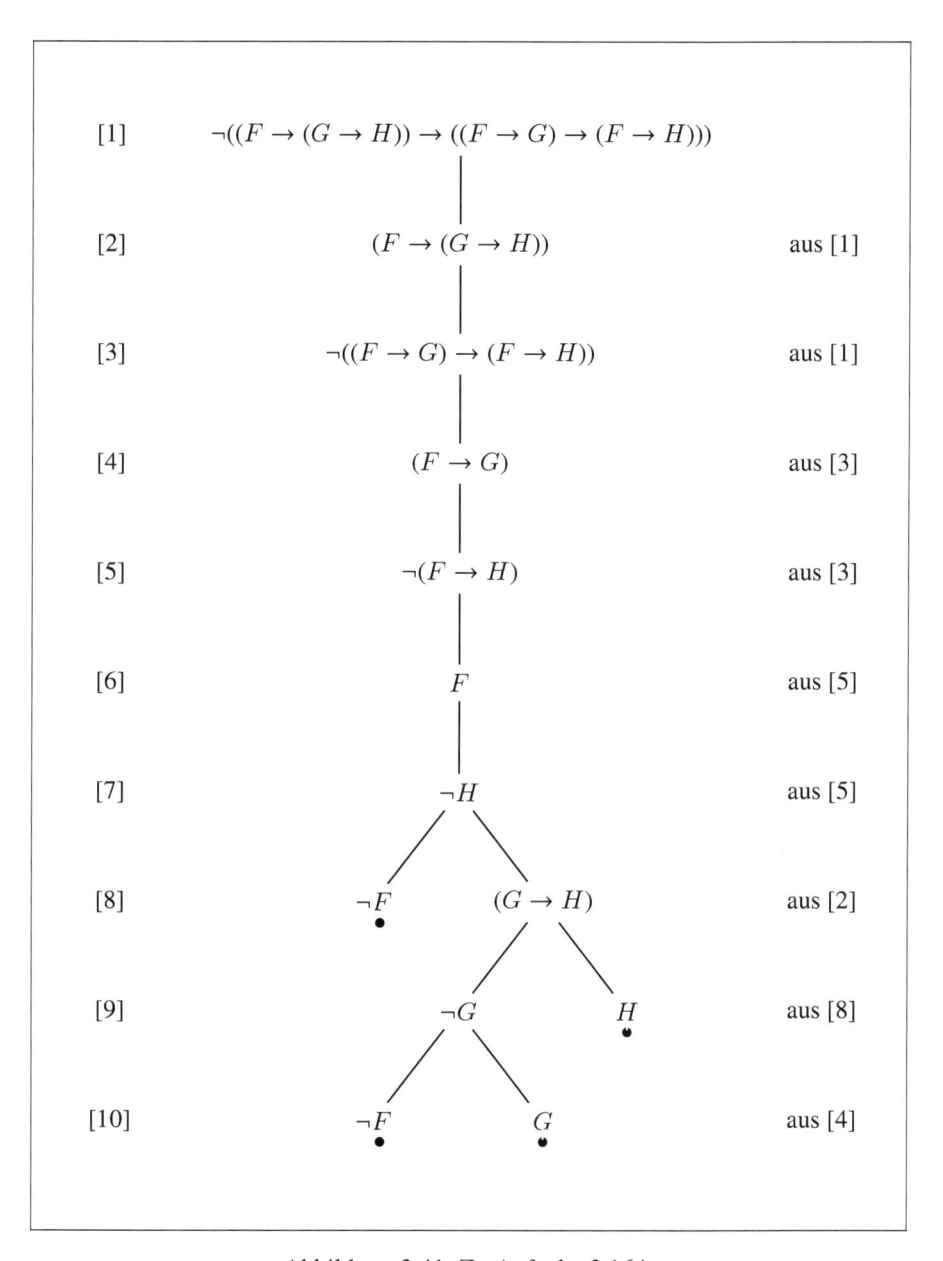

[1] $\neg((F \to (G \to H)) \to ((F \to G) \to (F \to H)))$

[2] $(F \to (G \to H))$ aus [1]

[3] $\neg((F \to G) \to (F \to H))$ aus [1]

[4] $(F \to G)$ aus [3]

[5] $\neg(F \to H)$ aus [3]

[6] F aus [5]

[7] $\neg H$ aus [5]

[8] $\neg F$ $(G \to H)$ aus [2]

[9] $\neg G$ H aus [8]

[10] $\neg F$ G aus [4]

Abbildung 3.41: Zu Aufgabe 3.164.

(In der folgenden Darstellung müsste man eigentlich in Analogie zu $\neg^*$ und $\circ^*$ ebenfalls $[\ldots]^*$ und $\langle\ldots\rangle^*$ schreiben. Wir verzichten darauf der besseren Lesbarkeit halber.)

$$F^{I_0} = \langle [\bot, \neg^*\bot, \neg^*\bot], [\neg^*\bot, \bot, \neg^*\bot, \neg^*\bot],$$
$$[\neg^*\bot, \neg^*\bot, \neg^*\bot, \bot], [\bot], [\bot], [\bot]\rangle$$
$$= \langle \top, \top, \top, \bot, \bot, \bot\rangle$$

Für 3 Klauseln ist $I_0 = \emptyset$ also kein Modell, d.h. $F_\bot(\emptyset) = 3$.

(ii) Wir berechnen als nächstes $|F_\bot(\texttt{flip}(I_0, A))|$ für alle $A \in \mathcal{R}$ (und natürlich $I_0 = \emptyset$). Dies ist die Anzahl der Klauseln, für welche die Interpretation $\texttt{flip}(I_0, A)$, die aus I_0 hervorgeht, indem man nur die Interpretation der aussagenlogischen Variablen A ändert, kein Modell ist.

Für $A = p$ ergibt sich: $I' = \texttt{flip}(\emptyset, p) = \{p\}$.

$$F^{I'} = \langle [\top, \neg\bot, \neg\bot], [\neg^*\top, \bot, \neg^*\bot, \neg^*\bot],$$
$$[\neg^*\top, \neg^*\bot, \neg^*\bot, \bot], [\top], [\bot], [\bot]\rangle$$
$$= \langle \top, \top, \top, \top, \bot, \bot\rangle$$

Für 2 Klauseln ist $I' = \{p\}$ kein Modell, d.h. $|F_\bot(\texttt{flip}(\emptyset, p))| = 2$. Folglich ist $\texttt{rang}(\emptyset, F, p) = 3 - 2 = 1$.

Eine Gesamtübersicht aller $|F_\bot(\texttt{flip}(I, A))|$ mit $A \in \{p, q, r, s, u\}$ liefert folgende Tabelle. (Für $A \in \mathcal{R}\setminus\{p, q, r, s, u\}$ gilt $F_\bot(\texttt{flip}(I, A)) = F_\bot(I)$.)

A	$\texttt{flip}(\emptyset, A)$	$F^{\texttt{flip}(\emptyset, A)}$	$\|F_\bot(\texttt{flip}(\emptyset, A))\|$	$\texttt{rang}(\emptyset, F, A)$
p	$\{p\}$	$\langle \top, \top, \top, \top, \bot, \bot\rangle$	2	1
q	$\{q\}$	$\langle \top, \top, \top, \bot, \bot, \bot\rangle$	3	0
r	$\{r\}$	$\langle \top, \top, \top, \bot, \bot, \bot\rangle$	3	0
s	$\{s\}$	$\langle \top, \top, \top, \bot, \top, \bot\rangle$	2	1
u	$\{u\}$	$\langle \top, \top, \top, \bot, \bot, \top\rangle$	2	1

Somit ergibt sich $\max\{\texttt{rang}(F, I, A) \mid A \in \mathcal{R}\} = 1$ und der Algorithmus kann unter den Interpretationen $\texttt{flip}(\emptyset, p)$, $\texttt{flip}(\emptyset, s)$ und $\texttt{flip}(\emptyset, u)$ auswählen. Nehmen wir an er entscheidet sich für $I_2 = \texttt{flip}(\emptyset, p)$.

(2) Mit $I_2 = \{p\}$ erhalten wir $|F_\bot(\{p\})| = 2$, d.h. I_2 ist noch kein Modell für F.

A	$\texttt{flip}(\{p\}, A)$	$F^{\texttt{flip}(\{p\}, A)}$	$\|F_\bot(\texttt{flip}(\{p\}, A))\|$	$\texttt{rang}(\{p\}, F, A)$
p	$\emptyset$	$\langle \top, \top, \top, \bot, \bot, \bot\rangle$	3	-1
q	$\{p, q\}$	$\langle \top, \top, \top, \top, \bot, \bot\rangle$	2	0
r	$\{p, r\}$	$\langle \top, \top, \top, \top, \bot, \bot\rangle$	2	0
s	$\{p, s\}$	$\langle \top, \top, \top, \top, \top, \bot\rangle$	1	1
u	$\{p, u\}$	$\langle \top, \top, \top, \top, \bot, \top\rangle$	1	1

Damit folgt $\max\{\texttt{rang}(F, I_2, A) \mid A \in \mathcal{R}\} = 1$ und der Algorithmus kann unter den Interpretationen $\texttt{flip}(I_2, s)$ und $\texttt{flip}(I_2, u)$ auswählen. Nehmen wir an er entscheidet sich für $I_3 = \texttt{flip}(I_2, s)$.

II.3.5. TESTEN AUF ERFÜLLBARKEIT

(3) $I_3 = \{p, s\}$ ist noch kein Modell, denn es gilt $|F_\perp(\{p, s\})| = 1$.

A	$\text{flip}(\{p, s\}, A)$	$\text{rang}(\{p, s\}, F, A)$
p	$\{s\}$	-1
q	$\{p, q, s\}$	0
r	$\{p, r, s\}$	-1
s	$\{p\}$	-1
u	$\{p, s, u\}$	1

Maximaler Rang 1 wird erreicht für die aussagenlogische Variable u. Somit Änderung der Interpretation zu $I_4 := \{p, s, u\}$.

(4) $I_4 = \{p, s, u\}$ ist Modell von F, und der Algorithmus terminiert.

Lösung 3.167 Beispiel für Nicht-Terminierung [▷72] ○

Vorbemerkung: Die Formel F ist erfüllbar mit der Interpretation $I = \{p\}$.

(1) $I_0 = \{p, q, r\}$: Nur die Klausel $[\neg p, \neg q, \neg r]$ ist unter dieser Interpretation nicht erfüllt, also $|F_u(\{p, q, r\})| = 1$.

A	$\text{flip}(\{p, q, r\}, A)$	$\text{rang}(\{p, q, r\}, F, A)$
p	$\{q, r\}$	0
q	$\{p, r\}$	0
r	$\{p, q\}$	0

Der maximale Rang ist 0, aber keine der neuen Interpretationen ist ein Modell. Der Algorithmus hat nun die Wahl zwischen den Variablen p, q und r. Er wählt z.B. p und erzeugt die neue Interpretation $I_1 := \text{flip}(\{p, q, r\}, p) = \{q, r\}$.

(2) $I_1 = \{q, r\}$

A	$\text{flip}(\{q, r\}, A)$	$\text{rang}(\{q, r\}, F, A)$
p	$\{p, q, r\}$	0
q	$\{r\}$	-1
r	$\{q\}$	0

Der maximale Rang ist wieder 0, ohne dass eine Lösung gefunden wurde. Wählt der Algorithmus wiederum p aus (was durch nichts ausgeschlossen ist), so sind wir wieder bei der Initialinterpretation $I_0 = \{p, q, r\}$.

Lösung 3.168 Lokales Minimum bei stochastischer Suche [▷72] ○ 3-29 144

Man sieht leicht, dass für jedes Modell I von F gelten muss: $p^I = \perp$ und $q^I = r^I = s^I = \top$. ($p^I = \perp$ ergibt sich aus der dritten Klausel, wodurch auch die sechste Klausel wahr wird. Mit $p^I = \perp$ folgt aber aus der ersten bzw. der zweiten Klausel, dass für ein Modell $q^I = \top$ und $r^I = \top$ gelten muss. Nun folgt aus der vierten oder der fünften Klausel, dass $s^I = \top$ gelten muss.)

Wir zeigen nun, dass die Interpretation $I_0 = \{p\}$ ein lokales Minimum bzgl. der Anzahl der Klauseln, welche sie auf falsch abbildet, darstellt. Nach obigen Ausführungen ist I_0 jedoch kein Modell von F.

Wir erhalten $F^{I_0} = \langle \top, \top, \perp, \top, \top, \top \rangle^*$, wobei die Folge der Wahrheitswerte die gleiche ist wie die der oben gegebenen Klauseln in F. I_0 ist also Modell von 5 der 6 Klauseln in F, d.h. $F_\perp(I_0) = 1$.

A	$\text{flip}(I_0, A)$	$F^{\text{flip}(I_0,A)}$	$|F_\bot(\text{flip}(I_0, A))|$	$\text{rang}(I_0, F, A)$
p	$\emptyset$	$\langle \bot, \bot, \top, \top, \top, \top \rangle^*$	2	-1
q	$\{p, q\}$	$\langle \top, \top, \bot, \bot, \top, \top \rangle^*$	2	-1
r	$\{p, r\}$	$\langle \top, \top, \bot, \top, \bot, \top \rangle^*$	2	-1
s	$\{p, s\}$	$\langle \top, \top, \bot, \top, \top, \bot \rangle^*$	2	-1

Jede Änderung von I_0 durch Abänderung des Wertes einer der aussagenlogischen Variablen p, q, r oder s liefert also eine Interpretation, welche im Gegensatz zu I_0 nicht mehr Modell für 5, sondern nur noch Modell für 4 der gegebenen 6 Klauseln ist. Da jede der 4 Interpretation die Lage in gleicher Weise verschlechtert, ist der Algorithmus frei, welche der 4 Variablen er ändern möchte. Wir betrachten im Folgenden alle 4 möglichen Interpretationen $I_A := \text{flip}(I_0, A)$ wobei $A \in \{p, q, r, s\}$ (siehe Abbildung 3.42 auf der nächsten Seite).

Man sieht nun, dass der Algorithmus, unabhängig davon für welche der Interpretationen I_A er sich entschieden hat, in jedem Fall als nächstes die Interpretation $I_0 = \{p\}$ wählen würde.

3-30 145 Lösung 3.169 If-then-else Normalform [▷72] ◐

$$
\begin{aligned}
ite(F, G, [\,]) &\equiv ((F \wedge G) \vee (\neg F \wedge [\,])) \\
&\equiv ((F \wedge G) \vee [\,]) \\
&\equiv (F \wedge G) \\
ite(F, \langle \rangle, G) &\equiv ((F \wedge \langle \rangle) \vee (\neg F \wedge G)) \\
&\equiv (F \vee (\neg F \wedge G)) \\
&\equiv ((F \vee \neg F) \wedge (F \vee G)) \\
&\equiv (F \vee G) \\
ite(F, [\,], \langle \rangle) &\equiv ((F \wedge [\,]) \vee (\neg F \wedge \langle \rangle)) \\
&\equiv ([\,] \vee \neg F) \\
&\equiv \neg F
\end{aligned}
$$

Um für eine Formel F eine dazu semantisch äquivalente Formel in if-then-else Normalform zu erhalten kann man F beispielsweise zuerst in Klauselform transformieren und anschließend die Junktoren $\neg$, $\vee$ und $\wedge$ gemäß obiger Äquivalenzen wegtransformieren.

3.6 Eigenschaften

3.6.1 Endlichkeitssatz

Lösung 3.170 Vom Endlichen zum Unendlichen [▷73] ○

Wenn man die Menge der natürlichen Zahlen nimmt, und für E die Eigenschaft ein größtes Element zu besitzen, dann gilt E für alle endlichen Teilmengen von $\mathbb{N}$, jedoch nicht für $\mathbb{N}$ selbst.

Ein weiteres Beispiel wäre die Eigenschaft endlich zu sein, welche natürlich für alle endlichen Teilmengen einer beliebigen unendliche Menge $\mathcal{M}$ gilt, jedoch nie für eine unendliche Menge.

II.3.6. EIGENSCHAFTEN

- $I_p = \text{flip}(I_0, p) = \emptyset$, $F_\perp(I_p) = 2$

A	$\text{flip}(I_p, A)$	$F^{\text{flip}(I_p, A)}$	$\|F_\perp(\text{flip}(I_p, A))\|$	$\text{rang}(I_p, F, A)$
p	$\{p\}$	$\langle \top, \top, \perp, \top, \top, \top \rangle^*$	1	1
q	$\{q\}$	$\langle \top, \perp, \top, \perp, \top, \top \rangle^*$	2	0
r	$\{r\}$	$\langle \perp, \top, \top, \top, \perp, \top \rangle^*$	2	0
s	$\{s\}$	$\langle \perp, \perp, \top, \top, \top, \top \rangle^*$	2	0

- $I_q = \text{flip}(I_0, q) = \{p, q\}$, $F_\perp(I_q) = 2$

A	$\text{flip}(I_q, A)$	$F^{\text{flip}(I_q, A)}$	$\|F_\perp(\text{flip}(I_q, A))\|$	$\text{rang}(I_q, F, A)$
p	$\{q\}$	$\langle \top, \perp, \top, \perp, \top, \top \rangle^*$	2	0
q	$\{p\}$	$\langle \top, \top, \perp, \top, \top, \top \rangle^*$	1	1
r	$\{p, q, r\}$	$\langle \top, \top, \perp, \perp, \perp, \top \rangle^*$	3	-1
s	$\{p, q, s\}$	$\langle \top, \top, \perp, \top, \top, \perp \rangle^*$	2	0

- $I_r = \text{flip}(I_0, r) = \{p, r\}$, $F_\perp(I_r) = 2$

A	$\text{flip}(I_r, A)$	$F^{\text{flip}(I_r, A)}$	$\|F_\perp(\text{flip}(I_r, A))\|$	$\text{rang}(I_r, F, A)$
p	$\{r\}$	$\langle \perp, \top, \top, \top, \perp, \top \rangle^*$	2	0
q	$\{p, q, r\}$	$\langle \top, \top, \perp, \perp, \perp, \top \rangle^*$	3	-1
r	$\{p\}$	$\langle \top, \top, \perp, \top, \top, \top \rangle^*$	1	1
s	$\{p, r, s\}$	$\langle \top, \top, \perp, \top, \top, \perp \rangle^*$	2	0

- $I_s = \text{flip}(I_0, s) = \{p, s\}$, $F_\perp(I_s) = 2$

A	$\text{flip}(I_s, A)$	$F^{\text{flip}(I_s, A)}$	$\|F_\perp(\text{flip}(I_s, A))\|$	$\text{rang}(I_s, F, A)$
p	$\{s\}$	$\langle \perp, \perp, \top, \top, \top, \top \rangle^*$	2	0
q	$\{p, q, s\}$	$\langle \top, \top, \perp, \top, \top, \perp \rangle^*$	2	0
r	$\{p, r, s\}$	$\langle \top, \top, \perp, \top, \top, \perp \rangle^*$	2	0
s	$\{p\}$	$\langle \top, \top, \perp, \top, \top, \top \rangle^*$	1	1

Abbildung 3.42: Zu Aufgabe 3.168

Lösung 3.171 Äquivalenzklassen von Formeln [▷73] ◐

(a) Sei x ein beliebiges, festes Element aus $\mathcal{N}$. Wir beweisen die Gleichheit der beiden Mengen duch Beweis der beiden Inklusionen:

$EC(x, \mathcal{N}, \sim) \subseteq EC(x, \mathcal{M}, \sim) \cap \mathcal{N}$:
  Für ein $y \in EC(x, \mathcal{N}, \sim)$ gilt nach Definition: $y \in \mathcal{N}$ und $y \sim x$. Mit $\mathcal{N} \subseteq \mathcal{M}$ folgt ($y \in \mathcal{M}$ und $y \sim x$) und $y \in \mathcal{N}$, was $y \in EC(x, \mathcal{M}, \sim) \cap \mathcal{N}$ entspricht.

$EC(x, \mathcal{M}, \sim) \cap \mathcal{N} \subseteq EC(x, \mathcal{N}, \sim)$:
  Für ein $y \in EC(x, \mathcal{M}, \sim) \cap \mathcal{N}$ gilt nach Definition: ($y \in \mathcal{M}$ und $y \sim x$) und $y \in \mathcal{N}$, woraus mit $\mathcal{N} \subseteq \mathcal{M}$ folgt: $y \in \mathcal{N}$ und $y \sim x$. Dies bedeutet aber $y \in EC(x, \mathcal{N}, \sim)$.

(b) Für eine Äquivalenzklasse $EC(x, \mathcal{N}, \sim)$ (mit $x \in \mathcal{N}$) aus $\mathcal{N}_\sim$ gilt nach Teilaufgabe (a), dass $EC(x, \mathcal{M}, \sim)$ die gesuchte Äquivalenzklasse $\mathcal{A} \in \mathcal{M}_\sim$ ist. Andererseits folgt für eine Äquivalenzklasse $\mathcal{A} \in \mathcal{M}_\sim$ mit $\mathcal{N} \cap \mathcal{A} \neq \emptyset$, dass es ein $x \in \mathcal{N}$ mit $x \in \mathcal{A}$ geben muss. Nun folgt aber für jedes $x \in \mathcal{A}$, dass $\mathcal{A} = EC(x, \mathcal{M}, \sim)$ gilt, und nach Teilaufgabe (a) folgt dann, dass dann $\mathcal{N} \cap \mathcal{A}$ eine Äquivalenzklasse in $\mathcal{N}$ ist.

(c) Nach Teilaufgabe (b) folgt für alle $n \in \mathbb{N}$:

$$\mathcal{F}_{n\equiv} = \{\mathcal{F}_n \cap \mathcal{A} \mid \mathcal{A} \in \mathcal{L}(\mathcal{R}, n)_\equiv, \text{ so dass } \mathcal{F}_n \cap \mathcal{A} \neq \emptyset\}$$

woraus sich unmittelbar die angegebene Relation der Kardinalitäten ergibt.

(d) Man wähle für $\mathcal{F}$ beispielsweise die Menge aller Tautologien in $\mathcal{L}(\mathcal{R})$. Dann ist $\mathcal{F}_n$ die Menge aller Tautologien in $\mathcal{L}(\mathcal{R}, n)$ und damit genau eine Äquivalenzklasse in $\mathcal{L}(\mathcal{R}, n)_\equiv$. Da $\mathcal{F}_n \cap \mathcal{A} = \emptyset$ für alle anderen Äquivalenzklassen aus $\mathcal{L}(\mathcal{R}, n)_\equiv$ gilt, folgt die Behauptung.

(e) Man wähle für $\mathcal{F}$ beispielsweise die Menge aller widerlegbaren Formeln in $\mathcal{L}(\mathcal{R})$. Damit ist in analoger Argumentation wie in Teilaufgabe (d) die Menge der Tautologien in $\mathcal{L}(\mathcal{R}, n)$ die einzige Äquivalenzklasse in $\mathcal{L}(\mathcal{R}, n)_\equiv$, welche mit $\mathcal{F}_n$ einen leeren Durchschnitt hat, woraus sich die zu zeigende Behauptung ergibt.

Lösung 3.172 Lemma aus Beweis des Endlichkeitssatzes [▷73] ◐

Beweis mit vollständiger Induktion über n.

I.A. $n = 0$: Da gilt $K_0 = \mathbb{N}^+$ und somit $|K_0| = \infty$.
Die zweite Behauptung gilt, da die Menge $\{i \mid 1 \leq i \leq n\}$ leer ist.

I.H. $|K_n| = \infty$ und für alle $1 \leq i \leq n$ gilt: für alle $m \in K_n$ gilt: $[p_i]^{I_m} = [p_i]^I$.

I.B. $|K_{n+1}| = \infty$ und für alle $1 \leq i \leq n+1$ gilt:
für alle $m \in K_{n+1}$ gilt: $[p_i]^{I_m} = [p_i]^I$.

I.S. K_n ist nach I.H. unendlich. K_{n+1} ist dann ebenfalls unendlich, da K_{n+1} aus K_n konstruiert wird indem entweder

  (i) Fall ($\top$): aus K_n das Komplement einer unendlichen Teilmenge entfernt wird, oder

  (ii) Fall ($\bot$): aus K_n eine nicht unendliche (= endliche) Teilmenge entfernt wird.

II.3.6. EIGENSCHAFTEN

Da K_{n+1} aus K_n durch Entfernen einer Teilmenge aus K_n hervorgeht, gilt $K_{n+1} \subseteq K_n$. Damit gilt zusammen mit der I.H.:
für alle $1 \leq i \leq n$ gilt: für alle $m \in K_{n+1}$ gilt: $[p_i]^{I_m} = [p_i]^I$.
Somit bleibt noch zu zeigen: für alle $m \in K_{n+1}$ gilt: $[p_{n+1}]^{I_m} = [p_{n+1}]^I$. Dies gilt aber nach der Konstruktion von K_{n+1} aus K_n, da entweder

(i) Fall ($\top$): Aus K_n alle m mit $[p_{n+1}]^{I_m} = \bot$ entfernt wurden, d.h. $[p_{n+1}]^{I_m} = \top$ für alle $m \in K_{n+1}$, sowie durch $I := I \cup \{p_{n+1}\}$ die Zuweisung $p_{n+1}^I = \top$ gemacht wurde, oder

(ii) Fall ($\bot$): Aus K_n alle m mit $[p_{n+1}]^{I_m} = \top$ entfernt wurden, d.h. $[p_{n+1}]^{I_m} = \bot$ für alle $m \in K_{n+1}$, sowie die bereits implizit bestehende Zuweisung $p_{n+1}^I = \bot$ übernommen wurde, da I nicht verändert wurde.

Lösung 3.173 Beispiel: von den Modellen I_n zum Modell I [▷73] ◐

(a) Die Interpretation der aussagenlogischen Variablen in $\mathcal{G}_n$ sind wegen $3k \leq n$ und $3k-1 \leq n$ durch die Zeilen 1 und 2 der Definition von I_n bestimmt. Somit gilt für jede Formel $(p_{3k} \wedge \neg p_{3k-1}) \in \mathcal{G}_n$:

$$(p_{3k} \wedge \neg p_{3k-1})^{I_n} = p_{3k}^{I_n} \wedge^* (\neg^* p_{3k-1}^{I_n}) = \top \wedge^* (\neg^* \bot) = \top \wedge^* \top = \top.$$

(b) Die Formelmenge $\mathcal{F}$ ist

$$\{(p_3 \wedge \neg p_2), (p_6 \wedge \neg p_5), (p_9 \wedge \neg p_8), \ldots\}$$

und weiter erhalten wir:

$\mathcal{G}_1 = \emptyset \quad \mathcal{G}_2 = \emptyset \quad \mathcal{G}_3 = \{(p_3 \wedge \neg p_2)\},$
$\mathcal{G}_4 = \mathcal{G}_3 \quad \mathcal{G}_5 = \mathcal{G}_3 \quad \mathcal{G}_6 = \{(p_3 \wedge \neg p_2), (p_6 \wedge \neg p_5)\},$
$\mathcal{G}_7 = \mathcal{G}_6 \quad \mathcal{G}_8 = \mathcal{G}_6 \quad \mathcal{G}_9 = \{(p_3 \wedge \neg p_2), (p_6 \wedge \neg p_5), (p_9 \wedge \neg p_8)\}$

(c) Das Modell I ist eindeutig bestimmt durch die Werte der aussagenlogischen Variablen, welche sich wie folgt ergeben:

$$p_i^I = \begin{cases} \top & i = 3k & \text{für } k \in \mathbb{N}^+ \\ \bot & i = 3k-1 & \text{für } k \in \mathbb{N}^+ \\ \top & i = 3k-2 & \text{für } k \in \mathbb{N}^+ \end{cases}$$

Zur Konstruktion von I bestimmt man iterativ p_i^I für $i = 1, 2, \ldots$ gemäß dem Beweis des Endlichkeitssatzes wie folgt: Wir bezeichnen mit K_n die Indexmenge der noch zu betrachtenden Interpretationen I_j, d.h. $K_0 := \mathbb{N}^+$. Wir starten mit $I = \emptyset$.

$n = 1:$ $p_1^{I_j} = \top$ für alle $j \in K_0$,
somit definieren wir:: $p_1^I := \top$,
d.h. $I = \{p_1\}$, und $K_1 := K_0 (= \mathbb{N}^+)$.

$n = 2:$ $p_2^{I_j} = \bot$ für alle $j \in K_1$,
somit definieren wir:: $p_2^I := \bot$, und $K_2 := K_1 (= \mathbb{N}^+)$.

$n = 3:$ $p_3^{I_j} = \top$ für alle $j \in K_2 \setminus \{1, 2\}$,
somit definieren wir:: $p_3^I := \top$,
d.h. $I = \{p_1, p_3\}$, und $K_3 := K_2 \setminus \{1, 2\}$.

$n = 4:$ $p_4^{I_j} = \top$ für alle $j \in K_3 \setminus \{3\}$,

somit definieren wir:: $p_4^I := \top$,
d.h. $I = \{p_1, p_3, p_4\}$, und $K_4 := K_3 \setminus \{3\} = \mathbb{N}^+ \setminus \{1, 2, 3\}$.

$n = 5$: $p_5^{I_j} = \bot$ für alle $j \in K_4$,
somit definieren wir:: $p_5^I := \bot$ und $K_5 := K_4$.

$n = 6$: $p_6^{I_j} = \top$ für alle $j \in K_5 \setminus \{4, 5\}$,
somit definieren wir:: $p_6^I := \top$,
d.h. $I = \{p_1, p_3, p_4, p_6\}$, und $K_6 := K_5 \setminus \{4, 5\} = \mathbb{N}^+ \setminus \{1, 2, 3, 4, 5\}$.

usw.

(Um die Richtigkeit der für die p_i^I in obiger Definition angegebenen allgemeinen Form zu beweisen, müsste man noch einen etwas komplizierteren Induktionsbeweis führen.)

Lösung 3.174 Endlichkeitssatz: Beispiel I [▷74] ◐

Unter den gegebenen Umständen muss $\mathcal{F}$ erfüllbar sein.
Wenn jede endliche Teilmenge $\mathcal{G} \subseteq \mathcal{F}$ in einer erfüllbaren Teilmenge $\mathcal{H}_i$ enthalten ist, dann muss $\mathcal{G}$ ebenfalls erfüllbar sein. Wenn aber jede endliche Teilmenge von $\mathcal{F}$ erfüllbar ist, dann muss nach dem Endlichkeitssatz auch $\mathcal{F}$ erfüllbar sein.

Lösung 3.175 Endlichkeitssatz: Beispiel II [▷74] ◐

Erfüllbarkeit von $\mathcal{F}$: Es folgt bereits aus Bedingung (1.a), dass $\mathcal{F}$ *erfüllbar* sein muss.

Um zu zeigen, dass $\mathcal{F}$ erfüllbar ist, betrachten wir eine beliebige, endliche Teilmenge $\mathcal{G} \subseteq \mathcal{F}$. Da jede endliche Teilmenge $\mathcal{G} \subseteq \mathcal{F}$ eine Formel F_k mit maximalem Index k enthält, gilt somit: $\mathcal{G} \subseteq \{F_1, F_2, F_3, \ldots, F_k\}$. Aus $I_k \models \{F_1, F_2, \ldots, F_k\}$ folgt dann $I_k \models \mathcal{G}$. Da $\mathcal{G}$ eine beliebige endliche Teilmenge von $\mathcal{F}$ ist, muss nach dem Endlichkeitssatz auch $\mathcal{F}$ erfüllbar sein.

Existenz von $\mathcal{F}$: Für alle $n \in \mathbb{N}^+$ definieren wir $F_n = (p_1 \vee \neg p_n)$ und die Interpretationen I_n wie folgt

$$I_n = \begin{cases} \emptyset & \text{falls } n \text{ gerade} \\ \{p_1\} & \text{sonst} \end{cases}$$

(i) Die Bedingung (2) gilt trivialerweise nach Definition der F_n.

(ii) Bedingung (1.a): Es gilt $I_n \models \{F_1, \ldots, F_n\}$ gdw. $F_1^{I_n} = \cdots = F_n^{I_n} = \top$.
 - Falls n ungerade, so gilt $[p_1]^{I_n} = \top$ und damit gilt für $1 \leq j \leq n$:
 $F_j^{I_n} = (p_1 \vee \neg p_j)^{I_n} = (p_1^{I_n} \vee^* \neg^* p_j^{I_n}) = (\top \vee^* \neg^* p_j^{I_n}) = \top$.
 - Falls n gerade, so gilt $[p_i]^{I_n} = \bot$ für alle $i \in \mathbb{N}^+$. Damit gilt für $1 \leq j \leq n$:
 $F_j^{I_n} = (p_1 \vee \neg p_j)^{I_n} = (p_1^{I_n} \vee^* \neg^* p_j^{I_n}) = (p_1^{I_n} \vee^* \neg^* \bot) = \top$.

(iii) Bedingung (3): Die F_k sind alle nicht zueinander semantisch äquivalent, denn
 - einerseits gilt für $I^* = \mathcal{R} \setminus \{p_1\}$:
 $F_1^{I^*} = \top$ (da F_1 tautologisch) und $F_k^{I^*} = \bot$ für $k > 1$, und
 - andererseits gilt mit $I_j^* = \{p_j\}$ für F_k mit $k > 1$:
 $I_j^* \models F_k$ falls $k \neq j$, und $I_j^* \not\models F_k$ andernfalls.

II.3.6. EIGENSCHAFTEN 331

(iv) Die Bedingungen (1.b) und (1.c) sind erfüllt, da für alle geraden $n \in \mathbb{N}^+$ gilt: $[p_1]^{I_n} = \bot$, und für alle ungeraden $n \in \mathbb{N}^+$ gilt: $[p_1]^{I_n} = \top$.

Lösung 3.176 Endlichkeitssatz: Beispiel III [▷74] ○

(a) Die Aussage ist richtig, was man wie folgt sieht:
Wenn $\mathcal{F}$ erfüllbar ist, so ist auch jede Teilmenge von $\mathcal{F}$ erfüllbar, und damit sind insbesondere alle Teilmengen $\{G_1, \ldots, G_n\}$ mit $n \in \mathbb{N}$ erfüllbar. Mit $U = \mathbb{N}^+$ existiert also die gesuchte Teilmenge $U \subseteq \mathbb{N}$.

(b) Die Aussage ist ebenfalls richtig.
Sei nämlich $\mathcal{G}$ eine endliche Teilmenge von $\mathcal{F}$, d.h. $\mathcal{G} = \{G_{i_1}, \ldots, G_{i_k}\}$ mit $k \in \mathbb{N}^+$, und sei $m = \max\{i_1, \ldots, i_k\}$ das Maximum der Indizes der Formeln in $\mathcal{G}$. Da U unendlich ist, muss es ein $m' \in U$ mit $m' > m$ geben. Damit folgt $\mathcal{G} \subseteq \{G_1, \ldots, G_{m'}\}$. Da die Menge $\{G_1, \ldots, G_{m'}\}$ nach Voraussetzung erfüllbar ist, ist es auch deren Teilmenge $\mathcal{G}$. Damit ist, wegen der beliebigen Wahl von $\mathcal{G}$, jede endliche Teilmenge von $\mathcal{F}$ erfüllbar, und damit ist nach dem Endlichkeitssatz auch $\mathcal{F}$ erfüllbar.

Lösung 3.177 Endlichkeitssatz: Beispiel IV [▷74] ●

Wir beweisen die Behauptung, indem wir eine Formel G konstruieren, für die $\mathcal{F}_1 \models G$ und $\mathcal{F}_2 \not\models G$ gilt.
Aus den Voraussetzungen über $\mathcal{F}_1$ und $\mathcal{F}_2$ folgt, dass es keine Interpretation I gibt, für die sowohl $I \models \mathcal{F}_1$ als auch $I \models \mathcal{F}_2$ gilt. Folglich ist $\mathcal{F}_1 \cup \mathcal{F}_2$ unerfüllbar.
Nach dem Korollar des Endlichkeitssatzes (3.46) existiert nun aber eine endliche Teilmenge von $\mathcal{F}_1 \cup \mathcal{F}_2$, die unerfüllbar ist, d.h.

es gibt eine unerfüllbare endliche Menge $\mathcal{H} \subseteq \mathcal{F}_1 \cup \mathcal{F}_2$. (1)

Sei nun $\mathcal{F}_1' := \mathcal{F}_1 \cap \mathcal{H}$. (2)

Damit gilt $\mathcal{F}_1' \subseteq \mathcal{F}_1$ und folglich gilt für jede Interpretation I:
  Wenn $I \models \mathcal{F}_1$ gilt, dann gilt auch $I \models \mathcal{F}_1'$. (3)

Analog sei $\mathcal{F}_2' := \mathcal{F}_2 \cap \mathcal{H}$.
Damit gilt $\mathcal{F}_2' \subseteq \mathcal{F}_2$ und folglich gilt für jede Interpretation I:
  Wenn $I \models \mathcal{F}_2$ gilt, dann gilt auch $I \models \mathcal{F}_2'$. (4)

Da $\mathcal{H}$ wegen (1) eine endliche Menge ist, und wegen (2) $\mathcal{F}_1' \subseteq \mathcal{H}$ gilt, ist $\mathcal{F}_1'$ ebenfalls endlich, und somit existieren für ein $n \in \mathbb{N}$, $n < \infty$, Formeln $F_1, \ldots, F_n$ so dass $\mathcal{F}_1' = \{F_1, \ldots, F_n\}$.
Wir definieren nun $G = (((F_1 \wedge F_2) \wedge \ldots) \wedge F_n)$, falls $\mathcal{F}_1' \neq \emptyset$ bzw. $G = \langle \rangle$, falls $\mathcal{F}_1' = \emptyset$, und beweisen, dass für G die beiden zu zeigenden Behauptungen gelten.

(i) Beweis von $\mathcal{F}_1 \models G$: Die Formel G ist so konstruiert, dass $I \models \mathcal{F}_1'$ genau dann gilt, wenn $I \models G$ gilt. (5)
Für alle Interpretationen I gilt somit: Falls $I \models \mathcal{F}_1$, dann folgt mit (3) $I \models \mathcal{F}_1'$, und mit (5) folgt $I \models G$. Es gilt somit $\mathcal{F}_1 \models G$, was zu beweisen war.

(ii) Beweis von $\mathcal{F}_2 \models \neg G$: Die Formel G ist so konstruiert, dass $I \not\models \mathcal{F}_1'$ genau dann gilt, wenn $I \not\models G$ gilt. (6)
Für alle Interpretationen I gilt somit:
Falls $I \models \mathcal{F}_2'$, dann folgt $I \not\models \mathcal{F}_1'$, (7)
da nach (1) $\mathcal{H} = \mathcal{F}_1' \cup \mathcal{F}_2'$ unerfüllbar ist.

Damit gilt für alle Interpretationen I: Wenn $I \models \mathcal{F}_2$, dann folgt mit (4) $I \models \mathcal{F}_2'$. Wegen (7) folgt hieraus $I \not\models \mathcal{F}_1'$. Mit (6) folgt $I \not\models G$, d.h also $I \models \neg G$. Es gilt somit $\mathcal{F}_2 \models \neg G$, was zu beweisen war.

Lösung 3.178 Erfüllbare endliche Teilmengen [▷75] ○

Die Aussage ist falsch.
Wir nehmen als Gegenbeispiel die Menge $\mathcal{L}$ aller Literale in $\mathcal{L}(\mathcal{R})$. Die Menge $\mathcal{L}$ ist unerfüllbar, da sie z.B. die beiden Formeln p_1 und $\neg p_1$ enthält. Jede Formel $L \in \mathcal{L}$ ist aber in der endlichen Teilmenge $\{L\} \subset \mathcal{L}(\mathcal{R})$ enthalten, und für diese Teilmenge $\{L\}$ ist die Interpretation $I = \mathcal{R}$ ein Modell, falls das Literal L eine aussagenlogische Variable ist, und die Interpretation $I = \emptyset$ ist ein Modell für $\{L\}$, falls L eine negierte aussagenlogische Variable ist.

Lösung 3.179 Doch ein Fehler im Endlichkeitssatz? [▷75] ○

Es wurde übersehen, dass auch $\mathcal{M}$ selbst eine Teilmenge von $\mathcal{M}$ ist, und damit hat $\mathcal{M}$ eine nicht erfüllbare endliche Teilmenge.

Lösung 3.180 Folgerungen und endlich vielen Prämissen [▷75] ◐

$\Longrightarrow$: Sei $\mathcal{F} \models G$. Wir führen den Beweis indirekt und machen dazu die folgende Annahme: Es gibt keine endliche Menge $\mathcal{F}'$ mit $\mathcal{F}' \subseteq \mathcal{F}$ und $\mathcal{F}' \models G$.
Für jede endliche Menge $\mathcal{F}'$ mit $\mathcal{F}' \subseteq \mathcal{F}$ gilt also $\mathcal{F}' \not\models G$.
Sei nun $\mathcal{F}'$ eine beliebige endliche Teilmenge von $\mathcal{F}$. Da $\mathcal{F}' \not\models G$ gilt, muss es eine Interpretation I geben, die Modell für $\mathcal{F}'$ ist aber nicht für G, d.h. $G^I = \bot$, und somit $(\neg G)^I = \top$. Dies heißt nun aber, dass es eine Interpretation I gibt, welche Modell für $\mathcal{F}'$ und für $\{\neg G\}$ ist.
Da $\mathcal{F}'$ beliebige gewählt war, folgt: Für jede beliebige endliche Teilmenge $\mathcal{F}' \subseteq \mathcal{F}$ gibt es eine Interpretation I', die Modell für $\mathcal{F}'$ und für $\{\neg G\}$ ist. Dies heißt aber: Für jede endliche Teilmenge von $\mathcal{F} \cup \{\neg G\}$ gibt es eine Interpretation I, die Modell für diese Teilmenge ist. Und dies bedeutet, dass jede endliche Teilmenge von $\mathcal{F} \cup \{\neg G\}$ erfüllbar ist.
Nach dem Endlichkeitssatz ist aber damit $\mathcal{F} \cup \{\neg G\}$ erfüllbar.
Dies steht im Widerspruch zur Voraussetzung, dass $\mathcal{F} \models G$ gilt, was äquivalent zu der Aussage ist, dass $\mathcal{F} \cup \{\neg G\}$ unerfüllbar ist. Somit ist unsere eingangs gemachte Annahme widerlegt.

$\Longleftarrow$: Dies folgt unmittelbar aus der Monotonie der Aussagenlogik (vgl. Aufgabe 3.69).

Lösung 3.181 Endlichkeitssatz: Beweis mit Lemma von Zorn [▷75] ★

(a) Durch die Teilmengenrelation $\subseteq$ ist $\widehat{\mathcal{F}}$ partiell geordnet.
Es ist zu zeigen, dass jede Kette $\widehat{\mathcal{K}}$ in $\widehat{\mathcal{F}}$ eine obere Schranke in $\widehat{\mathcal{F}}$ besitzt, d.h., dass eine Formelmenge $\mathcal{K}$ existiert, für welche gilt:

(1) $\mathcal{N} \subseteq \mathcal{K}$ für alle $\mathcal{N} \in \widehat{\mathcal{K}}$, und

(2) $\mathcal{K} \in \widehat{\mathcal{F}}$.

für $\mathcal{K} := \bigcup \widehat{\mathcal{K}}$ gilt sicher die obige Bedingung (1).
Da alle Elemente $\mathcal{N} \in \widehat{\mathcal{K}}$ auch aus $\widehat{\mathcal{F}}$ sind, gilt für sie alle $\mathcal{F} \subseteq \mathcal{N}$, und damit folgt $\mathcal{F} \subseteq \mathcal{K}$.

II.3.6. EIGENSCHAFTEN 333

Somit bleibt für obige Bedingung (2) zu zeigen, dass $\mathcal{K}$ endlich erfüllbar ist.

Sei nun $\{F_1, \ldots, F_n\}$ eine beliebige endliche Teilmenge von $\mathcal{K}$.
Dann muss es Formelmengen $\mathcal{N}_1, \ldots, \mathcal{N}_n \in \widehat{\mathcal{K}}$ mit $F_i \in \mathcal{N}_i$ geben. Da $\widehat{\mathcal{K}}$ eine Kette bzgl. der Ordnungsrelation $\subseteq$ ist, muss es eine größte Menge $\mathcal{N}_k$ unter den $\mathcal{N}_1, \ldots, \mathcal{N}_n$ geben, und aus $\mathcal{N}_1, \ldots, \mathcal{N}_n \subseteq \mathcal{N}_k$ folgt $\{F_1, \ldots, F_n\} \subseteq \mathcal{N}_k$.
Da $\mathcal{N}_k \in \widehat{\mathcal{F}}$ ist $\mathcal{N}_k$ endlich erfüllbar, und damit ist $\{F_1, \ldots, F_n\}$ erfüllbar.
Da $\{F_1, \ldots, F_n\}$ beliebig gewählt war, ist $\mathcal{K}$ endlich erfüllbar.
Gemäß dem Lemma von Zorn besitzt $\widehat{\mathcal{F}}$ nun ein maximales Element $\mathcal{M}$ bzgl. der Ordnungsrelation $\subseteq$.

(b) Wir nehmen an, dass es eine aussagenlogische Variable A gibt, so dass weder A noch $\neg A$ in $\mathcal{M}$ sind. D.h. dass auf Grund der Maximalität von $\mathcal{M}$ in $\widehat{\mathcal{F}}$ sowohl $\mathcal{M} \cup \{A\}$ als auch $\mathcal{M} \cup \{\neg A\}$ nicht mehr endlich erfüllbar sind. Daraus folgt, dass es endliche Teilmengen $\mathcal{N}_1, \mathcal{N}_2 \subseteq \mathcal{M}$ gibt, für die gilt, dass $\mathcal{N}_1 \cup \{A\}$ und $\mathcal{N}_2 \cup \{\neg A\}$ unerfüllbar sind.
Jetzt ist aber $\mathcal{N}_1 \cup \mathcal{N}_2$ eine endliche Teilmenge von $\mathcal{M}$ und als solche erfüllbar, d.h. es existiert ein Modell M für $\mathcal{N}_1 \cup \mathcal{N}_2$. Im Modell M muss aber entweder $A^M = \top$ oder $[\neg A]^M = \top$ gelten, und damit muss entweder $M \models \mathcal{N}_1 \cup \mathcal{N}_2 \cup \{A\}$ oder $M \models \mathcal{N}_1 \cup \mathcal{N}_2 \cup \{\neg A\}$ gelten. Dies steht nun aber im Widerspruch zur Unerfüllbarkeit von $\mathcal{N}_1 \cup \{A\}$ und $\mathcal{N}_2 \cup \{\neg A\}$.

(c) Wir definieren eine Interpretation $I := \mathcal{R} \cap \mathcal{M}$.
Da für jede aussagenlogische Variable $A \in \mathcal{R}$ gilt: $A \in \mathcal{M}$ oder $\neg A \in \mathcal{M}$, folgt dass $L^I = \top$ für alle Literale $L \in \mathcal{M}$.
Es ist nun zu zeigen : $H^I = \top$ für alle Formeln $H \in \mathcal{M}$.
Die Formel H kann nur endlich viele aussagenlogische Variablen $A_1, \ldots, A_m$ enthalten. Sei o.B.d.A. $A_1 \ldots, A_r \in \mathcal{M}$ und $\neg A_{r+1} \ldots, \neg A_m \in \mathcal{M}$.
Da $\mathcal{M}$ endlich erfüllbar ist, muss es ein Modell I' für die Formelmenge $\{H, A_1 \ldots, A_r, \neg A_{r+1} \ldots, \neg A_m\}$ geben. Dann gilt aber, dass $A_i^I = A_i^{I'}$ für $i = 1, \ldots, m$ und damit $H^I = H^{I'} = \top$, da H außer $A_1, \ldots, A_m$ keine weiteren aussagenlogischen Variablen enthält.

Bemerkung: *Das Lemma von Zorn ist ein sogenanntes transfinites Hilfsmittel, welches zum Beweis von Eigenschaften unendlicher Mengen verwendet wird. Es ist äquivalent zu jeder der beiden folgenden Aussagen:*

Auswahlaxiom: *Sei A eine Menge, deren Elemente paarweise disjunkte Mengen A_i mit i aus einer beliebigen Indexmenge I sind, also $A = \{A_i \mid i \in I\}$ mit $A_i \cap A_j = \emptyset$ für $i, j \in I$ mit $i \neq j$. Dann existiert eine Menge B, welche mit jeder der Mengen A_i genau ein Element gemeinsam hat.*

Wohlordnungssatz: *Zu jeder Menge existiert eine Wohlordnung.*
(Eine totale Ordnung auf einer Menge M heißt Wohlordnung gdw.
jede nichtleere Teilmenge von M ein kleinstes Element besitzt.)

Die meisten Menschen akzeptieren ganz bereitwillig das Auswahlaxiom (auch für 'große' unendliche Mengen), so dass es sehr oft in Beweisen einfach unterschwellig verwendet wird. Der Wohlordnungssatz ist dagegen durchaus nicht einleuchtend; man denke z.B. an die Menge der reellen Zahlen. Für das Lemma von Zorn scheint es keine Intuition pro oder contra zu geben.

Lösung 3.182 Kompaktheitssatz: Namensmotivation [▷75] ★

(a) Hierzu ist zu zeigen, dass die Menge aller elementaren Modellmengen unter endlichen Durchschnitten abgeschlossen ist. Dies ist jedoch der Fall, da für alle $n \in \mathbb{N}$, $n > 0$, gilt: $\mathrm{M}(F_1) \cap \ldots \cap \mathrm{M}(F_n) = \mathrm{M}(F_1 \wedge \ldots \wedge F_n)$.

(b) Es ist zu zeigen, dass zu beliebigen, verschiedenen Interpretationen $I_1, I_2 \in \mathcal{I}(\mathcal{R})$ disjunkte, offenen Mengen O_1 und O_2 existieren für die $I_1 \in O_1$ und $I_2 \in O_2$ gilt.
Wenn I_1 und I_2 verschieden sind, dann müssen sie sich im Wert von mindestens einer aussagenlogischen Variable unterscheiden. Es existiert also ein $A \in \mathcal{R}$ mit $A^{I_1} \neq A^{I_2}$. Sei o.B.d.A. $A^{I_1} = \top$, dann gilt $I_1 \in \mathrm{M}(A)$ und $I_2 \in \mathrm{M}(\neg A)$. Da für keine Interpretation I die Gleichheit $A^I = [\neg A]^I$ gelten kann, gilt $\mathrm{M}(A) \cap \mathrm{M}(\neg A) = \emptyset$, und somit sind $\mathrm{M}(A)$ und $\mathrm{M}(\neg A)$ Beispiele für die gesuchten disjunkten offenen Mengen.

(c) Für jede elementare Modellmenge $\mathrm{M}(F)$ ist ihr Komplement $\mathcal{I}(\mathcal{R}) \setminus \mathrm{M}(F)$ wieder eine elementare Modellmenge, nämlich $\mathrm{M}(\neg F)$. Somit ist das Komplement von $\mathrm{M}(F)$ offen, und damit ist $\mathrm{M}(F)$ abgeschlossen.

(d) Jede verallgemeinerte elementare Modellmenge $\mathrm{M}(\mathcal{F})$ lässt sich darstellen als $\bigcap \{\mathrm{M}(F) \mid F \in \mathcal{F}\}$, d.h. als Durchschnitt abgeschlossener Mengen (vgl. Teilaufgabe (c)), und ist damit wieder abgeschlossen.
Andererseits ist jede abgeschlossene Menge das Komplement einer offenen Menge. Jede offene Menge O ist jedoch die Vereinigung von elementaren Modellmengen, d.h. es existiert eine Formelmenge $\{F_i \mid i \in N\}$ mit einem $N \subseteq \mathbb{N}$, so dass $O = \bigcup \{\mathrm{M}(F_i) \mid i \in N)\}$. Daraus folgt aber, dass das Komplement von O die Menge $\mathcal{I}(\mathcal{R}) \setminus O = \bigcap \{\mathcal{I}(\mathcal{R}) \setminus \mathrm{M}(F_i) \mid i \in N\} = \bigcap \{\mathrm{M}(\neg F_i) \mid i \in N\}$ ist. Dies ist aber die Menge $\mathrm{M}(\{\neg F_i \mid i \in N\})$, also eine verallgemeinerte elementare Modellmenge.

(e) Nach Teilaufgabe (d) ist $\mathrm{M}(\mathcal{R})$ abgeschlossen. Wenn $\mathrm{M}(\mathcal{R})$ offen wäre, dann müsste sich $\mathrm{M}(\mathcal{R})$ als Vereinigung von Basismengen darstellen lassen; d.h. es müsste Formeln $F_i \in \mathcal{L}(\mathcal{R})$, $i \in N$ mit $N \subseteq \mathbb{N}$, geben, so dass $\mathrm{M}(\mathcal{R})$ die Vereinigung der elementaren Modellmengen $\mathrm{M}(F_i)$ ist. Dies ist aber unmöglich, da für alle $F \in \mathcal{L}(\mathcal{R})$ gilt: $\mathrm{M}(F) \not\subseteq \mathrm{M}(\mathcal{R})$, was man wie folgt sieht:
Sei $F \in \mathcal{L}(\mathcal{R})$ beliebig und sei $I \in \mathrm{M}(F)$. Dann ist auch $J := I \cap \mathcal{R}_F$ aus $\mathrm{M}(F)$, da $F^I = F^J$ falls I und J auf $\mathcal{R}_F$ übereinstimmen. Es gilt dann $A^J = \bot$ für alle $A \in \mathcal{R} \setminus \mathcal{R}_F$ und da $\mathcal{R}_F$ endlich ist, folgt $J \not\models \mathcal{R}$. Mit $J \notin \mathrm{M}(\mathcal{R})$ folgt nun $\mathrm{M}(F) \not\subseteq \mathrm{M}(\mathcal{R})$.
Nach dem eben Gezeigten folgt, dass das Komplement von $\mathrm{M}(\mathcal{R})$ ein Beispiel für eine offene, aber nicht abgeschlossene Menge ist: das Komplement von $\mathrm{M}(\mathcal{R})$ ist natürlich offen als Komplement der abgeschlossenen Menge $\mathrm{M}(\mathcal{R})$. Es ist aber nicht abgeschlossen, denn dazu müsste $\mathrm{M}(\mathcal{R})$ offen sein, was wir soeben widerlegt haben.

(f) Sei $\mathcal{A} := \{\mathrm{M}(\mathcal{F}_i) \mid i \in N\}$ mit $N \subseteq \mathbb{N}$ und $\mathcal{F}_i \subseteq \mathcal{L}(\mathcal{R})$ eine Menge von abgeschlossen Mengen mit $\bigcap \mathcal{A} = \emptyset$. Daraus folgt, dass auch $\bigcap \{\mathrm{M}(F) \mid F \in \mathcal{F}_i, i \in N\} = \emptyset$, da $\mathrm{M}(\mathcal{F}_i) = \bigcap \{\mathrm{M}(F) \mid F \in \mathcal{F}_i\}$ für alle $i \in N$. Diese bedeutet aber, dass die Formelmenge $\mathcal{F} := \{F \mid F \in \mathcal{F}_i, i \in N\}$ unerfüllbar ist. Nach dem Endlichkeitssatz gibt es nun eine endliche Formelmenge $\{F_1, \ldots, F_k\} \subseteq \mathcal{F}$, welche auch schon unerfüllbar ist.

II.3.6. EIGENSCHAFTEN

Damit ist $\mathbb{M}(F_1) \cap \ldots \cap \mathbb{M}(F_k) = \emptyset$. Seien o.B.d.A. $\mathcal{F}_1, \ldots, \mathcal{F}_k$ die Formelmengen mit $F_i \in \mathcal{F}_i$ für $i \in \{1, \ldots, k\}$ – wobei die $\mathcal{F}_i$ nicht alle verschieden sein müssen – dann ist auch $\mathbb{M}(\mathcal{F}_1) \cap \ldots \cap \mathbb{M}(\mathcal{F}_k) = \emptyset$.

(g) Es ist zu zeigen, dass in jeder Umgebung von I fast alle Elemente der Folge $J_0, J_1, J_2, \ldots$ liegen.
Sei also U eine Umgebung von I. Dann muss es eine offene Umgebung U' von I mit $U' \subseteq U$ geben, und dann wiederum eine Menge B aus der Basis der Topologie mit $I \in B \subseteq U'$. Für eine Basismenge B muss es aber eine Formel $F \in \mathcal{L}(\mathcal{R})$ geben, so dass $B = \mathbb{M}(F)$. Wegen $I \in \mathbb{M}(F)$ folgt $F^I = \top$. Es existiert nun ein $l \in \mathbb{N}$ mit $\mathcal{R}_F \subseteq \{p_1, \ldots, p_l\}$. Dann gilt für $i \in \{1, \ldots, l\}$: $p_i^I = p_i^{J_k}$ für alle $k \geq l$. Daraus folgt $F^{J_k} = F^I = \top$ für alle $k \geq l$, und somit sind fast alle Elemente der Folge $J_0, J_1, J_2, \ldots$ in $\mathbb{M}(F)$, und damit auch in der Umgebung U von I.

3.6.2 Korrektheits- und Vollständigkeitssätze

Lösung 3.183 Streichen von Klauseln bzw. Literalen [▷76] ◐ 3-36 155

(a) Wir transformieren die Formel F zunächst in Klauselform.

$$\langle [\neg((p \to \neg(q \to \neg r)) \to (p \to r))] \rangle$$
$$\langle [(p \to \neg(q \to \neg r))], [\neg(p \to r)] \rangle$$
$$\langle [\neg p, \neg(q \to \neg r)], [\neg(p \to r)] \rangle$$
$$\langle [\neg p, q], [\neg p, \neg\neg r], [\neg(p \to r)] \rangle$$
$$\langle [\neg p, q], [\neg p, r], [\neg(p \to r)] \rangle$$
$$F_K = \langle [\neg p, q], [\neg p, r], [p], [\neg r] \rangle$$
$$F_1(r) = \langle [\neg p, q], [p], [\,] \rangle$$
$$F_2(r) = \langle [\neg p, q], [\neg p], [p] \rangle$$

(b) Sei $F_1(p) = \langle D'_1, \ldots, D'_m \rangle$ (mit $m \leq n$) erfüllbar. $F_1(p)$ ist erfüllbar gdw. es eine Interpretation I mit $[D'_i]^I = \top$ für $i = 1, \ldots m$ gibt.
Da weder p noch $\neg p$ in einem der D'_i ($i = 1, \ldots m$) vorkommen, können wir I zu einer Interpretation I' umbauen mit $q_j^{I'} = q_j^I$ ($j = 1, \ldots, \ell$) und $p^{I'} = \top$ für die gilt $[D'_i]^{I'} = \top$ für $i = 1, \ldots m$.

Für eine beliebige Klausel D_j in F_K unterscheiden wir der Reihe nach die folgenden Fälle:

  (i) Falls weder p noch $\neg p$ in D_j vorkommen, so wurde die Klausel unverändert in $F_1(p)$ übernommen, d.h. es gibt ein $D'_k \in \{D'_1, \ldots, D'_m\}$ mit $D_j = D'_k$ und folglich auch $D_j^{I'} = [D'_k]^{I'} = \top$.

  (ii) Falls p mindestens einmal in D_j vorkommt, dann wurde diese Klausel gestrichen. In diesem Fall gilt $D_j \equiv (p \vee D^*_j)$ wobei D^*_j eine Disjunktion aus den restlichen Literalen von D_j ist.
  Somit gilt $D_j^{I'} = (p \vee D^*_j)^{I'} = p^{I'} \vee^* [D^*_j]^{I'} = \top \vee^* [D^*_j]^{I'} = \top$

  (iii) Falls p nicht in D_j vorkommt aber $\neg p$ in D_j enthalten ist, dann wur-

den alle $\neg p$ in D_j gestrichen, d.h. es gibt ein $D'_k \in \{D'_1, \ldots, D'_m\}$ mit $D_j \equiv (\neg p \vee D'_k)$. (Wegen $(\neg p \vee D'_k) \equiv (\neg p \vee \neg p \vee \ldots \vee D'_k)$ ist auch berücksichtigt, dass ggf. mehrere $\neg p$ gestrichen werden.)
Folglich gilt $D_j^{I'} = (\neg p \vee D'_k)^{I'} = (\neg p)^{I'} \vee^* [D'_k]^{I'} = \bot \vee^* \top = \top$.

Folglich gilt für alle $j \in \{1, \ldots, n\}$: $D_j^{I'} = \top$. Für die Interpretation I' gilt also $F_K^{I'} = \top$ und wegen $F_K \equiv F$ auch $F^{I'} = \top$. F ist also erfüllbar.

(c) Der Beweis erfolgt indirekt, indem wir annehmen, dass es eine Formel F gibt mit $F_1(p)$ erfüllbar und F unerfüllbar.
Ist $F_1(p)$ erfüllbar so folgt nach Teilaufgabe (b), dass F erfüllbar ist, d.h. F kann nicht unerfüllbar sein.

Lösung 3.184 Beweis von Korollar 3.48 [▷77] ○

I.A. $m = 1$: Ist genau das Lemma 3.47 mit $F = G$ und $D = D_1$.

I.H. $G \equiv \langle G, D_1, \ldots, D_m \rangle$.

I.B. $G \equiv \langle G, D_1, \ldots, D_m, D_{m+1} \rangle$.

I.S. Folgt wiederum mit Lemma 3.47 und $F = \langle G, D_1, \ldots, D_m \rangle$ und $D = D_{m+1}$.

Lösung 3.185 Resolventen als Folgerungen [▷77] ◐

(a) Dies gilt nicht was wir durch Angabe eines Gegenbeispiels zeigen.
Sei $D_1 = [\neg p]$ und $D_2 = [p]$. Dann ist $D = [\,]$.
D_1 ist erfüllbar, denn für die Interpretation $I_1 = \emptyset$ gilt $D_1^{I_1} = \top$.
D_2 ist erfüllbar, denn für die Interpretation $I_2 = \{p\}$ gilt $D_2^{I_2} = \top$.
Aber $[\,]$ ist unerfüllbar.

(b) Dies ist korrekt. Zum Beweis: Wenn die Klauselmenge $\{D_1, D_2\}$ erfüllbar ist, dann gibt es eine Interpretation I mit $D_1^I = \top$ und $D_2^I = \top$. Dann gilt $(D_1 \wedge D_2)^I = \top$. Wegen des Resolutionslemmas gilt $(D_1 \wedge D_2) \equiv ((D_1 \wedge D_2) \wedge D)$ und folglich $((D_1 \wedge D_2) \wedge D)^I = \top$. Damit gilt auch $D^I = \top$.

(c) Das Resolutionslemma besagt: Wenn $F = (D_1 \wedge D_2)$, dann gilt $F \equiv (F \wedge D)$. Wenn D_1 und D_2 allgemeingültig sind, so gilt $D_1^I = D_2^I = \top = F^I$ für alle Interpretationen I und deshalb auch $(F \wedge D)^I = \top$. Dann ist auch $D^I = \top$ für alle Interpretationen I. Also ist D allgemeingültig.

Lösung 3.186 Resolution mit tautologischen Klauseln [▷77] ○

Es ist nicht möglich die leere Klausel herzuleiten, da in der gegebenen Situation Resolvieren keine neuen Klauseln liefert: Resolviert man beispielsweise über die jeweils linken Literale der beiden Klauseln, ergibt sich als Resolvente die Klausel bestehend aus den jeweils rechten Literalen dieser beiden Klauseln.
Alternativ kann man auch argumentieren, dass sowohl $[p, \neg p]$ als auch $[\neg p, p]$ Tautologien sind. Da aber eine Resolvente eine logische Folgerungen der beiden an der Resolventenbildung beteiligten Klauseln sind, kann $[\,]$, welches unerfüllbar ist, nicht aus allgemeingültigen Formeln folgerbar sein.

Lösung 3.187 Resolution mit Formeln statt Literalen [▷77] ◐

Das Verfahren bleibt korrekt, aber nicht vollständig.
Zum Beweis der Korrektheit zeigen wir die folgende Verallgemeinerung des aussa-

II.3.6. EIGENSCHAFTEN

genlogischen Resolutionslemmas:

Sei $F = \langle C_1, \ldots, C_n \rangle$ eine aussagenlogische Formel mit den verallgemeinerten Disjunktionen C_i, $1 \leq i \leq n$. Wenn die verallgemeinerte Disjunktion C_i eine Formel H enthält und die verallgemeinerte Disjunktion C_j die Formel $\neg H$ enthält, dann bezeichnen wird die Formel D als *verallgemeinerte Resolvente* von C_i und C_j bzgl. H, wenn sie analog zur normalen Resolventenbildung durch Streichen aller Vorkommen von H in C_i bzw. von $\neg H$ in C_j, gefolgt von disjunktiver Verknüpfung der resultierenden verallgemeinerten Disjunktionen entstanden ist.

Dann gilt $F \equiv (F \wedge D)$.

Hierfür ist zu zeigen: Für alle Interpretationen I gilt: $I \models (F \wedge D)$ gdw. $I \models F$.
Die ($\Longleftarrow$)-Richtung gilt unmittelbar, so dass nur die ($\Longrightarrow$)-Richtung zu zeigen bleibt:
Es gelte $I \models F$. Seien $C_i' := C_i$ "ohne" H und $C_j' := C_j$ "ohne" $\neg H$. Dann ist $D = (C_i' \vee C_j')$. Wir unterscheiden die beiden folgenden Fälle.

(i) Fall 1: $I \models A$.
Dann $I \not\models \neg A$. Wegen $I \models C_j$ folgt dann $I \models C_j'$. Somit $I \models D$.

(ii) Fall 2: $I \not\models A$.
Wegen $I \models C_i$ folgt dann $I \models C_i'$. Somit $I \models D$.

Gegenbeispiel zur Vollständigkeit:
$\langle [(p \wedge \neg p)] \rangle$ ist eine verallgemeinerte Konjunktion mit einer unerfüllbaren Klausel. (Anstatt nur Literalen, enthält die 'Klausel' $[(p \wedge \neg p)]$ die Formel $(p \wedge \neg p)$.) Damit ist die verallgemeinerte Konjunktion unerfüllbar. Aber es lässt sich daraus nicht die leere Klausel herleiten.

Lösung 3.188 Natürliches Schließen und Resolution: I [▷77] ◐

(a) Siehe Abbildung 3.43 auf der nächsten Seite.

(b) Siehe Abbildung 3.44 auf Seite 339.

Lösung 3.189 Natürliches Schließen und Resolution: II [▷78] ◐

(a) Nach dem aussagenlogischen Resolutionslemma (Lemma 3.47) gilt die Äquivalenz $(D_1 \wedge D_2) \equiv ((D_1 \wedge D_2) \wedge D)$. Daraus folgt sofort, dass $(D_1 \wedge D_2) \to ((D_1 \wedge D_2) \wedge D)$ eine Tautologie ist, und damit ist insbesondere auch $((D_1 \wedge D_2) \to D)$ eine Tautologie, und es gilt also $\models ((D_1 \wedge D_2) \to D)$.

(b) Nach Teilaufgabe (a) gilt $\models ((D_1 \wedge D_2) \to D)$. Nach Satz 3.51 (Korrektheit und Vollständigkeit des aussagenlogischen Kalküls des natürlichen Schließens) gilt $\vdash_n ((D_1 \wedge D_2) \to D)$, d.h. $((D_1 \wedge D_2) \to D)$ hat eine Ableitung

$$\nabla ((D_1 \wedge D_2) \to D)$$

(ohne unausgelöste Hypothesen) im Kalkül des natürlichen Schließens. Wir können nun wie folgt ableiten:

$$\cfrac{\cfrac{D_1 \quad D_2}{(D_1 \wedge D_2)}\ (\wedge I) \qquad \nabla ((D_1 \wedge D_2) \to D)}{D}\ (\to E)$$

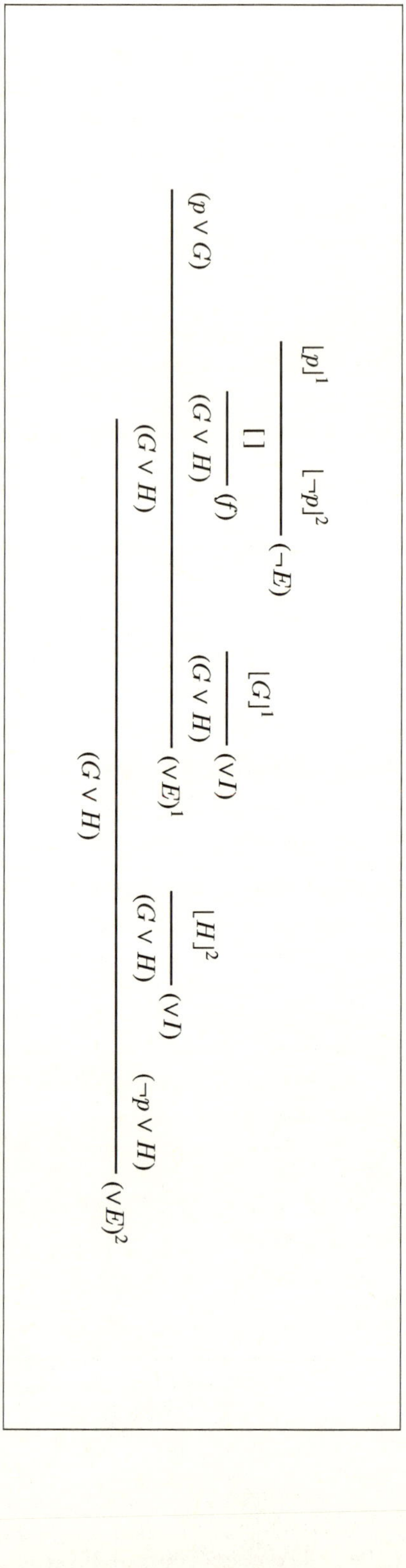

$$\cfrac{(p \vee G) \qquad \cfrac{\cfrac{\lfloor p \rfloor^1 \quad \lfloor \neg p \rfloor^2}{\bot}(\neg E)}{(G \vee H)}(f) \qquad \cfrac{\cfrac{\lfloor G \rfloor^1}{(G \vee H)}(\vee I) \qquad \cfrac{\cfrac{\lfloor H \rfloor^2}{(G \vee H)}(\vee I) \quad (\neg p \vee H)}{(G \vee H)}(\vee E)^2}{(G \vee H)}(\vee E)^1}{(G \vee H)}$$

Abbildung 3.43: Zu Aufgabe 3.188 (a).

II.3.6. EIGENSCHAFTEN

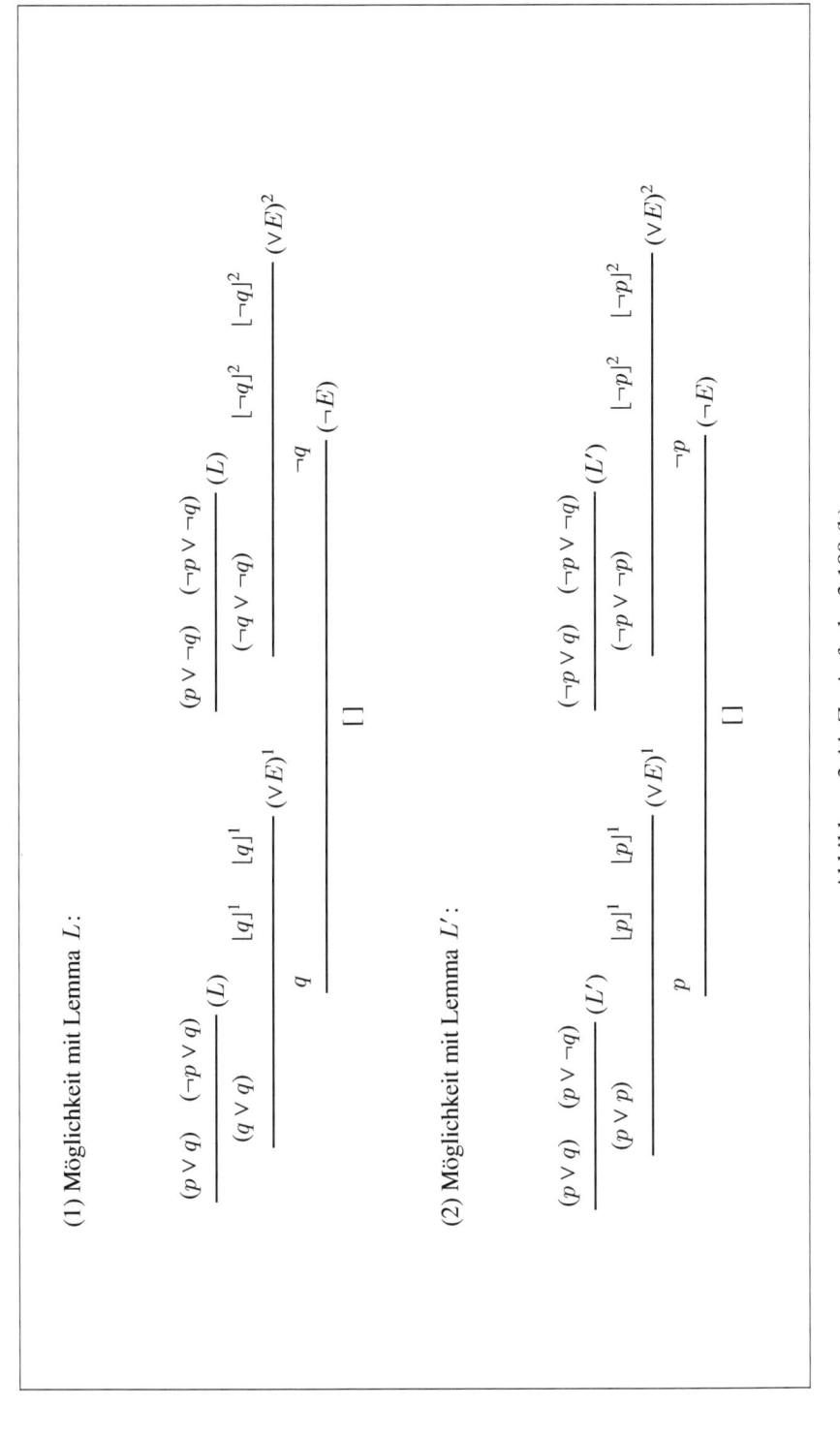

(1) Möglichkeit mit Lemma L:

$$\cfrac{\cfrac{(p \vee q) \quad (\neg p \vee q)}{(q \vee q)}(L) \quad [q]^1 \quad [q]^1}{\cfrac{q}{\cfrac{\square}{\square}}(\vee E)^1} \quad \cfrac{\cfrac{(p \vee \neg q) \quad (\neg p \vee \neg q)}{(\neg q \vee \neg q)}(L) \quad [\neg q]^2 \quad [\neg q]^2}{\cfrac{\neg q}{(\neg E)}(\vee E)^2}$$

(2) Möglichkeit mit Lemma L':

$$\cfrac{\cfrac{(p \vee q) \quad (p \vee \neg q)}{(p \vee p)}(L') \quad [p]^1 \quad [p]^1}{\cfrac{p}{\cfrac{\square}{\square}}(\vee E)^1} \quad \cfrac{\cfrac{(\neg p \vee q) \quad (\neg p \vee \neg q)}{(\neg p \vee \neg p)}(L') \quad [\neg p]^2 \quad [\neg p]^2}{\cfrac{\neg p}{(\neg E)}(\vee E)^2}$$

Abbildung 3.44: Zu Aufgabe 3.188 (b).

Lösungen der Aufgaben zu **Kapitel 4** des Lehrbuchs

Prädikatenlogik

4.1 Syntax

Lösung 4.1 Korrekte Terme und Formeln? [▷79] ○
- **(a)** (1) NEIN, g ist zweistellig
  - (2) JA
  - (3) JA
  - (4) NEIN, f ist einstellig
  - (5) NEIN, Junktoren sind in Termen unzulässig
  - (6) NEIN, $X(a)$ ist kein Term
  - (7) NEIN, r ist ein Prädikatssymbol
- **(b)** (1) JA
  - (2) NEIN, Das Klammerpaar um $(s(g(a,b),a,b))$ ist falsch
  - (3) NEIN, r ist 2-stellig
  - (4) NEIN, g ist 2-stellig
  - (5) NEIN, $(a \wedge a)$ ist kein Term
  - (6) NEIN, $\wedge$ ist binärer Junktor
  - (7) NEIN, $r(a,b)$ ist kein Term
  - (8) JA
  - (9) NEIN, $(\forall X)s(a,a,X)$ ist kein Term
  - (10) NEIN, r ist 2-stellig und $(\forall f(Y))$ ist nicht erlaubt
  - (11) NEIN, g ist 2-stellig, $(a \wedge \ldots)$ ist falsch, da a Konstante ist

Lösung 4.2 Ärzte und Quacksalber [▷79] ○
Wir legen zunächst Bezeichner für Elementaraussagen fest:
- $p(X)$ – X ist Patient
- $a(X)$ – X ist Arzt
- $q(X)$ – X ist Quacksalber
- $l(X,Y)$ – X liebt Y

(1) $(\exists X)(p(X) \land (\forall Y)(a(Y) \to l(X,Y)))$

Man beachte, dass folgender, öfters gemachter Lösungsvorschlag falsch ist:
$(\exists X)(\forall Y)((p(X) \land a(Y)) \land l(X,Y))$

Wenn wir z.B. annehmen, dass wir über die Menge aller Menschen sprechen, so würde dieser prädikatenlogische Satz Folgendes besagen: Es gibt einen Menschen, der Patient ist, und alle Menschen sind Ärzte, und diese werden von dem Patienten geliebt.

(2) $\neg((\exists X)(\exists Y)(p(X) \land q(Y) \land l(X,Y)))$

Das ist äquivalent zu $\neg(\exists X)(p(X) \land (\exists Y)(q(Y) \land l(X,Y)))$.

(3) $\neg(\exists X)(a(X) \land q(X))$

Lösung 4.3 Wer sieht wen? [▷80] ○

(1) $(\forall X)s(a,X)$.
(2) $(\forall X)(\exists Y)s(X,Y)$.
(3) $(\exists X)(\forall Y)s(X,Y)$.
(4) $(\forall X)(\exists Y)(\exists Z)((s(X,Y) \land s(Y,Z))$.
(5) $(\exists X)(\forall Y)\neg s(Y,X)$.
(6) $(\forall X)(\neg g(X,a) \to s(a,X))$ oder $(\forall X)(g(X,a) \lor s(a,X))$.
(7) $\neg(\exists X)(\forall Y)s(X,Y)$ oder $(\forall X)(\exists Y)\neg s(X,Y)$.
(8) $(\forall U)(\neg(\exists X)s(X,U) \to (\forall Y)s(U,Y))$ oder
$(\forall U)(\exists X)(\forall Y)(s(X,U) \to s(U,Y))$.

Lösung 4.4 Verwandte und Nachbarn [▷80] ○

(a) Im folgenden nur die prädikatenlogischen Formeln:

$(\forall X)(\forall Y)(vater(X,Y) \leftrightarrow (e(X,Y) \land m(X)))$
$(\forall X)(\forall Y)(mutter(X,Y) \leftrightarrow (e(X,Y) \land w(X)))$
$(\forall X)(\forall Y)(kind(X,Y) \leftrightarrow e(Y,X))$
$(\forall X)(\forall Y)(tochter(X,Y) \leftrightarrow (kind(X,Y) \land w(X)))$
$(\forall X)(\forall Y)(sohn(X,Y) \leftrightarrow (kind(X,Y) \land m(X)))$
$(\forall X)(\forall Y)(bruder(X,Y) \leftrightarrow (m(X) \land (\exists Z)(e(Z,X) \land e(Z,Y))))$
$(\forall X)(\forall Y)(schwester(X,Y) \leftrightarrow (w(X) \land (\exists Z)(e(Z,X) \land e(Z,Y))))$
$(\forall X)(\forall Y)(neffe(X,Y) \leftrightarrow (m(X) \land (\exists Z)(e(Z,X) \land$
$(bruder(Z,Y) \lor schwester(Z,Y)))))$
$(\forall X)(\forall Y)(nichte(X,Y) \leftrightarrow (w(X) \land (\exists Z)(e(Z,X) \land$
$(bruder(Z,Y) \lor schwester(Z,Y)))))$

(b) (1) $(\forall X)\neg n(X,X)$
(2) $(\forall X)((\exists Y)n(X,Y) \lor (\exists Y)a(X,Y))$
(3) $(\forall X)\neg(\exists Y)(a(Y,X) \land (a(X,Y))$ oder
$\neg(\exists X)(\exists Y)(a(Y,X) \land (a(X,Y))$
(4) $(\exists X)(\forall Y)(d(X,Y) \to a(X,Y))$
(5) $(\forall X)(\neg(\exists Y)a(Y,X) \to \neg(\exists Z)n(X,Z))$

II.4.1. SYNTAX

Lösung 4.5 Induktion und Rekursion für Formeln [▷81] ○ 4-1 167

(a) Eine prädikatenlogische Formel besitzt eine vorgegebene Eigenschaft E, wenn folgendes gezeigt werden kann:
  (1) Induktionsanfang: Jede atomare prädikatenlogische Formel besitzt die Eigenschaft E.
  (2) Induktionsschritte:
    (i) Wenn die Formel F die Eigenschaft E besitzt, dann besitzt auch $\neg F$ die Eigenschaft E.
    (ii) Wenn die Formeln F und G die Eigenschaft E besitzen, dann besitzt auch $(F \circ G)$ die Eigenschaft E (für alle binären Junktoren $\circ$).
    (iii) Wenn die Formel F die Eigenschaft E besitzt, dann besitzt auch $(QX)F$ die Eigenschaft E (für alle Quantoren Q und alle Variablen X).

(b) Eine Funktion foo ist durch folgende Angaben eindeutig für alle prädikatenlogische Formeln definiert:
  (1) Rekursionsanfang: foo ist für jede atomare prädikatenlogische Formel explizit definiert.
    Bemerkung: *U.U. durch Werte einer ebenfalls rekursiv definierten Funktion g über Termen.*
  (2) Rekursionsschritte:
    (i) Der Wert von foo($\neg F$) ist in Abhängigkeit nur vom Wert foo(F) definiert.
    (ii) Der Wert von foo($(F \circ G)$) ist in Abhängigkeit nur von den Werten foo(F) und foo(G) definiert.
    (iii) Der Wert von foo($(QX)F$) ist in Abhängigkeit nur vom Wert foo(F) definiert.

Lösung 4.6 Zählen von Variablen in Termen [▷81] ○

$$\mathsf{v}(t) = \begin{cases} 1 & \text{falls } t \text{ Variable} \\ 0 & \text{falls } t \text{ Konstante} \\ \sum_{i=1}^{n} \mathsf{v}(t_i) & \text{falls } t = f(t_1, \ldots, t_n) \end{cases}$$

Lösung 4.7 Zählen von Klammerpaaren in Formeln [▷81] ○

Benötigt wird dazu eine Funktion, welche die Anzahl der Klammerpaare eines Terms berechnet. Diese Funktion bezeichnen wir mit g und definieren diese mittels struktureller Rekursion über Termen:

$$\mathsf{g}(t) = \begin{cases} 0 & \text{falls } t \text{ eine Konstante ist} \\ 0 & \text{falls } t \text{ eine Variable ist} \\ 1 + \sum_{i=1}^{n} \mathsf{g}(t_i) & \text{falls } t = f(t_1, \ldots, t_n) \end{cases}$$

Die Funktion zur Berechnung der Anzahl der Klammernpaare bezeichnen wir mit h:

$$\mathrm{h}(F) = \begin{cases} 1 + \sum_{i=1}^{n} \mathrm{g}(t_i) & \text{falls } F \text{ ein Atom der Gestalt } F = p(t_1, \ldots, t_n) \\ \mathrm{h}(G_1) & \text{falls } F = \neg G_1 \\ 1 + \mathrm{h}(G_1) + \mathrm{h}(G_2) & \text{falls } F = (G_1 \circ G_2) \\ 1 + \mathrm{h}(G_1) & \text{falls } F = (QX)G_1 \end{cases}$$

Lösung 4.8 Präzisierung der strukturellen Rekursion [▷81] ○

(a) Bezeichne $\mathcal{K}$ die Menge der Konstanten, d.h. die Menge der 0-stelligen Funktionssymbole.

Wir erhalten folgende Aussage: Seien Funktionen

$$\mathrm{foo}_{\mathcal{V}}: \mathcal{V} \longrightarrow M$$
$$\mathrm{foo}_{\mathcal{K}}: \mathcal{K} \longrightarrow M$$
$$\mathrm{foo}_n: M^n \longrightarrow M \text{ für alle } n \in \mathbb{N}$$

gegeben, dann existiert genau eine Funktion $\mathrm{foo}: \mathcal{T}(\mathcal{F}, \mathcal{V}) \longrightarrow M$ mit

Rekursionsanfang

$$\mathrm{foo}(X) = \mathrm{foo}_{\mathcal{V}}(X) \text{ für alle } X \in \mathcal{V}$$
$$\mathrm{foo}(k) = \mathrm{foo}_{\mathcal{K}}(k) \text{ für alle } k \in \mathcal{K}$$

Rekursionsschritt

$$\mathrm{foo}(f(t_1, \ldots, t_n)) = \mathrm{foo}_n(\mathrm{foo}(t_1), \ldots, \mathrm{foo}(t_n))$$
$$\text{für alle } f(t_1, \ldots, t_n) \in \mathcal{T}(\mathcal{F}, \mathcal{V}) \setminus (\mathcal{K} \cup \mathcal{V})$$

(b)
$$\mathrm{foo}_{5\mathcal{V}}: \mathcal{V} \longrightarrow \mathbb{N} \text{ mit } \mathrm{foo}_{5\mathcal{V}}(X) = 0 \text{ für alle } X \in \mathcal{V}$$
$$\mathrm{foo}_{5\mathcal{K}}: \mathcal{K} \longrightarrow \mathbb{N} \text{ mit } \mathrm{foo}_{5\mathcal{K}}(k) = 1 \text{ für alle } k \in \mathcal{K}$$
$$\mathrm{foo}_{5n}: \mathbb{N}^n \longrightarrow \mathbb{N} \text{ mit } \mathrm{foo}_{5n}(m_1, \ldots, m_n) = \sum_{i=1}^{n} m_i.$$

(c) Wir bezeichnen mit $\mathrm{P}(M)$ die Potenzmenge einer Menge M.

$$\mathrm{koo}_{\mathcal{V}}: \mathcal{V} \longrightarrow \mathrm{P}(\mathcal{K}) \text{ mit } \mathrm{koo}_{\mathcal{V}}(X) = \emptyset \text{ für alle } X \in \mathcal{V}$$
$$\mathrm{koo}_{\mathcal{K}}: \mathcal{K} \longrightarrow \mathrm{P}(\mathcal{K}) \text{ mit } \mathrm{koo}_{\mathcal{K}}(k) = \{k\} \text{ für alle } k \in \mathcal{K}$$
$$\mathrm{koo}_n: \mathrm{P}(\mathcal{K})^n \longrightarrow \mathrm{P}(\mathcal{K}) \text{ mit } \mathrm{koo}_n(M_1, \ldots, M_n) = \bigcup_{i=1}^{n} M_i.$$

Lösung 4.9 Teilterme [▷81] ◐

(a) Sei t ein Term. Die Menge der Teilterme von t ist die kleinste Menge $\mathcal{T}_t$, die die folgenden Bedingungen erfüllt:

(1) $t \in \mathcal{T}_t$.

(2) Wenn $f(t_1, \ldots, t_n) \in \mathcal{T}_t$, dann sind auch $t_i \in \mathcal{T}_t$ für $i = 1, \ldots, n$.

(b) Eine Folge $[s_0, \ldots, s_n]$ von Termen $s_i \in \mathcal{T}(\mathcal{F}, \mathcal{V})$ heißt *Konstruktion* der Länge n des Terms s aus dem Term t gdw.

(1) $s_0 = t$ und $s_n = s$

(2) für alle s_j ($j \in \{1, \ldots, n\}$) gibt es einen Term $f(t_1, \ldots, t_m)$, so dass $s_{j-1} = f(t_1, \ldots, t_m)$ und es gibt ein $k \in \{1, \ldots, m\}$ mit $t_k = s_j$.

Wir bezeichnen mit $\mathcal{K}_n(t)$ die Menge aller Terme s, für welche es eine Konstruktion der Länge n aus t gibt, und wir definieren $\mathcal{K}(t) := \bigcup_{n=0}^{\infty} \mathcal{K}_n(t)$.

II.4.1. SYNTAX

(c) $\mathcal{K}_0(t) = \{h(f(Y,X), X, g(a))\}$ $[h(f(Y,X), X, g(a))]$
ist Konstruktion für $h(f(Y,X), X, g(a))$

$\mathcal{K}_1(t) = \{f(Y,X), X, g(a)\}$ $[h(f(Y,X), X, g(a)), f(Y,X)]$
ist Konstruktion für $f(Y,X)$

$[h(f(Y,X), X, g(a)), X]$
ist Konstruktion für X

$[h(f(Y,X), X, g(a)), g(a)]$
ist Konstruktion für $g(a)$

$\mathcal{K}_2(t) = \{Y, a, X\}$ $[h(f(Y,X), X, g(a)), f(Y,X), Y]$
ist Konstruktion für Y

$[h(f(Y,X), X, g(a)), f(Y,X), X]$
ist Konstruktion für X

$[h(f(Y,X), X, g(a)), g(a), a]$
ist Konstruktion für a

$\mathcal{K}_n(t) = \emptyset$ für $n \geq 3$

(d) $\underline{\mathcal{T}_t \subseteq \mathcal{K}(t)}$

Wir zeigen, dass die Menge $\mathcal{K}(t)$ die Bedingungen (1) und (2) der unter Teilaufgabe (a) angegebenen Definition von $\mathcal{T}_t$ erfüllt. Wenn $\mathcal{K}(t)$ aber eine der Mengen ist, welche die Bedingungen (1) und (2) erfüllt, dann folgt $\mathcal{T}_t \subseteq \mathcal{K}(t)$.

(1) Zu zeigen $t \in \mathcal{K}(t)$.
Es gilt aber, dass $[t]$ eine Konstruktion des Terms t der Länge 0 ist. Somit folgt $t \in \mathcal{K}_0(t) \subseteq \mathcal{K}(t)$.

(2) Zu zeigen: Wenn $f(t_1, \ldots, t_m) \in \mathcal{K}(t)$, dann sind auch $t_i \in \mathcal{K}(t)$ für $i = 1, \ldots, m$.
Sei $f(t_1, \ldots, t_m) \in \mathcal{K}(t)$ beliebig. Dann gibt es ein $n \in \mathbb{N}$ mit $f(t_1, \ldots, t_k, \ldots, t_m) \in \mathcal{K}_n(t)$. Dann gibt es eine Konstruktion der Länge n der Form
$$[s_0, \ldots, s_n] = [t, \ldots, f(t_1, \ldots, t_k, \ldots, t_m)]$$
mit $s_0 = t$ und $s_n = f(t_1, \ldots, t_k, \ldots, t_m)$.
Sei nun $t_k \in \{t_1, \ldots, t_m\}$ beliebig.
Dann ist $[t, \ldots, f(t_1, \ldots, t_k, \ldots, t_m), t_k]$ mit $s_0 = t$ und $s_{n+1} = t_k$ eine Konstruktion der Länge $n + 1$, denn

(i) $s_0 = t$ gilt, da $[s_0, \ldots, s_n]$ eine Konstruktion ist.

(ii) Alle s_i mit $i = 1 \ldots, n$ erfüllen die Bedingungen, die an eine Konstruktion gestellt sind, da $[s_0, \ldots, s_n]$ eine Konstruktion ist.

(iii) Da $s_n = f(t_1, \ldots, t_k, \ldots, t_m) = f(t_1, \ldots, s_{n+1}, \ldots, t_m)$ gilt, erfüllt $s_{n+1} = t_k$ ebenfalls die an eine Konstruktion gestellten Bedingungen.

Somit gilt $t_k \in \mathcal{K}_{n+1}(t) \subseteq \mathcal{K}(t)$ für alle $k \in \{1, \ldots, m\}$.

$\mathcal{K}(t) \subseteq \mathcal{T}_t$

Wir zeigen mittels vollständiger Induktion über n, dass $\mathcal{K}_n(t) \subseteq \mathcal{T}_t$ für alle $n \in \mathbb{N}$, woraus sich unmittelbar $\mathcal{K}(t) \subseteq \mathcal{T}_t$ ergibt.

I.A. $n = 0$: Zu zeigen: $\mathcal{K}_0(t) \subseteq \mathcal{T}_t$,
d.h. zu zeigen: Wenn $s \in \mathcal{K}_0(t)$, dann gilt $s \in \mathcal{T}_t$.
Sei s ein Term mit $s \in \mathcal{K}_0(t)$. Dann gibt es eine Konstruktion $[s_0]$ der Länge 0 mit $s_0 = s$ und $s_0 = t$, also muss $s = t$ sein. Da nach Definition von $\mathcal{T}_t$ auch $t \in \mathcal{T}_t$ ist, ist die Behauptung für $n=0$ bewiesen.

I.H. $\mathcal{K}_n(t) \subseteq \mathcal{T}_t$

I.B. $\mathcal{K}_{n+1}(t) \subseteq \mathcal{T}_t$

I.S. Zu zeigen: Wenn $s \in \mathcal{K}_{n+1}(t)$ dann ist auch $s \in \mathcal{T}_t$.
Sei $s \in \mathcal{K}_{n+1}(t)$. Dann existiert eine Konstruktion $[s_0, \ldots, s_{n+1}]$ der Länge $n+1$ des Terms s. Damit gilt also $s_0 = t$ und $s_{n+1} = s$ und es gilt $s_n = f(t_1, \ldots t_m)$ und $t_k = s_{n+1} = s$ für ein $k \in \{1, \ldots, m\}$.
$[s_0, \ldots, s_n]$ ist eine Konstruktion von s_n aus t, und damit ist $s_n \in \mathcal{K}_n(t)$. Nach der I.H. ist, wegen $s_n \in \mathcal{K}_n(t)$, auch $s_n \in \mathcal{T}_t$.
D.h. $f(t_1, \ldots, t_k, \ldots t_m) \in \mathcal{T}_t$. Nach der Definition von $\mathcal{T}_t$ muss damit auch gelten $t_k \in \mathcal{T}_t$. Wegen $t_k = s_{n+1}$ gilt die I.B..

Lösung 4.10 Teilformeln [▷82] ○

(a) Die Menge $\mathcal{S}_F$ der Teilformeln einer prädikatenlogischen Formel F ist die kleinste Menge, welche die folgenden Bedingungen erfüllt:

(1) $F \in \mathcal{S}_F$

(2) Wenn $\neg F \in \mathcal{S}_F$, dann ist auch $F \in \mathcal{S}_F$.

(3) Wenn $(F \circ G) \in \mathcal{S}_F$, dann ist auch $F \in \mathcal{S}_F$ und $G \in \mathcal{S}_F$.

(4) Wenn $(QX)F \in \mathcal{S}_F$, dann ist auch $F \in \mathcal{S}_F$.

(b) $\mathcal{S}_F = \{((\forall X)(\forall Y)(p(X,Y) \vee q(a,Y)) \rightarrow ((\forall X)p(X,a) \vee (\exists Z)(\exists Y)q(Z,Y))),$
$(\forall X)(\forall Y)(p(X,Y) \vee q(a,Y)), ((\forall X)p(X,a) \vee (\exists Z)(\exists Y)q(Z,Y)),$
$(\forall Y)(p(X,Y) \vee q(a,Y)), p(X,Y) \vee q(a,Y), p(X,Y), q(a,Y),$
$(\forall X)p(X,a), p(X,a), (\exists Y)q(Z,Y), q(Z,Y)\}$

Lösung 4.11 Teilformeln und Symbolvorkommen [▷82] ○

(a) $\operatorname{soo}(F) = \begin{cases} \{F\} & \text{falls } F \text{ atomar} \\ \{\neg G\} \cup \operatorname{soo}(G) & \text{falls } F = \neg G \\ \{(G \circ H)\} \cup \operatorname{soo}(G) \cup \operatorname{soo}(H) & \text{falls } F = (G \circ H) \\ \{(QX)G\} \cup \operatorname{soo}(G) & \text{falls } F = (QX)G \end{cases}$

(b) $\operatorname{g}(F) = \begin{cases} 1 & \text{falls } F \text{ atomar} \\ \operatorname{g}(G) + 1 & \text{falls } F = \neg G \\ \operatorname{g}(G) + \operatorname{g}(H) + 1 & \text{falls } F = (G \circ H) \\ \operatorname{g}(G) + 1 & \text{falls } F = (QX)G \end{cases}$

(c) Wir beweisen mit struktureller Induktion, und wir benützen dabei, dass $S_F =$ soo(F) nach Teilaufgabe (a) gilt.

I.A. Sei $F = p(t_1, \ldots, t_n)$ eine atomare Formel.
Dann ist $|S_F| \stackrel{(b)}{=} |\{p(t_1, \ldots, t_n)\}| = 1 \stackrel{(a)}{=} g(F)$.
D.h. die Behauptung ist für atomare Formeln erfüllt.

I.H. Es gilt $|S_G| \leq g(G)$ und $|S_H| \leq g(H)$.

I.B. $|S_F| \leq g(F)$ gilt für F von der Form $\neg G$, $(G \circ H)$ oder $(QX)G$.

I.S. (i) Sei $F = \neg G$.
$$|S_{\neg G}| \stackrel{(a)}{=} |S_G \cup \{\neg G\}| \stackrel{(*)}{=} |S_G| + 1 \stackrel{(\text{I.H.})}{\leq} g(G) + 1 \stackrel{(a)}{=} g(\neg G)$$
Bemerkung zu $(*)$: Das =-Zeichen ist hier gerechtfertigt, da nach Aufgabe 3.34 die Formel $\neg G$ nicht in S_G enthalten sein kann. $\neg G$ ist nämlich (als Zeichenreihe) länger als G, und nach der genannten Aufgabe gibt es keine Teilformeln von G, die länger als G sind.

(ii) Sei $F = (G \circ H)$.
$$|S_{(G \circ H)}| \stackrel{(a)}{=} |S_G \cup S_H \cup \{(G \circ H)\}| \leq |S_G| + |S_H| + 1$$
$$\stackrel{(\text{I.H.})}{\leq} g(G) + g(H) + 1 \stackrel{(a)}{=} g((G \circ H))$$

(iii) Sei $F = (QX)G$.
$$|S_{(QX)G}| \stackrel{(a)}{=} |S_G \cup \{(QX)G\}| \leq |S_G| + 1$$
$$\stackrel{(\text{I.H.})}{\leq} g(G) + 1 \stackrel{(a)}{=} g((QX)G)$$

Lösung 4.12 Teilformelersetzung in Prolog [▷82] ○

(a) Wir erhalten die folgende Funktionsdefinition

$$\begin{aligned}
f(F) &= F \text{ falls } F \text{ atomar} \\
f(\neg F) &= \neg f(F) \\
f((\forall x)F) &= (\forall x)f(F) \\
f((\exists x)F) &= (\exists x)f(F) \\
f((F_1 \to F_2)) &= (\neg f(F_1) \vee f(F_2)) \\
f((F_1 \circ F_2)) &= (f(F_1) \circ f(F_2)) \text{ falls } \circ \neq \to
\end{aligned}$$

(b) und das folgende Prolog-Programm.

```
f(neg F, neg G)              :- f(F, G).
f((F and G), (F1 and G1))    :- f(F, F1), f(G, G1), !.
f((F or G), (F1 or G1))      :- f(F, F1), f(G, G1), !.
f((G impl H), (neg G1 or H1)):- f(G, G1), f(H, H1), !.
f(all(X, F), all(X, F1))     :- f(F, F1), !.
f(exist(X, F), exist(X, F1)) :- f(F, F1), !.
f(F, F).
```

4.2 Substitutionen

Lösung 4.13 Beispiele zur Substitutionskomposition [▷82] ○

(a) (1) $\kappa_Y = \{W \mapsto Y, Z \mapsto W\}$
   (2) $\sigma_Y = \sigma = \{Z \mapsto Y\}$
   (3) $\kappa\kappa_Y = \{Z \mapsto Y, W \mapsto Y\}$
   (4) $\kappa_Y\kappa = \{Z \mapsto Y, Y \mapsto W\}$
   (5) $\kappa\kappa = \{Z \mapsto Y\}$
   (6) $\kappa\sigma_Y = \kappa$
   (7) $\sigma_Y\kappa = \{Z \mapsto W, Y \mapsto W, W \mapsto Y\}$

(b) (1) $\sigma\sigma = \{Z \mapsto X\}$
   (2) $\sigma_X\sigma = \{Z \mapsto X, X \mapsto V\}$
   (3) $\sigma\sigma_X = \{Z \mapsto X, V \mapsto X\}$
   (4) $\sigma\tau_X = \sigma$
   (5) $\tau_X\sigma = \{Z \mapsto V, X \mapsto V, V \mapsto X\}$

(c) Wir erhalten für λ_1 und λ_2:

$$\lambda_1 = \sigma\theta = \{Y \mapsto f(Y,W), Z \mapsto X\}\{Y \mapsto g(Y), X \mapsto Z, Z \mapsto W\} =$$
$$= \{Y \mapsto f(g(Y),W), X \mapsto Z\}$$
$$\lambda_2 = \theta\sigma = \{Y \mapsto g(Y), X \mapsto Z, Z \mapsto W\}\{Y \mapsto f(Y,W), Z \mapsto X\} =$$
$$= \{Y \mapsto g(f(Y,W)), Z \mapsto W\}$$

Lösung 4.14 Freie Variable und Substitutionsanwendung [▷83] ○

(a) (1) Es gibt 3 freie Vorkommen von Variablen und zwar 2 freie Vorkommen von Y und 1 freies Vorkommen von X (Markierung durch Fettdruck):

$$((\forall X)r(X, Y) \to r(\mathbf{X}, \mathbf{Y}))$$

$F_1\sigma$ berechnen wir schrittweise wie folgt:

$$[((\forall X)r(X,Y) \to r(X,Y))]\sigma = ([(\forall X)r(X,Y)]\sigma \to r(X,Y)\sigma)$$
$$= ((\forall X)r(X,Y)\sigma_X \to r(X,Y)\sigma)$$
$$= ((\forall X)r(X\sigma_X, Y\sigma_X) \to r(X\sigma, Y\sigma))$$
$$= ((\forall X)r(X, a) \to r(f(a,Y), a))$$

(2) Es gibt keine freien Vorkommen von Variablen.
$F_2\sigma$ berechnen wir schrittweise wie folgt:

$$[(\forall X)(r(X,c) \to r(X,c))]\sigma = (\forall X)(r(X,c)\sigma_X \to r(X,c)\sigma_X)$$
$$= (\forall X)(r(X\sigma_X, c\sigma_X) \to r(X\sigma_X, c\sigma_X))$$
$$= (\forall X)(r(X,c) \to r(X,c))$$

(3) Es gibt genau ein freies Vorkommen von Y.

$$(\forall X)((\exists Y)r(f(X,Y),c) \to (\exists Z)s(\mathbf{Y}, Z))$$

$F_3\sigma$ berechnen wir schrittweise wie folgt:

II.4.2. SUBSTITUTIONEN

$$[(\forall X)((\exists Y)r(f(X,Y),c) \to (\exists Z)s(Y,Z))]\sigma$$
$$= (\forall X)[((\exists Y)r(f(X,Y),c) \to (\exists Z)s(Y,Z))]\sigma_X$$
$$= (\forall X)([(\exists Y)r(f(X,Y),c)]\sigma_X \to [(\exists Z)s(Y,Z)]\sigma_X)$$
$$= (\forall X)((\exists Y)r(f(X,Y),c)(\sigma_X)_Y \to (\exists Z)s(Y,Z)(\sigma_X)_Z)$$
$$= (\forall X)((\exists Y)r(f(X,Y),c) \to (\exists Z)s(a,Z))$$

(b) Es ist $\theta_X = \{Y \mapsto g(Y), X \mapsto Z, Z \mapsto W\} \setminus \{X \mapsto Z\}$
$$= \{Y \mapsto g(Y), Z \mapsto W\}$$

und (mit analoger Ableitung) $\theta_{XY} = \{Z \mapsto W\}$.

$$F\theta = [(\forall X)(p(X,Y) \wedge (\exists X)(\exists Y)p(X,Y))]\theta$$
$$= (\forall X)[(p(X,Y) \wedge (\exists X)(\exists Y)p(X,Y))\theta_X]$$
$$= (\forall X)([p(X,Y)\theta_X] \wedge [(\exists X)(\exists Y)p(X,Y)]\theta_X)$$
$$= (\forall X)([p(X,Y)\theta_X] \wedge [(\exists X)(\exists Y)p(X,Y)]\theta_X)$$
$$= (\forall X)(p(X\theta_X, Y\theta_X) \wedge (\exists X)(\exists Y)[p(X,Y)\theta_{XY}])$$
$$= (\forall X)(p(X\theta_X, Y\theta_X) \wedge (\exists X)(\exists Y)[p(X,Y)\theta_{XY}])$$
$$= (\forall X)(p(X\theta_X, Y\theta_X) \wedge (\exists X)(\exists Y)p(X\theta_{XY}, Y\theta_{XY}))$$
$$= (\forall X)(p(X, g(Y)) \wedge (\exists X)(\exists Y)p(X,Y))$$

Lösung 4.15 $t\widehat{\sigma}$ **ist wieder ein Term** [▷83] ◐ 4-2 170

Sei σ eine beliebige Substitution. Wir führen einen Induktionsbeweis über Terme t und zeigen, dass $t\widehat{\sigma}$ jeweils wieder ein Term ist.

I.A. (i) Sei Term $t = a$ und a eine Konstante. Dann ist (nach Definition 4.8) $t\widehat{\sigma} = t$, d.h. wieder ein Term.

(ii) Sei $t = X$ und X eine Variable. Dann ist
$$t\widehat{\sigma} = \begin{cases} s & \text{falls } X \mapsto s \in \sigma \\ X & \text{falls } \sigma(X) = X \end{cases}$$

Da sowohl X ein Term ist, und (nach Definition 4.7) auch s ein Term ist, ist also $t\widehat{\sigma}$ in diesem Fall auch ein Term.

I.H. Für $t_1, \ldots, t_n$ gilt: $t_i\widehat{\sigma}$ ist ein Term für $(i = 1, \ldots, n)$.

I.B. $f(t_1, \ldots, t_n)\widehat{\sigma}$ ist ein Term.

I.S. Nach Definition 4.8 gilt: $f(t_1, \ldots, t_n)\widehat{\sigma} = f(t_1\widehat{\sigma}, \ldots, t_n\widehat{\sigma})$.
Nach Definition 4.2 (der Terme) und gemäß der I.H. ist somit $f(t_1, \ldots, t_n)\widehat{\sigma}$ ein Term.

Lösung 4.16 Substitutionskomposition ist eine Substitution [▷83] ◐

Es ist zu zeigen, dass durch Definition 4.10 für jede Variable $X \in \mathcal{V}$ genau ein Funktionswert festgelegt wird, und dass nur endlich viele Variablen aus $\mathcal{V}$ nicht auf sich selbst abgebildet werden.

Definition 4.10 bestimmt zunächst eine Relation zwischen den beiden Mengen $\mathcal{V}$ und $\mathcal{T}(\mathcal{F}, \mathcal{V})$, welche mit $\sigma\theta$ bezeichnet wird, und zwar einerseits durch Angabe eines Teils ihres Graphen als Vereinigung von den zwei Paarmengen $M_1 = \{X \mapsto t\widehat{\theta} \mid X \mapsto t \in \sigma \text{ und } X \neq t\widehat{\theta}\}$ und $M_2 = \{Y \mapsto s \mid Y \mapsto s \in \theta \text{ und } Y \notin \text{dom}(\sigma)\}$, sowie andererseits durch die Konvention, dass alle Variablen $X \in \mathcal{V}$, für die weder in M_1 noch in M_2 ein Paar der Form $X \mapsto t$ existiert, zu sich selbst und nur zu sich selbst in Relation stehen sollen.

(i) Damit ist allen Variablen $X \in \mathcal{V}$, für die weder in M_1 noch in M_2 ein Paar der Form $X \mapsto t$ existiert, ein eindeutiger Wert zugeordnet.

(ii) Da sowohl M_1 als auch M_2 Teile der Graphen der Abbildungen σ bzw. θ sind, können weder in M_1 noch in M_2 Paare der Form $X \mapsto t$ und $Y \mapsto s$ mit $X = Y$ und $t \neq s$ existieren. Da zudem M_1 nur Paare mit Variablen aus $\mathrm{dom}(\sigma)$ enthält und M_2 nur Paare mit Variablen, welche nicht in $\mathrm{dom}(\sigma)$ sind, enthält, können in der Vereinigung $M_1 \cup M_2$ keine Paare der Form $X \mapsto t$ und $Y \mapsto s$ mit $X = Y$ und $t \neq s$ vorkommen.

Somit ist die Relation $\sigma\theta$ eine Abbildung von $\mathcal{V}$ nach $\mathcal{T}(\mathcal{F}, \mathcal{V})$.
Es bleibt nun noch zu zeigen, dass die Abbildung $\sigma\theta$ auch eine endliche Domäne hat. Nun haben aber sowohl σ als auch θ als Substitutionen endliche Domänen. Weiterhin ist jede Variable, für welche ein Paar $X \mapsto t$ in M_1 existiert, in $\mathrm{dom}(\sigma)$, und jede Variable, für welche ein Paar $X \mapsto t$ in M_2 existiert, in $\mathrm{dom}(\theta)$. Daraus folgt, dass die Menge der Variablen, für welche ein Paar $X \mapsto t$ in $M_1 \cup M_2$ existiert, in $\mathrm{dom}(\sigma) \cup \mathrm{dom}(\theta)$ enthalten ist, und somit eine endliche Menge ist. Da alle Variablen, für welche kein Paar $X \mapsto t$ in $M_1 \cup M_2$ existiert, auf sich selbst abgebildet werden, hat die Abbildung $\sigma\theta$ eine endliche Domäne.

Lösung 4.17 Substitutionskomposition ist nicht kommutativ [▷83] ○

Es gilt nach Definition 4.10:

$$\sigma\theta = \{X \mapsto t\widehat{\theta} \mid X \mapsto t \in \sigma \text{ und } X \neq t\widehat{\theta}\}$$
$$\cup \{Y \mapsto s \mid Y \mapsto s \in \theta \text{ und } Y \notin \mathrm{dom}(\sigma)\}.$$

Wir bestimmen zunächst

$$[\sigma\theta]^+ = \{X \mapsto t\widehat{\theta} \mid X \mapsto t \in \sigma\} \cup \{Y \mapsto s \mid Y \mapsto s \in \theta \text{ und } Y \notin \mathrm{dom}(\sigma)\},$$

d.h. wir vernachlässigen zunächst das Streichen von Zuweisungen $X \mapsto t$ mit $X = t$, die also Variable auf sich selbst abbilden. Damit ist

$$[\sigma_1\sigma_2]^+ = \{X \mapsto f(Y,a)\widehat{\sigma_2}, Y \mapsto U\widehat{\sigma_2}, U \mapsto f(Y,X)\widehat{\sigma_2}\} \cup \{V \mapsto f(a,U)\}$$
$$= \{X \mapsto f(f(U,a),a), Y \mapsto U, U \mapsto f(f(U,a),a), V \mapsto f(a,U)\}$$

Da keine identischen Zuweisungen entstanden sind, gilt

$$\sigma_1\sigma_2 = [\sigma_1\sigma_2]^+ =$$
$$= \{X \mapsto f(f(U,a),a), Y \mapsto U, U \mapsto f(f(U,a),a), V \mapsto f(a,U)\}.$$

Analog erhalten wir

$$[\sigma_2\sigma_1]^+ = \{X \mapsto a\widehat{\sigma_1}, Y \mapsto f(U,a)\widehat{\sigma_1}, V \mapsto f(a,U)\widehat{\sigma_1}\} \cup \{U \mapsto f(Y,X)\}$$
$$= \{X \mapsto a, Y \mapsto f(f(Y,X),a), V \mapsto f(a,f(Y,X)), U \mapsto f(Y,X)\}$$

Auch hier sind keine identischen Zuweisungen zu streichen und es gilt

$$\sigma_2\sigma_1 = [\sigma_2\sigma_1]^+ =$$
$$= \{X \mapsto a, Y \mapsto f(f(Y,X),a), V \mapsto f(a,f(Y,X)), U \mapsto f(Y,X)\}.$$

Wie man sieht gilt $\sigma_1\sigma_2 \neq \sigma_2\sigma_1$, d.h. die Komposition von Substitutionen ist nicht kommutativ.

II.4.2. SUBSTITUTIONEN

Lösung 4.18 Beispiele zu Substitutionen [▷83] ○

(a) Die Aussage ist richtig, wie folgende Beispiele zeigen:
Beispiel 1: $t = X$ und $X \notin \text{dom}(\tau)$
Beispiel 2: $t = Y$ mit $Y \in \mathcal{V}$ und $Y\tau = X$

(b) Die Aussage ist falsch.
Es genügt z.B. wenn für alle in $X\sigma$ vorkommenden Variablen gilt, dass sie nicht aus $\text{dom}(\tau)$ sind.
Also z.B.: $\sigma = \tau = \varepsilon$. Dann ist $X\sigma = X$, und damit ist $X\sigma$ nicht abgeschlossen und es gilt auch $X\sigma = X = X\sigma\tau$.

Lösung 4.19 $t(\widehat{\sigma\theta}) = (t\widehat{\sigma})\widehat{\theta}$ [▷84] ◐ 4-5 171

(a) Nach Definition 4.8 gilt für eine Variable X:

$$X(\widehat{\sigma\theta}) = X(\sigma\theta) \text{ und } X(\widehat{\sigma}) = X\sigma$$

Somit genügt es zu zeigen: $X(\sigma\theta) = (X\sigma)\widehat{\theta}$.
Wir betrachten hierzu die Komposition

$[\sigma\theta]^+ = M_1 \cup M_2$
mit $M_1 = \{Y \mapsto u\widehat{\theta} \mid Y \mapsto u \in \sigma\}$
und $M_2 = \{Z \mapsto v \mid Z \mapsto v \in \theta \text{ and } Z \notin \text{dom}(\sigma)\}$,

welche sich von der Komposition $\sigma\theta$ durch das Fehlen der zusätzlichen Bedingung $u\widehat{\theta} \neq Y$ unterscheidet.

Mit der üblichen Konvention, dass Variablen, für welche in der Darstellung einer Substitution als endliche Paarmenge kein zu substituierender Term angegeben wird, auf sich selbst abgebildet werden, stimmen die durch $\sigma\theta$ bzw. durch $[\sigma\theta]^+$ bestimmten Substitutionen überein. (Formal liegt der Unterschied ja nur darin, dass in $[\sigma\theta]^+$ Paare der Form $Z \mapsto Z$ vorkommen können.)

Es genügt also zu zeigen, dass $X[\sigma\theta]^+ = (X\sigma)\widehat{\theta}$.
Wir betrachten die folgenden Fälle:

(1) $X \in \text{dom}(\sigma)$, d.h. es gibt ein Paar $X \mapsto s \in \sigma$ und damit gilt: $X\sigma = s$.
Da $X \in \text{dom}(\sigma)$ ist, enthält M_2 keine Zuordnung für X. Somit kann der Wert $X[\sigma\theta]^+$ also nur über M_1 bestimmt sein (oder $X[\sigma\theta]^+ = X$).
Da $X \mapsto s \in \sigma$ gibt es aber in M_1 das Paar $X \mapsto s\widehat{\theta}$, und damit gilt:

$$X[\sigma\theta]^+ = s\widehat{\theta} = (X\sigma)\widehat{\theta}.$$

(2) $X \notin \text{dom}(\sigma)$, d.h. $X\sigma = X$.
Damit gibt es kein Paar für X in M_1 und der Wert $X[\sigma\theta]^+$ kann also nur über M_2 bestimmt sein.

(i) Falls $X \notin \text{dom}(\theta)$ so wird X durch θ auf sich selbst abgebildet, also $X\theta = X$. Es gibt dann auch kein Paar für X in M_2 und damit gilt $X[\sigma\theta]^+ = X$. Zusammenfassend erhalten wir dann:

$$X[\sigma\theta]^+ = X = X\theta = X\widehat{\theta} = (X\sigma)\widehat{\theta}.$$

(ii) Falls $X \in \text{dom}(\theta)$, so gibt es für X ein Paar $X \mapsto s \in \theta$. Dieses Paar ist dann wegen $X \notin \text{dom}(\sigma)$ auch in M_2 und somit gilt:

$$X[\sigma\theta]^+ = s = X\theta = X\widehat{\theta} = (X\sigma)\widehat{\theta}$$

(b) Sei E die Eigenschaft: $t(\widehat{\sigma\theta}) = (t\widehat{\sigma})\widehat{\theta}$

I.A. (i) Sei $t = a$ für ein Konstantensymbol $a/0$.
Dann gilt $a(\widehat{\sigma\theta}) = a = (a\widehat{\sigma})\widehat{\theta}$,
da Substitutionen Konstantensymbole nach Definition 4.8 nicht verändern, d.h. $t = a$ besitzt die Eigenschaft E.

(ii) Sei $t = X$ für eine Variable X.
Nach Teilaufgabe (a) besitzt auch $t = X$ die Eigenschaft E.

I.H. Seien weiterhin $t_1, \ldots, t_n$ Terme, welche die Eigenschaft E besitzen
(d.h. es gilt $t_i(\widehat{\sigma\theta}) = (t_i\widehat{\sigma})\widehat{\theta}$ für $i = 1, \ldots, n$).

I.B. Der Term $t = f(t_1, \ldots, t_n)$ besitzt die Eigenschaft E.

I.S. Es gilt:
$$t(\widehat{\sigma\theta}) = f(t_1, \ldots, t_n)(\widehat{\sigma\theta}) \stackrel{\text{Def 4.8}}{=} f(t_1(\widehat{\sigma\theta}), \ldots, t_n(\widehat{\sigma\theta}))$$
$$\stackrel{\text{I.H.}}{=} f((t_1\widehat{\sigma})\widehat{\theta}, \ldots, (t_n\widehat{\sigma})\widehat{\theta})$$
$$\stackrel{\text{Def 4.8}}{=} f(t_1\widehat{\sigma}, \ldots, t_n\widehat{\sigma})\widehat{\theta}$$
$$\stackrel{\text{Def 4.8}}{=} (f(t_1, \ldots, t_n)\widehat{\sigma})\widehat{\theta} = (t\widehat{\sigma})\widehat{\theta}$$

Somit folgt, dass $t = f(t_1, \ldots, t_n)$ die Eigenschaft E besitzt.
Nach struktureller Induktion gilt für jeden Term t: $t(\widehat{\sigma\theta}) = (t\widehat{\sigma})\widehat{\theta}$

Lösung 4.20 Existenz von θ mit $\widehat{\theta} = \widehat{\sigma} \circ \widehat{\tau}$ [▷84] ◐

(a) $(\widehat{\sigma} \circ \widehat{\tau})|_{\mathcal{V}}$ ist nach Definition eine Abbildung der Variablen in die Terme. Es bleibt somit zu zeigen, dass $(\widehat{\sigma} \circ \widehat{\tau})|_{\mathcal{V}}$ eine endliche Domäne hat.
Es gilt nun $|\text{dom}(\sigma)| < \infty$ und $|\text{dom}(\tau)| < \infty$, woraus $|\text{dom}(\sigma) \cup \text{dom}(\tau)| < \infty$ folgt. Für eine Variable X, welche weder in $\text{dom}(\sigma)$ noch in $\text{dom}(\tau)$ ist – und das sind nun eben alle bis auf endlich viele Ausnahmen – gilt aber
$$X(\widehat{\sigma} \circ \widehat{\tau})|_{\mathcal{V}} = X(\widehat{\sigma} \circ \widehat{\tau}) = (X\widehat{\sigma})\widehat{\tau} = (X\sigma)\widehat{\tau} = X\widehat{\tau} = X\tau = X$$

(b) Wir führen einen Induktionsbeweis über alle Terme.

I.A. Sei $X \in \mathcal{V}$. Dann gilt: $X\widehat{\theta} = X(\widehat{\sigma} \circ \widehat{\tau})|_{\mathcal{V}} = X(\widehat{\sigma} \circ \widehat{\tau})$
Und für eine Konstante t folgt: $t\widehat{\theta} = t = t(\widehat{\sigma} \circ \widehat{\tau})$

I.H. Es gilt $t_i\widehat{\theta} = t_i(\widehat{\sigma} \circ \widehat{\tau})$ für Terme $t_1, \ldots, t_n$.

I.B. Es gilt $t\widehat{\theta} = t(\widehat{\sigma} \circ \widehat{\tau})$ für $t = f(t_1, \ldots, t_n)$.

I.S. Beweis durch einfaches Durchrechnen.
$$f(t_1, \ldots, t_n)\widehat{\theta} = f(t_1\widehat{\theta}, \ldots, t_n\widehat{\theta}) =$$
$$\stackrel{\text{I.H.}}{=} f(t_1(\widehat{\sigma} \circ \widehat{\tau}), \ldots, t_n(\widehat{\sigma} \circ \widehat{\tau})) =$$
$$= f(t_1\widehat{\sigma}, \ldots, t_n\widehat{\sigma})\widehat{\tau} =$$
$$= f(t_1, \ldots, t_n)(\widehat{\sigma} \circ \widehat{\tau})$$

Bemerkung: Der obige Beweis liefert natürlich noch keine Angabe wie die Substitution θ konkret aussieht.

Lösung 4.21 Substitutionswert hängt nur von Variablen in Term ab [▷84] ◐

(a) Nach Definition 4.7 gilt $\sigma|_{\mathcal{V}_t} = \{V \mapsto t \mid V \mapsto t \in \sigma \text{ und } V \in \mathcal{V}_t\}$, und
mit $\mathcal{V}_t = \{X, Z\}$ folgt: $\sigma|_{\mathcal{V}_t} = \{X \mapsto f(Y, g(Z)), Z \mapsto f(g(X), U)\}$

II.4.2. SUBSTITUTIONEN

$$t\sigma = f(g(X), f(a, Z))\{X \mapsto f(Y, g(Z)), Y \mapsto g(a),$$
$$Z \mapsto f(g(X), U), U \mapsto X\}$$
$$= f(g(f(Y, g(Z))), f(a, f(g(X), U)))$$
$$t\theta = f(g(X), f(a, Z))\{X \mapsto g(Z), Y \mapsto Z,$$
$$Z \mapsto f(X, U), U \mapsto g(X)\}$$
$$= f(g(g(Z)), f(a, f(X, U)))$$

(b) I.A. (i) Sei t Konstante.
Dann ist für alle Substitutionen nach Definition 4.8
$t\sigma = t$ und $t\theta = t$, und damit $t\sigma = t\theta$.

(ii) Sei $t = V$ und V ist Variable; d.h. $\mathcal{V}_t = \{V\}$.
Fall 1: $V \notin \text{dom}(\sigma)$, woraus direkt folgt, dass $t\sigma = t$.
Es ist $\sigma|_{\mathcal{V}_t} = \varepsilon$ und damit auch $\theta|_{\mathcal{V}_t} = \varepsilon$.
Damit ist $V \notin \text{dom}(\theta)$, und folglich $t\theta = t$ nach Definition 4.8
Somit ergibt sich $t\sigma = t\theta$.
Fall 2: $V \in \text{dom}(\sigma)$.
Das heißt $\sigma|_{\mathcal{V}_t} = \{V \mapsto s\}$, wobei s einen Term bezeichnet.
Daraus folgt $\theta|_{\mathcal{V}_t} = \{V \mapsto s\}$. Nach Definition 4.8 ist dann
$t\sigma = V\sigma = s$ und $t\theta = V\sigma = s$ und es ist folglich $t\sigma = t\theta$.

I.H. Für $t_1, \ldots, t_n$ gelte:
Wenn $\sigma|_{\mathcal{V}_{t_i}} = \theta|_{\mathcal{V}_{t_i}}$ gilt, dann gilt auch $t_i\sigma = t_i\theta$ ($i = 1, \ldots, n$).

I.S. Wir betrachten einen Term $t = f(t_1, \ldots, t_n)$.
Zu Zeigen: Aus $\sigma|_{\mathcal{V}_t} = \theta|_{\mathcal{V}_t}$ folgt $f(t_1, \ldots, t_n)\sigma = f(t_1, \ldots, t_n)\theta$.
Aus $\sigma|_{\mathcal{V}_t} = \theta|_{\mathcal{V}_t}$ folgt $\sigma|_{\mathcal{V}_t}|_{\mathcal{V}_{t_i}} = \theta|_{\mathcal{V}_t}|_{\mathcal{V}_{t_i}}$ für $i = 1, \ldots, n$.
Da $\mathcal{V}_{t_i} \subseteq \mathcal{V}_t$ ist, folgt für $i = 1, \ldots, n$, dass $\sigma|_{\mathcal{V}_t}|_{\mathcal{V}_{t_i}} = \sigma|_{\mathcal{V}_t}$ und
$\theta|_{\mathcal{V}_t}|_{\mathcal{V}_{t_i}} = \theta|_{\mathcal{V}_t}$ und damit $\sigma|_{\mathcal{V}_{t_i}} = \theta|_{\mathcal{V}_{t_i}}$ für $i = 1, \ldots, n$.
Hiermit ergibt sich $t_i\sigma|_{\mathcal{V}_{t_i}} = t_i\theta|_{\mathcal{V}_{t_i}}$ für $i = 1, \ldots, n$.
Daraus folgt $f(t_1\sigma|_{\mathcal{V}_{t_1}}, \ldots, t_n\sigma|_{\mathcal{V}_{t_n}}) = f(t_1\theta|_{\mathcal{V}_{t_1}}, \ldots, t_n\theta|_{\mathcal{V}_{t_n}})$
und somit $f(t_1\sigma, \ldots, t_n\sigma) = f(t_1\theta, \ldots, t_n\theta)$ (nach I.H.)
und schließlich $f(t_1, \ldots, t_n)\sigma = f(t_1, \ldots, t_n)\theta$ (nach Definition 4.8).

Lösung 4.22 Über Domänen von Substitutionen [▷84] ◐

All die angegebenen Aussagen sich richtig.

Vorbemerkung: Aus der Definition der Darstellung einer Substitution σ als endliche Paarmenge $\{X \mapsto \sigma(X) \mid X \in \text{dom}(\sigma)\}$ und der Definition $\text{dom}(\sigma) = \{X \mid X \in \mathcal{V} \text{ und } \sigma(X) \neq X\}$ ergibt sich die folgende äquivalente Beschreibung von σ als der Paarmenge $\{X \mapsto \sigma(X) \mid X \in \mathcal{V} \text{ und } \sigma(X) \neq X\}$, mit welcher wir im Folgenden arbeiten werden.

(a) Wir erhalten sofort für die rechte Seite:

$$\text{dom}(\sigma) \cap \mathcal{U} = \{X \mid X \in \mathcal{V} \text{ und } \sigma(X) \neq X\} \cap \mathcal{U}$$
$$= \{X \mid X \in \mathcal{V} \text{ und } \sigma(X) \neq X \text{ und } X \in \mathcal{U}\}$$
$$= \{X \mid \sigma(X) \neq X \text{ und } X \in \mathcal{U}\}$$

Gemäß Definition von $\sigma|_{\mathcal{U}}$ und unter Verwendung obiger Vorbemerkung erhalten wir für $\sigma|_{\mathcal{U}}$ die folgende Darstellung als Paarmenge:

$$\begin{aligned}\sigma|_{\mathcal{U}} &= \{X \mapsto \sigma(X) \mid X \mapsto \sigma(X) \in \sigma \text{ und } X \in \mathcal{U}\}\\ &= \{X \mapsto \sigma(X) \mid X \in \mathcal{V} \text{ und } \sigma(X) \neq X \text{ und } X \in \mathcal{U}\}\\ &= \{X \mapsto \sigma(X) \mid \sigma(X) \neq X \text{ und } X \in \mathcal{U}\}\end{aligned}$$

Hieraus folgt nun sofort: $\mathrm{dom}(\sigma|_{\mathcal{U}}) = \{X \mid \sigma(X) \neq X \text{ und } X \in \mathcal{U}\}$

(b) Unter Verwendung der Definitionen sowie der oben gemachten Vorbemerkung erhalten wir:

$$\begin{aligned}\sigma|_{\mathrm{dom}(\sigma)} &= \{X \mapsto \sigma(X) \mid X \mapsto \sigma(X) \in \sigma \text{ und } X \in \mathrm{dom}(\sigma)\}\\ &= \{X \mapsto \sigma(X) \mid (X \in \mathcal{V} \text{ und } \sigma(X) \neq X) \text{ und }\\ &\qquad (X \in \mathcal{V} \text{ und } \sigma(X) \neq X)\}\\ &= \{X \mapsto \sigma(X) \mid X \in \mathcal{V} \text{ und } \sigma(X) \neq X\}\\ &= \sigma\end{aligned}$$

(c) Wir erhalten die zu beweisende Aussage entweder aus Teilaufgabe (a) mit $\mathcal{U} = \mathrm{dom}(\sigma)$, oder aus Teilaufgabe (b) und der Tatsache, dass identische Abbildungen auch gleiche Domänen haben.

(d) Wir machen die folgende Fallunterscheidung:

(i) $X \notin \mathrm{dom}(\sigma)$: Dann folgt einerseits sofort $\mathrm{dom}(\sigma) \setminus \{X\} = \mathrm{dom}(\sigma)$, und aus der Definition von σ_X folgt andererseits $\sigma_X = \sigma$, woraus sich $\mathrm{dom}(\sigma_X) = \mathrm{dom}(\sigma)$ ergibt. Aus beidem zusammen folgt nun die zu zeigende Aussage.

(ii) $X \in \mathrm{dom}(\sigma)$: Dann gilt für die Paarmenge σ_X:

$$\begin{aligned}\sigma_X &= \sigma \setminus \{X \mapsto \sigma(X)\}\\ &= \{Y \mapsto \sigma(Y) \mid Y \in \mathcal{V} \text{ und } \sigma(Y) \neq Y\} \setminus \{X \mapsto \sigma(X)\}\\ &= \{Y \mapsto \sigma(Y) \mid Y \in \mathcal{V} \text{ und } \sigma(Y) \neq Y \text{ und } Y \neq X\}\end{aligned}$$

Hieraus folgt

$$\begin{aligned}\mathrm{dom}(\sigma_X) &= \{Y \mid Y \in \mathcal{V} \text{ und } \sigma(Y) \neq Y \text{ und } Y \neq X\}\\ &= \mathrm{dom}(\sigma) \setminus \{X\}\end{aligned}$$

(e) Es ergibt sich nun mit Teilaufgabe (d)

$$\begin{aligned}\mathrm{dom}((\sigma_X)_Y) &= \mathrm{dom}(\sigma_X) \setminus \{Y\}\\ &= (\mathrm{dom}(\sigma) \setminus \{X\}) \setminus \{Y\}\\ &= \mathrm{dom}(\sigma) \setminus \{X, Y\}\end{aligned}$$

4-4 170 Lösung 4.23 $\{X \mapsto r\}$ **und** X **nicht in** t [▷84] ◐

Da X in t nicht vorkommt, unterscheidet sich μ bezüglich der in t vorkommenden Variablen nicht von der leeren Substitution ε. D.h. $\mu|_{V_t} = \varepsilon|_{V_t}$. Somit folgt nach Aufgabe 4.21, dass $t\mu = t\varepsilon = t$ gilt.

4-6 173 Lösung 4.24 $\sigma_X = \sigma|_{\mathrm{dom}(\sigma) \setminus \{X\}}$ [▷85] ◐

Wir zeigen, dass die beiden Substitutionen durch dieselbe Paarmenge repräsentiert werden.

II.4.2. SUBSTITUTIONEN 355

$\sigma_X \subseteq \sigma|_{\text{dom}(\sigma)\setminus\{X\}}$: Sei $Y \mapsto s$ ein Paar aus σ_X. Dann folgt $Y \mapsto s \in \sigma$, denn beim Übergang von σ zu σ_X werden nach Definition 4.14 keine Paare hinzugefügt. Ferner muss $Y \neq X$ gelten, da im Fall von $Y = X$ beim Übergang von σ zu σ_X das Paar $Y \mapsto s$ entfernt worden wäre. Aus $Y \mapsto s \in \sigma$ folgt $Y \in \text{dom}(\sigma)$. Zusammen mit $Y \neq X$ folgt nun $Y \in \text{dom}(\sigma) \setminus \{X\}$. Wegen $Y \mapsto s \in \sigma$ und $Y \in \text{dom}(\sigma) \setminus \{X\}$ folgt nun $Y \mapsto s \in \sigma|_{\text{dom}(\sigma)\setminus\{X\}}$.

$\sigma_X \supseteq \sigma|_{\text{dom}(\sigma)\setminus\{X\}}$: Aus $Y \mapsto s \in \sigma|_{\text{dom}(\sigma)\setminus\{X\}}$ folgt sowohl $Y \mapsto s \in \sigma$ als auch $Y \in \text{dom}(\sigma) \setminus \{X\}$. Dies impliziert $Y \in \text{dom}(\sigma)$ und $Y \neq X$.

Wir betrachten die folgenden zwei Fälle:

(i) $X \notin \text{dom}(\sigma)$: Dies bedeutet, dass $\sigma_X = \sigma$, und damit ist $Y \mapsto s \in \sigma_X$ wegen $Y \mapsto s \in \sigma$.

(ii) $X \in \text{dom}(\sigma)$: Dies bedeutet, dass es ein Paar $X \mapsto t$ in σ gibt. Dann ist $Y \mapsto s \in \sigma \setminus \{X \mapsto t\}$ wegen $Y \mapsto s \in \sigma$ und $Y \neq X$. Folglich ist $Y \mapsto s \in \sigma_X$.

Lösung 4.25 X **nicht in** t **und** σ_X [▷85] ◐ 4-7 173

Wir stellen zunächst ein paar Vorüberlegungen an:

(i) Nach der Definition der Repräsentation von σ als Paarmenge gilt offensichtlich $\sigma = \sigma|_{\text{dom}(\sigma)}$.

(ii) Da die Variable X im Term t nicht vorkommt, gilt $(\text{dom}(\sigma) \setminus \{X\}) \cap \mathcal{V}_t = \text{dom}(\sigma) \cap \mathcal{V}_t$, wobei $\mathcal{V}_t$ die Menge der in t vorkommende Variablen ist.

(iii) Letztendlich gilt für Variablenmengen $\mathcal{V}_1, \mathcal{V}_2 \subseteq \mathcal{V}$ und beliebige Substitutionen τ, dass $(\tau|_{\mathcal{V}_1})|_{\mathcal{V}_2} = \tau|_{\mathcal{V}_1 \cap \mathcal{V}_1}$.

Mit diesen Vorüberlegungen erhalten wir nun:

$$\begin{aligned}
\sigma|_{\mathcal{V}_t} &\overset{(i)}{=} (\sigma|_{\text{dom}(\sigma)})|_{\mathcal{V}_t} \\
&\overset{(iii)}{=} \sigma|_{\text{dom}(\sigma) \cap \mathcal{V}_t} \\
&\overset{(ii)}{=} \sigma|_{(\text{dom}(\sigma)\setminus\{X\}) \cap \mathcal{V}_t} \\
&\overset{(iii)}{=} (\sigma|_{\text{dom}(\sigma)\setminus\{X\}})|_{\mathcal{V}_t} \\
&= \sigma_X|_{\mathcal{V}_t}
\end{aligned}$$

wobei die letzte Gleichheit aus Aufgabe 4.24 folgt. Es folgt nun mit Aufgabe 4.21, dass $t\sigma_X = t\sigma$ gilt.

Lösung 4.26 Substitutionswert hängt nur von freien Variablen ab [▷85] ◐ 4-8 174

Wir zeigen die Aussage durch strukturelle Induktion über F. Die Substitution σ betrachten wir als fest vorgegeben.

I.A. F ist atomar. Da alle Vorkommen von Variablen in atomaren Formeln frei sind, gilt die Behauptung trivialerweise.

I.H. Seien G und H Formeln in denen bei der Anwendung der Substitution σ nur freie Vorkommen von Variablen aus $\text{dom}(\sigma)$ ersetzt werden.

I.B. Bei Anwendung der Substitution σ auf eine Formel $\neg G$, $(G \circ H)$ oder $(QX)G$ – wobei X eine beliebige Variable ist – werden nur freie Vorkommen von Variablen aus $\text{dom}(\sigma)$ ersetzt.

I.S. Zum einen sind die freien Vorkommen von Variablen in $\neg G$ und $(G \circ H)$ genau die freien Vorkommen von Variablen in G bzw. genau die Vereinigung der freien Vorkommen von Variablen in G und der freien Vorkommen von Variablen in H. Des Weiteren erfolgt die Substitutionsanwendung auf $\neg G$ und $(G \circ H)$ indem die Substitution auf G bzw. G und H angewendet wird und die resultierende(n) Formel(n) dann wieder mit $\neg$ präfigiert bzw. mit $\circ$ verbunden werden. Unter Anwendung der I.H. folgt hieraus die Behauptung.

Die freien Vorkommen von Variablen in $(QX)G$ sind genau die freien Vorkommen von Variablen in G mit Ausnahme der Vorkommen von X in G. Da nach I.H. die Substitution σ in G nur freie Vorkommen von Variablen ersetzt, und aber die Substitution σ_X die freien Vorkommen von X in G durch sich selbst ersetzt, folgt, dass die Substitution σ nur freie Vorkommen von Variablen in $(QX)G$ ersetzt.

4-9 175 Lösung 4.27 Beweis von Satz 4.18: Vervollständigung I [▷85] ◐

Bei Satz 4.18 handelt es sich um die Aussage:

> Wenn die Substitution σ frei für die prädikatenlogische Formel F und die Substitution θ frei für $F\sigma$ ist, dann gilt: $(F\sigma)\theta = F(\sigma\theta)$.

Wir formulieren zuerst die benötigte Induktionshypothese.

I.H. Wenn die Substitution σ für die prädikatenlogischen Formeln F und G frei ist, und die Substitution θ für $F\sigma$ und $G\sigma$ frei ist, so gilt:

$$(F\sigma)\theta = F(\sigma\theta) \quad \text{und} \quad (G\sigma)\theta = G(\sigma\theta)$$

I.S. Z.z: $((F \wedge G)\sigma)\theta = (F \wedge G)(\sigma\theta)$

Sei σ frei für die Formel $(F \wedge G)$ und θ frei für $(F \wedge G)\sigma$.
Da σ frei für $(F \wedge G)$ ist, ist σ auch frei für F und G. Da θ frei für $(F \wedge G)\sigma$ und $(F \wedge G)\sigma = (F\sigma \wedge G\sigma)$ ist, ist θ auch frei für $F\sigma$ und $G\sigma$. Durch Anwendung der Induktionshypothese erhalten wir $(F\sigma)\theta = F(\sigma\theta)$ und $(G\sigma)\theta = G(\sigma\theta)$.

Somit gilt auch:

$$\begin{aligned}
((F \wedge G)\sigma)\theta &= (F\sigma \wedge G\sigma)\theta & \text{(Definition 4.16)} \\
&= ((F\sigma)\theta \wedge ((G)\sigma)\theta) & \text{(Definition 4.16)} \\
&= (F(\sigma\theta) \wedge G(\sigma\theta)) & \text{(I.H.)} \\
&= (F \wedge G)\sigma\theta & \text{(Definition 4.16)}
\end{aligned}$$

4-10 176 Lösung 4.28 Beweis von Satz 4.18: Vervollständigung II [▷85] ◐

Siehe die Lösung zu Aufgabe 4.27 für die Form von Satz 4.18 und die I.H. seines Beweises.

I.S. Z.z: $((\exists X)F\sigma)\theta = ((\exists X)F)(\sigma\theta)$

Sei die Substitution σ frei für die Formel $(\exists X)F$ und die Substitution θ frei für $((\exists X)F)\sigma$. Da σ frei für $(\exists X)F$ ist, ist σ_X frei für F. Da θ frei für $((\exists X)F)\sigma = (\exists X)(F\sigma_X)$ ist, ist θ_X frei für $F\sigma_X$.
Durch Anwendung der Induktionshypothese erhalten wir $(F\sigma_X)\theta_X = F(\sigma_X\theta_X)$. Unter Verwendung der Hilfsaussage $F(\sigma_X\theta_X) = F(\sigma\theta)_X$, welche im Lehrbuch in Zusammenhang mit Satz 4.18 bewiesen wurde, gilt jetzt aber:

II.4.2. SUBSTITUTIONEN 357

$$
\begin{aligned}
(((\exists X)F)\sigma)\theta &= ((\exists X)(F\sigma_X))\theta & \text{(Definition 4.16)} \\
&= (\exists X)((F\sigma_X)\theta_X) & \text{(Definition 4.16)} \\
&= (\exists X)(F(\sigma_X\theta_X)) & \text{(I.H.)} \\
&= (\exists X)(F(\sigma\theta)_X) & \text{(Hilfsaussage)} \\
&= ((\exists X)F)(\sigma\theta) & \text{(Definition 4.16)}
\end{aligned}
$$

Lösung 4.29 Idempotente Substitutionen [▷85] ◐

Sei $\sigma = \{X_1 \mapsto t_1, \ldots, X_n \mapsto t_n\}$.
Dann entsteht $\sigma\sigma$ aus $\{X_1 \mapsto t_1\sigma, \ldots, X_n \mapsto t_n\sigma, X_1 \mapsto t_1, \ldots, X_n \mapsto t_n\}$ durch Streichen identischen Paare $X_i \mapsto t_i\sigma$, d.h. mit $X_i = t_i\sigma$, sowie aller Paare $X_i \mapsto t_i$ deren Variable X_i in der Domäne von σ enthalten ist. Letzteres trifft hier für alle $X_i \mapsto t_i$ zu, d.h. $\sigma\sigma = \{X_i \mapsto t_i\sigma \mid i = 1, \ldots, n \text{ und } X_i \neq t_i\sigma\}$.

$\Longrightarrow$: D.h. es ist zu zeigen: Wenn σ idempotent ist, dann gilt $V \cap \text{dom}(\sigma) = \emptyset$.

Sei σ idempotent, d.h. $\sigma = \sigma\sigma$. In $\{X_1 \mapsto t_1\sigma, \ldots, X_n \mapsto t_n\sigma\}$ können keine identischen Paare enthalten sein, denn sonst wäre $\sigma = \sigma\sigma$ verletzt.
Also folgt aus $\sigma = \sigma\sigma$:
$$\{X_1 \mapsto t_1, \ldots, X_n \mapsto t_n\} = \{X_1 \mapsto t_1\sigma, \ldots, X_n \mapsto t_n\sigma\}.$$
Da alle X_i voneinander verschieden sind, muss $t_i\sigma = t_i$ gelten,
d.h. $t_i\{X_1 \mapsto t_1, \ldots, X_n \mapsto t_n\} = t_i$ für $i = 1, \ldots, n$.
Das kann nur gelten, wenn für alle i gilt $\{X_1, \ldots, X_n\} \cap V_{t_i} = \emptyset$, wobei V_{t_i} die Menge der in t_i vorkommenden Variablen ist.
Folglich gilt $\{X_1, \ldots, X_n\} \cap V = \emptyset$.

$\Longleftarrow$: D.h. es ist zu zeigen: Wenn $V \cap \text{dom}(\sigma) = \emptyset$ ist, dann ist σ idempotent.

Sei $\{X_1, \ldots, X_n\} \cap V = \emptyset$. Dann ist $t_i\sigma = t_i$ für $i = 1, \ldots, n$ und folglich gilt
$$\sigma\sigma = \{X_1 \mapsto t_1\sigma, \ldots, X_n \mapsto t_n\sigma\} = \{X_1 \mapsto t_1, \ldots, X_n \mapsto t_n\} = \sigma$$

Lösung 4.30 Die leere Substitution als Einselement [▷85] ○

Zunächst zeigen wir mit struktureller Induktion, dass die Gleichung $t\varepsilon = t$ für beliebige Terme t gilt.

I.A. Fall 1: t ist Variable. Da ε leer ist, gilt nach Definition 4.8: $t\varepsilon = t$

Fall 2: t ist Konstante. Dann gilt ebenfalls nach Definition 4.8: $t\varepsilon = t$

I.H. Es gilt $t_1\varepsilon = t_1, \ldots, t_n\varepsilon = t_n$.

I.B. $f(t_1, \ldots, t_n)\varepsilon = f(t_1, \ldots, t_n)$

I.S. $f(t_1, \ldots, t_n)\varepsilon = f(t_1\varepsilon, \ldots, t_n\varepsilon)$ nach Def. 4.8
$ = f(t_1, \ldots, t_n)$ nach I.H.

Und nun zum Beweis der Aussage.

$$
\begin{aligned}
\sigma\varepsilon &= \{X \mapsto t\varepsilon \mid X \mapsto t \in \sigma \text{ und } X \neq t\varepsilon\} \cup \\
& \{Y \mapsto s \mid Y \mapsto s \in \varepsilon \text{ und } Y \notin \text{dom}(\sigma)\} \\
&= \{X \mapsto t\varepsilon \mid X \mapsto t \in \sigma \text{ und } X \neq t\varepsilon\} \cup \emptyset, \text{ da } \varepsilon \text{ leer ist} \\
&= \{X \mapsto t \mid X \mapsto t \in \sigma \text{ und } X \neq t\varepsilon\}, \text{ wegen } t\varepsilon = t \\
&= \sigma
\end{aligned}
$$

$$\varepsilon\sigma = \{X \mapsto t\sigma \mid X \mapsto t \in \varepsilon \text{ und } X \neq t\sigma\} \cup$$
$$\{Y \mapsto s \mid Y \mapsto s \in \sigma \text{ und } Y \notin \text{dom}(\varepsilon)\}$$
$$= \emptyset \cup \{Y \mapsto s \mid Y \mapsto s \in \sigma \text{ und } Y \notin \text{dom}(\varepsilon)\}, \text{ da } \varepsilon \text{ leer ist}$$
$$= \sigma$$

Lösung 4.31 Die leere Substitution ist frei [▷85] ○
Wir beweisen die Behauptung mittels struktureller Induktion:

I.A. Die leere Substitution ist frei für jede atomare Formel, da dies für jede Substitution gilt.

I.H. Die leere Substitution sei frei für gewisse Formeln F und G.

I.B. Die leere Substitution ist frei für die Formeln $\neg F$, $F \circ G$ und $(QY)F$.

I.S. Nach Definition 4.17 ist eine Substitution frei für $\neg F$ bzw. für $F \circ G$, wenn sie für F bzw. für F und G frei ist. Letzteres gilt für die leere Substitution nach I.H.. Somit ist die leere Substitution frei für $\neg F$ und $F \circ G$.

Für Formeln der Form $(QY)F$ gilt laut Definition 4.17: σ ist frei für $(QY)F$ gdw. σ_Y ist frei für F und für jede von Y verschiedene und in F frei vorkommende Variable X gilt: Y kommt in $X\sigma$ nicht vor.

Für $\sigma = \varepsilon$ heißt dies, dass

(i) ε_Y ist frei für F sein muss und

(ii) für jede von Y verschiedene und in F frei vorkommende Variable X gilt: Y kommt in $X\varepsilon$ nicht vor.

Da $\varepsilon_Y = \varepsilon$ gilt (i) nach I.H.. Da $X\varepsilon = X$ und $Y \neq X$, kann Y nicht in $X\varepsilon$ vorkommen, und somit gilt (ii).

Lösung 4.32 $\{Y \mapsto t\}$ frei für $(QY)F$ [▷85] ○
Sei $\sigma = \{Y \mapsto t\}$. Da $\sigma_Y = \varepsilon$, ist σ_Y frei für F nach Aufgabe 4.31. Sei nun X eine in F frei vorkommende Variable mit $X \neq Y$. Aus $X \neq Y$ folgt $X\sigma = X$. Dann kann Y in $X\sigma$ aber wegen $X \neq Y$ nicht vorkommen.

Lösung 4.33 Substitutionen und Variablenmengen [▷85] ○
Wir führen eine strukturelle Induktion über Formeln.

I.A. und die Induktionsschritte für Formeln der Form $\neg F$ und $F \circ F'$ laufen analog zur Aufgabe 4.31. Als I.H. verwenden wir dabei:

Für Formeln F und F' gilt:
Für eine beliebige Substitution σ und $\mathcal{U} \subset \mathcal{V}$ eine beliebige Menge von Variablen gilt:
Wenn σ ist frei für F bzw. F' ist, dann ist auch $\sigma|_{\mathcal{U}}$ frei für F bzw. F'.

I.S. Es bleibt der folgende Fall zu zeigen:

Wenn σ frei ist für eine Formel $(QY)F$, dann ist auch $\sigma|_{\mathcal{U}}$ frei für $(QY)F$.

(1) Zu zeigen: $(\sigma|_{\mathcal{U}})_Y$ ist frei für F.
Da σ frei für $(QY)F$ ist, ist σ_Y frei für F. Dann ist nach I.H. $\sigma_Y|_{\mathcal{U}}$ frei für F. Mit $(\sigma|_{\mathcal{U}})_Y = \sigma_Y|_{\mathcal{U}}$ folgt die Behauptung.

(2) Sei nun X eine Variable, welche frei in F vorkommt und für die $X \neq Y$ gilt. Es ist dann zu zeigen, dass Y nicht in $X\sigma|_{\mathcal{U}}$ vorkommen kann.

II.4.2. SUBSTITUTIONEN 359

Angenommen, Y kommt in $X\sigma|_{\mathcal{U}}$ vor. Mit $\sigma|_{\mathcal{U}} = \{X_1 \mapsto t_1, \ldots, X_n \mapsto t_n\}$ existiert dann ein $i \in \{1, \ldots, n\}$ mit $X = X_i$ und Y kommt in t_i vor. Da $\sigma|_{\mathcal{U}} \subseteq \sigma$ (für repräsentierenden Paarmengen) gilt, kommt Y auch in $X\sigma$ vor. Da aber σ frei für $(QY)F$ ist, kann Y nicht in $X\sigma$ vorkommen.

Lösung 4.34 Substitution und 'ungebundene' Variablen [▷85] ○

Wir führen eine strukturelle Induktion über die Teilformeln von G.
I.A. und die Induktionsschritte für Teilformeln $\neg F$ und $F \circ F'$ von G laufen analog zu früheren Aufgaben; man vergleiche z.B. Aufgabe 4.31.
Als I.H. verwenden wir dabei: σ ist frei für Teilformeln F und F' von G.
I.S. Es bleibt der Fall zu zeigen, dass σ frei ist für eine Teilformel $(QY)F$ von G, wobei als I.H. verwendet werden kann, dass σ frei für F ist.
  (1) Zu zeigen: σ_Y ist frei für F.
      Dies folgt unmittelbar mit Aufgabe 4.33.
  (2) Sei X eine Variable, welche frei in F vorkommt und für die $X \neq Y$ gilt.
      Es ist dann zu zeigen, dass Y nicht in $X\sigma$ vorkommen kann.
      Angenommen, Y kommt in $X\sigma$ vor. Dann folgt $X \in \{X_1, \ldots, X_n\}$, denn sonst ist $X\sigma = X$, und dann kann Y wegen $Y \neq X$ in $X\sigma$ nicht vorkommen. Dann kommt aber Y in einem der t_i vor, d.h. $Y \in \mathcal{V}_\sigma$.
      Dies steht nun im Widerspruch dazu, dass Y in $(QY)F$ gebunden ist, und damit in G gebunden vorkommt.

Lösung 4.35 Abarten der Substitutionskomposition [▷86] ○

(a) Die Aussage ist falsch wie man an folgendem Gegenbeispiel sieht:
$$\sigma = \{X \mapsto a\}$$
$$\tau = \{X \mapsto b\}$$
Dann ist $\sigma\tau = \{X \mapsto a\}$ und $\sigma \square \tau = \{X \mapsto a, X \mapsto b\}$

(b) Die Aussage ist falsch wie man an folgendem Gegenbeispiel sieht:
$$\sigma = \{X \mapsto Y\}$$
$$\tau = \{Y \mapsto X\}$$
Dann ist $\sigma\tau = \{Y \mapsto X\}$ und $\sigma \triangle \tau = \{X \mapsto Y\}$

Lösung 4.36 Substitutionsmonoide [▷86] ★

(a) Es ist zweierlei zu zeigen:
  (1) In $(\mathsf{Abb}(M, M), \circ)$ gibt es ein neutrales Element. Oder anders ausgedrückt: es gibt in $\mathsf{Abb}(M, M)$ ein neutrales Element bzgl. $\circ$.
      Dieses neutrale Element ist jedoch Id_M, die identische Abbildung auf M – also $\mathsf{Id}_M(m) = m$ für alle $m \in M$ – denn es gilt: $(\mathsf{Id}_M \circ f)(m) = \mathsf{Id}_M(f(m)) = f(m)$ und somit $\mathsf{Id}_M \circ f = f$. In analoger Weise erhält man $f \circ \mathsf{Id}_M = f$.
  (2) $\circ$ ist assoziativ, d.h. es gilt:
      $$(f \circ g) \circ h = f \circ (g \circ h) \text{ für alle } f, g, h \in \mathsf{Abb}(M, M).$$
      Dies gilt jedoch, da für alle $m \in M$ folgt:
      $$((f \circ g) \circ h)(m) = (f \circ g)(h(m)) =$$

$$= f(g(h(m))) =$$
$$= f((g \circ h)(m)) = (f \circ (g \circ h))(m)$$

(b) Wir müssen eine Abbildung aus $\mathfrak{T}$ finden, welche nicht durch eine Substitution induziert wird. So eine Abbildung ist zum Beispiel die konstante Abbildung k, die jeden Term aus $\mathcal{T}(\mathcal{F}, \mathcal{V})$ auf einen beliebigen, aber fest gewählten Term $t \in \mathcal{T}(\mathcal{F}, \mathcal{V})$ abbildet. Wäre die Abbildung k aus dem Bild der Abbildung $\widehat{\cdot}$, dann müsste ihre Einschränkung k$|_\mathcal{V}$ auf $\mathcal{V}$ eine Substitution sein. Als Substitution darf sie aber nur endlich viele Variablen nicht auf sich selbst abbilden, was im Widerspruch zur Definition von k steht.

(c) Da für alle $f, g, h \in \mathfrak{T}$ die Verknüpfung $\circ$ assoziativ ist, gilt das natürlich auch für alle $f, g, h \in \widehat{\mathfrak{S}}$ weil $\widehat{\mathfrak{S}} \subseteq \mathfrak{T}$.

Es ist somit noch zu zeigen,

(1) dass $(\widehat{\mathfrak{S}}, \circ)$ ein neutrales Element enthält,

Beweis: Neutrales Element in $(\mathfrak{T}, \circ)$ ist natürlich die identische Abbildung $\mathsf{Id}_{\mathcal{T}(\mathcal{F},\mathcal{V})}$ auf $\mathcal{T}(\mathcal{F}, \mathcal{V})$. Es genügt somit zu zeigen, dass $\mathsf{Id}_{\mathcal{T}(\mathcal{F},\mathcal{V})}$ in $\widehat{\mathfrak{S}}$ ist. Dies erfolgt dadurch, dass $\mathsf{Id}_{\mathcal{T}(\mathcal{F},\mathcal{V})} = \widehat{\varepsilon}$ ist, was man leicht durch strukturelle Induktion über die Definition der Abbildung $\widehat{\cdot}$ zeigt. Somit ist die Abbildung $\mathsf{Id}_{\mathcal{T}(\mathcal{F},\mathcal{V})}$ neutrales Element in $(\widehat{\mathfrak{S}}, \circ)$. □

(2) und dass $\widehat{\mathfrak{S}}$ bzgl. $\circ$ abgeschlossen ist.

Beweis: Hierfür ist zu zeigen, dass für beliebige $\widehat{\sigma}, \widehat{\tau} \in \widehat{\mathfrak{S}}$ eine Substitution γ existiert, so dass $\widehat{\sigma} \circ \widehat{\tau} = \widehat{\gamma}$ gilt. Dies zeigt aber gerade Proposition 4.12 des Lehrbuchs, welche γ als Substitutionskomposition $\sigma\tau$ bestimmt. □

(d) (1) $\diamond$ ist eine Verknüpfung: Da $\square$ und f Funktionen sind und wegen der Bijektivität von f auch f^{-1} eine Funktion ist, ist auch $\diamond$ eine Funktion. Außerdem ergibt sich $a \diamond b \in M$.

(2) Assoziativität:

$$\begin{aligned} a \diamond (b \diamond c) &= f^{-1}(f(a \diamond (b \diamond c))) \\ &= f^{-1}(f(a) \square f(b \diamond c)) \\ &= f^{-1}(f(a) \square (f(b) \square f(c))) \\ &= f^{-1}((f(a) \square f(b)) \square f(c)) \\ &= f^{-1}(f(a \diamond b) \diamond f(c)) \\ &= f^{-1}(f((a \diamond b) \diamond c)) \\ &= (a \diamond b) \diamond c \end{aligned}$$

(3) $f^{-1}(e_N)$ ist neutrales Element in M bzgl. $\diamond$, denn für alle $b \in M$ gilt:

$$\begin{aligned} f^{-1}(e_N) \diamond b &= f^{-1}(f(f^{-1}(e_N)) \square f(b)) \\ &= f^{-1}(e_N \square f(b)) \\ &= f^{-1}(f(b)) = b \end{aligned}$$

und analog gilt: $b \diamond f^{-1}(e_N) = b$

(e) (1) Falls f nicht injektiv ist, existiert keine Umkehrfunktion von f und folglich lässt sich $a \diamond b$ gar nicht auf ganz $M \times M$ eindeutig definieren.

II.4.3. SEMANTIK 361

(2) $(Bild(f), \square)$ erfüllt natürlich Bedingung (ii) der Definition des Monoid-Homomorphismus. Es könnte aber e_N außerhalb des Bilds von f liegen, oder es könnte $Bild(f)$ unter $\square$ nicht abgeschlossen sein.

(f) (1) $\hat{\ }$ ist surjektiv als Einschränkung der Abbildung $\hat{\ }\colon \mathfrak{S} \longrightarrow \mathfrak{T}$ auf ihr Bild $\widehat{\mathfrak{S}}$. (Genau genommen begehen wir hier die Schlamperei zwei verschiedene Abbildungen mit $\hat{\ }$ zu bezeichnen.)

(2) $\hat{\ }$ ist injektiv, da zwei verschiedene Substitutionen σ und τ die Variablen unterschiedlich abbilden. Da die Variablen aber gleichzeitig Terme sind, unterscheiden sich somit die Abbildungen $\hat{\sigma}$ und $\hat{\tau}$ schon durch ihre Werte auf (einigen) der Variablen.

(3) Somit ist $\hat{\ }$ bijektiv. Da $\hat{\ }$ nach Teilaufgabe (c.2) ein Monoid-Homomorphismus ist, ist $\hat{\ }$ somit ein Monoid-Isomorphismus.

4.3 Semantik

4.3.2 Interpretationen

Lösung 4.37 Beispiele zur Interpretationsanwendung [▷87] ○

(a) (1) $[f(g(f(a, g(a))), a)]^{I_1}$ $= f^{I_1}(g^{I_1}(f^{I_1}(0, g^{I_1}(0))), 0)$
$= f^{I_1}(g^{I_1}(f^{I_1}(0, s(0))), 0)$
$= f^{I_1}(g^{I_1}(s(0)), 0)$
$= f^{I_1}(s(s(0)), 0)$
$= s(s(0))$

(2) $[f(g(a), f(a, a))]^{I_1}$ $= f^{I_1}(g^{I_1}(0), f^{I_1}(0, 0))$
$= f^{I_1}(s(0), f^{I_1}(0, 0))$
$= f^{I_1}(s(0), 0)$
$= s(0)$

(3) Mit einer beliebigen Variablenzuordnung $\mathcal{Z}$ erhalten wir
$$[(\forall X)(p(X) \to \neg q(g(X)))]^{I_1, \mathcal{Z}} = \top$$
gdw. $(p(X) \to \neg q(g(X)))^{I_1, \{X \mapsto d\}\mathcal{Z}} = \top$ für alle $d \in \mathcal{D}_1$.

Nun gilt aber für $d = 0$:
$(p(X) \to \neg q(g(X)))^{I_1, \{X \mapsto 0\}\mathcal{Z}} =$
$= [p(X)]^{I_1, \{X \mapsto 0\}\mathcal{Z}} \to^* \neg^*[q(g(X))]^{I_1, \{X \mapsto 0\}\mathcal{Z}} =$
$= \top \to^* \neg \top,$ denn $X^{I_1, \{X \mapsto 0\}\mathcal{Z}} = 0 \in p^{I_1}$
und $[g(X)]^{I_1, \{X \mapsto 0\}\mathcal{Z}} = g^{I_1}(X^{I_1, \{X \mapsto 0\}\mathcal{Z}}) =$
$= g^{I_1}(0) = s(0) \in q^{I_1}$
$= \bot$

Wir haben also mit $d = 0$ ein Gegenbeispiel zu obiger Behauptung für alle $d \in \mathcal{D}$, woraus sich $[(\forall X)(p(X) \to \neg q(g(X)))]^{I_1} = \bot$ ergibt.

(b) (1) $[g(f(a,g(b)))]^{I_2} = g^{I_2}(f^{I_2}(a^{I_2},g^{I_2}(b^{I_2})))$
$= g^{I_2}(f^{I_2}(a^{I_2},g^{I_2}(b^{I_2})))$
$= g^{I_2}(f^{I_2}([d],g^{I_2}([a,b,c])))$
$= g^{I_2}(f^{I_2}([d],[b,c]))$
$= g^{I_2}([d,c])$
$= [c]$

(2) Ein möglicher solcher Wert ist beispielsweise $t = f(b, g(b))$:

$t^{I_2} = [f(b,g(b))]^{I_2}$
$= f^{I_2}(b^{I_2}, g^{I_2}(b^{I_2}))$
$= f^{I_2}([a,b,c], g^{I_2}([a,b,c]))$
$= f^{I_2}([a,b,c], [b,c])$
$= [a,c]$

(3) $((\forall X)p(f(X,X)) \land (\exists X)q(g(X)))^{I_2} = \top$

gdw. $[(\forall X)p(f(X,X))]^{I_2} = \top$ und $[(\exists X)q(g(X))]^{I_2} = \top$

gdw. $[p(f(X,X))]^{I_2,\{X \mapsto d\}Z} = \top$ für alle $d \in \mathcal{D}_2$ und beliebiges Z
und $[q(g(X))]^{I_2,\{X \mapsto d\}Z} = \top$ für ein $d \in \mathcal{D}_2$ und beliebiges Z.

Es gilt aber z.B.
$[p(f(X,X))]^{I_2,\{X \mapsto [a]\}Z} = \bot$ gdw. $f^{I_2}(X^{\{X \mapsto [a]\}Z}, X^{\{X \mapsto [a]\}Z}) \notin p^{I_2}$.
Dies ist jedoch der Fall, da

$f^{I_2}(X^{\{X \mapsto [a]\}Z}, X^{\{X \mapsto [a]\}Z}) = f^{I_2}([a],[a]) = [a]$ gilt.

Somit folgt $((\forall X)p(f(X,X)) \land (\exists X)q(g(X)))^{I_2} = \bot$.

Lösung 4.38 Verschiedene Interpretationen einer Formel: I [▷88] ○

(a) Es gilt

$[(\forall X)(\forall Y)((p(X,a) \land p(Y,b)) \to (p(f(X,Y),X) \land p(f(X,Y),Y)))]^{I_1,Z} = \top$
für alle Variablenzuordnungen Z

gdw. $((p(X,a) \land p(Y,b))$
$\to (p(f(X,Y),X) \land p(f(X,Y),Y)))^{I_1,\{Y \mapsto d_2\},\{X \mapsto d_1\}Z} = \top$
für alle $d_1, d_2 \in \{0,1\}$ und für alle Variablenzuordnungen Z

gdw. $(p(X,a) \land p(Y,b))^{I_1,\{Y \mapsto d_2\},\{X \mapsto d_1\}Z} = \bot$ oder
$(p(f(X,Y),X) \land p(f(X,Y),Y))^{I_1,\{Y \mapsto d_2\},\{X \mapsto d_1\}Z} = \top$
für alle $d_1, d_2 \in \{0,1\}$ und für alle Variablenzuordnungen Z.

Da $p^{I_1} = \{(1,1)\}$, ist $(d_2, 0) \notin p^{I_1}$ für beliebiges $d_2 \in \mathcal{D}_1$.
Folglich gilt $p(Y,b)^{I_1,\{Y \mapsto d_2\},\{X \mapsto d_1\}Z} = \bot$
für alle $d_1, d_2 \in \{0,1\}$ und für alle Variablenzuordnungen Z,
woraus sich sofort $(p(X,a) \land p(Y,b))^{I_1,\{Y \mapsto d_2\},\{X \mapsto d_1\}Z} = \bot$
für alle $d_1, d_2 \in \{0,1\}$ und für alle Variablenzuordnungen Z ergibt.
Hieraus folgt $F^{I_1} = \top$ nach den eingangs angestellten Überlegungen.

II.4.3. SEMANTIK 363

(b) Als Domäne $\mathcal{D}_2$ für die Interpretation I_2 kann man z.B. $\mathbb{N}$, $\mathbb{Q}^+$ oder $\mathbb{R}^+$ nehmen. Des weiteren legen wir fest:
$$a^{I_2} = b^{I_2} = 1, (x,y) \in p^{I_2} \text{ gdw. } x,y \in \mathcal{D}_2 \text{ und } x > y,$$
$$f^{I_2}(x,y) = x * y \text{ für alle } x,y \in \mathcal{D}_2.$$

(c) Wir geben eine Interpretation I_3 an, welche in Anlehnung an Teilaufgabe (b), die folgende intuitive Bedeutung hat: *Für zwei beliebige natürliche Zahlen m und n gilt: Wenn m und n größer als 0 sind, dann ist das Produkt von m und n größer als jeder der einzelnen Multiplikanden m und n.*
Wir wählen als Domäne $D_3 = \mathbb{N}$ und definieren I_3 wie folgt: $a^{I_3} = b^{I_3} = 0$, $(x,y) \in p^{I_3}$ gdw. $x,y \in \mathbb{N}$ und $x > y$, $f^{I_3}(x,y) = x * y$ für alle $x,y \in \mathbb{N}$.
Es ist zu zeigen: Es gibt eine Variablenzuordnung $\mathcal{Z}$ mit
$$[((p(X,a) \land p(Y,b)) \to (p(f(X,Y),X) \land p(f(X,Y),Y)))]^{I_3,\mathcal{Z}} = \bot.$$
Sei $\mathcal{Z}$ die Variablenzuordnung, welche jede Variable auf 1 abbildet. Dann ist
$$((p(X,a) \land p(Y,b)) \to (p(f(X,Y),X) \land p(f(X,Y),Y)))^{I_3,\mathcal{Z}}$$
$$= (p(X,a) \land p(Y,b))^{I_3,\mathcal{Z}} \to^* (p(f(X,Y),X) \land p(f(X,Y),Y))^{I_3,\mathcal{Z}}$$
$$= [p(X,a)]^{I_3,\mathcal{Z}} \land^* [p(Y,b)]^{I_3,\mathcal{Z}}$$
$$\to^* [p(f(X,Y),X)]^{I_3,\mathcal{Z}} \land^* [p(f(X,Y),Y)]^{I_3,\mathcal{Z}}$$
$$= (\top \land^* \top) \to^* (\bot \land^* \bot)$$
(wegen $(X^{I_3,\mathcal{Z}}, a^{I_3,\mathcal{Z}}) = (1,0) \in p^I, (Y^{I_3,\mathcal{Z}}, b^{I_3,\mathcal{Z}}) = (1,0) \in p^I$
und $([f(X,Y)]^{I_3,\mathcal{Z}}, X^{I_3,\mathcal{Z}}) = ([f(X,Y)]^{I_3,\mathcal{Z}}, Y^{I_3,\mathcal{Z}}) =$
$= (1 * 1, 1) = (1,1) \notin p^I$)
$$= \bot$$

Lösung 4.39 Verschiedene Interpretationen einer Formel: II [▷88] ○

(a) $F^I = \bot$ gilt z.B. für folgende Interpretation I:
$$a^I = (0), b^I = (0), g^I(x) = 1 \text{ für } x = 1,2,\ldots,$$
$$p^I = \{(0,0),(0,1),(0,2),\ldots\} \text{ oder anders geschrieben:}$$
$$p^I = \{(0,x) \mid x \in \mathbb{N}\}$$
Eine andere Lösung wäre die folgende Interpretation I':
$$a^{I'} = 1, b^{I'} = 1, g^{I'}(x) = 2 \text{ für } x = 1,2,\ldots,$$
$$p^{I'} = \{(1,0),(1,1),(1,2),(1,3),\ldots,(2,1),(3,1),\ldots\}$$
oder anders geschrieben:
$$p^{I'} = \{(1,x) \mid x \in \mathbb{N}\} \cup \{(x,1) \mid x \in \{1,2,\ldots\}\} \text{ (d.h. z.B. } (2,2) \notin p^I).$$
Für die Interpretation I soll nun gezeigt werden, dass $F^I = \bot$ gilt:
(1) $[(\forall X)p(a,X)]^I = \top$
gdw. $[p(a,X)]^{I,\{X \mapsto d\}\mathcal{Z}} = \top$ für alle $d \in \mathbb{N}$ und beliebiges $\mathcal{Z}$
gdw. $(a^{I,\{X \mapsto d\}\mathcal{Z}}, X^{I,\{X \mapsto d\}\mathcal{Z}}) \in p^I$ für alle $d \in \mathbb{N}$
gdw. $(a^I, X^{\{X \mapsto d\}\mathcal{Z}}) \in p^I$ für alle $d \in \mathbb{N}$
gdw. $(1,d) \in p^I$ für alle $d \in \mathbb{N}$

gdw. $(1,0) \in p^I, (1,1) \in p^I, (1,2) \in p^I, \ldots$
Nach unserer Definition von p^I ist dies gegeben.
Folglich gilt $[(\forall X)p(a,X)]^I = \top$

(2) $[(\exists X)p(X,b)]^I = \top$

gdw. $[p(X,b)]^{I,\{X \mapsto d\}\mathcal{Z}} = \top$ für (mindestens) ein $d \in \mathbb{N}$ und beliebiges $\mathcal{Z}$

gdw. $(X^{I,\{X \mapsto d\}\mathcal{Z}}, b^{I,\{X \mapsto d\}\mathcal{Z}}) \in p^I$ für ein $d \in \mathbb{N}$

gdw. $(X^{\{X \mapsto d\}\mathcal{Z}}, b^I) \in p^I$ für ein $d \in \mathbb{N}$

gdw. $(d,1) \in p^I$ für ein $d \in \mathbb{N}$

Nach unserer Definition von p^I ist dies gegeben z.B. für $d = 1$.
Folglich gilt $[(\exists X)p(X,b)]^I = \top$

(3) $[(\forall X)p(g(X),X)]^I = \top$

gdw. $[p(g(X),X)]^{I,\{X \mapsto d\}\mathcal{Z}} = \top$ für alle $d \in \mathbb{N}$ und beliebiges $\mathcal{Z}$

gdw. $(g(X)^{I,\{X \mapsto d\}\mathcal{Z}}, X^{I,\{X \mapsto d\}\mathcal{Z}}) \in p^I$ für alle $d \in \mathbb{N}$

gdw. $(g^I(X^{I,\{X \mapsto d\}\mathcal{Z}}), X^{I,\{X \mapsto d\}\mathcal{Z}}) \in p^I$ für alle $d \in \mathbb{N}$

gdw. $(g^I(X^{\{X \mapsto d\}\mathcal{Z}}), X^{\{X \mapsto d\}\mathcal{Z}}) \in p^I$ für alle $d \in \mathbb{N}$

gdw. $(g^I(d), d) \in p^I$ für alle $d \in \mathbb{N}$

gdw. $(1, d) \in p^I$ für alle $d \in \mathbb{N}$ wegen $g^I(x) = 1$ für alle $x \in \mathbb{N}$

Da aber z.B. $(1,2) \notin p^I$ ist dies nicht gegeben.
Folglich gilt $[(\forall X)p(g(X),X)]^I = \bot$

Unter Verwendung der Ergebnisse von (1)-(3) erhalten wir nun:

$$\begin{aligned} F^I &= [(((\forall X)p(a,X) \land (\exists X)p(X,b)) \to (\forall X)p(g(X),X))]^I \\ &= (([(\forall X)p(a,X)]^I \land^* [(\exists X)p(X,b)]^I) \to^* [(\forall X)p(g(X),X)]^I) \\ &= ((\top \land^* \top) \to^* \bot) \\ &= (\top \to^* \bot) \\ &= \bot \end{aligned}$$

(b) *1. Möglichkeit:*

$F^I = (L \to R)^I = \top$ gilt z.B., wenn $L^I = \bot$ und $R^I \in \{\top, \bot\}$ beliebig.
Das ist erfüllt für $a^I = c$, $b^I = c$, $g^I(c) = c$, $p^I = \emptyset$.
Dies wollen wir im Folgenden zeigen:

$[(\forall X)p(a,X)]^I = \top$

gdw. $[p(a,X)]^{I,\{X \mapsto d\}\mathcal{Z}} = \top$ für alle $d \in \{c\}$ und beliebiges $\mathcal{Z}$

gdw. $(a^{I,\{X \mapsto d\}\mathcal{Z}}, X^{I,\{X \mapsto d\}\mathcal{Z}}) \in p^I$ für alle $d \in \{c\}$

gdw. $(a^I, X^{\{X \mapsto d\}\mathcal{Z}}) \in p^I$ für alle $d \in \{c\}$

gdw. $(c, d) \in p^I$ für alle $d \in \{c\}$

gdw. $(c, c) \in p^I$

Wegen $p^I = \emptyset$ ist dies nicht gegeben. Folglich gilt $[(\forall X)p(a,X)]^I = \bot$.
Damit gilt

II.4.3. SEMANTIK 365

$$F^I = [(((\forall X)p(a, X) \land (\exists X)p(X, b)) \rightarrow (\forall X)p(g(X), X))]^I$$
$$= ([(\forall X)p(a, X)]^I \land^* [(\exists X)p(X, b)]^I) \rightarrow^* [(\forall X)p(g(X), X)]^I$$
$$= (\bot \land^* [(\exists X)p(X, b)]^I) \rightarrow^* [(\forall X)p(g(X), X)]^I$$
$$= \bot \rightarrow^* [(\forall X)p(g(X), X)]^I$$
$$= \top$$

2. Möglichkeit: (hier ohne Nachweis)
$F^I = (L \rightarrow R)^I = \top$ gilt auch, wenn $L^I = \top$ und $R^I = \top$.
$a^I = c$, $b^I = c$, $g^I(c) = c$, $p^I = \{(c, c)\}$.

Lösung 4.40 Beispiel: Erfüllbare und widerlegbare Formel [▷88] ○

(a) Die Formel ist erfüllbar, z.B. durch eine Interpretation I bei der $(\exists X)p(X)$ falsch wird, also z.B. $p^I = \emptyset$.
Dafür gilt (für beliebige Variablenzuordnung $\mathcal{Z}$):

$$((\exists X)p(X) \rightarrow (\forall X)p(X))^{\mathcal{Z}, I} = \top \text{ folgt aus } (\exists X)p(X)^{\mathcal{Z}, I} = \bot.$$

Es gilt aber:
$(\exists X)p(X)^{\mathcal{Z}, I} = \top$ gdw. es existiert ein $d \in \mathcal{D}$ mit $p(X)^{\{X \mapsto d\}\mathcal{Z}, I} = \top$.
Da jedoch $p^I = \emptyset$ ist, kann letzteres nicht gelten.
Somit ist die linke Seite von F falsch, und damit ist F wahr.

(b) Die Formel ist auch widerlegbar, z.B. durch eine Interpretation I über $\mathcal{D} = \{1, 2\}$ mit $p^I = \{(1)\}$.
Dafür gilt (für beliebige Variablenzuordnung $\mathcal{Z}$):

$$((\exists X)p(X) \rightarrow (\forall X)p(X))^{\mathcal{Z}, I} = \bot$$

folgt aus $(\exists X)p(X)^{\mathcal{Z}, I} = \top$ und $(\forall X)p(X)^{\mathcal{Z}, I} = \bot$.
Es gilt aber:
$(\exists X)p(X)^{\mathcal{Z}, I} = \top$ gdw. es existiert ein $d \in \mathcal{D}$ mit $p(X)^{\{X \mapsto d\}\mathcal{Z}, I} = \top$
Dies ist durch die Wahl $d = 1$ erfüllt, und damit ist die linke Seite wahr.
Andererseits gilt:

$$(\forall X)p(X) = \top \text{ gdw. für alle } d \in \mathcal{D} \text{ gilt: } p(X)^{\{X \mapsto d\}\mathcal{Z}, I} = \top$$

Dies ist aber für $d = 2$ nicht erfüllt, und damit ist die rechte Seite von F falsch. Dann ist die linke Seite wahr und die rechte falsch, und somit ist die gesamte Formel F falsch.

Lösung 4.41 Beispiel: Modelle und Relationen [▷88] ○

(a) Wir widerlegen die Behauptung durch Angabe eines *Gegenbeispiels*.
Wir wählen $\mathcal{D} = \mathbb{N}$, und wir wählen sowohl für p^I als auch für q^I die Menge der geraden natürlichen Zahlen, jedoch für r^I die Menge der ungeraden natürlichen Zahlen. Es gilt somit nicht $r^I \subseteq p^I$.
Es ergibt sich nun für ungerades $d \in \mathbb{N}$, dass $p(X)^{I, \{X \mapsto d\}\mathcal{Z}} = \bot$ und damit $(p(X) \rightarrow (q(X) \land \neg r(X)))^{I, \{X \mapsto d\}\mathcal{Z}} = \top$, und für gerades $d \in \mathbb{N}$ ergibt sich, dass $p(X)^{I, \{X \mapsto d\}\mathcal{Z}} = q(X)^{I, \{X \mapsto d\}\mathcal{Z}} = \top$ und $r(X)^{I, \{X \mapsto d\}\mathcal{Z}} = \bot$, woraus $(p(X) \rightarrow (q(X) \land \neg r(X)))^{I, \{X \mapsto d\}\mathcal{Z}} = (\top \rightarrow^* (\top \land^* \neg^* \bot)) = \top$ folgt.

(b) Wir zeigen die Gültigkeit der Teilmengenbeziehung indem wir die gegenteilige Annahme zum Widerspruch führen.
Wir nehmen an, dass es ein Modell I für F gibt, für das $p^I \not\subseteq q^I$ gilt. Dann gibt es ein $d \in \mathcal{D}$ mit $d \in p^I$ und $d \notin q^I$. Daraus folgt, dass $p(X)^{I,\{X \mapsto d\}\mathcal{Z}} = \top$ und $q(X)^{I,\{X \mapsto d\}\mathcal{Z}} = \bot$ für eine beliebige Variablenzuordnung $\mathcal{Z}$ gilt. Daraus folgt weiterhin, dass

$$(p(X) \to (q(X) \land \neg r(X)))^{I,\{X \mapsto d\}\mathcal{Z}} = (\top \to^* (\bot \land^* [\neg r(X)]^{I,\{X \mapsto d\}\mathcal{Z}}))$$
$$= (\top \to^* \bot) = \bot$$

Dies steht aber im Widerspruch dazu, dass aus $F^{I,\mathcal{Z}} = \top$ für alle $d \in \mathcal{D}$ die Gleichung $(p(X) \to (q(X) \land \neg r(X)))^{I,\{X \mapsto d\}\mathcal{Z}} = \top$ folgen müsste.

(c) Die Behauptung ist falsch.
Gegenbeispiel: Wir wählen $p^I = q^I = r^I = \emptyset$.
Da Domänen nicht leer sein dürfen, folgt $p^I \cup q^I \cup r^I \neq \mathcal{D}$.
Da jedoch $p(X)^{I,,\{X \mapsto d\}\mathcal{Z}} = \bot$ für alle $d \in \mathcal{D}$ gilt, folgt

$$(p(X) \to (q(X) \land \neg r(X)))^{I,\{X \mapsto d\}\mathcal{Z}} = \top \text{ für alle } d \in \mathcal{D},$$

wodurch I Modell für F ist.

(d) Wir zeigen die Gültigkeit der Behauptung indem wir die gegenteilige Annahme zum Widerspruch führen.
Sei also I ein Modell von F mit $p^I \cap r^I \neq \emptyset$. Dann gibt es ein $d \in \mathcal{D}$ mit $d \in p^I$ und $d \in r^I$. Nun folgt, dass $p(X)^{I,\{X \mapsto d\}\mathcal{Z}} = \top$ und $r(X)^{I,\{X \mapsto d\}\mathcal{Z}} = \top$ für eine beliebige Variablenzuordnung $\mathcal{Z}$ gelten. Daraus folgt weiterhin, dass

$$(p(X) \to (q(X) \land \neg r(X)))^{I,\{X \mapsto d\}\mathcal{Z}} = (\top \to^* (q(X)^{I,\{X \mapsto d\}\mathcal{Z}} \land^* \neg^* \top))$$
$$= (\top \to^* \bot) = \bot$$

Dies steht aber im Widerspruch dazu, dass aus $F^{I,\mathcal{Z}} = \top$ für alle $d \in \mathcal{D}$ die Gleichung $(p(X) \to (q(X) \land \neg r(X)))^{I,\{X \mapsto d\}\mathcal{Z}} = \top$ folgen müsste.

Lösung 4.42 Mathematiker und Philosophen [▷89] ○

(a) Wir legen zunächst Bezeichnungen (in Form einstelliger Relationssymbole) für folgende Teilaussagen fest.
Wir legen $\mathcal{R} = \{m/1, p/1, u/1, s/1\}$ als Menge der Relationssymbole fest. Da wir keine Funktionssymbole benötigen, setzen wir $\mathcal{F} = \emptyset$.

$m(X)$ – X ist Mathematiker bzw. praktiziert Mathematik.
$p(X)$ – X ist Philosoph.
$u(X)$ – X ist unsterblich.
$s(X)$ – X ist ein Schriftsteller.

Jetzt können wir die gegebenen Aussagen formalisieren.

(1) $(\exists X)(m(X) \land p(X))$
(2) $(\forall X)(u(X) \to \neg p(X))$
(3) $\neg(\exists X)(s(X) \land m(X))$
(4) $(\forall X)(\neg u(X) \to s(X))$

Man kann nun natürlich darüber diskutieren, ob dies die richtige Lösung ist. Natürliche Sprache ist eben ungenau und die präzise Bedeutung einer Aussage

II.4.3. SEMANTIK   367

ist oft unklar.
- (b) Wir wählen z.B. zwei Interpretationen $I_1 = (\mathcal{D}_1, \cdot^{I_1})$ und $I_2 = (\mathcal{D}_2, \cdot^{I_2})$, mit den Grundbereichen $\mathcal{D}_1 = \{0\}$ und $\mathcal{D}_2 = \{\heartsuit, \clubsuit\}$.
  In beiden Fällen müssen wir keine Interpretationen für Konstanten- und Funktionssymbole angeben, weil in der Sprache keine vorkommen. Für die Relationssymbole können wir in beiden Fällen wählen:
  $$m^{I_j} = p^{I_j} = u^{I_j} = s^{I_j} = \emptyset \qquad \text{mit } j = 1, 2$$
  Natürlich kann man sehr viel interessantere Interpretationen finden.
- (c) Ein Modell ist z.B. die Interpretation $I = (\mathcal{D}, \cdot^I)$ mit Grundbereich $\mathcal{D} = \{0\}$ und $m^I = p^I = \{(0)\}$.
  Da die Prädikate $s/1$ und $u/1$ in der hier betrachteten ersten Formel nicht vorkommen, kann deren Interpretation beliebig gewählt werden, beispielsweise $s^I = u^I = \emptyset$.
  Die Formel $F = (\exists X)(m(X) \wedge p(X))$ ist abgeschlossen, womit ihre Bedeutung laut Proposition 4.24 unabhängig von einer Variablenzuordnung ist. Um zu zeigen, dass I ein Modell für F ist, müssen wir gemäß Definition 4.23 zeigen, dass $F^I = \top$ ist, beziehungsweise, ausführlich geschrieben, $F^{I,\mathcal{Z}} = \top$ für eine beliebige Variablenzuordnung $\mathcal{Z}$.
  Wir haben also zu zeigen, dass gilt:
  $$[(\exists X)(m(X) \wedge p(X))]^{I,\mathcal{Z}} = \top.$$
  Dies ist genau dann der Fall, wenn ein $d \in \mathcal{D}$ existiert mit
  $$(m(X) \wedge p(X))^{I,\{X \mapsto d\}\mathcal{Z}} = \top,$$
  d.h. wenn ein $d \in \mathcal{D}$ existiert mit
  $$[m(X)]^{I,\{X \mapsto d\}\mathcal{Z}} \wedge^* [p(X)]^{I,\{X \mapsto d\}\mathcal{Z}} = \top.$$
  Dies ist wiederum genau dann der Fall, wenn ein $d \in \mathcal{D}$ existiert, für welches gilt: $(d) \in m^I$ und $(d) \in p^I$. Dies ist tatsächlich der Fall für $d = 0$.

Lösung 4.43 Beispiel mit Drachen [▷89] ○
- (a) Bemerkung: *Entgegen der meist verwendeten Konvention mit f und g Funktionen oder Funktionssymbole zu bezeichnen, handelt es sich hierbei um Relationssymbole. Wir haben also $\mathcal{R} = \{d/1, s/1, f/1, g/1\}$ und $\mathcal{F} = \emptyset$.*
  - (1) $(\forall X)(d(X) \to (s(X) \wedge f(X)))$
    (Alle Drachen spucken Feuer und können fliegen.)
  - (2) $(\exists X)(d(X) \wedge g(X))$
    (Es gibt grüne Drachen.)
  - (3) $(\exists X)(g(X) \wedge f(X))$
    (Es gibt grüne Dinge, die fliegen können.)
- (b) Wir müssen zeigen, dass die gegebene Interpretation ein Modell für die Formelmenge ist, die als Lösung von Teilaufgabe (a) angegeben wurde.
  - (1) Es ist zu zeigen, dass für alle $e \in D$, für die $(e) \in d^I$ gilt, $(e) \in s^I$ und $(e) \in f^I$ ist. Das trifft zu, denn für $(hugo) \in d^I$ gilt $(hugo) \in s^I$ und $(hugo) \in f^I$, und für $(krx) \in d^I$ gilt $(krx) \in s^I$ und $(krx) \in f^I$, und weitere Elemente hat d^I nicht. Also ist die Formel (1) unter der angegebenen Interpretation wahr.

(2) Es ist zu zeigen, dass es ein $e \in D$ gibt, mit $(e) \in d^I$ und $(e) \in g^I$.
    krx erfüllt diese Bedingungen und Formel (2) ist wahr.

(3) Es ist zu zeigen, dass es ein $e \in D$ gibt, mit $(e) \in g^I$ und $(e) \in f^I$.
    Die *libelle* erfüllt diese Bedingungen und Formel (3) ist wahr.

(c) Z.B. jede Interpretation I mit $g^I = \emptyset$ wodurch die Formeln (2) und (3) falsch werden.

Lösung 4.44 Beispiel zur Semantik von All-Aussagen   [▷89] ◐

Wir untersuchen getrennt die beiden Richtungen.

$\Longrightarrow$: Die Aussagen ist richtig, da $[(\forall X)p(X)]^{I,\mathcal{Z}} = \top$ bedeutet,
dass $[p(X)]^{I,\{X \mapsto d\}\mathcal{Z}} = \top$ für alle $d \in \mathcal{D}$ gilt.
Hieraus folgt durch Einsetzen von $[(\forall X)p(X)]^{I,\mathcal{Z}}$ für $\top$:
$[p(X)]^{I,\{X \mapsto d\}\mathcal{Z}} = [(\forall X)p(X)]^{I,\mathcal{Z}}$ für alle $d \in \mathcal{D}$.

$\Longleftarrow$: Die Aussage ist falsch, z.B. $p^I = \emptyset$ impliziert, dass $[p(X)]^{I,\{X \mapsto d\}\mathcal{Z}} = \bot$
für alle $d \in \mathcal{D}$ gilt, denn dies ist äquivalent zu $X^{\{X \mapsto d\}\mathcal{Z}} \notin p^I$.
Damit ist sicher $[(\forall X)p(X)]^{I,\mathcal{Z}} = \bot$,
aber es gilt $[(\forall X)p(X)]^{I,\mathcal{Z}} = [p(X)]^{I,\{X \mapsto d\}\mathcal{Z}}$ für alle $d \in \mathcal{D}$.

Lösung 4.45 Knifflige Existenz   [▷90] ●

Laut Definition der Semantik gilt für eine Interpretation I und eine beliebige Variablenzuweisung $\mathcal{Z}$:

$[(\exists X)(a(X) \to (\forall Y)a(Y))]^{I,\mathcal{Z}} = \top$

gdw. es gibt ein $d \in \mathcal{D}$ mit $(a(X) \to (\forall Y)a(Y))^{I,\{X \mapsto d\}\mathcal{Z}} = \top$

gdw. es gibt ein $d \in \mathcal{D}$ mit $[a(X)]^{I,\{X \mapsto d\}\mathcal{Z}} \to^* [(\forall Y)a(Y)]^{I,\{X \mapsto d\}\mathcal{Z}} = \top$ (*)

Da $[(\forall Y)a(Y)]^{I,\{X \mapsto d\}\mathcal{Z}} = [(\forall Y)a(Y)]^{I,\mathcal{Z}}$, weil X in $(\forall Y)a(Y)$ nicht vorkommt, erhalten wir, dass (*) gilt

gdw. es gibt ein $d \in \mathcal{D}$ mit $[a(X)]^{I,\{X \mapsto d\}\mathcal{Z}} \to^* [(\forall Y)a(Y)]^{I,\mathcal{Z}} = \top$.

Wir unterscheiden nun zwei Fälle.

(i) $[(\forall Y)a(Y)]^{I,\mathcal{Z}} = \top$:
    Dann $[a(X)]^{I,\{X \mapsto d\}\mathcal{Z}} \to^* [(\forall Y)a(Y)]^{I,\{X \mapsto d\}\mathcal{Z}} = \top$ für alle $d \in \mathcal{D}$,
    und folglich existiert auch ein derartiges d.

(ii) $[(\forall Y)a(Y)]^{I,\mathcal{Z}} = \bot$:
    Dann gibt es ein $e \in \mathcal{D}$ mit $e \notin a^I$. Für dieses $e \in \mathcal{D}$ gilt dann auch
    $[a(X)]^{I,\{X \mapsto e\}\mathcal{Z}} = \bot$, und damit folgt
    $[a(X)]^{I,\{X \mapsto e\}\mathcal{Z}} \to^* [(\forall Y)a(Y)]^{I,\{X \mapsto e\}\mathcal{Z}} = \top$.
    Folglich existiert ein $d \in \mathcal{D}$ mit $[a(X)]^{I,\{X \mapsto d\}\mathcal{Z}} \to^* [(\forall Y)a(Y)]^{I,\{X \mapsto d\}\mathcal{Z}} = \top$,
    nämlich eben obiges $e \in \mathcal{D}$, und folglich $[(\exists X)(a(X) \to (\forall Y)a(Y))]^{I,\mathcal{Z}} = \top$.

Lösung 4.46 Interpretationsvergleich: I   [▷90] ◐

(a) $\Longrightarrow$: Wir führen einen Widerspruchsbeweis. Wir nehmen an, dass F als aussagenlogische Formel allgemeingültig, aber als prädikatenlogische Formel widerlegbar ist.

Wenn F als prädikatenlogische Formel widerlegbar ist, dann muss es eine prädikatenlogische Interpretation $I_p = (\mathcal{D}, \cdot^{I_p})$ über einer geeigneten

Domäne $\mathcal{D}$ geben mit $F^{I_p} = \bot$. (Da F nur nullstellige Relationssymbole enthält, kann F keine Variablen enthalten und somit müssen keine Variablenzuordnungen betrachtet werden.) Wir definieren eine aussagenlogische Interpretation I_a indem wir ihre Wahrheitswerte für die aussagenlogischen Variablen, d.h. für alle $A \in \mathcal{R}$, festlegen.

$$A^{I_a} = \begin{cases} \top & \text{falls } A^{I_p} = \top \\ \bot & \text{sonst} \end{cases}$$

Wir zeigen mit struktureller Induktion über $\mathcal{L}(\mathcal{R})$, dass für alle Formeln $G \in \mathcal{L}(\mathcal{R})$ gilt: $G^{I_a} = G^{I_p}$.

I.A. Für $A \in \mathcal{R}$ gilt nach Definition von I_a, dass $A^{I_a} = \top$ gdw. $A^{I_p} = \top$, woraus sofort $A^{I_a} = A^{I_p}$ folgt.

I.H. Für Formeln H_1 und H_2 gelte $H_1^{I_a} = H_1^{I_p}$ und $H_2^{I_a} = H_2^{I_p}$

I.B. $[\neg H_1]^{I_a} = [\neg H_1]^{I_p}$ und $(H_1 \circ H_2)^{I_a} = (H_1 \circ H_2)^{I_p}$

I.S. $[\neg H_1]^{I_a} = \neg^* H_1^{I_a} \stackrel{\text{I.H.}}{=} \neg^* H_1^{I_p} = [\neg H_1]^{I_p}$

$(H_1 \circ H_2)^{I_a} = H_1^{I_a} \circ^* H_2^{I_a} \stackrel{\text{I.H.}}{=} H_1^{I_p} \circ^* H_2^{I_p} = (H_1 \circ H_2)^{I_p}$

Somit folgt: $F^{I_a} = F^{I_p} = \bot$ im Widerspruch dazu, dass F als aussagenlogische Formel allgemeingültig ist und deshalb $F^{I_a} = \top$ gelten muss.

$\Longleftarrow$: Wir führen wiederum einen Widerspruchsbeweis. Wir nehmen an, dass F als prädikatenlogische Formel allgemeingültig, aber als aussagenlogische Formel widerlegbar ist.

Wenn F als aussagenlogische Formel widerlegbar ist, dann muss es eine aussagenlogische Interpretation I_a geben mit $F^{I_a} = \bot$. Sei nun I_p eine beliebige prädikatenlogische Interpretation. Wir ändern I_p ab zu einer prädikatenlogischen Interpretation I_p' indem wir definieren:

$$A^{I_p'} = \begin{cases} A^{I_a} & \text{falls } A \in \mathcal{R} \\ A^{I_p} & \text{falls } A \in \mathcal{R}' \setminus \mathcal{R} \end{cases}$$

Analog zur ($\Longrightarrow$) -Richtung zeigen wir mit struktureller Induktion über $\mathcal{L}(\mathcal{R})$, dass für alle $G \in \mathcal{L}(\mathcal{R})$ gilt: $G^{I_p'} = G^{I_a}$.

Daraus folgt insbesondere $F^{I_p'} = F^{I_a}$. Als allgemeingültige prädikatenlogische Formel gilt aber $F^{I_p'} = \top$ im Widerspruch zu $F^{I_a} = \bot$.

(b) Spezialfall von Teilaufgabe (a) mit $\mathcal{P}_0 = \mathcal{R} = \mathcal{R}_0'$.

Lösung 4.47 Beispiel: Variablenzuordnungen und Substitutionen [▷90] ○

Beweis durch schrittweises Ausrechnen der linken und rechten Seiten der Gleichung:

L.S. $\quad [(\forall X) p(X, Y)]^{I, \{X \mapsto 112\}\{Y \mapsto 0\}Z} = \top$

gdw. für alle $d \in \mathbb{N}$ gilt: $[p(X, Y)]^{I, \{X \mapsto d\}\{X \mapsto 112\}\{Y \mapsto 0\}Z} = \top$

gdw. für alle $d \in \mathbb{N}$ gilt:

$(X^{I, \{X \mapsto d\}\{X \mapsto 112\}\{Y \mapsto 0\}Z}, Y^{I, \{X \mapsto d\}\{X \mapsto 112\}\{Y \mapsto 0\}Z}) \in \geq$

gdw. für alle $d \in \mathbb{N}$ gilt:

$(X^{\{X \mapsto d\}\{X \mapsto 112\}\{Y \mapsto 0\}Z}, Y^{\{X \mapsto d\}\{X \mapsto 112\}\{Y \mapsto 0\}Z}) \in \geq$

gdw. für alle $d \in \mathbb{N}$ gilt: $(d, 0) \in \geq$

Letzteres ist erfüllt.

R.S. $\quad [[(\forall X)p(X,Y)]\{X \mapsto a, Y \mapsto b\}]^{I,\mathcal{Z}} = \top$
gdw. $[(\forall X)p(X,Y)\{Y \mapsto b\}]^{I,\mathcal{Z}} = \top$
gdw. $[(\forall X)p(X,b)]^{I,\mathcal{Z}} = \top$
gdw. für alle $d \in \mathbb{N}$ gilt: $[p(X,b)]^{I,\{X \mapsto d\}\mathcal{Z}} = \top$
gdw. für alle $d \in \mathbb{N}$ gilt: $(X^{I,\{X \mapsto d\}\mathcal{Z}}, b^{I,\{X \mapsto d\}\mathcal{Z}}) \in \geq$
gdw. für alle $d \in \mathbb{N}$ gilt: $(X^{\{X \mapsto d\}\mathcal{Z}}, b^I) \in \geq$
gdw. für alle $d \in \mathbb{N}$ gilt: $(d, 0) \in \geq$

Letzteres ist erfüllt.

Wir erhalten somit, dass beide Seiten der zu beweisenden Gleichung wahr sind.

4-11 181 Lösung 4.48 Variablenzuordnungen und freie Variable [▷90] ○

(a) Wir beweisen per struktureller Induktion die folgende, äquivalente Aussage:

Wenn sich $\mathcal{Z}_1$ und $\mathcal{Z}_2$ in den in F frei vorkommenden Variablen nicht unterscheiden, dann $F^{I,\mathcal{Z}_1} = F^{I,\mathcal{Z}_2}$.

Hierfür müssen wir zunächst mittels struktureller Induktion über Terme die folgende Aussage zeigen:

Für einen beliebigen Term t gilt:
Wenn sich $\mathcal{Z}_1$ und $\mathcal{Z}_2$ in den in t frei vorkommenden Variablen nicht unterscheiden, dann gilt $t^{I,\mathcal{Z}_1} = t^{I,\mathcal{Z}_2}$.

I.A. Für eine Konstante t gilt immer $t^{I,\mathcal{Z}_1} = t^I = t^I = t^{I,\mathcal{Z}_2}$. Für eine Variable t gilt, da t in t frei vorkommt, dass $t^{\mathcal{Z}_1} = t^{\mathcal{Z}_2}$ nach Voraussetzung gilt, und daraus folgt $t^{I,\mathcal{Z}_1} = t^{\mathcal{Z}_1} = t^{\mathcal{Z}_2} = t^{I,\mathcal{Z}_2}$.

I.H. Wenn sich $\mathcal{Z}_1$ und $\mathcal{Z}_2$ in den in $t_1, \ldots, t_n$ frei vorkommenden Variablen nicht unterscheiden, dann gilt $t_i^{I,\mathcal{Z}_1} = t_i^{I,\mathcal{Z}_2}$ für $i \in \{1, \ldots, n\}$.

I.B. Wenn sich $\mathcal{Z}_1$ und $\mathcal{Z}_2$ in den in $f(t_1, \ldots, t_n)$ frei vorkommenden Variablen nicht unterscheiden, dann gilt $f(t_1, \ldots, t_n)^{I,\mathcal{Z}_1} = f(t_1, \ldots, t_n)^{I,\mathcal{Z}_2}$.

I.S. Wenn sich $\mathcal{Z}_1$ und $\mathcal{Z}_2$ in den in $f(t_1, \ldots, t_n)$ frei vorkommenden Variablen nicht unterscheiden, dann unterscheiden sich $\mathcal{Z}_1$ und $\mathcal{Z}_2$ auch nicht in den in jedem der Terme $t_1, \ldots, t_n$ frei vorkommenden Variablen, da letztere Menge alle Teilmengen der ersteren sind. Somit folgt:

$$f(t_1, \ldots, t_n)^{I,\mathcal{Z}_1} = f^I(t_1^{I,\mathcal{Z}_1}, \ldots, t_n^{I,\mathcal{Z}_1})$$
$$\stackrel{\text{I.H.}}{=} f^I(t_1^{I,\mathcal{Z}_2}, \ldots, t_n^{I,\mathcal{Z}_2}) = f(t_1, \ldots, t_n)^{I,\mathcal{Z}_2}$$

Induktion über Formeln:

I.A. Sei $p(t_1, \ldots, t_n)$ eine Formel derart, dass sich $\mathcal{Z}_1$ und $\mathcal{Z}_2$ in den darin frei vorkommenden Variablen nicht unterscheiden. Dann unterscheiden sich $\mathcal{Z}_1$ und $\mathcal{Z}_2$ auch nicht in den jeweils in $t_1, \ldots, t_n$ frei vorkommenden Variablen, da letztere Menge alle Teilmengen der in $p(t_1, \ldots, t_n)$ frei vorkommenden Variablenmenge sind. Somit folgt nach obiger struktureller Induktion über Terme, dass $t_i^{I,\mathcal{Z}_1} = t_i^{I,\mathcal{Z}_2}$ gilt für $i \in \{1, \ldots, n\}$. Nun folgt $[p(t_1, \ldots, t_n)]^{I,\mathcal{Z}_1} = \top$ gdw. $(t_1^{I,\mathcal{Z}_1}, \ldots, t_n^{I,\mathcal{Z}_1}) \in p^I$ gdw. $(t_1^{I,\mathcal{Z}_2}, \ldots, t_n^{I,\mathcal{Z}_2}) \in p^I$ gdw. $[p(t_1, \ldots, t_n)]^{I,\mathcal{Z}_2} = \top$.

II.4.3. SEMANTIK

I.H. Wenn sich $\mathcal{Z}_1$ und $\mathcal{Z}_2$ in den in den Formeln F und G frei vorkommenden Variablen nicht unterscheiden, dann gilt $F^{I,\mathcal{Z}_1} = F^{I,\mathcal{Z}_2}$ und $G^{I,\mathcal{Z}_1} = G^{I,\mathcal{Z}_2}$.

I.B. Wenn sich $\mathcal{Z}_1$ und $\mathcal{Z}_2$ in den in $\neg F$, $(F \circ G)$ und $(QX)F$ frei vorkommenden Variablen nicht unterscheiden, dann folgt $[\neg F]^{I,\mathcal{Z}_1} = [\neg F]^{I,\mathcal{Z}_2}$, $(F \circ G)^{I,\mathcal{Z}_1} = (F \circ G)^{I,\mathcal{Z}_2}$ und $[(QX)F]^{I,\mathcal{Z}_1} = [(QX)F]^{I,\mathcal{Z}_2}$.

I.S. Im Fall der Formeln $\neg F$ und $(F \circ G)$ ist es so, dass die jeweils in F und G frei vorkommenden Variablenmengen Teilmengen der in $\neg F$ und $(F \circ G)$ frei vorkommenden Variablenmenge sind, so dass die I.H. angewendet werden kann. Man erhält folglich:

$$[\neg F]^{I,\mathcal{Z}_1} = \neg^* F^{I,\mathcal{Z}_1} = \neg^* F^{I,\mathcal{Z}_2} = [\neg F]^{I,\mathcal{Z}_2} \text{ und}$$

$$(F \circ G)^{I,\mathcal{Z}_1} = F^{I,\mathcal{Z}_1} \circ^* G^{I,\mathcal{Z}_1} = F^{I,\mathcal{Z}_2} \circ^* G^{I,\mathcal{Z}_2} = (F \circ G)^{I,\mathcal{Z}_2}.$$

Für $(QX)F$ gilt, dass $[(QX)F]^{I,\mathcal{Z}_1} = \top$ gdw. für alle/ein $d \in \mathcal{D}$ gilt: $F^{I,\{X \mapsto d\}\mathcal{Z}_1} = \top$ und dass $[(QX)F]^{I,\mathcal{Z}_2} = \top$ gdw. für alle/ein $d \in \mathcal{D}$ gilt: $F^{I,\{X \mapsto d\}\mathcal{Z}_2} = \top$

Da die in F frei vorkommenden Variablen die in $(QX)F$ frei vorkommenden, sowie möglicherweise noch die Variable X, sind, und X von $\{X \mapsto d\}\mathcal{Z}_1$ und $\{X \mapsto d\}\mathcal{Z}_2$ beidemal auf d abgebildet werden, unterscheiden sich $\{X \mapsto d\}\mathcal{Z}_1$ und $\{X \mapsto d\}\mathcal{Z}_2$ nicht in den in F frei vorkommenden Variablen. Somit folgt $F^{I,\{X \mapsto d\}\mathcal{Z}_1} = F^{I,\{X \mapsto d\}\mathcal{Z}_2}$ nach I.H., und daraus ergibt sich mit Obigem: $[(QX)F]^{I,\mathcal{Z}_1} = [(QX)F]^{I,\mathcal{Z}_2}$.

(b) Direkte Folgerung aus Teilaufgabe (a): Wenn F abgeschlossen ist, dann gibt es keine freie Variable in der sich $\mathcal{Z}_1$ und $\mathcal{Z}_2$ unterscheiden können, und somit muss $F^{I,\mathcal{Z}_1} = F^{I,\mathcal{Z}_2}$ folgen.

Bemerkung: *Die eben bewiesene Aussage rechtfertigt, dass man bei abgeschlossenen Formeln F einfach F^I schreiben kann.*

(c) Da X in F nicht frei vorkommt unterscheiden sich $\mathcal{Z}$ und $\{X \mapsto d\}\mathcal{Z}$ nicht in den in F frei vorkommenden Variablen, und damit folgt die Gleichung aus Teilaufgabe (a).

Lösung 4.49 Kommutativität bei Variablenzuordnungen [▷90] ●

(a) Wir zeigen, dass für $X_1 \neq X_2$ gilt:

$$\{X_1 \mapsto d_1\}\{X_2 \mapsto d_2\}\mathcal{Z} = \{X_2 \mapsto d_2\}\{X_1 \mapsto d_1\}\mathcal{Z}$$

woraus sofort die zu zeigende Behauptung folgt.

Um die Identität der beiden Variablenzuordnungen $\{X_1 \mapsto d_1\}\{X_2 \mapsto d_2\}\mathcal{Z}$ und $\{X_2 \mapsto d_2\}\{X_1 \mapsto d_1\}\mathcal{Z}$ zu zeigen, zeigen wir, dass sie, angewandt auf eine beliebige Variable $Y \in \mathcal{V}$, das gleiche Ergebnis liefern.

(1) Wir berechnen zunächst (gemäß Definition 4.21)

$$Y^{\{X_1 \mapsto d_1\}\{X_2 \mapsto d_2\}\mathcal{Z}} = \begin{cases} d_1 & \text{wenn } Y = X_1 \\ Y^{\{X_2 \mapsto d_2\}\mathcal{Z}} & \text{wenn } Y \neq X_1 \end{cases}$$

und berechnen mit $Y \neq X_1$ (wiederum gemäß Definition 4.21)

$$Y^{\{X_2 \mapsto d_2\}\mathcal{Z}} = \begin{cases} d_2 & \text{wenn } Y = X_2 \\ Y^{\mathcal{Z}} & \text{sonst, d.h.. } Y \neq X_1 \text{ und } Y \neq X_2 \end{cases}$$

woraus sich insgesamt ergibt:

$$Y^{\{X_1 \mapsto d_1\}\{X_2 \mapsto d_2\}Z} = \begin{cases} d_1 & \text{wenn } Y = X_1 \\ d_2 & \text{wenn } Y = X_2 \\ Y^Z & \text{sonst} \end{cases}$$

(2) In analoger Weise berechnen wir

$$Y^{\{X_2 \mapsto d_2\}\{X_1 \mapsto d_1\}Z} = \begin{cases} d_1 & \text{wenn } Y = X_1 \\ d_2 & \text{wenn } Y = X_2 \\ Y^Z & \text{sonst} \end{cases}$$

(b) Wir führen einen Beweis mit vollständiger Induktion über die Länge n der Permutation σ. Um die Darstellung übersichtlicher zu gestalten, vereinbaren wir zunächst, dass wir statt $\{X_i \mapsto d_i\}$ verkürzt (i) schreiben.
Wir zeigen, dass mit $X_i \neq X_j$ für alle $i, j \in \{1, \ldots, n\}$, $i \neq j$, gilt:

$$\{X_1 \mapsto d_1\} \ldots \{X_n \mapsto d_n\}Z = \{X_{\sigma(1)} \mapsto d_{\sigma(1)}\} \ldots \{X_{\sigma(n)} \mapsto d_{\sigma(n)}\}Z$$

woraus sich obige Behauptung sofort ergibt.
In unserer verkürzten Schreibweise müssen wir also zeigen, dass die Gleichung $(1) \ldots (n)Z = (\sigma(1)) \ldots (\sigma(n))Z$ gilt.

I.A. Für $n = 1$ ist die einzige mögliche Permutation $\sigma(1) = 1$.
Es gilt also $(1)Z = (\sigma(1))Z$.

I.H. Für Permutationen der Länge n gilt: $(1) \ldots (n)Z = (\sigma(1)) \ldots (\sigma(n))Z$.

I.S. *Zu zeigen:* Für Permutationen der Länge $n + 1$ gilt:
$$(1) \ldots (n + 1)Z = (\sigma(1)) \ldots (\sigma(n + 1))Z.$$

Beweis: Wir unterscheiden folgende drei Fälle:

(A) $\sigma(1) = 1$, das heißt das erste Element wird durch die Permutation nicht verändert.
Die Permutation der restlichen Elemente $(2) \ldots (n + 1)$ hat die Länge n, laut I.H. gilt also $(2) \ldots (n + 1)Z = (\sigma(2)) \ldots (\sigma(n + 1))Z$.
Damit ergibt sich

$$\begin{aligned} (1)(2) \ldots (n + 1)Z &= (1)(\sigma(2)) \ldots (\sigma(n + 1))Z \\ &= (\sigma(1))(\sigma(2)) \ldots (\sigma(n + 1))Z. \end{aligned}$$

(B) $\sigma(1) = 2$. Wie in Teilaufgabe (a) gezeigt wurde, gilt:

$$(1)(2)(3) \ldots (n+1)Z = (2)(1)(3) \ldots (n+1)Z \qquad (*)$$

wobei die Variablenzuordnung $(3) \ldots (n+1)Z$ der Variablenzuordnung Z aus Teilaufgabe (a) entspricht.
Weiterhin gilt laut I.H. für die Permutation der Länge n der verbleibenden Elemente $(1)(3) \ldots (n+1)$:

$$(1)(3) \ldots (n+1)Z = (\sigma(2))(\sigma(3)) \ldots (\sigma(n+1))Z. \qquad (**)$$

Man beachte hierbei, dass die Menge $\{(1), (3), \ldots, (n + 1)\}$ identisch ist mit der Menge $\{(\sigma(2)), (\sigma(3)), \ldots, (\sigma(n + 1))\}$ – denn es fehlt in beiden Mengen die 2 $(= \sigma(1))$ – und es somit eine Permutation τ (der Länge n) auf dieser Menge geben muss für welche gilt $\tau(1) =$

II.4.3. SEMANTIK 373

$\sigma(2)$ und $\tau(i) = \sigma(i)$ für $i = 3, \ldots, n+1$. Insgesamt ergibt sich

$$(1)(2)(3)\ldots(n+1)\mathcal{Z} =$$
$$= (2)(1)(3)\ldots(n+1)\mathcal{Z} \qquad \text{(wegen (*))}$$
$$= (\sigma(1))(1)(3)\ldots(n+1)\mathcal{Z} \qquad \text{(wegen } \sigma(1) = 2\text{)}$$
$$= (\sigma(1))(\sigma(2))(\sigma(3))\ldots(\sigma(n+1))\mathcal{Z} \quad \text{(wegen (**))}$$

(C) $\sigma(1) = k$, mit $k > 2$. Zu zeigen:
$$(1)(2)(3)\ldots(n+1)\mathcal{Z} = (\sigma(1))(\sigma(2))(\sigma(3))\ldots(\sigma(n+1))\mathcal{Z}$$

Wir zeigen dies durch schrittweise Umformungen:

(i) Nach I.H. gilt (für die Vertauschung von (2) und (k))

$$(2)(3)\ldots(k-1)(k)(k+1)\ldots(n+1)\mathcal{Z} =$$
$$= (k)(3)\ldots(k-1)(2)(k+1)\ldots(n+1)\mathcal{Z}$$

da es sich hierbei um eine Permutation der Länge n handelt. Hieraus folgt (jeweils (1) links angefügt):

$$(1)(2)(3)\ldots(k-1)(k)(k+1)\ldots(n+1)\mathcal{Z} =$$
$$= (1)(k)(3)\ldots(k-1)(2)(k+1)\ldots(n+1)\mathcal{Z}$$

(ii) Auf Grund von Teilaufgabe (a) ergibt sich (bei Vertauschung von (1) und (k))

$$(1)(k)(3)\ldots(k-1)(2)(k+1)\ldots(n+1)\mathcal{Z} =$$
$$= (k)(1)(3)\ldots(k-1)(2)(k+1)\ldots(n+1)\mathcal{Z}$$

wobei $(3)\ldots(k-1)(2)(k+1)\ldots(n+1)\mathcal{Z}$
die Variablenzuordnung $\mathcal{Z}$ aus Teilaufgabe (a) ist.

(iii) Da nach Definition von σ gilt: $\sigma(1) = k$, so erhalten wir

$$(k)(1)(3)\ldots(k-1)(2)(k+1)\ldots(n+1)\mathcal{Z} =$$
$$= (\sigma(1))(1)(3)\ldots(k-1)(2)(k+1)\ldots(n+1)\mathcal{Z}$$

(iv) Da $\sigma(1) = k$, bezeichnen $(1)(3)\ldots(k-1)(2)(k+1)\ldots(n+1)$ und $(\sigma(2))(\sigma(3))\ldots(\sigma(n+1))$ die gleichen Mengen, und wir erhalten nach I.H.

$$(1)(3)\ldots(k-1)(2)(k+1)\ldots(n+1)\mathcal{Z} =$$
$$= (\sigma(2))(\sigma(3))\ldots(\sigma(n+1))\mathcal{Z}$$

da es sich wiederum um eine Permutation der Länge n handelt. Hieraus folgt (jeweils $(\sigma(1))$ links angefügt):

$$(\sigma(1))(1)(3)\ldots(k-1)(2)(k+1)\ldots(n+1)\mathcal{Z} =$$
$$= (\sigma(1))(\sigma(2))(\sigma(3))\ldots(\sigma(n+1))\mathcal{Z}$$

Aus den obigen Gleichungen folgt die zu zeigende Gleichung
$$(1)(2)(3)\ldots(n+1)\mathcal{Z} = (\sigma(1))(\sigma(2))(\sigma(3))\ldots(\sigma(n+1))\mathcal{Z}$$

Lösung 4.50 Variablenzuordnung vs. Substitution (Lemma 4.25)

(a) Beweis durch strukturelle Induktion über $s \in \mathcal{T}(\mathcal{F}, \mathcal{V})$.

I.A. (1) Fall 1: Sei $s \in \mathcal{V}$, d.h. s ist Variable.

(i) Sei $s = X$.

L.S.: $X^{I,\{X \mapsto d\}\mathcal{Z}} \stackrel{\text{Def. 4.22}}{=} X^{\{X \mapsto d\}\mathcal{Z}} \stackrel{\text{Def. 4.21}}{=} d$

R.S.: $[X\{X \mapsto t\}]^{I,\mathcal{Z}} \stackrel{\text{Def. 4.8}}{=} t^{I,\mathcal{Z}} = d$

(ii) Sei $s \neq X$, d.h. sei o.B.d.A. $s = Y (\neq X)$.

L.S.: $Y^{I,\{X \mapsto d\}\mathcal{Z}} \stackrel{\text{Def. 4.22}}{=} Y^{\{X \mapsto d\}\mathcal{Z}} \stackrel{\text{Def. 4.21}}{=} Y^{\mathcal{Z}}$

R.S.: $[Y\{X \mapsto t\}]^{I,\mathcal{Z}} \stackrel{\text{Def. 4.8}}{=} Y^{I,\mathcal{Z}} \stackrel{\text{Def. 4.22}}{=} Y^{\mathcal{Z}}$

(2) Fall 2: Sei s Konstante.

L.S.: $s^{I,\{X \mapsto d\}\mathcal{Z}} \stackrel{\text{Def. 4.22}}{=} s^I$

R.S.: $[s\{X \mapsto t\}]^{I,\mathcal{Z}} \stackrel{\text{Def. 4.8}}{=} s^{I,\mathcal{Z}} \stackrel{\text{Def. 4.22}}{=} s^I$

In allen aufgeführten Fällen gilt die behauptete Gleichheit.

I.H. Für Terme s_i $(i = 1, \ldots, n)$ gelte $s_i^{I,\{X \mapsto d\}\mathcal{Z}} = [s_i\{X \mapsto t\}]^{I,\mathcal{Z}}$

I.B. Es gilt für ein n-stelliges Funktionssymbol f:

$$f(s_1, \ldots, s_n)^{I,\{X \mapsto d\}\mathcal{Z}} = [f(s_1, \ldots, s_n)\{X \mapsto t\}]^{I,\mathcal{Z}}$$

I.S. $f(s_1, \ldots, s_n)^{I,\{X \mapsto d\}\mathcal{Z}} =$

$\stackrel{\text{Def. 4.22}}{=} f^I(s_1^{I,\{X \mapsto d\}\mathcal{Z}}, \ldots, s_n^{I,\{X \mapsto d\}\mathcal{Z}})$

$\stackrel{\text{I.H.}}{=} f^I([s_1\{X \mapsto t\}]^{I,\mathcal{Z}}, \ldots, [s_n\{X \mapsto t\}]^{I,\mathcal{Z}})$

$\stackrel{\text{Def. 4.22}}{=} [f(s_1\{X \mapsto t\}, \ldots, s_n\{X \mapsto t\})]^{I,\mathcal{Z}}$

$\stackrel{\text{Def. 4.8}}{=} [f(s_1, \ldots, s_n)\{X \mapsto t\}]^{I,\mathcal{Z}}$

(b) I.A. Zu zeigen: $p(t_1, \ldots, t_n)^{I,\{X \mapsto d\}\mathcal{Z}} = [p(t_1, \ldots, t_n)\{X \mapsto t\}]^{I,\mathcal{Z}}$ für beliebige $p \in \mathcal{R}$ und beliebige $t_1, \ldots, t_n \in \mathcal{T}(\mathcal{F}, \mathcal{V})$, wenn $t^{I,\mathcal{Z}} = d$. (Gemäß der Definition ist jede Substitution frei für alle atomaren Formeln.)

Beweis: $p(t_1, \ldots, t_n)^{I,\{X \mapsto d\}\mathcal{Z}} = \top$

gdw. $(t_1^{I,\{X \mapsto d\}\mathcal{Z}}, \ldots, t_n^{I,\{X \mapsto d\}\mathcal{Z}}) \in p^I$

gdw. $([t_1\{X \mapsto t\}]^{I,\mathcal{Z}}, \ldots, [t_n\{X \mapsto t\}]^{I,\mathcal{Z}}) \in p^I$ (Teilaufg. (a))

gdw. $[p(t_1\{X \mapsto t\}, \ldots, t_n\{X \mapsto t\})]^{I,\mathcal{Z}} = \top$

gdw. $[p(t_1, \ldots, t_n)\{X \mapsto t\}]^{I,\mathcal{Z}} = \top$

I.H. Für gewisse Formeln $F, G \in \mathcal{L}(\mathcal{R}, \mathcal{F}, \mathcal{V})$ gelte

$$F^{I,\{X \mapsto d\}\mathcal{Z}'} = [F\{X \mapsto t\}]^{I,\mathcal{Z}'} \text{ und } G^{I,\{X \mapsto d\}\mathcal{Z}'} = [G\{X \mapsto t\}]^{I,\mathcal{Z}'},$$

wenn $\{X \mapsto t\}$ frei für F bzw. für G ist, und
wenn $\mathcal{Z}'$ eine beliebige Variablenzuordnung mit $t^{I,\mathcal{Z}'} = d$ ist.

I.B. Es gilt

(i) $[\neg F]^{I,\{X \mapsto d\}\mathcal{Z}} = [\neg F\{X \mapsto t\}]^{I,\mathcal{Z}}$

(ii) $[(F \circ G)]^{I,\{X \mapsto d\}\mathcal{Z}} = [(F \circ G)\{X \mapsto t\}]^{I,\mathcal{Z}}$

(iii) $[(\forall Y)F]^{I,\{X \mapsto d\}\mathcal{Z}} = [[(\forall Y)F]\{X \mapsto t\}]^{I,\mathcal{Z}}$

II.4.3. SEMANTIK 375

(iv) $[(\exists Y)F]^{I,\{X \mapsto d\}\mathcal{Z}} = [[(\exists Y)F]\{X \mapsto t\}]^{I,\mathcal{Z}}$

falls $\{X \mapsto t\}$ frei für $\neg F$, $(F \circ G)$, $(\forall Y)F$ bzw. $(\exists Y)F$ ist,
und falls $t^{I,\mathcal{Z}} = d$ gilt.

I.S.

(ad i) Falls $\{X \mapsto t\}$ nicht frei für $\neg F$, gilt die Induktionsbehauptung trivialerweise.

Ansonsten folgt aus $\{X \mapsto t\}$ frei für $\neg F$, dass $\{X \mapsto t\}$ frei für F ist, wodurch sich die Induktionshypothese in folgender Argumentation anwenden lässt.

$$[\neg F]^{I,\{X \mapsto d\}\mathcal{Z}} = \neg^*[F]^{I,\{X \mapsto d\}\mathcal{Z}}$$
$$\stackrel{\text{I.H.}}{=} \neg^*[F\{X \mapsto t\}]^{I,\mathcal{Z}}$$
$$= [\neg F\{X \mapsto t\}]^{I,\mathcal{Z}}$$

(ad ii) Analog zum vorigen Fall schließen wir:

$$[(F \circ G)]^{I,\{X \mapsto d\}\mathcal{Z}} = [F]^{I,\{X \mapsto d\}\mathcal{Z}} \circ^* [G]^{I,\{X \mapsto d\}\mathcal{Z}}$$
$$\stackrel{\text{I.H.}}{=} [F\{X \mapsto t\}]^{I,\mathcal{Z}} \circ^* [G\{X \mapsto t\}]^{I,\mathcal{Z}}$$
$$= [(F \circ G)\{X \mapsto t\}]^{I,\mathcal{Z}}$$

(ad iii) (A) Fall: $X \neq Y$.

$$[(\forall Y)F]^{I,\{X \mapsto d\}\mathcal{Z}} = \top$$

gdw. $[F]^{I,\{Y \mapsto e\}\{X \mapsto d\}\mathcal{Z}} = \top$ für alle $e \in \mathcal{D}$
(gemäß Semantik des $\forall$-Quantors)

gdw. $[F]^{I,\{X \mapsto d\}\{Y \mapsto e\}\mathcal{Z}} = \top$ für alle $e \in \mathcal{D}$
(gemäß Aufgabe 4.49 (a) und $X \neq Y$)

gdw. $[F\{X \mapsto t\}]^{I,\{Y \mapsto e\}\mathcal{Z}} = \top$ für alle $e \in \mathcal{D}$ $\qquad$ (+)

gdw. $[(\forall Y)F\{X \mapsto t\}]^{I,\mathcal{Z}} = \top$
(gemäß Semantik des $\forall$-Quantors)

gdw. $[[(\forall Y)F]\{X \mapsto t\}]^{I,\mathcal{Z}} = \top$
(wegen Definition 4.16 und $X \neq Y$).

Begründung für Anwendbarkeit der I.H. in (+).

Um die I.H. anwenden zu können ist zu zeigen:

$\{X \mapsto t\}$ ist frei für F und $t^{I,\{Y \mapsto e\}\mathcal{Z}} = d$ für alle $e \in \mathcal{D}$.

Laut Voraussetzung ist $\{X \mapsto t\}$ frei für $(\forall Y)F$ und $t^{I,\mathcal{Z}} = d$.
(sonst wäre nichts zu zeigen; vgl. vorige Fälle)
Nach Definition von 'frei' folgt aus Ersterem, dass

1. $\{X \mapsto t\}_Y$ frei für F ist und
2. für alle in F frei vorkommende Variablen X' gilt:
   Y kommt in $X'\{X \mapsto t\}$ nicht vor.

Aus 1. folgt mit $\{X \mapsto t\}_Y = \{X \mapsto t\}$ – da $X \neq Y$ – dass $\{X \mapsto t\}$ frei für F ist. Falls X frei in F, folgt aus 2. für $X' = X$, dass Y in $X\{X \mapsto t\} = t$ nicht vorkommt, und somit gilt

$t^{I,\{Y \mapsto e\}\mathcal{Z}} = t^{I,\mathcal{Z}} = d$ für alle $e \in \mathcal{D}$.

Die I.H. ist also anwendbar, falls X frei in F.

Falls X nicht frei in F ist, folgt

$$[F]^{I,\{X \mapsto d\}\{Y \mapsto e\}\mathcal{Z}} = [F]^{I,\{Y \mapsto e\}\mathcal{Z}} = [F\{X \mapsto t\}]^{I,\{Y \mapsto e\}\mathcal{Z}}$$

und die Äquivalenz (+) folgt ohne I.H..

(B) Fall: $X = Y$.

Wir benützen, dass mit $X = Y$ folgt:

$$[(\forall Y)F]\{X \mapsto t\} = [(\forall Y)F]\{Y \mapsto t\} = (\forall Y)F \quad (*)$$

und

$$\{Y \mapsto e\}\{X \mapsto d\}\mathcal{Z} = \{Y \mapsto e\}\{Y \mapsto d\}\mathcal{Z} = \{Y \mapsto e\}\mathcal{Z} \quad (**)$$

für alle $d, e \in \mathcal{D}$ und eine beliebige Variablenzuordnung $\mathcal{Z}$.

Es gilt nun:

$[(\forall Y)F]^{I,\{X \mapsto d\}\mathcal{Z}} = \top$

gdw. $[(\forall Y)F]^{I,\{Y \mapsto d\}\mathcal{Z}} = \top$ (wegen $X = Y$)

gdw. $[F]^{I,\{Y \mapsto e\}\{Y \mapsto d\}\mathcal{Z}} = \top$ für alle $e \in \mathcal{D}$

gdw. $[F]^{I,\{Y \mapsto e\}\mathcal{Z}} = \top$ für alle $e \in \mathcal{D}$ (wegen (**))

gdw. $[(\forall Y)F]^{I,\mathcal{Z}} = \top$

gdw. $[(\forall Y)F\{X \mapsto t\}]^{I,\mathcal{Z}} = \top$ (wegen (*))

(ad iv) Wir verzichten an dieser Stelle auf die Angabe des Beweises. Die Argumentation verläuft weitgehend äquivalent zum vorhin geführten Beweis für die universelle Quantifizierung. Die detaillierte Ausführung wird als Übung empfohlen!

(c) Sei z.B. $F = (\forall X)(\forall Y)p(X)$, $G = (\forall Y)p(X)$ und $\sigma = \{X \mapsto Y\}$

(1) Dann ist σ frei für F, denn σ_X ist frei für G und es gibt keine in G vorkommende, von X verschiedene freie Variablen.

(2) Aber σ ist nicht frei für G, da Y in $X\{X \mapsto Y\} = Y$ vorkommt.

(d) *Gegenbeispiel*: Wir wählen $t = Z$, $H = (\forall Z)p(Z, X)$, $X \neq Z$, $I = (\mathcal{D}, \cdot^I)$ eine Interpretation, $d \in \mathcal{D}$, $\mathcal{Z}'$ eine Variablenzuordnung bzgl. I und $\mathcal{Z} = \{Z \mapsto d\}\mathcal{Z}'$. Ferner sei: $[t]^{I,\mathcal{Z}} = [Z]^{I,\{Z \mapsto d\}\mathcal{Z}'} = d$. Wir erhalten nun

$[H\{X \mapsto t\}]^{I,\mathcal{Z}} = \top$

gdw. $[(\forall Z)p(Z, X)\{X \mapsto Z\}]^{I,\mathcal{Z}} = \top$

gdw. $[(\forall Z)p(Z, Z)]^{I,\mathcal{Z}} = \top$

gdw. $[p(Z, Z)]^{I,\{Z \mapsto e\}\mathcal{Z}} = \top$ für alle $e \in \mathcal{D}$

gdw. $(e, e) \in p^I$ für alle $e \in \mathcal{D}$ \hfill (+)

und

$[H]^{I,\{X \mapsto d\}\mathcal{Z}} = \top$

gdw. $[(\forall Z)p(Z, X)]^{I,\{X \mapsto d\}\mathcal{Z}} = \top$

gdw. $[p(Z, X)]^{I,\{Z \mapsto e\}\{X \mapsto d\}\mathcal{Z}} = \top$ für alle $e \in \mathcal{D}$

gdw. $(e, d) \in p^I$ für alle $e \in \mathcal{D}$ \hfill (++)

II.4.3. SEMANTIK   377

Offensichtlich sind die Aussagen (+) und (++) nicht äquivalent; wie man z.B. sofort erkennt, wenn man $\mathcal{D} = \mathbb{N}$, $d = 1$ setzt und für p^I die Gleichheitsrelation betrachtet.

Lösung 4.51 Axiomatisierung einer Äquivalenzrelation [▷91] ○

Damit p^I eine Äquivalenzrelation auf $\mathcal{D}$ ist, müssen die folgenden drei Aussagen gelten:

(i) Für alle $d \in \mathcal{D}$ gilt: $(d, d) \in p^I$
(ii) Für alle $d_1, d_2 \in \mathcal{D}$ gilt: wenn $(d_1, d_2) \in p^I$, dann $(d_2, d_1) \in p^I$
(iii) Für alle $d_1, d_2, d_3 \in \mathcal{D}$ gilt:
wenn $(d_1, d_2) \in p^I$ und $(d_2, d_3) \in p^I$, dann $(d_1, d_3) \in p^I$

Wir beweisen wie folgt (mit einer beliebigen Variablenzuweisung $\mathcal{Z}$):

(i) $[(\forall X)p(X,X)]^{I,\mathcal{Z}} = \top$
gdw. für alle $d \in \mathcal{D}$ gilt: $[p(X,X)]^{I,\{X \mapsto d\}\mathcal{Z}} = \top$
gdw. für alle $d \in \mathcal{D}$ gilt: $(X^{I,\{X \mapsto d\}\mathcal{Z}}, X^{I,\{X \mapsto d\}\mathcal{Z}}) \in p^I$
gdw. für alle $d \in \mathcal{D}$ gilt: $(X^{\{X \mapsto d\}\mathcal{Z}}, X^{\{X \mapsto d\}\mathcal{Z}}) \in p^I$
gdw. für alle $d \in \mathcal{D}$ gilt: $(d, d) \in p^I$

(ii) $[(\forall X)(\forall Y)(p(X,Y) \to p(Y,X))]^{I,\mathcal{Z}} = \top$
gdw. für alle $d_1, d_2 \in \mathcal{D}$ gilt: $(p(X,Y) \to p(Y,X))^{I,\{Y \mapsto d_2\}\{X \mapsto d_1\}\mathcal{Z}} = \top$
gdw. für alle $d_1, d_2 \in \mathcal{D}$ gilt:
$[p(X,Y)]^{I,\{Y \mapsto d_2\}\{X \mapsto d_1\}\mathcal{Z}} \to^* [p(Y,X)]^{I,\{Y \mapsto d_2\}\{X \mapsto d_1\}\mathcal{Z}} = \top$
gdw. für alle $d_1, d_2 \in \mathcal{D}$ gilt:
$[p(X,Y)]^{I,\{Y \mapsto d_2\}\{X \mapsto d_1\}\mathcal{Z}} = \bot$ oder $[p(Y,X)]^{I,\{Y \mapsto d_2\}\{X \mapsto d_1\}\mathcal{Z}} = \top$
gdw. für alle $d_1, d_2 \in \mathcal{D}$ gilt:
$(X^{I,\{Y \mapsto d_2\}\{X \mapsto d_1\}\mathcal{Z}}, Y^{I,\{Y \mapsto d_2\}\{X \mapsto d_1\}\mathcal{Z}}) \notin p^I$ oder
$(Y^{I,\{Y \mapsto d_2\}\{X \mapsto d_1\}\mathcal{Z}}, X^{I,\{Y \mapsto d_2\}\{X \mapsto d_1\}\mathcal{Z}}) \in p^I$
gdw. für alle $d_1, d_2 \in \mathcal{D}$ gilt:
$(X^{\{Y \mapsto d_2\}\{X \mapsto d_1\}\mathcal{Z}}, Y^{\{Y \mapsto d_2\}\{X \mapsto d_1\}\mathcal{Z}}) \notin p^I$ oder
$(Y^{\{Y \mapsto d_2\}\{X \mapsto d_1\}\mathcal{Z}}, X^{\{Y \mapsto d_2\}\{X \mapsto d_1\}\mathcal{Z}}) \in p^I$
gdw. für alle $d_1, d_2 \in \mathcal{D}$ gilt: $(d_1, d_2) \notin p^I$ oder $(d_2, d_1) \in p^I$
gdw. für alle $d_1, d_2 \in \mathcal{D}$ gilt: wenn $(d_1, d_2) \in p^I$, dann $(d_2, d_1) \in p^I$

(iii) Analog zu (ii).

4.3.3 Herbrand-Interpretationen

Lösung 4.52 Modell und Herbrand-Modell [▷92] ○

(a) Da F eine Disjunktion ist, genügt es, ein Modell für $(\forall X)(\exists Y)p(X,Y)$ zu finden. Mit $p^I = \{(a,a),(2,a)\}$ ergibt sich z.B. eine solche Interpretation, für die $F^I = \top$ gilt.

- **(b)** Herbrand-Universum: $\mathcal{U} = \{a, f(a), f(f(a)), \ldots\} = \{f^n(a) \mid n \in \mathbb{N}\}$
    - (i) Herbrand-Modell:
      $a^I = a$, $f^I(t) = f(t)$ für $t \in \mathcal{U}$, $p^I = \{(f^n(a)), f^{n+1}(a)) \mid n \in \mathbb{N}\}$
    - (ii) Eine Interpretation mit $p^I = \emptyset$ ist ebenfalls Herbrand-Modell.

Lösung 4.53 Existenz von Herbrand-Interpretationen [▷92] ○

(1) Da die Sprache $\mathcal{L}(\mathcal{R}, \mathcal{F}, \mathcal{V})$ zumindest ein Konstantensymbol enthält, ist die Menge $\mathcal{T}(\mathcal{F})$ der abgeschlossenen Terme nicht leer und kann somit als Domäne für Interpretationen verwendet werden.

(2) Wir definieren eine spezielle Interpretation I gemäß der allgemeinen Vorgabe von Definition 4.20 wie folgt:
   - (i) Wir weisen jedem n-stelligen Funktionssymbol $f \in \mathcal{F}$ die Funktion f^I zu, welche wir wie folgt definieren:
     $$f^I : \mathcal{T}(\mathcal{F})^n \to \mathcal{T}(\mathcal{F}) \quad \text{mit} \quad (t_1, \ldots, t_n) \mapsto f(t_1, \ldots, t_n).$$
   - (ii) Für die Interpretation der Relationssymbole können wir z.B. für alle Relationssymbole die leere Tupelmenge wählen, d.h. $p^I = \emptyset$ für alle $p \in \mathcal{R}$.

Somit haben wir gezeigt, dass über dem Herbrand-Universum mindestens eine Interpretation existiert.

(3) Es ist nun noch zu zeigen, dass die eben definierte Interpretation I die zusätzliche Bedingung $t^I = t$ für alle $t \in \mathcal{T}(\mathcal{F})$ erfüllt. Dazu führen wir eine strukturelle Induktion über die abgeschlossenen Terme.

   I.A. Einem Konstantensymbol $t/0 \in \mathcal{F}$ wird nach der in Punkt (2) gemachten Definition die folgende Funktion t^I zugewiesen:
   $$t^I : \mathcal{T}(\mathcal{F})^0 \to \mathcal{T}(\mathcal{F}) \quad \text{mit} \quad () \mapsto t()$$
   (Man beachte, dass der Term t – im Gegensatz zum Konstantensymbol t – eine verkürzte Schreibweise von $t()$ ist.)
   Es ergibt sich nun: $[t]^I = [t()]^I \stackrel{\text{Def 4.20}}{=} t^I() \stackrel{\text{Def von } t^I \text{ zuvor}}{=} t() = t$.

   I.H. Es gelte die Zusatzbedingung für Terme $t_1, \ldots, t_k \in \mathcal{T}(\mathcal{F})$,
   d.h. $t_i^I = t_i$ für $i = 1, \ldots, k$.

   I.B. Für einen beliebigen Term $t = f(t_1, \ldots, t_k)$ gilt:
   $$[f(t_1, \ldots, t_k)]^I = f(t_1, \ldots, t_k).$$

   I.S. $\begin{aligned}[t][f(t_1, \ldots, t_k)]^I &= f^I(t_1^I, \ldots, t_k^I) && \text{(Def 4.20)} \\ &= f^I(t_1, \ldots, t_k) && \text{(I.H.)} \\ &= f(t_1, \ldots, t_k) && \text{(Def von } f^I \text{ oben)}\end{aligned}$

Lösung 4.54 Existenz von Nicht-Herbrand-Interpretationen [▷92] ○

Es existiert keine Interpretation, die nicht Herbrand-Interpretation ist, falls das Konstantensymbol a das einzige Funktionssymbol ist.
Andernfalls, können wir z.B. für alle $f|_n \in \mathcal{F}$, $(n \geq 0)$, definieren:
$$f^I : \mathcal{T}(\mathcal{F})^n \to \mathcal{T}(\mathcal{F}) \quad \text{mit} \quad (t_1, \ldots, t_n) \mapsto a. \text{ (und z.B. für alle } p|_n \in \mathcal{R}: p^I = \emptyset).$$

Lösung 4.55 Über die Anzahl von Herbrand-Modellen [▷92] ○

(a) Die Aussage gilt nicht.

II.4.3. SEMANTIK 379

Gegenbeispiel: Wir betrachten die Sprache $\mathcal{L}(\{p/1\}, \{a/0\}, \mathcal{V})$ und wählen
$\mathcal{G} = \mathcal{H} = \{p(a)\}$.
$\mathcal{G}$ und $\mathcal{H}$ haben jeweils ein Herbrand-Modell, nämlich $I = \{p(a)\}$. $\mathcal{G} \cup \mathcal{H} = \{p(a), p(a)\}$ hat ebenfalls nur das einzige Herbrand-Modell $I = \{p(a)\}$.
Also $n(\mathcal{G} \cup \mathcal{H}) = 1$ und $n(\mathcal{G}) + n(\mathcal{H}) = 1 + 1 = 2$.

(b) Die Aussage gilt, was man wie folgt sieht:
Falls mangels Konstanten keine Herbrand-Modelle existieren,
gilt die Aussage trivialerweise, da $0 \leq 0$.
Sei I ein Herbrand-Modell von $\mathcal{G} \cup \mathcal{H}$. Dann ist jede Formel in $\mathcal{G} \cup \mathcal{H}$ wahr unter I. Dann ist auch jede Formel in $\mathcal{G}$ wahr in I. Damit ist I ein Modell für $\mathcal{G}$. Damit gilt, dass die Menge der Modelle von $\mathcal{G} \cup \mathcal{H}$ eine Teilmenge der Modelle von $\mathcal{G}$ ist. Folglich gilt $n(\mathcal{G} \cup \mathcal{H}) \leq n(\mathcal{G})$.

Lösung 4.56 Minimale und maximale Herbrand-Modelle [▷92] ○
2 minimale Herbrand-Modelle: $\{p(c), p(a)\}$ und $\{p(c), q(b), p(b), q(c)\}$
1 maximales Herbrand-Modell: $\{p(a), p(b), p(c), q(a), q(b), q(c)\}$

Lösung 4.57 Erfüllende/widerlegende Herbrand-Interpretationen [▷92] ○
$I_1 = \{p(b)\}$ und $I_2 = \{q(c)\}$

Lösung 4.58 Substitutionen vs. Variablenzuordnungen [▷92] ○

(a) Dies ist nicht möglich, denn bei einer Substitution werden alle Variablen bis auf endlich viele auf sich selbst abgebildet. Deshalb muss es mindestens eine Variable $X \in \mathcal{V}$ geben mit $\sigma(X) = X$. Damit σ eine Variablenzuordnung bzgl. der Herbrand-Interpretation I ist, müsste aber das Bild von σ in $\mathcal{T}(\mathcal{F})$ enthalten sein. Damit müsste X in $\mathcal{T}(\mathcal{F})$ enthalten sein, was der Definition von $\mathcal{T}(\mathcal{F})$ widerspricht.

(b) Dies ist ebenfalls nicht möglich aus den selben Gründen wie zuvor.

Lösung 4.59 Grundinstanzen bei Herbrand-Interpretationen [▷93] ○

(a) Da H und G abgeschlossene Formeln sind, ist die Modell-Eigenschaft von Interpretationen von Variablenzuordnungen unabhängig.
Sei M ein Herbrand-Modell für H, d.h. $[(\forall X)F]^M = \top$ (in unserer verkürzten Schreibweise für abgeschlossene Formeln), bzw. $[(\forall X)F]^{M,\mathcal{Z}} = \top$ für jede Variablenzuordnung $\mathcal{Z}$.
Letzteres ist genau dann der Fall, wenn für alle $d \in \mathcal{U}$ gilt: $F^{M,\{X \mapsto d\}\mathcal{Z}} = \top$.
Da $\mathcal{U} = \{a, b, c\}$ gilt, ist dies äquivalent zu:
$$F^{M,\{X \mapsto a\}\mathcal{Z}} = \top \text{ und } F^{M,\{X \mapsto b\}\mathcal{Z}} = \top \text{ und } F^{M,\{X \mapsto c\}\mathcal{Z}} = \top,$$
für jede Variablenzuordnung $\mathcal{Z}$.
Wie in Aufgabe 4.50 bewiesen, gilt dies genau dann, wenn für jede Variablenzuordnung $\mathcal{Z}$ gilt:
$$(F\{X \mapsto a\})^{M,\mathcal{Z}} = (F\{X \mapsto b\})^{M,\mathcal{Z}} = (F\{X \mapsto c\})^{M,\mathcal{Z}} = \top$$
Dies ist wiederum (für jede Variablenzuordnung $\mathcal{Z}$) äquivalent zu:
$$((F\{X \mapsto a\} \wedge F\{X \mapsto b\}) \wedge F\{X \mapsto c\})^{M,\mathcal{Z}} = \top$$
Letzteres ist nun genau dann der Fall, wenn M ein Modell für G ist.

(b) Als Beweis geben wir ein *Gegenbeispiel* an:

Wir setzen $F = p(X)$ mit ein einstelliges Relationssymbol $p/1$. Nachwievor enthält unsere Sprache außer den Konstanten a, b und c keine weiteren Funktionssymbole.

Wir betrachten die Domäne $\mathcal{D} = \{0, 1\}$ und eine Interpretation I über $\mathcal{D}$ mit $a^I = b^I = c^I = 1$ und $p^I = \{(1)\}$.

Dann gilt (für beliebige Variablenzuordnungen $\mathcal{Z}$):

$$H^{I,\mathcal{Z}} = [(\forall X)F]^{I,\mathcal{Z}} = \top \quad \text{gdw.} \quad p(X)^{I,\{X \mapsto d\}\mathcal{Z}} = \top \text{ für alle } d \in \mathcal{D}.$$

Dies trifft nicht zu, da $p(X)^{I,\{X \mapsto 0\}\mathcal{Z}} = \bot$ ist, so dass gilt $H^{I,\mathcal{Z}} = \bot$.

Auf der anderen Seite erhalten wir:

$$G^{I,\mathcal{Z}} = \left(\left(p(a)^{I,\mathcal{Z}} \wedge^* p(b)^{I,\mathcal{Z}} \right) \wedge^* p(c)^{I,\mathcal{Z}} \right) = ((\top \wedge^* \top) \wedge^* \top) = \top.$$

Folglich sind $(\forall X)F$ und G nicht semantisch äquivalent.

4-34 258 Lösung 4.60 Beweis von Proposition 4.61 [▷93]

Wir führen eine vollständige Induktion über n:

I.A. $n = 0$: D.h. die Variablenzuordnung $\mathcal{Z}$ wird nicht verändert und auf F wird die leere Substitution angewendet. Die zu beweisende Gleichung vereinfacht sich zu $F^{I,\{\}\mathcal{Z}} = [F\varepsilon]^{I,\mathcal{Z}}$, welche wegen $\{\}\mathcal{Z} = \mathcal{Z}$ und $F\varepsilon = F$ trivialerweise gilt.

I.H. Für alle Formeln F, alle Herbrand-Interpretationen I und alle Variablenzuordnungen $\mathcal{Z}'$ bzgl. I gilt:

$$F^{I,\{X_1 \mapsto t_1\}\cdots\{X_n \mapsto t_n\}\mathcal{Z}'} = [F\{X_1 \mapsto t_1, \ldots, X_n \mapsto t_n\}]^{I,\mathcal{Z}'}$$

I.B. Für eine Formel F, eine Herbrand-Interpretationen I und eine Variablenzuordnungen $\mathcal{Z}$ bzgl. I gilt:

$$F^{I,\{X_1 \mapsto t_1\}\cdots\{X_{n+1} \mapsto t_{n+1}\}\mathcal{Z}} = [F\{X_1 \mapsto t_1, \ldots, X_{n+1} \mapsto t_{n+1}\}]^{I,\mathcal{Z}}$$

I.S. Wir schreiben im Folgenden m_i anstatt $X_i \mapsto t_i$ für $i \in \{1, \ldots, n+1\}$.

(i) Durch Anwendung der I.H. mit $\mathcal{Z}' = \{m_{n+1}\}\mathcal{Z}$ erhalten wir

$$F^{I,\{m_1\}\cdots\{m_n\}\{m_{n+1}\}\mathcal{Z}} = [F\{m_1, \ldots, m_n\}]^{I,\{m_{n+1}\}\mathcal{Z}}$$

(ii) Durch Anwendung von Lemma 4.25 – vgl. Aufgabe 4.50 – auf die Formel $F\{m_1, \ldots, m_n\}$, die Variablenzuordnungen $\mathcal{Z}$, die Variable X_{n+1} und den Term $t_{n+1} \in \mathcal{T}(\mathcal{F})$ erhalten wir:

$$[F\{m_1, \ldots, m_n\}]^{I,\{m_{n+1}\}\mathcal{Z}} = [F\{m_1, \ldots, m_n\}\{m_{n+1}\}]^{I,\mathcal{Z}}$$

Man beachte hierbei, dass $t_{n+1} \in \mathcal{T}(\mathcal{F})$ gilt, und somit t_{n+1} keine Variable enthält, und daher ist $\{m_{n+1}\}$ frei für $F\{m_1, \ldots, m_n\}$.

(iii) Es gilt für die Substitutionskomposition (vgl. Definition 4.10) die Gleichung $\{m_1, \ldots, m_n\}\{m_{n+1}\} = \{m_1, \ldots, m_n, m_{n+1}\}$,

– da die Variablen X_i, $i \in \{1, \ldots, n+1\}$ alle verschieden sind, woraus $X_{n+1} \notin \text{dom}(\{m_1, \ldots, m_n\})$ folgt,

– und die Terme t_i alle aus $\mathcal{T}(\mathcal{F})$ sind, wodurch $t_i\{m_{n+1}\} = t_i$ gilt.

Somit ergibt sich insgesamt:

$$F^{I,\{m_1\}\cdots\{m_n\}\{m_{n+1}\}\mathcal{Z}} \stackrel{(i)}{=} [F\{m_1, \ldots, m_n\}]^{I,\{m_{n+1}\}\mathcal{Z}}$$
$$\stackrel{(ii)}{=} [F\{m_1, \ldots, m_n\}\{m_{n+1}\}]^{I,\mathcal{Z}}$$
$$\stackrel{(iii)}{=} [F\{m_1, \ldots, m_n, m_{n+1}\}]^{I,\mathcal{Z}}$$

II.4.3. SEMANTIK 381

Lösung 4.61 Substitutionen und Herbrand-Interpretationen [▷93] ○

(a) $F\sigma = (\exists Y)(p(f(Y), Z) \to p(f(X), f(Y)))$

(b) $\theta_1 = \{Z \mapsto f(a), X \mapsto a\}$
$\sigma\theta_1 = \{X \mapsto f(a), Y \mapsto f(a), Z \mapsto f(a)\}$
$F(\sigma\theta_1) = (\exists Y)(p(f(Y), f(a)) \to p(f(a), f(Y)))$
Die Formel $(\exists Y)(p(f(Y), f(a)) \to p(f(a), f(Y)))$ ist allgemeingültig, wenn für jede Interpretation $I = (\mathcal{D}, \cdot^I)$ und für jede Variablenzuordnung $\mathcal{Z}$ gilt:
Es existiert ein $d \in \mathcal{D}$, so dass gilt:
$$(p(f(Y), f(a)) \to p(f(a), f(Y)))^{I,\{Y \mapsto d\}\mathcal{Z}} = \top \quad (*)$$
Für $d = a^I$ folgt
$$[f(Y)]^{I,\{Y \mapsto d\}\mathcal{Z}} = f^I(Y^{\{Y \mapsto d\}\mathcal{Z}}) = f^I(d) = f^I(a^I) = [f(a)]^{I,\{Y \mapsto d\}\mathcal{Z}}$$
Mit $e = f^I(d)$ ergibt sich
$[p(f(Y), f(a))]^{I,\{Y \mapsto d\}\mathcal{Z}} = \top$ gdw. $(f(Y), f(a))^{I,\{Y \mapsto d\}\mathcal{Z}} \in p^I$
gdw. $(e, e) \in p^I$
gdw. $(f(a), f(Y))^{I,\{Y \mapsto d\}\mathcal{Z}} \in p^I$
gdw. $[p(f(a), f(Y))]^{I,\{Y \mapsto d\}\mathcal{Z}} = \top$
Dies bedeutet, dass $[p(f(Y), f(a))]^{I,\{Y \mapsto d\}\mathcal{Z}}$ und $[p(f(a), f(Y))]^{I,\{Y \mapsto d\}\mathcal{Z}}$ entweder beide falsch oder beide wahr sind, woraus $(*)$ folgt.

(c) $\theta_2 = \{Z \mapsto a, X \mapsto a\}$
$\sigma\theta_2 = \{X \mapsto a, Y \mapsto a, Z \mapsto f(a)\}$
$F(\sigma\theta_2) = (\exists Y)(p(f(Y), a) \to p(f(a), f(Y)))$

(d) Wir betrachten die folgende Herbrand Interpretation:
$$H = \{p(f(a), a), p(f(f(a)), a), p(f(f(a)), a), \ldots\} = \{p(f^n(a), a) \mid n > 0\}$$
Für jedes d aus dem Herbrand-Universum $\{f^n(a) \mid n \in \mathbb{N}\}$ folgt, dass einerseits $[p(f(Y), a)]^{H,\{Y \mapsto d\}\mathcal{Z}} = \top$, jedoch $[p(f(a), f(Y))]^{H,\{Y \mapsto d\}\mathcal{Z}} = \bot$. Dies impliziert $F(\sigma\theta_2) = \bot$.

Lösung 4.62 Und noch einmal Drachen [▷93] ○

Da die Sprache kein Konstantensymbol enthält, müssen wir zuerst eines hinzufügen. Wir wählen z.B. a, womit sich als Herbrand-Universum $\{a\}$ ergibt, da die Sprache keine weiteren Funktionssymbole enthält. Eine Herbrand-Interpretation I ist dann z.B. gegeben durch $d^I = s^I = f^I = g^I = \{(a)\}$.
Wir zeigen nun, dass I ein Modell für die Formelmenge aus der Lösung von Aufgabe 4.43 (a) ist.
Die Formeln dieser Formelmenge sind abgeschlossen, womit ihre Bedeutung unabhängig von einer Variablenzuordnung ist. Sei also $\mathcal{Z}$ eine beliebige Variablenzuordnung.

(1) Dann ergibt sich für Formel (1)
$[(\forall X)(d(X) \to (s(X) \wedge f(X)))]^{I,\mathcal{Z}} = \top$
gdw. $[(d(X) \to (s(X) \wedge f(X)))]^{I,\{X \mapsto d\}\mathcal{Z}} = \top$ für alle $d \in \mathcal{D}$
Da $\mathcal{D}$ nur ein einziges Element enthält, nämlich a, und
$[(d(X) \to (s(X) \wedge f(X)))]^{I,\{X \mapsto a\}\mathcal{Z}} = \top$

ist, ist dies erfüllt. Letzteres ergibt sich wie folgt:

$$[(d(X) \to (s(X) \land f(X)))]^{I,\{X \mapsto a\}\mathcal{Z}}$$
$$= (d(X)^{I,\{X \mapsto a\}\mathcal{Z}} \to^* (s(X)^{I,\{X \mapsto a\}\mathcal{Z}} \land^* f(X)^{I,\{X \mapsto a\}\mathcal{Z}}))$$

Da $(a) \in d^I$, $(a) \in s^I$ und $(a) \in f^I$ gilt, ergibt sich $(\top \to^* (\top \land^* \top)) = \top$.

(2) Für Formel (2) ergibt sich

$$[(\exists X)(d(X) \land g(X))]^{I,\mathcal{Z}} = \top$$
gdw. $[(d(X) \land g(X))]^{I,\{X \mapsto d\}\mathcal{Z}} = \top$ für ein $d \in \mathcal{D}$

Mit $d = a$ und $[(d(X) \land g(X))]^{I,\{X \mapsto a\}\mathcal{Z}} = \top$ ist auch dies erfüllt.

(3) Analog ergibt sich für Formel (3)

$$[(\exists X)(g(X) \land f(X))]^{I,\mathcal{Z}} = \top$$
gdw. $[(g(X) \land f(X))]^{I,\{X \mapsto d\}\mathcal{Z}} = \top$ für ein $d \in \mathcal{D}$

was mit $d = a$ und $[(g(X) \land f(X))]^{I,\{X \mapsto a\}\mathcal{Z}} = \top$ erfüllt ist.

Damit ist I ein Herbrand-Modell.

Bemerkung: *Obwohl bei dieser Aufgabe nur abgeschlossene Formeln vorkommen, kann man, um exakt zu bleiben, beim gerade geführten Beweis nicht auf die Angabe einer Variablenzuordnung verzichten. Der Grund liegt darin, dass bei der Interpretation der Formeln auch Werte für die gebundenen Variablen betrachtet werden müssen, d.h. also Variablen zugeordnet werden müssen. Man ist dann leicht versucht von einer Formel wie $(\forall X)F$ zu $F^{I,\{X \mapsto e\}}$ (mit $e \in \mathcal{D}$) überzugehen. Dabei übersieht man aber, dass $\{X \mapsto e\}$ gar keine Variablenzuordnung ist. Man muss vielmehr eine beliebige Variablenzuordnung $\mathcal{Z}$ hinzunehmen und diese zu Variablenzuordnung $\{X \mapsto e\}\mathcal{Z}$ abändern.*

Lösung 4.63 Nochmals Modelle und Herbrand-Modelle [▷93] ○

(a) Wir definieren die Interpretation I mit Grundbereich $\mathbb{N}$ wie folgt:

$a^I = 0$
$s^I: \mathbb{N} \to \mathbb{N}$ mit $n \mapsto n+1$
$p^I = \{(2n) \mid n \in \mathbb{N}\}$ (also genau die geraden Zahlen)

Wir zeigen, dass I ein Modell für F ist. Dafür zeigen wir, dass $F^{I,\mathcal{Z}} = \top$, mit beliebiger Variablenzuordnung $\mathcal{Z}$, gilt.

$F^{I,\mathcal{Z}} = \top$ gilt genau dann, wenn

(i) $(p(a))^{I,\mathcal{Z}} = \top$ und
(ii) $[(\forall X)(\neg p(s(X)) \to p(X))]^{I,\mathcal{Z}} = \top$ und
(iii) $[(\forall X)(p(X) \to \neg p(s(X)))]^{I,\mathcal{Z}} = \top$.

Wir berechnen:

Zu (i) $[p(a)]^{I,\mathcal{Z}} = \top$, da $(a^I) = (0) \in p^I$.

Zu (ii) $[(\forall X)(\neg p(s(X)) \to p(X))]^{I,\mathcal{Z}} = \top$,
da für alle $n \in \mathbb{N}$ mit $(s^I(n)) = (n+1) \notin p^I$ gilt: $(n) \in p^I$.
Anders ausgedrückt: Wenn $n+1$ nicht in p^I ist, dann ist $n+1$ ungerade und damit n gerade und folglich $(n) \in p^I$.

Zu (iii) $[(\forall X)(p(X) \to \neg p(s(X)))]^{I,\mathcal{Z}} = \top$,
da für alle $n \in \mathbb{N}$ mit $(n) \in p^I$ gilt: $(s^I(n)) = (n+1) \notin p^I$.

II.4.3. SEMANTIK 383

Anders ausgedrückt: Wenn n in p^I ist, dann ist n gerade und damit $n+1$ ungerade und folglich $(n) \notin p^I$.

(b) Wir definieren die Interpretation I mit Grundbereich $\mathcal{D} = \{\spadesuit, \heartsuit\}$ wie folgt:

$$a^I = \spadesuit$$
$$s^I : \mathcal{D} \to \mathcal{D} : \begin{cases} \spadesuit \mapsto \heartsuit \\ \heartsuit \mapsto \spadesuit \end{cases}$$
$$p^I = \{(\spadesuit)\}$$

Wir zeigen, dass I ein Modell für F ist. Dafür zeigen wir, dass $F^{I,\mathcal{Z}} = \top$, mit beliebiger Variablenzuordnung $\mathcal{Z}$, gilt.

$F^{I,\mathcal{Z}} = \top$ gilt genau dann, wenn

(i) $[p(a)]^{I,\mathcal{Z}} = \top$ und

(ii) $[(\forall X)(\neg p(s(X)) \to p(X))]^{I,\mathcal{Z}} = \top$ und

(iii) $[(\forall X)(p(X) \to \neg p(s(X)))]^{I,\mathcal{Z}} = \top$.

Wir berechnen:

Zu (i) $[p(a)]^{I,\mathcal{Z}} = \top$, da $(a^I) = (\spadesuit) \in p^I$.

Zu (ii) $[(\forall X)(\neg p(s(X)) \to p(X))]^{I,\mathcal{Z}} = \top$,
da für alle $d \in \mathcal{D}$ mit $(s^I(d)) \notin p^I$ gilt:
$$s^I(d) = \heartsuit, \text{ d.h. } d = \spadesuit, \text{ also } (d) = (\spadesuit) \in p^I.$$

Zu (iii) $[(\forall X)(p(X) \to \neg p(s(X)))]^{I,\mathcal{Z}} = \top$,
da für alle $d \in \mathcal{D}$ mit $(d) \in p^I$ gilt:
$$d = \spadesuit, \text{ d.h. } s^I(d) = \heartsuit, \text{ also } (s^I(d)) = (\heartsuit) \notin p^I.$$

(c) Nachdem wir die zugrunde liegende Sprache festgelegt haben, ist das zugehörige Herbrand-Universum $\mathcal{T}(\mathcal{F}) = \{a, s(a), s(s(a)), s(s(s(a))), \dots\}$.

(d) $s^I(a^I) = s^I(a) = s(a)$.

(e) Es muss nur p^I angegeben werden, zum Beispiel $p^I = \{(s^{2i}(a)) \mid i \in \mathbb{N}\}$.
Alternative Darstellungsweise: $I = \{p(a), p(s(s(a))), p(s(s(s(s(a))))), \dots\}$
Den Beweis, dass I ein Modell ist, führt man wie in Teilaufgabe (a).

(f) Die Herbrand-Interpretation $I = \emptyset$ ist kein Modell für F, da $p(a) \notin I$ ist.
Alternative Lösungen erhalten wir beispielsweise, indem wir eine der folgenden Änderungen an der zu Teilaufgabe (a) angegebenen Interpretation vornehmen:

(i) $s^I : \mathbb{N} \to \mathbb{N}$ mit $n \mapsto n + k$ mit $k \neq 2$ oder alternativ

(ii) $p^I = \{(kn) \mid n \in \mathbb{N}\}$ mit $k > 2$.

Lösung 4.64 Über die Blaue Mauritius [▷94] ○

Es gibt mehrere Möglichkeiten, Teilaufgabe (a) zu lösen – die natürliche Sprache lässt Raum für Interpretation. Insbesondere der zweite Satz ist nicht eindeutig übersetzbar.

(a) $S_1 : m(b)$

$S_2 : (\forall X)(\exists Y)((b(X) \to (s(X,Y) \land m(Y))) \land ((s(X,Y) \land m(Y)) \to b(X)))$

$S_3 : g(b)$

$S_4 : b(i)$

$S_5 : d(k)$

$S_6 : (\forall X)(\forall Y)((m(X) \land g(X)) \to ((d(Y) \land b(Y)) \to v(Y,X)))$

(b) b^I = Tisch, i^I = Hund, k^I = Stuhl,
$g^I = \{(\text{Tisch})\}$, $m^I = \{(\text{Tisch})\}$, $b^I = \{(\text{Hund})\}$, $d^I = \{(\text{Stuhl})\}$,
$s^I = \{(\text{Hund}, \text{Tisch})\}$, $v^I = \emptyset$.

(c) $b^I = 1$, $i^I = 1$, $k^I = 1$,
$g^I = m^I = b^I = d^I = s^I = v^I = \emptyset$.

(d) Da keine Funktionssymbole vorliegen ist das Herbrand-Universum $\{b, i, k\}$.
$b^I = b$, $i^I = i$, $k^I = k$,
$g^I = \{(b)\}$, $m^I = \{(b)\}$, $b^I = \{(i)\}$, $d^I = \{(k)\}$,
$s^I = \{(i, b)\}$, $v^I = \emptyset$.

(e) Über der Domäne $\mathcal{D}$ = {Iwan, Karl, BlaueMauritius} fragen wir uns, wer muss verdächtigt werden, die Blaue Mauritius gestohlen zu haben? Je nach Interpretation erhalten wir unterschiedliche Ergebnisse:

(1) Sei I_1 die Interpretation mit d^{I_1} = {Karl}, b^{I_1} = {Iwan}, $m^{I_1} = g^{I_1}$ = {BlaueMauritius}, s^{I_1} = {(Iwan, BlaueMauritius)} und $v^{I_1} = \emptyset$.
Mit dieser Interpretation ist $\{S_1, \ldots, S_6\}^{I_1} = \top$, also ist wegen $^I = \emptyset$ mit dieser Interpretation niemand verdächtig.

(2) Andererseits zeigt die folgenden Interpretation I_2, für welche ebenfalls $\{S_1, \ldots, S_6\}^{I_2} = \top$ gilt, dass beide verdächtig sein können:
$d^{I_2} = b^{I_2}$ = {Karl, Iwan}, $m^{I_2} = g^{I_2}$ = {BlaueMauritius},
$s^{I_2} = v^{I_2}$ = {(Iwan, BlaueMauritius), (Karl, BlaueMauritius)}.

Lösung 4.65 Interpretationsvergleich: II [▷94]

$\Longrightarrow$: Wir führen die Annahme, dass F als aussagenlogische Formel allgemeingültig ist, als prädikatenlogische aber widerlegbar, zum Widerspruch.
Wenn F als prädikatenlogische Formel widerlegbar ist, dann muss es eine prädikatenlogische Interpretation $I_p = (\mathcal{D}, \cdot^{I_p})$ über einer geeigneten Domäne $\mathcal{D}$ geben mit $F^{I_p} = \bot$. Dann ist $I_a := I_p|_{\mathcal{A}(\mathcal{R},\mathcal{F})}$ eine aussagenlogische Interpretation. Analog zur Lösung von Aufgabe 4.46 zeigt man mit struktureller Induktion, dass für alle Formeln $G \in \mathcal{L}(\mathcal{A}(\mathcal{R},\mathcal{F}))$ gilt: $G^{I_p} = G^{I_a}$. Als aussagenlogische allgemeingültige Formel muss für F aber $F^{I_a} = \top$ gelten, woraus sich ein Widerspruch ergibt.

$\Longleftarrow$: Wir führen die Annahme, dass F als prädikatenlogische Formel allgemeingültig ist, als aussagenlogische aber widerlegbar, zum Widerspruch.
Wenn F als aussagenlogische Formel widerlegbar ist, dann muss es eine aussagenlogische Interpretation I_a geben mit $F^{I_a} = \bot$. Es existiert aber eine Herbrand-Interpretation I_p von $\mathcal{L}(\mathcal{R}, \mathcal{F}, \mathcal{V})$, die auf $\mathcal{A}(\mathcal{R},\mathcal{F})$ mit I_a übereinstimmt. Wiederum mittels struktureller Induktion zeigt man, dass für Formeln $G \in \mathcal{L}(\mathcal{A}(\mathcal{R},\mathcal{F}))$ gilt: $G^{I_p} = G^{I_a}$, was $F^{I_p} = \bot$ nach sich ziehen würde im Widerspruch zur Annahme der Allgemeingültigkeit von F als prädikatenlogische Formel.

4.3.4 Modelle für abgeschlossene Formeln

Lösung 4.66 Beispiel: ∀ ∀ impliziert ∀ ∃ [▷94] ◐

I ist ein Modell von $(\forall X)(\forall Y)p(X,Y)$

gdw. für alle Variablenzuordnungen $\mathcal{Z}$ gilt: $[(\forall X)(\forall Y)p(X,Y)]^{I,\mathcal{Z}} = \top$

gdw. für alle Variablenzuordnungen $\mathcal{Z}$ und für alle $d \in \mathcal{D}$ gilt:
$[(\forall Y)p(X,Y)]^{I,\{X \mapsto d\}\mathcal{Z}} = \top$

gdw. für alle Variablenzuordnungen $\mathcal{Z}$, für alle $d \in \mathcal{D}$ und
für alle $e \in \mathcal{D}$ gilt: $[p(X,Y)]^{I,\{Y \mapsto e\}\{X \mapsto d\}\mathcal{Z}} = \top$

Daraus folgt: für alle Variablenzuordnungen $\mathcal{Z}$ und für alle $d \in \mathcal{D}$
existiert ein $e \in \mathcal{D}$, so dass gilt: $[p(X,Y)]^{I,\{Y \mapsto e\}\{X \mapsto d\}\mathcal{Z}} = \top$

gdw. für alle Variablenzuordnungen $\mathcal{Z}$ und für alle $d \in \mathcal{D}$ gilt:
$[(\exists Y)p(X,Y)]^{I,\{X \mapsto d\}\mathcal{Z}} = \top$

gdw. für alle Variablenzuordnungen $\mathcal{Z}$ gilt: $[(\forall X)(\exists Y)p(X,Y)]^{I,\mathcal{Z}} = \top$

gdw. I ist ein Modell von $(\forall X)(\exists Y)p(X,Y)$

Lösung 4.67 Teilmengen von Domänen [▷95] ○

Die Aussage ist falsch. Man betrachte beispielsweise die Formel $F = (p(a) \land \neg p(b))$, die Domäne $\mathcal{D} = \{a,b\}$ (das zugehörige Herbrand-Universum) und das Herbrand-Modell $\{p(a)\}$ von F. Eine echte Teilmenge $\mathcal{E}$ von $\mathcal{D}$ ist z.B. $\mathcal{E} = \{a\}$. Für eine Interpretation I' mit Domäne $\mathcal{E}$ muss also gelten: $a^{I'} = b^{I'} = a \in \mathcal{E}$. Damit F unter I' wahr ist, muss nun aber $[p(a)]^{I'} = \top$ und $[p(b)]^{I'} = \bot$ gelten. Dazu müsste aber $a^{I'} = a \in p^{I'}$ und $b^{I'} = a \notin p^{I'}$ gelten, was unmöglich ist.

Lösung 4.68 Falscher Satz für einelementige Domänen [▷95] ○

Ein solcher Satz ist z.B. $F = ((\exists X)p(X) \land (\exists Y)\neg p(Y))$.
Falls a das einzige Element von $\mathcal{D}$ ist, so gibt es nur die beiden folgenden Möglichkeiten zur Interpretation von p: $a \in p^I$ oder $a \notin p^I$. Unter beiden Interpretationen ist F falsch.
Falls der Grundbereich aus $n \geq 2$ Elementen besteht, d.h. $\mathcal{D} = \{a_1, a_2, \ldots, a_n\}$, $(n \geq 2)$, so ist F z.B. für die Interpretation I mit $p^I = \{(a_1)\}$ wahr.

Lösung 4.69 Formeln ohne endliche Modelle [▷95] ○ **4-42** 272

$$\text{Sei } F = \Big(\;\big(\overbrace{(\forall X)p(X,f(X))}^{F_1} \land \overbrace{(\forall Y)\neg p(Y,Y)}^{F_2}\big) \\ \land \underbrace{(\forall X)(\forall Y)(\forall Z)((p(X,Y) \land p(Y,W)) \to p(X,Z))}_{F_3}\;\Big)$$

(a) Sei $\mathcal{D} = \mathbb{N}$ und I eine Interpretation mit $f^I: \mathbb{N} \to \mathbb{N}$ mit $n \mapsto n+1$ und $p^I = \{(m,n) \in \mathbb{N} \times \mathbb{N} \mid m < n\}$.

Dann gilt für alle Variablenzuordnungen $\mathcal{Z}$:

(i) $F_1^{I,\mathcal{Z}} = \top$ gdw. $p(X, f(X))^{I,\{X \mapsto d\}\mathcal{Z}} = \top$ für alle $d \in \mathcal{D}$
gdw. $(d, f^I(d)) \in p^I$ für alle $d \in \mathcal{D}$.

Letzteres gilt nach Definition von f^I und p^I.

(ii) $F_2^{I,\mathcal{Z}} = \top$ gdw. $\neg p(Y,Y)^{I,\{Y \mapsto d\}\mathcal{Z}} = \top$ für alle $d \in \mathcal{D}$

gdw. $p(Y,Y)^{I,\{Y \mapsto d\}\mathcal{Z}} = \bot$ für alle $d \in \mathcal{D}$

gdw. $(d,d) \notin p^I$ für alle $d \in \mathcal{D}$.

Letzteres gilt nach Definition von f^I und p^I.

(iii) $F_3^{I,\mathcal{Z}} = \top$ gdw.
$$((p(X,Y) \land p(Y,Z)) \to p(X,Z))^{I,\{X \mapsto d_X\}\{Y \mapsto d_Y\}\{Z \mapsto d_Z\}\mathcal{Z}} = \top.$$
Letzteres gilt auf Grund der Transitivität der $<$-Relation auf $\mathbb{N}$.

Aus $F_1^{I,\mathcal{Z}} = F_2^{I,\mathcal{Z}} = F_3^{I,\mathcal{Z}} = \top$ folgt nun $F^{I,\mathcal{Z}} = \top$.

(b) Wir führen die folgende Annahme zum Widerspruch: Es gibt eine Interpretation I über einer Domäne $\mathcal{D}$ mit $|\mathcal{D}| = m \neq \infty$ und mit $F^I = \top$.
Aus $F^I = \top$ folgt natürlich sofort $F_1^I = F_2^I = F_3^I = \top$.
Sei $a \in D$ beliebig. Es gilt nun $(a, f^I(a)) \in p^I$ (wegen $F_1^I = \top$) und $(a,a) \notin p^I$ (wegen $F_2^I = \top$), und folglich gilt $f^I(a) \neq a$.
Wir definieren rekursiv die folgende Funktion g: $\mathbb{N} \to \mathcal{D}$:

$$g(n) = \begin{cases} a & \text{falls } n = 0 \\ f^I(g(n-1)) & \text{falls } n > 0 \end{cases}$$

Wir zeigen durch vollständige Induktion über $n \in \mathbb{N}$:

g(0), ..., g(n) sind paarweise verschieden, d.h. g ist injektiv, und für alle $m \in \mathbb{N}$ mit $m < n$ gilt: $(g(m), g(n)) \in p^I$.

I.A. $n = 0$: klar.

I.H. Für alle $m < n$ gilt: $(g(m), g(n)) \in p^I$ und g(0), ..., g(n) sind paarweise verschieden.

I.B. Für alle $m < n+1$ gilt: $(g(m), g(n+1)) \in p^I$ und g(0), ..., g(n), g(n+1) sind paarweise verschieden.

I.S. Wegen $F_1^I = \top$ gilt $(g(n), g(n+1)) \in p^I$, und mit I.H. folgern wir aus $F_3^I = \top$, dass $(g(m), g(n+1)) \in p^I$ für alle $m < n$.
Aus $F_2^I = \top$ folgern wir, dass $(d,d) \notin p^I$ für alle $d \in D$.
Folglich muss g(n + 1) von allen g(0), ..., g(n) verschieden sein, und damit sind mit I.H. die g(0), ..., g(n), g(n + 1) paarweise verschieden.

Gemäß unserer Annahme ist $|\mathcal{D}| = m \neq \infty$, d.h. $\mathcal{D}$ enthält m Elemente. Im Widerspruch dazu sind g(0), ..., g(m) nach obigem Induktionsbeweis $m + 1$ paarweise verschiedene Elemente von $\mathcal{D}$.

4.3.5 Modelle für nicht abgeschlossene Formeln

Lösung 4.70 ∀-Quantor und Variablenzuordnung [▷95] ◐

Widerlegung durch folgendes Gegenbeispiel: Wir setzen $F = p(X,Y)$, definieren eine Interpretation I über dem Grundbereich $\mathcal{D} = \{a, b\}$ durch $p^I = \{(a,a)\}$, und wählen die Variablenzuordnung $\mathcal{Z} = \{X \mapsto a, Y \mapsto a, \ldots\}$.
Dann gilt $p(X,Y)^{I,\mathcal{Z}} = \top$, denn $(X^{I,\mathcal{Z}}, Y^{I,\mathcal{Z}}) = (X^{\mathcal{Z}}, Y^{\mathcal{Z}}) = (a,a) \in p^I$.

II.4.4. *ÄQUIVALENZ UND NORMALFORM* 387

Aber es gilt $[(\forall X)p(X, Y)]^I = \bot$, denn es ist definitionsgemäß
$[(\forall X)p(X, Y)]^{I,\mathcal{Z}} = \top$ gdw. $p(X, Y)^{I,\{X \mapsto d\}\mathcal{Z}} = \top$ für alle $d \in \mathcal{D}$.
Aber z.B. für $d = b$ gilt $p(X, Y)^{I,\{X \mapsto b\}\mathcal{Z}} = \bot$, denn
$(X^{I,\{X \mapsto b\}\mathcal{Z}}, Y^{I,\{X \mapsto b\}\mathcal{Z}}) = (X^{\{X \mapsto b\}\mathcal{Z}}, Y^{\{X \mapsto b\}\{X \mapsto a, Y \mapsto a, \ldots\}}) = (b, a) \notin p^I$.

Lösung 4.71 Menge der Variablen in Formeln [▷95] ○ 4-13 189

$$\mathsf{tv}(t) = \begin{cases} \{t\} & \text{falls } t \in \mathcal{V} \\ \emptyset & \text{falls } t \text{ eine Konstante ist} \\ \bigcup_{i=1}^{n} \mathsf{tv}(t_i) & \text{falls } t = f(t_1, \ldots, t_n) \end{cases}$$

$$\mathsf{fv}(F) = \begin{cases} \bigcup_{i=1}^{n} \mathsf{tv}(t_i) & \text{falls } F = p(t_1, \ldots, t_n) \\ \mathsf{fv}(G) & \text{falls } F = \neg G \\ \mathsf{fv}(G) \cup \mathsf{fv}(H) & \text{falls } F = (G \circ H) \\ \mathsf{fv}(G) \setminus \{X\} & \text{falls } F = (QX)G \end{cases}$$

Lösung 4.72 Zum existentiellen Abschluss [▷95] ○

Wir definieren $d_i := X_i^{\mathcal{Z}}$ für $i = 1, \ldots, n$. Dann gilt für alle Variablenzuordnungen $\mathcal{Z}'$ bzgl. I, dass $\{X_1 \mapsto d_1\} \cdots \{X_n \mapsto d_n\}\mathcal{Z}'$ und $\mathcal{Z}$ für die Variablen $X_1, \ldots, X_n$ übereinstimmen. Dann folgt, dass für alle Variablenzuordnungen $\mathcal{Z}'$ bzgl. I gilt: $F^{I,\mathcal{Z}} = F^{I,\{X_1 \mapsto d_1\} \cdots \{X_n \mapsto d_n\}\mathcal{Z}'}$ (vgl. Aufgabe 4.48 (a)). Da $F^{I,\mathcal{Z}} = \top$, ergibt sich $F^{I,\{X_1 \mapsto d_1\} \cdots \{X_n \mapsto d_n\}\mathcal{Z}'} = \top$ für alle Variablenzuordnungen $\mathcal{Z}'$ bzgl. I. Dies impliziert, dass Elemente $d_1, \ldots, d_n \in \mathcal{D}$ existieren mit $F^{I,\{X_1 \mapsto d_1\} \cdots \{X_n \mapsto d_n\}\mathcal{Z}'} = \top$ für beliebige Variablenzuordnungen $\mathcal{Z}'$ bzgl. I. Nach Definition der prädikatenlogischen Interpretation folgt damit nun aber, dass $[(\exists X_1) \ldots (\exists X_n)F]^I = \top$ gilt.

4.4 Äquivalenz und Normalform

4.4.1 Semantische Äquivalenz

Lösung 4.73 Prädikatenlogische Äquivalenzen [▷96] ○ 4-14 192

Wir beweisen $H_1 \equiv H_2$ für prädikatenlogische Formeln H_1 und H_2 indem wir zeigen, dass für beliebige Interpretationen I und beliebige Variablenzuordnungen $\mathcal{Z}$ gilt: $H_1^{I,\mathcal{Z}} = H_2^{I,\mathcal{Z}}$.

(a) $[(\forall X)(F \wedge G)]^{I,\mathcal{Z}} = \top$
gdw. für alle $d \in \mathcal{D}$ gilt: $(F \wedge G)^{I,\{X \mapsto d\}\mathcal{Z}} = \top$
gdw. für alle $d \in \mathcal{D}$ gilt: $F^{I,\{X \mapsto d\}\mathcal{Z}} = \top$ und $G^{I,\{X \mapsto d\}\mathcal{Z}} = \top$
gdw. für alle $d \in \mathcal{D}$ ist $F^{I,\{X \mapsto d\}\mathcal{Z}} = \top$ und für alle $d \in \mathcal{D}$ ist $G^{I,\{X \mapsto d\}\mathcal{Z}} = \top$
gdw. $[(\forall X)F]^{I,\mathcal{Z}} = \top$ und $[(\forall X)G]^{I,\mathcal{Z}} = \top$
gdw. $[(\forall X)F]^{I,\mathcal{Z}} \wedge^* [(\forall X)G]^{I,\mathcal{Z}} = \top$
gdw. $((\forall X)F \wedge (\forall X)G)^{I,\mathcal{Z}} = \top$

(b) $\quad [(\forall X)(\forall Y)F]^{I,Z} = \top$

gdw. für alle $d \in \mathcal{D}$ gilt: $[(\forall Y)F]^{I,\{X \mapsto d\}Z} = \top$

gdw. für alle $d' \in \mathcal{D}$ und alle $d \in \mathcal{D}$ gilt: $F^{I,\{Y \mapsto d'\}\{X \mapsto d\}Z} = \top$

gdw. (∗) für alle $d \in \mathcal{D}$ und alle $d' \in \mathcal{D}$ gilt: $F^{I,\{X \mapsto d\}\{Y \mapsto d'\}Z} = \top$

gdw. für alle $d' \in \mathcal{D}$ gilt: $[(\forall X)F]^{I,\{Y \mapsto d'\}Z} = \top$

gdw. $[(\forall Y)(\forall X)F]^{I,Z} = \top$

Apropos (∗):

Falls die Variablen X und Y verschieden sind, gilt $\{Y \mapsto d'\}\{X \mapsto d\}Z = \{X \mapsto d\}\{Y \mapsto d'\}Z$ (siehe Aufgabe 4.49), und falls $X = Y$, dann ergibt sich die Gleichheit der folgenden Mengen von Variablenzuordnungen:

$$\{\{Y \mapsto d'\}\{X \mapsto d\}Z \mid \text{für alle } d' \in \mathcal{D} \text{ und alle } d \in \mathcal{D}\}$$
$$= \{\{Y \mapsto d'\}Z \mid \text{für alle } d' \in \mathcal{D}\}$$
$$= \{\{X \mapsto d\}Z \mid \text{für alle } d \in \mathcal{D}\}$$
$$= \{\{X \mapsto d\}\{Y \mapsto d'\}Z \mid \text{für alle } d' \in \mathcal{D} \text{ und alle } d \in \mathcal{D}\}$$

(c) $\quad [(\exists X)(F \wedge G)]^{I,Z} = \top$

gdw. es gibt ein $d \in \mathcal{D}$ mit $(F \wedge G)^{I,\{X \mapsto d\}Z} = \top$

gdw. es gibt ein $d \in \mathcal{D}$ mit $F^{I,\{X \mapsto d\}Z} \wedge^* G^{I,\{X \mapsto d\}Z} = \top$

gdw. es gibt ein $d \in \mathcal{D}$ mit $F^{I,\{X \mapsto d\}Z} = \top$ und $G^{I,\{X \mapsto d\}Z} = \top$

gdw. es gibt ein $d \in \mathcal{D}$ mit $F^{I,\{X \mapsto d\}Z} = \top$ und $G^{I,Z} = \top$

(da X in G nicht frei vorkommt, vgl. Aufgabe 4.48)

gdw. $[(\exists X)F]^{I,Z} = \top$ und $G^{I,Z} = \top$

gdw. $[(\exists X)F]^{I,Z} \wedge^* G^{I,Z} = \top$

gdw. $((\exists X)F \wedge G)^{I,Z} = \top$

(d) $\quad [\neg(\exists X)F]^{I,Z} = \top$

gdw. $\neg^*[(\exists X)F]^{I,Z} = \top$

gdw. $[(\exists X)F]^{I,Z} = \bot$

gdw. $[(\exists X)F]^{I,Z} = \top$ ist falsch $\quad\quad$ (∗)

Nach Definition 4.23 gilt: $[(\exists X)F]^{I,Z} = \top$

gdw. es gibt ein $d \in \mathcal{D}$ mit $F^{I,\{X \mapsto d\}Z} = \top$

Somit folgt, dass (∗) gilt

gdw. 'es gibt ein $d \in \mathcal{D}$ mit $F^{I,\{X \mapsto d\}Z} = \top$' ist falsch

gdw. es gibt *kein* $d \in \mathcal{D}$ mit $F^{I,\{X \mapsto d\}Z} = \top$

gdw. für alle $d \in \mathcal{D}$ gilt: $F^{I,\{X \mapsto d\}Z} = \bot$

gdw. für alle $d \in \mathcal{D}$ gilt: $\neg^* F^{I,\{X \mapsto d\}Z} = \top$

gdw. für alle $d \in \mathcal{D}$ gilt: $[\neg F]^{I,\{X \mapsto d\}Z} = \top$

gdw. $[(\forall X)\neg F]^{I,Z} = \top$

II.4.4. ÄQUIVALENZ UND NORMALFORM

Lösung 4.74 Gegenbeispiele zu prädikatenlogischen Äquivalenzen [▷96] ○ 4-16 192
Wir zeigen die Nichtäquivalenz jeweils mittels eines Gegenbeispiels.
- (a) Sei $F = p(X)$ und $G = q(X)$. Zudem definieren wir eine Interpretation I über der Domäne $\mathcal{D} = \{a, b\}$ mit $p^I = \emptyset$ und $q^I = \{a\}$, und betrachten die Variablenzuordnung $\mathcal{Z}$, die jede Variable auf b abbildet.
  Nun ist zu zeigen: $((\exists X)p(X) \vee q(X))^{I,\mathcal{Z}} \neq (\exists X)(p(X) \vee q(X))^{I,\mathcal{Z}}$
  - L.S. $[(\exists X)p(X)]^{I,\mathcal{Z}} = \top$ gdw. es existiert ein $d \in \mathcal{D}$ mit $p(X)^{I,\{X \mapsto d\}\mathcal{Z}} = \top$. Dies gilt aber nicht, da $p^I = \emptyset$, und somit folgt: $[(\exists X)p(X)]^{I,\mathcal{Z}} = \bot$.
    $[q(X)]^{I,\mathcal{Z}} = \top$ gdw. $X^{\mathcal{Z}} \in q^I$. Dies gilt wiederum nicht, da $X^{\mathcal{Z}} = b$ und $b \notin \{a\} = q^I$ ist. Folglich gilt $[q(X)]^{I,\mathcal{Z}} = \bot$
    Somit sind beide Teilformeln der Disjunktion unter I und $\mathcal{Z}$ falsch, und damit folgt $((\exists X)p(X) \vee q(X))^{I,\mathcal{Z}} = \bot$.
  - R.S. $[(\exists X)(p(X) \vee q(X))]^{I,\mathcal{Z}} = \top$
    gdw. es existiert ein $d \in \mathcal{D}$ mit $(p(X) \vee q(X))^{I,\{X \mapsto d\}\mathcal{Z}} = \top$
    gdw. es existiert ein $d \in \mathcal{D}$ mit $p(X)^{I,\{X \mapsto d\}\mathcal{Z}} = \top$ oder $q(X)^{I,\{X \mapsto d\}\mathcal{Z}} = \top$.
    Dies gilt aber, da für $d = a$ folgt: $X^{\{X \mapsto d\}\mathcal{Z}} \in q^I$, und damit ergibt sich: $q(X)^{I,\{X \mapsto d\}\mathcal{Z}} = \top$.
- (b) Sei $F = p(X)$ und $G = q(X)$. Zudem definieren wir eine Interpretation I über der Domäne $\mathcal{D} = \{a, b\}$ mit $p^I = \{a\}$ und $q^I = \{b\}$, und betrachten die Variablenzuordnung $\mathcal{Z}$, die jede Variable auf b abbildet.
  Nun ist zu zeigen: $((\exists X)p(X) \wedge q(X))^{I,\mathcal{Z}} \neq [(\exists X)(p(X) \wedge q(X))]^{I,\mathcal{Z}}$
  - L.S. $[(\exists X)p(X)]^{I,\mathcal{Z}} = \top$ gdw. es existiert ein $d \in \mathcal{D}$ mit $[p(X)]^{I,\{X \mapsto d\}\mathcal{Z}} = \top$. Dies gilt aber, da für $d = a$ folgt: $d \in p^I$. $[q(X)]^{I,\mathcal{Z}} = \top$ gdw. $X^{\mathcal{Z}} \in q^I$. Dies gilt aber, da $X^{\mathcal{Z}} = b$ ist. Hieraus ergibt sich, dass beide Teilformeln der Konjunktion unter I und $\mathcal{Z}$ wahr sind, und damit folgt $((\exists X)p(X) \wedge q(X))^{I,\mathcal{Z}} = \top$.
  - R.S. $[(\exists X)(p(X) \wedge q(X))]^{I,\mathcal{Z}} = \top$ gdw. es existiert ein $d \in \mathcal{D}$ mit $(p(X) \wedge q(X))^{I,\{X \mapsto d\}\mathcal{Z}} = \top$. Dies gilt aber nicht, da es kein $d \in \mathcal{D}$ mit $d \in p^I \cap q^I = \emptyset$ gibt. Folglich gilt: $[(\exists X)(p(X) \wedge q(X))]^{I,\mathcal{Z}} = \bot$.
- (c) Sei $F = p(X)$ und $G = \neg p(X)$. Zudem definieren wir eine Interpretation I über der Domäne $\mathcal{D} = \mathbb{N}$ und $p^I = \{2n \mid n \in \mathbb{N}\}$ und wählen eine beliebige Variablenzuordnung $\mathcal{Z}$.
  Es ist zu zeigen: $((\forall X)p(X) \vee (\forall X)\neg p(X))^{I,\mathcal{Z}} \neq [(\forall X)(p(X) \vee \neg p(X))]^{I,\mathcal{Z}}$
  - L.S. $[(\forall X)p(X)]^{I,\mathcal{Z}} = \top$ gdw. für alle $d \in \mathcal{D}$ gilt: $[p(X)]^{I,\{X \mapsto d\}\mathcal{Z}} = \top$. Dies gilt aber nicht, da z.B. für $d = 1$ folgt: $d \notin p^I$.
    $[(\forall X)\neg p(X)]^{I,\mathcal{Z}} = \top$ gdw. für alle $d \in \mathcal{D}$ gilt: $[\neg p(X)]^{I,\{X \mapsto d\}\mathcal{Z}} = \top$.
    Dies gilt aber nicht, da z.B. für $d = 0$ folgt: $d \in p^I$.
    Dies heißt, dass beide Teilformeln der Disjunktion unter I und $\mathcal{Z}$ falsch sind, und damit folgt $((\forall X)p(X) \vee (\forall X)\neg p(X))^{I,\mathcal{Z}} = \bot$.
  - R.S. $[(\forall X)(p(X) \vee \neg p(X))]^{I,\mathcal{Z}} = \top$ gdw.
    für alle $d \in \mathcal{D}$ gilt: $(p(X) \vee \neg p(X))^{I,\{X \mapsto d\}\mathcal{Z}} = \top$.
    Dies gilt aber, da jedes $d \in \mathcal{D} = \mathbb{N}$ entweder gerade oder ungerade ist, was formal bedeutet, dass entweder $d \in p^I$ oder $d \notin p^I$ gilt.
    Folglich gilt: $[(\forall X)(p(X) \vee \neg p(X))]^{I,\mathcal{Z}} = \top$.

(d) Sei $F = p(X)$ und $G = \neg p(X)$. Zudem definieren wir eine Interpretation I über der Domäne $\mathcal{D} = \mathbb{N}$ mit $p^I = \{2n \mid n \in \mathbb{N}\}$ und eine beliebige Variablenzuordnung $\mathcal{Z}$.

Es ist zu zeigen: $((\exists X)p(X) \wedge (\exists X)\neg p(X))^{I,\mathcal{Z}} \neq [(\exists X)(p(X) \wedge \neg p(X))]^{I,\mathcal{Z}}$

L.S. $[(\exists X)p(X)]^{I,\mathcal{Z}} = \top$ gdw. es existiert ein $d \in \mathcal{D}$ mit $[p(X)]^{I,\{X \mapsto d\}\mathcal{Z}} = \top$. Dies gilt aber, da für $d = 0$ folgt: $d \in p^I$. $[(\exists X)\neg p(X)]^{I,\mathcal{Z}} = \top$ gdw. es existiert ein $d \in \mathcal{D}$ mit $[\neg p(X)]^{I,\{X \mapsto d\}\mathcal{Z}} = \top$. Dies gilt aber, da für $d = 1$ folgt: $d \notin p^I$. Somit sind beide Teilformeln der Konjunktion unter I und $\mathcal{Z}$ wahr, und damit folgt $((\exists X)p(X) \wedge (\exists X)\neg p(X))^{I,\mathcal{Z}} = \top$.

R.S. $[(\exists X)(p(X) \wedge \neg p(X))]^{I,\mathcal{Z}} = \top$ gdw. es existiert ein $d \in \mathcal{D}$ mit $(p(X) \wedge q(X))^{I,\{X \mapsto d\}\mathcal{Z}} = \top$. Dies gilt aber nicht, da es kein $d \in \mathcal{D}$ mit $d \in p^I$ und $d \notin p^I$ gibt. (Intuitiv gesprochen, keine natürliche Zahl kann zugleich gerade und ungerade sein.) Folglich gilt: $[(\exists X)(p(X) \wedge \neg p(X))]^{I,\mathcal{Z}} = \bot$.

Lösung 4.75 Äquivalenzen mit leerem Quantor [▷96] ○

(a) Sei $I = (\mathcal{D}, \cdot^I)$ eine beliebige Interpretation und $\mathcal{Z}$ eine beliebige Variablenzuordnung bzgl. I.

Dann gilt: $(\forall Y)H^{I,\mathcal{Z}} = \top$ gdw. für alle $d \in \mathcal{D}$ gilt: $H^{I,\{Y \mapsto d\}\mathcal{Z}} = \top$
Nach Aufgabe 4.48 (c) gilt aber für beliebiges $d \in \mathcal{D}$, dass $H^{I,\{Y \mapsto d\}\mathcal{Z}} = H^{I,\mathcal{Z}}$, da Y nicht frei in H ist, woraus die zu zeigende Behauptung folgt.
Für den Fall des existenziellen Quantors argumentiert man analog.

(b) (1) Die Aussage ist falsch, da für die Äquivalenz die Variable X nicht in F vorkommen darf.

Gegenbeispiel: Linke Seite: $(\exists X)(p(X) \vee (q \wedge \neg q)) \equiv (\exists X)p(X)$
Rechte Seite: $(p(X) \vee (\exists X)(q \wedge \neg q)) \equiv p(X)$

Die Interpretation I über $\mathbb{N}$ mit $p^I = \{0\}$ ist – mit beliebiger Variablenzuordnung $\mathcal{Z}$ – ein Modell für die linke Seite, aber nicht immer ein Modell für die rechte Seite.

(2) Die Aussage ist falsch, da für die Äquivalenz die Variable X nicht in F vorkommen darf.

Gegenbeispiel: Linke Seite: $(\exists X)(p(X) \wedge (q \vee \neg q)) \equiv (\exists X)p(X)$
Rechte Seite: $(p(X) \wedge (\exists X)(q \vee \neg q)) \equiv p(X)$

Die Interpretation I über $\mathbb{N}$ mit $p^I = \{0\}$ ist – mit beliebiger Variablenzuordnung $\mathcal{Z}$ – ein Modell für die linke Seite, aber nicht immer ein Modell für die rechte Seite.

(3) Die Aussage ist richtig: Da $(Q'X)$ ein leerer Quantor für die Formel F ist, ist $(Q'X)$ auf alle Fälle auch ein Quantor für die Formel F und damit bindet er alle Vorkommen von X in F – unabhängig davon ob es welche gibt oder nicht – und damit kommen in F keine freien X mehr vor. Dann kann man (QX) hochheben nach Satz 4.32.

(4) Die Aussage ist richtig, da nach Teilaufgabe a beide Seiten zu $(QZ)F$ äquivalent sind.

Lösung 4.76 Prädikatenlogische Positionen [▷96] ○

Wir ergänzen zu Definition 3.21:

II.4.4. ÄQUIVALENZ UND NORMALFORM 391

    4. $F\lceil 1\pi\rceil = G\lceil \pi\rceil$, *wenn* F *von der Form* $(QX)G$ *ist*.

Wir ergänzen zu Definition 3.22:

    5. $F\lceil 1\pi \mapsto H\rceil = (QX)G\lceil \pi \mapsto H\rceil$, *wenn* F *von der Form* $(QX)G$ *ist*.

Lösung 4.77 Prädikatenlogisches Ersetzungstheorem   [▷96] ◐ 4-15 192

Wir formulieren ein prädikatenlogisches Ersetzungstheorem wie folgt:

    Für alle $F, G, H \in \mathcal{L}(\mathcal{R})$ und für alle $\pi \in \mathsf{pos}(F)$ gilt:
        Wenn $F\lceil \pi\rceil = G$ und $G \equiv H$, dann gilt: $F \equiv F\lceil \pi \mapsto H\rceil$.

Für den Beweis des prädikatenlogischen Ersetzungstheorems übernehmen wir die Struktur des Beweises von Satz 3.23 und führen eine Induktion über den Aufbau von π.

I.A. Sei $\pi = \Lambda$: Beweis wortwörtlich wie im Beweis von Satz 3.23 im Lehrbuch.

I.H. Für alle $F_H, G_H, H_H \in \mathcal{L}(\mathcal{R})$ und für ein gewisses $\pi' \in \mathsf{pos}(F_H)$ gilt:
    Wenn $F_H\lceil \pi'\rceil = G_H$ und $G_H \equiv H_H$, dann gilt: $F_H \equiv F_H\lceil \pi' \mapsto H_H\rceil$.

I.B. Für alle $F, G, H \in \mathcal{L}(\mathcal{R})$ und für $\pi = i\pi' \in \mathsf{pos}(F)$ ($i \in \{1, 2\}$) gilt:
    Wenn $F\lceil \pi\rceil = G$ und $G \equiv H$, dann gilt: $F \equiv F\lceil \pi \mapsto H\rceil$.

I.S. Sei $\pi = i\pi'$. Wir unterscheiden zwei Fälle:

    1. $i = 1$: Da $\pi = 1\pi' \in \mathsf{pos}(F)$, muss F entweder von der Form $\neg F'$, von der Form $(G_1 \circ G_2)$ oder von der Form $(QX)F'$ sein.

        (a) F ist von der Form $\neg F'$:
            Beweis wortwörtlich wie im Beweis von Satz 3.23 im Lehrbuch.

        (b) F ist von der Form $(G_1 \circ G_2)$:
            Beweis wortwörtlich wie im Beweis von Satz 3.23 im Lehrbuch.

        (c) F ist von der Form $(QX)F'$:
            Wir erhalten einerseits
$$F\lceil 2\pi' \mapsto H\rceil = [(QX)F']\lceil 2\pi' \mapsto H\rceil = (QX)\bigl[F'\lceil \pi' \mapsto H\rceil\bigr],$$
            und zudem gilt, dass aus $F\lceil \pi\rceil = F\lceil 2\pi'\rceil = G$ folgt: $F'\lceil \pi'\rceil = G$.
            Mit der I.H. folgt:
$$F'\lceil \pi' \mapsto H\rceil \equiv F' \quad (F' = F_H,\ G = G_H \text{ und } H = H_H).$$
            Damit erhalten wir für alle Interpretationen I über einer Domäne $\mathcal{D}$ und alle Variablenzuordnungen $\mathcal{Z}$ bzgl. I:

            $F^{I,\mathcal{Z}} = [(QX)F']^{I,\mathcal{Z}} = \top$

        gdw. für alle/ein $d \in \mathcal{D}$ $F'^{I,\{X \mapsto d\}\mathcal{Z}} = \top$

        gdw. für alle/ein $d \in \mathcal{D}$ $\bigl[F'\lceil \pi' \mapsto H\rceil\bigr]^{I,\{X \mapsto d\}\mathcal{Z}} = \top$ (wegen I.H.)

        gdw. $\bigl[(QX)\bigl[F'\lceil \pi' \mapsto H\rceil\bigr]\bigr]^{I,\mathcal{Z}} = \top$

        gdw. $\bigl[[(QX)F']\lceil 1\pi' \mapsto H\rceil\bigr]^{I,\mathcal{Z}} = \top$

        gdw. $[F\lceil \pi \mapsto H\rceil]^{I,\mathcal{Z}} = \top$

    2. $i = 2$: Dann muss F von der Form $(G_1 \circ G_2)$ sein.
        Beweis wortwörtlich wie im Beweis von Satz 3.23 (siehe Aufgabe 3.87).

Lösung 4.78 Austauschen freier Variablen   [▷97] ○

Wir wählen als Gegenbeispiel $F = p(X)$, die Interpretation I über dem Grundbereich

$\mathcal{D} = \{a, b\}$ mit $p^I = \{(a)\}$ und die Variablenzuordnung $\mathcal{Z} = \{X \mapsto a, Y \mapsto b\}$.
Dann ist $[p(X)]^{I,\mathcal{Z}} = p^I(a) = \top$. Aber es gilt $[p(X)\{X \mapsto Y\}]^{I,\mathcal{Z}} = [p(Y)]^{I,\mathcal{Z}} = p^I(b) = \bot$. Dies bedeutet nun $F^{I,\mathcal{Z}} \neq [F\{X \mapsto Y\}]^{I,\mathcal{Z}}$.

4-17 193 Lösung 4.79 Umbenennung gebundener Variablen [▷97] ○

Da Y in F nicht vorkommt, muss $X \neq Y$ gelten.

Wir zeigen nun, daß $F^{I,\mathcal{Z}} = [(QY)G\{X \mapsto Y\}]^{I,\mathcal{Z}}$ für jede Interpretation I und jede Variablenzuordnung $\mathcal{Z}$ bzgl. I gilt.

$$F^{I,\mathcal{Z}} = [(QX)G]^{I,\mathcal{Z}} = \top$$

gdw. $G^{I,\{X \mapsto d\}\mathcal{Z}} = \top$ für alle (bzw. ein) $d \in D$ \hspace{1em} (Definition 4.23)

gdw. $G^{I,\{Y \mapsto d\}\{X \mapsto d\}\mathcal{Z}} = \top$ für alle (bzw. ein) $d \in D$ \hspace{1em} (mit Aufgabe 4.48 (c), da Y in G nicht vorkommt)

gdw. $G^{I,\{X \mapsto d\}\{Y \mapsto d\}\mathcal{Z}} = \top$ für alle (bzw. ein) $d \in D$ \hspace{1em} (mit Aufgabe 4.49 (a))

gdw. $[G\{X \mapsto Y\}]^{I,\{Y \mapsto d\}\mathcal{Z}} = \top$
für alle (bzw. ein) $d \in D$ \hspace{1em} (gemäß Lemma 4.25, da $[Y]^{I,\{Y \mapsto d\}\mathcal{Z}} = d$ und $\{X \mapsto Y\}$ frei für G ist)

gdw. $[(QY)G\{X \mapsto Y\}]^{I,\mathcal{Z}} = \top$ \hspace{1em} (Definition 4.23)

Lösung 4.80 Variablenumbenennung und Substitution [▷97] ◐

(a) Wir zeigen die Aussage mittels struktureller Induktion über t.

 I.A. Wir müssen zeigen, dass die Aussage für Variablen t gilt. Dazu unterscheiden wir zwei Fälle.

 Fall 1: $t = X$. Dann gilt
$$\begin{aligned}[X]^{I,\{X \mapsto d\}\mathcal{Z}} &= X^{\{X \mapsto d\}\mathcal{Z}} \\ &= d \\ &= Y^{\{Y \mapsto d\}\mathcal{Z}} \\ &= Y^{I,\{Y \mapsto d\}\mathcal{Z}} \\ &= [X\{X \mapsto Y\}]^{I,\{Y \mapsto d\}\mathcal{Z}}.\end{aligned}$$

 Fall 2: $t \neq X$. Dann gilt
$$\begin{aligned}t^{I,\{X \mapsto d\}\mathcal{Z}} &= t^{I,\mathcal{Z}} && \text{(weil } t \neq X\text{)} \\ &= t^{I,\{Y \mapsto d\}\mathcal{Z}} && \text{(weil } Y \text{ in } t \text{ nicht vorkommt)} \\ &= [t\{X \mapsto Y\}]^{I,\{Y \mapsto d\}\mathcal{Z}} && \text{(weil } t \neq X\text{)}\end{aligned}$$

 I.H. Die Aussage gilt für Terme $t_1, \ldots, t_n$.

 I.S. Zu zeigen: Die Aussage gilt für den Term $f(t_1, \ldots, t_n)$.

$$\begin{aligned}[f(t_1, \ldots, t_n)]^{I,\{X \mapsto d\}\mathcal{Z}} &= \\ &= f^I(t_1^{I,\{X \mapsto d\}\mathcal{Z}}, \ldots, t_n^{I,\{X \mapsto d\}\mathcal{Z}}) \\ &\stackrel{I.H.}{=} f^I([t_1\{X \mapsto Y\}]^{I,\{Y \mapsto d\}\mathcal{Z}}, \ldots, [t_n\{X \mapsto Y\}]^{I,\{Y \mapsto d\}\mathcal{Z}}) \\ &= [f(t_1\{X \mapsto Y\}, \ldots, t_n\{X \mapsto Y\})]^{I,\{Y \mapsto d\}\mathcal{Z}} \\ &= [f(t_1, \ldots, t_n)\{X \mapsto Y\}]^{I,\{Y \mapsto d\}\mathcal{Z}}\end{aligned}$$

II.4.4. ÄQUIVALENZ UND NORMALFORM 393

(b) Wir zeigen die Aussage mittels struktureller Induktion über G.

I.A. Zu zeigen: Die Aussage gilt für Atome $G = p(t_1, \ldots, t_n)$.

Es gilt $\quad [p(t_1, \ldots, t_n)]^{I,\{X \mapsto d\}\mathcal{Z}} = \top$

gdw. $([t_1]^{I,\{X \mapsto d\}\mathcal{Z}}, \ldots, [t_n]^{I,\{X \mapsto d\}\mathcal{Z}}) \in p^I$

gdw. $([t_1\{X \mapsto Y\}]^{I,\{Y \mapsto d\}\mathcal{Z}}, \ldots, [t_n\{X \mapsto Y\}]^{I,\{Y \mapsto d\}\mathcal{Z}}) \in p^I$
(wegen Teilaufgabe (a))

gdw. $p(t_1\{X \mapsto Y\}, \ldots, t_n\{X \mapsto Y\})^{I,\{Y \mapsto d\}\mathcal{Z}} = \top$

gdw. $[p(t_1, \ldots, t_n)\{X \mapsto Y\}]^{I,\{Y \mapsto d\}\mathcal{Z}} = \top$.

I.H. Die Aussage gilt für Formeln G_1 und G_2 und beliebige Variablenzuordnungen $\mathcal{Z}'$, also

$[G_1]^{I,\{X \mapsto d\}\mathcal{Z}'} = [G_1\{X \mapsto Y\}]^{I,\{Y \mapsto d\}\mathcal{Z}'}$ und
$[G_2]^{I,\{X \mapsto d\}\mathcal{Z}'} = [G_2\{X \mapsto Y\}]^{I,\{Y \mapsto d\}\mathcal{Z}'}$

I.S. (i) Für $\neg G_1$ gilt $\quad [\neg G_1]^{I,\{X \mapsto d\}\mathcal{Z}} = \top$

gdw. $\neg^*[G_1]^{I,\{X \mapsto d\}\mathcal{Z}} = \top$

gdw. $\neg^*[G_1\{X \mapsto Y\}]^{I,\{Y \mapsto d\}\mathcal{Z}} = \top$ (I.H.)

gdw. $[\neg G_1\{X \mapsto Y\}]^{I,\{Y \mapsto d\}\mathcal{Z}} = \top$

(ii) Für $(G_1 \circ G_2)$ geht der Beweis analog zu (i).

(iii) Für $(\forall Z)G_1$ unterscheiden wir zwei Fälle.

Fall 1: $Z = X$. Dann gilt

$[(\forall X)G_1]^{I,\{X \mapsto d\}\mathcal{Z}} = \top$

gdw. $[G_1]^{I,\{X \mapsto e\}\{X \mapsto d\}\mathcal{Z}} = \top$ für alle $e \in \mathcal{D}$

gdw. $[G_1]^{I,\{X \mapsto e\}\mathcal{Z}} = \top$ für alle $e \in \mathcal{D}$
(da $\{X \mapsto e\}\{X \mapsto d\}\mathcal{Z} = \{X \mapsto e\}\mathcal{Z}$)

gdw. $[G_1]^{I,\{Y \mapsto d\}\{X \mapsto e\}\mathcal{Z}} = \top$ für alle $e \in \mathcal{D}$
(da Y in G und somit in G_1 nicht vorkommt;
dann mit Aufgabe 4.48)

gdw. $[G_1]^{I,\{X \mapsto e\}\{Y \mapsto d\}\mathcal{Z}} = \top$ für alle $e \in \mathcal{D}$
(gemäß Aufgabe 4.49)

gdw. $[(\forall X)G_1]^{I,\{Y \mapsto d\}\mathcal{Z}} = \top$

gdw. $[(\forall X)[G_1\{X \mapsto Y\}_X]]^{I,\{Y \mapsto d\}\mathcal{Z}} = \top$
(da $\{X \mapsto Y\}_X = \varepsilon$ ist)

gdw. $[[(\forall X)G_1]\{X \mapsto Y\}]^{I,\{Y \mapsto d\}\mathcal{Z}} = \top$

Fall 2: $Z \neq X$. Dann gilt

$[(\forall Z)G_1]^{I,\{X \mapsto d\}\mathcal{Z}} = \top$

gdw. $[G_1]^{I,\{Z \mapsto e\}\{X \mapsto d\}\mathcal{Z}} = \top$ für alle $e \in \mathcal{D}$

gdw. $[G_1]^{I,\{X \mapsto d\}\{Z \mapsto e\}\mathcal{Z}} = \top$ für alle $e \in \mathcal{D}$
(gemäß Aufgabe 4.48)

gdw. $[G_1\{X \mapsto Y\}]^{I,\{Y \mapsto d\}\{Z \mapsto e\}\mathcal{Z}} = \top$ für alle $e \in \mathcal{D}$
(I.H. mit Variablenzuordnung $\{Z \mapsto e\}\mathcal{Z}$)

gdw. $[G_1\{X \mapsto Y\}]^{I,\{Z \mapsto e\}\{Y \mapsto d\}\mathcal{Z}} = \top$ für alle $e \in \mathcal{D}$
(da $Z \neq Y$)

gdw. $[(\forall Z)[G_1\{X \mapsto Y\}]]^{I,\{Y \mapsto d\}\mathcal{Z}} = \top$

gdw. $[(\forall Z)[G_1\{X \mapsto Y\}_Z]]^{I,\{Y \mapsto d\}\mathcal{Z}} = \top$
(da $\{X \mapsto Y\}_Z = \{X \mapsto Y\}$ ist)

gdw. $[[(\forall Z)G_1]\{X \mapsto Y\}]^{I,\{Y \mapsto d\}\mathcal{Z}} = \top$

(iv) Für $(\exists Z)G_1$ verläuft der Beweis analog zu (iii).

Lösung 4.81 Variablen auseinanderdividieren in Prolog [▷97] ○

Der im folgenden definierte Operator -> dient dazu, die verwendeten Variablenzuordnungen zu kennzeichnen. Darüberhinaus haben wir die üblichen Operatoren für die Junktoren.

:- op(100, yfx, [and, or, impl]).
:- op(10, fx, neg).
:- op(5, xfx, ->).

Das Programm zum Auseinanderdividieren ruft die Prozedur rename/8 auf, die verschiedene Listen aufbaut. Dabei haben die Argumente in

rename(F, Fnew, Assign_old, Assign, Bound_old, Bound, Free_old, Free).

die folgende Bedeutung:

F	die zu bearbeitende Formel
Fnew	Ergebnisformel
Assign_old	Liste der schon bekannten Variablenzuweisungen (anfangs leer)
Assign	Liste der Variablenzuweisungen nach Ausführung des Schritts
Bound_old	Liste der als gebunden erkannten Variablenzuweisungen (anfangs leer)
Bound	Liste der Variablenzuweisungen nach Ausführung des Schritts
Free_old	Liste der Variablenzuweisungen freier Variable (anfangs leer)
Free	Liste der Zuweisungen freier Variable nach Ausführung des Schritts

div(F, Fnew) :- rename(F, Fnew, [ ], A, [ ], B, [ ], Free).

rename(all(X, F), all(X, Fn), A_old, A_new, B, B_new, Fr, Fr_new) :-
    \+ contained(X, B),   % X nicht als gebunden bekannt und
    \+ contained(X ->_, Fr), !,   % nicht als freie Variable erkannt
    rename(F, Fn, [X->X|A_old], A_new, [X|B], B_new, Fr, Fr_new).

rename(all(X, F), all(A, Fn), A_old, A_new, B, B_new, Fr, Fr_new) :- !,
    % X ist umzubenennen
    var(A), \+ contained(A, B), \+ contained(_ ->A, Fr),
    % Neue Variable noch unbenutzt
    rename(F, Fn, [X->A|A_old], A_new, [A|B], B_new, Fr, Fr_new).

II.4.4. ÄQUIVALENZ UND NORMALFORM

```
rename(F and G, Fnew and Gnew, V_old, [V1, V2|V_old], B, B_new, Fr, Fr_new) :- !,
    rename(F, Fnew, V_old, V1, B, B1, Fr, Fr1),
    rename(G, Gnew, V_old, V2, B1, B_new, Fr1, Fr_new).
rename(F or G, Fnew or Gnew, V_old, [V1, V2|V_old], B, B_new, Fr, Fr_new) :- !,
    rename(F, Fnew, V_old, V1, B, B1, Fr, Fr1),
    rename(G, Gnew, V_old, V2, B1, B_new, Fr1, Fr_new).
rename(P, Pnew, A, A_new, B, B_new, Fr, Fr_new) :-
    term_rename(P, Pnew, A, A_new, B, B_new, Fr, Fr_new).
```

Die eigentliche Umbenennung erfolgt in den Atomen. Hier wird auch erkannt, welche Variablen frei sind.

Hier unterscheiden wir die Fälle eines nichtatomaren Terms T ...

```
    term_rename(T, Tnew, A, A_new, B, B_new, Fr, Fr_new) :-
        compound(T), !,
        T =.. TLi,
        list_rename(TLi, TLinew, A, A_new, B, B_new, Fr, Fr_new),
        Tnew =.. TLinew.
```

... von den folgenden verschiedenen Fällen für das Vorkommen V einer Variable. Das Variablenvorkommen V kann entweder ein gebundenes sein ...

```
    term_rename(V, Vnew, A, A, B, B, Fr, Fr) :-
        var(V), contained(V -> Vnew, A), !.
```

... oder ein freies Vorkommen, welches schon als solches erkannt wurde, ...

```
    term_rename(V, Vnew, A, A, B, B, Fr, Fr) :-
        var(V), contained(V -> Vnew, Fr), !.
```

... oder ein freies Vorkommen, welches noch nicht als solches erkannt wurde, jedoch von der Variable bereits gebundene Vorkommen bekannt sind ...

```
    term_rename(V, Vnew, A, A, B, B, Fr, [V ->
        Vnew|Fr]) :- var(V), cont(V, B), var(Vnew), !.
```

... oder ein freies Vorkommen, welches noch nicht als solches erkannt wurde, und von der Variable auch noch keine gebundene Vorkommen bekannt sind.

```
    term_rename(V, V, A, A, B, B, Fr, [V -> V|Fr]) :- var(V), !.
```

Zuletzt bleibt der Fall einer Konstante.

```
    term_rename(Atom, Atom, A, A, B, B, Fr, Fr) :- atomic(Atom), !.
list_rename([H], [Hn], A, A_new, B, B_new, Fr, Fr_new) :-
    term_rename(H, Hn, A, A_new, B, B_new, Fr, Fr_new), !.
list_rename([H|T], [Hn|Tn], A, A_new, B, B_new, Fr, Fr_new) :-
    term_rename(H, Hn, A, A1, B, B1, Fr, Fr1),
    list_rename(T, Tn, A1, A_new, B1, B_new, Fr1, Fr_new).
contained(V -> Vnew, [V1 -> Vnew|_]) :- V == V1, !.
contained(V -> Vnew, [_|Rest])       :- contained(V -> Vnew, Rest).
cont(V, [V1|_])    :- V == V1, !.
cont(V, [_|Rest]) :- cont(V, Rest).
```

Demonstration des Programmes anhand einiger Formeln:
(1) $((\forall X)(\forall Y)p(X,Y) \land (\forall X)(\forall Y)q(X,Y))$
?- div((all(X, all(Y, p(X, Y))) and all(X, all(Y, q(X, Y)))), Fn).
X = _G151
Y = _G152
Fn = all(_G151, all(_G152, p(_G151, _G152))) and
all(_G336, all(_G348, q(_G336, _G348)))
Mit _G336 = Z und _G348 = W entspricht das der Formel
$((\forall X)(\forall Y)p(X,Y) \land (\forall Z)(\forall W)q(Z,W))$

(2) $(\forall X)(\forall Y)((p(X,Y) \land (\forall X)q(X,Y)) \land r(X,Y))$
?- div(all(X, all(Y, ((p(X, Y) and all(X, q(X, Y)) and r(X, Y))))), Fn).
X = _G151
Y = _G152
Fn = all(_G151, all(_G152, p(_G151, _G152) and
all(_G351, q(_G351, _G152)) and r(_G151, _G152)))
Mit _G351 = Z entspricht das der Formel
$(\forall X)(\forall Y)((p(X,Y) \land (\forall Z)q(Z,Y)) \land r(X,Y))$

(3) $(\forall X)((\forall Y)(p(X,Y) \land (\forall X)q(X,Y)) \land r(X,Y))$
?- div(all(X, (all(Y, ((p(X, Y)) and all(X, q(X, Y)))) and r(X, Y))), Fn).
X = _G151
Y = _G152
Fn = all(_G151, all(_G152, p(_G151, _G152) and
all(_G351, q(_G351, _G152))) and r(_G151, _G411))
Mit _G351 = Z und _G411 = W entspricht das der Formel
$(\forall X)((\forall Y)(p(X,Y) \land (\forall Z)q(Z,Y)) \land r(X,W))$

4.4.2 Pränexnormalform

Lösung 4.82 Beispiele für Pränexnormalform [▷97] ○

(a) Da im Lehrbuch keine Transformationsregel für Formeln mit dem Junktor →
angegeben wurden, transformieren wir die Formel zuerst in eine semantisch
äquivalente Formel ohne diesen Junktor.

(1) → entfernen: $\neg(\exists X)(\exists Y)(\neg p(X,Y) \lor (\forall X)(\forall Y)p(X,Y))$.

(2) Variablen auseinanderdividieren:
$\neg(\exists X)(\exists Y)(\neg p(X,Y) \lor (\forall Z)(\forall W)p(Z,W))$.

(3) Transformationsalgorithmus:
$\neg(\exists \boldsymbol{X})(\exists Y)(\neg p(X,Y) \lor (\forall Z)(\forall W)p(Z,W))$.
$(\forall X)\neg(\exists \boldsymbol{Y})(\neg p(X,Y) \lor (\forall Z)(\forall W)p(Z,W))$.
$(\forall X)(\forall Y)\neg(\neg p(X,Y) \lor (\boldsymbol{\forall Z})(\forall W)p(Z,W))$.
$(\forall X)(\forall Y)\neg(\boldsymbol{\forall Z})(\neg p(X,Y) \lor (\forall W)p(Z,W))$.

II.4.4. ÄQUIVALENZ UND NORMALFORM 397

$(\forall X)(\forall Y)(\exists Z)\neg(\neg p(X,Y) \vee (\forall W)p(Z,W))$.
$(\forall X)(\forall Y)(\exists Z)\neg(\forall W)(\neg p(X,Y) \vee p(Z,W))$.
$(\forall X)(\forall Y)(\exists Z)(\exists W)\neg(\neg p(X,Y) \vee p(Z,W))$.

(b) (1) $\to$ entfernen:
$(\forall X)(\neg(\forall Y)(\neg(\neg(\forall Z)p(X,Y,Z) \vee (\exists W)q(X,Y,W)) \vee r(X)) \vee s(X))$

(2) Transformationsalgorithmus:
$(\forall X)(\neg(\forall Y)(\neg(\neg(\forall Z)p(X,Y,Z) \vee (\exists W)q(X,Y,W)) \vee r(X)) \vee s(X))$
$(\forall X)((\exists Y)\neg(\neg(\neg(\forall Z)p(X,Y,Z) \vee (\exists W)q(X,Y,W)) \vee r(X)) \vee s(X))$
$(\forall X)(\exists Y)(\neg(\neg(\neg(\forall Z)p(X,Y,Z) \vee (\exists W)q(X,Y,W)) \vee r(X)) \vee s(X))$
$(\forall X)(\exists Y)(\neg(\neg((\exists Z)\neg p(X,Y,Z) \vee (\exists W)q(X,Y,W)) \vee r(X)) \vee s(X))$
$(\forall X)(\exists Y)(\neg(\neg(\exists Z)(\neg p(X,Y,Z) \vee (\exists W)q(X,Y,W)) \vee r(X)) \vee s(X))$
$(\forall X)(\exists Y)(\neg((\forall Z)\neg(\neg p(X,Y,Z) \vee (\exists W)q(X,Y,W)) \vee r(X)) \vee s(X))$
$(\forall X)(\exists Y)(\neg(\forall Z)(\neg(\neg p(X,Y,Z) \vee (\exists W)q(X,Y,W)) \vee r(X)) \vee s(X))$
$(\forall X)(\exists Y)((\exists Z)\neg(\neg(\neg p(X,Y,Z) \vee (\exists W)q(X,Y,W)) \vee r(X)) \vee s(X))$
$(\forall X)(\exists Y)(\exists Z)(\neg(\neg(\neg p(X,Y,Z) \vee (\exists W)q(X,Y,W)) \vee r(X)) \vee s(X))$
$(\forall X)(\exists Y)(\exists Z)(\neg(\neg(\exists W)(\neg p(X,Y,Z) \vee q(X,Y,W)) \vee r(X)) \vee s(X))$
$(\forall X)(\exists Y)(\exists Z)(\neg((\forall W)\neg(\neg p(X,Y,Z) \vee q(X,Y,W)) \vee r(X)) \vee s(X))$
$(\forall X)(\exists Y)(\exists Z)(\neg(\forall W)(\neg(\neg p(X,Y,Z) \vee q(X,Y,W)) \vee r(X)) \vee s(X))$
$(\forall X)(\exists Y)(\exists Z)((\exists W)\neg(\neg(\neg p(X,Y,Z) \vee q(X,Y,W)) \vee r(X)) \vee s(X))$
$(\forall X)(\exists Y)(\exists Z)(\exists W)(\neg(\neg(\neg p(X,Y,Z) \vee q(X,Y,W)) \vee r(X)) \vee s(X))$

Lösung 4.83 Pränex-Transformation: Zur Korrektheit

F' ergibt sich aus F durch Anwendung einer der 5 Regeln in Abbildung 4.2 des Lehrbuchs, welche hier noch mal aufgelistet sind.

(1) $\dfrac{\neg(\forall X)\,F}{(\exists X)\,\neg F}$ (2) $\dfrac{\neg(\exists X)\,F}{(\forall X)\,\neg F}$

(3) $\dfrac{((QX)\,F \wedge G)}{(QX)(F \wedge G)}$ (4) $\dfrac{(F \wedge (QX)\,G)}{(QX)(F \wedge G)}$ (5) $\dfrac{((QX)\,F \vee G)}{(QX)(F \vee G)}$ (6) $\dfrac{(F \vee (QX)\,G)}{(QX)(F \vee G)}$

Jede Anwendung einer der Regeln ersetzt eine Teilformel durch eine dazu semantisch äquivalente:

(i) Für die Regeln (1) und (2) folgt dies aus Satz 4.32.

(ii) Für die Regel (3) bis (6) folgt dies ebenfalls aus Satz 4.32, da auf Grund der Tatsache, dass die Variablen auseinanderdividiert sind, die Variable X überhaupt nicht in F bzw. in G vorkommt, und somit auch nicht frei in F bzw. in G vorkommt.

Mit dem Ersetzungstheorem folgt nun $F' \equiv F$.

Somit ist die Aussage $F \equiv F'$ eine Schleifeninvarianten des Transformationsalgorithmus in Pränexnormalform, und es folgt nach Satz 3.30, dass diese Aussage auch für die als Output des Transformationsalgorithmus erzeugte Formel gilt. Zusammen mit der Schleifeninvarianz der Auseinanderdividiertheit der Variablen (siehe Aufgabe 4.84) bedeutet dies die Korrektheit des Algorithmus (Vgl. Proposition 4.36, Schritt (ii) des Lehrbuchs).

4-20 195 Lösung 4.84 Pränex-Transformation: Auseinanderdividiertheit [▷97] ○

Da in F die Variablen auseinanderdividiert sind, kommt keine Variable in F sowohl frei als auch gebunden vor, und keine Variable kann zwei verschiedenen Quantoren in F gebunden werden.

(A) Da in F keine zwei Quantoren die gleiche Variable binden, und da durch keine der Regeln weder ein Variable umbenannt wird, noch ein weiterer Quantor eingeführt wird – mit den Regeln (1) und (2) wird lediglich ein Quantor 'umbenannt', binden auch in F' keine zwei Quantoren die gleiche Variable.

(B) Es bleibt also nur noch zu beweisen, dass in F' keine Variable sowohl frei als auch gebunden vorkommt:

   (a) Bei Anwendung der Regeln (1) und (2) ist dies trivialerweise klar, da sich der Wirkungsbereich der Quantoren nicht ändert.

   (b) Für die Regeln (3) bis (6) führen wir im Folgenden den Beweis nur für den Fall der Regel (3), da die anderen Fälle analog sind.
   Da bei der Transformation nur der Teilausdruck (QX) derart verschoben wird, dass sich der Wirkungsbereich des Quantors (QX) vergrößert, bleiben alle gebundenen Vorkommen von Variablen in $((QX)F \wedge G)$ auch in $(QX)(F \wedge G)$ weiterhin gebunden.
   Sei nun $\mathcal{Y}$ die Menge der Variablen, welche in der Formel $((QX)F \wedge G)$ frei vorkommen. Dann ist in $(QX)(F \wedge G)$ die Menge der darin frei vorkommenden Variablen bestimmt durch $\mathcal{Y} \setminus \{X\}$. Da die Variablen aber in $((QX)F \wedge G)$ auseinanderdividiert waren, kann X in G nicht frei vorkommen. Dies bedeutet, dass X in $\mathcal{Y}$ nicht enthalten ist, woraus folgt, dass $\mathcal{Y} \setminus \{X\} = \mathcal{Y}$, was bedeutet, dass die Menge der freien Variablen in $(QX)(F \wedge G)$ dieselbe ist wie in $((QX)F \wedge G)$.

Damit folgt, dass die Auseinanderdividiertheit der Variablen eine Schleifeninvarianten des Transformationsalgorithmus in Pränexnormalform sind, und somit folgt nach Satz 3.30, dass dies auch für die als Output des Transformationsalgorithmus erzeugte Formel gelten. Zusammen mit Der semantischen Äquivalenz $F \equiv F'$ – siehe Aufgabe 4.83 – sichert dies die Korrektheit des Algorithmus.

4-19 195 Lösung 4.85 Pränexnormalform-Transformation: Terminierung [▷97] ○

Wir führen den Beweis indem wir zuerst jeder Formel mittels einer geeigneten Funktion eine natürliche Zahl zuweisen, und dann zeigen, dass diese Zahlen in jedem Transformationsschritt echt kleiner werden. (Siehe Aufgabe 4.83 für eine Auflistung der Transformationsregeln.)

Der zu transformierende Satz H habe (als Zeichenreihe) die Länge n und enthalte m Teilausdrücke der Form $(Q_i X_i)$, $i = 1, \ldots, m$, bestehend aus einem Quantor Q_i und der durch ihn gebundenen Variable X_i.

Wir bezeichnen als Position des Teilausdrucks $(Q_i X_i)$ im Satz H die Anzahl der Zeichen in der Zeichenreihe H, welche links des Teilausdrucks $(Q_i X_i)$ stehen, und notieren diese natürliche Zahl als pos_i. Es gilt folglich $\mathsf{pos}_i < n$ für $i = 1, \ldots, m$.

Eine geeignete Abbildung f der prädikatenlogischen Formeln in die natürlichen Zahlen definieren wir folgendermaßen:

$$\mathsf{f}(H) = \sum_{i=1}^{m} \mathsf{pos}_i$$

II.4.4. ÄQUIVALENZ UND NORMALFORM

Es gilt somit $f(H) < n * m$.

Bei Anwendung eines Transformationsschritts erhält man aus einer Formel H eine Formel H': Jeder Teilausdruck $(Q_i X_i)$ an Position pos_i in H ist dann zu einem Teilausdruck $(Q'_i X_i)$ an Position pos'_i in H' geworden. In vielen Fällen gilt $Q_i = Q'_i$ und $\text{pos}_i = \text{pos}'_i$. Um die Veränderungen genau zu beschreiben, unterteilen wir die Transformationsschritte gemäß der verwendeten Regel in die beiden folgenden Gruppen:

Regel (1), (2), (3) und (5): In jedem dieser Transformationsschritte wird genau ein Teilausdruck $(Q_k X_k)$ um genau eine Position nach links bewegt, d.h. $\text{pos}'_k = \text{pos}_k - 1$. (Im Fall der Regeln (1) und (2) ändert sich zudem der Quantor, d.h. es gilt $Q'_k = \forall$, wenn $Q_k = \exists$ und umgekehrt, während im Fall der Regeln (3) und (5) der Quantor gleichbleibt, d.h. $Q'_k = Q_k$.)

Für alle anderen Teilausdrücke $(Q_k X_k)$ ändert sich nichts, d.h. es gilt: $\text{pos}'_i = \text{pos}_i$ und $Q'_i = Q_i$ für $i \in \{1, \ldots, m\}, i \neq k$

Hieraus folgt:

$$\begin{aligned} f(H') &= \sum_{i=1}^{m} \text{pos}'_i \\ &= \text{pos}'_k + \sum_{i=1, i\neq k}^{m} \text{pos}'_i \\ &= (\text{pos}_k - 1) + \sum_{i=1, i\neq k}^{m} \text{pos}_i \\ &= \sum_{i=1}^{m} \text{pos}_i - 1 \\ &= f(H) - 1 \end{aligned}$$

Regel (4) und (6) In diesen Transformationsschritten wird ein Teilausdruck $(Q_k X_k)$ über die Teilformel F hinweggehoben, also um mindestens 3 Positionen nach links verschoben.

Falls F ℓ Quantoren enthält, wird jeder der Teilausdrücke $(Q_{k-\ell} X_{k-\ell})$, ..., $(Q_{k-1} X_{k-1})$ um jeweils 4 Positionen nach rechts verschoben, woraus sich $\text{pos}'_{k-\ell+j} = \text{pos}_{k-\ell+j} + 4$ für $j \in \{0, \ldots, \ell - 1\}$ ergibt.

Jedoch wird $(Q_k X_k)$ auch über jeden dieser Teilausdrücke hinweggehoben, so dass $(Q_k X_k)$ um jeweils mindestens 4 weitere Positionen nach links verschoben wird.

So ergibt sich insgesamt $\text{pos}'_k \leq \text{pos}_k - 3 - \ell * 4$.

Hieraus folgt:

$$\begin{aligned} f(H') &= \sum_{i=1}^{m} \text{pos}'_i \\ &= \sum_{i=1}^{k-\ell-1} \text{pos}'_i + \sum_{i=k-\ell}^{k-1} \text{pos}'_i + \text{pos}'_k + \sum_{i=k+1}^{m} \text{pos}'_i \\ &\leq \sum_{i=1}^{k-\ell-1} \text{pos}_i + \sum_{i=k-\ell}^{k-1} (\text{pos}_i + 4) + (\text{pos}_k - 3 - \ell*4) + \sum_{i=k+1}^{m} \text{pos}_i \\ &= (\text{pos}_k - 3) + \sum_{i=1, i\neq k}^{m} \text{pos}_i \\ &= \sum_{i=1}^{m} \text{pos}_i - 3 \\ &= f(H) - 3 \end{aligned}$$

Folglich muss der Algorithmus nach weniger als $n * m$ Schritten, also nach endlich vielen Schritten terminieren.

(Streng genommen müsste man hier einen entsprechenden Induktionsbeweis führen, wobei sowohl im Induktionsanfang (1. Transformationsschritt) als auch im Induktionsschluss die eben dargestellte Argumentation verwendet würde.)

Lösung 4.86 Pränex und auseinanderdividiert [▷97] ○

Nach Aufgabe 4.83 ist die Aussage $F \equiv F'$ eine Schleifeninvariante des Transformationsalgorithmus in Pränexnormalform. Nach Aufgabe 4.84 ist die Auseinanderdividiertheit der Variablen ebenfalls eine Schleifeninvariante dieses Transformationsalgorithmus. Es folgt nun nach Satz 3.30, dass beide Aussagen auch für die als Output des Transformationsalgorithmus erzeugte Formel gelten, falls dieser Algorithmus terminiert.

Da der Transformationsalgorithmus in Pränexnormalform nach Aufgabe 4.85 terminiert, erzeugt er für jede prädikatenlogischen Formel eine dazu äquivalente Formel in Pränexnormalform und mit auseinanderdividierten Variablen.

Lösung 4.87 Substitution und Pränexnormalform [▷98] ○

Wir führen eine strukturelle Induktion über die Teilformeln von G.

I.A. und die Induktionsschritte für Teilformeln $\neg F$ und $F \circ F'$ von G laufen analog zu früheren Aufgaben; man vergleiche z.B. Aufgabe 4.31.

Als I.H. verwenden wir dabei: σ ist frei für Teilformeln F und F' von G.

I.S. Es bleibt der Fall zu zeigen, dass σ für eine Teilformel $(QY)F$ von G frei ist, wobei als I.H. verwendet werden kann, dass σ frei für F ist.

(1) Zu zeigen: σ_Y ist frei für F.

  (i) $Y = U$: $\sigma_Y = \varepsilon$, und damit ist σ_Y frei für F gemäß Aufgabe 4.31.

  (ii) $Y \neq U$: $\sigma_Y = \sigma$, und damit ist σ_Y frei für F nach I.H..

(2) Sei X eine Variable, welche frei in F vorkommt und für die $X \neq Y$ gilt. Es ist dann zu zeigen, dass Y nicht in $X\sigma$ vorkommen kann.
Angenommen, Y kommt in $X\sigma$ vor. Dann folgt sofort $X = U$, denn für $X \neq U$ ergibt sich $X\sigma = X$, und dann kann Y wegen $X \neq Y$ nicht in $X\sigma$ vorkommen. Somit ist $X\sigma = f(X_1, \ldots, X_n)$. Wenn Y in $X\sigma$ vorkommt, dann muss ein $i \in \{1, \ldots, n\}$ existieren mit $Y = X_i$. Dies bedeutet aber, dass die Variable Y in H zweimal gebunden wird, was ein Widerspruch dazu ist, dass die Variablen in H auseinanderdividiert sind.

4.4.3 Skolem-Normalform

Lösung 4.88 Formeltransformation in Skolem-Normalform [▷98] ○

(a) (1) Variablenumbenennung:
$$((\exists X)(p(X) \vee q(X)) \rightarrow ((\exists Y)p(Y) \vee (\exists Z)q(Z)))$$

(2) $\rightarrow$-Junktor eliminieren
$$(\neg(\exists X)(p(X) \vee q(X)) \vee ((\exists Y)p(Y) \vee (\exists Z)q(Z)))$$

(3) Transformation in Pränexnormalform:
$$(\neg(\boldsymbol{\exists X})(p(X) \vee q(X)) \vee ((\exists Y)p(Y) \vee (\exists Z)q(Z)))$$
$$((\boldsymbol{\forall X})\neg(p(X) \vee q(X)) \vee ((\exists Y)p(Y) \vee (\exists Z)q(Z)))$$
$$(\forall X)(\neg(p(X) \vee q(X)) \vee ((\boldsymbol{\exists Y})p(Y) \vee (\exists Z)q(Z)))$$
$$(\forall X)(\neg(p(X) \vee q(X)) \vee (\boldsymbol{\exists Y})(p(Y) \vee (\exists Z)q(Z)))$$
$$(\forall X)(\exists Y)(\neg(p(X) \vee q(X)) \vee (p(Y) \vee (\boldsymbol{\exists Z})q(Z)))$$

II.4.4. ÄQUIVALENZ UND NORMALFORM 401

$$(\forall X)(\exists Y)(\neg(p(X) \vee q(X)) \vee (\exists Z)(p(Y) \vee q(Z)))$$
$$(\forall X)(\exists Y)(\exists Z)(\neg(p(X) \vee q(X)) \vee (p(Y) \vee q(Z)))$$

(4) Transformation in Skolem-Normalform

$$(\forall X)(\exists Y)(\exists Z)(\neg(p(X) \vee q(X)) \vee (p(Y) \vee q(Z)))$$
$$(\forall X)(\exists Z)(\neg(p(X) \vee q(X)) \vee (p(f(X)) \vee q(Z)))$$
$$(\forall X)(\neg(p(X) \vee q(X)) \vee (p(f(X)) \vee q(\mathbf{g}(X))))$$

Durch eine andere Reihenfolge der Transformationsschritte kann man u.a. auch folgende Ergebnisse erhalten:

$$(\forall X)(\neg(p(X) \vee q(X)) \vee (p(f(X)) \vee q(g(X, Y)))) \quad \text{und}$$
$$(\forall X)(\neg(p(X) \vee q(X)) \vee (p(a) \vee q(b)))$$

(b) (1) Variablenumbenennung

$$((\forall X)(p(X) \to s) \to ((\forall Y)p(Y) \to s))$$

(2) $\to$ entfernen.

$$(\neg(\forall X)(p(X) \to s) \vee ((\forall Y)p(Y) \to s))$$

(3) Transformation in Pränexnormalform

$$(\exists X)(\forall Y)(\neg(p(X) \to s) \vee (p(Y) \to s))$$

(4) Transformation in Skolem-Normalform

$$(\forall Y)(\neg(p(\mathbf{a}) \to s) \vee (p(Y) \to s))$$

(c) (1) Variablenumbenennung

$$((\exists X)(\forall Y)r(X, Y) \to (\forall Z)(\exists V)r(V, Z))$$

(2) Transformation in Pränexnormalform
Hier mal ohne vorausgehende $\to$-Entfernung, stattdessen unter Verwendung der folgenden Regeln

$$\frac{((\forall X)F \to G)}{(\exists X)(F \to G)} \quad \frac{((\exists X)F \to G)}{(\forall X)(F \to G)} \quad \frac{(F \to (\forall X)G)}{(\forall X)(F \to G)} \quad \frac{(F \to (\exists X)G)}{(\exists X)(F \to G)}$$

(Die Zulässigkeit dieser Regeln müsste natürlich noch bewiesen werden.)

$$((\exists \mathbf{X})(\forall Y)r(X, Y) \to (\forall Z)(\exists V)r(V, Z))$$
$$(\forall X)((\forall \mathbf{Y})r(X, Y) \to (\forall Z)(\exists V)r(V, Z))$$
$$(\forall X)(\exists Y)(r(X, Y) \to (\forall \mathbf{Z})(\exists V)r(V, Z))$$
$$(\forall X)(\exists Y)(\forall Z)(\exists V)(r(X, Y) \to r(V, Z))$$

(3) Transformation in Skolem-Normalform

$$(\forall X)(\forall Z)(r(X, \mathbf{f}(X)) \to r(g(X, Z), Z))$$

(d) (1) Variablenumbenennung

$$((\forall X)(\exists Y)r(X, Y) \to (\exists Z)(\forall V)r(V, Z))$$

(2) $\to$ entfernen.

$$(\neg(\forall X)(\exists Y)r(X, Y) \vee (\exists Z)(\forall V)r(V, Z))$$

(3) Ein mögliches Ergebnis der Transformation in Pränexnormalform

$$(\exists X)(\exists Z)(\forall Y)(\forall V)(\neg r(X, Y) \vee r(V, Z))$$

(4) Transformation in Skolem-Normalform

$$(\forall Y)(\forall V)(\neg r(\mathbf{a}, Y) \vee r(V, \mathbf{b}))$$

(e) (1) Variablen sind schon auseinanderdividiert

(2) →-Junktor eliminieren
$$(\forall X)(\neg(\forall Y)(\forall Z)(p(Y) \vee q(Z)) \vee (p(X) \vee q(X)))$$

(3) (Einziges) Ergebnis der Transformation in Pränexnormalform:
$$(\forall X)(\exists Y)(\exists Z)\neg((p(Y) \vee q(Z)) \vee (p(X) \vee q(X)))$$

(4) Ein mögliches Ergebnis der Transformation in Skolem-Normalform:x
$$(\forall X)\neg((p(g(X)) \vee q(\mathbf{f}(X, g(X)))) \vee (p(X) \vee q(X))).$$

Ein anderes mögliches Ergebnis:
$$(\forall X)\neg((p(f(X)) \vee q(g(X))) \vee (p(X) \vee q(X)))$$

(f) (1) Variablen auseinanderdividieren
$$((\forall X)(\exists Y)r(X, Y) \vee \neg(\exists Z)(\forall W)t(Z, W))$$

(2) Transformation in Pränexnormalform
$$((\forall X)(\exists Y)r(X, Y) \vee \neg(\exists Z)(\forall W)t(Z, W))$$
$$(\exists Z)((\forall X)(\exists Y)r(X, Y) \vee \neg(\forall W)t(Z, W))$$
$$(\exists Z)(\forall X)((\exists Y)r(X, Y) \vee \neg(\forall W)t(Z, W))$$
$$(\exists Z)(\forall X)(\exists Y)(r(X, Y) \vee \neg(\forall W)t(Z, W))$$
$$(\exists Z)(\forall X)(\exists Y)(\forall W)(r(X, Y) \vee \neg t(Z, W))$$

(3) Skolemisieren
$$(\exists Z)(\forall X)(\exists Y)(\forall W)(r(X, Y) \vee \neg t(Z, W))$$
$$(\forall X)(\exists Y)(\forall W)(r(X, Y) \vee \neg t(a, W))$$
$$(\forall X)(\forall W)(r(X, f(X)) \vee \neg t(a, W))$$

Lösung 4.89 Modellverlust bei Skolemisierung [▷98] ○

(a) Wir zeigen hierzu, dass die Formel F unter jeder Interpretation wahr ist. Sei also I eine beliebige Interpretation.

Dann gilt:
$F^I = \top$ gdw. $[(\exists X)p(X)]^I = \top$ oder $[\neg(\exists X)p(X)]^I = \top$
    gdw. $[(\exists X)p(X)]^I = \top$ oder $\neg^*[(\exists X)p(X)]^I = \top$
    gdw. $[(\exists X)p(X)]^I = \top$ oder $[(\exists X)p(X)]^I = \bot$
    gdw. $[(\exists X)p(X)]^I = \top$ oder nicht $[(\exists X)p(X)]^I = \top$,

was natürlich immer gilt.

Bemerkung: *Für einen alternativen Beweis, welcher das prädikatenlogische Resolutionsverfahren benützt, siehe Aufgabe 4.116.*

(b) Wir bestimmen zuerst die Skolem-Normalform F_S von F.

(1) Variablen auseinanderdividieren: $F \equiv ((\exists X)p(X) \vee \neg(\exists Y)p(Y))$

(2) Transformation in Pränexnormalform:
$$((\exists X)p(X) \vee \neg(\exists Y)p(Y))$$
$$\equiv ((\exists X)p(X) \vee (\forall Y)\neg p(Y))$$
$$\equiv (\exists X)(p(X) \vee (\forall Y)\neg p(Y))$$
$$\equiv (\exists X)(\forall Y)(p(X) \vee \neg p(Y))$$

(3) Transformation in Skolem-Normalform: $F_S = (\forall Y)(p(a) \vee \neg p(Y))$

II.4.4. ÄQUIVALENZ UND NORMALFORM

Nun geben wir eine Interpretation I an, so dass $F_S^I = \bot$. Wir definieren I über dem Grundbereich $\mathcal{D} = \{\spadesuit, \heartsuit\}$ mit $a^I = \spadesuit$ und $p^I = \{(\heartsuit)\}$.
Für beliebige Variablenzuordnungen $\mathcal{Z}$ gilt nun:

$$F_S^{I,\mathcal{Z}} = [(\forall Y)(p(a) \vee \neg p(Y))]^{I,\mathcal{Z}} = \top$$

gdw. $(p(a) \vee \neg p(Y))^{I,\{Y \mapsto d\}\mathcal{Z}} = \top$ für alle $d \in \mathcal{D}$

Es gilt jedoch für $d = \heartsuit$:

$$(p(a) \vee \neg p(Y))^{I,\{Y \mapsto \heartsuit\}\mathcal{Z}} = p(a)^{I,\{Y \mapsto \heartsuit\}\mathcal{Z}} \vee^* \neg^* p(Y)^{I,\{Y \mapsto \heartsuit\}\mathcal{Z}}$$
$$= \bot \vee^* \neg^* \top$$
$$= \bot$$

Folglich gilt $F_S^{I,\mathcal{Z}} = \bot$.
Da die Formel F allgemeingültig war, haben wir also durch die Skolemisierung mindestens ein Modell verloren.

Lösung 4.90 Terminierung der Skolemisierung [▷98] ○ 4-21 199
Terminierung des Skolemisierungsalgorithmus heißt, dass der Algorithmus, wenn er auf eine *Formel F in Pränexnormalform* angewandt wird, nach *endlich* vielen Anwendungen der in Abbildung 4.3 des Lehrbuchs angegebenen Skolemisierungs-Ersetzungsregel zu Ende kommt.

Wir verwenden das folgende Beweisprinzip:

Man definiere eine Funktion h, die jede Formel F in Pränexnormalform auf eine natürliche Zahl $h(F)$ abbildet, und zeige, dass bei jedem Transformationsschritt diese Zahl *kleiner* wird, d.h. für die aus F erhaltene Transformierte F' gilt: $h(F') < h(F)$.
Die Terminierung ergibt sich dann aus der Tatsache, dass es zu einer natürlichen Zahl n nur endlich viele Vorgänger $< n$ gibt.

Voraussetzung: F liegt in Pränexnormalform vor,
dass heißt $F = (Q_1 X_1)(Q_2 X_2) \ldots (Q_k X_k) G$,
wobei in G keine Quantoren enthalten sind.

Wir definieren eine rekursive Funktion h, welche die Anzahl der Existenzquantoren in F zählt:

$$h(F) = 0, \quad \text{falls in } F \text{ keine Quantoren enthalten sind}$$

$$h((QX)F) = h(F) + c, \quad \text{mit } c = \begin{cases} 0 & \text{falls } Q = \forall \\ 1 & \text{falls } Q = \exists \end{cases}$$

Seien nun $F_1, F_2, F_3, \ldots$ die Formeln, welche durch sukzessive Anwendung der Skolemisierungs-Ersetzungsregel aus $F_1 = F$ gewonnen werden, wobei die Formel

$$F_n = (\forall X_1) \ldots (\forall X_{m_n})(\exists Y_n) G_n \qquad (n \geq 1)$$

die Formel vor Ausführung des n-ten Transformationsschritts ist, bei dem die Variable Y_n skolemisiert werden soll. (Man beachte, dass die 'Restformel' G_n – im Gegensatz zu obiger Formel G – weitere Quantoren enthalten kann.) Wir erhalten nun offensichtlich $h(F_n) = h(G_n) + 1$.

Nach Ausführung des n-ten Transformationsschritts erhalten wir

$$F_{n+1} = (\forall X_1) \ldots (\forall X_{m_n}) G_n \{Y_n \mapsto f_n(X_1, \ldots, X_{m_n})\}$$

und folglich

$$\begin{aligned}
\mathsf{h}(F_{n+1}) &= \mathsf{h}((\forall X_1) \ldots (\forall X_{m_n}) G_n \{Y_n \mapsto f_n(X_1, \ldots, X_{m_n})\}) \\
&= \mathsf{h}(G_n \{Y_n \mapsto f_n(X_1, \ldots, X_{m_n})\}) \\
&= \mathsf{h}(G_n)
\end{aligned}$$

Die letzte Gleichheit gilt, weil durch Substitutionen die Anzahl der Quantoren nicht verändert wird.

Es gilt also $0 \leq \mathsf{h}(F_{n+1}) < \mathsf{h}(F_n)$, und damit terminiert der Algorithmus nach endlich vielen Schritten.

Bemerkung: *Genaugenommen handelt es hier um einen verkappten Induktionsbeweis über die Anzahl der Transformationsschritte.*

Lösung 4.91 Terminierung der verallgemeinerten Skolemisierung [▷98] ○

Der Beweis verläuft weitgehend analog zu Aufgabe 4.90.

Wir gehen wiederum von einer gegebenen Formel F in Pränexnormalform aus und definieren dieselbe Funktion h wie in Aufgabe 4.90.

Seien nun $F_1, F_2, F_3, \ldots$ die Formeln, welche durch sukzessive Anwendung der verallgemeinerten Skolemisierungs-Ersetzungsregel aus $F_1 = F$ gewonnen werden, wobei wiederum F_n die Formel vor Ausführung des n-ten Transformationsschritts ist. F_n ist nun von der Form $(Q_1 X_1) \ldots (Q_{m_n} X_{m_n})(\exists Y_n) G_n$, $(n \geq 1)$, und es soll die Variable Y_n skolemisiert werden soll. Unter den Quantoren $Q_1, \ldots, Q_{m_n}$ können nun auch existentielle sein, deren Anzahl wir mit ℓ_{m_n} bezeichnen. Die 'Restformel' G_n kann natürlich weitere (universelle und/oder existentielle) Quantoren enthalten.

Wir erhalten nun $\mathsf{h}(F_n) = \mathsf{h}(G_n) + 1 + \ell_{m_n}$.

Nach Ausführung des n-ten Transformationsschritts erhalten wir

$$F_{n+1} = (Q_1 X_1) \ldots (Q_{m_n} X_{m_n}) G_n \{Y_n \mapsto f_n(X_1, \ldots, X_{m_n})\}$$

und daraus folgt

$$\begin{aligned}
\mathsf{h}(F_{n+1}) &= = \mathsf{h}((Q_1 X_1) \ldots (Q_{m_n} X_{m_n}) G_n \{Y_n \mapsto f_n(X_1, \ldots, X_{m_n})\}) \\
&= \mathsf{h}(G_n \{Y_n \mapsto f_n(X_1, \ldots, X_{m_n})\}) + \ell_{m_n} \\
&= \mathsf{h}(G_n) + \ell_{m_n}.
\end{aligned}$$

Die letzte Gleichung rührt wiederum daher, dass durch Substitutionen die Anzahl der Quantoren nicht verändert wird. Es gilt somit $0 \leq \mathsf{h}(F_{n+1}) < \mathsf{h}(F_n)$, und damit terminiert der Algorithmus nach endlich vielen Schritten.

Bemerkung: *Genaugenommen handelt es sich auch hier wieder um einen verkappten Induktionsbeweis über die Anzahl der Transformationsschritte.*

Bemerkung: *Der verallgemeinerte Skolemisierungsalgorithmus erlaubt mehr Flexibilität. Speziell von rechts nach links zu skolemisieren ergibt vielstellige Skolem-Funktionssymbole was den Suchraum von Beweisverfahren beschränken kann.*

Lösung 4.92 Interpretationen für Skolem-Funktionen [▷98] ○

Für f^I müssen wir eine Abbildung $\mathcal{D} \times \mathcal{D} \to \mathcal{D}$ angeben für welche gilt:

(i) $(1,1) \mapsto 1$ oder 2

II.4.4. ÄQUIVALENZ UND NORMALFORM 405

(ii) $(1,2) \mapsto 1, 2$ oder 3
(iii) $(1,3) \mapsto 1, 2$ oder 3
(iv) $(2,1) \mapsto 1, 2$ oder 3
(v) $(2,2) \mapsto 2$
(vi) $(2,3) \mapsto 1, 2$ oder 3
(vii) $(3,1) \mapsto 1, 2$ oder 3
(viii) $(3,2) \mapsto 1$
(ix) $(3,3) \mapsto 1, 2$ oder 3

In den Fällen (v) und (viii) ist der Funktionswert eindeutig bestimmt, im Fall (i) ergeben sich aus den zwei Tupeln $(1, 1, 1)$ und $(1, 1, 2)$ in p^I zwei mögliche alternative Funktionswerte. In den anderen Fällen kann der Funktionswert beliebig aus der dreielementigen Menge $\mathcal{D}$ gewählt werden.
Es ergeben sich somit $3^6 * 2 = 1458$ mögliche Definitionen für f^I.

Lösung 4.93 Duale Skolem-Transformation [▷99] ○

$(\forall Z)(\exists X)\big(p(X) \wedge \neg(\exists X)q(X, Z)\big)$
$(\forall Z)(\exists X)\big(p(X) \wedge \neg(\exists Y)q(Y, Z)\big)$ *(Variablenumbenennung)*
$(\forall Z)(\exists X)\big(p(X) \wedge (\forall Y)\neg q(Y, Z)\big)$
$(\forall Z)(\exists X)(\forall Y)\big(p(X) \wedge \neg q(Y, Z)\big)$
$(\exists X)(\forall Y)\big(p(X) \wedge \neg q(Y, a)\big)$ *(Skolem-Konstantensymbol a)*
$(\exists X)\big(p(X) \wedge \neg q(f(X), a)\big)$ *(Skolem-Funktionssymbol f)*

Lösung 4.94 Duale Skolem-Normalform und Modelle [▷99] ○

(a) Dies ist möglich wie das folgende Beispiel zeigt:
Sei $G = (\forall X)p(X)$ und $H = p(a)$. Für die Interpretation I über den natürlichen Zahlen mit $a^I = 0$ und $p^I = \{0\}$ gilt: $H^I = \top$ und $G^I = \bot$.

(b) Dies ist möglich wie das folgende Beispiel zeigt:
$G = (\forall X)p$ und $H = p$, also p eine 0-stellige Relation. Eine Interpretation ist genau dann ein Modell – und zwar dann für beide Formeln – wenn p auf $\top$ abgebildet wird.

(c) Dass dies nicht möglich ist zeigen wir wie folgt:
Sei $I = (\mathcal{D}, \cdot^I)$ ein beliebiges Modell für G, d.h. $G^{I,\mathcal{Z}} = \top$ für jede Variablenzuordnung $\mathcal{Z}$.
Dies gilt gdw. $d_1, \ldots, d_n \in \mathcal{D}$ existieren, so dass für alle $d \in \mathcal{D}$ gilt:
$$F^{I,\{Y \mapsto d\}\{X_n \mapsto d_n\}\ldots\{X_1 \mapsto d_1\}\mathcal{Z}} = \top$$
Was für alle $d \in \mathcal{D}$ gilt, gilt natürlich auch für die spezielle Wahl
$$d = [f(X_1 \ldots, X_n)]^{I,\{Y \mapsto d\}\{X_n \mapsto d_n\}\ldots\{X_1 \mapsto d_1\}\mathcal{Z}}$$
$$= [f(X_1 \ldots, X_n)]^{I,\{X_n \mapsto d_n\}\ldots\{X_1 \mapsto d_1\}\mathcal{Z}}$$
Da $\sigma = \{Y \mapsto f(X_1, \ldots, X_n)\}$ frei für F ist – Beweis siehe unten – folgt mit Aufgabe 4.50: Es existieren $d_1, \ldots, d_n \in \mathcal{D}$, so dass
$$[F\{Y \mapsto f(X_1, \ldots, X_n)\}]^{I,\{X_n \mapsto d_n\}\ldots\{X_1 \mapsto d_1\}\mathcal{Z}} = \top$$
Dies ist wiederum äquivalent zu $H^{I,\mathcal{Z}} = \top$.

Nun zum Beweis, dass σ frei für F ist.
Wir nehmen an, dass $Z_1, \ldots, Z_m$ alle freien Variablen in G sind (mit $m = 0$ falls G abgeschlossen). Da G in Pränexnormalform ist (mit auseinanderdividierten Variablen), ist F von der Form $(Q'_{n'} X'_{n'}) \ldots (Q'_1 X'_1) F'$ wobei F' keine Quantoren mehr enthält. D.h. G ist insgesamt von der Form

$$(\exists X_1) \ldots (\exists X_n)(\forall Y)(Q'_{n'} X'_{n'}) \ldots (Q'_1 X'_1) F'$$

Wir beweisen nun mit vollständiger Induktion über k, dass σ frei ist für die Formeln $(Q'_k X'_k) \ldots (Q'_1 X'_1) F'$, $(k \geq 0)$.

I.A. $k = 0$: σ ist frei für F', da F' keine Quantoren enthält.
I.H. σ ist frei für $(Q'_k X'_k) \ldots (Q'_1 X'_1) F'$
I.B. σ ist frei für $(Q'_{k+1} X'_{k+1})(Q'_k X'_k) \ldots (Q'_1 X'_1) F'$
I.S. Es ist zweierlei zu zeigen:

(1) $\sigma_{X'_{k+1}}$ ist frei für $(Q'_k X'_k) \ldots (Q'_1 X'_1) F'$:
Da die Variablen in G auseinanderdividiert sind, ist X'_{k+1} von Y verschieden, woraus zunächst folgt, dass $\sigma_{X'_{k+1}} = \sigma$ gilt. Da nach der I.H. gilt, dass σ frei für $(Q'_k X'_k) \ldots (Q'_1 X'_1) F'$ ist, folgt dies nun auch für $\sigma_{X'_{k+1}}$.

(2) Für jede von X'_{k+1} verschiedene und in $(Q'_k X'_k) \ldots (Q'_1 X'_1) F'$ frei vorkommende Variable Z gilt, dass X'_{k+1} in $Z\sigma$ nicht vorkommt.
Eine derartige Variable Z muss nun aber aus der Variablenmenge $\mathcal{V}_k = \{Z_1, \ldots, Z_m, X_1, \ldots, X_n, Y, X'_{n'}, \ldots, X'_{k+2}\}$ sein, denn entweder ist Z eine der in G frei vorkommenden Variablen oder Z ist eine der Variablen, die in G 'links' von X'_{k+1} gebunden werden.
Für $Z \in \mathcal{V}_k$ gilt aber nun mit der oben definierten Substitution σ

(i) $Z\sigma = f(X_1, \ldots, X_n)$ falls $Z = Y$, und

(ii) $Z\sigma = Z$ andernfalls.

Da die Variablen auseinanderdividiert sind, gilt $X'_{k+1} \notin \mathcal{V}_k$, und damit kann X'_{k+1} nicht in $Z\sigma$ vorkommen.

Insbesondere ist nun σ auch frei im Fall $k = n'$, d.h für F.

4-23 202 Lösung 4.95 Duale Skolemisierung und Allgemeingültigkeit [▷99] ○

(a) $\Longrightarrow$: *1. Möglichkeit*
Sei $I = (\mathcal{D}, \cdot^I)$ eine beliebige Interpretation und $\mathcal{Z}$ eine beliebige Variablenzuordnung bzgl. I. Wir müssen zeigen, dass $H^{I,\mathcal{Z}} = \top$ gilt.
Wenn die Formel F allgemeingültig ist, so bedeutet dies, dass auch für $I = (\mathcal{D}, \cdot^I)$ und für $\mathcal{Z}$ gilt: $F^{I,\mathcal{Z}} = \top$. Daraus folgt:
Es gibt $d_1 \in \mathcal{D}, \ldots,$ es gibt $d_n \in \mathcal{D}$, so dass für alle $d \in \mathcal{D}$ gilt: (∗)
$G^{I,\{Y \mapsto d\}\{X_n \mapsto d_n\} \cdots \{X_1 \mapsto d_1\}\mathcal{Z}} = \top$.
Wir bezeichnen die Variablenzuordnung $\{X_n \mapsto d_n\} \cdots \{X_1 \mapsto d_1\}\mathcal{Z}$ mit $\mathcal{Z}'$ und das Element $[f(X_1, \ldots, X_n)]^{I,\mathcal{Z}'}$ aus $\mathcal{D}$ mit d_S.
Es folgt nun aus (∗) für den Spezialfall $d = d_S$:
Es gibt $d_1 \in \mathcal{D}, \ldots,$ es gibt $d_n \in \mathcal{D}$, so dass: $G^{I,\{Y \mapsto d_S\}\mathcal{Z}'} = \top$. (∗∗)
Nach Aufgabe 4.34 ist die Substitution $\{Y \mapsto f(X_1, \ldots, X_n)\}$ frei für G, so dass wir mit Lemma 4.25,

II.4.4. ÄQUIVALENZ UND NORMALFORM

$$G^{I,\{Y \mapsto d_S\}\mathcal{Z}'} = [G\{Y \mapsto f(X_1, \ldots, X_n)\}]^{I,\mathcal{Z}'}$$
$$= [G\{Y \mapsto f(X_1, \ldots, X_n)\}]^{I,\{X_n \mapsto d_n\} \cdots \{X_1 \mapsto d_1\}\mathcal{Z}}$$

folgern können, woraus sich mit (∗∗) ergibt:
Es gibt $d_1 \in \mathcal{D}, \ldots$, es gibt $d_n \in \mathcal{D}$, so dass:
$$[G\{Y \mapsto f(X_1, \ldots, X_n)\}]^{I,\{X_n \mapsto d_n\} \cdots \{X_1 \mapsto d_1\}\mathcal{Z}} = \top$$
Hieraus folgt nun sofort:
$$[(\exists X_1) \cdots (\exists X_n) G\{Y \mapsto f(X_1, \ldots, X_n)\}]^{I,\mathcal{Z}} = \top \,.$$

2. Möglichkeit
Wir zeigen die äquivalente Aussage, dass aus der Widerlegbarkeit von H die Widerlegbarkeit von F folgt.
Sei $I = (\mathcal{D}, \cdot^I)$ eine Interpretation und $\mathcal{Z}$ eine Variablenzuordnung bzgl. I für welche $H^{I,\mathcal{Z}} = \bot$ gilt, bzw. dazu äquivalent, dass $H^{I,\mathcal{Z}} = \top$ nicht gilt. Da nach Definition der Interpretation gilt:

$H^{I,\mathcal{Z}} = \top$ gdw. es gibt $d_1 \in \mathcal{D}, \ldots$, es gibt $d_n \in \mathcal{D}$, so dass:
$$[G\{Y \mapsto f(X_1, \ldots, X_n)\}]^{I,\{X_n \mapsto d_n\} \cdots \{X_1 \mapsto d_1\}\mathcal{Z}} = \top$$
folgt, dass gilt:
$H^{I,\mathcal{Z}} = \bot$ gdw. für alle $d_1 \in \mathcal{D}, \ldots$, für alle $d_n \in \mathcal{D}$ folgt:
$$[G\{Y \mapsto f(X_1, \ldots, X_n)\}]^{I,\{X_n \mapsto d_n\} \cdots \{X_1 \mapsto d_1\}\mathcal{Z}} = \bot$$

Da die Substitution $\{Y \mapsto f(X_1, \ldots, X_n)\}$ für G frei ist (vgl. Aufgabe 4.34), erhalten wir durch Anwendung von Lemma 4.25 – mit der Variablenzuordnung $\mathcal{Z}' := \{X_n \mapsto d_n\} \cdots \{X_1 \mapsto d_1\}\mathcal{Z}$ sowie mit $[f(X_1, \ldots, X_n)]^{I,\mathcal{Z}'} = f^I(d_1 \ldots, d_n)$ – für jedes Tupel $(d_1, \ldots, d_n) \in \mathcal{D}^n$ die folgende Gleichung:
$$[G\{Y \mapsto f(X_1, \ldots, X_n)\}]^{I,\mathcal{Z}'} = G^{I,\{Y \mapsto f^I(d_1 \ldots, d_n)\}\mathcal{Z}'}$$

Das impliziert aber nun

Für alle $d_1 \in \mathcal{D}, \ldots$, für alle $d_n \in \mathcal{D}$ gilt:
$$G^{I,\{Y \mapsto f^I(d_1 \ldots, d_n)\}\{X_n \mapsto d_n\} \cdots \{X_1 \mapsto d_1\}\mathcal{Z}} = \bot$$

Daraus folgt

Für alle $d_1 \in \mathcal{D}, \ldots$, für alle $d_n \in \mathcal{D}$, existiert ein $d \in \mathcal{D}$ mit:
$$[G]^{I,\{Y \mapsto d\}\{X_n \mapsto d_n\} \cdots \{X_1 \mapsto d_1\}\mathcal{Z}} = \bot$$

wobei wir für das postulierte $d \in \mathcal{D}$ jeweils einfach $f^I(d_1 \ldots, d_n)$ nehmen können.
Somit folgt schließlich $[(\exists X_1) \cdots (\exists X_n)(\forall Y) G]^{I,\mathcal{Z}} = \bot$, und damit ist F widerlegbar.

⇐: Wir zeigen hierfür die äquivalente Aussage, dass aus der Widerlegbarkeit von F die Widerlegbarkeit von H folgt.
Sei $I = (\mathcal{D}, \cdot^I)$ eine Interpretation und eine $\mathcal{Z}$ eine Variablenzuordnung bzgl. I, welche F widerlegt, d.h. für die gilt:

Für alle $d_1 \in \mathcal{D}, \ldots$, für alle $d_n \in \mathcal{D}$, existiert ein $d \in \mathcal{D}$: (⋄)
$$G^{I,\{Y \mapsto d\}\{X_n \mapsto d_n\} \cdots \{X_1 \mapsto d_1\}\mathcal{Z}} = \bot$$

Wir definieren nun eine Interpretation $I' = (\mathcal{D}, \cdot^{I'})$, welche sich von I höchstens in der Bedeutung von f unterscheidet, und $f^{I'}$ definieren wir als diejenige Funktion von $\mathcal{D}^n \to \mathcal{D}$, welche jedes Tupel $(d_1, \ldots, d_n) \in \mathcal{D}^n$ auf eines der $d \in \mathcal{D}$ abbildet, für das $G^{I, \{Y \mapsto d\}\{X_n \mapsto d_n\} \cdots \{X_1 \mapsto d_1\} \mathcal{Z}} = \bot$ gilt, und welches nach ($\diamond$) existieren muss.

Da die Substitution $\{Y \mapsto f(X_1, \ldots, X_n)\}$ frei für G ist (vgl. Aufgabe 4.34), erhalten wir durch Anwendung von Lemma 4.25 – sowie mit der Variablenzuordnung $\mathcal{Z}' := \{X_n \mapsto d_n\} \cdots \{X_1 \mapsto d_1\} \mathcal{Z}$ und mit $[f(X_1, \ldots, X_n)]^{I, \mathcal{Z}'} = f^I(d_1 \ldots, d_n)$ – für jedes Tupel $(d_1, \ldots, d_n) \in \mathcal{D}^n$ die folgende Gleichung.

$$[G\{Y \mapsto f(X_1, \ldots, X_n)\}]^{I', \mathcal{Z}'} = G^{I', \{Y \mapsto f^{I'}(d_1 \ldots, d_n)\} \mathcal{Z}'}$$

Da f in G nicht vorkommt, ist

$$G^{I', \{Y \mapsto f^{I'}(d_1 \ldots, d_n)\} \mathcal{Z}'} = G^{I, \{Y \mapsto f^{I'}(d_1 \ldots, d_n)\} \mathcal{Z}'} = \bot$$

für alle Tupel $(d_1, \ldots, d_n) \in \mathcal{D}^n$.
Und damit folgt $[(\exists X_1) \cdots (\exists X_n)(G\{Y \mapsto f(X_1, \ldots, X_n)\})]^{I', \mathcal{Z}} = \bot$, und somit ist H widerlegbar.

(b) Aus Teilaufgabe (a) folgt, dass die Aussage "Die Anwendung der Ersetzungsregel zur Skolemisierung auf eine Formel F in Pränexnormalform (mit auseinanderdividierten Variablen) liefert eine Formel H in Pränexnormalform (mit auseinanderdividierten Variablen) und F ist allgemeingültig gdw. H allgemeingültig ist" eine Schleifeninvariante ist.

Folglich ist das Ergebnis des Algorithmus nach Terminierung eine allgemeingültige Formel, falls die Ausgangsformel allgemeingültig ist.

4.4.4 Klauselform

Lösung 4.96 Beispiel für KF Transformation [▷99] ○

(a) Variablen auseinanderdividieren

$$F = ((\forall X)(\exists Y)p(X, Y) \vee \neg(\exists X)(\forall Y)p(X, Y))$$
$$\equiv ((\forall X)(\exists Y)p(X, Y) \vee \neg(\exists U)(\forall V)p(U, V))$$

Transformationsalgorithmus

$$\equiv ((\forall X)(\exists Y)p(X, Y) \vee \neg(\exists U)(\forall V)p(U, V))$$
$$\equiv ((\forall X)(\exists Y)p(X, Y) \vee (\forall U)\neg(\forall V)p(U, V))$$
$$\equiv ((\forall X)(\exists Y)p(X, Y) \vee (\forall U)(\exists V)\neg p(U, V))$$
$$\equiv (\forall X)((\exists Y)p(X, Y) \vee (\forall U)(\exists V)\neg p(U, V))$$
$$\equiv (\forall X)(\exists Y)(p(X, Y) \vee (\forall U)(\exists V)\neg p(U, V))$$
$$\equiv (\forall X)(\exists Y)(\forall U)(p(X, Y) \vee (\exists V)\neg p(U, V))$$
$$\equiv (\forall X)(\exists Y)(\forall U)(\exists V)(p(X, Y) \vee \neg p(U, V))$$

Eine andere Lösung ist die folgende, ebenfalls zu F logisch äquivalente Formel:

$$(\forall U)(\forall X)(\exists Y)(\exists V)(p(X, Y) \vee \neg p(U, V))$$

II.4.4. ÄQUIVALENZ UND NORMALFORM

(b) Ausgangspunkt: Pränexnormalform von F

$$F \equiv (\forall X)(\exists Y)(\forall U)(\exists V)(p(X,Y) \vee \neg p(U,V))$$
$$\rightsquigarrow (\forall X)(\forall U)(\exists V)(p(X, f(X)) \vee \neg p(U,V))$$
$$\rightsquigarrow (\forall X)(\forall U)(p(X, f(X)) \vee \neg p(U, g(X,U)))$$

f ist ein einstelliges und g ist ein zweistelliges Skolem-Funktionssymbol.

(c) Ausgangspunkt: Die in Teilaufgabe (b) ermittelte Skolem-Normalform von F.
Weglassen der Quantoren ergibt:

$(p(X, f(X)) \vee \neg p(U, g(X,U)))$

Anwendung der Regeln zur Transformation in konjunktive Normalform:

$\langle [\ (p(X, f(X)) \vee \neg p(U, g(X,U)))\ ]\rangle$
$\langle [\ p(X, f(X)), \neg p(U, g(X,U))\ ]\rangle$

(d) Eines der möglichen Modelle für F ist z.B. $p^I = \{(a,a),(2,a)\}$, bei dem das linke Glied der Disjunktion wahr wird.
Die in der Skolem-Normalform $F' = (\forall X)(\forall U)(p(X, f(X)) \vee \neg p(U, g(X,U)))$ vorkommenden Funktionssymbole f und g gehören zu der Erweiterung der gegebene Sprache gemäß Definition 4.37; für f und g muss jetzt ebenfalls eine Interpretationen angegeben werden.
Ein mögliches Modell für F' ist

$$p^I = \{(a,a),(2,2)\}$$
$$f^I(x) = x \quad \text{für alle} \quad x \in \mathcal{D}$$
$$g^I(x,y) = x \quad \text{für alle} \quad x,y \in \mathcal{D}$$

(e) Da die gegebene Sprache keine Konstantensymbole enthält, erweitern wir sie um das Konstantensymbol $b/0$. Das zugehörige Herbrand-Universum ergibt sich somit als $\mathcal{T}(\mathcal{F}) = \{b\}$.
Ein Herbrand-Modell I für F ist gegeben durch $p^I = \{(b,b)\}$, wodurch das linke Disjunktionsglied wahr wird.
Für die Formel $F' = (\forall X)(\forall U)(p(X, f(X)) \vee \neg p(U, g(X,U)))$, welche durch Skolemisierung entstanden ist, haben wir zudem die Skolem-Funktionssymbole $f/1$ und $g/2$ verwendet, welche aus den durch Definition 4.37 hinzugefügten Symbolen entnommen sind.
Das Herbrand-Universum enthält nun alle aus b, f und g bildbaren Terme, also

$$\mathcal{T}(\mathcal{F}) = \{b, f(b), f(f(b)), f(f(f(b))), \ldots, g(b,b), g(f(b),b), \ldots\}.$$

Ein Herbrand-Modell I_S für F' ist gegeben durch

$$p^{I_S} = \{(b, f(b)), (f(b), f(f(b))), \ldots\}$$

oder alternativ durch $p^{I_S} = \{(t, f(t)) \mid t \in \mathcal{T}(\mathcal{F})\}$.

Lösung 4.97 Grundinstanzen und Aussagenlogik [▷100] ○ 4-35 259

(a) Gesucht ist eine Abbildung I' von p_i ($i = 1, \ldots, 4$) auf die Wahrheitswerte, so dass $F'^{I'} = \top$.
Bezeichne A_i das Atom, das durch g auf p_i abgebildet wird. Dann gilt $p_i = $ g(A_i) und somit $A_i = $ g$^{-1}(p_i)$. Falls $A_i^I = \top$, dann setzen wir $p_i^{I'} = \top$, anderenfalls $p_i^{I'} = \bot$. Für die Formel F ergibt sich $F^I = \langle[\top,\bot],[\bot,\top]\rangle = \top$, und das Gleiche erhalten wir für $F'^{I'}$.

(b) In Analogie zur Teilaufgabe (a) bezeichnen wir die n verschiedenen abgeschlossenen Atome, welche in F vorkommen, mit $A_1, \ldots, A_n$, d.h. es gilt

$$L_{1,1}, \ldots, L_{1,n_1}, \ldots, L_{m,1}, \ldots, L_{m,n_m} \in \{A_1, \ldots, A_n, \neg A_1, \ldots, \neg A_n\}.$$

O.B.d.A. gelte weiterhin $p_i = \mathrm{g}(A_i)$.
Durch Anwendung von g auf F erhalten wir die aussagenlogische Formel

$$F' = \langle [K_{1,1}, \ldots, K_{1,n_1}], \ldots, [K_{m,1}, \ldots, K_{m,n_m}]\rangle$$

(i) mit $K_{i,j} = \mathrm{g}(L_{i,j})$ falls $L_{i,j} \in \{A_1, \ldots, A_n\}$, und

(ii) mit $K_{i,j} = \neg\,\mathrm{g}(A_k)$ wenn $L_{i,j} \in \{\neg A_1, \ldots, \neg A_n\}$ und $k \in \{1, \ldots, n\}$, so dass $L_{i,j} = \neg A_k$.

Für eine Interpretation I_p der prädikatenlogischen Sprache $\mathcal{L}(\mathcal{R}, \mathcal{F}, \mathcal{V})$ definieren wir die aussagenlogische Interpretation I_a wie folgt:

$$p_k^{I_a} = \top \text{ gdw. } A_k^{I_p} = \top \text{ für } k \in \{1, \ldots, n\}, \text{ und } p_k^{I_a} = \bot \text{ für } k > n$$

Damit folgt für obige Fälle (i) und (ii):

(i) $K_{i,j}^{I_a} = [\mathrm{g}(L_{i,j})]^{I_a} = L_{i,j}^{I_p}$

(ii) $K_{i,j}^{I_a} = [\neg\,\mathrm{g}(A_k)]^{I_a} = \neg^*[\mathrm{g}(A_k)]^{I_a} = \neg^* A_k^{I_p} = [\neg A_k]^{I_p} = L_{i,j}^{I_p}$

Dann erhalten wir schließlich:

$F^{I_p} = \top$
gdw. $\langle [L_{1,1}, \ldots, L_{1,n_1}], \ldots, [L_{m,1}, \ldots, L_{m,n_m}]\rangle^{I_p} = \top$
gdw. $\langle [L_{1,1}^{I_p}, \ldots, L_{1,n_1}^{I_p}], \ldots, [L_{m,1}^{I_p}, \ldots, L_{m,n_m}^{I_p}]\rangle = \top$
gdw. $\langle [K_{1,1}^{I_a}, \ldots, K_{1,n_1}^{I_a}], \ldots, [K_{m,1}^{I_a}, \ldots, K_{m,n_m}^{I_a}]\rangle = \top$
gdw. $\langle [K_{1,1}, \ldots, K_{1,n_1}], \ldots, [K_{m,1}, \ldots, K_{m,n_m}]\rangle^{I_a} = \top$
gdw. $F'^{I_a} = \top$

(c) Da die Menge aller Grundinstanzen von Literalen in F abzählbar ist, existiert eine bijektive Abbildung g dieser Grundinstanzen in die Menge $\mathcal{R}$ von aussagenlogischen Variablen. Wie in Teilaufgabe (b) lässt sich dann für jede Interpretation I_p der prädikatenlogischen Sprache $\mathcal{L}(\mathcal{R}, \mathcal{F}, \mathcal{V})$ eine aussagenlogische Interpretation I_a definieren. Es ergibt sich dann für jede Klausel $K \in \mathcal{G}$, dass $I_p \models K$ gdw. $I_p \models K'$, wobei K' die durch Anwendung von g auf K erzeugte Klausel aus $\mathcal{G}'$ ist.

Lösung 4.98 Implikationsnormalform [▷100] ○

(a) $\neg(\forall X)((p(X) \land \neg(\exists Y)q(Y, X)) \lor \neg((\exists Z)s(Z, X) \land r(X)))$ (R1)

$\neg(\forall X)(\neg(p(X) \to \neg\neg(\exists Y)q(Y, X)) \lor \neg((\exists Z)s(Z, X) \land r(X)))$ (R1)

$\neg(\forall X)(\neg(p(X) \to \neg\neg(\exists Y)q(Y, X)) \lor \neg\neg((\exists Z)s(Z, X) \to \neg r(X)))$ (R2)

$\neg(\forall X)(\neg\neg(p(X) \to \neg\neg(\exists Y)q(Y, X)) \to \neg\neg((\exists Z)s(Z, X) \to \neg r(X)))$

(b) Eine geeignete Abbildung f, die einer Formel F eine natürliche Zahl zuordnet, ist z.B. gegeben durch die Anzahl der in F vorkommenden und in der Implikationsnormalform unzulässigen Junktoren $\land$ und $\lor$.

$$f(F) = \begin{cases} 0 & \text{wenn } F \text{ atomar} \\ f(G) & \text{wenn } F = \neg G \\ f(G) + f(H) & \text{wenn } F = (G \to H) \\ f(G) + f(H) + 1 & \text{wenn } F = (G \wedge H) \text{ oder } F = (G \vee H) \\ f(G) & \text{wenn } F = (QX)G \end{cases}$$

4.5 Unifikation

Lösung 4.99 Anwendung des Unifikationsalgorithmus [▷101] ○ 4-25 211
Wir initialisieren jeweils die Substitution θ mit ε.
  (a) Regel (4), auf jede der beiden Gleichungen angewandt, liefert
  $$\mathcal{U} := \{\, a \approx a\,,\ g(X,a) \approx g(f(Y,Y),Z)\,,\ Y \approx g(a,Z)\,,\ f(Y,Y) \approx X \,\}$$
  Regel (4) auf je die erste Gleichung angewandt, eliminiert diese, und Regel (4) auf die zweite Gleichung angewandt, ergibt
  $$\mathcal{U} := \{\, X \approx f(Y,Y)\,,\ a \approx Z\,,\ Y \approx g(a,Z)\,,\ f(Y,Y) \approx X \,\}$$
  Regel (1) auf die erste Gleichung angewandt, ergibt
  $$\mathcal{U} := \{\, a \approx Z\,,\ Y \approx g(a,Z)\,,\ f(Y,Y) \approx f(Y,Y) \,\}$$
  $$\theta := \{\, X \mapsto f(Y,Y) \,\}$$
  Regel (1) auf die erste Gleichung angewandt, ergibt
  $$\mathcal{U} := \{\, Y \approx g(a,a)\,,\ f(Y,Y) \approx f(Y,Y) \,\}$$
  $$\theta := \{\, X \mapsto f(Y,Y)\,,\ Z \mapsto a \,\}$$
  Regel (1) auf die erste Gleichung angewandt, ergibt
  $$\mathcal{U} := \{\, f(g(a,a),g(a,a)) \approx f(g(a,a),g(a,a)) \,\}$$
  $$\theta := \{\, X \mapsto f(g(a,a),g(a,a))\,,\ Z \mapsto a\,,\ Y \mapsto g(a,a) \,\}$$
  Mehrmalige Anwendung von Regel (4) führt nun zum leeren Unifikationsproblem.
  (b) Regel (4) auf die erste Gleichung angewandt, ergibt
  $$\mathcal{U} := \{\, f(X,X) \approx g(X,Y)\,,\ g(X,Y) \approx f(X,X),$$
  $$f(Y,g(Y,Y)) \approx f(g(a,Z),X) \,\}$$
  Regel (5) angewendet auf die erste Gleichung, führt zur Terminierung des Algorithmus mit **nicht unifizierbar**.
  (c) Regel (4) auf die erste Gleichung angewandt, ergibt
  $$\mathcal{U} := \{\, g(h(X)) \approx g(Y)\,,\ h(Y) \approx h(h(Z))\,,\ Z \approx h(X) \,\}$$
  Regel (4) je auf die erste und zweite Gleichung angewandt, ergibt
  $$\mathcal{U} := \{\, h(X) \approx Y\,,\ Y \approx h(Z)\,,\ Z \approx h(X) \,\}$$
  Regel (1) auf die erste Gleichung angewandt, ergibt
  $$\mathcal{U} := \{\, h(X) \approx h(Z)\,,\ Z \approx h(X) \,\}$$
  $$\theta := \{\, Y \mapsto h(X) \,\}$$
  Regel (4) auf die erste Gleichung angewandt, ergibt

$$\mathcal{U} := \{\, X \approx Z,\ Z \approx h(X) \,\}$$
$$\theta := \{\, Y \mapsto h(X) \,\}$$

Regel (1) auf die erste Gleichung angewandt, ergibt

$$\mathcal{U} := \{\, Z \approx h(Z) \,\}$$
$$\theta := \{\, Y \mapsto h(Z),\ X \mapsto Z \,\}$$

Anwendung von Regel (3) führt nun zur Terminierung des Algorithmus mit `nicht unifizierbar`.

(d) Anwendung von Regel (4) ergibt

$$\mathcal{U} := \{\, X \approx h(Y), h(h(Z)) \approx h(X), f(Z,X) \approx f(a, h(Z)) \,\}$$

Regel (1) auf die erste Gleichung angewandt, ergibt

$$\mathcal{U} := \{\, h(h(Z)) \approx h(h(Y)), f(Z, h(Y)) \approx f(a, h(Z)) \,\}$$
$$\theta := \{X \mapsto h(Y)\}$$

Regel (4) zweimal auf die jeweils erste Gleichung angewendet, ergibt

$$\mathcal{U} := \{\, Z \approx Y, f(Z, h(Y)) \approx f(a, h(Z)) \,\}$$
$$\theta := \{X \mapsto h(Y)\}$$

Regel (1) auf die erste Gleichung angewandt, ergibt

$$\mathcal{U} := \{\, f(Y, h(Y)) \approx f(a, h(Y)) \,\}$$
$$\theta := \{X \mapsto h(Y), Z \mapsto Y\}$$

Regel (4) ergibt

$$\mathcal{U} := \{\, Y \approx a, h(Y) \approx h(Y) \,\}$$
$$\theta := \{X \mapsto h(Y), Z \mapsto Y\}$$

Regel (1) auf die erste Gleichung angewandt, ergibt

$$\mathcal{U} := \{\, h(a) \approx h(a) \,\}$$
$$\theta := \{X \mapsto h(a), Z \mapsto a, Y \mapsto a\}$$

Regel (4) zweimal angewendet, ergibt das leere Unifikationsproblem.

Lösung 4.100 Allgemeinste und nicht allgemeinste Unifikatoren [▷101] ○

(a) Allgemeinster Unifikator: $\{X \mapsto b\}$
Nicht-allgemeiner Unifikator: $\{X \mapsto b, Y \mapsto a\}$

(b) Allgemeinster Unifikator: $\{X \mapsto Y\}$ oder $\{Y \mapsto X\}$
Nicht-allgemeiner Unifikator: $\{X \mapsto a, Y \mapsto a\}$

(c) Allgemeinster Unifikator: $\{X \mapsto f(Y,Y), Z \mapsto a\}$
Nicht-allgemeiner Unifikator: $\{X \mapsto f(a,a), Z \mapsto a, Y \mapsto a\}$

(d) Die beiden Terme sind nicht unifizierbar.
Nach Anwendung von Regel (4) erhalten wir das nicht lösbare Unifikationsproblem $\{f(X,X) \approx g(X,Y), g(X,Y) \approx f(X,X)\}$.

(e) Die beiden Terme sind nicht unifizierbar.
Nach zweimaliger Anwendung von Regel (4) erhalten wir das nicht lösbare Unifikationsproblem $\{X \approx a, X \approx f(Y,X)\}$.

II.4.5. UNIFIKATION 413

Lösung 4.101 Die Relationen $\geq$ und $\sim$ auf Substitutionen [▷101] ◐ 4-30 217

(a) NEIN. Als Beweis geben wir ein Gegenbeispiel an: Das Unifikationsproblem $\{f(X) \approx f(Y)\}$ wird z.B. durch die beiden folgenden (nicht allgemeinsten) Unifikatoren $\sigma_1 = \{X \mapsto a, Y \mapsto a\}$ und $\sigma_2 = \{X \mapsto b, Y \mapsto b\}$ gelöst. Diese Unifikatoren sind nicht vergleichbar: Es gilt weder $\sigma_1 \geq \sigma_2$ noch $\sigma_2 \geq \sigma_1$.

(b) (1) Die Reflexivität von $\geq$ folgt unmittelbar, denn mit der leeren Substitution $\varepsilon = \emptyset$ erhält man $\sigma\varepsilon = \sigma$ und damit $\sigma \geq \sigma$.

(2) Für die Transitivität von $\geq$ nehmen wir $\sigma \geq \theta$ und $\theta \geq \rho$ an. Also gibt es Substitutionen δ_1 und δ_2, so dass $\sigma\delta_1 = \theta$ und $\theta\delta_2 = \rho$. Doch daraus folgt $\sigma(\delta_1\delta_2) = (\sigma\delta_1)\delta_2 = \theta\delta_2 = \rho$ und somit $\sigma \geq \rho$.

(3) Wie wir wissen, gilt $\sigma \sim \theta$ genau dann, wenn $\sigma \geq \theta$ und $\theta \geq \sigma$. Die Reflexivität von $\sim$ folgt nun direkt aus der Reflexivität von $\geq$.

(4) Die Symmetrie von $\sim$ ergibt sich aus der Definition dieser Relation, denn aus $\sigma \sim \theta$ folgt $\sigma \geq \theta$ und $\theta \geq \sigma$, so dass $\theta \sim \sigma$ ebenfalls gilt.

(5) Die Transitivität ist wiederum aus der Transitivität von $\geq$ abzuleiten. Falls $\sigma \sim \theta$ und $\theta \sim \rho$, dann gilt $\sigma \geq \theta$, $\theta \geq \rho$, $\rho \geq \theta$ und $\theta \geq \sigma$. Daraus folgt gemäß Teilaufgabe (b.2) $\sigma \geq \rho$ und $\rho \geq \sigma$, so dass $\sigma \sim \rho$ gilt.

(c) Da σ ein allgemeinster Unifikator von U ist, muss σ allgemeiner sein als jeder andere Unifikator von U. Speziell gilt also $\sigma \geq \theta$. Umgekehrt gilt ebenfalls $\theta \geq \sigma$, da auch θ ein allgemeinster Unifikator von U ist. Laut Definition von $\sim$ gilt also tatsächlich $\sigma \sim \theta$.

Lösung 4.102 Substitutionskomposition und Vergleichbarkeit [▷102] ◐

(a) NEIN. Beweis durch Gegenbeispiel: Sei $\sigma = \{X \mapsto f(X)\}$.
Dann führt der Ansatz $\theta = \{X \mapsto t\} \cup \{Y_i \mapsto s_i \mid i=1, \ldots, n\}$ zur folgender Instanz der Gleichung $\sigma\theta = \theta$:

$\{X \mapsto f(t)\} \cup \{Y_i \mapsto s_i \mid i=1, \ldots, n\} = \{X \mapsto t\} \cup \{Y_i \mapsto s_i \mid i=1, \ldots, n\}$,

d.h. zur nicht lösbaren Gleichung $t \approx f(t)$.

(b) JA. Setzt man $\delta = \varepsilon$, so gilt $\varepsilon\sigma = \sigma$ und $\varepsilon\delta = \delta$, und damit gilt $\delta\sigma \geq \delta\theta$ falls $\sigma \geq \theta$.

(c) JA. $\delta = \varepsilon$ erfüllt die geforderte Beziehung.

Lösung 4.103 Ordnen von Substitutionen [▷102] ○

Die Substitutionen σ_1 und σ_2 sind nicht vergleichbar, denn σ_1 enthält $X \mapsto f(Y, Z)$ und σ_2 enthält $X \mapsto a$. Aus demselben Grund sind σ_1 und σ_3 sind nicht vergleichbar. Es ist $\sigma_3 \not\geq \sigma_2$, da $Y \mapsto a$ in σ_3 enthalten ist, Y aber unter σ_2 auf sich selbst abgebildet wird. Jedoch gilt $\sigma_2\{X \mapsto a, Y \mapsto a\} = \sigma_3$, womit $\sigma_2 \geq \sigma_3$ folgt.

Lösung 4.104 Ordnen von Unifikatoren [▷102] ○

(a) $\{X \mapsto a, Y \mapsto b\}$

(b) $\{X \mapsto a, Y \mapsto a\}$

(c) $\sigma_1 = \{X \mapsto Y\}$, $\sigma_2 = \{Y \mapsto X\}$

(d) Es existiert die Substitution $\lambda = \{Y \mapsto a\}$ mit $\sigma_b = \sigma_1\lambda$.

(e) $\sigma_1 = \sigma_2\tau_1$ mit $\tau_1 = \{X \mapsto Y\}$. $\sigma_2 = \sigma_1\tau_1$ mit $\tau_1 = \{Y \mapsto X\}$.

Alternativ können wir argumentieren, dass die Behauptung gilt, da sowohl σ_i als auch σ_j allgemeinste Unifikatoren sind.

4-26 212 Lösung 4.105 Beweisergänzung: Unifikationsalgorithmus [▷102] ◐

(a) In diesem Fall ergibt sich $\mathcal{U}_i$ aus $\mathcal{U}_{i+1}$ durch Entfernen einer Gleichung der Form $X \approx X$, und damit ist ein Unifikator σ von $\mathcal{U}_{i+1}$ auch Unifikator der Teilmenge $\mathcal{U}_i$.

(b) In diesem Fall ergibt sich $\mathcal{U}_i$ aus $\mathcal{U}_{i+1}$ indem man zuerst eine Gleichung der Form $f(s_1, \ldots, s_n) \approx f(t_1, \ldots, t_n)$ entfernt, und anschließend die Gleichungen $s_1 \approx t_1, \ldots, s_n \approx t_n$ zu $\mathcal{U}_{i+1}$ hinzufügt. Für einen Unifikator σ von $\mathcal{U}_{i+1}$ gilt aber $[f(s_1, \ldots, s_n)]\sigma = [f(t_1, \ldots, t_n)]\sigma$, woraus $f(s_1\sigma, \ldots, s_n\sigma) = f(t_1\sigma, \ldots, t_n\sigma)$ folgt. Dies impliziert aber nun $s_1\sigma = t_1\sigma, \ldots, s_n\sigma = t_n\sigma$, und damit ist σ auch Unifikator von $\mathcal{U}_i$.

4-27 213 Lösung 4.106 Anzahl der Variablen in einem Term [▷103] ○

In Aufgabe 4.71 wurde die Funktion tv definiert, welche jedem Term $t \in \mathcal{T}(\mathcal{F}, \mathcal{V})$ die Menge der in t vorkommenden Variablen zuordnet. Wir definieren zunächst wie folgt eine Funktion card, welche die Anzahl der Elemente einer Menge zählt.

$$\mathrm{card}(M) = \begin{cases} 0 & \text{falls } M = \emptyset \\ \mathrm{card}(M \setminus \{m\}) & \text{mit } m \in M \text{ beliebig} \end{cases}$$

Wir definieren nun $v(t) := \mathrm{card}(\mathrm{tv}(t))$ für alle $t \in \mathcal{T}(\mathcal{F}, \mathcal{V})$.

4-28 214 Lösung 4.107 Zur Terminierung des Unifikationsalgorithmus [▷103] ◐

(a) Beweis mit verallgemeinerter Induktion über die erste Stelle der Zahlenpaare: Gegeben eine absteigende Folge $(n_1, m_1) > (n_2, m_2) > (n_3, m_3) > \ldots$

I.A. $n_1 = 0$: (Woraus natürlich sofort für alle n_i in obiger Folge $n_i = 0$ folgt.) Da es nur endlich viele natürliche Zahlen $m < m_1$ gibt, kann es auch nur endlich viele Paare $(0, m)$ mit $(0, m_1) > (0, m)$ geben und somit auch nur endliche absteigende Folgen, welche mit $(0, m_1)$ beginnen.

I.H. Für $n \in \mathbb{N}$ hat eine bzgl. $>$ absteigende Folge, die mit (k, m) – wobei $k \leq n$ und $m \in \mathbb{N}$ beliebig – beginnt, eine endliche Länge.

I.B. Für $n+1$ hat eine absteigende Folge wie oben mit $n_1 = n+1$, also beginnend mit $(n+1, m_1)$, eine endliche Länge.

I.S. Für $m_1 \in \mathbb{N}$ in $(n+1, m_1)$ gibt es nur endlich viele $m \in \mathbb{N}$ mit $m < m_1$, und damit nur endlich viele Paare $(n+1, m)$ mit $(n+1, m_1) > (n+1, m)$. Das heißt, dass nach endlich vielen Paaren der obigen Folge ein Paar der Form (k, m') mit $k, m' \in \mathbb{N}$ und $k < n+1$, also mit $k \leq n$, auftreten muss.

Da die absteigende Teilfolge, welche mit (k, m') beginnt, aber nach I.H. endliche Länge hat, und es, wie zuvor gezeigt, zwischen $(n+1, m_1)$ und (k, m') ebenfalls nur endlich viele Paare geben kann, hat die mit $(n+1, m_1)$ beginnende absteigende Folge endliche Länge.

(b) Beim Übergang von $\mathcal{U}$ nach $\mathcal{U}'$ infolge eines Schleifendurchlaufs sind die folgenden 3 Fälle zu betrachten:

II.4.5. UNIFIKATION

(1) *Elimination trivialer Gleichungen:* $\mathcal{U}' = \mathcal{U} \setminus \{X \approx X\}$, $\theta_i = \varepsilon$.
Man beachte zunächst, dass sich durch Entfernen einer Gleichung der Form $X \approx X$ aus $\mathcal{U}$ die Anzahl der in $\mathcal{U}$ auftretenden Variablen nicht erhöhen kann.
Es bleiben somit die beiden Fälle:
  (i) Die Anzahl der Variablen wird kleiner, d.h. $\mathsf{v}(\mathcal{U}') < \mathsf{v}(\mathcal{U})$, woraus sich gemäß der Definition der $<$-Relation unmittelbar die Beziehung $(\mathsf{v}(\mathcal{U}), \mathsf{l}(\mathcal{U})) > (\mathsf{v}(\mathcal{U}'), \mathsf{l}(\mathcal{U}'))$ ergibt.
  (ii) Die Anzahl der Variablen bleibt gleich. Durch die Entfernung einer Gleichung $X \approx X$ aus $\mathcal{U}$ wird $\mathsf{l}(\mathcal{U})$ echt kleiner – und zwar um $\mathsf{l}(X \approx X) = 2$ – wodurch $(\mathsf{v}(\mathcal{U}'), \mathsf{l}(\mathcal{U}'))$ kleiner wird als $(\mathsf{v}(\mathcal{U}), \mathsf{l}(\mathcal{U}))$ bzgl. $>$, also $(\mathsf{v}(\mathcal{U}), \mathsf{l}(\mathcal{U})) > (\mathsf{v}(\mathcal{U}'), \mathsf{l}(\mathcal{U}'))$ gilt.

(2) *Dekomposition:* $\mathcal{U}' = (\mathcal{U} \setminus \{f(s_1,\ldots,s_n) \approx f(t_1,\ldots,t_n)\})$
$$\dot\cup \{s_i \approx t_i \mid 1 \leq i \leq n\}, \; \theta_i = \varepsilon.$$
Da beim Übergang von $\mathcal{U}$ zu $\mathcal{U}'$ die beiden Vorkommen des Funktionssymbols f wegfallen, wird die ergibt sich $\mathsf{l}(\mathcal{U}) = \mathsf{l}(\mathcal{U}') + 2$, denn

$$\begin{aligned}
\mathsf{l}(f(s_1,\ldots,s_n) \approx f(t_1,\ldots,t_n)) &= \mathsf{l}(f(s_1,\ldots,s_n)) + \mathsf{l}(f(t_1,\ldots,t_n)) \\
&= 1 + \sum_{i=1}^{n} \mathsf{l}(s_i) + 1 + \sum_{i=1}^{n} \mathsf{l}(t_i) \\
&= 2 + \sum_{i=1}^{n} \mathsf{l}(s_i \approx t_i) \\
&= 2 + \mathsf{l}(\{s_i \approx t_i \mid 1 \leq i \leq n\})
\end{aligned}$$

Da die Anzahl der Variablen gleich bleibt, folgt wie zuvor im Fall (ii) $(\mathsf{v}(\mathcal{U}), \mathsf{l}(\mathcal{U})) > (\mathsf{v}(\mathcal{U}'), \mathsf{l}(\mathcal{U}'))$.

(3) *Variablenelimination:* $\mathcal{U}' = (\mathcal{U} \setminus \{X \approx r\})\theta_i$, $\theta_i = \{X \mapsto r\}$ bzw.
$\mathcal{U}' = (\mathcal{U} \setminus \{r \approx X\})\theta_i$, $\theta_i = \{X \mapsto r\}$,
wenn X in r nicht vorkommt.
Da die Variable X überall in $\mathcal{U}$ ersetzt wird und zudem X in r nicht vorkommt, ergibt sich, dass die Variable X in $\mathcal{U}'$ im Gegensatz zu $\mathcal{U}$ nicht mehr vorkommt. Damit gilt $\mathsf{v}(\mathcal{U}') < \mathsf{v}(\mathcal{U})$, und damit folgt $(\mathsf{v}(\mathcal{U}), \mathsf{l}(\mathcal{U})) > (\mathsf{v}(\mathcal{U}'), \mathsf{l}(\mathcal{U}'))$.

Lösung 4.108 Variante der $>$-Relation [▷103] ◐

Die Aussage ist falsch. Ein *Gegenbeispiel* ist das folgende Unifikationsproblem
$$\mathcal{U} = \{g(X,X,X) \approx Y, \; f(Y,Y,Y) \approx Z\}.$$
Es gibt $\mathsf{v}'(\mathcal{U}) = 8$ Vorkommen von Variablen in $\mathcal{U}$. Nach einem Schleifendurchlauf des Unifikationsalgorithmus, erhalten wir das Unifikationsproblem
$$\begin{aligned}
\mathcal{U}' &= (\mathcal{U} \setminus \{g(X,X,X) \approx Y\})\{Y \mapsto g(X,X,X)\} \\
&= \{f(g(X,X,X), g(X,X,X), g(X,X,X)) \approx Z\}
\end{aligned}$$
Es gibt $\mathsf{v}'(\mathcal{U}') = 10$ Vorkommen von Variablen in $\mathcal{U}'$. Mit $\mathsf{v}'(\mathcal{U}') > \mathsf{v}'(\mathcal{U})$ gilt die behauptete Relation $(\mathsf{v}'(\mathcal{U}'), \mathsf{l}(\mathcal{U}')) < (\mathsf{v}'(\mathcal{U}), \mathsf{l}(\mathcal{U}))$ somit nicht.

Lösung 4.109 Unifikation liefert idempotente Unifikatoren [▷103] ●

Im folgenden bezeichnen wir mit $\mathsf{Var}(t)$ bzw. $\mathsf{Var}(\mathcal{U})$ die Menge der Variablen, die

in einem Term t bzw. in einem Unifikationsproblem $\mathcal{U}$ vorkommen. Weiterhin bezeichnen wir mit
$$\mathsf{RVar}(\sigma) = \bigcup_{Z \in \mathsf{dom}(\sigma)} \mathsf{Var}(Z\sigma)$$
die Menge der Variablen, die in den zweiten Komponenten der (Variable,Term)-Paare, welche die Substitution σ repräsentieren, vorkommen.

Wir zeigen zunächst, dass folgende Aussage E für die Schleife im Unifikationsalgorithmus eine Schleifeninvariante ist:

(i) $\mathsf{dom}(\theta) \cap \mathsf{RVar}(\theta) = \emptyset$ und

(ii) $\mathsf{dom}(\theta) \cap \mathsf{Var}(\mathcal{U}) = \emptyset$.

Angenommen (i) und (ii) gelten vor einem Schleifendurchlauf. Nun wird zunächst eine Gleichung $s \approx t$ ausgewählt und aus $\mathcal{U}$ entfernt. Wir bezeichnen das entstehende Unifikationsproblem mit $\mathcal{U}' = \mathcal{U} \setminus \{s \approx t\}$. Offensichtlich gilt $\mathsf{Var}(\mathcal{U}') \subseteq \mathsf{Var}(\mathcal{U})$. Dann wird eine der Regeln (1) bis (5) angewendet. Zunächst halten wir fest, dass wir die Regeln (3) und (5) nicht weiter zu betrachten brauchen, da bei ihrer Auswahl der Algorithmus mit `nicht unifizierbar` terminiert und keinen allgemeinsten Unifikator liefert (womit die ursprünglich zu beweisende Aussage trivialerweise erfüllt ist). Wir führen aus diesem Grund nur eine Fallunterscheidung nach den Regeln (1), (2) und (4) durch:

Regel (1) wird angewendet. Dann ist (o.B.d.A.) $s \approx t$ von der Form $X \approx r$ wobei X im Term r nicht vorkommt.

Mit $X \approx r \in \mathcal{U}$ gilt offensichtlich $X \in \mathsf{Var}(\mathcal{U})$ sowie $\mathsf{Var}(r) \subseteq \mathsf{Var}(\mathcal{U})$.

Da außerdem vor dem Schleifendurchlauf (ii) gilt, können wir schlussfolgern:

$X \notin \mathsf{dom}(\theta)$, da $X \in \mathsf{Var}(\mathcal{U})$, und (1)

$\mathsf{dom}(\theta) \cap \mathsf{Var}(r) = \emptyset$, da $\mathsf{Var}(r) \subseteq \mathsf{Var}(\mathcal{U})$. (2)

Aus Gründen der besseren Lesbarkeit bezeichnen wir die Substitution nach dem Schleifendurchlauf mit θ'. Bei Anwendung von Regel (1) ergibt sich $\theta' = \theta\mu$ mit $\mu = \{X \mapsto r\}$.

Laut Definition 4.10 ist

$$\theta' = \{Y \mapsto t\widehat{\mu} \mid Y \mapsto t \in \theta \text{ und } Y \neq t\widehat{\mu}\}$$
$$\cup \{Z \mapsto s \mid Z \mapsto s \in \mu \text{ und } Z \notin \mathsf{dom}(\theta)\}$$

Für $Y \mapsto t \in \theta$ kann $Y = t\widehat{\mu}$ nur dann gelten, wenn $t = X$ und $r = Y$ ist, d.h. wenn $\mu = \{X \mapsto Y\}$ und $Y \mapsto t = Y \mapsto X$ gilt. Da aber $Y \in \mathsf{dom}(\theta)$ und (2) gelten kann, kann $r = Y$ nicht der Fall sein. Die Bedingung $Y \neq t\widehat{\mu}$ in der linken, definierenden Teilmenge von θ' ist somit für alle $Y \mapsto t \in \theta$ erfüllt. Die Bedingung $X \notin \mathsf{dom}(\theta)$ in der rechten, definierenden Teilmenge von θ' ist aber wegen (1) erfüllt. Somit erhalten wir

$$\theta' = \{Y \mapsto t\widehat{\mu} \mid Y \mapsto t \in \theta\} \cup \mu.$$

Es ist leicht zu sehen, dass gilt:

$\mathsf{dom}(\theta') = \mathsf{dom}(\theta) \cup \{X\}$. (3)

Für alle Terme s gilt $\mathsf{Var}(s\widehat{\mu}) \subseteq (\mathsf{Var}(s) \setminus \{X\}) \cup \mathsf{Var}(r)$, da im Fall von $X \notin \mathsf{Var}(s)$ ja $\mathsf{Var}(s\widehat{\mu}) = \mathsf{Var}(s) = \mathsf{Var}(s) \setminus \{X\}$ gilt, und andernfalls X überall in s durch r ersetzt wird. Somit gilt insbesondere für alle $Z \in \mathsf{dom}(\theta)$:

$\mathsf{Var}(Z\theta\widehat{\mu}) \subseteq (\mathsf{Var}(Z\theta) \setminus \{X\}) \cup \mathsf{Var}(r).$

II.4.5. UNIFIKATION

Weiterhin ist $\mathsf{Var}(t) \subseteq \mathsf{RVar}(\theta)$ für alle $Y \mapsto t \in \theta$, d.h.
$\mathsf{Var}(Z\theta) \subseteq \mathsf{RVar}(\theta)$ für alle $Z \in \mathsf{dom}(\theta)$.
Hieraus folgt:
$\mathsf{Var}(Z\theta') = \mathsf{Var}(Z\theta\widehat{\mu}) \subseteq (\mathsf{RVar}(\theta) \setminus \{X\}) \cup \mathsf{Var}(r)$ für alle $Z \in \mathsf{dom}(\theta)$.
Da zudem $\mathsf{Var}(X\theta') = \mathsf{Var}(X\theta\widehat{\mu}) = \mathsf{Var}(X\mu) = V(r)$ ist, folgt mit (3) insgesamt:
$$\mathsf{RVar}(\theta') \subseteq (\mathsf{RVar}(\theta) \setminus \{X\}) \cup \mathsf{Var}(r). \tag{4}$$
Mit (3) und (4) erhalten wir
$$\begin{aligned}\mathsf{dom}(\theta') \cap \mathsf{RVar}(\theta') &\subseteq \big(\mathsf{dom}(\theta) \cup \{X\}\big) \cap \big((\mathsf{RVar}(\theta) \setminus \{X\}) \cup \mathsf{Var}(r)\big) \\ &= \big((\mathsf{dom}(\theta) \cup \{X\}) \cap (\mathsf{RVar}(\theta) \setminus \{X\})\big) \\ &\quad \cup \big((\mathsf{dom}(\theta) \cup \{X\}) \cap \mathsf{Var}(r)\big)\end{aligned}$$
Für die erste Teilmenge erhalten wir wegen (i)
$(\mathsf{dom}(\theta) \cup \{X\}) \cap (\mathsf{RVar}(\theta) \setminus \{X\}) = \mathsf{dom}(\theta) \cap \mathsf{RVar}(\theta) = \emptyset$.
Für die zweite Teilmenge erhalten wir
$$\begin{aligned}(\mathsf{dom}(\theta) \cup \{X\}) \cap \mathsf{Var}(r) &= (\mathsf{dom}(\theta) \cap \mathsf{Var}(r)) \cup (\{X\} \cap \mathsf{Var}(r)) \\ &= (\mathsf{dom}(\theta) \cap \mathsf{Var}(r)) \cup \emptyset \\ &\quad \text{(weil } X \text{ in } r \text{ nicht vorkommt)} \\ &= \emptyset \quad \text{(wegen (2))}.\end{aligned}$$
Insgesamt ergibt sich
$\mathsf{dom}(\theta') \cap \mathsf{RVar}(\theta') = \emptyset$,
womit gezeigt ist, dass obige Aussage (i) auch nach dem Schleifendurchlauf gilt.
Der besseren Lesbarkeit wegen bezeichnen wir das Unifikationsproblem nach dem Schleifendurchlauf als $\mathcal{U}''$.
Bei Anwendung von Regel (1) ergibt sich $\mathcal{U}'' = \mathcal{U}'\mu$.
Durch die Anwendung von μ wird jedes Vorkommen von X in $\mathcal{U}'$ durch r ersetzt. Es gilt also $\mathsf{Var}(\mathcal{U}'') = (\mathsf{Var}(\mathcal{U}')\setminus\{X\}) \cup \mathsf{Var}(r)$.
Da X in r nicht vorkommt, gilt auch $\mathsf{Var}(\mathcal{U}'') \subseteq (\mathsf{Var}(\mathcal{U}') \cup \mathsf{Var}(r))\setminus\{X\}$.
Mit $\mathsf{Var}(r) \subseteq \mathsf{Var}(\mathcal{U})$ und $\mathsf{Var}(\mathcal{U}') \subseteq \mathsf{Var}(\mathcal{U})$ erhalten wir schließlich
$$\mathsf{Var}(\mathcal{U}'') \subseteq \mathsf{Var}(\mathcal{U})\setminus\{X\}. \tag{5}$$
Mit (3) und (5) erhalten wir nun
$$\begin{aligned}\mathsf{dom}(\theta') \cap \mathsf{Var}(\mathcal{U}'') &\subseteq (\mathsf{dom}(\theta) \cup \{X\}) \cap (\mathsf{Var}(\mathcal{U})\setminus\{X\}) \\ &= \mathsf{dom}(\theta) \cap \mathsf{Var}(\mathcal{U}) \\ &= \emptyset \quad \text{(wegen (ii))}\end{aligned}$$
Damit ist gezeigt, dass auch obige Aussage (ii) nach dem Schleifendurchlauf gilt.

Regel (2) wird angewendet. In diesem Fall bleibt die Substitution nach dem Schleifendurchlauf unverändert θ, womit (i) natürlich weiterhin gilt. Das Unifikationsproblem nach dem Schleifendurchlauf ist $\mathcal{U}'$ gemäß der obigen Definition. Da (ii) vor dem Schleifendurchlauf gilt und $\mathsf{Var}(\mathcal{U}') \subseteq \mathsf{Var}(\mathcal{U})$ ist, gilt (ii) somit auch nach dem Schleifendurchlauf.

Regel (4) wird angewendet. In diesem Fall ist die Gleichung $s \approx t$ von der Form $f(s_1, \ldots, s_n) \approx f(t_1, \ldots, t_n)$. In diesem Fall fügt der Algorithmus die Gleichungen $s_1 \approx t_1, \ldots, s_n \approx t_n$ dem Unifikationsproblem hinzu. Wir erhalten nach dem Schleifendurchlauf das Unifikationsproblem $\mathcal{U}'' = \mathcal{U}' \cup \{s_1 \approx t_1, \ldots, s_n \approx t_n\}$. Alle Variablen, die mit dem Entfernen von $s \approx t$ aus $\mathcal{U}$ verschwunden sind, kommen dadurch wieder herein. Es gilt $\text{Var}(\mathcal{U}'') = \text{Var}(\mathcal{U})$. Die Substitution nach dem Schleifendurchlauf ist unverändert θ. Somit sind (i) und (ii) nach dem Schleifendurchlauf erfüllt.

Damit ist gezeigt, das E eine Schleifeninvariante ist. Vor dem Betreten der Schleife ist $\theta = \varepsilon$, also $\text{Var}(\theta) = \emptyset$, womit E trivialerweise erfüllt ist. Nach Satz 3.30 (Induktionsprinzip für Schleifen) ist E auch nach Verlassen der Schleife erfüllt. Für jeden allgemeinsten Unifikator θ, den der Unifikationsalgorithmus erzeugt, gilt demnach (i). Aus (i), d.h. $\text{dom}(\theta) \cap \text{RVar}(\theta) = \emptyset$, folgt nun, dass θ idempotent ist. Wir beweisen dies, indem wir zeigen, dass $X(\theta\theta) = X\theta$ für alle $X \in \mathcal{V}$ gilt. Wir unterscheiden hierzu zwei Fälle für X:

(1) $X \in \text{dom}(\theta)$: Dann gilt $\text{Var}(X\theta) \subseteq \text{RVar}(\theta)$ nach Definition von $\text{RVar}(\theta)$. Mit $\text{dom}(\theta) \cap \text{RVar}(\theta) = \emptyset$ folgt nun $\text{dom}(\theta) \cap \text{Var}(X\theta) = \emptyset$. $X\theta$ wird also durch Anwendung von θ nicht verändert. Es gilt $X\theta = (X\theta)\theta = X(\theta\theta)$.

(2) $X \notin \text{dom}(\theta)$: Dann gilt $X = X\theta$ und somit $X\theta = (X\theta)\theta = X(\theta\theta)$.

Damit ist gezeigt, dass jeder Unifikator, der vom Unifikationsalgorithmus erzeugt wird, idempotent ist.

4-29 217 Lösung 4.110 Unifikation in Prolog [▷104] ○

(a) Wir benötigen hier das Programm `addto/3` das in Aufgabe 2.29 aufgestellt wurde sowie die Programme `substitution/3` und `ident_rm/2` die als Lösung der Aufgaben 2.30(a) und (b) entstanden sind. In der hier angegebenen Lösung wurde darauf Wert gelegt, dass alle laut Definition der Komposition von Substitutionen und laut Unifikationsalgorithmus erforderlichen Schritte leicht wiederzufinden sind und die Programme somit leicht zu verstehen sind. Auf möglichst hohe Effizienz wurde kein Wert gelegt.

```
:- op(100, xfx, ->).

compose(X->R, Theta, ThetaNew) :- subst(X->R, Theta, ThetaN1),
                                  addto(X->R, ThetaN1, ThetaN2),
                                  ident_rm(ThetaN2, ThetaNew).
```

Aufrufbeispiel:

```
?- compose(X->g(Y), [Y->f(X,a), Z->X], Tn).
Tn = [Y->f(g(Y),a), Z->g(Y), X->g(Y)]
```

(i) Das Programm `subst_theta(X->R, L1, Res)`, wendet die durch das Argument `X->R` spezifizierte Substitution auf die rechten Seiten der in L1 gegebenen Substitution an. Das Ergebnis ist die Substitution `Res`, d.h. wenn L1 die Substitution θ repräsentiert, so wird $\{Y \mapsto t\{X \mapsto R\} \mid Y \mapsto t \in \theta\}$ bestimmt.

II.4.5. UNIFIKATION

(ii) Mit addto(X->R, L1, Res) wird die Zuordnung $\{X \mapsto R\}$ zur Substitution L1 hinzugefügt, falls die Variable X nicht in der Domäne der durch L1 repräsentierten Substitution vorkommt.

(iii) ident_rm/2 entfernt, falls vorhanden, identische Zuordnungen.

subst(_ -> _, [ ], [ ]).
subst(X -> R, [Y1 -> T1|Rest], [Y1 -> T1neu|RestNew]) :-
      substitution(X -> R, T1, T1neu),
      subst(X -> R, Rest, RestNew).

Aufrufbeispiel:
?- subst(X -> a, [Y -> f(X, a), Z -> g(Y, X)], Th).
Th = [Y -> f(a, a), Z -> g(Y, a)]

:- [addto].   % Laden von addto/3
:- [substitution]. % Laden von substitution/3
:- [ident_rm].   % Laden von ident_rm/2

(b) Das Programm benötigt das als Lösung von Teilaufgabe (a) entstandene Programm compose/3. Das hier übernommene Programm not_occurs_in wurde schon im Abschnitt 2.4.7 des Lehrbuchs besprochen. Die einzelnen Regeln des Programmes unify_problem/3 widerspiegeln ziemlich genau die 5 Regeln des Unifikationsalgorithmus wobei Regel 1 und 3, in denen durch *oder* noch verschiedene Fälle zu berücksichtigen sind entsprechend in (a) und (b) unterteilt wurden.

:- op(100, xfx, ->).
unify(U_Problem, Theta) :-
      unify_problem(U_Problem, [ ], Theta).
unify_problem([ ], Theta, Theta).
unify_problem([X = R|U], Theta, ThetaNew) :-   % Regel (1a)
      var(X), not_occurs_in(X, R), !,
      compose(X -> R, Theta, ThetaN),
      substitution(X -> R, U, Unew),
      unify_problem(Unew, ThetaN, ThetaNew).
unify_problem([R = X|U], Theta, ThetaNew) :-   % Regel (1b)
      var(X), not_occurs_in(X, R), !,
      compose(X -> R, Theta, ThetaN),
      substitution(X -> R, U, Unew),
      unify_problem(Unew, ThetaN, ThetaNew).
unify_problem([R = X|U], Theta, ThetaNew) :-   % Regel (2)
      R == X, !,
      unify_problem(U, Theta, ThetaNew).
unify_problem([R = X|_], _, _) :-   % Regel (3a)
      var(X), \+ not_occurs_in(X, R), !,

```
                write('not unifiable'), fail.
    unify_problem([X = R|_], _, _) :-                              % Regel (3b)
            var(X), \+ not_occurs_in(X, R), !,
            write('not unifiable'), fail.
    unify_problem([S = T|U], Theta, ThetaNew) :-                   % Regel (4)
            S =.. [F|Si], T =.. [F|Ti],
            add(Si, Ti, U, Unew), !,
            unify_problem(Unew, Theta, ThetaNew).
    unify_problem([_ = _|_], _, _) :-                              % Regel (5)
            write('not unifiable'), fail.
```

Aufrufbeispiele:

```
?- unify([X = f(Y), g(Z) = X], S).
not unifiable

?- unify([X = f(Y), g(Z) = Y], S).
S = [X -> f(g(Z)), Y -> g(Z)]

?- unify([X = f(Y), g(Z) = Y, Z = a], S).
S = [X -> f(g(a)), Y -> g(a), Z -> a]

add([ ], [ ], U, U).
add([S1|Srest], [T1|Trest], U, [S1 = T1|Unew]) :-
     add(Srest, Trest, U, Unew).
```

Aufrufbeispiel:

```
?- add([X, a, f(X)], [c, Y, a], [X = s], U).
U = [X = c, a = Y, f(X) = a, X = s]


not_occurs_in(X, Y) :- var(Y), X \== Y.
not_occurs_in(X, Y) :- nonvar(Y), =.. [_|L],
     not_occurs_in_list(X, L).

not_occurs_in_list(_, [ ]).
not_occurs_in_list(X, [Kopf|Rest]) :-
     not_occurs_in(X, Kopf), not_occurs_in_list(X, Rest).

    :- [compose].     % Laden des Programmes compose.pl
                      % aus Teilaufgabe (a)
```

4.6 Beweisverfahren

4.6.1 Resolution

Lösung 4.111 Alle Resolventen ermitteln [▷104] ○

(a) $[q(a,b), q(a,b)]$

(b) Es gibt keine Resolventen, da $q(X,X)$ und $q(a, f(a))$ nicht unifizierbar sind.

(c) Es ergeben sich
  (1) die Resolvente $[\neg p(X'', Y'', W'), p(Y'', Z', W')]$ mit allgemeinstem Unifikator $\{X' \mapsto g(X'', Y''), Y' \mapsto X'', U' \mapsto Y''\}$, und
  (2) die Resolvente $[\neg p(X', g(X'', Y''), X''), p(X'', Z', Y'')]$ mit allgemeinstem Unifikator $\{Y' \mapsto g(X'', Y''), U' \mapsto X'', W' \mapsto Y''\}$.

(d) $[p(W', h(X'', X''), W')]$

Lösung 4.112 Resolutionsanwendung im Detail [▷104] ○

(a)
1 $[p(X,Y), q(a,Y)]$
2 $[\neg p(b,a)]$
3 $[\neg q(Z,V)]$
1' $[p(X_1, Y_1), q(a, Y_1)]$ Kopie von 1
2' $[\neg p(b,a)]$ Kopie von 2
4 $[q(a,a)]$ res(1', 2') mit $\sigma_1 = \{X_1 \mapsto b, Y_1 \mapsto a\}$
3' $[\neg q(Z_2, V_2)]$ Kopie von 3
4' $[q(a,a)]$ Kopie von 4
5 $[\,]$ res(3', 4') mit $\sigma_2 = \{Z_2 \mapsto a, V_2 \mapsto a\}$

(b)
1 $[q(f(a), f(Y))]$
2 $[\neg p(X,Y), \neg p(f(a), g(X,b)), \neg q(X,Z)]$
3 $[p(f(X), g(Y,b)), \neg q(Y, f(Y))]$
2' $[\neg p(X_1, Y_1), \neg p(f(a), g(X_1, b)), \neg q(X_1, Z_1)]$ Kopie von 2
4 $[\neg p(f(a), g(f(a), b)), \neg q(f(a), Z_1)]$ fak(2') mit $\sigma_1 = \{X_1 \mapsto f(a), Y_1 \mapsto g(f(a), b)\}$
3' $[p(f(X_2), g(Y_2, b)), \neg q(Y_2, f(Y_2))]$ Kopie von 3
4' $[\neg p(f(a), g(f(a), b)), \neg q(f(a), Z_3)]$ Kopie von 4
5 $[\neg q(f(a), f(f(a))), \neg q(f(a), Z_3)]$ res(3', 4') mit $\sigma_2 = \{X_2 \mapsto a, Y_2 \mapsto f(a)\}$
5' $[\neg q(f(a), f(f(a))), \neg q(f(a), Z_4)]$ Kopie von 5
6 $[\neg q(f(a), f(f(a)))]$ fak(5') mit $\sigma_3 = \{Z_4 \mapsto f(f(a))\}$
1' $[q(f(a), f(Y_5))]$ Kopie von 1

	6'	$[\neg q(f(a)), f(f(a)))]$	Kopie von 6
	7	[ ]	res(1', 6') mit
			$\sigma_4 = \{Y_5 \mapsto f(a)\}$

(c)

1	$[p(X, a), p(X, f(X))]$	
2	$[p(X, a), p(f(X), X)]$	
3	$[\neg p(X, a), \neg p(X, Y), \neg p(Y, X)]$	
3'	$[\neg p(X_1, a), \neg p(X_1, Y_1), \neg p(Y_1, X_1)]$	Kopie von 3
4	$[\neg p(X_1, a), \neg p(a, X_1)]$	fak(3')
		mit $\sigma_1 = \{Y_1 \mapsto a\}$
4'	$[\neg p(X_2, a), \neg p(a, X_2)]$	Kopie von 4
5	$[\neg p(a, a)]$	fak(4')
		mit $\sigma_2 = \{X_2 \mapsto a\}$
1'	$[p(X_3, a), p(X_3, f(X_3))]$	Kopie von 1
5'	$[\neg p(a, a)]$	Kopie von 5
6	$[p(a, f(a))]$	res(5', 1')
		mit $\sigma_3 = \{X_3 \mapsto a\}$
2'	$[p(X_4, a), p(f(X_4), X_4)]$	Kopie von 2
5''	$[\neg p(a, a)]$	Kopie von 5
7	$[p(f(a), a)]$	res(5'', 2')
		mit $\sigma_4 = \{X_4 \mapsto a\}$
3''	$[\neg p(X_5, a), \neg p(X_5, Y_5), \neg p(Y_5, X_5)]$	Kopie von 3
8	$[\neg p(X_5, a), \neg p(a, X_5)]$	fak(3'')
		mit $\sigma_5 = \{Y_5 \mapsto a\}$
8'	$[\neg p(X_6, a), \neg p(a, X_6)]$	Kopie von 8
7'	$[p(f(a), a)]$	Kopie von 7
9	$[\neg p(a, f(a))]$	res(8', 7')
		mit $\sigma_6 = \{X_6 \mapsto f(a)\}$
6'	$[p(a, f(a))]$	Kopie von 6
9'	$[\neg p(a, f(a))]$	Kopie von 9
10	[ ]	res(6', 9') mit $\sigma_7 = \varepsilon$

(d)

1	$[\neg p(X, f(X, Y)), q(f(X, Z))]$	
2	$[\neg q(g(X))]$	
3	$[\neg q(f(X, Y)), r(g(X), X)]$	
4	$[\neg r(X, a), \neg q(f(Y, X))]$	
5	$[p(X, X)]$	
6	$[\neg p(X, g(X))]$	
7	$[p(X, f(X, X)), p(a, Z)]$	
3'	$[\neg q(f(X_1, Y_1)), r(g(X_1), X_1)]$	Kopie von 3
4'	$[\neg r(X_2, a), \neg q(f(Y_2, X_2))]$	Kopie von 4

II.4.6. BEWEISVERFAHREN

8	$[\neg q(f(a,Y_1)), \neg q(f(Y_2, g(a)))]$	res$(3', 4')$ mit
		$\sigma_1 = \{X_2 \mapsto g(a), X_1 \mapsto a\}$
8'	$[\neg q(f(a,Y_3)), \neg q(f(Y_4, g(a)))]$	Kopie von 8
9	$[\neg q(f(a, g(a)))]$	fak$(8')$ mit
		$\sigma_2 = \{Y_3 \mapsto g(a), Y_4 \mapsto a\}$
1'	$[\neg p(X_5, f(X_5, Y_5)), q(f(X_5, Z_5))]$	Kopie von 1
9'	$[\neg q(f(a, g(a)))]$	Kopie von 9
10	$[\neg p(a, f(a, Y_5))]$	res$(1', 9')$ mit
		$\sigma_3 = \{X_5 \mapsto a, Z_5 \mapsto g(a)\}$
7'	$[p(X_6, f(X_6, X_6)), p(a, Z_6)]$	Kopie von 7
11	$[p(a, f(a,a))]$	fak$(7')$ mit
		$\sigma_4 = \{X_6 \mapsto a, Z_6 \mapsto f(a,a)\}$
10'	$[\neg p(a, f(a, Y_7))]$	Kopie von 10
11'	$[p(a, f(a,a))]$	Kopie von 11
12	$[\;]$	res$(10', 11')$ mit $\sigma_5 = \{Y_7 \mapsto a\}$

Lösung 4.113 Schrittweiser Resolutionsbeweis [▷105] ○

(A) Negation der gegebenen Formel

$$\neg(\exists Y)(\forall U)\bigl(\neg(\forall U)q(U,Y) \vee q(f(Y), U)\bigr)$$

(B) Auseinanderdividieren der Variablen

$$\neg(\exists Y)(\forall W)\bigl(\neg(\forall U)\, q(U,Y) \vee q(f(Y), W)\bigr)$$

(C) Schrittweise Transformation in Pränexnormalform

$$(\forall Y)\neg(\forall W)(\neg(\forall U)q(U,Y) \vee q(f(Y), W))$$
$$(\forall Y)(\exists W)\neg(\neg(\forall U)q(U,Y) \vee q(f(Y), W))$$
$$(\forall Y)(\exists W)\neg((\exists U)\neg q(U,Y) \vee q(f(Y), W))$$
$$(\forall Y)(\exists W)\neg(\exists U)(\neg q(U,Y) \vee q(f(Y), W))$$
$$(\forall Y)(\exists W)(\forall U)\neg(\neg q(U,Y) \vee q(f(Y), W))$$

(D) Skolemisierung

$$(\forall Y)(\forall U)\neg(\neg q(U,Y) \vee q(f(Y), g(Y)))$$

(E) Schrittweise Transformation in Klauselform

$$\langle[\neg(\neg q(U,Y) \vee q(f(Y), g(Y)))]\rangle$$
$$\langle[\neg\neg q(U,Y)], [\neg q(f(Y), g(Y))]\rangle$$
$$\langle[q(U,Y)], [\neg q(f(Y), g(Y))]\rangle$$

(F) Resolutionswiderlegung

1	$[q(U,Y)]$	
2	$[\neg q(f(Y), g(Y))]$	
3	$[\;]$	res$(1,2)$

aus Kopien $[q(U_1, Y_1)]$ und $[\neg q(f(Y_2), g(Y_2))]$ der Klauseln 1 und 2 mit allgemeinstem Unifikator $\{U_1 \mapsto f(Y_2)), Y_1 \mapsto g(Y_2)\}$.

Lösung 4.114 Allgemeingültigkeit mit Resolution [▷105] ○

(a) (A) Negation der Formel

$$\neg((\exists X)(\forall Y)(\neg p(Y) \wedge \neg(\neg p(X) \vee \neg q(X))) \rightarrow (\forall X)q(X))$$

(B) Variable auseinanderdividieren. (Neue Variablen in Fettdruck)

$$\neg((\exists X)(\forall Y)(\neg p(Y) \wedge \neg(\neg p(X) \vee \neg q(X))) \rightarrow (\forall \mathbf{Z})q(\mathbf{Z}))$$

(C) →-Junktor eliminieren

$$\neg(\neg(\exists X)(\forall Y)(\neg p(Y) \wedge \neg(\neg p(X) \vee \neg q(X))) \vee (\forall Z)q(Z))$$

(D) Pränexnormalform

$$\neg(\neg(\exists X)(\forall Y)(\neg p(Y) \wedge \neg(\neg p(X) \vee \neg q(X))) \mathbf{\vee} (\forall Z)q(Z))$$
$$(\neg\neg(\exists X)(\forall Y)(\neg p(Y) \wedge \neg(\neg p(X) \vee \neg q(X))) \wedge \neg(\forall Z)q(Z))$$
$$(\neg(\forall X)\neg(\forall Y)(\neg p(Y) \wedge \neg(\neg p(X) \vee \neg q(X))) \wedge \neg(\forall Z)q(Z))$$
$$(\neg(\forall X)(\exists Y)\neg(\neg p(Y) \wedge \neg(\neg p(X) \vee \neg q(X))) \wedge \neg(\forall Z)q(Z))$$
$$((\exists X)\neg(\exists Y)\neg(\neg p(Y) \wedge \neg(\neg p(X) \vee \neg q(X))) \wedge \neg(\forall Z)q(Z))$$
$$((\exists X)(\forall Y)\neg\neg(\neg p(Y) \wedge \neg(\neg p(X) \vee \neg q(X))) \wedge \neg(\forall Z)q(Z))$$
$$((\mathbf{\exists X})(\forall Y)\neg\neg(\neg p(Y) \wedge \neg(\neg p(X) \vee \neg q(X))) \wedge (\exists Z)\neg q(Z))$$
$$(\exists X)((\mathbf{\forall Y})\neg\neg(\neg p(Y) \wedge \neg(\neg p(X) \vee \neg q(X))) \wedge (\exists Z)\neg q(Z))$$
$$(\exists X)(\forall Y)(\neg\neg(\neg p(Y) \wedge \neg(\neg p(X) \vee \neg q(X))) \wedge (\mathbf{\exists Z})\neg q(Z))$$
$$(\exists X)(\forall Y)(\exists Z)(\neg\neg(\neg p(Y) \wedge \neg(\neg p(X) \vee \neg q(X))) \wedge \neg q(Z))$$

(E) Skolem-Normalform bestimmen (mit einem Skolem-Konstantensymbol a und einem Skolem-Funktionssymbol f)

$$(\forall Y)(\exists Z)(\neg\neg(\neg p(Y) \wedge \neg(\neg p(a) \vee \neg q(a))) \wedge \neg q(Z))$$
$$(\forall Y)(\neg\neg(\neg p(Y) \wedge \neg(\neg p(a) \vee \neg q(a))) \wedge \neg q(f(Y)))$$

(F) Klauselform

$$\langle [(\neg\neg(\neg p(Y) \wedge \neg(\neg p(a) \vee \neg q(a))) \wedge \neg q(f(Y)))] \rangle$$
$$\langle [\neg\neg(\neg p(Y) \wedge \neg(\neg p(a) \vee \neg q(a)))], [\neg q(f(Y))] \rangle$$
$$\langle [(\neg p(Y) \wedge \neg(\neg p(a) \vee \neg q(a)))], [\neg q(f(Y))] \rangle$$
$$\langle [\neg p(Y)], [\neg(\neg p(a) \vee \neg q(a))], [\neg q(f(Y))] \rangle$$
$$\langle [\neg p(Y)], [p(a)], [q(a)], [\neg q(f(Y))] \rangle$$

(G) Resolutionswiderlegung

1 $[\neg p(Y)]$
2 $[p(a)]$
3 $[q(a)]$
4 $[\neg q(f(Y))]$
5 $[\,]$ res(1, 2)

(b) (A) Negation der Formel

$$\neg((\forall X)(\forall Y)(p(X) \vee p(Y)) \rightarrow (\exists X)(\exists Y)(p(X) \wedge p(Y)))$$

(B) Variable auseinanderdividieren

$$\neg((\forall X)(\forall Y)(p(X) \vee p(Y)) \rightarrow (\exists Z)(\exists W)(p(Z) \wedge p(W)))$$

II.4.6. *BEWEISVERFAHREN* 425

(C) →-Junktor eliminieren

$$\neg(\neg(\forall X)(\forall Y)(p(X) \lor p(Y)) \lor (\exists Z)(\exists W)(p(Z) \land p(W)))$$
$$((\forall X)(\forall Y)(p(X) \lor p(Y)) \land \neg(\exists Z)(\exists W)(p(Z) \land p(W)))$$

(D) Skolem-Normalform bestimmen

$$((\forall X)(\forall Y)(\forall Z)(\forall W)(p(X) \lor p(Y)) \land \neg(p(Z) \land p(W)))$$

(E) Klauselform

$$\langle [((p(X) \lor p(Y)) \land \neg(p(Z) \land p(W)))] \rangle$$
$$\langle [p(X), p(Y)], [\neg p(Z), \neg p(W)] \rangle$$

(F) Resolutionswiderlegung

1 $[p(X), p(Y)]$
2 $[\neg p(Z), \neg p(W)]$
3 $[p(X_1)]$ fak(1) mit $\{Y_1 \mapsto X_1\}$
4 $[\neg p(W_1)]$ fak(2) mit $\{Z_1 \mapsto W_1\}$
5 $[\,]$ res(3, 4) mit $\{X_2 \mapsto W_2\}$

(c) (A) Negation der Formel

$$\neg\bigl(\bigl((\forall X)p(a, X, X) \land (\forall X)(\forall Y)(\forall Z)(p(X, Y, Z)$$
$$\to p(s(X), Y, s(Z)))\bigr) \to p(s(s(a)), s(a), s(s(s(a))))\bigr)$$

(B) Variable auseinanderdividieren

$$\neg\bigl(\bigl((\forall U)\overbrace{p(a, U, U)}^{A} \land (\forall X)(\forall Y)(\forall Z)\overbrace{(p(X, Y, Z)}^{B}$$
$$\to \overbrace{p(s(X), Y, s(Z)))}^{C}\bigr)\bigr) \to \overbrace{p(s(s(a)), s(a), s(s(s(a))))}^{D}\bigr)$$

Woraus sich dann mit den gerade angegebenen Abkürzungen die folgende Formel ergibt:

$$\neg\bigl(\bigl((\forall U)A \land (\forall X)(\forall Y)(\forall Z)(B \to C)\bigr) \to D\bigr)$$

(C) →-Junktor eliminieren

$$\bigl(\bigl((\forall U)A \land (\forall X)(\forall Y)(\forall Z)(B \to C)\bigr) \land \neg D\bigr)$$
$$\bigl(\bigl((\forall U)A \land (\forall X)(\forall Y)(\forall Z)(\neg B \lor C)\bigr) \land \neg D\bigr)$$

(D) Skolem-Normalform bestimmen

$$(\forall U)\bigl(\bigl(A \land (\forall X)(\forall Y)(\forall Z)(\neg B \lor C)\bigr) \land \neg D\bigr)$$
$$(\forall U)(\forall X)(\forall Y)(\forall Z)\bigl(\bigl(A \land (\neg B \lor C)\bigr) \land \neg D\bigr)$$

(E) Klauselform

$$\langle [((A \land (\neg B \lor C)) \land \neg D)] \rangle$$
$$\langle [(A \land (\neg B \lor C))], [\neg D] \rangle$$
$$\langle [A], [(\neg B \lor C)], [\neg D] \rangle$$
$$\langle [A], [\neg B, C], [\neg D] \rangle$$

(F) Resolutionswiderlegung

1	$[p(a, U, U)]$	$= [A]$
2	$[\neg p(X, Y, Z), p(s(X), Y, s(Z))]$	$= [\neg B, C]$
3	$[\neg p(s(s(a)), s(a), s(s(s(a))))]$	$= [\neg D]$
4	$[p(s(a), U_1, s(U_1))]$	res(1, 2) mit $\{X_1 \mapsto a,$
		$Y_1 \mapsto U_1, Z_1 \mapsto U_1\}$
5	$[p(s(s(a)), U_2, s(s(U_2)))]$	res(4, 2) mit $\{X_2 \mapsto s(a),$
		$Y_2 \mapsto U_2, Z_2 \mapsto s(U_2)\}$
6	$[\,]$	res(5, 3) mit $\{U_3 \mapsto s(a)\}$

Lösung 4.115 Allgemeingültig oder unerfüllbar? [▷105] ○

(a) (A) Negation der Formel
$$\neg(\neg(\exists X)(p(X) \lor q(X)) \lor ((\exists X)p(X) \lor (\exists X)q(X)))$$
(B) Variablen auseinanderdividieren
$$\neg(\neg(\exists X)(p(X) \lor q(X)) \lor ((\exists Y)p(Y) \lor (\exists Z)q(Z)))$$
(C) Transformation in Pränexnormalform

$\neg(\neg(\exists X)(p(X) \lor q(X)) \lor \mathbf{((\exists Y)p(Y) \lor (\exists Z)q(Z))})$

$\neg(\neg(\exists X)(p(X) \lor q(X)) \lor \mathbf{(\exists Y)(p(Y) \lor (\exists Z)q(Z))})$

$\neg(\mathbf{\neg(\exists X)(p(X) \lor q(X))} \lor (\exists Y)(\exists Z)(p(Y) \lor q(Z)))$

$\neg(\mathbf{(\forall X)\neg(p(X) \lor q(X))} \lor (\exists Y)(\exists Z)(p(Y) \lor q(Z)))$

$\mathbf{\neg(\forall X)}(\neg(p(X) \lor q(X)) \lor (\exists Y)(\exists Z)(p(Y) \lor q(Z)))$

$\mathbf{(\exists X)\neg}(\neg(p(X) \lor q(X)) \lor (\exists Y)(\exists Z)(p(Y) \lor q(Z)))$

$(\exists X)\neg\mathbf{(\exists Y)}(\neg(p(X) \lor q(X)) \lor (\exists Z)(p(Y) \lor q(Z)))$

$(\exists X)\neg(\exists Y)\mathbf{(\exists Z)}(\neg(p(X) \lor q(X)) \lor (p(Y) \lor q(Z)))$

$(\exists X)\mathbf{(\forall Y)\neg(\exists Z)}(\neg(p(X) \lor q(X)) \lor (p(Y) \lor q(Z)))$

$(\exists X)(\forall Y)\mathbf{(\forall Z)\neg}(\neg(p(X) \lor q(X)) \lor (p(Y) \lor q(Z)))$

(D) Transformation in Skolem-Normalform

$\mathbf{(\exists X)}(\forall Y)(\forall Z)\neg(\neg(p(X) \lor q(X)) \lor (p(Y) \lor q(Z)))$

$(\forall Y)(\forall Z)\, \neg(\neg(p(a) \lor q(a)) \lor (p(Y) \lor q(Z)))$

(E) Transformation in Klauselform

$\langle [\neg(\neg(p(a) \lor q(a)) \lor (p(Y) \lor q(Z)))] \rangle$

$\langle [\neg\neg(p(a) \lor q(a))], [\neg(p(Y) \lor q(Z))] \rangle$

$\langle [(p(a) \lor q(a))], [\neg(p(Y) \lor q(Z))] \rangle$

$\langle [p(a), q(a)], [\neg p(Y)], [\neg q(Z)] \rangle$

(F) Resolutionswiderlegung

1 $[p(a), q(a)]$
2 $[\neg p(Y)]$
3 $[\neg q(Z)]$

II.4.6. BEWEISVERFAHREN

       4   [$q(a)$]   res(1, 2) mit $\{Y_1 \mapsto a\}$

       5   [ ]   res(3, 4) mit $\{Z_2 \mapsto a\}$

(b) (A) Variablen auseinanderdividieren

$$((\forall X)(\neg p(X) \vee s) \wedge ((\forall Y)p(Y) \wedge \neg s))$$

(B) Transformation in Pränexnormalform

$$((\forall X)(\neg p(X) \vee s) \wedge ((\forall Y)p(Y) \wedge \neg s))$$
$$(\forall X)((\neg p(X) \vee s) \wedge ((\forall Y)p(Y) \wedge \neg s))$$
$$(\forall X)(\forall Y)((\neg p(X) \vee s) \wedge (p(Y) \wedge \neg s))$$

Die Formel ist damit auch in Skolem-Normalform.

(C) Transformation in Klauselform

$$\langle [(\neg p(X) \vee s) \wedge (p(Y) \wedge \neg s)] \rangle$$
$$\langle [(\neg p(X) \vee s)], [(p(Y) \wedge \neg s)] \rangle$$
$$\langle [\neg p(X), s], [p(Y)], [\neg s] \rangle$$

(D) Resolutionswiderlegung

    1   [$\neg p(X), s$]

    2   [$p(Y)$]

    3   [$\neg s$]

    4   [$\neg p(X_1)$]   res(1, 3)

    5   [ ]   res(2, 4) mit $\{Y_2 \mapsto X_3\}$

(c) Die Formel ist bereits in Skolem-Normalform.

(A) Transformation in Klauselform $\langle [p(X), p(Y)], [\neg p(U), \neg p(W)] \rangle$

(B) Resolution

    1   [$p(X), p(Y)$]

    2   [$\neg p(U), \neg p(W)$]

    3   [$p(X_1)$]   fak(1) mit $\{Y_1 \mapsto X_1\}$

    4   [$\neg p(U_2)$]   fak(2) mit $\{W_2 \mapsto U_2\}$

    5   [ ]   res(3, 4) mit $\{U_4 \mapsto X_3\}$

(d) (A) Negation der Formel

$$\neg(\exists X)(\forall Y)(\forall Z)\,(\neg(p(Y) \vee q(Z)) \vee (p(X) \vee q(X)))$$

(B) Die Variablen sind schon auseinanderdividiert.

(C) Transformation in Pränexnormalform

$$\neg(\exists X)(\forall Y)(\forall Z)\,(\neg(p(Y) \vee q(Z)) \vee (p(X) \vee q(X)))$$
$$(\forall X)\neg(\forall Y)(\forall Z)\,(\neg(p(Y) \vee q(Z)) \vee (p(X) \vee q(X)))$$
$$(\forall X)(\exists Y)\neg(\forall Z)\,(\neg(p(Y) \vee q(Z)) \vee (p(X) \vee q(X)))$$
$$(\forall X)(\exists Y)(\exists Z)\,\neg(\neg(p(Y) \vee q(Z)) \vee (p(X) \vee q(X)))$$

(D) Transformation in Skolem-Normalform

$$(\forall X)(\exists Y)(\exists Z)\,\neg(\neg(p(Y) \vee q(Z)) \vee (p(X) \vee q(X)))$$
$$(\forall X)(\exists Z)\,\neg(\neg(p(f(X)) \vee q(Z)) \vee (p(X) \vee q(X)))$$

$$(\forall X) \neg(\neg(p(f(X)) \lor q(g(X))) \lor (p(X) \lor q(X)))$$

(E) Transformation in Klauselform

$$\langle [\neg(\neg(p(f(X)) \lor q(g(X))) \lor (p(X) \lor q(X)))] \rangle$$
$$\langle [\neg\neg(p(f(X)) \lor q(g(X)))] , [\neg(p(X) \lor q(X))] \rangle$$
$$\langle [(p(f(X)) \lor q(g(X)))] , [\neg(p(X) \lor q(X))] \rangle$$
$$\langle [p(f(X)), q(g(X))] , [\neg(p(X) \lor q(X))] \rangle$$
$$\langle [p(f(X)), q(g(X))] , [\neg p(X)] , [\neg q(X)] \rangle$$

(F) Resolutionswiderlegung

1   $[p(f(X)), q(g(X))]$
2   $[\neg p(X)]$
3   $[\neg q(X)]$
4   $[q(g(X_1))]$ res(1, 2) mit $\{X_2 \mapsto f(X_1)\}$
5   $[\,]$ res(3, 4) mit $\{X_3 \mapsto g(X_4)\}$

Lösung 4.116 'Existenzielle Disjunktion' I [▷105] ○

Wir zeigen die Unerfüllbarkeit von $\neg F$ mit dem Resolutionskalkül.

(1) Negation der Formel

$$\neg F = \neg((\exists X)p(X) \lor \neg(\exists X)p(X))$$

(2) Variablen auseinanderdividieren

$$\neg((\exists X)p(X) \lor \neg(\exists Y)p(Y))$$

(3) Transformation in Pränexnormalform

$$\neg((\exists X)p(X) \lor \mathbf{\neg(\exists Y)p(Y)})$$
$$\neg((\mathbf{\exists X})p(X) \lor (\mathbf{\forall Y})\neg p(Y))$$
$$\neg(\mathbf{\forall Y})((\exists X)p(X) \lor \neg p(Y))$$
$$\neg(\mathbf{\forall Y})(\mathbf{\exists X})(p(X) \lor \neg p(Y))$$
$$(\exists Y)\neg(\exists X)(p(X) \lor \neg p(Y))$$
$$(\exists Y)(\forall X)\neg(p(X) \lor \neg p(Y))$$

(4) Transformation in Skolem-Normalform

$$(\forall X)\neg(p(X) \lor \neg p(a))$$

(5) Transformation in Klauselform

$$\langle [\neg(p(X) \lor \neg p(a))] \rangle$$
$$\langle [\neg p(X)] , [\neg\neg p(a)] \rangle$$
$$\langle [\neg p(X)] , [p(a)] \rangle$$

(6) Resolution

1   $[\neg p(X)]$
2   $[p(a)]$
3   $[\,]$ res(1, 2) mit $\{X \mapsto a\}$

Da $\neg F$ unerfüllbar ist, ist F eine Tautologie.

II.4.6. BEWEISVERFAHREN

Lösung 4.117 'Existenzielle Disjunktion' II [▷105] ○

(a) $(F_1 \to F_2) = ((\exists X)(p(X) \vee q(X)) \to ((\exists X)p(X) \vee (\exists X)q(X)))$

(A) $\to$-Junktor eliminieren

$(\neg(\exists X)(p(X) \vee q(X)) \vee ((\exists X)p(X) \vee (\exists X)q(X)))$

(B) Negation der Formel

$\neg(\neg(\exists X)(p(X) \vee q(X)) \vee ((\exists X)p(X) \vee (\exists X)q(X)))$

(C) Variable auseinanderdividieren

$\neg(\neg(\exists X)(p(X) \vee q(X)) \vee ((\exists Y)p(Y) \vee (\exists Z)q(Z)))$

(D) Pränexnormalform bilden

$\neg(\neg(\exists X)(p(X) \vee q(X)) \vee ((\exists Y)p(Y) \vee (\exists Z)q(Z)))$
$\neg(\neg(\exists X)(p(X) \vee q(X)) \vee (\exists Y)(p(Y) \vee (\exists Z)q(Z)))$
$\neg(\neg(\exists X)(p(X) \vee q(X)) \vee (\exists Y)(\exists Z)(p(Y) \vee q(Z)))$
$\neg((\forall X)\neg(p(X) \vee q(X)) \vee (\exists Y)(\exists Z)(p(Y) \vee q(Z)))$
$\neg(\forall X)(\neg(p(X) \vee q(X)) \vee (\exists Y)(\exists Z)(p(Y) \vee q(Z)))$
$(\exists X)\neg(\neg(p(X) \vee q(X)) \vee (\exists Y)(\exists Z)(p(Y) \vee q(Z)))$
$(\exists X)\neg(\exists Y)(\exists Z)(\neg(p(X) \vee q(X)) \vee (p(Y) \vee q(Z)))$
$(\exists X)(\forall Y)(\forall Z)\neg(\neg(p(X) \vee q(X)) \vee (p(Y) \vee q(Z)))$

(E) Skolemisierung

$(\forall Y)(\forall Z)\neg(\neg(p(a) \vee q(a)) \vee (p(Y) \vee q(Z)))$

(F) Transformation in Klauselform

$\langle[\neg(\neg(p(a) \vee q(a)) \vee (p(Y) \vee q(Z)))]\rangle$
$\langle[\neg\neg(p(a) \vee q(a))], [\neg(p(Y) \vee q(Z))]\rangle$
$\langle[(p(a) \vee q(a))], [\neg(p(Y) \vee q(Z))]\rangle$
$\langle[(p(a) \vee q(a))], [\neg p(Y)], [\neg q(Z)]\rangle$
$\langle[p(a), q(a)], [\neg p(Y)], [\neg q(Z)]\rangle$

(G) Resolutionswiderlegung

1   $[p(a), q(a)]$
2   $[\neg p(Y)]$
3   $[\neg q(Z)]$
4   $[q(a)]$ res(1, 2) mit $\{Y \mapsto a\}$
5   $[\,]$ res(4, 3) mit $\{Z \mapsto a\}$

(b) $(F_2 \to F_1)$ ist allgemeingültig, wenn $(F_2 \to F_1)^{I,\mathcal{Z}} = \top$ für beliebige Interpretationen I und für beliebige Variablenzuordnungen $\mathcal{Z}$ bzgl. I gilt.

Es gilt: $(F_2 \to F_1)^{I,\mathcal{Z}} = \top$ gdw. $(F_2^{I,\mathcal{Z}} \to^* F_1^{I,\mathcal{Z}}) = \top$
gdw. $(F_2^{I,\mathcal{Z}} = \top$ und $F_1^{I,\mathcal{Z}} = \top)$ oder $(F_2^{I,\mathcal{Z}} = \bot$ und $F_1^{I,\mathcal{Z}}$ beliebig).

Falls $F_2^{I,\mathcal{Z}} = \bot$ gilt, ist nichts zu zeigen.

Somit bleibt zu zeigen: Wenn $F_2^{I,\mathcal{Z}} = \top$, dann ist auch $F_1^{I,\mathcal{Z}} = \top$.

Es gilt: $F_2^{I,\mathcal{Z}} = \top$ gdw. $((\exists X)p(X) \vee (\exists X)q(X))^{I,\mathcal{Z}} = \top$

gdw. $((\exists X)p(X))^{I,\mathcal{Z}} \vee^* (\exists X)q(X))^{I,\mathcal{Z}} = \top$

gdw. $p(X)^{I,\{X \mapsto d_1\}\mathcal{Z}} = \top$ für ein $d_1 \in \mathcal{D}$ oder

$q(X)^{I,\{X \mapsto d_2\}\mathcal{Z}} = \top$ für ein $d_2 \in \mathcal{D}$

– *Fall 1*: $p(X)^{I,\{X \mapsto d_1\}\mathcal{Z}} = \top$ für ein $d_1 \in \mathcal{D}$.
Dann ist $(p(X))^{I,\{X \mapsto d_1\}\mathcal{Z}} \vee^* (q(X))^{I,\{X \mapsto d_1\}\mathcal{Z}} = \top$ für ein $d_1 \in \mathcal{D}$
gdw. $(p(X) \vee q(X))^{I,\{X \mapsto d_1\}\mathcal{Z}} = \top$ für ein $d_1 \in \mathcal{D}$
gdw. $[(\exists X)(p(X) \vee q(X))]^{I,\mathcal{Z}} = \top$.
und somit $F_1^{I,\mathcal{Z}} = \top$

– *Fall 2*: $q(X)^{I,\{X \mapsto d_2\}\mathcal{Z}} = \top$ für ein $d_2 \in \mathcal{D}$.
Analog zur Beweiskette von Fall 1 folgt $F_1^{I,\mathcal{Z}} = \top$.

(c) $(F_2 \to F_1) = (((\exists X)p(X) \vee (\exists X)q(X)) \to (\exists X)(p(X) \vee q(X)))$

(A) $\to$ entfernen.

$(\neg((\exists X)p(X) \vee (\exists X)q(X)) \vee (\exists X)(p(X) \vee q(X)))$

(B) Negation der Formel

$\neg(\neg((\exists X)p(X) \vee (\exists X)q(X)) \vee (\exists X)(p(X) \vee q(X)))$

(C) Variable auseinanderdividieren

$\neg(\neg((\exists X)p(X) \vee (\exists Y)q(Y)) \vee (\exists Z)(p(Z) \vee q(Z)))$

(D) Pränexnormalform bilden

$\neg(\neg((\exists \mathbf{X})p(X) \vee (\exists Y)q(Y)) \vee (\exists Z)(p(Z) \vee q(Z)))$

$\neg(\neg(\exists \mathbf{X})(p(X) \vee (\exists Y)q(Y)) \vee (\exists Z)(p(Z) \vee q(Z)))$

$\neg((\forall \mathbf{X})\neg(p(X) \vee (\exists Y)q(Y)) \vee (\exists Z)(p(Z) \vee q(Z)))$

$\neg(\forall \mathbf{X})(\neg(p(X) \vee (\exists Y)q(Y)) \vee (\exists Z)(p(Z) \vee q(Z)))$

$(\exists X)\neg(\neg(p(X) \vee (\exists Y)q(Y)) \vee (\exists Z)(p(Z) \vee q(Z)))$

(Die nächsten Transformationsschritte zusammengefasst)

$(\exists X)(\exists Y)(\forall Z)\neg(\neg(p(X) \vee q(Y)) \vee (p(Z) \vee q(Z)))$

(E) Skolemisierung

$(\forall Z)\neg(\neg(p(a) \vee q(b)) \vee (p(Z) \vee q(Z)))$

(F) Transformation in Klauselform

$\langle[\neg(\neg(p(a) \vee q(b)) \vee (p(Z) \vee q(Z)))]\rangle$

$\langle[\neg\neg(p(a) \vee q(b))], [\neg(p(Z) \vee q(Z))]\rangle$

$\langle[(p(a) \vee q(b))], [\neg(p(Z) \vee q(Z))]\rangle$

$\langle[(p(a), q(b))], [\neg p(Z)], [\neg q(Z)]\rangle$

(G) Resolutionswiderlegung

1   $[(p(a), q(b))]$
2   $[\neg p(Z_1)]$
3   $[\neg q(Z_2)]$
4   $[p(a)]$ res(1, 3) mit $\{Z_2 \mapsto b\}$
5   $[\,]$ res(2, 4) mit $\{Z_1 \mapsto a\}$

II.4.6. BEWEISVERFAHREN   431

Lösung 4.118 Alle Wege führen nach Rom   [▷105] ○

Wir definieren die folgenden Korrespondenzen von Wörtern der natürlichsprachlichen Formulierung und dem Symbolvorrat der formalen Sprache $\mathcal{L}(\mathcal{R}, \mathcal{F}, \mathcal{V})$, mit $\mathcal{R} = \{w/1, a/1, n/2\}$, $\mathcal{F} = \{a4/0, rom/0\}$ und $\mathcal{V} = \{X, Y, Z, \ldots\}$:

$a4$ = A4
rom = Rom
$w(x)$ = x ist ein Weg
$a(x)$ = x ist eine Autobahn
$n(x, y)$ = x führt nach y

(Es gibt natürlich viele andere Möglichkeiten, die gegebenen Aussagen zu formalisieren. So z.B. mit einem Relationssymbol $ist/2$ wobei $ist(x, y)$ für 'x ist vom Typ y' steht, z.B. 'A4 ist eine Autobahn', also $ist(a4, autobahn)$, wofür wir dann eine weitere Konstante $autobahn$ benötigen würden.)

Nun können wir die gegebenen Aussagen (i)–(iv) als Formeln der Sprache $\mathcal{L}(\mathcal{R}, \mathcal{F}, \mathcal{V})$ formalisieren:

S1: $(\forall X)(w(X) \to n(X, rom))$ Alle Wege führen nach Rom.
S2: $a(a4)$ Die A4 ist eine Autobahn.
S3: $(\forall Y)(a(Y) \to w(Y))$ Jede Autobahn ist ein Weg.
S4: $(\exists Z)(w(Z) \land \neg a(Z))$ Es gibt Wege, die keine Autobahnen sind.

Es ist nun zu zeigen: $((((S1 \land S2) \land S3) \land S4) \to n(a4, rom))$ ist allgemeingültig.

(1) Negation der Formel

$\neg((((S1 \land S2) \land S3) \land S4) \to n(a4, rom))$
$\equiv ((((S1 \land S2) \land S3) \land S4) \land \neg n(a4, rom))$
$= ((((\ (\forall X)(w(X) \to n(X, rom)) \land$
  $a(a4)) \land$
  $(\forall Y)(a(Y) \to w(Y))) \land$
  $(\exists Z)(w(Z) \land \neg a(Z))) \land$
  $\neg n(a4, rom))$

Die Variablen sind schon auseinanderdividiert.

(2) Elimination von $\to$ ergibt

$((((\ (\forall X)(\neg w(X) \lor n(X, rom)) \land$
  $a(a4)) \land$
  $(\forall Y)(\neg a(Y) \lor w(Y))) \land$
  $(\exists Z)(w(Z) \land \neg a(Z))) \land$
  $\neg n(a4, rom))$

(3) Transformation in Pränexnormalform liefert

$(\exists Z)(\forall X)(\forall Y)((((\ (\neg w(X) \lor n(X, rom)) \land$
  $a(a4)) \land$
  $(\neg a(Y) \lor w(Y))) \land$
  $(w(Z) \land \neg a(Z))) \land$
  $\neg n(a4, rom))$

(4) Skolemisierung: Wir ersetzen die Variable Z durch das Skolem-Konstantensymbol b.

$(\forall X)(\forall Y)((((\quad (\neg w(X) \lor n(X, rom)) \land$
$\qquad\qquad\qquad a(a4)) \land$
$\qquad\qquad\qquad (\neg a(Y) \lor w(Y))) \land$
$\qquad\qquad\qquad (w(b) \land \neg a(b))) \land$
$\qquad\qquad\qquad \neg n(a4, rom))$

(5) Transformation in Klauselform

$\langle [\ (((((\neg w(X) \lor n(X, rom)) \land a(a4)) \land (\neg a(Y) \lor w(Y))) \land$
$\qquad (w(b) \land \neg a(b))) \land \neg n(a4, rom))\ ]\rangle$

Daraus ergibt sich schließlich

$\langle [a(a4)], [\neg w(X), n(X, rom)], [\neg a(Y), w(Y)], [w(b)], [\neg a(b)], [\neg n(a4, rom)]\rangle$

(6) Resolutionswiderlegung

1	$[\neg w(X), n(X, rom)]$	
2	$[a(a4)]$	
3	$[\neg a(Y), w(Y)]$	
4	$[w(b)]$	
5	$[\neg a(b)]$	
6	$[\neg n(a4, rom)]$	
7	$[w(a4)]$	res$(2,3)$ mit $\{Y_1 \mapsto a4\}$
8	$[n(a4, rom)]$	res$(1,7)$ mit $\{X_2 \mapsto a4\}$
9	$[\ ]$	res$(6,8)$

Lösung 4.119 Gruppenbeispiel [▷106] ○

Das Entscheidende ist, dass man die Quantoren in einer günstigen Reihenfolge nach außen zieht.

Durch die Negation von C' werden die ∀-Quantoren, welche die Variablen U_9, V_9 und W_9 binden zu Existenz-Quantoren. Wir erhalten für $\neg C'$:

$(\,(\forall X_8)\,p(X_8, X_8, e)$
$\quad \land (\exists U_9)(\exists V_9)(\exists W_9)\,(p(U_9, V_9, W_9) \land \neg p(V_9, U_9, W_9))\,)$

Diese Existenz-Quantoren müssen als erstes ganz nach außen geschoben werden.
Somit erhalten wir aus $\neg F$ zunächst

$(\exists U_9)(\exists V_9)(\exists W_9)$
$\langle\, A_1', A_2', A_3', A_4',$
$\quad ((\forall X_8)p(X_8, X_8, e) \land (p(U_9, V_9, W_9) \land \neg p(V_9, U_9, W_9)))\,\rangle$

Als nächstes zieht man die Quantoren in A_1' nach außen und erhält

$(\exists U_9)(\exists V_9)(\exists W_9)$
$(\forall X_1)(\forall Y_1)(\exists Z_1)$
$\langle\, p(X_1, Y_1, Z_1), A_2', A_3', A_4',$
$\quad ((\forall X_8)p(X_8, X_8, e) \land (p(U_9, V_9, W_9) \land \neg p(V_9, U_9, W_9)))\,\rangle$

Schließlich folgen die restlichen Quantoren, welche allesamt ∀-Quantoren sind.

II.4.6. BEWEISVERFAHREN

$(\exists U_9)(\exists V_9)(\exists W_9)$
$(\forall X_1)(\forall Y_1)(\exists Z_1)$
$(\forall X_2)(\forall Y_2)(\forall Z_2)(\forall U_2)(\forall V_2)(\forall W_2)$
$(\forall X_3)(\forall Y_3)(\forall Z_3)(\forall U_3)(\forall V_3)(\forall W_3)$
$(\forall X_4)(\forall X_5)$
$(\forall X_6)(\forall X_7)$
$(\forall X_8)$
$\langle p(X_1, Y_1, Z_1),$
$(\langle p(X_2, Y_2, U_2), p(Y_2, Z_2, V_2), p(U_2, Z_2, W_2)\rangle \to p(X_2, V_2, W_2)),$
$(\langle p(X_3, Y_3, U_3), p(Y_3, Z_3, V_3), p(X_3, V_3, W_3)\rangle \to p(U_3, Z_3, W_3)),$
$(p(X_4, e, X_4) \wedge p(e, X_5, X_5)),$
$(p(X_6, f(X_6), e) \wedge p(f(X_7), X_7, e)),$
$(p(X_8, X_8, e) \wedge (p(U_9, V_9, W_9) \wedge \neg p(V_9, U_9, W_9))))\rangle$

Wenn man jetzt von links nach rechts skolemisiert erhält man die angegebenen Skolem-Funktionssymbole.

$(\forall X_1)(\forall Y_1)$
$(\forall X_2)(\forall Y_2)(\forall Z_2)(\forall U_2)(\forall V_2)(\forall W_2)$
$(\forall X_3)(\forall Y_3)(\forall Z_3)(\forall U_3)(\forall V_3)(\forall W_3)$
$(\forall X_4)(\forall X_5)$
$(\forall X_6)(\forall X_7)$
$(\forall X_8)$
$\langle p(X_1, Y_1, \mathbf{g}(X_1,Y_1)),$
$(\langle p(X_2, Y_2, U_2), p(Y_2, Z_2, V_2), p(U_2, Z_2, W_2)\rangle \to p(X_2, V_2, W_2)),$
$(\langle p(X_3, Y_3, U_3), p(Y_3, Z_3, V_3), p(X_3, V_3, W_3)\rangle \to p(U_3, Z_3, W_3)),$
$(p(X_4, e, X_4) \wedge p(e, X_5, X_5)),$
$(p(X_6, f(X_6), e) \wedge p(f(X_7), X_7, e)),$
$(p(X_8, X_8, e) \wedge (p(\mathbf{a}, \mathbf{b}, \mathbf{c}) \wedge \neg p(\mathbf{b}, \mathbf{a}, \mathbf{c}))) \rangle$

Durch Transformation der somit erhaltenen Skolem-Normalform ergibt sich die angegebene Klauselform.

Lösung 4.120 Beispiel: Gerade Summen [▷107] ○

(a) $F_1: (\forall X)(\forall Y)((e(X) \wedge e(Y)) \to e(f(X,Y)))$

$F_2: (\forall X)(\forall Y)((\neg e(X) \wedge \neg e(Y)) \to e(f(X,Y)))$

$F_3: (\forall X)(\exists Y)e(f(X,Y))$

(b) Wir zeigen $\{F_1, F_2\} \models F_3$ indem wir mit dem Resolutionsverfahren die Allgemeingültigkeit der Formel $(\langle F_1, F_2\rangle \to F_3)$ zeigen.
Hierzu transformieren wir die Negation dieser Formel in Klauselform.
Wegen $\neg(\langle F_1, F_2\rangle \to F_3) \equiv \langle F_1, F_2, \neg F_3\rangle$ und nach Auseinanderdividieren der Variablen erhalten wir

⟨ (∀U)(∀V)((e(U) ∧ e(V)) → e(f(U,V))),
(∀W)(∀Z)((¬e(W) ∧ ¬e(Z)) → e(f(W,Z))),
¬(∀X)(∃Y)e(f(X,Y)) ⟩

Mit ¬(∀X)(∃Y)e(f(X,Y)) ≡ (∃X)(∀Y)¬e(f(X,Y)) und den üblichen Transformationsschritten erhalten wir schließlich die folgende Formel in Pränexnormalform

(∃X)(∀Y)(∀U)(∀V)(∀W)(∀Z)
⟨ ((e(U) ∧ e(V)) → e(f(U,V))),
((¬e(W) ∧ ¬e(Z)) → e(f(W,Z))),
¬e(f(X,Y)) ⟩

woraus sich durch Skolemisierung folgende Formel ergibt

(∀Y)(∀U)(∀V)(∀W)(∀Z)
⟨ ((e(U) ∧ e(V)) → e(f(U,V))),
((¬e(W) ∧ ¬e(Z)) → e(f(W,Z))),
¬e(f(a,Y)) ⟩

Transformation in Klauselform liefert die folgenden Klauseln 1 bis 3, welche wir zu einer Resolutionswiderlegung ausbauen.

1 [¬e(U), ¬e(V), e(f(U,V))]
2 [e(W), e(Z), e(f(W,Z))]
3 [¬e(f(a,Y))]
4 [¬e(a), ¬e(V)]   res(1,3) mit mgu $\{U' \mapsto a, Y' \mapsto V'\}$
5 [e(a), e(Z)]   res(2,3) mit mgu $\{W' \mapsto a, Y'' \mapsto Z'\}$
6 [¬e(a)]   fak(4) mit mgu $\{V''' \mapsto a\}$
7 [e(a)]   fak(5) mit mgu $\{Z''' \mapsto a\}$
8 [ ]   res(6,7)

Lösung 4.121 Beispiel: Blaue Augen [▷107] ○

(a) (∃X)(∃Y)(∃Z)(b(X) ∧ (p(Y,X) ∧ (p(Z,Y) ∧ ¬b(Z))))

(b) (∃X')(∃Y')(b(X') ∧ (p(Y',X') ∧ ¬b(Y')))

(c) Wir beweisen die logische Folgerung $\{F\} \models G$ indem wir die Allgemeingültigkeit der Formel $(F \to G)$ mit dem Resolutionsverfahren zeigen.
Für die Negation von $(F \to G)$ erhalten wir folgende Pränexnormalform:

(∃X)(∃Y)(∃Z)(∀X')(∀Y')
((b(X) ∧ (p(Y,X) ∧ (p(Z,Y) ∧ ¬b(Z)))) ∧ (¬b(X') ∨ (¬p(Y',X') ∨ b(Y'))))

Daraus ergibt sich die folgende Skolem-Normalform (mit Skolem-Konstantensymbolen a, a' und a''):

(∀X')(∀Y')
((b(a) ∧ (p(a',a) ∧ (p(a'',a') ∧ ¬b(a'')))) ∧ (¬b(X') ∨ (¬p(Y',X') ∨ b(Y'))))

Transformation in Klauselform liefert die folgenden Klauseln 1 bis 5, welche wir zu einer Resolutionswiderlegung ausbauen.

II.4.6. BEWEISVERFAHREN

1    $[b(a)]$
2    $[p(a', a)]$
3    $[p(a'', a')]$
4    $[\neg b(a'')]$
5    $[\neg b(X'), \neg p(Y', X'), b(Y')]$
6    $[\neg p(Y_1', a), b(Y_1')]$ res(1, 5) mit mgu $\{X_1' \mapsto a\}$
7    $[b(a')]$ res(2, 6) mit mgu $\{Y_2' \mapsto a'\}$
8    $[\neg b(X_3'), \neg p(a'', X_3)]$ res(4, 5) mit mgu $\{Y_3' \mapsto a''\}$
9    $[\neg b(a')]$ res(3, 8) mit mgu $\{X_4' \mapsto a'\}$
10    $[\,]$ res(7, 9)

Lösung 4.122 Beispiele zur prädikatenlogischen Subsumtion   [▷107] ○

(a) JA, weil alle Literale der Instanz $\{p(b, b), q(a)\}$ von C in D vorkommen.

(b) Damit die Klausel C die Klausel D subsumiert, müsste es eine Substitution τ geben, so dass $\neg p(X)\tau$ und $p(f(X))\tau$ in D enthalten sind. Um dies zu gewährleisten müsste τ im ersten Fall X auf sich selbst abbilden, und im zweiten Fall X auf $f(X)$ abbilden, was unmöglich ist.
Andererseits erhält man die Klausel D als Resolvente aus der Klausel C und ihrer Instanz $C\{X \mapsto f(X)\}$.
Somit ist D eine logische Folgerung dieser beiden Klauseln, und da jede Instanz von C eine logische Folgerung von C ist, ist folglich die Klausel D eine logische Folgerung der Klausel C.

Lösung 4.123 Anwendbarkeit von prädikatenlogischer Subsumtion   [▷107] ◐

Wenn die Klausel C_2 die Klausel C_1 subsumiert, dann gibt es eine Substitution σ derart, dass jedes Literal in $C_2\sigma$ in C_1 enthalten ist.
Wenn F' erfüllbar ist, dann gibt es wegen der Skolemform von F' sogar eine Herbrand-Interpretation I (mit Herbrand-Universum $\mathcal{U}$), die Modell von F' ist. I ist damit auch Modell von C_2, was bedeutet, dass es ein Literal L in C_2 gibt mit $L^{I,\mathcal{Z}} = \top$ für alle Variablenzuweisungen $\mathcal{Z}: \mathcal{V} \to \mathcal{U}$. Es muss zudem ein $p \in \mathcal{R}$ geben, so dass $L = p(t_1, \ldots, t_k)$ oder $L = \neg p(t_1, \ldots, t_k)$.
Je nachdem, ob nun L positiv oder negativ ist, bedeutet $L^{I,\mathcal{Z}} = \top$, dass entweder $(t_1^{I,\mathcal{Z}}, \ldots, t_k^{I,\mathcal{Z}}) \in p^I$ oder $(t_1^{I,\mathcal{Z}}, \ldots, t_k^{I,\mathcal{Z}}) \notin p^I$ gilt (jeweils für alle Variablenzuweisungen $\mathcal{Z}: \mathcal{V} \to \mathcal{U}$).
Nun gilt aber für alle $1 \leq i \leq k$, dass $\{[t_i\sigma]^{I,\mathcal{Z}} \mid \mathcal{Z}: \mathcal{V} \to \mathcal{U}\} \subseteq \{t_i^{I,\mathcal{Z}} \mid \mathcal{Z}: \mathcal{V} \to \mathcal{U}\}$, da für jedes i die Substitution σ die möglichen Werte von $t_i^{I,\mathcal{Z}}$ (für beliebige $\mathcal{Z}$) einschränken kann.
Dies impliziert nun $([t_1\sigma]^{I,\mathcal{Z}}, \ldots, [t_k\sigma]^{I,\mathcal{Z}}) \in p^I$ oder $([t_1\sigma]^{I,\mathcal{Z}}, \ldots, [t_k\sigma]^{I,\mathcal{Z}}) \notin p^I$ (wiederum jeweils für alle Variablenzuweisungen $\mathcal{Z}: \mathcal{V} \to \mathcal{U}$), und somit folgt $L\sigma^{I,\mathcal{Z}} = \top$ für alle Variablenzuweisungen $\mathcal{Z}$.
Da die Klausel C_2 die Klausel C_1 (mit Substitution σ) subsumiert, ist jedes Literal aus $C_2\sigma$ in C_1 enthalten. Damit ist insbesondere $L\sigma$ in C_1, und mit $L\sigma^{I,\mathcal{Z}} = \top$ für alle Variablenzuweisungen $\mathcal{Z}$ folgt $C_1^{I,\mathcal{Z}} = \top$ für alle Variablenzuweisungen $\mathcal{Z}$.
Daraus folgt, dass I auch Modell für F ist.

Lösung 4.124 Notwendigkeit der Faktorisierung [▷107] ○

Sei $S = (C_i \mid 1 \leq i \leq m)$ eine Resolutionsableitung für F in welcher von der Faktorisierung kein Gebrauch gemacht wurde.

Wir widerlegen die gegebene Behauptung indem wir mit vollständiger Induktion über die Länge $\ell := m-k$ der Resolutionsableitung S beweisen (vgl. Definition 4.50), dass jede Klausel in S mindestens zwei Literale enthält und somit nicht leer sein kann. Somit kann die Resolutionsableitung S von F (ohne Faktorisierung) niemals eine Resolutionswiderlegung von F sein kann.

I.A. $\ell = 0$, d.h. die Resolutionsableitung S besteht nur aus den Klauseln in F. Diese haben nach Voraussetzung mindestens zwei Literale.

I.H. Alle Klauseln einer Resolutionsableitung von F der Länge $\ell \geq 0$ haben mindestens zwei Literale.

I.B. Alle Klauseln einer Resolutionsableitung von F der Länge $\ell + 1$ haben mindestens zwei Literale.

I.S. Nach I.H. haben alle Klauseln $C_1, \ldots, C_m$ mindestens zwei Literale.
Da keine Faktorisierung verwendet wird, muss $C_{\ell+1}$ durch Resolventenbildung aus zwei Klauseln C_s und C_t aus $C_1, \ldots, C_m$ erzeugt worden sein.
Da C_s und C_t jedoch nach I.H. jeweils mindestens zwei Literale besitzen, muss es neben dem Literal, über welches resolviert wurde, jeweils noch ein weiteres geben, welches aber dann in $C_{\ell+1}$ enthalten ist.
Somit hat auch $C_{\ell+1}$ mindestens zwei Literale.

Lösung 4.125 $\vdash_r$ **Vergleich: Aussagenlogisch vs. prädikatenlogisch** [▷108] ◐

(a)
1 $[p, q]$
2 $[\neg p, q]$
3 $[\neg p, \neg q]$
4 $[p, \neg q]$
5 $[q, q]$ res(1, 2)
6 $[\neg q, \neg q]$ res(3, 4)
7 $[\,]$ res(5, 6)

(b)
1 $[p, q]$
2 $[\neg p, q]$
3 $[\neg p, \neg q]$
4 $[p, \neg q]$
5 $[q, q]$ res(1, 2)
6 $[q]$ fak(5)
7 $[\neg q, \neg q]$ res(3, 4)
8 $[\neg q]$ fak(7)
9 $[\,]$ res(6, 8)

(c) Wir beweisen die im Hinweis gegebene Aussage mit vollständiger Induktion über die Länge $\ell := m-k$ der Resolutionsableitung S (vgl. Definition 4.50).

I.A. $\ell = 0$, d.h. die aussagenlogische Resolutionsableitung S besteht nur aus den Klauseln in F. Dann ist S auch eine prädikatenlogische Resolutionsableitung für F, die trivialerweise jede Klausel aus S enthält.

I.H. Zu jeder aussagenlogischen Resolutionsableitung S von F der Länge $\ell \geq 0$ existiert eine prädikatenlogische Resolutionsableitung S' in welcher alle Klauseln aus S enthalten sind.

I.B. Zu einer aussagenlogischen Resolutionsableitung $\mathcal{T} = (C_i \mid 1 \leq i \leq m + 1)$ für F der Länge $\ell + 1$ existiert eine prädikatenlogische Resolutionsableitung $\mathcal{T}'$ in welcher alle Klauseln aus $\mathcal{T}$ enthalten sind.

II.4.6. BEWEISVERFAHREN 437

I.S. Wenn $\mathcal{T} = (C_i \mid 1 \leq i \leq m + 1)$ eine aussagenlogische Resolutionsableitung für F der Länge $\ell + 1$ ist, dann ist $\mathcal{S} := (C_i \mid 1 \leq i \leq m)$ eine aussagenlogische Resolutionsableitung für F der Länge ℓ.
Nach I.H. existiert für $\mathcal{S}$ eine prädikatenlogische Resolutionsableitung $\mathcal{S}'$ in welcher alle Klauseln aus $\mathcal{S}$ enthalten sind.
Um die aussagenlogische Resolvente C_{m+1} zu bilden, muss es in $\mathcal{S}$ zwei Klauseln C_k und C_l, also mit $1 \leq k, l \leq m$, geben, sowie eine aussagenlogische Variable A, so dass A in C_k und $\neg A$ in C_l, und so dass C_{m+1} durch resolvieren über A aus C_k und C_l gebildet wurde.
Wir bilden nun die Klauseln C_k' und C_l' indem wir in Kopien von C_k und C_l über A bzw. $\neg A$ solange faktorisieren bis nur noch ein A bzw. $\neg A$ übrig bleibt. Die so erhaltenen Klauseln C_k' und C_l' fügen nun zu $\mathcal{S}'$ hinzu. Anschließend fügen wir die prädikatenlogische Resolvente C von C_k' und C_l' über A hinzu und erhalten $\mathcal{T}'$.
Da C mit der Klausel C_{m+1} identisch ist, haben wir eine prädikatenlogische Resolutionsableitung für F erhalten, welche alle Klauseln aus $\mathcal{T}$ enthält.

Wenn $\vdash_{ar} F$ gilt, dann gibt es eine aussagenlogische Resolutionswiderlegung $\mathcal{S}$ für F. Dann muss es nach dem obigen Induktionsbeweis auch eine prädikatenlogische Resolutionsableitung $\mathcal{S}'$ für F geben, welche alle Klauseln aus $\mathcal{S}$ enthält. Da $\mathcal{S}$ eine Resolutionswiderlegung ist, muss die leere Klausel in $\mathcal{S}$ enthalten sein, und damit muss die leere Klausel auch in $\mathcal{S}'$ enthalten sein. Damit ist $\mathcal{S}'$ eine prädikatenlogische Resolutionswiderlegung für F, d.h. es gilt $\vdash_{pr} F$.

4.6.2 Semantische Tableaux

Lösung 4.126 Beispiel: Prädikatenlogischer Tableaux-Beweis [▷108] ○
Siehe Abbildung 4.45 auf der nächsten Seite. In Zeile [6] wird die Substitution $\{X \mapsto b\}$ angewendet, und mit der Substitution $\{X_2 \mapsto b, Y_2 \mapsto a, Z_1 \mapsto a\}$ werden die Äste schließlich geschlossen.

4.6.3 Der Kalkül des natürlichen Schließens

Lösung 4.127 Natürliches Schließen: Prädikatenlogische Beispiele [▷109] ◐
(a) Variablenumbenennung

(1)
$$\cfrac{\cfrac{\cfrac{\lfloor(\forall X)p(X)\rfloor^1}{p(Y)}\,(\forall E)}{(\forall Y)p(Y)}\,(\forall I)}{((\forall X)p(X) \to (\forall Y)p(Y))}\,(\to I)^1$$

[1] $\neg((\forall X)(\forall Y)(p(X,Y) \vee q(a,Y)) \rightarrow ((\forall X)p(X,a) \vee (\exists Z)(\exists Y)q(Z,Y)))$

[2] $(\forall X)(\forall Y)(p(X,Y) \vee q(a,Y))$ aus [1]

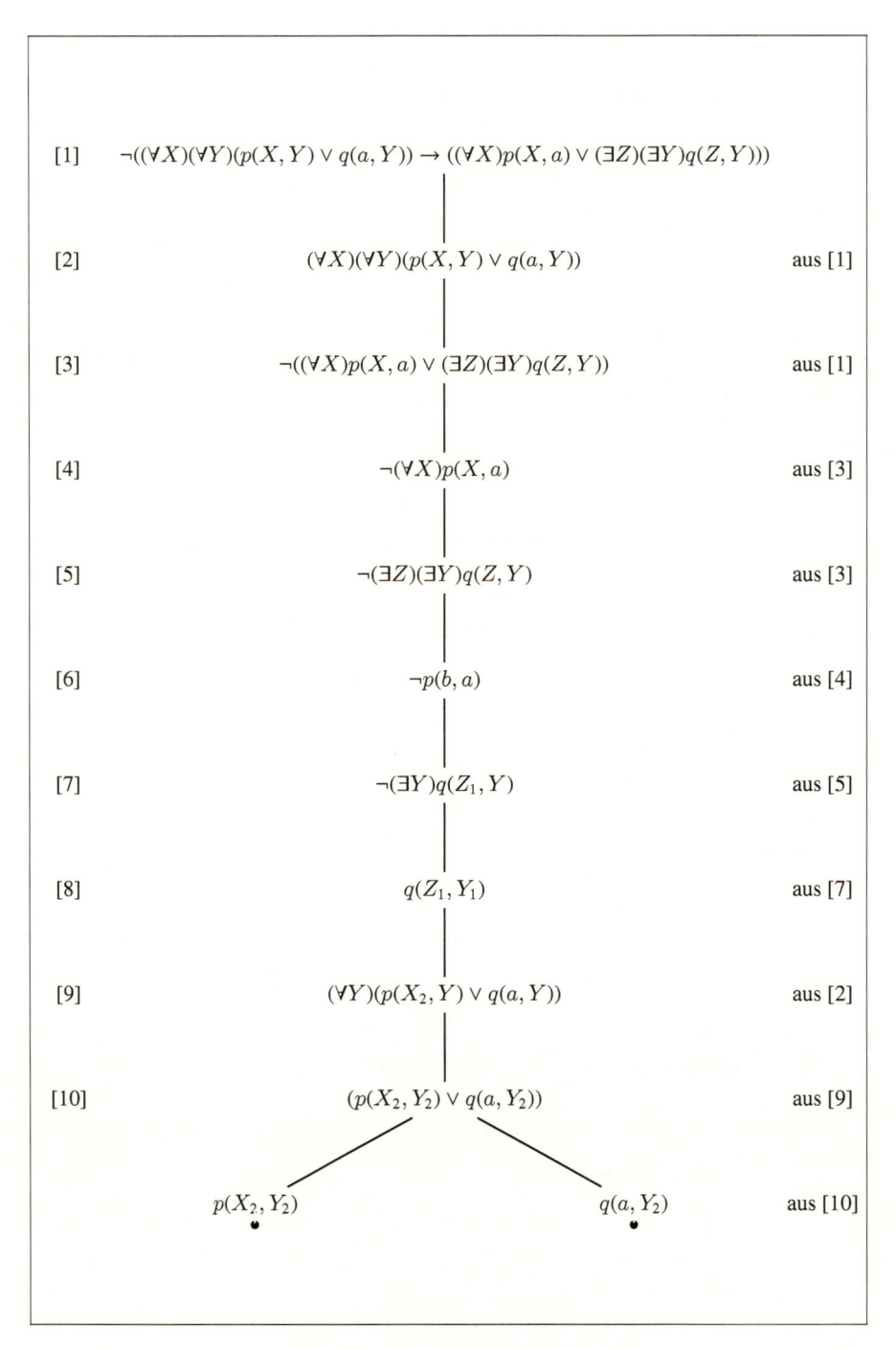

[3] $\neg((\forall X)p(X,a) \vee (\exists Z)(\exists Y)q(Z,Y))$ aus [1]

[4] $\neg(\forall X)p(X,a)$ aus [3]

[5] $\neg(\exists Z)(\exists Y)q(Z,Y)$ aus [3]

[6] $\neg p(b,a)$ aus [4]

[7] $\neg(\exists Y)q(Z_1,Y)$ aus [5]

[8] $q(Z_1,Y_1)$ aus [7]

[9] $(\forall Y)(p(X_2,Y) \vee q(a,Y))$ aus [2]

[10] $(p(X_2,Y_2) \vee q(a,Y_2))$ aus [9]

        $p(X_2,Y_2)$ $q(a,Y_2)$ aus [10]

Abbildung 4.45: Zu Aufgabe 4.126

II.4.6. BEWEISVERFAHREN

(2)
$$\cfrac{\lfloor(\exists X)p(X)\rfloor^2 \quad \cfrac{\cfrac{\lfloor p(X)\rfloor^1}{(\exists Y)p(Y)}\,(\exists I)}{(\exists Y)p(Y)}\,(\exists E)^1}{\cfrac{(\exists Y)p(Y)}{((\exists X)p(X) \to (\exists Y)p(Y))}\,(\to I)^2}$$

(b) Variablenfolgen

(1)
$$\cfrac{\cfrac{\cfrac{\cfrac{\cfrac{\cfrac{\cfrac{\lfloor(\forall X)(\forall Y)p(X,Y)\rfloor^1}{(\forall Y)p(Z,Y)}\,(\forall E)}{p(Z,X)}\,(\forall E)}{(\forall Z)p(Z,X)}\,(\forall I)}{p(Y,X)}\,(\forall E)}{(\forall X)p(Y,X)}\,(\forall I)}{(\forall Y)(\forall X)p(Y,X)}\,(\forall I)}{((\forall X)(\forall Y)p(X,Y) \to (\forall Y)(\forall X)p(Y,X))}\,(\to I)^1$$

(2)
$$\cfrac{\cfrac{\cfrac{\cfrac{\cfrac{\lfloor(\forall X)(\forall Y)p(X,Y)\rfloor^1}{(\forall Y)p(X,Y)}\,(\forall E)}{p(X,Y)}\,(\forall E)}{(\forall X)p(X,Y)}\,(\forall I)}{(\forall Y)(\forall X)p(X,Y)}\,(\forall I)}{((\forall X)(\forall Y)p(X,Y) \to (\forall Y)(\forall X)p(X,Y))}\,(\to I)^1$$

(3)
$$\cfrac{\cfrac{\cfrac{\cfrac{\cfrac{\lfloor(\forall X)(\forall Y)F\rfloor^1}{(\forall Y)F}\,(\forall E)}{F}\,(\forall E)}{(\forall X)F}\,(\forall I)}{(\forall Y)(\forall X)F}\,(\forall I)}{((\forall X)(\forall Y)F \to (\forall Y)(\forall X)F)}\,(\to I)^1$$

(c) Negation

(1)
$$\frac{\lfloor\neg(\exists X)p(X)\rfloor^2 \quad \dfrac{\lfloor p(X)\rfloor^1}{(\exists X)p(X)}\,(\exists I)}{\dfrac{\dfrac{[\,]}{\neg p(X)}\,(\neg I)^1}{\dfrac{(\forall X)\neg p(X)}{(\neg(\exists X)p(X) \to (\forall X)\neg p(X))}\,(\to I)^2}\,(\forall I)}\,(\neg E)$$

(2) Die Ableitung der erwähnten Lemmata verläuft analog zu den Ableitungen in den Aufgaben 3.150 (h.3), 3.150 (h.6) sowie in Abbildung 4.11 des Lehrbuchs.

$$\dfrac{\dfrac{\lfloor\neg(\neg(\forall X)p(X) \to (\exists X)\neg p(X))\rfloor^1}{\neg(\forall X)p(X)}\,L_L \quad \dfrac{\dfrac{\lfloor\neg(\neg(\forall X)p(X) \to (\exists X)\neg p(X))\rfloor^1}{\neg(\exists X)\neg p(X)}\,L_R}{(\forall X)p(X)}\,L\neg\exists\neg}{\dfrac{\dfrac{[\,]}{(\neg(\forall X)p(X) \to (\exists X)\neg p(X))}\,(raa)^1}{}}\,(\neg E)$$

(3) Die Ableitung der erwähnten Lemmata verläuft analog zu den Ableitungen in den Aufgaben 3.150 (h.3), 3.150 (h.6) sowie 4.127 (c.1).

$$\dfrac{\dfrac{\lfloor\neg(\neg(\forall X)\neg p(X) \to (\exists X)p(X))\rfloor^1}{\neg(\forall X)\neg p(X)}\,L_L \quad \dfrac{\dfrac{\lfloor\neg(\neg(\forall X)\neg p(X) \to (\exists X)p(X))\rfloor^1}{\neg(\exists X)p(X)}\,L_R}{(\forall X)\neg p(X)}\,L\neg}{\dfrac{\dfrac{[\,]}{(\neg(\forall X)\neg p(X) \to (\exists X)p(X))}\,(raa)^1}{}}\,(\neg E)$$

(4)
$$\dfrac{\lfloor(\exists X)p(X)\rfloor^3 \quad \dfrac{\dfrac{\lfloor p(X)\rfloor^1 \quad \dfrac{\lfloor(\forall X)\neg p(X)\rfloor^2}{\neg p(X)}\,(\forall E)}{[\,]}\,(\neg E)}{\dfrac{\dfrac{[\,]}{\neg(\forall X)\neg p(X)}\,(\neg I)^2}{((\exists X)p(X) \to \neg(\forall X)\neg p(X))}\,(\to I)^3}}\,(\exists E)^1$$

II.4.6. BEWEISVERFAHREN

(d) Quantoren

(1)
$$\cfrac{\cfrac{\cfrac{\lfloor(\forall X)p(X)\rfloor^1}{p(X)}\,(\forall E)}{(\exists X)p(X)}\,(\exists I)}{((\forall X)p(X) \to (\exists X)p(X))}\,(\to I)^1$$

(2)
$$\cfrac{\cfrac{\lfloor(\exists Y)(\forall X)p(X,Y)\rfloor^2 \qquad \cfrac{\cfrac{\cfrac{\lfloor(\forall X)p(X,Y)\rfloor^1}{p(X,Y)}\,(\forall E)}{(\exists Y)p(X,Y)}\,(\exists I)}{(\forall X)(\exists Y)p(X,Y)}\,(\forall I)}{(\forall X)(\exists Y)p(X,Y)}\,(\exists E)^1}{((\exists Y)(\forall X)p(X,Y) \to (\forall X)(\exists Y)p(X,Y))}\,(\to I)^2$$

(3)
$$\cfrac{\cfrac{\cfrac{\cfrac{\lfloor((\forall X)p(X) \land (\forall X)q(X))\rfloor^1}{(\forall X)p(X)}\,(\land E)}{p(X)}\,(\forall E) \qquad \cfrac{\cfrac{\lfloor((\forall X)p(X) \land (\forall X)q(X))\rfloor^1}{(\forall X)q(X)}\,(\land E)}{q(X)}\,(\forall E)}{\cfrac{(p(X) \land q(X))}{(\exists X)(p(X) \land q(X))}\,(\exists I)}\,(\land I)}{(((\forall X)p(X) \land (\forall X)q(X)) \to (\exists X)(p(X) \land q(X)))}\,(\to I)^1$$

(4)
$$\cfrac{\cfrac{\cfrac{\cfrac{\cfrac{\lfloor(\forall X)(p(X) \land q(X))\rfloor^1}{(p(X) \land q(X))}\,(\forall E)}{p(X)}\,(\land E)}{(\forall X)p(X)}\,(\forall I) \qquad \cfrac{\cfrac{\cfrac{\lfloor(\forall X)(p(X) \land q(X))\rfloor^1}{(p(Y) \land q(Y))}\,(\forall E)}{q(Y)}\,(\land E)}{(\forall Y)q(Y)}\,(\forall I)}{((\forall X)p(X) \land (\forall Y)q(Y))}\,(\land I)}{((\forall X)(p(X) \land q(X)) \to ((\forall X)p(X) \land (\forall Y)q(Y)))}\,(\to I)^1$$

(5)

$$\cfrac{\cfrac{\cfrac{\cfrac{\lfloor(\forall X)(\forall Y)(p(X) \land q(Y))\rfloor^1}{(\forall Y)(p(X) \land q(Y))}(\forall E)}{(p(X) \land q(Y))}(\forall E)}{p(X)}(\land E) \quad \cfrac{\cfrac{\cfrac{\cfrac{\lfloor(\forall X)(\forall Y)(p(X) \land q(Y))\rfloor^1}{(\forall Y)(p(X) \land q(Y))}(\forall E)}{(p(X) \land q(Y))}(\forall E)}{\cfrac{q(Y)}{(\forall Y)q(Y)}(\forall I)}(\land E)}{q(X)}(\forall E)}{\cfrac{\cfrac{(p(X) \land q(X))}{(\forall X)(p(X) \land q(X))}(\forall I)}{((\forall X)(\forall Y)(p(X) \land q(Y)) \to (\forall X)(p(X) \land q(X)))}(\to I)^1}(\land I)$$

(6)

$$\cfrac{\cfrac{\cfrac{\cfrac{\cfrac{\lfloor(\forall X)(p(X) \to q(X))\rfloor^2}{(p(X) \to q(X))}(\forall E) \quad \cfrac{\lfloor(\forall X)p(X)\rfloor^1}{p(X)}(\forall E)}{q(X)}(\to E)}{(\forall X)q(X)}(\forall I)}{((\forall X)p(X) \to (\forall X)q(X))}(\to I)^1}{((\forall X)(p(X) \to q(X)) \to ((\forall X)p(X) \to (\forall X)q(X)))}(\to I)^2$$

4-32 232 **Lösung 4.128 Bedingungen an $(\exists E)$ Regel** [▷109] ◐

(a) Wir wählen z.B. $F = G = p(Y)$ und erhalten dann folgende Ableitung:

$$\cfrac{\cfrac{\cfrac{\lfloor(\exists Y)p(Y)\rfloor^2 \quad \lfloor p(Y)\rfloor^1}{p(Y)}(\exists E)^1}{(\forall Y)p(Y)}(\forall I)}{((\exists Y)p(Y) \to (\forall Y)p(Y))}(\to I)^2$$

Die hergeleitete Formel ist widerlegbar, z.B. durch eine Interpretation I über der Domäne $\mathbb{N}$ mit $p^I = \{0\}$:
Dann ist nämlich $[(\exists Y)p(Y)]^I = \top$, aber $[(\forall Y)p(Y)]^I = \bot$, woraus sich für die Gesamtformel $\top \to^* \bot = \bot$ ergibt.

II.4.6. BEWEISVERFAHREN

(b) Wir wählen z.B. $F = p(Y)$ und erhalten dann folgende Ableitung:

$$\cfrac{\lfloor (\exists Y)p(Y) \rfloor^3 \quad \cfrac{\cfrac{\lfloor p(Y) \rfloor^1 \quad \lfloor \neg p(Y) \rfloor^2}{[\,]}(\neg E)}{[\,]}(\exists E)^1}{\cfrac{\cfrac{\cfrac{[\,]}{p(Y)}(raa)^2}{(\forall Y)p(Y)}(\forall I)}{((\exists Y)p(Y) \to (\forall Y)p(Y))}(\to I)^3}$$

Wir erhalten dieselbe nicht allgemeingültige Formel wie in Teilaufgabe (a).

Lösung 4.129 Freiheitsbedingungen für die Substitution $\{X \mapsto t\}$ [▷110] ◐
Allgemein gilt für eine Substitution σ:

> σ ist frei für $(QY)F$ gdw.
> σ_Y ist frei für F und für jede von Y verschiedene und
> in F frei vorkommende Variable X gilt: Y kommt in $X\sigma$ nicht vor.

Für den Spezialfall $\sigma = \{Z \mapsto t\}$ bedeutet dies:

> $\{Z \mapsto t\}$ ist frei für $(QY)F$ gdw.
> $\{Z \mapsto t\}_Y$ ist frei für F und für jede von Y verschiedene und
> in F frei vorkommende Variable X gilt:
> Y kommt in $X\{Z \mapsto t\}$ nicht vor.

Daraus folgt für die beiden folgenden Behauptungen (1) und (2):

(1) *Fall $Z = Y$:* Dann wird $\{Z \mapsto t\}_Y$ zur Substitution ε, welche für alle Formeln frei ist, und damit auch für die Formel F.
Für jede Variable X mit $Y \neq X$ gilt $X\{Z \mapsto t\} = X\{Y \mapsto t\} = X$, und wegen $Y \neq X$ kommt Y kommt in X nicht vor.

(2) *Fall $Z \neq Y$:* Zunächst gilt $\{Z \mapsto t\}_Y = \{Z \mapsto t\}$ woraus folgt, dass man statt '$\{Z \mapsto t\}_Y$ frei für F' äquivalenterweise '$\{Z \mapsto t\}$ frei für F' fordern kann.
Für die Richtung ($\Longrightarrow$) fehlt noch Folgendes: Sei Z frei in F, so ist zu zeigen, dass Y nicht in t vorkommt.
Dies gilt aber, da nach obiger Formulierung des Spezialfalls mit $X = Z$ aus der Freiheit von $\{Z \mapsto t\}$ für $(QY)F$ folgt, dass Y in $X\{Z \mapsto t\} = X\{Z \mapsto t\} = t$ nicht vorkommt.
Nun zur Richtung ($\Longleftarrow$): Sei nun X eine beliebige von Y verschiedene und in F frei vorkommende Variable, und Z kommt frei in F vor. Es ist zu zeigen, dass Y nicht in $X\{Z \mapsto t\}$ vorkommt, falls Y nicht in t vorkommt. Dies gilt aber im Fall von $X \neq Z$, weil $X \neq Y$, und im Fall $X = Z$, da dann $X\{Z \mapsto t\} = t$ und Y nicht in t vorkommt.

Lösung 4.130 Faktorisierung und natürliches Schließen [▷110] ○

(a)

$$\cfrac{((p \vee p) \vee q) \quad \cfrac{\cfrac{\lfloor (p \vee p) \rfloor^2 \quad \lfloor p \rfloor^1 \quad \lfloor p \rfloor^1}{p}(\vee E)^1}{(p \vee q)}(\vee I) \quad \cfrac{\lfloor q \rfloor^2}{(p \vee q)}(\vee I)}{(p \vee q)}(\vee E)^2$$

(b) Siehe Abbildung 4.46 auf der nächsten Seite.

Lösung 4.131 Komplexes natürliches Schließen [▷110] ●

(a) Wir verwenden das Lemma

$$\cfrac{\neg(\forall X)\neg F}{(\exists X)F}(L)$$

welches sich analog zur Ableitung der Formel in Aufgabe 4.127 (c.3) ergibt.
Für die Gesamtableitung siehe Abbildung 4.47 auf Seite 446.

(b) Wir verwenden die folgenden drei Lemmata

$$\cfrac{\neg(F \vee G)}{(\neg F \vee \neg G)}(L_{\neg\vee}) \qquad \cfrac{\neg(\forall X)F}{(\exists X)\neg F}(L_{\forall\exists}) \qquad \cfrac{\neg(\exists X)F}{(\forall X)\neg F}(L_{\exists\forall})$$

welche sich analog zu den Ableitungen in den Aufgaben 3.150 (e.3), 4.127 (c.2) und 4.127 (c.1) ergeben.
Für die Gesamtableitung siehe Abbildung 4.48 auf Seite 447.

(c) Für die Ableitung siehe Abbildung 4.49 auf Seite 448.

(d) Für die Ableitung siehe Abbildung 4.50 auf Seite 449.

(e) Wir benötigen die folgenden Lemmata

$$\cfrac{\neg(F \to G)}{F}(L.1) \qquad \cfrac{\neg(F \to G)}{\neg G}(L.2)$$

$$\cfrac{\neg(\forall X)p(X)}{(\exists X)\neg p(X)}(L.3) \qquad \cfrac{\neg(\exists X)p(X)}{(\forall X)\neg p(X)}(L.4)$$

welche sich analog zu den Formeln in den Aufgaben 3.150 (h.3), 3.150 (h.6), 4.127 (c.2), und 4.127 (c.1) herleiten lassen.
Für die Gesamtableitung siehe Abbildung 4.51 auf Seite 449.

II.4.6. BEWEISVERFAHREN

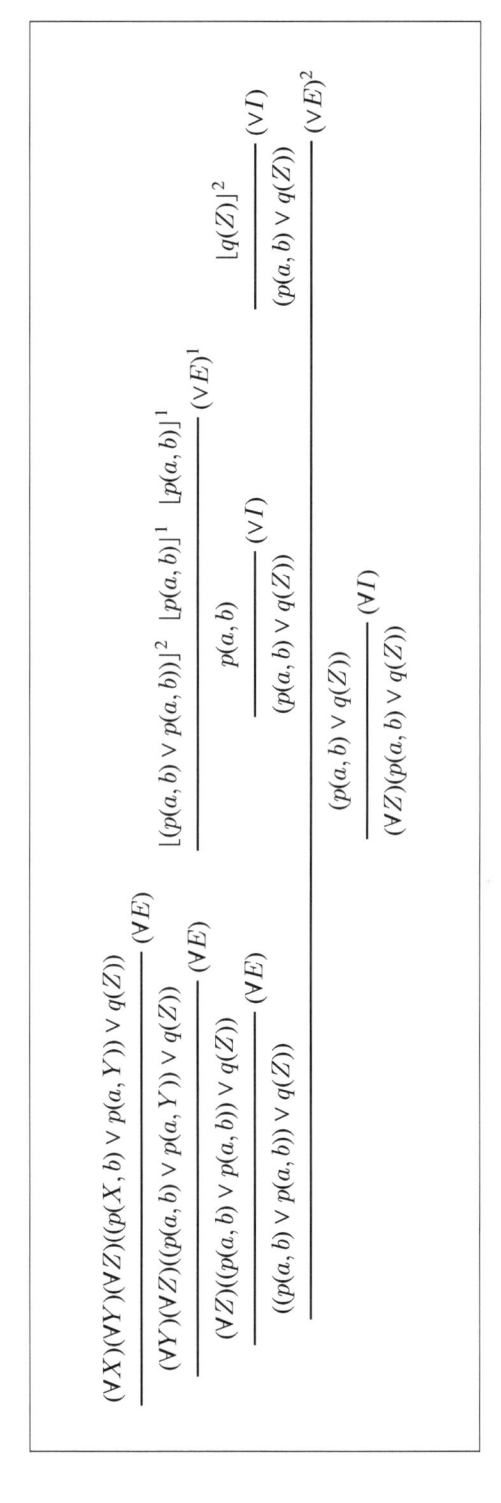

$$\cfrac{(\forall X)(\forall Y)(\forall Z)((p(X,b) \lor p(a,Y)) \lor q(Z))}{\cfrac{(\forall Y)(\forall Z)((p(a,b) \lor p(a,Y)) \lor q(Z))}{\cfrac{(\forall Z)((p(a,b) \lor p(a,b)) \lor q(Z))}{((p(a,b) \lor p(a,b)) \lor q(Z))}(\forall E)}(\forall E)}(\forall E) \quad \cfrac{\lfloor(p(a,b) \lor p(a,b))\rfloor^2 \quad \cfrac{\lfloor p(a,b)\rfloor^1 \quad \lfloor p(a,b)\rfloor^1}{\cfrac{p(a,b)}{(p(a,b) \lor q(Z))}(\lor I)}(\lor E)^1 \quad \cfrac{\lfloor q(Z)\rfloor^2}{(p(a,b) \lor q(Z))}(\lor I)}{(p(a,b) \lor q(Z))}(\lor E)^2$$

$$\cfrac{(p(a,b) \lor q(Z))}{(\forall Z)(p(a,b) \lor q(Z))}(\forall I)$$

Abbildung 4.46: Zu Aufgabe 4.130 (b).

$$
\dfrac{\dfrac{\dfrac{[\neg(\forall X)\neg p(X,X)]^1 \quad \dfrac{\dfrac{\dfrac{[(\forall X)(\forall Y)(p(X,Y)\to\neg p(X,Y))]^2}{(\forall Y)(p(X,Y)\to\neg p(X,Y))}(\forall E)}{(p(X,X)\to\neg p(X,X))}(\forall E)\quad [p(X,X)]^3}{\neg p(X,X)}(\to E)}{(\exists X)p(X,X)}(L) \quad \dfrac{[p(X,X)]^3}{}}{\dfrac{[\,]}{\dfrac{(\forall X)\neg p(X,X)}{\dfrac{[\,]}{((\forall X)(\forall Y)(p(X,Y)\to\neg p(Y,X))\to(\forall X)\neg p(X,X))}(\to I)^2}(raa)^1}(\exists E)^3}
$$

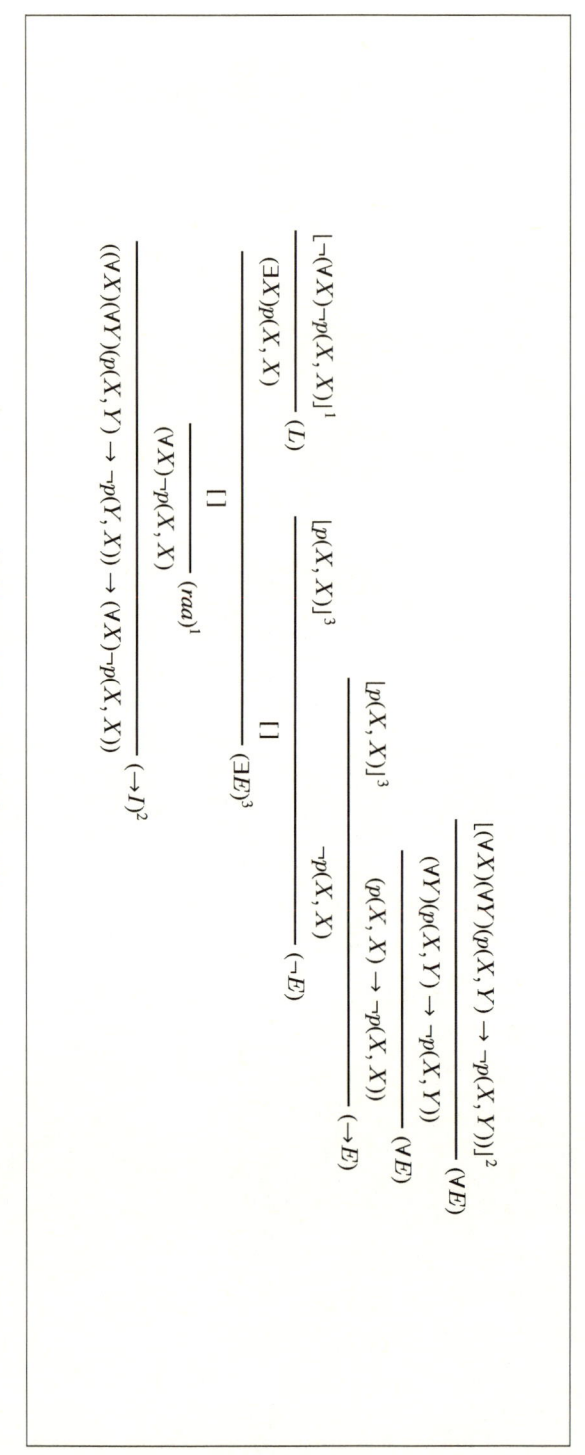

Abbildung 4.47: Zu Aufgabe 4.131 (a).

II.4.6. BEWEISVERFAHREN

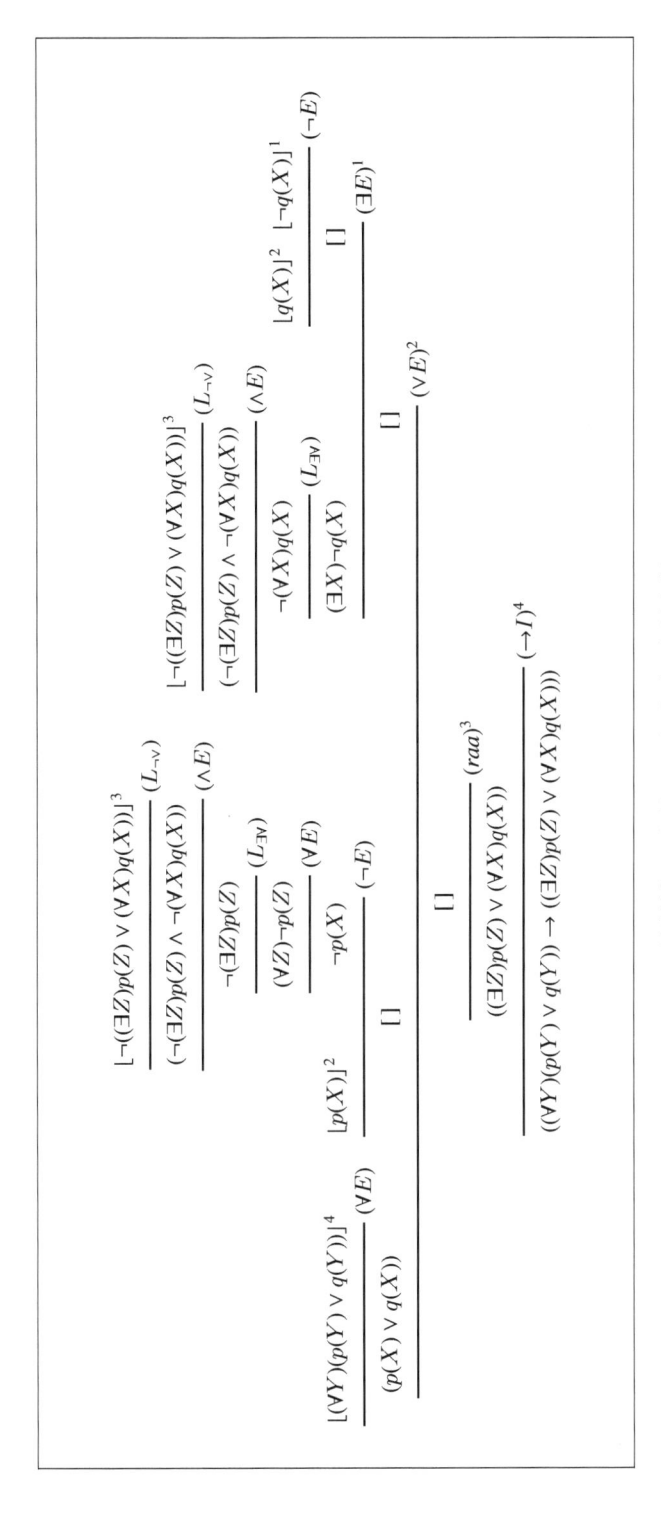

Abbildung 4.48: Zu Aufgabe 4.131 (b).

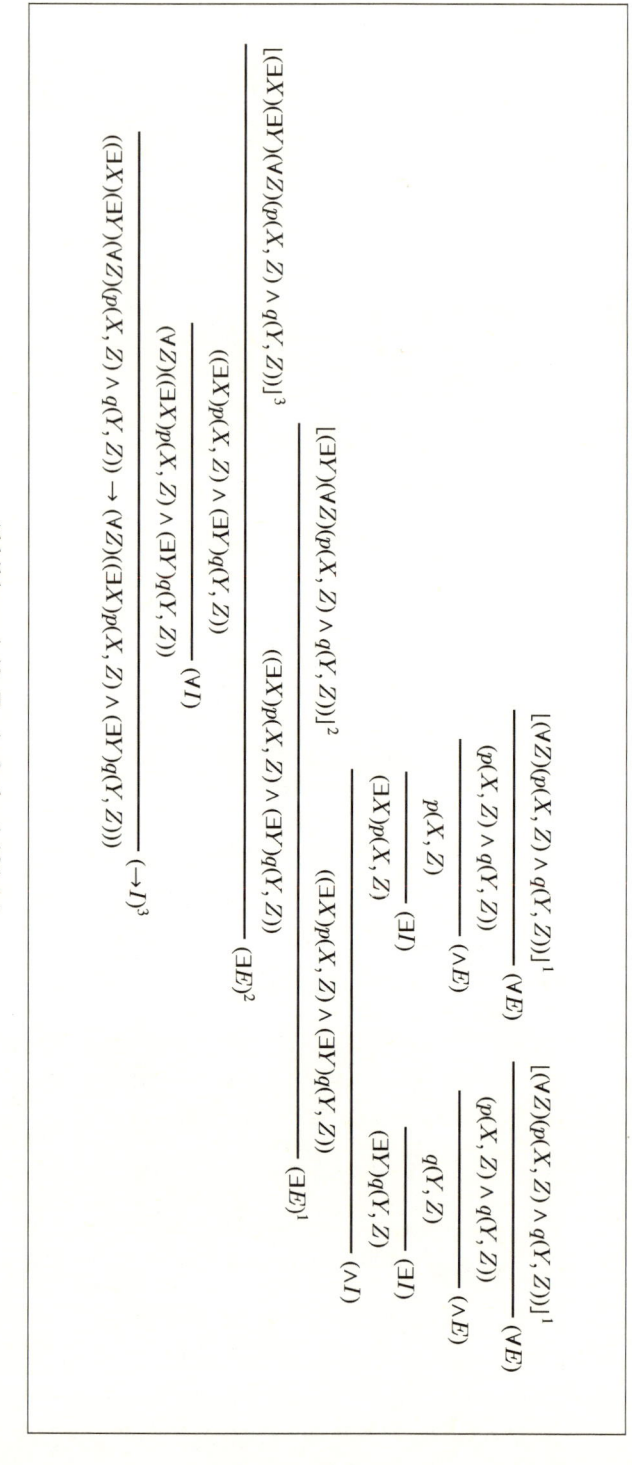

$$\dfrac{\dfrac{\dfrac{\dfrac{\dfrac{[(\forall Z)(p(X,Z) \land q(Y,Z))]^1}{(p(X,Z) \land q(Y,Z))}(\forall E)}{p(X,Z)}(\land E)}{(\exists X)p(X,Z)}(\exists I) \quad \dfrac{\dfrac{\dfrac{[(\forall Z)(p(X,Z) \land q(Y,Z))]^1}{(p(X,Z) \land q(Y,Z))}(\forall E)}{q(Y,Z)}(\land E)}{(\exists Y)q(Y,Z)}(\exists I)}{\dfrac{(\exists X)p(X,Z) \land (\exists Y)q(Y,Z)}{\dfrac{\dfrac{[(\exists Y)(\forall Z)(p(X,Z) \land q(Y,Z))]^2 \quad \dfrac{(\exists X)p(X,Z) \land (\exists Y)q(Y,Z)}{(\exists X)p(X,Z) \land (\exists Y)q(Y,Z)}}{\dfrac{(\exists X)p(X,Z) \land (\exists Y)q(Y,Z)}{\dfrac{(\forall Z)(\exists X)p(X,Z) \land (\exists Y)q(Y,Z))}{\dfrac{[(\exists X)(\exists Y)(\forall Z)(p(X,Z) \land q(Y,Z))]^3 \quad (\forall Z)(\exists X)p(X,Z) \land (\exists Y)q(Y,Z))}{((\exists X)(\exists Y)(\forall Z)(p(X,Z) \land q(Y,Z)) \to (\forall Z)((\exists X)p(X,Z) \land (\exists Y)q(Y,Z)))}(\to I)^3}}(\forall I)}}(\exists E)^2}(\exists E)^1}(\land I)}$$

Abbildung 4.49: Zu Aufgabe 4.131 (c).

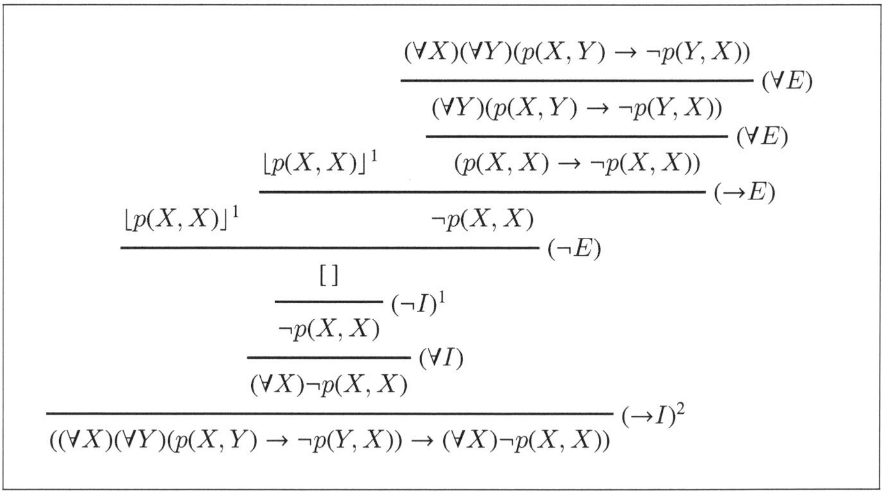

II.4.6. BEWEISVERFAHREN

$$
\cfrac{
  \cfrac{\lfloor p(X,X) \rfloor^1 \quad
    \cfrac{
      \cfrac{
        \cfrac{(\forall X)(\forall Y)(p(X,Y) \to \neg p(Y,X))}{(\forall Y)(p(X,Y) \to \neg p(Y,X))}\,(\forall E)
      }{(p(X,X) \to \neg p(X,X))}\,(\forall E)
    }{\neg p(X,X)}\,(\to E)
  }{
    \cfrac{
      \cfrac{
        \cfrac{\lfloor p(X,X) \rfloor^1 \quad \neg p(X,X)}{[\,]}\,(\neg E)
      }{\neg p(X,X)}\,(\neg I)^1
    }{(\forall X)\neg p(X,X)}\,(\forall I)
  }
}{((\forall X)(\forall Y)(p(X,Y) \to \neg p(Y,X)) \to (\forall X)\neg p(X,X))}\,(\to I)^2
$$

Abbildung 4.50: Zu Aufgabe 4.131 (d).

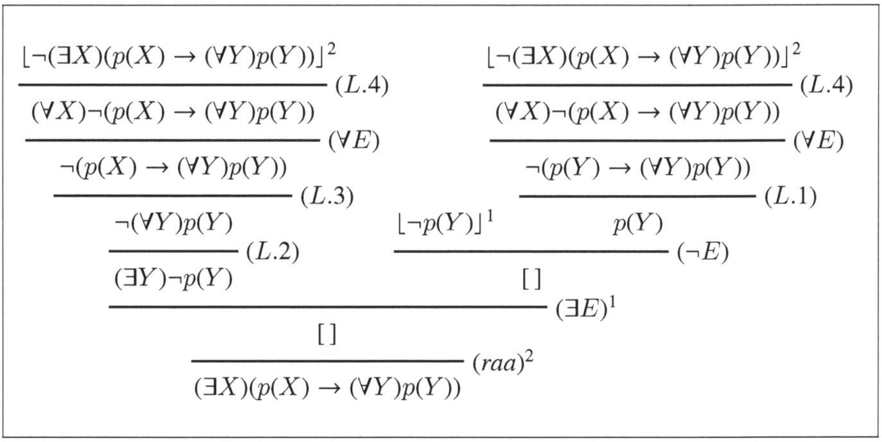

$$
\cfrac{
  \cfrac{
    \cfrac{
      \cfrac{
        \cfrac{\lfloor \neg(\exists X)(p(X) \to (\forall Y)p(Y)) \rfloor^2}{(\forall X)\neg(p(X) \to (\forall Y)p(Y))}\,(L.4)
      }{\neg(p(X) \to (\forall Y)p(Y))}\,(\forall E)
    }{
      \cfrac{\neg(\forall Y)p(Y)}{(\exists Y)\neg p(Y)}\,(L.2)
    }\,(L.3)
    \quad
    \cfrac{
      \lfloor \neg p(Y) \rfloor^1 \quad
      \cfrac{
        \cfrac{
          \cfrac{\lfloor \neg(\exists X)(p(X) \to (\forall Y)p(Y)) \rfloor^2}{(\forall X)\neg(p(X) \to (\forall Y)p(Y))}\,(L.4)
        }{\neg(p(Y) \to (\forall Y)p(Y))}\,(\forall E)
      }{p(Y)}\,(L.1)
    }{[\,]}\,(\neg E)
  }{[\,]}\,(\exists E)^1
}{(\exists X)(p(X) \to (\forall Y)p(Y))}\,(raa)^2
$$

Abbildung 4.51: Zu Aufgabe 4.131 (e).

4.6.4 Weitere Verfahren

Lösung 4.132 Prädikatenlogische Konnektionsmethode [▷111] ○

Bei der Konnektionsmethode wird gefordert, dass die zu beweisende Formel in dualer Skolem-Normalform vorliegt. D.h. in der Pränexnormalform sind die ∀-Quantoren durch Skolem-Funktionssymbole zu ersetzen:

(1) Transformation in Pränexnormalform:
$$((p(0) \land (\forall X)(p(X) \to p(f(X)))) \lor p(f(f(f(f(0))))))$$
$$(\exists X)((\neg p(0) \lor \neg(p(X) \to p(f(X)))) \lor p(f(f(f(f(0))))))$$

(2) Transformation in duale Klauselform:
$$[\langle\,((\neg p(0) \lor \neg(p(X) \to p(f(X)))) \lor p(f(f(f(f(0))))))\,\rangle]$$
$$[\langle(\neg p(0) \lor \neg(p(X) \to p(f(X))))\rangle,\ \langle p(f(f(f(f(0)))))\rangle]$$
$$[\langle\neg p(0)\rangle,\ \langle\neg(p(X) \to p(f(X)))\rangle,\ \langle p(f(f(f(f(0)))))\rangle]$$
$$[\langle\neg p(0)\rangle,\ \langle p(X), \neg p(f(X))\rangle,\ \langle p(f(f(f(f(0)))))\rangle]$$

(3) Konnektionen sind Paare von Literalen der Gestalt $\{\neg p(t_1), p(t_2)\}$, wobei es eine Substitution σ geben muss, so dass $p(t_1\sigma)$ und $p(t_2\sigma)$ identisch sind.

(4) Matrixdarstellung:

$$\neg p(0) \quad \begin{array}{c}\neg p(f(X))\\ p(X)\end{array} \quad p(f(f(f(f(0)))))$$

(5) In der Matrix vorkommende Pfade:

$$\{\neg p(0), p(X), p(f(f(f(f(0)))))\} \text{ und } \{\neg p(0), \neg p(f(X)), p(f(f(f(f(0)))))\}$$

Eine aufspannende Konnektionsmenge liegt in einer Matrix vor, wenn jeder Pfad in der Matrix mindestens eine Konnektion enthält.

Im erstgenannten Pfad besteht die einzig mögliche Konnektion durch geeignete Substitution in $\{\neg p(0), p(X)\}$, denn $\{\neg p(0), p(f(f(f(f(0)))))\}$ kommt dafür nicht in Frage, da es keine Möglichkeit gibt die Argumente 0 und $f(f(f(f(0))))$ durch Substitutionen gleich zu machen. Die Substitution, die für erstere Möglichkeit erforderlich ist, ist $\{X \mapsto 0\}$. Mit dieser Substitution ist jedoch im zweitgenannten Pfad, der dann von der Gestalt

$$\{\neg p(0), \neg p(f(X)), p(f(f(f(f(0)))))\}\{X \mapsto 0\} =$$
$$= \{\neg p(0), \neg p(f(0)), p(f(f(f(f(0)))))\}$$

ist, keine Konnektion zu finden. Wir müssen also, wie das auch bei der Resolution mitunter erforderlich ist, Kopien von Klauseln (bzw. im Fall der Konnektionsmethode, von dualen Klauseln) anlegen.

(Um Platz zu sparen und die Lesbarkeit zu verbessern, werden wir im Folgenden mit $f^n(x)$ die n-malige Anwendung der Funktion f auf das Argument x bezeichnen.)

Durch geschickte Wahl der zu kopierenden Klauseln erhalten wir die folgende Matrix, deren Spalten 3–5 nur Kopien der Spalte 2 sind:

$$\neg p(0) \quad \begin{array}{c}\neg p(f(X_4))\\ p(X_4)\end{array} \quad \begin{array}{c}\neg p(f(X_3))\\ p(X_3)\end{array} \quad \begin{array}{c}\neg p(f(X_2))\\ p(X_2)\end{array} \quad \begin{array}{c}\neg p(f(X_1))\\ p(X_1)\end{array} \quad p(f^4(0))$$

II.4.6. BEWEISVERFAHREN

Mit den Substitutionen (vgl. die Substitutionen bei der Resolution!)
$$\{X_1 \mapsto f(X_2)\}\{X_2 \mapsto f(X_3)\}\{X_3 \mapsto f(X_4)\}\{X_4 \mapsto 0\}$$
durch deren Komposition sich $\{X_1 \mapsto f^3(0), X_2 \mapsto f^2(0), X_3 \mapsto f(0), X_4 \mapsto 0\}$ ergibt, ist das die Matrix, deren Konnektionen entsprechend eingezeichnet sind:

$$
\begin{array}{cccccc}
 & \neg p(f(0)) & \neg p(f^2(0)) & \neg p(f^3(0)) & \neg p(f^4(0)) & \\
\neg p(0) & & & & & p(f^4(0)) \\
 & p(0) & p(f(0)) & p(f^2(0)) & p(f^3(0)) &
\end{array}
$$

Wie aus der Graphik ersichtlich, enthält jeder Pfad eine Konnektion, d.h. die Menge der Konnektionen $\{\{\neg p(f^i(0)), p(f^i(0))\} \mid i = 0, \ldots 4\}$ ist aufspannend, womit bewiesen ist, dass die vorgegebene Formel eine Tautologie ist.

Lösung 4.133 Beispiel mit (un)geraden Zahlen [▷111] ○

Durch Transformation in duale Klauselform erhalten wir

[⟨¬even(0)⟩,
  ⟨odd(X), ¬even(s(X))⟩,
  ⟨even(Y), ¬odd(s(Y))⟩,
  ⟨odd(s(s(s(0))))⟩]

woraus sich die folgende Matrixdarstellung ergibt:

$$
\begin{array}{cccc}
 & odd(X) & even(Y) & \\
\neg even(0) & & & odd(s(s(s(0)))) \\
 & \neg even(s(X)) & \neg odd(s(Y)) &
\end{array}
$$

Mit zwei Kopien der dritten Klausel und entsprechenden Grundinstanzen ergibt sich die folgende Matrix mit der dort dargestellten aufspannenden Konnektionsmenge.

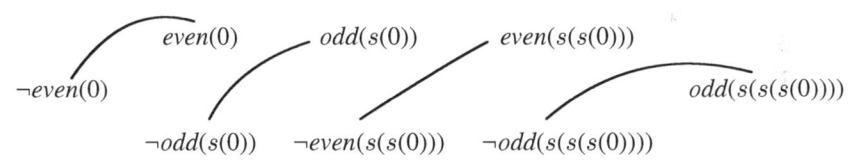

$$
\begin{array}{ccccc}
 & even(0) & odd(s(0)) & even(s(s(0))) & \\
\neg even(0) & & & & odd(s(s(s(0)))) \\
 & \neg odd(s(0)) & \neg even(s(s(0))) & \neg odd(s(s(s(0)))) &
\end{array}
$$

Lösung 4.134 Prädikatenlogische Subsumtion in Matrizen [▷111] ○

Wenn die Spalte C die Spalte D subsumiert, dann gibt es eine Substitution σ, so dass jedes Literal aus $C\sigma$ in D enthalten ist.

Sei nun $\mathcal{N}$ eine Matrix aus Instanzen von endlich vielen Spalten aus $\mathcal{M}$ mit einer aufspannenden Konnektionsmenge, und sei $D\tau$ eine der Spalten aus $\mathcal{N}$.

Dann ist jedes Literal aus $C\sigma\tau$ in $D\tau$ enthalten. Wenn wir nun in $\mathcal{N}$ die Spalte $D\tau$ durch $C\sigma\tau$ ersetzen, und die so erhaltene Matrix mit $\mathcal{N}'$ bezeichnen, so erhalten wir für $\mathcal{N}'$ wiederum eine aufspannende Konnektionsmenge, da wir für die Literale in $C\sigma\tau$ einfach die Konnektionen übernehmen können, welche für die dazu identischen Literale in $D\tau$ bestanden haben. (Für Literale aus $D\tau$, welche nicht in $C\sigma\tau$ sind, fallen die entsprechenden Pfade einfach weg.)

Da in $\mathcal{N}$ nur endlich viele Instanzen von D vorkommen können, können wir diese der Reihe nach auf obige Weise durch Instanzen von C ersetzen.

$$
\begin{array}{c}
\dfrac{}{p(a) \vdash p(a), q(a)} \text{ ax} \quad \dfrac{}{q(a) \vdash p(a), q(a)} \text{ ax} \\
\hline
(p(a) \vee q(a)) \vdash p(a), q(a) \\
\hline
(p(a) \vee q(a)) \vdash p(a), (\exists X)q(X) \\
\hline
(p(a) \vee q(a)) \vdash (\exists X)p(X), (\exists X)q(X) \\
\hline
(p(a) \vee q(a)) \vdash ((\exists X)p(X) \vee (\exists X)q(X)) \\
\hline
(\exists X)(p(X) \vee q(X)) \vdash ((\exists X)p(X) \vee (\exists X)q(X)) \\
\hline
\vdash ((\exists X)(p(X) \vee q(X)) \to ((\exists X)p(X) \vee (\exists X)q(X)))
\end{array}
$$

Abbildung 4.52: Zu Aufgabe 4.135 (a).

$$
\begin{array}{c}
\dfrac{}{p(a) \vdash s, xp(a)} \text{ ax} \quad \dfrac{}{p(a), s \vdash s} \text{ ax} \\
\hline
p(a), (p(a) \to s) \vdash s \\
\hline
(\forall X)p(X), (p(a) \to s) \vdash s \\
\hline
(p(a) \to s) \vdash ((\forall X)p(X) \to s) \\
\hline
(\forall X)(p(X) \to s) \vdash ((\forall X)p(X) \to s) \\
\hline
\vdash ((\forall X)(p(X) \to s) \to ((\forall X)p(X) \to s))
\end{array}
$$

Abbildung 4.53: Zu Aufgabe 4.135 (b).

Lösung 4.135 Beweisen im prädikatenlogischen Sequenzenkalkül [▷111] ○

(a) Siehe Abbildung 4.52.

(b) Siehe Abbildung 4.53.

(c) Siehe Abbildung 4.54 auf der nächsten Seite.

Lösung 4.136 Nach Rom mit dem Sequenzenkalkül [▷111] ○
Siehe Abbildung 4.55 auf Seite 454.

$$
\begin{array}{c}
\dfrac{}{r(a,b) \vdash r(a,b)} \text{ax} \\
\dfrac{}{r(a,b) \vdash (\exists X)r(X,b)} \exists r \\
\dfrac{}{(\forall Y)r(a,Y) \vdash (\exists X)r(X,b)} \forall l \\
\dfrac{}{(\forall Y)r(a,Y) \vdash (\forall Y)(\exists X)r(X,Y)} \forall r \\
\dfrac{}{(\exists X)(\forall Y)r(X,Y) \vdash (\forall Y)(\exists X)r(X,Y)} \exists l \\
\dfrac{}{\vdash ((\exists X)(\forall Y)r(X,Y) \to (\forall Y)(\exists X)r(X,Y))} \to r
\end{array}
$$

Abbildung 4.54: Zu Aufgabe 4.135 (c).

4.8 Eigenschaften

4.8.1 Herbrand-Interpretationen

Lösung 4.137 Beispiel für korrespondierendes Herbrand-Modell [▷111] ○

Ein Modell $(\mathbb{N}, \cdot^I)$ ist z.B. folgendes:

$$a^I = 0 \in \mathbb{N},\ s^I : \mathbb{N} \to \mathbb{N} \text{ mit } n \mapsto n+1,\ p^I = \{(a,b,c) \mid a+b=c\}$$

Um ein korrespondierendes Herbrand-Modell anzugeben, führen wir folgende abkürzende Schreibweise ein: Wir schreiben $s^n(a)$ für den Term $s(s(\ldots(a)\ldots))$, in dem das Funktionssymbol s genau n-mal vorkommt. Ein korrespondierendes Herbrand-Modell ist dann: $\{p\left(s^k(a), s^m(a), s^n(a)\right) \mid k + m = n\}$

Lösung 4.138 Existenz korrespondierender Herbrand-Modelle [▷112] ◐ 4-33 256

Für den Beweis werden wir uns folgender in Aufgabe 4.50 (b) bewiesenen Aussage bedienen:

Lemma (∗): Für beliebige Formeln $H \in \mathcal{L}(\mathcal{R}, \mathcal{F}, \mathcal{V})$, beliebige Variablen $X \in \mathcal{V}$ und beliebige Terme $t \in \mathcal{T}(\mathcal{F}, \mathcal{V})$, sowie für beliebige Interpretationen I über einer Domäne $\mathcal{D}$ mit $d \in \mathcal{D}$ und beliebige Variablenzuordnungen $\mathcal{Z}$ mit $t^{I,\mathcal{Z}} = d$ gilt:

$$[H]^{I, \{X \mapsto d\}\mathcal{Z}} = [H\{X \mapsto t\}]^{I,\mathcal{Z}},\ \text{falls } \{X \mapsto t\} \text{ frei für } H.$$

Wir führen einen Beweis mit vollständiger Induktion über die Anzahl n der universellen Quantoren in F.

I.A. Sei $n = 0$. Das heißt, F enthält keine Quantoren. Da F als Satz abgeschlossen ist, enthält F somit keine Variablen, so dass alle in F vorkommenden Terme abgeschlossen sind.

Sei I eine Interpretation und J eine zu I korrespondierende Herbrand-Interpretation. Wir zeigen mit struktureller Induktion über den Aufbau von prädikatenlogischen Formeln, die stärkere Aussage, dass für alle abgeschlossenen Formeln F ohne Quantoren $F^I = F^J$ gilt, woraus dann trivialerweise folgt:

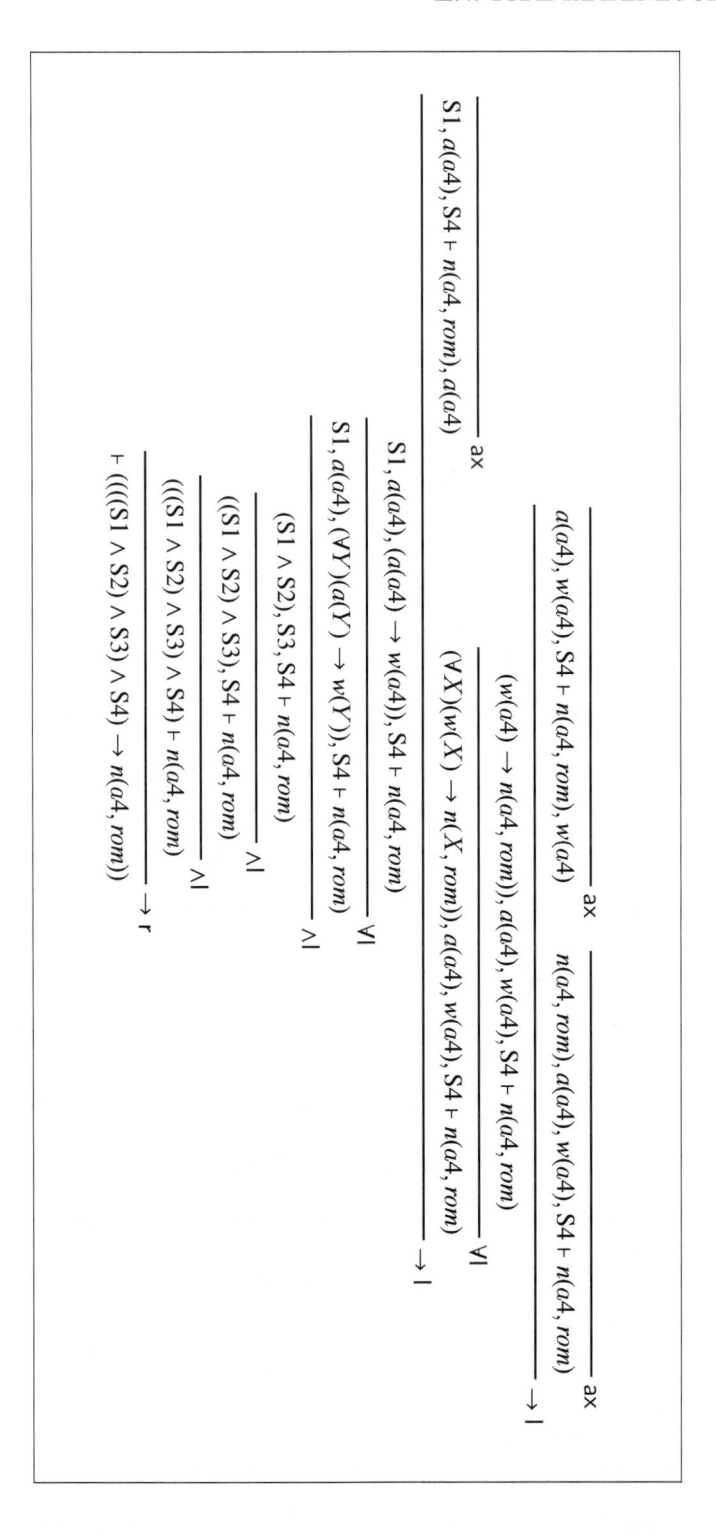

$$\dfrac{\dfrac{\dfrac{\overline{a(a4), w(a4), S4 \vdash n(a4, rom), w(a4)}\ ax \quad \overline{n(a4, rom), a(a4), w(a4), S4 \vdash n(a4, rom)}\ ax}{\dfrac{(w(a4) \to n(a4, rom)), a(a4), w(a4), S4 \vdash n(a4, rom)}{\dfrac{(\forall X)(w(X) \to n(X, rom)), a(a4), w(a4), S4 \vdash n(a4, rom)}{\dfrac{S1, a(a4), (a(a4) \to w(a4)), S4 \vdash n(a4, rom)}{\dfrac{S1, a(a4), (\forall Y)(a(Y) \to w(Y)), S4 \vdash n(a4, rom)}{\dfrac{(S1 \wedge S2), S3, S4 \vdash n(a4, rom)}{\dfrac{((S1 \wedge S2) \wedge S3), S4 \vdash n(a4, rom)}{\dfrac{(((S1 \wedge S2) \wedge S3) \wedge S4) \vdash n(a4, rom)}{\vdash ((((S1 \wedge S2) \wedge S3) \wedge S4) \to n(a4, rom))}\to r}\wedge l}\wedge l}\wedge l}\forall l}\to l}\forall l}}\to l}\ \overline{S1, a(a4), S4 \vdash n(a4, rom), a(a4)}\ ax$$

Abbildung 4.55: Zu Aufgabe 4.136.

II.4.8. EIGENSCHAFTEN

Wenn $F^I = \top$, dann $F^J = \top$.

I.A. F ist atomar, also $F = p(t_1, \ldots, t_n)$.
Außerdem folgt, dass $\{t_1, \ldots, t_n\} \subseteq \mathcal{T}(\mathcal{F})$, da alle in F vorkommenden Terme abgeschlossen sind.
Aus der Definition der korrespondierenden Herbrand-Interpretation (Definition 4.58) ergibt sich unmittelbar $F^I = F^J$.

I.H. Für Formeln G und H gelte $G^I = G^J$ und $H^I = H^J$.

I.S. (i) *Zu zeigen:* $[\neg G]^I = [\neg G]^J$
Beweis: $[\neg G]^I = \neg^*[G]^I \stackrel{\text{I.H.}}{=} \neg^*[G]^J = [\neg G]^J$.

(ii) *Zu zeigen:* $(G \circ H)^I = (G \circ H)^J$
Beweis: $(G \circ H)^I = G^I \circ^* H^I \stackrel{\text{I.H.}}{=} G^J \circ^* H^J = (G \circ H)^J$.

Da wir – wegen $n = 0$ – nur über Formeln ohne Quantoren sprechen, entfallen die Fälle, in denen Formeln durch Quantifizierung gebildet werden.

Mit $F^I = F^J$ folgt unmittelbar, dass Lemma 4.59 für Sätze F in Skolem-Normalform mit $n = 0$ ∀-Quantoren gilt.

I.H. Für alle prädikatenlogischen Sätze F in Skolem-Normalform mit n ∀-Quantoren gilt: Wenn eine Interpretation $I = (\mathcal{D}, \cdot^I)$ ein Modell für F ist, dann ist auch jede zu I korrespondierende Herbrand-Interpretation J ein Modell für F.

I.B. Für alle prädikatenlogischen Sätze F in Skolem-Normalform mit $n + 1$ ∀-Quantoren gilt: Wenn eine Interpretation $I = (\mathcal{D}, \cdot^I)$ ein Modell für F ist, dann ist auch jede zu I korrespondierende Herbrand-Interpretation J ein Modell für F.

I.S. Sei $F = (\forall X)H$ ein prädikatenlogischer Satz in Skolem-Normalform mit $n + 1$ ∀-Quantoren.
Offensichtlich enthält H dann n ∀-Quantoren. Die I.H. ist auf H aber nicht direkt anwendbar, da X in H frei vorkommen kann und somit nicht mehr gewährleistet ist, dass H ein Satz ist.
Für alle Variablenzuordnungen $\mathcal{Z}$ bezüglich I gilt nun

$[(\forall X)H]^{I,\mathcal{Z}} = \top$, da I Modell für F ist.

Nach Definition 4.23 gilt dies aber genau dann, wenn

$H^{I,\{X \mapsto d\}\mathcal{Z}} = \top$ für alle $d \in \mathcal{D}$.

Diese Gleichung gilt dann insbesondere für die Einschränkung von $\mathcal{D}$ auf all diejenigen $d \in \mathcal{D}$, welche im Bild der Abbildung $\cdot^I$ von $\mathcal{T}(\mathcal{F})$ nach $\mathcal{D}$ liegen.
Es folgt also

$H^{I,\{X \mapsto d\}\mathcal{Z}} = \top$ für alle $d \in \mathcal{D}$,
für welche ein $t \in \mathcal{T}(\mathcal{F})$ existiert mit $t^I = d$.

Dies ist äquivalent zu

$H^{I,\{X \mapsto t^I\}\mathcal{Z}} = \top$ für alle $t \in \mathcal{T}(\mathcal{F})$.

Für jedes $t \in \mathcal{T}(\mathcal{F})$ folgt nun nach Lemma (∗):

$[H\{X \mapsto t\}]^{I,\mathcal{Z}} = \top$.

(Da $t \in \mathcal{T}(\mathcal{F})$ ist, ist die Substitution $\{X \mapsto t\}$ immer frei.)

$H\{X \mapsto t\}$ ist nun für jedes $t \in \mathcal{T}(\mathcal{F})$ eine abgeschlossene Formel in Skolem-Normalform, und I ist Modell für $H\{X \mapsto t\}$, d.h. $[H\{X \mapsto t\}]^I = \top$.

Es gilt folglich laut I.H., dass für jedes $t \in \mathcal{T}(\mathcal{F})$ die korrespondierende Herbrand-Interpretation J ein Modell für $H\{X \mapsto t\}$ ist, also $[H\{X \mapsto t\}]^J = \top$. Und wegen der Abgeschlossenheit folgt nun für alle Variablenzuordnungen $\mathcal{Z}'$ bzgl. J

$$[H\{X \mapsto t\}]^{J,\mathcal{Z}'} = \top \quad \text{für alle} \quad t \in \mathcal{T}(\mathcal{F}).$$

Wiederum nach Lemma (∗) folgt nun für alle $t \in \mathcal{T}(\mathcal{F})$

$$H^{J,\{X \mapsto t\}\mathcal{Z}'} = \top, \quad \text{da} \quad t = t^{J,\mathcal{Z}'}.$$

Nach Definition 4.23 folgt nun

$$[(\forall X)H]^{J,\mathcal{Z}'} = \top.$$

Wegen der Abgeschlossenheit von $(\forall X)H$ folgt nun, dass J ein Modell für $(\forall X)H$ ist.

4.8.2 Korrektheits- und Vollständigkeitssätze

4-37 261 Lösung 4.139 Beweisergänzung: Resolutionslemma 4.63 [▷112] ◐

Sei die Klausel $D = [p(s_1, \ldots, s_k), L_1, \ldots, L_m]\sigma$ ein Faktor einer Klausel $D' = [p(s_1, \ldots, s_k), p(t_1, \ldots, t_k), L_1, \ldots, L_m]$, welche eine neue Variante einer Klausel aus F ist, und sei σ ein mgu für $\{s_i \approx t_i \mid 1 \leq i \leq k\}$.
Sei I ein Modell für F. Angenommen, I ist kein Modell für $\forall D$.
Dann gibt es eine Variablenzuordnung $\mathcal{Z}$ bzgl. I mit

$$[p(s_1, \ldots, s_k)\sigma]^{I,\mathcal{Z}} \vee^* [L_1\sigma]^{I,\mathcal{Z}} \vee^* \ldots \vee^* [L_m\sigma]^{I,\mathcal{Z}} = \bot.$$

Dies impliziert, dass $[p(s_1, \ldots, s_k)\sigma]^{I,\mathcal{Z}} = [L_1\sigma]^{I,\mathcal{Z}} = \cdots = [L_m\sigma]^{I,\mathcal{Z}} = \bot$. (∗)
Wegen $I \models F$ muss auch $I \models \forall(D'\sigma)$ gelten, woraus für alle Variablenzuordnungen, und damit auch obiger Variablenzuordnung $\mathcal{Z}$, folgt:

$$[p(s_1, \ldots, s_k)\sigma]^{I,\mathcal{Z}} \vee^* [p(t_1, \ldots, t_k)\sigma]^{I,\mathcal{Z}} \vee^* [L_1\sigma]^{I,\mathcal{Z}} \vee^* \ldots \vee^* [L_m\sigma]^{I,\mathcal{Z}} = \top$$

Dies ist ein Widerspruch, denn wegen (∗) und $p(s_1, \ldots, s_k)\sigma = p(t_1, \ldots, t_k)\sigma$ müsste sich aber $\bot$ ergeben.

4-37 262 Lösung 4.140 Beweisergänzung: Lifting-Lemma 4.65 [▷112] ◐

Wenn D ein Faktor von $D_1\sigma$ ist, dann muss o.B.d.A. $D_1\sigma$ von der Form

$$[p(t_1, \ldots, t_n)\sigma, p(s_1, \ldots, s_n)\sigma, L_1\sigma, \ldots, L_m\sigma]$$

sein und es muss für $p(t_1, \ldots, t_n)\sigma$ und $p(s_1, \ldots, s_n)\sigma$ einen allgemeinsten Unifikator τ geben. D ist dann von der Form $[p(t_1, \ldots, t_n)\sigma\tau, L_1\sigma\tau, \ldots, L_m\sigma\tau]$. (Da σ eine Grundsubstitution für D_1 ist, muss τ natürlich die leere Substitution sein. Dies spielt aber im Weiteren keine Rolle.)
Aus obigem folgt, dass $p(t_1, \ldots, t_n)$ und $p(s_1, \ldots, s_n)$ unifizierbar sind, z.B. mit Unifikator $\sigma\tau$. Somit muss es auch einen allgemeinsten Unifikator ϱ für $p(t_1, \ldots, t_n)$ und $p(s_1, \ldots, s_n)$ geben.
Es ist dann $D' = [p(t_1, \ldots, t_n)\varrho, L_1\varrho, \ldots, L_m\varrho]$ ein Faktor von D_1 (vgl. $D_1\varrho = [p(t_1, \ldots, t_n)\varrho, p(s_1, \ldots, s_n)\varrho, L_1\varrho, \ldots, L_m\varrho]$).

II.4.8. EIGENSCHAFTEN   457

Da ϱ allgemeinster Unifikator von $p(t_1, \ldots, t_n)$ und $p(s_1, \ldots, s_n)$ und $\sigma\tau$ ein weiterer Unifikator für $p(t_1, \ldots, t_n)$ und $p(s_1, \ldots, s_n)$ ist, gibt es eine Substitution λ mit $\varrho\lambda = \sigma\tau$. Es folgt dann:

$$\begin{aligned} D'\lambda &= [p(t_1,\ldots,t_n)\varrho, L_1\varrho, \ldots, L_m\varrho]\lambda \\ &= [p(t_1,\ldots,t_n)\varrho\lambda, L_1\varrho\lambda, \ldots, L_m\varrho\lambda] \\ &= [p(t_1,\ldots,t_n)\sigma\tau, L_1\sigma\tau, \ldots, L_m\sigma\tau] \\ &= D \end{aligned}$$

Lösung 4.141 Beweisergänzung: Lemma 4.66   [▷112] ◐ 4-38 263
Sei B_{m+1} ein Faktor von B_j mit $j \leq m$. Nach der I.H. gibt es B'_j und λ_j mit $B'_j\lambda_j = B_j$. Sei B''_j eine neue Variante von B'_j. Dann gibt es eine Substitution θ_j mit $B''_j\theta_j = B'_j$.
Insgesamt gilt damit: $B_j = B'_j\lambda_j = (B''_j\theta_j)\lambda_j = B''_j(\theta_j\lambda_j)$.
Gemäß dem Lifting-Lemma 4.65 finden wir einen Faktor B'_{m+1} von B''_j sowie eine Substitution λ_{m+1} mit $B'_{m+1}\lambda_{m+1} = B_{m+1}$. Zusammen mit der I.H. erhalten wir die Resolutionsableitung $(B'_i \mid 1 \leq i \leq m+1)$ und die Folge $(\lambda_i \mid 1 \leq i \leq m+1)$ mit $B'_i\lambda_i = B_i$ für alle $1 \leq i \leq m+1$.

4.8.3 Der Endlichkeitssatz

Lösung 4.142 Es gibt mindestens n Dinge   [▷112] ◐ 4-43 273
Wir betrachten die Sprache $\mathcal{L}(\{e/2\}, \{a_1/10, \ldots, a_n/0\}, \mathcal{V})$ und definieren F_n als die folgende verallgemeinerte Konjunktion:

$$\begin{aligned} F_n = \langle \quad & e(a_1,a_1), & \neg e(a_1,a_2), & \ldots & \neg e(a_1,a_{n-1}), & \neg e(a_1,a_n), \\ & \neg e(a_2,a_1), & e(a_2,a_2), & \ldots & \neg e(a_2,a_{n-1}), & \neg e(a_2,a_n), \\ & \vdots & \vdots & \vdots & \vdots & \vdots \\ & \neg e(a_{n-1},a_1), & \neg e(a_{n-1},a_2), & \ldots & e(a_{n-1},a_{n-1}), & \neg e(a_{n-1},a_n), \\ & \neg e(a_n,a_1), & \neg e(a_n,a_2), & \ldots & \neg e(a_n,a_{n-1}), & e(a_n,a_n) \quad \rangle \end{aligned}$$

Sei $\mathcal{D}_k = \{1, \ldots, k\} \subset \mathbb{N}$.
(1) Für $k = n$ ist die Interpretation I_n der Sprache $\mathcal{L}(\{e\}, \{a_1, \ldots, a_n\}, \mathcal{V})$ mit $p^{I_n} = \{(m,m) \mid m \in \mathcal{D}_n\}$ und $a_i^{I_n} = i$ für $i \in \{1, \ldots, n\}$ ein Modell.
(2) Sei $k < n$ und $I_k(\mathcal{D}_k, \cdot^{I_k})$ eine Interpretation von $\mathcal{L}(\{e\}, \{a_1, \ldots, a_n\}, \mathcal{V})$. Da die Anzahl der Konstanten größer ist als die Anzahl der Elemente in $\mathcal{D}_k$, muss es $i, j \in \{1, \ldots, n\}$, $i \neq j$, geben mit $a_i^{I_k} = a_j^{I_k}$. Daraus folgt aber, dass $e(a_i, a_j)^{I_k} = \top$ und folglich $\neg e(a_i, a_j)^{I_k} = \bot$, woraus nunmehr folgt, dass I_k kein Modell von F_n ist.

Lösung 4.143 Nochmal Formeln ohne endliche Modelle   [▷112] ●
Wir betrachten die folgenden Formeln der prädikatenlogischen Sprache $\mathcal{L}(\{a\}, \emptyset, \mathcal{V})$:

$$\begin{aligned} F_1 &= (\forall X)(\exists Y)a(X,Y) \\ F_2 &= (\forall X)(\forall Y)(a(X,Y) \to \neg a(Y,X)) \\ F_3 &= (\forall X)(\forall Y)(\forall Z)((a(X,Y) \land a(Y,Z)) \to a(X,Z)) \end{aligned}$$

Wir zeigen, dass die Formel $F = (F_1 \wedge F_2 \wedge F_3)$ kein endliches Modell hat.
Dafür beweisen wir mit vollständiger Induktion, dass die Domäne $\mathcal{D}$ jedes Modells von F eine unendliche Folge unterschiedlicher Elemente enthalten muss, d.h. dass es für jedes $n \in \mathbb{N}$ eine Folge untereinander verschiedener $u_1, \ldots, u_n \in \mathcal{D}$ gibt.
Sei nun also I ein beliebiges Modell von F über einer Domäne $\mathcal{D}$, und sei $\mathcal{Z}$ eine beliebige Variablenzuordnung.

- **I.A.** $n = 1$: Definitionsgemäß sind Domänen niemals leer, und damit existiert immer ein Element u_1 in $\mathcal{D}$.
- **I.H.** Es gibt untereinander verschiedene $u_1, \ldots, u_n \in \mathcal{D}$ mit $a^I(u_i, u_j)$ für $1 \leq i < j \leq n$.
- **I.B.** Es gibt untereinander verschiedene $u_1, \ldots, u_n, u_{n+1} \in \mathcal{D}$ mit $a^I(u_i, u_j)$ für $1 \leq i < j \leq n+1$.
- **I.S.** Aus $F_1^{I,\mathcal{Z}} = \top$ folgt, dass für alle $d \in \mathcal{D}$ ein $d' \in \mathcal{D}$ existiert, so dass $(d, d') \in a^I$, was speziell für u_n die Existenz eines Elements $u_{n+1} \in \mathcal{D}$ impliziert, für das $(u_n, u_{n+1}) \in a^I$ gilt. $a^I(u_i, u_{n+1})$ für $1 \leq i < n+1$ folgt mit F_3.
  Wir nehmen nun an, dass u_{n+1} kein neues Element ist, d.h. es gibt ein $k \in \{1, \ldots, n\}$ mit $u_{n+1} = u_k$. Da $(u_k, u_n) \in a^I$ nach I.H. gilt, also nun $(u_{n+1}, u_n) \in a^I$, folgt mit F_3, dass $(u_{n+1}, u_{n+1}) \in a^I$ gilt. Mit Aufgabe 4.131 (d) ergibt sich jedoch, dass aus F_2 folgt: $(\forall X) \neg a(X, X)$. Aus diesem Widerspruch folgt, dass u_{n+1} von allen $u_1, \ldots, u_n$ verschieden sein muss.

4-40 272 Lösung 4.144 Beweis Endlichkeitssatz: Grundinstanzen [▷112]

Sei I ein Modell für $\mathcal{G}_G$ und sei J die zu I korrespondierende Herbrand-Interpretation. Für jede Formel F aus $\mathcal{G}_G$ folgt nun mit Lemma 4.59, dass J ein Modell für F ist, da I ein Modell für F ist. Somit ist J ein Modell für die Formelmenge $\mathcal{G}_G$.

Wir zeigen nun, dass J auch ein Modell für $\mathcal{G}_\forall$ ist, indem wir für jede Formel $\forall H$ mit $H \in \mathcal{G}$ zeigen, dass $[\forall H]^J = \top$ gilt.

Sei im Folgenden $\mathcal{Z}$ eine beliebige, aber feste Variablenzuordnung bzgl. J, und sei $H \in \mathcal{G}$ mit $\forall H = (\forall X_1) \cdots (\forall X_n) H$. Nach Definition 4.23 gilt:

$[(\forall X_1) \cdots (\forall X_n) H]^{J,\mathcal{Z}} = \top$ gdw.

für alle $t_1, \ldots, t_n \in \mathcal{T}(\mathcal{F})$ gilt: $H^{J,\{X_n \mapsto t_n\} \cdots \{X_1 \mapsto t_1\} \mathcal{Z}} = \top$

Nach Proposition 4.61 gilt aber (für Herbrand-Interpretationen)

$H^{J,\{X_n \mapsto t_n\} \cdots \{X_1 \mapsto t_1\} \mathcal{Z}} = H\{X_n \mapsto t_n, \ldots, X_1 \mapsto t_1\}^{J,\mathcal{Z}}$

(Man beachte: Nach Definition 4.29 ist $\{X_1, \ldots, X_n\}$ die Menge der in H frei vorkommenden Variablen, und somit sind die $X_1, \ldots, X_n$ alle voneinander verschieden.)
Nun ist aber $H\{X_n \mapsto t_n, \ldots, X_1 \mapsto t_1\}$ eine Grundinstanz einer Klausel aus $\mathcal{G}$ und als solche unter J wahr, da J ja Modell für $\mathcal{G}_G$ ist.

4-41 272 Lösung 4.145 Beweis Endlichkeitssatz: Aussagenlogische Abbildung [▷113]

Wir unterscheiden in dieser Aufgabe notationell zwischen der aussagenlogischen Folgerungsbeziehung $\models_a$ und der prädikatenlogischen $\models_p$.
Sei I_a eine aussagenlogische Interpretation mit $I_a \models_a \mathcal{G}_a$. d.h. $I_a \subseteq \mathcal{R}'$.
Wir definieren $J_p := \{f^{-1}(A) \mid A \in I_a \cap \text{Bild}(f)\}$. J_p repräsentiert damit eine Herbrand-Interpretation von $\mathcal{L}(\mathcal{R}, \mathcal{F}, \mathcal{V})$.

II.4.8. EIGENSCHAFTEN

Sei K_p eine Klausel aus $\mathcal{G}_p$. Dann gilt o.B.d.A. dass die Klausel K_p von der Form $[R_1, \ldots, R_k, \neg R_{k+1}, \ldots, \neg R_m]$ ist, mit $R_i \in \mathcal{A}$ für $i \in \{1, \ldots, m\}$.
Es ist nun zu zeigen, dass $J_p \models_p [R_1, \ldots, R_k, \neg R_{k+1}, \ldots, \neg R_m]$ gilt.
Die Klausel $[\mathsf{f}(R_1), \ldots, \mathsf{f}(R_k), \neg \mathsf{f}(R_{k+1}), \ldots, \neg \mathsf{f}(R_m)]$ ist eine Formel in $\mathcal{G}_a$ und somit nach Voraussetzung unter der Interpretation I_a wahr. Dies bedeutet, dass es ein $\ell \in \{1, \ldots, m\}$ geben muss, für welches einer der beiden folgenden Fälle zutrifft:

(i) $\mathsf{f}(R_\ell)^{I_a} = \top$ und $\ell \leq k$:
Dann ist $\mathsf{f}(R_\ell) \in I_a \cap \text{Bild}(\mathsf{f})$ und damit $\mathsf{f}^{-1}(\mathsf{f}(R_\ell)) = R_\ell \in J_p$, woraus sich $J_p \models_p K_p$ ergibt.

(ii) $\mathsf{f}(R_\ell)^{I_a} = \bot$ und $\ell > k$:
Dann ist $\mathsf{f}(R_\ell) \notin I_a$ und damit $\mathsf{f}^{-1}(\mathsf{f}(R_\ell)) = R_\ell \notin J_p$. Folglich ist $[\neg R_\ell]^{J_p} = \top$, woraus sich ebenfalls $J_p \models_p K_p$ ergibt.

Lösung 4.146 Beweis Endlichkeitssatz: Auseinanderdividieren [▷113] ◐ 4-39 271

Sei $\mathcal{V} = \{X_1, X_2, X_3, \ldots\}$, und bezeichne die v die Funktion, welche eine Formel auf die Menge der, in der Formel vorkommenden, Variablen abbildet.
Wir nehmen an, dass für die Formeln $F_1, \ldots, F_n$ bereits die dazu entsprechenden Formeln $F'_1, \ldots, F'_n$ mit auseinanderdividierten Variablen konstruiert wurden. Sei ℓ der größte Index in der Variablenmenge $\bigcup_{i=1}^{n} \mathsf{v}(F'_i)$.
Sei $\{X'_1, \ldots, X'_k\}$ die Menge der Variablen, welche in der Formel F_{n+1} vorkommen, und sei l die Anzahl neuer Variablen, welche zum Auseinanderdividieren der Variablen in F_{n+1} benötigen würden. Wir wenden zuerst auf F_{n+1} die Substitution $\sigma = \{X'_1 \mapsto X_{\ell+1}, \ldots, X'_k \mapsto X_{\ell+k}\}$ an, und verwenden anschließend die Variablen $X_{\ell+k+1}, \ldots, X_{\ell+k+l}$ zum auseinanderdividieren der Variablen in $F\sigma$. Die sich dadurch ergebende Formel ist die gesuchte Formel F'_{n+1}.

Lösung 4.147 Non-Standard Modell der natürlichen Zahlen [▷113] ●

(a) Eine in der Mathematik übliche Form der Peano Axiome ist beispielsweise die folgende:

1. 0 ist eine natürliche Zahl
2. Jede natürliche Zahl n hat einen Nachfolger $s(n)$
3. Keine natürliche Zahl hat 0 als Nachfolger
4. Aus $s(n) = s(m)$ folgt $n = m$ für alle natürlichen Zahlen m und n
5. Für eine beliebige Eigenschaft p gilt:
Wenn $p(0)$ und $\forall n \in \mathbb{N} : (p(n) \longrightarrow p(s(n)))$, dann $\forall n \in \mathbb{N} : p(n)$

Die beiden ersten Axiome sind hier in Form des Konstantensymbols 0 und des einstelligen Funktionssymbols s direkt in die Sprache $\mathcal{L}_s$ kodiert.
Da wir nur über natürliche Zahlen sprechen wollen, und über nichts anderes, ist keine Abgrenzung der mit s und 0 gebildeten Terme von anderen Termen durch ein spezielles einstelliges Relationssymbol nötig.
Die beiden Formeln (∗) und (∗∗) sind direkte Formalisierungen der obigen Axiome 3 und 4.
Was die Formeln der Form (∗∗∗) betrifft, so ist eine derartige Formel immer wahr, wenn F kein X enthält, und andernfalls kann F als eine Eigenschaft p aufgefasst werden, und die Formel (∗∗∗) ist dann von der gleichen Form wie das obige Axiom 5.

Die Formeln der Form (∗∗∗) sind somit Spezialfälle oder spezielle Instanzen von Axiom 5.

(b) Jede endliche Teilmenge $\mathcal{F}' \subset \mathcal{F}$ ist die disjunkte Vereinigung von Formeln aus $Th(N)$ und einer endlichen Teilmenge C' von Formeln aus $\{\neg c \doteq \overline{n} \mid n \in \mathbb{N}\}$. Wir definieren $k := \max\{i \mid \neg c \doteq \overline{i} \in C'\}$, da dieses Maximum wegen der Endlichkeit von C' existiert.

Wenn wir nun die Interpretation $N = (\mathbb{N}, \cdot^N)$ zur Interpretation $N' = (\mathbb{N}, \cdot^{N'})$ erweitern indem wir $c^{N'} := k + 1$ definieren – und N' für alle anderen nicht logischen Symbole in $\mathcal{L}_c$ mit N übereinstimmen lassen – dann ist N' ein Modell von $\mathcal{F}'$.

Nach dem Endlichkeitssatz muss es nun aber eine Interpretation $I = (\mathcal{D}, \cdot^I)$ der Sprache $\mathcal{L}_c$ über einer Domäne $\mathcal{D}$ geben, welche ein Modell von $\mathcal{F}$ ist.

Bemerkung: *Wir können annehmen, dass $\mathcal{D}$ abzählbar ist. (Andernfalls würden wir einfach zum zu I korrespondierenden Herbrand-Modell übergehen, welches abzählbar ist.)*

(c) Wir können in der Sprache $\mathcal{L}_s$ die folgenden Formeln bilden:
  (i) $(\forall X) X \doteq X$
  (ii) $(\forall X)(\forall Y)(X \doteq Y \to Y \doteq X)$
  (iii) $(\forall X)(\forall Y)(\forall Z)((X \doteq Y \land Y \doteq Z) \to X \doteq Z)$

Diese Formeln sind unter der Interpretation N wahr, da $\doteq^N$ die Gleichheitsrelation auf $\mathbb{N}$ ist. Damit bilden diese Formeln eine Teilmenge von $Th(N)$, und damit von $\mathcal{F}$, was wiederum bedeutet, dass diese Formeln unter I ebenfalls wahr sind. Daraus folgt nun (nach Aufgabe 4.51), dass $\doteq^I$ eine Äquivalenzrelation auf $\mathcal{D}$ ist.

Da eine Äquivalenzrelation auf $\mathcal{D}$ die Menge $\mathcal{D}$ partitioniert, zieht Nichtäquivalenz von Elementen aus $\mathcal{D}$ deren Verschiedenheit nach sich. Aus

$$I \models \neg c \doteq \overline{n} \quad \text{für alle } n \in \mathbb{N}$$

folgt, dass c^I ein Element aus $\mathcal{D}$ ist, welches zu keinem der Elemente $\overline{n}^I \in \mathcal{D}$ äquivalent ist. Formaler ausgedrückt gilt

$$(c^I, \overline{n}^I) \notin \doteq^I \quad \text{für alle } n \in \mathbb{N}$$

woraus folgt, dass c^I von all den $\overline{n}^I$ verschieden ist; also

$$c^I \neq \overline{n}^I \quad \text{für alle } n \in \mathbb{N}.$$

(d) Für einen beliebigen Homomorphismus $h : \mathbb{N} \to \mathcal{D}$ von N nach I_s folgt, dass h jedes $n \in \mathbb{N}$ auf $\overline{n}^{I_s}$ ($= \overline{n}^I$) in $\mathcal{D}$ abbildet, was wie folgt durch vollständige Induktion bewiesen werden kann:

I.A. $n = 0$: $h(0) = h(\mathbf{0}^N) = \mathbf{0}^{I_s} = \overline{0}^{I_s}$

I.H. Wir nehmen an $h(n) = \overline{n}^{I_s}$ für ein gewisses $n \in \mathbb{N}$

I.B. $h(n+1) = \overline{n+1}^{I_s}$

I.S. Wir berechnen $h(n+1)$ wie folgt:

$$\begin{aligned} h(n+1) &=_{\text{Def } s^N} & h(s^N(n)) \\ &=_{h \text{ homo}} & s^{I_s}(h(n)) \\ &=_{\text{I.H.}} & s^{I_s}(\overline{n}^{I_s}) \end{aligned}$$

II.4.8. EIGENSCHAFTEN

$$=_{\text{Def}} \cdot I_s \quad [s(\overline{n})]^{I_s}$$
$$=_{\text{Def}} \overline{n} \quad [s(s^n(\mathbf{0}))]^{I_s}$$
$$= \quad \overline{n+1}^{I_s}$$

Da nach Teilaufgabe (c) das Element c^I alle $n \in \mathbb{N}$ von $\overline{n}^{I_s}$ $(=\overline{n}^I)$ verschieden ist, ist c^I ein Element von $\mathcal{D}$, welches nicht im Bild von h sein kann. Folglich kann h kein Isomorphismus von N nach I_s sein.

4.8.4 Der Unentscheidbarkeitssatz

Lösung 4.148 Korrespondenzproblem und Resolution   [▷114] ◖ 4-45 277

Wir transformieren die Negation von G_P in Klauselform und erhalten die folgenden Klauseln:

1. $[p(f_{010}(a), f_{10}(a))]$
2. $[p(f_{00}(a), f_{000}(a))]$
3. $[p(f_{100}(a), f_{10}(a))]$
4. $[\neg p(X_1, Y_1), p(f_{010}(X_1), f_{10}(Y_1))]$
5. $[\neg p(X_2, Y_2), p(f_{00}(X_2), f_{000}(Y_2))]$
6. $[\neg p(X_3, Y_3), p(f_{100}(X_3), f_{10}(Y_3))]$
7. $[\neg p(Z, Z)]$

Den beiden im Lehrbuch angegeben Lösungen entsprechen die beiden folgenden Resolutionswiderlegungen

8. $[p(f_{00}(f_{010}(a)), f_{000}(f_{10}(a)))]$ res(1, 5)
9. $[\,]$ res(7, 8)

und

8. $[p(f_{100}(f_{00}(a)), f_{10}(f_{000}(a)))]$ res(2, 6)
9. $[\,]$ res(7, 8)

wobei zur Erzeugung der jeweiligen Klausel mit Nummer 9 die beiden Gleichungen $f_{00}(f_{010}(a)) = f_{00010}(a) = f_{000}(f_{10}(a))$ bzw. $f_{100}(f_{00}(a)) = f_{10000}(a) = f_{10}(f_{000}(a))$ benutzt wurden, welche sich aus den getroffenen notationellen Vereinbarungen ergeben.

Lösungen der Aufgaben zu **Kapitel 5** des Lehrbuchs

Grundlagen der Logikprogrammierung

5.1 Definite Programme

5.1.1 Grundbegriffe

Lösung 5.1 Von Funktionen zu Prolog [▷115] ○

(a) Ein vorteilhafter Zwischenschritt – nicht notwendig, aber es wird leichter und durchsichtiger – ist es, die obige Funktionsdefinition zunächst wie folgt zu schreiben:

$$+2(0) = s(s(0))$$
$$+2(s(N')) = s(+2(N'))$$

Wir wandeln als nächstes die funktionale Schreibweise in eine relationale bzw. prädikative Schreibweise um.

Aus der einstelligen Funktion +2 wird ein zweistelliges Prädikatssymbol, welches wir der Einfachheit halber auch mit +2 bezeichnen. Wir erhalten:

$$+2(0, X) \leftarrow X = s(s(0))$$
$$+2(s(N'), X) \leftarrow X = s(Y) \wedge +2(N', Y)$$

oder optimiert:

$$+2(0, s(s(0)))$$
$$+2(s(N'), s(Y)) \leftarrow +2(N', Y)$$

Eine Transformation in Klauselform ergibt die folgenden Horn-Klauseln:

$$[+2(0, s(s(0)))]$$
$$[+2(s(N'), s(Y)), \neg +2(N', Y)]$$

In Prolog-Notation ergibt sich dann:

+2(0, s(s(0))).
+2(s(N'), s(Y)) :− +2(N', Y).

Gemäß Prolog-Syntax müssen allerdings Prädikatssymbole mit kleinen Buchstaben beginnen; man müsste also anstatt +2 z.B. `plus2` schreiben.

(b) (1) Mit dem Resolutionsverfahren lautet der Aufruf: $[\,\neg+2(s(s(s(0))),Z)\,]$

Zwischenbemerkung: Was wir hier mit dem Resolutionsverfahren beweisen wollen ist die Formel:

$$\bigl(+2(0,s(s(0)))\,\wedge$$
$$(\forall N)(\forall Y)\bigl(+2(N,Y)\ \to\ +2(s(N),s(Y))\bigr)$$
$$\to\ (\exists Z)+2(s(s(0)),Z)\bigr)$$

Transformiert in Klauselform ergibt sich die Konjunktion der folgenden drei Klauseln:

1    $[\,+2(0,s(s(0)))\,]$
2    $[\,+2(s(N),s(Y)),\ \neg+2(N,Y)\,]$
3    $[\,\neg+2(s(s(s(0))),Z)\,]$

Mit dem Resolutionsverfahren erhalten wir:

4    $[\,\neg+2(s(s(0)),Y_1)\,]$ res(3,2) mit $\{Z_1\mapsto s(Y_1), N_1\mapsto s(s(0))\}$
5    $[\,\neg+2(s(0),Y_2)\,]$ res(4,2) mit $\{Y_1'\mapsto s(Y_2), N_2\mapsto s(0)\}$
6    $[\,\neg+2(0,Y_3)\,]$ res(5,2) mit $\{Y_2'\mapsto s(Y_3), N_3\mapsto 0\}$
7    $[\,]$ res(6,1) mit $\{Y_3'\mapsto s(s(0))\}$

Wertet man die erhaltene Substitution aus, so bekommt man für die Kopie Z_1 der Variablen Z sowie für die Kopien der dabei jeweils auftretenden Variablen: $Z_1 = s(Y_1)$, $Y_1' = s(Y_2)$, $Y_2' = s(Y_3)$, $Y_3' = s(s(0))$.

Identifiziert man die Variablen mit ihren jeweiligen direkten Kopien, so erhält man $Z = s(Y_1) = s(s(Y_2)) = s(s(s(Y_3))) = s(s(s(s(s(0)))))$ was der Zahl 5 entspricht.

(2) Mit dem Prolog-Programm lautet der Aufruf: ?− +2(s(s(s(0))),Z).
Wir haben von vorhin das Prolog-Programm:

     1. +2(0, s(s(0))).
     2. +2(s(N), s(Y)) :− +2(N, Y).

Da die Aufruf-Klausel und die iterativ erzeugten weiteren Aufruf-Klauseln jeweils nur einmal verwendet werden, kann man es sich sparen Kopien zu erzeugen. (Kopien werden somit immer nur von den Programm-Klauseln erzeugt.) Die Bestimmung des Ergebnisses der Berechnung wird dadurch auch klarer.

Mit der Kopie +2(s(N_1), s(Y_1)) :− +2(N_1, Y_1).
der 2. Programm-Klausel erhalten wir den neuen Aufruf:

     ?− +2(s(s(0)), Y_1). mit der Substitution $\{Z\mapsto s(Y_1), N_1\mapsto s(s(0))\}$

Mit der Kopie +2(s(N_2), s(Y_2)) :− +2(N_2, Y_2).
der 2. Programm-Klausel erhalten wir den neuen Aufruf:

     ?− +2(s(0), Y_2). mit der Substitution $\{Y_1\mapsto s(Y_2), N_2\mapsto s(0)\}$

und so weiter den Aufruf: ?− +2(0, Y_3).
mit der Substitution $\{Y_2\mapsto s(Y_3), N_3\mapsto 0\}$
Diesen Aufruf lösen wir mit der 1. Programm-Klausel und erhalten die leere Klausel mit der Substitution $\{Y_3\mapsto s(s(0))\}$.

II.5.1. DEFINITE PROGRAMME   465

Wertet man die erhaltenen Substitutionen aus, so bekommt man für die Variable $Z = s(Y_1) = s(s(Y_2)) = s(s(s(Y_3))) = s(s(s(s(0))))$ was der Zahl 5 entspricht.

5.1.2 Semantik

Lösung 5.2 Herbrand-Modelle eines definiten Programms   [▷115] ○
Wir erhalten die folgenden sechs Herbrand-Modelle:

$\{p(a), q(a)\}$, $\{p(a), q(a), r\}$,
$\{p(a), q(a), q(b)\}$, $\{p(a), q(a), q(b), r\}$,
$\{p(a), q(a), p(b), q(b)\}$, $\{p(a), q(a), p(b), q(b), r\}$

Das kleinste Herbrand-Modell ist $\{p(a), q(a)\}$.

Lösung 5.3 Existenz kleinster Herbrand-Modelle   [▷115] ○

Teilmenge	Kleinstes Herbrand-Modell
C	$\{p(a), p(c)\}$
$\{[p(a), p(b)], [p(c)]\}$	–
$\{[p(a), p(b)], [p(a)]\}$	$\{p(a)\}$
$\{[p(a)], [p(c)]\}$	$\{p(a), p(c)\}$
$\{[p(a), p(b)]\}$	–
$\{[p(a)]\}$	$\{p(a)\}$
$\{[p(c)]\}$	$\{p(c)\}$
$\emptyset$	$\emptyset$

Lösung 5.4 Grundinstanzen von definiten Programmen   [▷116] ○   5-4 292

$\Longrightarrow$: Wenn I ein Modell für $\mathcal{P}$ ist, dann ist I auch ein Modell für jede Grundinstanz $A \leftarrow B_1 \wedge \ldots \wedge B_m$ von Klauseln aus $\mathcal{P}$. Damit $A \leftarrow B_1 \wedge \ldots \wedge B_m$ unter I wahr ist, muss A unter I wahr sein, falls alle $B_1, \ldots, B_m$ unter I wahr sind. Das bedeutet, dass wenn $\{B_1, \ldots, B_m\} \subseteq I$, dann $A \in I$.

$\Longleftarrow$: Sei C eine Klausel aus $\mathcal{P}$, in welcher genau die Variablen $X_1, \ldots, X_n$ vorkommen. C ist genau dann wahr unter I, wenn der All-Abschluss $(\forall X_1) \ldots (\forall X_n)C$ von C unter I wahr ist.
Nun gilt mit beliebiger Variablenzuweisung $\mathcal{Z}$, dass

$[(\forall X_1) \ldots (\forall X_n)C]^{I,\mathcal{Z}} = \top$ gdw.

für alle $d_1 \in \mathcal{H}, \ldots,$ für alle $d_n \in \mathcal{H}$ gilt: $C^{I, \{X_n \mapsto d_n\} \ldots \{X_1 \mapsto d_1\}\mathcal{Z}} = \top$

wobei $\mathcal{H}$ das Herbranduniversum bezeichnet.

Da in der Klausel C keine Quantoren vorkommen, ergibt sich, dass die Substitution $\{X_n \mapsto d_n, \ldots, X_1 \mapsto d_1\}$ frei für C ist, und es folgt

$$C^{I,\{X_n \mapsto d_n\}\ldots\{X_1 \mapsto d_1\}Z} = [C\{X_n \mapsto d_n, \ldots, X_1 \mapsto d_1\}]^{I,Z}$$

so dass wir die folgende äquivalente Aussage erhalten:

für alle $d_1 \in \mathcal{H}, \ldots$, für alle $d_n \in \mathcal{H}$ gilt:
$[C\{X_n \mapsto d_n, \ldots, X_1 \mapsto d_1\}]^{I,Z} = \top$

Diese bedeutet aber, dass alle Grundinstanzen von C unter I wahr sein müssen. Für eine wahre Grundinstanz $A \leftarrow B_1 \wedge \ldots \wedge B_m$ folgt nun aber trivialerweise, dass wenn $\{B_1, \ldots, B_m\} \subseteq I$, dann $A \in I$.

Lösung 5.5 Antwortsubstitution gesucht [▷116] ○

(a) Die Antwortsubstitutionen sind genau die Substitutionen σ für die $\mathrm{dom}(\sigma) \subseteq \{Y\}$ gilt. Die korrekten Antwortsubstitutionen erfüllen $\{(\forall X)p(X, f(X))\} \models \forall[p(Y,Y)\sigma]$ und $\mathrm{dom}(\sigma) \subseteq \{Y\}$. Wir erhalten also $\sigma = \{Y \mapsto t\}$ für einen Term t, wobei $t = Y$ möglich ist. Die Antwortsubstitution σ ist korrekt, wenn

$(\forall X)p(X, f(X)) \wedge \neg(\forall Y_1) \ldots (\forall Y_k)p(t,t) \equiv$
$\equiv (\forall X)p(X, f(X)) \wedge (\exists Y_1) \ldots (\exists Y_k)\neg p(t,t)$

unerfüllbar ist, wobei $Y_1, \ldots, Y_k$ die in t auftretenden Variablen sind. Es gibt aber immer eine Interpretation I, für die diese Formel erfüllbar ist. Sei $\mathcal{D} = \{a, b\}$ die Domäne der Interpretation I und sei $f^I(a) = b$ und $f^I(b) = a$ und $p^I = \{(a,b), (b,a)\}$. Für jede Variablenzuordnung Z ist dann $(p(t,t))^{I,Z} = \bot$ und $(p(X, f(X)))^{I,Z} = \top$, also $(\forall X)p(X, f(X)) \wedge \neg(\forall Y_1) \ldots (\forall Y_k)p(t,t)$ wahr unter I.

(b) Beim Versuch, eine Antwortsubstitution mittels SLD-Resolution zu berechnen, wird zunächst der Unifikationsalgorithmus auf das Unifikationsproblem $\{p(X, f(X)) \approx p(Y,Y)\}$ angewendet. Der Algorithmus terminiert in diesem Fall mit `nicht unifizierbar`, also gibt es keine SLD-Widerlegung von $(\mathcal{P} \wedge G)$. Nach der Vollständigkeit der SLD-Resolution gibt es keine korrekten Antwortsubstitutionen für $(\mathcal{P} \wedge G)$.

(Man kann diese Aufgabe natürlich auch wie Teilaufgabe (a) lösen.)

Lösung 5.6 Nachweis einer Antwortsubstitution [▷116] ○

Es ist zu zeigen: $(\forall X)(\forall Y)p(a, X, f(Y)) \models (\forall V)p(a, V, f(a))$.
Wir zeigen für ein beliebiges Modell I von $(\forall X)(\forall Y)p(a, X, f(Y))$ (über einem Grundbereich $\mathcal{D}$), dass es auch ein Modell von $(\forall V)p(a, V, f(a))$ ist.
(Z bezeichne eine beliebig gewählte Variablenzuordnung.)

$[(\forall X)(\forall Y)p(a, X, f(Y))]^{I,Z} = \top$
gdw. $[(\forall Y)p(a, X, f(Y))]^{I,\{X \mapsto d\}Z} = \top$ für alle $d \in \mathcal{D}$
gdw. $[p(a, X, f(Y))]^{I,\{Y \mapsto e\}\{X \mapsto d\}Z} = \top$ für alle $d, e \in \mathcal{D}$

Dies impliziert den Spezialfall $e = a^I$:

$[p(a, X, f(Y))]^{I,\{Y \mapsto a^I\}\{X \mapsto d\}Z} = \top$ für alle $d \in \mathcal{D}$
gdw. $[p(a, X, f(Y))\{Y \mapsto a\}]^{I,\{X \mapsto d\}Z} = \top$ für alle $d \in \mathcal{D}$

II.5.1. DEFINITE PROGRAMME   467

> gdw. $[p(a, X, f(a))]^{I, \{X \mapsto d\} Z} = \top$ für alle $d \in \mathcal{D}$
>
> gdw. $[(\forall X) p(a, X, f(a))]^{I, Z} = \top$
>
> gdw. $[(\forall V) p(a, V, f(a))]^{I, Z} = \top$ (Umbenennung gebundener Variable)

Lösung 5.7 ε **als Antwortsubstitution** [▷116] ○

ε ist eine Antwortsubstitution, da $\text{dom}(\varepsilon) = \emptyset \subseteq \{X\}$ ist. Um zu entscheiden, ob ε eine korrekte Antwortsubstitution ist, bestimmen wir, ob $\mathcal{P} \models (\forall X) p(X)$ gilt. Dies ist der Fall, wenn $\mathcal{P} \wedge \neg (\forall X) p(X)$ unerfüllbar ist. Es ist nun $\mathcal{P} \wedge \neg (\forall X) p(X) \equiv p(a) \wedge (\exists X) \neg p(X)$. Die Formel $p(a) \wedge (\exists X) \neg p(X)$ ist aber erfüllbar, z.B. mit der Interpretation mit Domäne $\mathcal{D} = \{a, b\}$ und $p^I = \{(a)\}$. Somit gilt nicht $\mathcal{P} \models (\forall X) p(X)$ und ε ist keine korrekte Antwortsubstitution.

Lösung 5.8 Beispiel Antwortsubstitutionen [▷116] ○

(a) (1) Aus $\{p(s(a), X, s(s(a))) \approx p(s(X_1), Y_1, s(Z_1))\}$ erhalten wir die Substitution $\theta_1 = \{X_1 \mapsto a, Y_1 \mapsto X, Z_1 \mapsto s(a)\}$ und als nächstes Ziel

$\leftarrow p(a, X, s(a))$.

Aus $\{p(a, X, s(a)) \approx p(a, X_2, X_2)\}$ erhalten wir $\theta_2 = \{X_2 \mapsto s(a), X \mapsto s(a)\}$ und das leere Ziel. Die berechnete Antwortsubstitution lautet also $\theta_1 \theta_2$, beschränkt auf die Variablen in $p(s(a), s(a), X)$, also

$\theta_1 \theta_2 = \{X \mapsto s(a)\}$.

(2) Aus $\{p(s(s(a)), X, s(s(s(a)))) \approx p(s(X_1), Y_1, s(Z_1))\}$ erhalten wir $\theta_1 = \{X_1 \mapsto s(a), X \mapsto Y_1, Z_1 \mapsto s(s(a))\}$ und als nächstes Ziel

$\leftarrow p(s(a), Y_1, s(s(a)))$.

Aus $\{p(s(a), Y_1, s(s(a))) \approx p(s(X_2), Y_2, s(Z_2))\}$ erhalten wir $\{X_2 \mapsto a, Y_2 \mapsto Y_1, Z_2 \mapsto s(a)\}$ und als nächstes Ziel

$\leftarrow p(a, Y_1, s(a))$.

Aus $\{p(a, Y_1, s(a)) \approx p(a, X_3, X_3)\}$ erhalten wir $\{X_3 \mapsto s(a), Y_1 \mapsto s(a)\}$ und das leere Ziel. Wir berechnen nun $\theta_1 \theta_2 \theta_3 = \{X_1 \mapsto s(a), X \mapsto s(a), Z_1 \mapsto s(s(a)), X_2 \mapsto a, Y_2 \mapsto s(a), Z_2 \mapsto s(a), X_3 \mapsto s(a), Y_1 \mapsto s(a)\}$ und als berechnete Antwortsubstitution

$\{X \mapsto s(a)\}$.

(b) Nach Satz 5.24 ist $M_\mathcal{P} = \text{lfp}(T_\mathcal{P}) = \{p(s^m(a), s^k(a), s^n(a)) \mid m + k = n\}$.

Lösung 5.9 SLD-Widerlegung und Antwortsubstitutionen [▷116] ○

(a) 1 $r(a)$
     2 $p(Y)$
     3 $q(X) \leftarrow p(X)$
     4 $s(X) \leftarrow q(X)$
     5 $\leftarrow s(U)$
     6 $\leftarrow q(X_1)$ res(5, 4)
     7 $\leftarrow p(X_2)$ res(6, 3)
     8 [ ]   res(7, 2)

(b) Berechnete Antwortsubstitution: $\{U \mapsto Y_1\}$ oder ε (je nach Substitutionen)

(c) Beispiel für korrekte, nicht berechnete Antwortsubstitution: $\{U \mapsto a\}$

(d) Beispiel: $\{Y \mapsto a\}$

Lösung 5.10 SLD-Ableitung und Antwortsubstitution [▷117] ○

Die SLD-Ableitung ist in Abbildung 5.56 auf Seite 470 dargestellt.
Die Antwortsubstitution bestimmt sich aus der Komposition der Substitutionen $\{X \mapsto Z1\}\{Z1 \mapsto s(Z3)\}\{Z3 \mapsto s(0)\} = \{X \mapsto s(s(0))\}$.
(Andere Lösungen sind durch andere Auswahlfunktionen möglich.)

Lösung 5.11 Fragen zu Antwortsubstitutionen [▷117] ○

(a) Die Behauptung ist falsch. Z.B. berechnet das Programm: $p(a)$. für den Aufruf ?– $p(X)$. die Antwortsubstitution $\{X \mapsto a\}$.

(b) Die Behauptung ist richtig. Ein derartiges Programm ist z.B. durch die Interpretation $I = \{A \mid A \text{ ist Kopf einer Klausel in } \mathcal{P}\}$, da sie jede Klausel aus $\mathcal{P}$ auf $\top$ abbildet,oder durch das kleinste Herbrand-Modell erfüllbar.

(c) Ein Gegenbeispiel ist das Programm $p(X)$. mit Aufruf ?–$p(Y)$. Es ergibt $\{Y \mapsto X_1\}$ als berechnete, und damit korrekte Antwortsubstitution.

Lösung 5.12 Negierte Konjunktion von Literalen [▷117] ○

Wir betrachten folgendes Beispiel: $B_1 = p(a)$, $B_2 = p(X)$ und $\theta = \varepsilon$.

Dann folgt $\quad \neg\forall\langle B_1\theta, B_2\theta\rangle$
$= \neg\forall(B_1\theta \land B_2\theta)$
$= \neg(\forall X)(p(a) \land p(X))$
$\equiv \neg(\forall X)(p(a) \land \neg\neg p(X))$
$\equiv \neg(p(a) \land (\forall X)\neg\neg p(X))$
$\equiv \neg(p(a) \land \neg(\exists X)\neg p(X))$
$\equiv (\neg p(a) \lor \neg\neg(\exists X)\neg p(X))$
$\equiv (\neg p(a) \lor (\exists X)\neg p(X))$
$\equiv (p(a) \rightarrow (\exists X)\neg p(X))$

Für diese Formel gibt es aber kein Herbrand-Modell über dem Herbrand-Universum $\{a\}$.

5.1.3 Fixpunktsemantik

Lösung 5.13 Beispiel für $T_\mathcal{P}^n$ Berechnung: I [▷117] ○

(a) Das zu $\mathcal{P}$ gehörige Herbrand-Universum ist $\mathcal{U} = \{f^i(c) \mid i \in \mathbb{N}_0\}$.
Wir berechnen

$T_\mathcal{P}^1(\emptyset) = \{q(X, X, c) \mid X \in \mathcal{U}\} \cup \{p(X, X, f(c)) \mid X \in \mathcal{U}\}$

$T_\mathcal{P}^2(\emptyset) = \{q(X, X, c) \mid X \in \mathcal{U}\}$

$\cup \{q(f(X), X, f(c)) \mid X \in \mathcal{U}\}$

II.5.1. *DEFINITE PROGRAMME* 469

$$\cup \{p(X, X, f(c)) | X \in \mathcal{U}\}$$
$$\cup \{p(c, c, f(f(c)))\}$$
$$T_\mathcal{P}^3(\emptyset) = \{q(X, X, c) | X \in \mathcal{U}\} \cup \{p(X, X, f(c)) | X \in \mathcal{U}\}$$
$$T_\mathcal{P}^4(\emptyset) = \{q(X, X, c) | X \in \mathcal{U}\} \cup \{p(X, X, f(c)) | X \in \mathcal{U}\}$$

(b) Als kleinstes Herbrand-Modell erhalten wir:
$$\{q(f^m(c), f^n(c), f^k(c)) \mid m, n, k \geq 0, \ m = n + k\}$$
$$\cup \{p(f^m(c), f^n(c), f^k(c)) \mid m, n, k \geq 0, \ m = n \cdot k\}$$

Lösung 5.14 Beispiel für $T_\mathcal{P}^n$ Berechnung: II [▷117] ○

(a) Wir schreiben $p(s^n(a))$ für $p(s(\ldots(a)\ldots))$, wobei s n-mal vorkommt.
$$I_1 = \{p(a), p(s(a)), q(x) \mid x \in \mathcal{U}\}$$
$$I_2 = I_1 \cup \{p(b), p(s(s(a)))\}$$
$$I_{n+1} = I_n \cup \{p(s^n(b)), p(s^{n+1}(a))\}$$
$$= \{q(x) \mid x \in \mathcal{U}\} \cup \{p(s^k(a)), p(s^j(b)) \mid k \leq n+1, j \leq n\}$$

(b) Z.B. ist $I = \{q(x) \mid x \in \mathcal{U}\} \cup \{p(s^k(b)) \mid k \in \mathbb{N}\} \subset \bigcup_{n \in \mathbb{N}} I_n$ auch ein Herbrand-Modell von $\mathcal{P}$, denn $T_\mathcal{P}(I) = I$.

Lösung 5.15 Beispiel für $T_\mathcal{P} \uparrow n$ Berechnung [▷118] ○

Mit dem zugehörigen Herbrand-Universum $\mathcal{U} = \{a, s(a), s(s(a)), \ldots\}$ erhalten wir folgende iterative Berechnung:
$$T_\mathcal{P} \uparrow 0 = \emptyset$$
$$T_\mathcal{P} \uparrow 1 = \{p(a, X, X) \mid X \in \mathcal{U}\}$$
$$T_\mathcal{P} \uparrow 2 = \{p(s(a), X, s(X)) \mid X \in \mathcal{U}\} \cup T_\mathcal{P} \uparrow 1$$
$$T_\mathcal{P} \uparrow 3 = \{p(s(s(a)), X, s(s(X))) \mid X \in \mathcal{U}\} \cup T_\mathcal{P} \uparrow 2$$

Wenn wir für den Term $s(s(\ldots s(s(X))\ldots))$, in dem das Symbol s n-mal auftritt, abkürzend $s^n(X)$ schreiben, dann erhalten wir für alle $n \in \mathbb{N}$:
$$T_\mathcal{P} \uparrow n = \{p(s^m(a), X, s^m(X)) \mid m < n, X \in \mathcal{U}\}.$$
Damit ist nun
$$\mathsf{lfp}(T_\mathcal{P}) = \bigcup_{n \in \mathbb{N}} T_\mathcal{P} \uparrow n = \{p(s^m(a), s^k(a), s^n(a)) \mid m + k = n\}.$$

Lösung 5.16 Monotonie von $T_\mathcal{P}$ [▷118] ○ **5-2** 291

Es ist zu zeigen, dass für $I_1, I_2 \subseteq \mathcal{A}(\mathcal{R}, \mathcal{F})$ folgt: Wenn $I_1 \subseteq I_2$, dann $T_\mathcal{P}(I_1) \not\subseteq T_\mathcal{P}(I_2)$

Wir führen einen Widerspruchsbeweis: Hierfür betrachten wir $I_1, I_2 \subseteq \mathcal{A}(\mathcal{R}, \mathcal{F})$ mit $I_1 \subseteq I_2$ und führen die Annahme $T_\mathcal{P}(I_1) \not\subseteq T_\mathcal{P}(I_2)$ zum Widerspruch.
Wenn $T_\mathcal{P}(I_1) \not\subseteq T_\mathcal{P}(I_2)$ gilt, dann muss es ein $A \in \mathcal{A}(\mathcal{R}, \mathcal{F})$ geben, welches in $T_\mathcal{P}(I_1)$, aber nicht in $T_\mathcal{P}(I_2)$ ist. Damit $A \in T_\mathcal{P}(I_1)$ gilt, muss es eine Grundinstanz $A \leftarrow B_1, \ldots, B_n$ einer Klausel in $\mathcal{P}$ geben, mit $B_1, \ldots, B_n \in I_1$. Mit $I_1 \subseteq I_2$ folgt nun aber $B_1, \ldots, B_n \in I_2$, was sofort $A \in T_\mathcal{P}(I_2)$ impliziert im Widerspruch zu unserer Annahme $A \notin T_\mathcal{P}(I_2)$.

$\leftarrow r(s(s(0)), s(0), X)$ $r(s(X1), Y1, Z1) \leftarrow \langle r(X1, Y1, W1), p(W1, Y1, Z1) \rangle$

$\{X1 \mapsto s(0), Y1 \mapsto s(0), X \mapsto Z1\}$

$\leftarrow \langle r(s(0), s(0), W1), p(W1, s(0), Z1) \rangle$ $r(s(0), X2, X2)$

$\{X2 \mapsto s(0), W1 \mapsto s(0)\}$

$\leftarrow p(s(0), s(0), Z1)$ $p(s(X3), Y3, s(Z3)) \leftarrow p(X3, Y3, Z3)$

$\{X3 \mapsto 0, Y3 \mapsto s(0), Z1 \mapsto s(Z3)\}$

$\leftarrow p(0, s(0), Z3)$ $p(0, X4, X4)$

$\{X4 \mapsto s(0), Z3 \mapsto s(0)\}$

$[\,]$

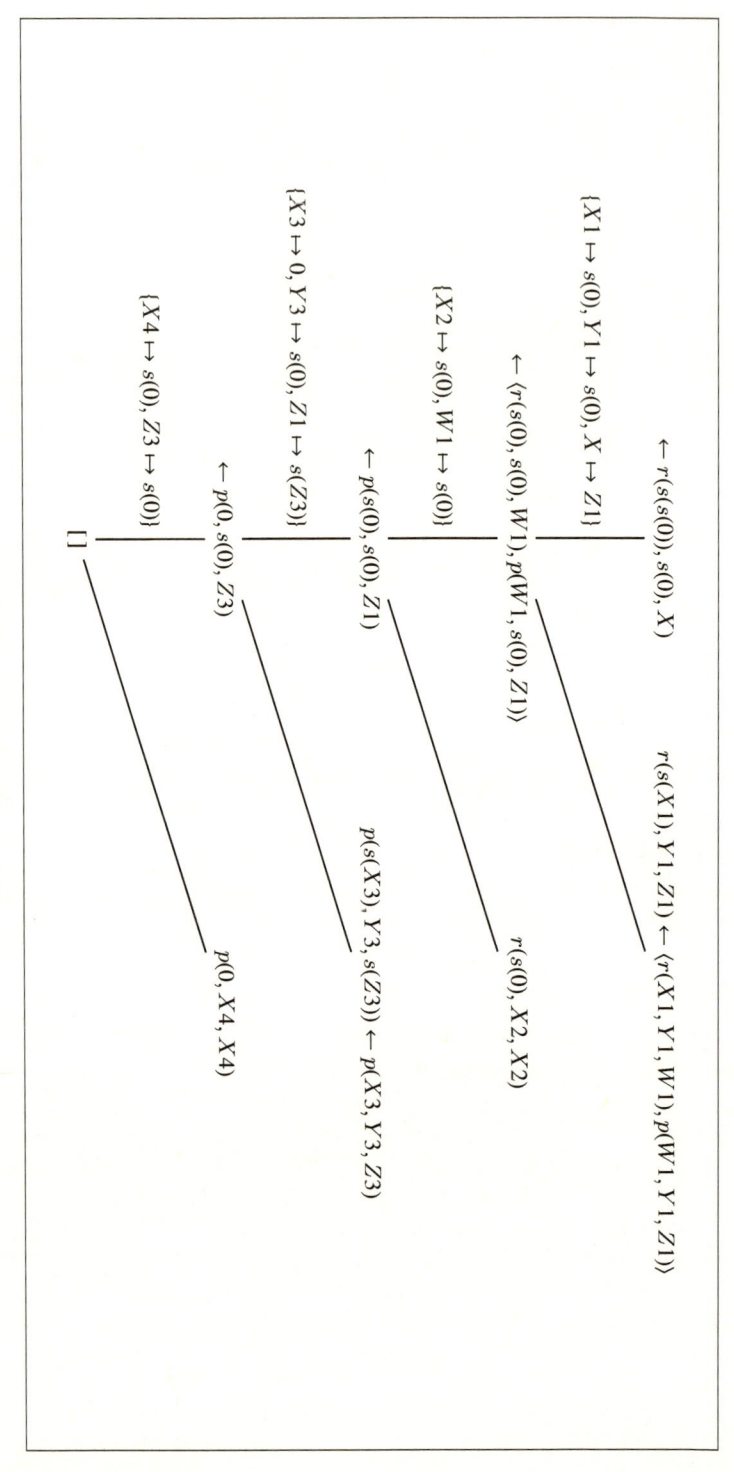

Abbildung 5.56: Zu Aufgabe 5.10.

II.5.1. DEFINITE PROGRAMME

Lösung 5.17 Beweisergänzung zu Proposition 5.22 [▷118] ○ 5-3 291

$\Longrightarrow$: Wenn $\{B_1, \ldots, B_m\} \subseteq \mathsf{lub}(\mathcal{S})$, dann muss es Elemente $I_1, \ldots, I_m \in \mathcal{S}$ mit $B_i \in I_i$ für $i = 1, \ldots, n$ geben.
Da $\mathcal{S}$ gerichtet ist, besitzt jede endliche Teilmenge von $\mathcal{S}$ eine obere Schranke in $\mathcal{S}$. Sei $I \in \mathcal{S}$ diese obere Schranke für die endliche Teilmenge $\{I_1, \ldots, I_m\}$. Dies bedeutet, dass alle $I_1, \ldots, I_m$ Teilmengen von I sind, woraus sofort folgt $\{B_1, \ldots, B_m\} \subseteq I$ mit $I \in \mathcal{S}$.

$\Longleftarrow$: Da für alle $I \in \mathcal{S}$ gilt $I \subseteq \mathsf{lub}(\mathcal{S})$ nach Definition der oberen Schranke. Somit ergibt sich $\{B_1, \ldots, B_m\} \subseteq \mathsf{lub}(\mathcal{S})$ aus $\{B_1, \ldots, B_m\} \subseteq I$.

5.1.5 Eigenschaften

Lösung 5.18 Unabhängigkeit der Selektionsfunktion [▷118] ○ 5-5 308
Wir beweisen mit vollständiger Induktion für alle $n \in \mathbb{N}$ (und für das gegebene definite Programm $\mathcal{P}$):
Wenn ein definites Ziel F bzgl. einer Selektionsfunktion SEL eine SLD-Ableitung der Länge n besitzt, welche die Antwortsubstitution σ berechnet, dann besitzt F bzgl. jeder Selektionsfunktion SEL′ eine SLD-Ableitung der Länge n deren berechnete Antwortsubstitution σ' zu einer Variante $F\sigma'$ von $F\sigma$ führt.

I.A. (a) $n = 0$: Dann ist F die leere Klausel woraus die Behauptung trivialerweise folgt.

(b) $n = 1$: Dann besteht die Klausel F nur aus einem Literal und alle Selektionsfunktionen können nur dieses eine Literal auswählen, woraus sich die Behauptung ebenfalls trivialerweise ergibt.

I.H. Wenn ein definites Ziel H bzgl. der Selektionsfunktion SEL_1 eine SLD-Ableitung der Länge $k \leq n$ besitzt, welche die Antwortsubstitution τ_1 berechnet, dann besitzt H bzgl. jeder Selektionsfunktion SEL_2 eine SLD-Ableitung der Länge $k \leq n$ deren berechnete Antwortsubstitution τ_2 zu einer Variante $H\tau_2$ von $H\tau_1$ führt.

I.B. Sei F_{n+1} ein definites Ziel für das eine SLD-Ableitung der Länge $n + 1$ bzgl. der Selektionsfunktion SEL existiert, welche die Antwortsubstitution σ_{n+1} berechnet.
Sei SEL′ eine beliebige Selektionsfunktion.
Dann existiert für F_{n+1} auch eine SLD-Ableitung der Länge $n + 1$ bzgl. SEL′ und deren berechnete Antwortsubstitution σ' führt zu einer Variante $F_{n+1}\sigma'$ von $F_{n+1}\sigma_{n+1}$.

I.S. Sei $F_{n+1} = \leftarrow \langle A_1, \ldots, A_i, \ldots, A_j, \ldots, A_m \rangle$ $(1 \leq i, j \leq m)$, sei A_i das in der SLD-Ableitung bzgl. SEL in F_{n+1} ausgewählte Teilziel und sei die Klausel $F_n = \leftarrow \langle A_1, \ldots, D_i, \ldots, A_j, \ldots, A_m \rangle \kappa_{n+1}$ die Resolvente von F_{n+1} bzgl. einer Programmklausel $A_i \leftarrow D_i$ (mit mgu κ_{n+1}).
Sei nun $\mathsf{SEL'}(F_{n+1}) = A_j$.

(a) Fall: Wenn $i = j$ dann können wir auf F_n die I.H. anwenden:
Da F_{n+1} eine SLD-Ableitung der Länge $n + 1$ bzgl. der Selektionsfunktion SEL besitzt, welche die Antwortsubstitution σ berechnet, besitzt F_n

eine SLD-Ableitung der Länge n bzgl. der Selektionsfunktion SEL und damit auch eine SLD-Ableitung der Länge n bzgl. der Selektionsfunktion SEL'. Die von letzterer berechnete Antwortsubstitution τ' führt zu einer Variante von F_n, woraus sich ergibt, dass F_{n+1} eine SLD-Ableitung der Länge $n + 1$ bzgl. der Selektionsfunktion SEL' besitzt, welche die Antwortsubstitution $\kappa_{n+1}\tau'$ berechnet, welche zu einer Variante $F_{n+1}\kappa_{n+1}\tau'$ von F_{n+1} führt.

(b) Fall: Es gilt $i \neq j$.
Aus der Existenz einer SLD-Ableitung der Länge $n + 1$ von F_{n+1} bzgl. SEL folgt natürlich, dass bzgl. der Selektionsfunktion SEL eine SLD-Ableitung von F_n der Länge n existiert. Die dadurch berechnete Antwortsubstitution bezeichnen wir mit σ_n, und es folgt $\sigma_{n+1} = \kappa_{n+1}\sigma_n$.
Nach I.H. besitzt F_n nun für jede Selektionsfunktion eine SLD-Ableitung der Länge n deren berechnete Antwortsubstitution zu einer Variante von F_n führt. Sei nun SEL_j eine Selektionsfunktion, welche angewandt auf F_n das Teilziel A_j auswählt: Die entsprechende Programmklausel sei $A_i \leftarrow D_i$, κ_n bezeichne den mgu und F_{n-1} die Resolvente.
Die bzgl. SEL_j für F_n berechnete Antwortsubstitution bezeichnen wir mit σ_j. Nach I.H. gilt zudem $\sigma_n \sim \sigma_j$ woraus $\sigma_{n+1} = \kappa_{n+1}\sigma_n \sim \kappa_{n+1}\sigma_j$ folgt.
Wir bezeichnen nun mit SEL_j^+ die Selektionsfunktion, für welche die Teilzielauswahl $\text{SEL}_j^+(F_{n+1}) = \text{SEL}'(F_{n+1}) = A_i$ gilt, und die für alle anderen Klauseln mit SEL_j übereinstimmt.

Damit ist SEL_j^+ eine Selektionsfunktion bzgl. welcher F_{n+1} eine SLD-Ableitung der Länge $n + 1$ besitzt, und deren berechnete Antwortsubstitution $\kappa_{n+1}\sigma_j$ zu einer Variante $F_{n+1}\kappa_{n+1}\sigma_j$ von $F_{n+1}\sigma_{n+1}$ führt.

Für die SLD-Ableitung von F_{n+1} bzgl. SEL_j^+ sind wir nun in der Situation von Lemma 5.42: $G_0 = F_{n+1}$, $G_1 = F_n$, $G_2 = F_{n-1}$, $\theta_1 = \kappa_{n+1}$ und $\theta_2 = \kappa_n$.
Nach Lemma 5.42 können nun die ersten beiden Teilzielauswahlen vertauscht werden und man erhält zunächst eine Resolvente F'_n (mit mgu σ_1) und dann eine Resolvente F'_{n-1} (mit mgu σ_2), welche Variante von F_{n-1} ist. (Es gilt: $\kappa_{n+1}\kappa_n \sim \sigma_1\sigma_2$.)
Wir bezeichnen nun mit $\widehat{\text{SEL}_j^+}$ eine Selektionsfunktion, welche diese Vertauschung der Teilzielauswahl vornimmt. Angewandt auf F_{n+1} wählt $\widehat{\text{SEL}_j^+}$ das Teilziel A_j aus, und aus der Resolvente F'_n dann das Teilziel $A_i\sigma_1$, womit sich dann die Resolvente F'_{n-1} ergibt. Nach I.H. folgt nun, dass für F'_{n-1} jede Selektionsfunktion eine Antwortsubstitution berechnet, welche zu einer Variante von F_{n-1} führt, da F'_{n-1} Variante von F_{n-1} ist. Somit führt die von $\widehat{\text{SEL}_j^+}$ für F'_{n-1} berechnete Antwortsubstitution λ zu einer Variante $F'_{n-1}\lambda$ von F_{n-1}.

Damit ist $\widehat{\text{SEL}_j^+}$ eine Selektionsfunktion bzgl. welcher F_{n+1} eine SLD-Ableitung der Länge $n + 1$ besitzt, und deren berechnete Antwortsubstitution $\sigma_1\sigma_2\lambda$ zu einer Variante $F_{n+1}\sigma_1\sigma_2\lambda$ von $F_{n+1}\sigma_{n+1}$ führt.

$\widehat{SEL_j^+}$ und SEL' wählen also bei Anwendung auf F_{n+1} dasselbe Teilziel A_j aus und berechnen die selbe Resolvente F'_n.

Nach I.H. ergibt sich für F'_n bzgl. SEL' eine Antwortsubstitution λ' welche zu einer Variante $F'_n\lambda'$ von F'_n führt.

Zusammen folgt, dass sich für F_{n+1} bzgl. SEL' eine Antwortsubstitution $\sigma_1\lambda'$ ergibt, welche zu einer Variante $F_{n+1}\sigma_1\lambda'$ von F_{n+1} führt.

5.2 Normale Programme

Lösung 5.19 Abfahrt Leipzig, Berlin, ... [▷118] ○ 5-6 313

Die Konstantenmenge der zugrunde liegenden Sprache umfasst die beiden Teilmengen $\mathcal{M}_1 = \{leipzig, berlin, prag, nürnberg\}$ und $\mathcal{M}_2 = \{7\!:\!15, 7\!:\!16, 7\!:\!17, 7\!:\!18\}$. Interpretieren wir das Prädikatssymbol *abfahrt* z.B. als $\mathcal{M}_1 \times \mathcal{M}_2$, so erhalten wir ein Modell für die drei obigen Programm-Klauseln, welches aber keine Modell für $\neg abfahrt(nürnberg, 7\!:\!16)$ ist.

Lösung 5.20 Beispiele zur Gleichheitsrelation [▷118] ○ 5-7 316

(a) z.z.: $\forall (X \approx Y \rightarrow Y \approx X)$ *(Symmetrie)*

Wir betrachten die folgende Instanz von (3) – mit $\approx$ für p, also $n = 2$ –

$$\forall (\langle X_1 \approx Y_1, X_2 \approx Y_2, X_1 \approx X_2 \rangle \rightarrow Y_1 \approx Y_2)$$

woraus sich die folgende Klausel ergibt:

$$[\neg X_1 \approx Y_1, \neg X_2 \approx Y_2, \neg X_1 \approx X_2, Y_1 \approx Y_2]$$

Resolviert mit $[X' \approx X']$ – Variante von (1) – (bzgl. $\neg X_2 \approx Y_2$) ergibt als Resolvente

$$[\neg X'_1 \approx Y'_1, \neg X'_1 \approx X'_2, Y'_1 \approx X'_2]$$

und resolviert mit $[X'' \approx X'']$ – Variante von (1) – (bzgl. $\neg X'_1 \approx X'_2$) ergibt als Resolvente

$$[\neg X''_1 \approx Y''_1, Y''_1 \approx X''_2]$$

Transformiert in die normale Formelschreibweise mit expliziter Nennung der universellen Quantoren und nach Umbenennung der gebundenen Variablen erhält man die Formel $(\forall X)(\forall Y)(X \approx Y \rightarrow Y \approx X)$, was zu zeigen war.

(b) z.z.: $\forall ((X \approx Y \land Y \approx Z) \rightarrow X \approx Z)$ *(Transitivität)*

Wir betrachten die folgende Instanz von (3) – mit $\approx$ für p, also $n = 2$ –

$$\forall (\langle X_1 \approx Y_1, X_2 \approx Y_2, X_1 \approx X_2 \rangle \rightarrow Y_1 \approx Y_2)$$

woraus sich die folgende Klausel ergibt:

$$[\neg X_1 \approx Y_1, \neg X_2 \approx Y_2, \neg X_1 \approx X_2, Y_1 \approx Y_2]$$

Resolviert mit $[X' \approx X']$ – Variante von (1) – (bzgl. $\neg X_2 \approx Y_2$) ergibt als Resolvente

$$[\neg X'_1 \approx Y'_1, \neg X'_1 \approx X'_2, Y'_1 \approx Y'_2]$$

Transformiert man diese Klausel nun in die normale Formelschreibweise mit expliziter Nennung der universellen Quantoren, so erhält man nach Ausnützen der Kommutativität der $\land$-Junktors und nach Umbenennung der gebundenen

Variablen die Formel $(\forall X)(\forall Y)(\forall Z)((X \approx Y \wedge Y \approx Z) \rightarrow X \approx Z)$, was zu zeigen war.

Lösung 5.21 Herbrand-Basis als Modell [▷119] ○

Da ein Horn-Klausel-Programm aus Klauseln besteht, ist eine Interpretation eine Modell, wenn sie in jeder Klausel ein Literal wahr macht.

Die Herbrand-Basis leistet dies, da sie das Kopf-Literal jeder Klausel wahr macht.

Dies gilt auch für normale Programme.

Lösung 5.22 Unwiderlegbares Ziel [▷119] ○

Wir kommen alternativ auf die beiden neuen Ziele q und $\neg q$. Letzteres startet einen Versuch das Ziel q zu beweisen; d.h. es führt auf das erste Ziel zurück.

Der Versuch das Ziel q zu zeigen führt aber mit der dritten Klausel in eine Endlosschleife.